VERÖFFENTLICHUNGEN
DER GESELLSCHAFT
FÜR FRÄNKISCHE GESCHICHTE

REIHE XI

BIBLIOGRAPHIEN
UND HILFSMITTEL
ZUR FRÄNKISCHEN GESCHICHTE

BAND 5

REGISTER
ZU JOHANN LOOSHORN
GESCHICHTE DES BISTUMS BAMBERG

1998

KOMMISSIONSVERLAG DEGENER & CO.,
NEUSTADT/AISCH

REGISTER
ZU JOHANN LOOSHORN
GESCHICHTE
DES BISTUMS BAMBERG

UNTER VERWENDUNG
VON VORARBEITEN

BEARBEITET VON

MARTIN SCHIEBER

1998
KOMMISSIONSVERLAG DEGENER & CO.,
NEUSTADT/AISCH

Gedruckt mit Unterstützung
des Hochw. Erzbischöflichen Ordinariats Bamberg
und
des Historischen Vereins Bamberg

© Copyright
by Gesellschaft für fränkische Geschichte e.V.

Herstellung:
Druck + Papier Meyer GmbH, Südring 9, 91443 Scheinfeld, Tel. 0 91 62/92 98-0

ISBN: 3-7686-9190-X

INHALTSVERZEICHNIS

Vorbemerkung	S. VII
Fridolin Dressler, Johann Looshorn 1831-1916	S. IX
Hinweise zur Benutzung des Registers	S. 1
Abkürzungsverzeichnis	S. 2

Alphabetisches Namensregister:

A	S. 5
B und P	S. 27
C und K	S. 99
D und T	S. 139
E	S. 167
F und V	S. 190
G	S. 219
H	S. 249
I	S. 295
J	S. 298
L	S. 305
M	S. 327
N	S. 357
O	S. 370
Q	S. 383
R	S. 383
S	S. 415
U	S. 480
W	S. 486
X, Y und Z	S. 526

VORBEMERKUNG

„Das vielbändige Werk Looshorns bietet zwar durch seine, freilich oft lückenhafte und ungenaue, deutsche Wiedergabe der Urkundentexte eine fleißige und einstweilen auch unentbehrliche Quellensammlung, ist aber als Darstellung völlig unbefriedigend." Dieses Urteil des Erlanger Landeshistorikers Erich Freiherr von Guttenberg (in: Guttenberg, Die Territorienbildung am Obermain, Vorwort S. IXf) zeigt in seiner Prägnanz die Stärken und Schwächen von Johann Looshorns „Geschichte des Bisthums Bamberg", erschienen in sieben Bänden in den Jahren 1896 bis 1907.

Wer sich mit Bamberger Geschichte im weitesten Sinne beschäftigt, für den ist „der Looshorn" bis heute unumgänglich. Da das umfangreiche Werk in der Originalausgabe über ein nur bruchstückhaftes Namenregister verfügt und in der Reprintausgabe (die Bände 1 - 3 erschienen 1967/68 im Selbstverlag des Historischen Vereins Bamberg, die Bände 4 - 7 im Verlag Ph. C. W. Schmidt, Neustadt/ a. d. Aisch) auf den Abdruck dieses Namenregisters verzichtet wurde, ist es oft sehr mühsam und zeitaufwendig, zur gesuchten Thematik vorzudringen. Dieses Manko wurde schon bald bemerkt. So begannen vor Jahrzehnten fleißige Helfer und Helferinnen am Institut für Fränkische Landesforschung der Universität Erlangen, ein Register zu Looshorns Bistumsgeschichte zu erstellen. Das Resultat waren endlose Zettelkästen, die bis in die jüngste Zeit hinein das Bild der Institutsbibliothek mitprägten.

Den Anstoß zur Bearbeitung eines Reprintes, das diesen Namen verdient, gab Prof. D. Dr. Gerhard Pfeiffer, von 1961 bis 1971 Vorstand des Instituts für Fränkische Landesforschung an der Universität Erlangen. Er beschäftigte während dieser Zeit zahlreiche Hilfskräfte, teils für kurze, teils für längere Zeit. Zuletzt hat Detlef Bergmann begonnen, die Zettel zu überprüfen, zu ordnen und sie zu Listen zu verarbeiten, der Unterzeichnete hat diese Arbeiten abgeschlossen und das gesamte Register mit Hilfe moderner elektronischer Datenverarbeitung vereinheitlicht.

Großer Dank gilt Prof. Dr. Alfred Wendehorst und seinem Nachfolger in der Leitung des Instituts für Fränkische Landesforschung für die Unterstützung, die sie dem Projekt im Laufe der Jahre zuteil werden ließen.

Erlangen, am Fest des heiligen Heinrich 1997

Martin Schieber

Johann Looshorn
1831—1916
Zum Leben und Werk des Historikers des Bistums Bamberg

Von Fridolin D r e s s l e r

Die Bedeutung und Eigenart von Looshorns siebenbändiger „Geschichte des Bisthums Bamberg" hat ein Rezensen[1] der abschließenden Lieferung dieses Werkes im Jahre 1911 so formuliert: „Das Buch ist keine pragmatische Geschichte des Hochstifts Bamberg. Eine solche zu schreiben war auch nicht seine Absicht. Was er bieten wollte und auch bietet, ist ein in erstaunlicher Fülle zusammengetragenes Quellenmaterial des Hochstifts Bamberg. Dieses Material, und das ist das Hauptverdienst des Looshornschen Werkes, stützt sich nicht auf Quellen zweiten und dritten Ranges, sondern auf in mühsamer Arbeit durchforschte Archivalien und Manuskripte ... Ein reiches Lager wertvoller Bausteine hat Looshorn in seinem Werke bereitgestellt; wer immer mit der Geschichte des gedachten Hochstifts sich beschäftigt, wird nicht achtlos an ihm vorübergehen können." Ähnlich urteilte 1927 auch der beste Kenner der Geschichte des Hochstifts Bamberg, Professor Erich Frh. von Guttenberg, wenn er Looshorns Werk als „eine fleißige, einstweilen unentbehrliche Quellensammlung" kennzeichnet[2].

Beide Urteile gelten auch heute noch unverändert. Stärkstes Zeugnis dafür sind die Bemühungen des verehrten Jubilars, endlich vollständige Register zu den sieben Bänden erstellen zu lassen, damit die unübersehbare Fülle von Fakten für die Geschichtsforschung von heute leichter zugänglich wird. Oder die Tatsache, daß der Historische Verein Bamberg erst in den letzten Jahren die drei ersten Bände als Nachdruck [Bibliographie Nr. 8.11.14] erscheinen ließ, weil diese auf dem Antiquariatsmarkt zur kaum bezahlbaren, ja unerreichbaren Seltenheit geworden waren.

Wer aber war dieser Mann, der eine solch bemerkenswerte Leistung vollbrachte, so daß diese Bände auch in den allerneuesten kritischen Abhandlungen zur Bamberger Geschichte als Belege zitiert werden müssen? Bei seinem Tode 1916 wissen die Bamberger Tageszeitungen — es gab damals deren drei — nur wenige Zeilen über ihn zu berichten[3]. Das „Amtsblatt für die Erzdiözese Bamberg" teilt überhaupt nur schlicht mit: „Gestorben ist am 14. Januar Johann Looshorn, Jubelpriester, Kommorant in Bamberg, im 85. Le-

---

[1] Histor.-polit. Blätter f. d. kath. Deutschland 147 (1911) S. 555 f.
[2] Die Territorienbildung am Obermain, Bericht d. Histor. Vereins Bamberg 79 (1927) S. IX.
[3] Bamberger Volksblatt 14.1.1916. — Bamberger Tagblatt 16.1.1916. — Bamberger Neueste Nachrichten 17.1.1916 (etwas ausführlicher).

bens- und im 62. Priesterjahre. RIP"[4]. Die gleichzeitigen Berichte des Bamberger Historischen Vereins hüllen sich ganz in Schweigen.

Die Quellen über Looshorns Leben scheinen auch tatsächlich nicht reich zu fließen. Ein Nachlaß ist nicht bekannt, der Personalakt im Bamberger Ordinariatsarchiv ist nicht auffindbar, es gibt keinen gedruckten Nachruf, Briefe von und an Looshorn lassen sich in öffentlichen Sammlungen nur ganz sporadisch nachweisen und sind sehr karg in ihrem Inhalt. Ein wenig ergiebiger erweisen sich Benutzerakten in Archiven und Bibliotheken, Schüler- und Notenlisten, die Schematismen für Bamberg und München. Am meisten über die Persönlichkeit verraten noch die Vor- und Nachworte in der Bistumsgeschichte selbst. Diese Texte lassen ahnen, daß es kein problemloser, einfacher Charakter gewesen sein kann. Eine streitbare Gesinnung, ein unbedingtes Wahrheitsstreben in der Geschichtsforschung werden sichtbar, auch seine unwandelbare Liebe zur Heimat und zur „Ecclesia Bambergensis". Alles zusammengenommen ist es kaum auffallend, daß es bis heute kein Lebensbild Looshorns gibt[5]. Dies soll nun hier im Wissen um alle Lückenhaftigkeit der Grundlagen versucht werden.

Nach dem Ausweis des Geburts- und Taufmatrikelbuches des katholischen Pfarramtes Elbersberg, zwischen Pottenstein und Pegnitz in der Fränkischen Schweiz gelegen, wurde Johann Looshorn am 11. November 1831 zu Weidenhüll, einem damals nur aus zwei Häusern bestehenden Weiler, eine halbe Stunde vom Pfarrort entfernt, als achtes von neun Kindern geboren. Als Beruf seiner Eltern Johann und Margaretha, geborene Neuner, wird für beide „Weber" angegeben. Pate bei der Taufe am gleichen Tage war Johann Naß, Schneidermeister, aus dem nur eine Viertelstunde abgelegenen Örtchen Lüglas. Es dürften sehr bescheidene Verhältnisse gewesen sein, in denen der Junge Looshorn aufwuchs. Die karge Natur der Jurahochfläche und die gewiß beschränkten Verhältnisse der Eltern als Handweber in einer Zeit, in der dieser Beruf auf die Krise zutrieb, die später in den Weberaufständen sichtbar wurde, dürften den Grund für die wiederholt bezeugte völlige Anspruchslosigkeit Looshorns gelegt haben[6].

Am Ende des Schuljahres 1845 erscheint Looshorn dann im „Jahresbericht über die lateinische Schule in Bamberg" als Schüler der 3. Klasse. Er ist

---

[4] 39 (1916) S. 10.

[5] Kurze, nicht in allem zutreffende Artikel: Friedrich Wachter, General-Personal-Schematismus der Erzdiözese Bamberg, Bamberg 1908, Nr. 6297. — Wilh. Kosch, Das Kath. Deutschland 2 (1937) Sp. 2670. — Looshorns Porträt nach einer im Stadtarchiv Bamberg verwahrten Fotografie abgebildet.

[6] Diese Angaben verdanke ich den Pfarrern von Elbersberg Duschner und Schenk sowie den Bemühungen von Herrn Archivamtsrat Hanns Spindler in Bamberg. Für wiederholte Auskünfte muß ich auch den Bibliothekaren der Staatsbibliothek Bamberg, voran Dir. Dr. Spindler, danken. — Zu Elbersberg vgl. Joh. Grandinger, Der Bergpfarrer, 2. Aufl., Bamberg 1907, S. 3.

also, wie viele andere begabte Landkinder jener Zeiten von seinem Ortspfarrer[7] vorbereitet, mit 13 Jahren im Herbst 1844 nach Bamberg gekommen. Begabung und Vorbereitung müssen sehr gut gewesen sein, denn Looshorn zählte am Ende des ersten Jahres bereits unter die Preisträger der Klasse. Im Gesamtfortgang errang er den siebten Platz, im Fache Latein die fünfte Stelle und den dritten Rang in Arithmetik. In Geschichte nebst Geographie und in der deutschen Sprache mußte er sich mit den Plätzen 21 bzw. 22 unter den 56 Schülern, die das Klassenziel erreichten, zufrieden geben. Für seine offenbar hervorragenden Leistungen im Lateinunterricht erhielt er noch einen besonderen Preis.

Das Ende des folgenden Schuljahres sah ihn an der Spitze seiner Klasse, dabei in fast allen „ordentlichen Lehrfächern", auch im neu aufgenommenen Griechischen auf dem ersten Platz. Lediglich in der Arithmetik reichte es diesmal nur zum fünften Rang. Mehrere Preisbücher waren ihm gewiß. Übrigens scheint er für den Musikunterricht weder Begabung noch Neigung besessen zu haben, während er im Ornament-Zeichnen sich in dieser Klasse die Note „vorzüglich" verdiente.

Das Leistungsbild wechselte in den folgenden Jahren nicht allzu sehr. Er gehörte stets zur Spitzengruppe seiner Klasse, auch wenn er nicht immer den ersten Rang behaupten konnte. Die Benotung im Deutschen ist dann dafür die Ursache. So wird schon in der Lateinschule und im anschließenden Gymnasium die Schwäche im sprachlichen Gestaltungsvermögen, die später wie ein roter Faden in der Kritik fast aller Rezensionen seines großen Werkes, auch in den wohlmeinendsten, auftaucht, frühzeitig sichtbar. Am Ende seiner Gymnasialzeit ist er aber wieder mit Abstand Primus und hält in den Einzelfächern Latein, Griechisch und Geschichte den ersten, in Deutsch, Mathematik und Geographie den fünften Platz. Als Preis erhält der Abiturient die drei ersten Bände von Alexander von Humboldts „Kosmos", die 1845-1850 bei Cotta in Stuttgart erschienen waren. Ob der Rektor des Gymnasiums, Joseph Gutenäcker, seinem tüchtigen, aber wahrscheinlich in ganz anderer Richtung orientierten Schüler damit eine Freude machte, sei dahingestellt. Vielleicht war er mehr auf den Ausgleich in seiner Bildung bedacht.

Nach dem Abitur 1850 wählte Looshorn, wie dies sicher seit dem Eintritt in die Lateinschule beabsichtigt war, die Theologie als Studienfach. Schon in der zweiten Gymnasialklasse hatte er begonnen Hebräisch zu lernen und sich dabei das Prädikat „einer besonderen Vorzüglichkeit" verdient. Er war nun mehr im Bamberger Seminar als „Alumnus" aufgenommen. Nach einem Jahr Philosophie folgte ein dreijähriges Studium der Theologie. Es ist für uns nicht erkennbar, ob die damals in Bamberg tätigen philosophischen und theologischen Lehrer einen tieferen Einfluß auf Looshorn ausgeübt haben. Auch

---

[7] Florian Feldbaum (1803—79), Pfarrer von Elbersberg 1836-45, „ein exemplarischer Priester" (Wachter Nr. 2390).

sie haben Looshorn nur die allerbesten Zeugnisse ausgestellt und ihm in allen Kursen den ersten Platz zuerkannt[8].

Am 9. Dezember 1854, also am Tage nach der Verkündigung des Dogmas von der Unbefleckten Empfängnis Mariens, folgte dann die Priesterweihe durch Erzbischof Bonifaz Kaspar von Urban, am 21. Dezember die Approbation und wohl zum Jahresbeginn 1855 die Bestellung zum Kaplan in Trunstadt für Staffelbach. Looshorn blieb hier neun Jahre und rückte nur 1859 auf die erste Kaplaneistelle vor[9].

Nach dem Eintritt in das vierte Jahrzehnt seines Lebens scheint Looshorn sich Gedanken über seine weitere Zukunft gemacht zu haben. Er tritt nämlich am 1. Oktober 1863 als Novize der Gesellschaft Jesu in deren Priesterhaus in Gorheim (Hohenzollern) ein[10]. Leider bleiben für uns die Motive dieses Schrittes völlig im Dunkeln. Nach zweijährigem Noviziat siedelt er als „Rhetoriker" nach Münster auf die Friedrichsburg über. Unter dem 25. Mai 1866 meldet dann aber das Entlassungsbuch der Niederdeutschen Provinz des Jesuitenordens: „Johannes Looshorn, sacerdos Novitius, dimissus, non aptus ob defectum judicii." Die Entlassung kam nicht überraschend, hatte man doch offensichtlich Looshorn bereits zu den nach Abschluß des Noviziats fälligen einfachen Gelübden im Herbst 1865 nicht zugelassen. Möglicherweise hatte man die Probezeit noch in das Rhetorikstudium hinein verlängert, war aber nach weiteren acht Monaten zu der sicheren Erkenntnis gekommen, daß Looshorns geistige Art ihn für den Orden als ungeeignet erscheinen ließ. Wir wissen nicht, wie man ihm gegenüber die Entlassung motivierte. Er selbst hat diese Episode dem Jesuitenorden nie erkennbar nachgetragen, sondern später noch Verbindungen mit den Jesuiten und einer ihrer Zeitschriften gehabt. Was hatte sich wohl Looshorn in der Gesellschaft Jesu versprochen? Zeigten sich hier die Ecken und Kanten seines Wesens starker als der Wille, in einer straff organisierten Gemeinschaft für die Kirche kämpfen oder studieren zu dürfen?

Es beginnt nun am 5. Juli 1866 ein unruhiges Wanderleben, das Looshorn als Pfarrverweser und Kaplan in raschem Wechsel auf elf verschiedene Stellen in der Erzdiözese bringt, bis er am 14. 8. 1873 als Benefiziumsverweser von Marktzeuln quiesziert wird. Was waren die Ursachen für dieses ungewöhnlich harte Schicksal eines Geistlichen, der schon im zweiten Jahrzehnt seines Priesterlebens stand? Die wiederholte Verwendung als Verweser läßt

---

[8] „Inscriptionslisten" und „Classificationen der Kandidaten" in den Archiven der Phil.-Theol. Hochschule (jetzt: Gesamthochschule) bzw. des Priesterseminars Bamberg. Vgl. auch BHVB 20 (1857) S. 389 und 64 (1905) S. 296 ff.

[9] Diese und alle folgenden Angaben zum Lebensgang aus den Schematismen der Erzdiözese Bamberg bzw. später München-Freising sowie dem Bamberger Pastoralblatt von 1866 bis 1873.

[10] Auskünfte der Archive der Oberdeutschen und Niederdeutschen Provinz des Jesuitenordens in München bzw. Köln.

zweifeln, ob man im Bamberger Ordinariat Looshorn zur Berufung als Pfarrer geeignet gehalten hat. Fast alle seine Kurskollegen aus dem Priesterseminar erhielten nämlich in diesen Jahren Pfarreien.

Wir vermuten deshalb sicher nicht grundlos, daß sich ihm, mit nun fast 45 Jahren, erneut die Frage nach dem Ziel seines Lebens und Wirkens stellte. Das Leben eines Geistlichen ohne größere und dauernde Aufgaben kann für einen so begabten und, wie wir noch sehen werden, so bienenfleißigen Menschen nicht befriedigend und erstrebenswert gewesen sein. So entschloß er sich, aus welchen Überlegungen und Motiven auch immer — man könnte daran denken, daß auch der Wechsel auf dem erzbischöflichen Stuhl im Sommer 1875, als der im Erzbistum mit Mißtrauen empfangene Friedrich von Schreiber[11] erschien, eine Rolle dabei spielte — zur Übersiedlung nach München. Looshorn erscheint bereits 1875 im Schematismus der Erzdiözese München unter den Kommoranten aus anderen Diözesen und immatrikulierte sich im Wintersemester 1875/76 als "Student der Philologie" an der Universität[12]. Leider gibt es keine Unterlagen darüber, welche Vorlesungen er in den vier Semestern, die er bis einschließlich des Sommersemesters 1877 als ordentlicher Hörer eingeschrieben blieb, belegt hatte. Bei den Historikern hätte er zu dieser Zeit Cornelius, Giesebrecht und Heigel hören können. Einen breiten Raum im Lehrangebot nahmen die „Diplomatischen Übungen" des Direktors des Reichsarchivs von Löher und die „Paläographischen Übungen" Rockingers ein. Beide Veranstaltungen muß er, wenn wir von seiner späteren umfangreichen und gewandten Beschäftigung mit Urkunden und Archivalien rückschließen, unbedingt besucht haben.

Daß er zu diesem Zeitpunkt aber ausschließlich Geschichte studierte oder gar schon die Absicht hatte, die Geschichte des Bistums Bamberg zu schreiben, ist höchst unwahrscheinlich. Zunächst beschaftigte er sich nämlich mit völlig anderen Materien. Dies wird aus seinen ersten Veröffentlichungen [1-4] deutlich, die in den Jahren 1879 und 1880 herauskamen. Patristischen Texten und deren kritischer Edition, Petrus Chrysologus, Caelius Sedulius und Johannes Chrysostomus, der Zusammenstellung und Auswertung der zugehörigen handschriftlichen Zeugnisse in der Münchener Hof- und Staatsbibliothek galt sein ganzes Interesse. Er verfolgte bei der Textherstellung eine etwas eigenartige Methode, wenn er nämlich, um seine eigenen Worte zu gebrauchen, zwar „den kritisch besten Text" liefern will, auch erklärt, „das sicherste Mittel, den besten Text des Sedulius herzustellen, ist, die vorhandenen Handschriften zu vergleichen", im gleichen Zuge aber bezweifelt, „ob jemand dem Sedulius zuliebe das Opfer an Zeit, Mühe und Kosten bringen wird, die Unzahl der Handschriften zu vergleichen" ([1] S. VII u. IX). Er

---

[11] Joh. Kist, Fürst- und Erzbistum Bamberg, 3. Aufl.. Bamberg 1962, S. 141.

[12] Auskunft aus dem Archiv der Universität München (Prof. Laetitia Böhm) bzw. nach Angaben in den Vorlesungsverzeichnissen.

beschränkt sich deshalb darauf, den Text der alten Ausgabe von 1794 anhand der Münchner Handschriften, die er allein nach dem Alter wertet, zu verbessern. Wer unter den Münchner Professoren könnte hierbei sein Anreger gewesen sein? Eine Annahme, die wenigstens einige Wahrscheinlichkeit hat, läßt sich leider nicht aussprechen.

Bei der Benutzung der vielen Dutzend Handschriften der Hof- und Staatsbibliothek, die in den oben zitierten Veröffentlichungen erwähnt werden, und auch der vielen später in der Bistumsgeschichte genannten Drucke war mit Gewißheit Anton Gutenäcker[13] behilflich. Sie kannten sich von der letzten Gymnasialklasse in Bamberg, wohin dieser mit seinem Vater, dem schon erwähnten Rektor des Bamberger Gymnasiums, 1849 aus Münnerstadt gekommen war. Seit 1853 an der Münchner Staatsbibliothek, 1870 zum „Bibliothekar" ernannt, wird er uns als ein Muster der Hilfsbereitschaft geschildert, von der auch Looshorn profitiert hat.

Auch die Verbindung mit anderen Bamberger Studienfreunden riß in München nicht ab. Dies bezeugt die Widmung seines ersten Werkes [1], dem er ein lateinisches Gedicht mit der Überschrift „Ad socios studiorum Bambergensium" vorausschickte. Kunstvoll in fünf Abschnitte zu je fünf Strophen gegliedert, ist es wohl zum 25jährigen Gedenktag der Priesterweihe 1879 verfaßt und enthält mahnende Worte zur Treue zur Bamberger Kirche. Wir haben hier ein sprechendes Zeugnis für seine eigene Einstellung in jenen aufgewühlten Jahren nach dem ersten vatikanischen Konzil vor uns, genauso aber auch den Beweis seiner hohen Wertschätzung seiner Studienstadt Bamberg, wenn er etwa in der ersten Strophe dichtet:

„Urbium late celebris, novis et
Dives antiquis opibus situque
Grata Bamberga, an potis est tuas quis
Dicere laudes ?"

Der Beginn der Arbeit an der laut erstem Vorwort zunächst auf drei Bänden angelegten „Geschichte des Bisthums Bamberg" läßt sich ziemlich genau bestimmen. Mit Datum 19. Juni 1882 richtet das Königliche Allgemeine Reichsarchiv in München an das Königliche Kreisarchiv in Bamberg das Ersuchen[14] für die von Benefiziat Looshorn geplante „Geschichte des Bisthums Bamberg und speziell der ältesten Zeit 1007 bis 1103 ... in Ergän-

---

[13] C. V. Wurzbach, A. Gutenäcker (1833-1887), Bericht d. Histor. Vereins v. Oberbayern 50/51 (1889) S. 123-132.

[14] Der Benutzerakt für Looshorn im Allg. Reichsarchiv in München ist im Zweiten Weltkrieg verbrannt. Einen weitgehenden Ersatz bieten die entsprechenden Akten in Staatsarchiv Bamberg (BA 3111) und aus dem Innenministerium (Bayer. Hauptstaatsarchiv M Inn 43 003). Für mehrfache Bemühung danke ich Staatsarchivdirektor Dr. Kloos, München.

zung der diesseitigen Recherche ein ganz summarisches Verzeichnis jener Urkunden herzustellen, die für den genannten Zeitraum in Betracht kommen." Man übersah in München offenbar den eigenen Urkundenbesitz nicht ganz, denn das Schreiben fährt fort: „Anhand der Einsendungsberichte und Nachträge wird sich dies leicht ermitteln lassen, und dürften die Nachforschungen an der Archivcentralstelle wesentlich erleichtert und vielleicht bereichert werden." Abschließend wird an das Kreisarchiv in Bamberg noch die Frage gestellt, ob in der Königlichen Bibliothek zu Bamberg und auf Schloß Banz „sich noch Materialien befinden". Die Antwort aus Bamberg zählt circa 100 Urkunden auf und verweist für die Königliche Bibliothek auf Jaeck's Beschreibung.

Daß Looshorn sich mit Entschlossenheit an das großangelegte Vorhaben gemacht hat, wird aber bald auch in einem kleinen Beitrag „Das Todesjahr der h. Kaiserin Kunigunde" im „Bamberger Pastoralblatt" 1884 sichtbar [5]. Er bietet schon den Text, der später im ersten Band der Bistumsgeschichte wiederkehrt. Gleiches bezeugt ein längerer Artikel „Die Jungfräuliche Ehe Kaiser Heinrichs II. des Heiligen mit Kunigunde" in der von Jesuiten geleiteten „Zeitschrift für katholische Theologie" [6]. Mit diesen schwierigen, und gestehen wir es zu, bis heute nicht befriedigend gedeuteten Problemen um die Ehe des Kaiserpaares war für Looshorn ein zentrales Thema angeschlagen. Das wird hier in der Heftigkeit seiner Diktion und Argumentation gegen die Vertreter anderer Auffassungen in dieser Frage bemerkbar, aber auch genauso deutlich in seiner immer wieder in den Vorworten der Bistumsgeschichte herausgestellten Verehrung des „Jungfräulichen" Herrscherpaares. Damit wurde Looshorn aber sogleich zur Zielscheibe heftigster Kritik, etwa von Harry Breßlau: „Mit der Zeit Heinrichs II. beschäftigt sich eine darstellende Arbeit, die zur Erbauung frommer Gemüter, aber mit durchaus wissenschaftlichen Allüren den Kaiser und seine Gemahlin Kunigunde gegen die Verdächtigung schnöder Zweifler an der Jungfräulichkeit ihrer Ehe, wie Leibniz, Giesebrecht und Breßlau, zu verteidigen sucht. Wie das gemacht wird, ist ergötzlich zu betrachten; dagegen zu polemisieren natürlich völlig zwecklos"[15].

Doch auch in der Diözese Bamberg selbst, auch im Klerus, scheint Looshorn auf erhebliche Vorbehalte gegen seine literarischen Bemühungen gestoßen zu sein, als er 1884 zur Subskription für sein Werk aufrief und diese Aufforderung des geringen Erfolges wegen im folgenden Jahr offensichtlich in nicht sehr geschickter Form wiederholte. Eine längere, „Eingesandt" überschriebene Notiz (unterzeichnet „Br.")[16] im „Bamberger Pastoralblatt" liefert uns höchst schätzenswerte, keines besonderen Kommentares bedürftige, zeitge-

---

[15] Jahresberichte der Geschichtswissenschaft 7 (1884) II, S. 41.
[16] 28 (1885) S. 55. — Der Verfasser ist im Bamberger Klerus zu suchen und dürfte ein Altersgenosse Looshorns sein, vielleicht Georg Franz Brückner (Wachter Nr. 1171).

nössische Informationen, die alle Bedenken zur Person und zur Sache klar aussprechen: „Als im vorigen Jahre unser Landsmann L. eine erste Einladung zur Subscription auf die von ihm verfaßte quellenmäßige Geschichte unserer hl. Diözesanpatrone erließ, freute ich mich aufrichtig über dieses Unternehmen, ... Ich zweifelte ... auch nicht, daß das Unternehmen des Verfassers im Clerus der Erzdiözese alle erwünschte oder doch eine hinreichende Unterstützung finden werde. Leider ist es anders gekommen, so daß sich der Autor, und zwar in einer Weise, welche so ziemlich auf eine öffentliche Anklage des Clerus wegen literarischer Indolenz hinauslief, zur Erneuerung der Subscriptionseinladung veranlaßt sah. — Auch jetzt scheinen sich die Meisten mit der Subscription keineswegs zu echauffiren. Soviel ich merken konnte, wird dieselbe hauptsächlich aus drei Gründen abgelehnt: der Eine sagt, L. hätte, zumal bei dem großen Priestermangel, in seiner Diözese bleiben sollen; ein Anderer, er sei kein Geschichtsforscher, was wohl sagen will, er habe keinen Beruf zur Geschichtsschreibung; ein Dritter versichert, er würde subscribirt haben, thue es aber jetzt nicht, da L. in so verletzender Weise gegen den Clerus seiner Heimathsdiözese vorgegangen sei. Ich erlaube mir, hierauf zu entgegnen: ad a: Mag sein, daß L. besser daran gethan hätte, wenn er in seiner Diözese geblieben wäre; allein dann hätte er schwerlich Muße genug gefunden, um in dem Maße, wie es nun der Fall ist, literarisch thätig zu sein, insbesondere eine auf eingehendes Studium des vorhandenen Urkundenmaterials gegründete Geschichte unserer hl. Diözesanpatrone zu schreiben, wofür wir alle Ursache haben, ihm dankbar zu sein; ad b: Ob L. Beruf zum Geschichtsschreiber hat, wird sich zeigen, wenn sein Geschichtswerk einmal vorliegen wird; vorderhand wollen wir von seinem anerkannten Talente und seiner wissenschaftlichen Strebsamkeit das Beste erwarten; denn man kann doch billiger Weise nicht urtheilen über eine Sache, die man noch gar nicht kennt; ad c: Ist ein gewisses dem Herrn Verfasser eigenes s c h r o f f e s Wesen seinem Naturelle zuzuschreiben und über den sonstigen trefflichen ... Eigenschaften desselben nicht soweit zu accentuiren, daß wir deshalb seine literarische Thätigkeit nicht gerne anerkennen, und, soweit möglich, mit aller Bereitwilligkeit fördern und unterstützen sollten ..."

Im Jahre 1886, nach etwa dreijähriger Arbeitszeit, lag dann der erste Band der Bistumsgeschichte [8] vollständig vor. Mit insgesamt 352 Seiten stellte er schon im Umfang eine stattliche Leistung dar. Er wurde von dem Münchener Kommissionsverlag offenbar rasch verbreitet und erfuhr einige Rezensionen, die für das Werk, aber auch die Zeit und die Person des Verfassers aufschlußreich sind und deswegen in charakteristischen Passagen mitgeteilt werden sollen.

Der Herausgeber des "Bamberger Pastoralblattes", Dr. Johann Körber, der Ältere[17], der mit gewandter Feder seine Zeitschrift redigierte, schrieb: "Also

---

[17] Wachter Nr. 5418. — Bamberger Pastoralblatt 28 (1885) S. 168.

Johann Looshorn
1831-1916

ist dies Werk, welches anfänglich nur subskriptionsweise herauskommen sollte, doch nunmehr in den gesicherten Hafen eines Verlegers eingelaufen ... es ist eine auf gründlichen Studien beruhende, fleißige Arbeit; und es ist zu gleich die erste und einzige, umfassende über sein Thema erschienene Publikation ... Allerdings haben wir ein Erstlingswerk, nicht ohne die Schwächen eines solchen, vor uns, und die Kritik mit ihrer scharfen Zunge wird nicht ermangeln, die Blößen zu benützen, welches es ihr darbietet. Sie wird, nicht ganz mit Unrecht, die Härten und Holperigkeiten der Diktion aufgreifen: sie wird selbst in der Disposition des Ganzen und der einzelnen Partien manches rügen, Unklarheiten, Wiederholungen etc. beklagen. Allein sein Inhalt gibt wohlgesichtete Tatsachen, historische Wahrheit. Und man muß bedenken, um gerecht zu sein, wie riesig und für e i n e Kraft fast zu groß die Aufgabe ist."

Ausführlich behandelt hat der Bamberger Historiker Heinrich Weber[18] den ersten Band und darin bei allem Wohlwollen viele Mängel im Detail aufgedeckt. Grundsätzlich beanstandet er „die Auswahl des Stoffes" und meint, daß bei Verzicht auf viele Fakten der Reichsgeschichte er „den großen Raum, welcher bei weiser Mäßigung erspart worden wäre, ... zu eingehender Schilderung der Kulturgeschichte, der Prachthandschriften, Prachtgewänder usw., welche der Domschatz besaß, der Tätigkeit der Michelsberger/Schreibschule u. dgl." besser zu verwenden gewesen wäre. „Ferner ist Geschichte des Bisthums doch nicht bloß Geschichte der Bischöfe ..." Mit all dem hat er aber beim Stand der Forschung für jene Zeit Unmögliches von Looshorn verlangt.

In den Jahresberichten der Geschichtswissenschaft[19] schreibt im Abschnitt „Papsttum und Kirche" O. Zöckler: „Das Werk leidet an übermäßiger Breite der Darstellung; ... mischt bei der Gründungsgeschichte aus Heinrichs politischer und sonstiger Tätigkeit viel weitab Liegendes unnötigerweise ein, und läßt vielfach erbaulicher oder polemisch-apologetischer Tendenz zulieb die wünschenswerte kritische Schärfe vermissen."

In diese Richtung noch weiter zielt Breßlau[20] mit seiner Kritik: „Das Buch ist ein gutes Spezimen moderner ultramontaner Geschichtsschreibung. Gelehrt und belesen, fleißig und sorgfältig, mit der Methode unserer heutigen kritischen Quellenforschung nicht unvertraut, leistet der Verfasser überall da, wo es sich um Dinge handelt, die für seinen kirchlichen Standpunkt ἀδιάφορα sind, recht Anerkennenswertes, stellt dann aber da, wo dieser Standpunkt in Betracht kommt, all sein Wissen und Können in den Dienst seiner kirchlichen Absicht ... Es ist nicht ohne Interesse zu beobachten, wie das gemacht

---

[18] Wachter Nr. 10 752. — Zeitschrift f. kath. Theologie 10 (Innsbruck 1886) S. 331 ff.
[19] (1886) II, S. 184.
[20] 1 Ebd. S. 44.

wird, wie der Verfasser legendenhafte Berichte später Quellen für authentisch erklärt, entgegenstehende Zeugnisse aber durch gewaltsame Deutung seiner Ansicht gefügig macht." Positiver klingt die Wertung in den Historisch-politischen Blättern[21]: „Er hält mit seinem Urteile über einzelne Personen und Tatsachen nicht zurück; er ist weit entfernt alles gut zu heißen, was von geistlicher Seite kommt. Sein kritischer Standpunkt ist nicht der diplomatische, es ist der rein sittliche, ... Nicht minder scharf ist auch seine Kritik über die weltlichen Herrscher".

Offenbar ziemlich unempfindlich gegen Lob und Tadel setzte Looshorn seine Arbeit zielstrebig und unverdrossen fort. Schon 1886 und wieder 1887 erscheinen Vorabdrucke aus dem zweiten Band [9.10], der dann 1888, vor allem den Episkopat Otto I. umschließend, über 900 Seiten stark, vorlag [11].

Neben der vollständigen Ausgabe brachte Looshorn im gleichen Jahre, da man das 700jährige Jubiläum der Heiligsprechung Bischof Ottos von Bamberg feierte, noch separat die Schilderung von dessen Episkopat als Sonderausgabe [11] heraus und dazu noch eine verkürzte Fassung für eine breitere Öffentlichkeit [12]. Nicht nur die Arbeitsleistung, auch der persönliche Einsatz muß erheblich gewesen sein, da eine Unterstützung von offizieller Seite nicht geleistet wurde und der Verleger wahrscheinlich nur als Kommissionär fungierte. Deutlich wird dies in dem Schlußsatz einer Besprechung[22], wo es heißt: „Möge er den Lohn dafür nicht bloß in der eigenen Befriedigung über ein gutes Werk suchen müssen, sondern auch durch besseren Absatz, als bisher, in die Lage gesetzt werden, die umfassend angelegte Geschichte des Bistums Bamberg ohne materielle Einbuße fortsetzen und zu einem glücklichen Ende führen zu können."

Wenn wir der mündlichen Bamberger Tradition glauben dürfen, scheint Looshorn mindestens zeitweise in große finanzielle Schwierigkeiten geraten zu sein. Bei der schnellen Folge des Erscheinens — 1891 erschien bereits der dritte Band [14], der fast 800 Seiten umfassend, das 14. Jahrhundert abhandelte — und den vermutlich sehr geringen persönlichen Einkünften Looshorns, muß das nicht verwundern. So erscheint die Mitteilung, daß ihm in jenen Jahren ein italienischer Geistlicher namens Cerebotani geholfen habe, nicht unwahrscheinlich[23]. Tatsächlich erwähnt der Münchener Schematismus von 1891 Alois Cerebotani, geboren 1847 in der Diözese Verona, 1869 zum Priester geweiht. 1892 wird er Benefiziat an der Münchener Liebfrauenkirche. Die Berufung zum ordentlichen Mitglied der Päpstlichen Akademie der Wissenschaften im Jahre 1902 bezeugt ihn als einen wissenschaftlich interessierten Mann, der sehr wohl engere Verbindung zu Looshorn gehabt haben kann.

---

[21] 97 (1886) S. 320.
[22] Histor.-polit. Blätter 103 (1889) S. 972.
[23] Freundliche Mitteilung von Dr. A. Gemperlein, Bamberg.

Aber es entstanden noch andere Probleme. Hatte Looshorn in knapp zehn Jahren die ersten drei Bände, also den ursprünglich geplanten Umfang des Werkes publizieren können, so mußte er inhaltlich jetzt erheblich umdisponieren. Mit dem dritten Bande war er nämlich nur bis 1399 gelangt. Die Schwierigkeiten der Bearbeitung wuchsen laufend: Das Quellenmaterial nahm erheblich zu, die gedruckten Ausgaben, deren er sich für die ersten Jahrhunderte noch bequem bedienen konnte, wurden schon im Spätmittelalter seltener und — ein entscheidender Umstand — die Bamberg betreffenden Archivalien im Reichsarchiv in München, normalerweise nur Bestände vor 1400 umfassend, gingen zu Ende. Schon 1885 hatte er Ausleihwünsche an das Bamberger Kreisarchiv übermitteln lassen. 1887 erhielt er — übrigens erst nach einer Erklärung der Kreisregierung in Bayreuth über die fiskalische Unbedenklichkeit der Aushändigung — ein Kopialbuch von St. Stephan in Bamberg nach München überstellt[24]. Dazu kam 1887 der Tod Gutenäckers, wodurch er den Freund und hilfsbereiten Informanten verlor und wahrscheinlich noch Erschwernisse bei der Ausleihe der Bücher aus der Staatsbibliothek hatte, wie ein Gesuch an das Ministerium kurze Zeit nach Gutenäckers Tod nahelegt[25].

Als er im Oktober 1890 Archivalien „zur Vollendung des dritten Bandes" aus Bamberg ans Reichsarchiv erbittet, fügt er gleichzeitig bei, daß er eben diese Archivalien in der folgenden Woche schon im voraus kurz in Bamberg einsehen will. Der Gedanke an eine Rückkehr scheint allmählich gereift zu sein. Aber erst 1897 kam es soweit, nachdem gewisse Verzögerungen, deren Ursachen uns unbekannt sind, die aber Looshorn im Vorwort zum vierten Bande der Bistumsgeschichte [18] ausdrücklich erwähnt, überwunden waren.

Mit Gesuch vom 9. Juli 1897 bittet Looshorn das Direktorium des Allgemeinen Reichsarchivs „ihm die Benützung der einschlägigen Archivalien (von 1400 an bis zur Säkularisation) soweit sie sich in den Kreisarchiven zu Bamberg, Nürnberg, Amberg und Würzburg befinden" erlauben zu wollen[26]. Als Grund gibt er an, daß er „Ende dieses Monats nach Bamberg, Egelsee Straße 104" übersiedelt. Das Gesuch geht an die vier Archive „zur gutachtlichen Äußerung". Die Antwort des Bamberger Archivars vom 10. Dezember 1897 verdient in weiterem Umfang wörtlich zitiert zu werden, da sie erneut ein Licht auf den Arbeitsstil und die Persönlichkeit Looshorns, ebenso aber auch auf die Praxis und Haltung eines Archivars am Ende des 19. Jahrhunderts wirft, wenn es dort u.a. heißt: „Das Gesuch ... ist — weil viel zu allgemein

---

[24] Staatsarchiv Bamberg BA 3111.
[25] Bayer. Staatsbibliothek München, Registratur, Gesuch vom 13. 4. 1887: „... bedarf zu seinen wissenschaftlichen Arbeiten verschiedene Werke zu deren Benutzung die Bibliotheks-Zeit nicht ausreicht." Gutenäcker war am 16. 3. 1887 gestorben.
[26] Staatsarchiv Bamberg BA 3111.

gehalten — mit den zu Recht bestehenden hohen und höchsten Verordnungen über Archivbenützung seitens Privater auch nicht annähernd in Einklang zu bringen ... Ein ganz großes, ungemein reichhaltiges Archiv soll in all seinen hochstift'schen Beständen schrankenlos geöffnet, vier Jahrhunderte umfassendes Urkunden- und Akten-Material scrupellos zugänglich gemacht werden auf die verblüffend einfache, nackte Erklärung des Petenten hin, daß er seine Geschichte des Bisthums Bamberg fortzusetzen und zu vollenden gedenke ...

Ich suchte daher, auf Grund persönlicher Rücksprache ... mehr Klarheit zu schaffen. Es war jedoch nicht so leicht geschehen, den eigentlichen Arbeitsplan des Herrn Petenten zu ergründen, ich hatte nicht geringe Mühe, mit demselben über eine auch nur annähernd rationale Benützung des hiesigen Archives mich zu verständigen ... Sein bis zur Stunde den Eindruck des Schwankenden, Sprunghaften, in sich Unfertigen machendes Programm lautet im Wesentlichen dahin, die Geschichte des Hochstiftes Bamberg von 1400 bis zur Säkularisation hauptsächlich nach der kirchlichen Seite hin zu bearbeiten, mehr die rein geistliche Regierung der einzelnen Bischöfe zu beleuchten.

Was jene Korporation betrifft, welche die einflußreichsten Rechte zur Mitverwaltung der Diözese im Laufe der Zeit erlangte, das Domkapitel nämlich, will Petent, wie ich seinen stets nur knappen Andeutungen entnehmen zu dürfen glaube — und er akzeptierte meine Auffassung — jedenfalls nur jene Bestände in den Bereich seiner Forschungen ziehen, welche das Kapitel als kirchliche Korporation, die innere Verfassung und Organisation desselben ... betreffen, und insoweit sie vor allem geeignet erscheinen, das Verhältnis des Domkapitels zum Bischof und die Teilnahme des ersteren an der Diözesanregierung klarlegen zu können."

Die Antwort des Reichsarchivs vom 5. Januar 1898 gab die Benützungserlaubnis, allerdings mit der Auflage „denselben mündlich zu verpflichten, seine Excerpte zur Prüfung dem königlichen Kreisarchivar vorzulegen und über alle seine Aufgabe nicht berührenden Einträge in den Bamberger Kopialbüchern und in den sonst im zur Benützung vorgelegten Archivalien strengstes Stillschweigen gegen Jedermann zu beobachten. Der königliche Kreisarchivar wird beauftragt, diese Excerpte genau zu prüfen und alle, welche nach irgendeiner Seite zu beanstanden sind, zurückzuhalten.

Von dieser Ermächtigung wird unter heutigem der Gesuchsteller von hier aus in Kenntnis gesetzt. Da Looshorn ein schneller Arbeiter ist, so empfielt es sich, die Recherche nach weiteren Archivalien, die nach seinem Plane für ihn im Königlichen Kreisarchive Bamberg in Betracht kommen, alsbald fortzusetzen."

Man hatte in München aus fünfzehnjährigem Umgang mit Looshorn recht geurteilt, er war ein „schneller Arbeiter", der sich ganz auf seine begrenzte Themenstellung konzentrierte und in seiner Arbeitsmethode unbeirrt fortfuhr. Schon im Jahre 1900 folgte der vierte Band [18], weit über 1000 Seiten stark, mit je drei Jahren Abstand der fünfte und sechste Band [19. 21], schon im folgenden Jahre 1907 der Band 7,1 [22]. Im Jahre 1910 durfte endlich der nun bereits 79jährige Autor im Vorwort von Band 7,2 [25] Lob und Dank den von ihm hochverehrten Bistums-Patronen aussprechen, dem Lande, dessen Geschichte er in fast dreißig Jahren seines Lebens behandelt hatte, und seinen Bewohnern „zeitliche Wohlfahrt und irdisches Glück" wünschen, endlich aber schließen mit dem Satz: „Mögen dann in den kommenden Zeiten gewandtere Federn die Geschichte des Erzbisthums, seiner Hirten und Gläubigen und auch seiner Feinde schildern."

Am Ende eines langen, schweren Werkes verrät dieser Satz doch einen rechten Grad von Selbsterkenntnis. Eine glanzvolle Schilderung der Bistumsgeschichte war wahrlich auf den mehr als fünfeinhalb tausend Druckseiten nicht niedergeschrieben worden. Aber die Fülle des durchgearbeiteten, größtenteils in Übersetzung vorgelegten Materials war überwältigend. So fand auch die Kritik jetzt allmählich andere Töne. In den Jahresberichten der Geschichtswissenschaft[27] wurde der Tenor auf die Kennzeichnung als „große und dankenswerte Matenaliensammlung" gestimmt. Endlich gönnte nun auch der für solche Werke in Deutschland nicht unmaßgebliche „Theologische Literaturbericht"[28] mehr als nur die bibliographische Anzeige des jeweiligen Bandes und brachte eine Würdigung wenigstens des letzten Bandes mit einigen nebensächlichen kritischen Einwendungen.

Zum ersten Male nimmt nun auch der Historische Verein Bamberg, dessen Mitglied aus welchen Gründen auch immer Looshorn nicht geworden war, von seinem Werk Notiz, indem dessen seit 1906 amtierender Vorsitzender, Professor Anton Dürrwächter, den letzten Band anzeigte[29] und seine Notiz mit folgenden, alle Vorbehalte deutlich machenden Worten schloß: „Die heutige Gelegenheit möchten wir doch nicht vorübergehen lassen, ohne dem Verfasser unsere Glückwünsche dazu auszusprechen, daß es ihm vergönnt gewesen, noch in seinen hohen Lebenstagen, das Werk, das ihm ein Lebenswerk gewesen ist, zu vollenden. Mag es sein, wie es wolle, es war, rein persönlich genommen, eine staunenswerte Tat unnachgiebigen, zähesten Fleißes."

Das einzige Organ, das von Anfang an die Bände Looshorns fast regelmäßig angezeigt und meist ausführlich besprochen hatte, waren die ∑Historisch politischen Blätter für das katholische Deutschland". Dies ist sicher ein Zeichen, daß Looshorn auf der Seite dieses konservativ-katholischen Organes[30]

---

[27] So schon 14 (1891) II, S. 331.
[28] 30 (1910) S. 777 f.
[29] BHVB 69 (1911) S. 109.
[30] Franz Schnabel, Deutsche Geschichte im 19. Jh. Bd. 4 (1937) S. 145. 166 ff. 177. — In der Bamberger Bibliothek hat Looshorn regelmäßig die Zeitschrift gelesen (Ausleihregister 1897 ff.).

stand, vielleicht sogar engere Beziehungen zu seiner Redaktion besaß. Die Rezensenten hinderte dies aber nicht, offene Worte zu sprechen. So wird wirklich treffend bei der Rezension des dritten Bandes[31] die Grundproblematik des Looshornschen Werkes angesprochen, wenn es dort heißt: „Man wird fast erdrückt von der Überfülle des mitunter wenig verarbeiteten Stoffes und es liegt die Frage nahe, ob es nicht zuträglicher gewesen wäre, vor allem ein Urkundenbuch oder Regesten der Bischöfe zu schaffen, und diese Arbeit dann durch eine gerundete, von dem Ballast urkundlicher Einzelheiten und langer Zeugenreihen nicht beschwerte Bischofs- oder Bistumsgeschichte zu krönen."

Mehr Lob für Looshorn bringt dann eine zusammenfassende Würdigung[32] der ersten vier Bände im Jahre 1901, die aus dem Überblick behauptet: ΣLooshorns unbestreitbare Vorzüge sind historische Genauigkeit und kritischer Scharfsinn. Er geht keiner Schwierigkeit aus dem Wege und löst sie mit Umsicht und Klarheit ... man mag dieses oder jenes an ihm bemängeln — aber unbeachtend an ihm vorübergehen kann keiner, der Bamberger oder deutsche Geschichte treiben und schreiben will." Ähnlich im Tenor sind auch die noch folgenden Anzeigen, die öfter allerdings auf Einzelheiten kritisch eingehen, und deren letzte schon mit einer wesentlichen Stelle eingangs zitiert worden ist.

Mit vollem Recht wird dort wie in anderen Rezensionen bemerkt, daß Looshorn keine „pragmatische Geschichte" geschrieben hat. Tatsächlich hat er auf weite Strecken nur Texte aus Urkunden und Archivalien entweder ziemlich wörtlich ins Deutsche übertragen, oft aber auch nur den Inhalt zusammenfassend wiedergegeben. Letzteres gilt vor allem für die Auszüge aus den Kopialbüchern und Rezeßbüchern des Domkapitels, die im vierten Bande einsetzen. Looshorns Arbeitsweise ist natürlich vor allem für das Mittelalter recht unbefriedigend und war schon im Moment der Niederschrift nicht auf der Höhe der Zeit. Andererseits darf man aber nicht vergessen, daß Looshorn mit seinem Werk in erster Linie nicht den Fachgelehrten ansprechen wollte. Warum hätte er sonst alle Texte ins Deutsche übertragen? So mußte Looshorn in eine zwiespältige Situation geraten: eine breitere Öffentlichkeit hätte eine zusammenhängende, gefällig lesbare Darstellung vorgezogen, für den Fachgelehrten entfernte er sich durch die Übersetzung und die nicht zu leugnenden Auslassungen von Partien, die ihm für seine Thematik unwichtig erschienen, zu weit von den Originalen.

In der Neuzeit kommt dazu noch der fast völlige Verzicht auf die einschlägige Literatur. Zu einem gewissen Teil hängt dies sicher mit der Übersiedlung nach Bamberg zusammen, wo ihm nicht mehr der reiche Bücherschatz

---

[31] Histor.-Polit. Blätter 109 (1892) S. 717 f.
[32] Ebd. 127 (1901) S. 454. Die ausführlichen Rezensionen kommen hier regelmäßig im Jahr des Erscheinens oder im folgenden Jahr.

der Bayerischen Staatsbibliothek in München zur Verfügung stand, wo ihm noch dazu der ungemein kenntnisreiche Freund Gutenäcker die literarischen Schätze aufgeschlossen und stets auf die neuesten Erscheinungen aufmerksam gemacht haben dürfte. Dieser Wandel kündigt sich nämlich schon im dritten Bande, also in der Zeit von Gutenäckers Krankheit und Tod, an.

Looshorn hat seit dem Beginn der Arbeit an der Bistumsgeschichte seine Kraft fast ausschließlich darauf konzentriert. Neben nicht ermittelbaren Zeitungsaufsätzen[33], von denen er gelegentlich spricht, ist eine kleine Schrift [13] von 1888 bekannt, in der er „zur Ausmalung der Michaelskirche in Bamberg" Vorschläge unterbreitet und damit einem Plan des Regensburger Domvikars Dengler, den dieser in einem sehr weitreichenden „Programm zur Restauration der Sankt Michaelskirche" erörtert hatte[34], nicht ohne Polemik entgegentritt. Looshorn fordert einen ganzen Bilderzyklus aus dem Leben des heiligen Otto, der alle freien Wand- und Deckenflächen ausfüllen soll. Nicht ohne Interesse ist, daß er in diesem Zusammenhang auch zur Gründung eines Diözesanmuseums aufruft (S. 11), eine Anregung, die erst acht Jahrzehnte später verwirklicht werden sollte.

Einem von seinen Interessen weit abgelegenen Gebiete wandte sich Looshorn zu mit der Übersetzung einer lateinischen Lebensbeschreibung des 1867 heiliggesprochenen Märtyrers Josaphat Kuncewicz (1580—1623), der als Erzbischof von Polotsk eine hervorragende Rolle bei der Union der Ruthenen mit Rom im 16. Jahrhundert gespielt hatte. Die Anregung dazu mag ihm aus zeitgenössischen Publikationen zur Ruthenenfrage, vielleicht aber auch durch den Umgang mit in München lebenden ausländischen Geistlichen gekommen sein. Wie das mit 2. Juli 1897 datierte Vorwort lehrt, ist diese Arbeit kurz vor der Rückkehr nach Bamberg abgeschlossen worden.

Ein Nebenprodukt der Arbeiten an der Bistumsgeschichte bilden zwei kleine Broschüren über einen Bamberger Juden im 15. Jahrhundert [16.17]. In seiner Darstellung setzt sich Looshorn, wie immer in kontroversen Angelegenheiten voller Animosität, mit dem auch als Historiker der Bamberger jüdischen Gemeinde bekannten Rabbiner Eckstein auseinander. Dieser scheint aber, mindestens in seinen selbständigen Publikationen, davon keine Notiz genommen zu haben.

An entschiedenen und eindeutigen Urteilen, die nicht immer viel Verständnis für historische Bedingtheiten und menschliche Schwächen bezeugen, fehlt es bei Looshorn wahrlich nicht. Nicht nur Juden, Protestanten, genauso auch der katholische Klerus, vor allem in seinen hohen Vertretern im Domkapitel und Episkopat sind davon gleicherweise betroffen. Auch andere Freunde der Bamberger Geschichte, wie zum Beispiel Joseph Heller oder Martin von

---

[33] Vgl. Bibliographie [13] S. 3.
[34] Staatsbibliothek Bamberg Msc. misc. 603. — Heinrich Mayer, Bamberg als Kunststadt, Bamberg 1955, S. 158.

Reider, verschont er nicht mit seinen kritischen Zensuren[35]. Auffallend gehäuft treten diese im 4. und vor allem im 5. Bande bei der Behandlung von Reformation und Gegenreformation auf, als das adelige Domkapitel und die von ihm gewählten Bischöfe gewiß manche Fehler und Blößen boten. Looshorn hat seine Kernsätze durch Sperrung im Text für jeden Leser, selbst für den flüchtigen Benutzer seines Werkes, deutlich hervorgehoben. Über dies scheinen die Sätze in ihrer Formulierung eine Anwendung auf die zeitgenössischen Inhaber der Ämter nicht absolut auszuschließen.

So braucht es nicht zu verwundern, daß es zu einer offenen Auseinandersetzung zwischen der kirchlichen Behörde und Looshorn kam[36]. Den Anlaß bot die seit dem fünften Bande auch als Verlag firmierende „Handelsdruckerei" in Bamberg. Als Looshorn 1903 um die oberhirtliche Druckerlaubnis — die einzuholen als Geistlicher er verpflichtet war — für Band 5 im Ordinariat nachsuchte, wurde ihm nahegelegt, seine Werke nicht bei einer Firma erscheinen zu lassen, wo — wie es dann in einer Wiederholung der Auseinandersetzung 1906 heißt — „fast nur Schriften gedruckt und verlegt werden, in welchen Christentum und Kirche tendenziös geschmäht werden"[37].

Als man Looshorn 1906 die Druckgenehmigung für den 6. Band verweigerte, da er die Mahnung unbeachtet gelassen hatte und nicht das Manuskript, sondern offensichtlich die fertigen Aushängebogen, allerdings ohne die Titelei, zur Prüfung vorlegte, replizierte er, ziemlich sophistisch, „daß er ein gedrucktes Manuskript, nicht ein für die Öffentlichkeit bestimmtes Buch" übersandt habe. In einer längeren Gegenerklärung eröffnete er dann, nachdem er den Sachverhalt, soweit er die Handelsdruckerei betraf, nicht leugnen konnte, daß er schon 1903 dem Ordinariat „zur Beruhigung klargelegt, daß die Firma durch die Drucklegung und Übernahme meines Werkes fortan auch dem Christentum und der katholischen Kirche nicht zu unterschätzende Dienste leistet. Abgesehen von Franken hat die rührige Firma das Werk in einer Reihe der großen Bibliotheken des In- und Auslandes eingeführt: mein Werk aber bleibt eine Apologie der römisch-katholischen Kirche im Bambergischen." Und er fügt noch weitere drei Punkte, wohl wissend um den Anstoß, den er sicher bei dem einen oder anderen erregt hatte, bei:

„Drittens. Auch für Bamberg gilt bei Erforschung und Benützung der Geschichts-Quellen, deren Abfluß bisweilen ein recht widerlicher ist, der vom

---

[35] Heller: Vgl. Bibliographie [18] S. 569. — Reider [13] S. 11 („Kunst- und Altertumsmarder").

[36] Die folgende Darstellung gründet wegen des fehlenden Personalaktes lediglich auf den von Looshorn selbst publizierten Schriftstücken in einer „Erklärung" am Ende des 6. Bandes der Bistumsgeschichte, vgl. Bibliographie [21] S. 731 f.

[37] Ein typisches Beispiel dieser Produktion ist die Reihe „Volksschriften für die Umwälzung der Geister" (vgl. K. Bibliothek Bamberg, Katalog der Bibliothek des Frhr. Emil Marschalk von Ostheim, Bamberg 1911, S. 913 f. Weitere Beispiele ebd. S. 909 u. 911).

Papst Leo XIII. ausgesprochene Grundsatz, daß nichts hinweggelassen und nichts hinzugefügt, sondern die objektive geschichtliche Tatsache sine ira et studio berichtet werde. Gemäß dieser vom Papste gezogenen Richtschnur[38] ist mein ganzes Werk bearbeitet.

Viertens. Wer über mein Werk urteilen will, sollte billig einige Prozent der benützten Archivalien kennen.

Fünftens. Furchtsame mögen sich beruhigen, weil das Apostolische Glaubensbekenntnis nur eine communio sanctorum lehrt und nicht eine communio malorum."

Daß nach diesen starken Worten, obendrein in Druck verbreitet, die Bände 6 und 7 ohne eingedrucktes Imprimatur erschienen, ist fast eine Selbstverständlichkeit. An seiner eigentlichen Haltung haben aber diese Vorfälle, die sich leicht aus seinem Charakter — schon das „Eingesandt" von 1885 bescheinigt ihm Schroffheit des Wesens — erklären lassen, nicht berührt. So machte er sich, offenbar als das große Werk 1910 vollendet war, daran, die Evangelien der Sonntage ins Deutsche zu übertragen und mit kurzen Erklärungen zum Gebrauch im Gottesdienst versehen, herauszugeben [26]. Es wurde sein letztes Werk.

Am 14. Januar 1916 ist er dann, offenbar zu allerletzt von den Beschwerden des hohen Alters — er war nun 85 Jahre — recht geplagt, gestorben. Bei seinem Diamantenem Priesterjubiläum zwei Jahre zuvor hatte er alle zugedachten Ehrungen zurückgewiesen, wie die Zeitungen bei seinem Tode berichteten. Die Beerdigung soll nun auch nach den Angaben von Augenzeugen sehr bescheiden, fast ärmlich, ausgerichtet gewesen sein. Das offizielle Bamberg, ob geistlich oder weltlich, scheint keine besondere Anteilnahme gezeigt zu haben.

Johann Looshorn ruht heute in einem Ehrengrab der Stadt Bamberg, neben so verdienten Männern wie den Verwaltern des Naturalienkabinetts Dionys Linder und Andreas Haupt, den Bibliothekaren Jaeck und Leitschuh. Diese Ehrung wurde Looshorn aber erst 1930 zuteil, als sein ursprüngliches Grab aufgelassen werden sollte. Nur das Eingreifen des Leiters der Städtischen Garten- und Friedhofsverwaltung Luster sowie Gutachten des Vorsitzenden des Historischen Vereins und des Leiters der Staatlichen Bibliothek bewirkten dann einen Beschluß des zuständigen Verwaltungsrates zur Überführung. Eines der Gutachten[39] kommt zu dem treffenden, abschließenden Urteil: „Der Verfasser hat zwar die beim Mangel eines grundlegenden Regestenwerkes auch heute noch kaum lösbare Aufgabe, eine pragmatische Geschichte des

---

38 Anspielung auf das Breve Papst Leos XIII. vom 18. 8. 1883 (Acta Sanctae Sedis 16, 1883, S. 49 ff.): ΣPrimam esse historiae legem ne quid falsi dicere audeat, deinde ne quid veri non audeat, ne qua suspicio gratiae sit in scribendo, ne qua simultatis" (S. 54).

39 Stadt Bamberg, Hauptregistratur V 202/41 / Bd. 2.

Bistums Bamberg zu schreiben, nicht erfüllen können ... Die Bewältigung des ungeheueren Stoffes zu einer objekliven Darstellung ist aber eine gewaltige Leistung. Zudem hat Looshorn über 30 Jahre seines Lebens dem Werk gewidmet und in idealer Begeisterung für die Bamberger Bistumsgeschichte ohne wesentliche finanzielle Unterstiitzung aus seinem eigenen Vermögen das Werk vollendet."

BIBLIOGRAPHIE

1. Coelii Sedulii Opera recensita ad fidem codicum manuscriptorum Monacensium et editionis ab Arevalo Romae 1794 vulgatae. Xenium sociis studiorum Bambergensium dedicatum. Monachii: Lindauer in Komm. 1879. XVII, 98 S.
   Eine Ankündigung dieser Ausgabe findet sich in der Zeitschrift für kath. Theologie 3 (1879) S. 624.
2. Der heilige Petrus Chrysologus und seine Schriften. Zs. f. kath. Theol. 3 (1879) S. 238-265.
3. Cölius Sedulius und seine Werke. Zs. f. kath. Theologie 4 (1880) S. 74-89.
4. Die lateinischen Übersetzungen des h. Johannes Chrysostomus im Mittelalter nach den Handschriften der Münchener Hof- und Staatsbibliothek. Zs. f. kath. Theol. 4 (1880) S. 788-793.
5. Das Todesjahr der h. Kaiserin Kunigunde. Bamberger Pastoralblatt 27 (1884) S. 142 f. Nur mit der Initiale L. unterzeichnet. Textgleich mit Nr. 8, S. 293-295.
6. Die jungfräuliche Ehe Kaiser Heinrichs II. des Heiligen mit Kunigunde. Zs. f. kath. Theol. 8 (1884) S. 822-829. Weitgehend textgleich mit Nr. 8, S. 295-308.
7. Die 14 Slavenkirchen. Bamberger Pastoralblatt 28 (1885) S.203.
8. Die Geschichte des Bisthums Bamberg. Nach den Quellen bearbeitet. 1. Bd.: Die Gründung und das erste Jahrhundert des Bisthums Bamberg, Oder: Die Heiligen Kaiser Heinrich und Kunigunda. München: Zipperer 1886. VIII, 544 S.
   Nachdruck: Bamberg 1967.
9. Die Abstammung des heiligen Otto, Bischofs von Bamberg. Bamberger Pastoralblatt 29 (1886) S. 177-179. Im Text ausführlicher als der gleichnamige Abschnitt in Nr. 11, S. 8 ff.
10. Charakteristik des Bischofs Ekkebert von Bamberg. Bamberger Pastoralblatt 30 (1887) S. 203. Textgleich zu Nr. 11, S. 664 f.
11. Die Geschichte ... 2. Bd.: Das Bisthum Bamberg von 1102-1303. München: Zipperer 1888. 918 S.
    Nachdruck: Bamberg 1967.
    Der erste Abschnitt dieses Bandes (S. 1-368) erschien mit dem Nebentitel: Der heilige Bischof Otto. Festschrift zum 700jährigen Jubiläum seiner Heiligsprechung. München 1888.
12. Der heilige Otto, achter Bischof von Bamberg, Apostel der Pommern. Auszug aus der Festschrift zum 700jährigen Jubiläum seiner Heiligsprechung. München: Zipperer 1888. 144 S.
13. Zur Ausmalung der Michaelskirche in Bamberg. Beitrag zum 700jährigen Jubiläum des hl. Otto. München: Selbstverl. 1888. 11 S.

14. Die Geschichte ... 3. Bd.: Das Bisthum Bamberg von 1303-1399. München: Zipperer 1891. VIII, 775 S.
 Nachdruck: Bamberg 1967.
15. Der heilige Martyrer Josaphat Kuncewicz, Erzbischof von Polozk, aus dem Basilianer-Orden. Nach d. Lateinischen des Bischofs Jakob Susza aus d. gleichen Orden bearbeitet. Mit einem geschichtl. Ueberblicke über die unirten Ruthenen in Polen u. Rußland. München: Zipperer 1898. VI, 189 S. 16. Des Juden Mayer Prozeß gegen Bamberger Fürstbischöfe. Bamberg: Selbstverl. 1899. 8 S.
 Diese und die folgende Schrift sind am Ende mit den Initialen J. L. signiert. — Zur Autorschaft bekennt sich Looshorn in Nr. 18, S. 249 Anm. 2.
17. Das Urtheil im Prozeß des Juden Mayer gegen Bamberger Fürstbischöfe. Passau: Abt 1900. 20 S.
18. Die Geschichte ... 4. Bd.: Das Bisthum von 1400-1556. München: Zipperer 1900, VIII, 1080 S. Der zweite Teil des Bandes (S. 543 ff.) erschien auch separat mit dem Titel: Weigand von Redwitz, Fürstbischof von Bamberg 1522-1556. Bamberg: Handelsdruckerei 1900.
19. Die Geschichte ... 5. Bd.: Das Bisthum Bamberg von 1556-1622. Bamberg: Handelsdruckerei 1903. VI, 544 S.
20. Kloster Kaufungen. Histor.-polit. Blätter 135 (1905) S. 386-388.
 = Bespr. von: Urkundenbuch des Klosters Kaufungen in Hessen ... hrsg. v. Hermann v. Roques. 2 Bde. Cassel 1900-1902.
21. Die Geschichte ... 6. Bd.: Das Bisthum Bamberg von 1623-1729. Bamberg: Handelsdruckerei 1906. 736 S.
22. Die Geschichte ... 7. Bd.: Das Bisthum von 1729-1808, 1. Lfg.: Graf Friedrich Karl von Schönborn als Fürstbischof von Baunberg. Mit 9 autotypierten Bildern. Bamberg: Handelsdruckerei 1907. VIII, 320 S.
23. Besprechung: Michael Wieland, Das Kloster St. Maria in Kitzingen, Haßfurt 1908. In: Histor.-polit. Blätter 143 (1909), S. 643 f.
24. Besprechung: Heinrich Bauer, Geschichte der Stadt Pegnitz, Pegnitz 1909. In: Histor.-polit. Blätter 144 (1909), S. 809-811.
25. Die Geschichte ... 7. Bd., 2. Lfg.: Das Bisthum Bamberg von 1747-1808. Mit 4 autotypierten Bildern. Bamberg: Handelsdruckerei 1910. VII, 772 S.
26. Die Evangelien der Sonn- und Festtage des Kirchenjahres übers. u. erkl. Bamberg: Magnus Klee u. Adam Metzner in Kommission. 1911. 1 Taf., 188 S.

Aus: Jahrbuch für fränkische Landesforschung 34/35 (Festschrift für Gerhard Pfeiffer), 1975, S. 617-634.

HINWEISE ZUR BENUTZUNG DES REGISTERS

Das folgende Register vereinigt geographische Namen sowie Personen- und Familiennamen in alphabetischer Folge, wobei die Umlaute in der Reihenfolge unter ae, oe und ue eingeordnet wurden. B und P, C und K, D und T sowie F und V wurden jeweils in einem Abschnitt zusammengefaßt.

Kaiser und Könige, sowie Bischöfe und Ordensobere, geistliche und weltliche Reichsfürsten sind üblicherweise unter ihrem Vornamen zu finden. Achtung: Einzelne Ausnahmen von dieser Regel sind wegen der Vielzahl der Bearbeiter dieses Registers möglich.

Orte mit dem Zusatz „Bad" sind unter ihrem eigentlichen Namen eingeordnet. Die in Bayern liegenden Orte werden nach ihrer geographischen Lage zur nächstgrößeren Stadt bestimmt, diejenigen im übrigen Bundesgebiet nach Bundesländern. Alle übrigen Orte werden - soweit möglich - nach den Grenzen der heutigen Staaten bestimmt.

Konnte ein Ort nicht eindeutig zugewiesen werden, so ist dies durch den Zusatz „(n.ident.)" oder „(ON)" kenntlich gemacht.

Mit „St. Gangolf", „St. Jakob" und „St. Stephan" sind die gleichnamigen Stifte in Bamberg gemeint.

Querverweise sind vielerorts vorhanden, erheben aber keinen Anspruch auf Vollständigkeit.

Die Angaben sind wie folgt zu lesen:

IV 563 = Band IV, Seite 563.

VII/2 643 = Band VII, Teil 2, Seite 643

Die Benutzerinnen und Benutzer des Registers werden gebeten, bei eventuellen Ungereimtheiten oder Fehlern Gnade mit den Endredaktoren walten zu lassen und die lange Bearbeitungszeit und die Vielzahl von an der Erstellung des Registers beteiligten Personen zu bedenken!

ABKÜRZUNGSVERZEICHNIS

A./Ä.	Abt/Äbtissin
B.	Bischof
Barb.	Barbara
Bbg	Bamberg
Brandenbg	Brandenburg
B.-W.	Baden-Württemberg
CH	Schweiz
Chr.	Christoph
Dek.	Dekan
Dh.	Domherr
DO	Deutscher Orden
Dpr.	Dompropst
Domvik.	Domvikar
Eb.	Erzbischof
Elis.	Elisabeth
Fam.	Familie(nname)
Fl.	Fluß
FlN.	Flurname
Friedr.	Friedrich
Gf	Graf
Gg	Georg
Hl.	Heilige(r)
Heinr.	Heinrich
Hess.	Hessen
Hör.	Hörige(r)
Hptm.	Hauptmann
Hzg	Herzog
It.	Italien
Joh.	Johann(a)
Kath.	Katharina
Kard.	Kardinal
Kan.	Kanoniker
Kfst	Kurfürst
Kg	König
Kl.	Kloster
Kler.	Kleriker
Konr.	Konrad
Konv.	Konventuale, -in

Kpl.	Kaplan
Ks.	Kaiser
Kunig.	Kunigunde
Marg.	Margarethe
Mfr.	Mittelfranken
Mbg-Vp.	Mecklenburg-Vorpommern
Mgf	Markgraf
Min.	Ministeriale
n.	nördlich
NB.	Niederbayern
Nbg	Nürnberg
Nds.	Niedersachsen
n.ident.	nicht identifizierbar
NL	Niederlande
NRW	Nordrhein-Westfalen
OB.	Oberbayern
ö.	östlich
Österr.	Österreich
Ofr.	Oberfranken
ON	Ortsname
Opf.	Oberpfalz
Pfr	Pfarrer
Ph.	Philipp
PN	Personenname
Pr.	Propst
Prof.	Professor
Rh.-Pf.	Rheinland-Pfalz
s.	südlich
Sa.-Anh.	Sachsen-Anhalt
Sachs.	Sachsen
Schl.-H.	Schleswig-Holstein
Schw.	Schwaben
St.	Sankt
Theol.	Theologe
Thür.	Thüringen
Ufr.	Unterfranken
Ulr.	Ulrich
w.	westlich
Wbg	Würzburg
Weihb.	Weihbischof
Wilh.	Wilhelm

Aachen (NRW) I 12, 22, 27, 54f, 67, 77, 107, 118, 124, 196, 221, 229f, 246, 263, 313, 352, 358, 361, 476, 489; II 120, 218, 223, 304, 315, 410, 458, 583, 594, 600, 607f; III 27, 288, 354, 414, 435; VII 136; VII/2 17, 33
- Klöster u.Stifte
- - St. Adalbert I 108, 110, 223
- - St. Johann I 110
- - St. Maria I 108, 117
- - - Pr. s.u. Arnold; Theoderich
- - St. Nikolaus I 108

Abaelard, Petrus (Scholastiker) II 318; VI 24

Bad Abbach (w.Kelheim) I 40, 70, 139; II 142

Abdon (Hl.) I 187

Abeillé, Louis (Erlangen) VII 132

Abele, Chr. v. VI 465

Abemann, Dietrich III 677
- Eberlein III 677

Abenberg (sw.Schwabach) I 319; II 293, 403; VI 188

Abenberg, v. (Fam.) I 161, 414; II 510, 513, 523, 549f; III 381, 425
- Adalbert v. II 65
- Anna v. IV 347, 425
- Barb. v. IV 347
- Dietr. v. (Dh.) III 238, 321, 344, 351, 365, 367, 388, 521, 628, 753f
- Erhart v. IV 885, 894
- Friedr. v. II 513, 523, 549, 567
- Gerhilt v. II 65
- Gg v. III 238; IV 307, 347, 362, 396, 418, 665
- Hadewig v. II 104, 403
- Hans v. VI 81
- Hans Chr. v. IV 565
- Hans Eitel v. IV 565
- Hans Gg v. IV 565
- Hans Sigmund v. IV 565
- Hans Thomas v. IV 551-565
- Hieronymus v. V 250, 312
- Joh. v. III 361, 521
- Konr. v. II 452
- Otto v. I 413, 487, 489, 498; II 111, 271, 274f
- Pals v. IV 418
- Raboto v. II 91, 93, 95-99, 104ff, 138, 151, 153, 276f, 293f, 297, 315, 323, 376, 378, 382, 386, 401ff, 419, 437ff, 452, 464, 484, 494f, 497-500, 509f
- Theodor v. (Dh.) III 321
- Ulr. v. III 238
- Ursula v. IV 347
- Wolfram v. I 347, 382, 413, 486f, 498; II 65f, 293
- vgl. Frensdorf, v.

Aberhern, Ulr. (Buttenheim) IV 222

Abersfeld, Friedr. v. II 465
- Hans v. IV 245

Abraham (B.Freising) I 40

Abraham, Jendel Moyses VII/2 315

Abrinteburcstal (n.ident.) II 334

Abruzzen (Landschaft) I 254

Absberg (nö.Gunzenhausen) IV 551f, 565

Absberg, Anna v. V 529
- Gozwin v. I 477f; III 317
- Hans v. III 499

- Heinr. v. III 499; IV 267
Abtsdorf (sw.Bbg) II 101, 616, 618; III 609, 619, 622, 625; VI 629
Abtsdorf (nö.Traunstein) III 426
Abtsdorf, Adalbert v. (Michelsberg) II 101
- Bero v. II 101
- Bertha v. II 101
- Frideruna v. II 101
- Goswin v. III 688
- Sigeburga v. II 101
Abtsdorfer, Fritz (Bbg) III 557
Abtsgreuth (n.Neustadt/A.) IV 788
Abtswald (FlN.) I 21, 136
Abtswind (nö.Kitzingen) IV 630; VI 492; VII/2 85
Abukir (Ägypten) VII/2 677
Abydaffa (FlN.) I 21
Ach (Österr.) IV 351; V 55
Achatius (A.Weißenohe) IV 470
Achatz (Fam.) IV 539
Achilleus (Hl.) I 187; II 431
Achim (Nds.) II 461
Achim (Sultan) I 400
Acholshausen (sw.Kitzingen) V 360
Achspack (Fam.) III 199
Achtaler, Elis. (Nbg) IV 161
Achtel (nw.Sulzbach-Rosenberg) III 138f; VI 102
Achtmann, Hans (Bbg) VI 45, 50
- Ottilia (-) VI 47, 61
Acila (PN) II 533
Ackendorffer, Ulr. (Bbg) IV 67
Acker, Konr. (Bbg) IV 507
Ackermann, Ulr. IV 745

Acqui (It.)
- B. s.u. Azzo
Adala (PN) I 245
Adalbero s.u. Adalbert
Adalbert (PN) I 212, 330, 360, 380, 487, 497f; II 57f, 70, 72f, 93, 95f, 99, 104, 139, 336, 379, 441, 443, 474, 479, 483, 492, 498, 515, 560f
- (Gf) I 84, 183, 246, 330, 347, 380; II 112, 132, 292, 313
- (Gf i.Oberrheingau) I 142
- (Gf i.Ostfranken) I 496
- (Gf i.Radenzgau) I 120, 136f, 143, 157, 226, 265f, 333ff; II 71
- (Gf i.Zaberngau) I 89, 142
- (Mgf i.It.) I 207
- (Mgf v.Österr.) I 236
- (Mgf Steiermark) I 44, 183, 238, 343, 368
- (Eb.Bremen) I 348, 353, 378f, 408; II 156, 281
- (Eb.Magdeburg) I 90
- I. (Eb.Mainz) II 46, 49, 77, 79, 81, 108f, 115ff, 120-127, 130f, 157, 222, 224f, 272f, 285, 298ff, 304, 307f, 310ff, 314
- II. (-) II 314ff
- (Eb.Ravenna;B.Arezzo) I 199, 203
- III. (Eb.Salzburg) II 147, 469, 486, 521
- (Eb.Trier) I 130, 163f, 167, 215f; II 71, 304, 314ff
- (B.Bbg) I 367-370, 372; II 408
- (B.Basel) I 102, 120, 128f, 164, 246
- IV. (-) II 309, 313
- (B.Brescia) I 98

- (B.Brixen) I 129
- (B.Cammin) II 6, 172, 207, 212, 246f, 252-257
- II. (B.Metz) I 74, 76ff, 267
- (B.Prag) I 103, 175, 179, 187
- (B.Wbg) I 362, 377, 379, 382, 410ff, 418, 423, 427, 432, 445, 473, 475f, 481; II 335
- (A.Ahausen) II 293
- (A.Klingenmünster) I 336
- (A.Michelfeld) II 387ff, 404ff, 560
- (A.Seeon) I 48
- (Dh.) I 383, 477, 487, 490f, 494; II 21, 41, 56, 60f, 65-68, 70, 72, 112, 294, 309, 461ff, 481f, 489, 494, 500, 520, 526, 529, 533, 538, 550, 553, 563ff, 579
- (Kan.St.Gangolf) I 382, 477, 495
- (Kaplan Bbg) II 381, 386, 389, 480
- (Kaplan Wbg) II 335
- (Mönch Michelsberg) II 324f
- (Pfr Dörrnwasserlos) II 553
- (Pr.Erfurt) II 315
- (Bbg) II 60, 68
- (Förster) II 548
- (Hauptmann) II 60
- (kgl.Kanzler) I 438
- (Missionar) II 162
- (Regensburg) II 68
- (Trient) II 38f
- s.a. Albert; Albrecht

Adalbold (B.Utrecht) I 37, 40, 52, 59f, 72, 77, 85f, 88, 181f, 192, 231f, 235f, 263, 342

Adalgoz (Kan.Regensburg) II 112

Adalo (Dh.) II 275

- (Kan.St.Jakob) II 57-62
- (Prie.) I 413

Adalram (Regensburg) II 112

Adam (Eb.Bremen) I 297, 347, 353
- (A.Ebrach) II 286-290, 293, 370, 394, 396f, 399f, 403f, 407, 410, 423, 439, 472, 502-508, 511
- (A.Langheim) II 291, 400, 410, 425, 463-466, 524f, 527f

Adam Friedrich v.Seinsheim (B. Bbg u. Wbg) VI 594; VII 17, 36, 88, 92f, 173, 179, 190, 193, 195, 209f, 234, 236, 239, 258, 311; VII/2 17, 27, 37, 62, 78f, 100, 102, 108f, 134, 140, 159, 164ff, 168, 185, 187, 197-471, 477, 485, 468, 652

Adam (Fam.) V 256, 261; VI 222; VII/2 611

- Heinr. (Kan.St.Stephan) III 541

Ade... (PN) II 70

Adela (PN) I 216, 219, 386, 499

Adelberg (B.-W.) II 601

Adelbero s.u. Adalbert

Adelbrehtisrod (ON) II 389

Adelburg (sö.Neumarkt/Opf.) III 344

Adelburg (PN) II 69

Adeldegen (Fam.) II 456
- Heinr. v. II 564

Adelger (PN) I 498; II 488
- (A.) II 335
- (Prie.) I 115

Adelgerisdorf (abgeg.;Ofr.) II 56, 474, 579

Adelgund (Hl.) VI 414; VII/2 268

Adelhalm (PN) II 62, 288
- (Dh.) II 112

- (Dek.St.Gumbert/Ansbach) II 336
- (A.Michelsberg) I 353f, 421, 495f
- (Pfr Pretzfeld) II 469

Adelhard (PN) II 103
- (Gf i.Rangau) I 141
- (Kan.St.Jakob) II 490, 531, 534f, 542, 568, 571
- (Mönch Michelsberg) II 102
- (Prie.Bbg) II 647

Adelhard, Gg (Pfr Poppendorf) VI 99
- Konr. (Christanz) V 24f
- Paul (Pfr Betzenstein) IV 719

Adelhardswinden (abgeg.;Mfr.) I 20

Adelheid (PN) II 8, 61, 68, 72, 98, 519, 535, 542, 581; III 530
- (Hl.) I 218
- (Kaiserin, Gem.Otto I.) I 33, 40
- (-, Gem.Heinr.IV.) I 479ff
- (-, Gem.Heinr.V.) II 74
- v.Röbersdorf (Ä.St.Theodor) III 125, 756
- (Ä.Gernrode) I 208
- v.Plassenberg (Ä.Himmelkron) IV 270
- I. (Ä.Quedlinburg) I 57, 65, 84, 172, 185, 208, 220, 237, 251
- II. (-) I 480
- (Ä.Saalburg) III 225
- (Dominikanerin Bbg) III 578

Adelhoch (PN) I 347
Adelhofen (w.Uffenheim) IV 739
Adelhog (B.Hildesheim) II 523
Adelhun (PN) II 73, 527
Adelhuo (PN) II 96
Adelinda (PN) II 552

Adelmann (Fam.) I 246; II 66, 73
- Andreas (Generalvikar; Kan.St.Stephan) V 176, 184, 190, 200, 202, 253, 298
- Chr. (Forchheim) V 497
- Kaspar (Dh.Eichstätt) IV 726

Adelold (PN) I 359; II 290
Adeloldesperch (abgeg.;Ofr.) II 383
Adelsberg, v. (Fam.) VI 302
Adelsdorf (ö.Höchstadt/A.) I 1, 20; II 59, 70, 292, 377f, 391, 402, 419, 501, 587; III 41, 216, 322, 330, 365, 632; IV 136; VI 202; VII/2 410

Adelsdorf, Eberhard v. II 69f, 98, 101, 292, 294, 376ff, 382-386, 416, 444, 452, 457, 463, 468, 476, 481f, 487, 489, 491, 493, 500, 515, 517, 519, 526, 528f, 533ff, 537f, 542, 568, 570, 572, 609ff, 622, 624
- Heinr. v. II 59, 69f, 94, 98, 292, 294, 376ff, 382-386, 390f, 398, 403, 408, 413f, 419, 421, 424, 444, 454, 461, 494, 496, 609ff, 622, 624
- Konr. v. III 541
- Liudolf v. II 59
- Megingoz v. II 69f, 292, 294, 376ff, 382f, 386, 389-391, 398, 403, 408, 413f, 419, 421, 424, 444, 454, 461, 483, 494, 496, 501, 554
- Ulr. v. II 564, 577, 584, 594
- vgl. Creußen, v.

Adelsheim, v. (Fam.) VI 701, 703
Adelshofen (n.Rothenburg o.T.) VI 102
Adelunc (PN) I 360, 382
Adelvolc (PN) II 103, 562

Adermannsdorf (n.ident.) V 65

Adil.. s.u. Adal.., Adel..

Adler, Joh. Salvius (schwed.Rat) VI 386

Adlitz (nö.Erlangen) IV 568, 783; VI 185, 399, 654f; VII 109; VII/2 580

Adlitz (nw.Pegnitz) III 563; IV 296

Adlkofen (ö.Dingolfing) I 145

Admont (Österr.) I 114; II 5, 377, 419, 439-442, 484, 635

- A. s.u. Irmbert

Adolf I. (Eb.Köln) II 583, 594

- v.Nassau (Eb.Mainz, B.Speyer) III 339f, 344, 411, 429, 431f

- (A.Fulda) VII 67, 204

- (kgl.Schreiber) III 86

Adolfi, Joh. (Kan.St.Stephan/Mainz) IV 225

Adonis, Niklas VI 198, 281

Adorf (Sachs.) III 400

Adram (abgeg.;Rhl.-Pf.) I 170

Adrian (PN) IV 1005

Adwimiden (n.ident.) I 21

Ägidius (Hl.) II 87, 334, 373; III 609, 613, 622

- (B.Banna) III 690

- (B.Favariensis) III 297

- Barthscherer (A.Michelfeld) VII/2 517, 532-537

Äuglein, Adelheid (Bbg) III 601

- Eberlein (-) III 601

Affalterbach (nö.Lauf/P.) I 375, 500; III 286; IV 505

Affaltern, Gleische v. II 499

- Heinr. v. III 11

- Otto v. II 146

Affalterthal (ö.Forchheim) I 15; II 478; III 298, 542; IV 344; VI 120, 125, 165, 253, 339

Afra (Hl.) I 53

- Afra v.Thurn (Ä.St.Theodor) IV 530

Agapit I. (Papst)160, 187

Agatha (PN) II 90f, 396

- (Hl.) I 187

Agelay (n.ident.) II 637

Agnes (PN) II 72

- (Kaiserin, Gem.Heinr.III.) I 352, 368ff, 373f, 385-390, 422, 426, 450, 460, 497

- (Salierin, Tochter Heinr.IV.) II 15

- (Ä.St.Theodor) II 581

- v.Orlamünde (Ä.Himmelkron) III 683, 756

- v.Zollern (Ä.St.Klara/Hof) IV 70, 89, 102, 248, 721

- (Ä.Sonnefeld) III 604

- (Erlangen) III 699

Agricola, Chr. VI 394

- Ludwig IV 733

- Thomas V 148

Ahausen (B.-W.) II 293; IV 1009

- A. s.u. Adalbert; Gg

Ahemberg, Suidger v. II 97

Ahlefeld, v. (Fam.) VII/2 510, 513, 515

Aholming (s.Deggendorf) II 66; IV 69

Aholming, Hartmut v. II 66

- Lambert v. II 66

- Richildis v. II 66

Ahorn (sö.Coburg) I 330; II 478f, 624; III 39; IV 386, 922; VI 622

Ahorn, Burkhard v. II 93, 624
- Liutpold v. II 93
- Poppo v. II 277
- Walter v. I 330; II 478f
- vgl. Freiahorn, v.

Ahornbach (abgeg.;Ofr.) II 538, 649; III 25

Ahornberg (sw.Hof) II 335, 389; IV 737

Ahorntal (nw.Pegnitz) VI 209, 237

Ahrgau (NRW) I 230

Bad Aibling (w.Rosenheim) II 487

Aich s.u. Kirchaich

Aicha (sö.Hersbruck) III 97, 144

Aiche (n.ident.) III 137

Aichelberg (Österr.) II 488

Aichelburg, v. (Fam.) VII/2 125

Aichig (s.Kulmbach) III 652

Aichig (ö.Bayreuth) III 144, 312; IV 70, 99, 354, 386, 734, 742, 872

Aichler, Hans (Bbg) IV 702

Aicus (Hl.) I 180

Aidhausen, Burkhard v. II 402

Ailsbach (w.Höchstadt/A.) I 6, 265, 496; II 98, 614; IV 792; V 215

Ailsfeld (nw.Pegnitz) I 15; V 22, 336f, 406; VI 88, 199
- vgl. Ober-, Unter-

Aimerich (Kard.) II 303, 318, 372

Aimo (Eb.Tarentaise) II 584

Ainkofen, Gottschalk v. II 417

Airer, Hans (Pfr Hof) IV 905

Aisch (Fl.) I 6, 11, 17, 20, 136, 265, 408; II 287, 291, 423; III 322, 428f, 703; VI 181; VII/2 230

Aisch (ö.Höchstadt/A.) I 319; II 59-62, 67, 70, 72, 99f, 294, 315, 401, 410, 443, 462, 473, 521, 569, 616; IV 165f, 263, 344; VI 135, 165, 181, 205, 241, 246; VII 121, 190; VII/2 273, 288, 348, 433

Aisch, Gottfried v. II 61f, 67, 69, 72, 99, 294, 376, 381, 389, 391
- Heinr. v. II 294, 376, 381, 389ff, 413, 419, 424, 452, 462, 477, 483, 516, 535, 565, 569, 588f, 594, 598, 617
- Heinr. v. (Dh.) II 473
- Hermann v. II 59f, 62, 99f, 315, 376ff, 382-386, 389, 392, 401ff, 410, 414, 421f, 424f, 443f, 446, 461, 464, 473, 563, 565
- Hermann Slicher v. II 386, 389f, 396, 408, 413, 419, 424f, 446, 448, 452, 477, 494, 498, 533, 536f, 565
- Marquard Slicher v. II 526, 537, 563, 565, 576
- Otto v. II 417, 477, 485-488, 492, 501, 516, 521, 529ff, 533, 550, 552, 562, 564
- Thiemo v. II 59f, 62, 67, 69, 72, 99, 294, 376, 378, 461
- Thomas v. III 590
- Ulr. v. II 70
- Wolfram v. II 616

Aischwenden (slaw.Stamm) I 14

Akko (Israel) II 620

Ala, Giovanni Battista da V 451

Alagia (PN) II 396

Alamannius (B.Sovana) III 184

Alanio, s.u. Bertrand de (B.Famagusta)

Albach (nw.Höchstadt/A.) II 100; VI 355

Albach, Otto v. I 486

Albani, Alexander (Kard.) VII/2 6f, 9, 12, 51, 114, 201, 204, 209, 400, 401, 430, 474, 477

Albano (It.) III 74, 87

- B. s.u. Arnold; Vitalis

Albeck, v. (Fam.) II 492

- Berengar v. II 396
- Sigeboto v. II 452
- Witticho v. II 452

Alberat (PN) II 592

Alberg, Paulus V 95

Alberich (PN) II 473, 485

- (B.Como) I 120, 128f, 259f
- (B.Minden) I 261
- (A.) II 335
- (A.Ebrach) VI 441
- (A.Langheim) VI 474

Albern (Österr.) I 116

Albero (Dh.) II 646

- (Kan.St.Jakob) II 535
- (Mönch Michelsberg) II 336
- (Kaplan) II 629
- (Knecht) II 543

Albersdorf (w.Ebern) II 618

Albersdorf, Anton v. (Dh.Freising) IV 817

Albert (Kard.) II 523

- v.Hohenfels (B.Eichstätt) III 144, 212; IV 223, 262
- I. v.Sigmaringen (B.Freising) II 523

- II. v.Hohenberg (-) III 239
- (B.Regensburg) V 477
- v.Törring (-) VI 159, 369, 373
- (B.Surmananensis) III 287, 297, 690
- (Mgf Toskana) I 464
- (A.Ebrach) III 674, 756; VI 441
- Drahtschmidt (A.Ensdorf) IV 325
- (A.Maulbronn) IV 54
- (A.Metten) III 635
- (A.Niederaltaich) IV 272
- (Dh.) II 65, 67, 538, 592, 598, 607, 609f, 615, 628, 638, 640, 646ff, 664, 666; III 1, 49
- (Dh.Wbg) II 449, 465; III 1; IV 186
- (Kan.St. Gangolf) II 622f
- (Kan.St.Stephan) III 55
- (Kan.Wbg) IV 186
- (Kpl.Orlamünde) III 661
- (Kustos Bbg) II 647
- (Mönch) I 37
- (Mönch Michelsberg) III 615, 619; IV 114
- (Mönch Münsterschwarzach) II 346
- (Pfr Emskirchen) III 608
- (Pfr Kronach) II 526, 577
- (Pfr Kulmbach) III 666, 668, 672
- (Pfr Nbg) IV 35, 100, 104, 111, 148, 178, 189, 215, 230
- (Pfr Staffelstein) II 638
- (Pfr Wachenroth) II 663
- (Prie.) III 558
- (Pr.Neunkirchen/Br.) IV 41
- (Arzt) III 473

- (Bbg) IV 10
- der Weiß-Bayer III 55
- s.a. Adalbert; Albrecht

Albert, Hans Michael VII/2 375
- Kunig. (Zeil) VI 58
- Marg. (-) VI 38
- Michael IV 514

Albertinelle, Karl (Nbg) IV 327

Albertshausen (s.Wbg) VI 709

Albertshof (nö.Ebermannstadt) III 527; IV 491, 784, 789

Albertshofen (n.Kitzingen) IV 298, 340

Albertsreuth (s.Hof) IV 937

Albi (Frkr.)
- B. s.u. Bertrand

Albini, v. (Jurist) VII/2 590

Alboldus (PN) II 71

Albrand (PN) II 612

Albrecht (PN) II 69, 515; III 74
- I. v.Habsburg (Kg) III 9f, 13, 19, 27, 650
- v.Zollern (Burggf v.Nbg) III 174f, 193, 212, 214, 223, 227, 229ff, 273, 276, 278, 282, 293ff, 334, 336, 444, 597, 703, 747
- (Gf Tirol) III 155
- d.Beherzte v.Sachsen (Hzg) IV 408, 428, 905
- v.Wittelsbach (Hzg v.Bayern) IV 466f; V 46, 60, 110, 115
- - (Hzg v.Bayern-Holland) III 337f
- der Bär v. Askanien (Mgf v.Brandenbg) II 244, 248f, 301, 308, 312, 315, 373, 414, 464, 497f, 504f, 527
- (-) V 10f, 25, 43
- v.Zollern (Mgf v.Brandenbg-Ansbach) VI 432, 448f, 482
- (Pfalzgf) V 9, 12f
- v.Wertheim (B.Bbg) II 609; III 404, 415, 422f, 446, 470f, 474, 498, 599, 503, 507, 510, 514, 517f, 524f, 753f; IV 3-169, 175, 263, 270; V 128, 356; VI 95, 477; VII/2 141, 338, 406
- v.Sachsen (B.Passau) III 134
- (B.Straßburg) IV 422
- v.Hohenlohe (B.Wbg) III 205, 208, 210-214, 239, 245, 276, 282f, 297, 311, 326, 330, 340, 535, 625, 685, 691, 705f
- (Pfr St.Martin/Bbg) III 594f
- (Pr.Neunkirchen/Br.) III 717f
- s.a. Adalbert; Albert

Albrecht Achilles v.Zollern (Mgf v.Brandenbg-Ansbach-Kulmbach) IV 722

Albrecht Alkibiades v.Zollern (Mgf v.Brandenbg-Kulmbach) VII 250

Albrecht, Elias (Zeil) VI 60, 71
- Kunig. (-) VI 60
- M. IV 723
- Marg. (Zeil) VI 71
- (Wagner) III 705

Albuch (n.ident.) II 9, 82, 333

Albuin (Gf Rangau) I 154, 496
- (Kan.Wbg) II 335
- (Prie.Wbg) I 122
- (Dolmetscher) II 237, 241ff

Aldegen, Ludwig III 143

Aldersbach (sw.Vilshofen) II 141, 146, 286, 293f, 317f, 369, 372, 459, 536, 586, 590, 602, 630; III 85

- A. s.u. Eberhard

Aldmann (Forchheim) VI 40

Aldobrandini (Kard.) V 266, 288, 313

Aldringen, v. (Fam.) VI 156f, 161, 170, 208, 234, 246, 335

Alemannen (Volksstamm) I 2, 26, 60, 99

Alemannien I 55, 60, 88, 101, 212; II 8, 24, 38, 280, 287; III 401, 728

Alenstich, Joh. (Pfr Kronach) IV 862; V 485

Alerheim, Hartmann v. II 396

Alessandria (It.) II 491

Aletzheim, Gertraud v. V 519

Alexander (Hl.) I 187, 417

- II. (Papst) I 390, 392f, 415f, 418, 424ff, 433, 466

- III. (-) II 426, 435ff, 450f, 453, 455, 466, 469ff, 479, 512, 516ff, 523, 526, 539, 594

- IV. (-) III 89

- V. (-) IV 54f

- VI. (-) IV 380, 382, 407, 432, 503; VII/2 429

- VII. (-) VI 429f, 445, 547

- v.Rotenhan (A.Banz) IV 700f, 744; V 58

- (Prie.) II 71

Alexandrien (Ägypten) II 608; III 332

Alexis (byz.Kaiser) I 400

Alfershausen (sö.Roth) III 204

Alhard (Kan.St.Andreas/Freising) III 6

Alhart, Hans (Amberg) III 642

- Hayman (-) III 642f

- Kath. (-) III 643

- Konr. (-) III 643

- Peter (-) III 642

Alico (PN) II 52

Alife (It.) II 632

Alimun (PN) I 246

Alipius, Emanuel (Antoniter) VII 66

Alitzheim (sö.Schweinfurt) II 286, 288ff, 502, 505, 513, 519

Alker (Kan.Regensburg) II 112

Allersberg (ö.Roth) IV 829, 845

Allersdorf (nö.Bayreuth) IV 118, 216, 511, 1000f

Allersheim (s.Wbg) III 247

Allerspach (abgeg.;Opf.) IV 783

Allerstedt (Sa.-Anh.) I 209

Allertshausen (nw.Ebern) VI 544

Allmannsweiler (B.-W.) III 442

Allstedt (Thür.) I 35, 83, 107, 141, 143, 153, 168, 195, 208, 219f, 223, 237, 246, 250, 252, 270, 374

Alman, Hans (Magdeburg) IV 89

Almbranz (sw.Hof) III 389, 408

Almos (sw.Pegnitz) I 15; II 478; VI 126, 550

Almoshof (Stadtt.Nbg) IV 940

Almunni, Friedr. III 65

Aloisius (Hl.) VI 661

Alolvesheim (ON) II 290

Alphons (A.Petershausen) VII 187

Alsendorf (Thür.) VI 473, 531

Alsker (A.Pöhlde u.Bergen) I 58, 109

Alsleben (ö.Königshofen/Gr.) I 80

Alt, Hans (Forchheim) IV 490

Altaich s.u. Niederaltaich

Altbessingen (nö.Karlstadt/M.) I 142

Altbrand, Heinz (Gemünden) III 657

Altbreisach (B.-W.) VI 673; VII 182

Altdorf (sö.Nbg) IV 466, 829, 845

Altdorf, Wigbert v. II 497

Altdrossenfeld (s.Kulmbach) I 19

Altemps (Kard.) V 226, 234

Altenbanz (nw.Lichtenfels) I 21; II 638; III 758; IV 584; V 73, 97, 465; VI 127, 180, 194, 277

Altenberg (s.Fürth) III 428

Altenburg s.u. Bbg

Altenburg (Thür.) II 303, 406, 455, 521; VII/2 130, 710

Altenburg (Ungarn) VI 449

Altenburg, Adalbert v. I 32

- Gottfried v. II 293

- vgl. Babenberg, v.

Altenburger, Wilh. IV 137

Altencreußen (nö.Pegnitz) IV 341

Altendorf (sö.Bbg) III 274; IV 58, 65; VI 134, 411; VII 112, 115, 268; VII/2 295

Altendorf (sö.Lichtenfels) I 487; II 465; III 687; IV 280; V 65

Altendorf, Dietbert v. I 487; II 59, 91f, 94, 276

- Heinr. v. II 487, 536

Altenfeld, Diemar v. II 550

Altenfurt (Stadtt.Nbg) II 630f; III 338; IV 272

Altenhöfer (Fam.) VII/2 334

Altenhof (w.Coburg) II 636; III 671; IV 331; VI 87, 342

Altenhofer, Ulr. III 271f

Altenkirchen, Joh. (Richter) III 692

Altenkünsberg (nö.Pegnitz) II 613, 624; III 94; IV 737, 749; VI 244

Altenkunstadt (ö.Lichtenfels) I 15; II 91f; III 123, 145f, 296, 400f, 445, 454ff, 533, 645, 652, 661, 663f, 669f, 675, 678, 687, 696; IV 246, 272, 325ff, 356, 406, 425, 646; VI 83, 271; VII 60; VII/2 566

- vgl. Burgkunstadt

Altenreuth (nw.Kulmbach) III 396; IV 479

Altenschneeberg (sö.Oberviechtach) VI 611

Altenschönbach (ö.Wbg) IV 630

Altensittenbach (w.Hersbruck) I 500; III 97f; IV 117

Altenspeckfeld (nw.Neustadt/A.) III 1, 529; VI 530

Altenstadt (sö.Kemnath) IV 125

Altenstein (nw.Ebern) III 675

Altenstein, v. s.u. Stein v.Altenstein

Altenthal (sö.Ebermannstadt) III 323

Altenvorcheim, Heinr. v. II 71

Altenweiher (n.Sulzbach-Rosenberg) IV 346; VI 336, 356, 373, 602

Altenwied (Rhl.-Pf.) I 154

Altershausen (nö.Haßfurt) I 487; II 91f, 94, 276

Altershausen (n.Neustadt/A.) III 650

Althaidhof (nö.Pegnitz) III 94

Althebentantz, Dominicus IV 945

Altheim (sw.Neustadt/A.) II 138, 385; IV 739
Altheim (B.-W.) II 9
Altheim, v. (Fam.) VI 19
Altieri, Aemilius (Kard.) VI 447; VII/2 656
Altlangherman (PN) III 548
Altmann (B.Passau) I 399, 405, 452, 457, 478, 483
- (Dompr.Regensburg) II 146
- (Gf Donaugau) I 139
- (Ritter Kärnten) I 380
Altmann, Hans IV 789
- Konr. (Oberhöchstädt) III 167
Altmannstein (nö.Ingolstadt) II 48
Altmantler, Joh. (Bbg) III 530
Altmühl (Fl.) I 12; II 48; VI 234, 616
Altötting (OB.) I 290; VI 17; VII/2 439
Altomünster (nw.Dachau) II 515
- Ä. s.u. Eufemia
Altona (Stadtt.Hamburg) VII 304
Altrudis (Coburg) III 655
Altsch, Heinr. III 269
Altuom, Grossus II 73
Altus, Bero II 524
Altwin (B.Brixen) I 59, 70, 96f, 451, 467
- (Diak.Wbg) I 122
- (Gf) I 265
Altzirkendorf (ö.Pegnitz) II 133, 152, 318, 332; III 9f, 102f, 139, 634f, 642; IV 541; VI 107, 109
Altzolner, Gottfried II 570
Alverus (Jesuit) V 428

Alwerz, Heinr. III 198
Alwin s.u. Altwin
Alzey (Rhl.-Pf.) I 170
Amadeus (Eb.Lyon) IV 229
Amalung (PN) I 391
Amand, Gg (Pfr Hirschberg) IV 723
Amandus (Hl.) I 187
- v.Busek (B.Fulda) VII/2 240, 268, 652
Amann, Kunig. V 484
Amantius (Diak.Rom) I 362
Amberbach, Heinr. (Hof) III 444
Amberg (Opf.) I 32, 144, 335; II 47, 53, 55, 142f, 333, 452, 474, 485f; III 9, 52, 112, 138f, 269, 499, 642; IV 4ff, 32, 49, 99, 312, 345f, 494; VI 17, 19, 98, 104f, 110, 169ff, 178, 200, 216ff, 224, 234, 274, 286, 400, 427, 434, 472, 500, 529, 578, 602, 611, 616f, 643, 651, 654f, 657f, 666, 670, 673; VII 26, 39, 305; VII/2 13, 54, 78f, 86, 211, 269, 309, 409, 536, 550
Amberg, Friedr. v. II 485
- Otto v. II 485
- Peter v. III 141
- Regemar v. II 485
Ambergau (Nds.) I 192
Am Berge, Heinz (Lichtenfels) IV 282
Amberger, s.u. Joh. (A.Ensdorf)
- Joh. (Prie.) IV 863f, 973
Amblreich (Richter) III 136
Ambring, Joh. Wilh. v. (Dh.) V 525
Ambrosius (Hl.) I 100, 186, 207; II 113

Ambschler, Joh. (Pfr Windheim) V 406

Ambundis, Joh. (Verwalter Wbg) IV 92

- s.u. Joh. (B.Chur)

Amechtis (PN) III 408

Amelrich (PN) II 605

Ament, Michael VI 538

Amer, Martin (Pr.Griffen) V 54

Amerdingen (s.Nördlingen) VII/2 491

Amiata (It.) I 100, 253

Amizo (PN) I 207

Amlingstadt (sö.Bbg) I 15, 33, 136, 142; II 57; III 41, 145, 184, 505f, 540, 549; IV 117, 119, 128, 131-135, 169, 276, 300, 309, 438, 568, 814, 1043; V 376; VI 610; VII/2 189, 295, 664

Amlingstadt, Christian v. II 57f

- Marquard v. II 57f

Ammann, Braunward III 558

- Hans Wilh. (Leutnant) VI 315

- Heinz (Dürrbrunn) IV 789

- Heinz (Steinfeld) IV 84

- Hermann (Roßtal) IV 990

- Joh. (Domvikar) III 459

- Joh. (Spital a.Pyhrn) IV 803

- Joh. (Pfr Höchstadt/A.) V 215

- Konr. (Haid) III 184

- Stephan (Bbg) V 106

- vgl. Ammon

Ammelbruch (nö.Dinkelsbühl) IV 739

Ammerndorf (sw.Fürth) IV 740

Ammersee (OB.) II 515

Ammersfoort (NL.) I 130

Ammerthal (w.Amberg) I 32, 84; II 47

Ammerthal, Friedr. v. II 47

Ammon, Leonh. (Prior Michelfeld) IV 803

- vgl. Ammann

Amöneburg (Hess.) VII/2 104

Amorbach (sw.Miltenberg) I 27, 79; II 86, 164, 380; VI 712; VII 188

Amperg, Michael (Bbg) VI 195

Ampferbach (sw.Bbg) I 265, 370; II 25, 506; VI 444, 518, 520, 628; VII/2 479

Ampfing (w.Mühldorf/Inn) I 290; III 111

Amrhein, August (Historiker) VI 565

Amulrad (PN) I 347

Anagni (It.) II 39ff, 426, 437, 512, 516, 592f

Anaklet II. (Papst) II 77, 279-282, 285, 302, 306f, 313, 317, 436

Anancius (B.Xanciensis) III 287

Anastasia (Hl.) I 187, 456

- (Hzgin v.Pommern) II 557

Anastasius (Eb.Gran) I 129

Ancona (It.) II 415

Andechs (sw.Starnberg) II 410, 438, 454, 494, 544, 553, 561; III 520

Andechs-Meranien, v. (Fam.) II 515, 524, 553f, 564, 591, 596, 599ff, 613, 620, 624, 638, 665; III 1, 414, 658, 664

- Agnes v. II 591

- Beatrix v. II 600, 624, 636, 643, 653

- s.u. Berthold II. v. (Mgf)

- s.u. Berthold III. v. (Mgf Istrien)
- s.u. Berthold IV. v. (Hzg Dalmatien)
- s.u. Berthold V. v. (Eb.Kalocsa; Patriarch Aquileja)
- s.u. Ekbert v. (B.Bbg)
- Gottfried v. II 378, 529, 552f, 561f, 565
- Grifo v. II 378
- Heinr. IV. v. (Mgf Istrien) II 600f, 615, 632, 634, 649, 661
- Otto v. II 649
- s.u. Otto v. (B.Bbg)
- Poppo v. II 551, 588, 596, 598, 605, 607, 609f, 613, 615, 619, 636, 639f, 645
- Poppo v. (Kan.St.Jakob) II 533, 547f, 562-565, 569, 572, 578ff, 605, 645
- (Pr.St.Stephan) III 533, 563, 577, 588
- Ulr. v. II 552

Andernach (Rhl.-Pf.) I 154, 232; II 334; VII/2 309

Andlau (Frkr.) I 102; VI 703
- Ä. s.u. Brigitta

Andlau, v. (Fam.) VI 700
- Joh. Sigmund v. VII/2 64, 70, 143, 148, 154

Andreä, Joh. (Langheim) VI 84

Andreas (Hl.) I 186, 428, 439; II 52f, 146; III 297, 733; VII/2 338
- (Kg Ungarn) II 596, 601f, 604, 620
- (B.Balacensis) III 287
- (B.Utrecht) II 309
- v.Gundelfingen (B.Wbg) III 12, 23, 47, 69, 643, 649f, 653
- Lang (A.Michelsberg) II 3, 10, 83, 90, 97, 137f, 152f, 295, 332, 334
- (-) IV 286, 354, 357, 420
- (A.Stein) V 297
- (Pr.Griffen) IV 441
- (Mönch Waldsassen) IV 1027
- (Pfr Steinwiesen) VI 96
- (Nbg) III 757

Andreioli, Jeronimo Francesco VII 123

Andrem (Fam.) VII/2 20

Andres, Adelheid III 54
- Rüdiger III 734, 737

Angelis, Ph. de (Kard.) V 155
- Wilh. de (-) III 715

Anger (ö.Lichtenfels) III 695

Angermann, Adam (Domvikar) V 311
- Joh. (Pfr Eggolsheim) V 241

Angers, Berengar v. I 369, 404f, 462, 467, 481, 501

Angersgau (Landschaft) I 154, 157

Angoulême (Frkr.)
- B. s.u. Garard

Anhalt, v. (Fam.) VI 156
- s.u. Bernahrd v.
- s.u. Christian v.
- Joh. Gg v. VI 529
- Woldemar v. IV 431

Anhalt-Köthen, v. s.u. Gg Karl Leberecht v.

Anhalt-Zerbst (Hzgtum) VII/2 498

Ankersberg, Burkard v. II 449
- Siegfried v. II 449

Ankershofen (n.ident.) II 521

Anna (PN) III 209
- (Hl.) III 624; VI 636
- v.England u.Schottland (Kgin) VI 614
- (Ä.Birkenfeld) III 294
- (Ä.Großgründlach) III 385, 756
- v.Zollern (Ä.Himmelkron) III 337, 408, 756
- v.Schlüsselberg (Ä.Schlüsselau) III 183, 218, 245f, 259, 301f, 311, 321f, 756
- (Pirorin Frauenaurach) IV 107
- (Erlangen) III 699
- (Pottenstein) VI 275

Anna Charlotte Amalie v. Baden-Durlach (Mgfin) VII/2 388

Anning (ö.Straubing) III 356

Anno (PN) I 360
- (Eb.Köln) I 348, 360, 370f, 374, 378, 387-390, 407, 416, 426, 429, 443, 494, 497, 499
- (Pfr Forchheim) I 62

Anonymus Haserensis s.u. Herrieden

Ansbach (Mfr.) I 12, 17; II 335f, 513; III 99, 172, 295, 336, 388, 394, 405, 444, 711, 724; IV 104, 223, 291ff, 312, 361-366, 383, 386f, 664, 709f, 738; VI 141, 432, 448, 464, 543, 561, 612, 675f; VII 44, 71, 76f, 80, 267; VII/2 419, 440, 478, 497, 503, 544, 575, 608, 677, 702
- Markgraftum s.u. Brandenburg-Ansbach

Ansbach (Fam.) vgl. Onelsbach

Anselm (Eb.Canterbury) I 490
- (B.Havelberg) II 414
- I. (B.Lucca) I 385, 390
- II. (-) I 474
- (Dh.) II 72
- Geißendorfer (A.Michelsberg) VII 19, 30, 60, 85f, 137, 186f, 212-230, 257
- (Mainz) II 443
- (Speyer) II 18f
- (Chronist) II 128, 300

Anselm Franz v. Ingelheim (Eb. Mainz) VI 579, 710f; VII 20, 143, 150, 161; VII/2 35f, 51

Anselm Kasimir Wamboldt v. Umstadt (Eb. Mainz) VI 148, 369

Ansfrid (B.Utrecht) I 108, 129f, 181

Anshalm, Anna (Bbg) III 59
- Braunwart (-) III 585
- Breunlein III 59
- Hause III 593
- Heinr. (Bbg) III 544
- Joh. III 593
- Karl (Bbg) III 54, 59, 62
- Kath. (-) III 544
- Konr. (-) III 54
- Walter III 598

Ansorg, Konr. (Regensburg) IV 1027

Antarad (n.ident.) II 608

Anterskofen (sö.Dingolfing) I 145

Antiesenhofen (Österr.) I 155f, 160, 246, 332, 500

Antiochien (heute: Antakya;Türkei) II 608; III 340, 496

Anton (Kard.) V 198
- (Eb.Larissa) VI 447
- v.Rotenhan (B.Bbg) III 475, 758; IV 64, 66f, 97, 109, 112, 114, 146, 150, 152, 155, 158, 170f,

173, 180ff, 184ff, 190, 199, 202, 206f, 209f, 217, 220f, 224-299, 311, 325, 333, 341, 347, 399f, 468, 482, 888f, 1042, 1045f; V 4
- (B.Wien) VI 302
- (A.Theres) VI 474
- (Prie. Parma) III 723
- (Kapuziner) VII 113
Anton Cajetan (Eb.Capua) V 210, 344
Anton Petrus Prichowsky (Eb.Prag) VII/2 464
Anton Ulrich v.Sachsen-Meiningen (Hzg) VII 25, 191f, 195
Antonelli (Rom) VII/2 7
Antoni, Erasmus (Spital a.Pyhrn) IV 803
Antse, Adalbert v. II 512
Antwerpen (Belgien) I 266, 451
Anwalestorf, Eberhard v. II 418, 454, 521, 547
- Ekkehard v. II 418, 454
Apel (PN) III 746
- (Nankendorf) III 702
Apel, Joh. (Kan.Neumünster/Wbg) IV 757
- Joh. (Pfr Lindenhardt) IV 962
- Konr. IV 560
Apfelkolb, Elis. III 568
Apichus (Hl.) I 180
Aplo (Banz) III 366
Apolda (Thür.) III 331, 350, 434
Apolda, Busso v. III 331
Apollinaris (Hl.) I 187, 417; IV 818
Apollonius (Kan.St.Gangolf) III 84, 87

Aposella (It.) I 352f
Appel, Nikolaus (Bbg) VI 68
Appelsdorf (abgeg.;Mfr.) VI 682
Appendorf (nö.Bbg) III 166, 269; IV 131
Appoli (PN) II 57
Appolt, v. (Fam.) VII/2 257
Apulien (it.Landschaft) I 470, 480; II 39ff, 313, 663
Aquaviva, Claudius (Jesuit) V 391f
Aquileja (It.) I 130, 185, 187, 206, 242f, 253, 347, 352, 452, 458, 462, 467; II 147, 278, 369f, 399, 430, 435, 627, 635, 637, 649, 653f, 663; III 28f, 155, 210, 413, 415, 441, 457; V 242; VI 96; VII/2 64, 66f
- Patriarch s.u. Berthold; Egilbert; Peregrinus; Sieghard; Wolfger
Aquino (It.) III 88
Aquirre, Giuseppe de (Kard.) VI 568f
Aquitanien (frz.Landschaft) II 107
Arabien I 395f, 398, 400
Aragon (span.Landschaft) II 608
Arberg, v. (Fam.) III 495
- s.u. Karl Alexander v. (B.Ypern)
Arbing (nw.Passau) III 380
Arbo (Dh.) II 70
Archinto, Alberico (Kard.) VII/2 198, 202, 204
Archot, v. (Fam.) VII 36
Arco, Friedr. v. II 599
- Ph. v. VII/2 725
- Ulr. v. II 599
Arcycaga, Ph. v. (Soldat) VI 115

Ardennen (Landschaft) I 49ff, 185, 194

Arduin v.Ivrea (Mgf) I 72ff, 77, 83, 97f, 198, 200, 206f, 239

Arezzo (It.) I 203, 205; II 76, 313, 435; III 84

- B. s.u. Adalbert

Arg, Heinr. (Bbg) IV 275

Argenti, Vinzenz (Notar) VII/2 656

Argenvilliers (Prälat) VII/2 114

Ariald (B.Chiusi) I 115

Aribert (Eb.Mailand) I 259

Aribo (PN) I 498; II 63, 103

- (Eb.Mainz) I 45, 230, 243, 245, 251, 262f, 266f, 269, 289f, 308, 336, 341-344

- (Kpl.) I 245

Arle, Adelmont (Pfr Bbg) II 461

Arles (Frkr.) II 436

- B. s.u. Sylvius

Arneburg (Sa.-Anh.) I 112, 193

Arnfels (Österr.) VI 505, 507

Arnim, v. (Fam.) VI 108

- Erdmute Christiane Friederike v. VII/2 521

Arno (PN) II 336

- (B.Wbg) I 11, 25, 29

Arnold (PN) I 347, 477, 487, 496; II 66f, 69, 72, 90, 103f, 139, 336, 392, 456, 504, 543, 552

- I. (Eb.Köln) II 399

- (Eb.Mainz) II 414, 423, 439, 453

- (Eb.Ravenna) I 42, 199, 236, 239

- (B.Albano) III 74

- v.Solms (B.Bbg) III 2f, 12, 159, 456, 696; IV 198

- (B.Bergamo) I 467
- (B.Konstanz) I 484
- (B.Speyer) II 222
- (B.Worms) I 497
- (A.Heilsbronn) I 323, 325
- (A.Hersfeld) I 227, 246, 336, 343
- (A.Michelfeld) II 469
- (Dek.Windsheim) IV 893
- (Dh.) I 359, 477, 486; II 71, 482, 549f, 563ff, 568, 577, 647; IV 893
- (Domkantor) II 577
- (Kan.St.Jakob) II 473f; III 52f, 755
- (Kan.St.Gangolf) III 10, 106
- (Mönch Michelsberg) II 616, 625
- (Pfr St.Maria/Bbg) II 553, 567
- (Pfr Röbersdorf) II 567
- (Pfr Velden) II 560
- (Pr.Aachen) II 120
- (Spitalpropst St.Ägidien) II 624
- (Bbg) I 489; II 605
- (Hallstadt) II 67
- (Mainz) II 443
- (Osterhofen) II 294
- (Regensburg) II 68
- (Wbg) II 335

Arnold (Fam.) VII/2 334

- Gg (Kan.St.Stephan) V 344; VI 59
- Hermann (Pfr) III 595, 599
- Jakob (-) IV 722
- Joh. Michael (Bbg) VII/2 31
- Jorg (Sekretär) IV 642
- Kunig. (Zeil) VI 45, 49
- Martha (-) VI 50, 58

Arnoldsreuth (s.Bayreuth) IV 341
Arnoldstein (Österr.) II 43, 147f,
    488, 605; III 30, 415; IV 427;
    V 2, 124, 192, 297, 305f, 317;
    VI 17, 96; VII/2 66
- A. s.u. Emmerich; Gg; Ingram;
    Thomas
Arnoldstein, v. (Fam.) VII/2 173
Arnsberg (NRW) I 66
Arnsberg, Friedr. v. II 47, 77, 79
Arnstadt (Thür.) III 371f
Arnstadt, Dietrich v. III 341
Arnstätt, v. (Fam.) VII/2 227, 229f
Arnstein (sö.Lichtenfels) I 137, 330;
    II 463, 644; III 13f, 289, 378,
    475f, 478ff, 540, 584, 666, 708f;
    IV 38, 70f, 84, 235, 398, 622,
    654; V 65, 165, 514; VI 88, 397,
    710; VII 106; VII/2 214, 531
Arnstein (Ufr.) VII/2 49
Arnstein (Österr.) V 495
Arnstein, v. (Fam.) I 137
- Adalbert v. I 330
- Friedr. v. III 58
- Gg v. IV 526
- Heinr. v. II 530, 564
- Heinr. v. (Dh.) II 639
- Hermann v. II 67, 639
- Konr. v. II 644
- Ludwig v. II 463
- Melchior v. IV 969
- Stevinc v. II 463
Arnulf (Kg) I 11, 13; II 294
- (Eb.Mailand) I 98, 236
- (B.Cremona) I 460, 467
- (B.Halberstadt) I 57, 63, 83, 91-
    94, 110, 119, 128, 131ff, 172,
    174, 190, 197, 231, 251, 262,
    269, 299
- (Gf) I 155
Arolsen (Hess.) VII/2 38, 52f
Aronsperger, Oswald (Prie.) IV 697
Artelshofen (nö.Hersbruck) III 276
Artzgraber, Götz III 138
- Konr. III 138
Artzt, Gertrud (Bbg) III 536
- Heinr. (-) III 536
- Konr. (Kan.St.Jakob) III 546
- Syfrid (Prie.) III 527
Arzberg (ö.Wunsiedel) IV 628, 737,
    866
Arzenbider, v. (Fam.) VII 95
Asbach (sö.Pfarrkirchen) I 477; II
    141f, 295, 381f, 439, 454, 488;
    III 203, 286, 420; IV 117, 231,
    315, 396, 442; V 162
- A. s.u. Benedikt; Eberhard
Asbach, Ludwig v. II 631
Abach (ON) II 382
Asbeck, v. (Fam.) VII/2 717, 724
Ascer (Eb.Lund) II 268f
Asch (Tschechien) I 6; III 400; VII/
    2 242
Ascha, Wigger v. II 402
Aschach (nö.Amberg) VI 411, 678
Aschach, Gerhard v. II 47
- Gerung v. II 72
Aschachwinkel (Österr.) II 334; III
    468
Aschaffenburg (Ufr.) I 319; II 417,
    627; III 576, 578; V 342; VI
    175, 251, 583, 595, 615, 691f,
    694, 696; VII 70, 276; VII/2 50f,
    324, 397, 485f, 490, 503, 665,
    705

Aschaffenburg, Burkard v. (Kan. St.Gangolf) III 576, 578

Aschau (sö.Rosenheim) I 290

Aschbach (sw.Bbg) II 94f, 489; III 2; IV 58, 65; VI 202; VII/2 120, 393, 485

Aschbach, Arnold v. II 94
- Burkhard v. II 94
- Eber v. II 94
- Friedr. v. II 489
- Gerinch v. II 94
- Gunderun v. II 94f
- Hiltgund v. II 489
- Nendich v. II 94
- Winizo v. II 94

Aschenbrenner (Fam.) VII/2 572

Aschenhausen (Thür.) I 18

Aschenreut (ON) IV 10

Aschersleben (Sa.-Anh.) I 143

Ascherius (Eb.Gran) I 185, 187

Aschhausen, v. (Fam.) VI 699, 704
- Hans Gg v. IV 564
- s.u. Joh. Gottfried v. (B.Bbg u.Wbg)
- Joh. Ph. v. V 398f
- Marg. Barb. v. VI 704f, 709
- Ph. Heinr. v. V 384, 439, 522; VI 144, 379

Aschhausen-Wernau, v. (Fam.) VI 600f
- vgl. Wernau, v.

Asinarius, Alheidis (Bbg) III 15
- Konr. (-) III 15

Asis (Gf Grabfeld) I 18f

Askalon (Israel) II 558; VI 49f
- Titularb. s.u. Kaspar; Paul

Askanien, v. (Fam.) I 171, 331
- Adalbert v. II 498
- s.u. Albrecht der Bär v. (Mgf v.Brandenbg)
- s.u. Dieter v. (-)
- Hermann v. II 497f

Askwin (PN) I 380, 383, 477, 514; II 514
- (Gf) I 117
- (Pr.Aldersbach) II 294

Asperg (B.-W.) VII 86f

Assenatus, Vincentius (Dominikaner Bbg) V 499

Astheim (n.Kitzingen) I 414; VI 256, 444; VII 17, 19; VII/2 130f, 500, 506, 554, 645, 647

Asti (It.) I 467
- B. s.u. Udo

Ata (PN) II 58

Atenulf (A.Monte Cassino) I 254

Athanasius (Hl.) II 160
- (Eb.Gran) I 185

Athen (Griechenland) VII/2 560

Attala (PN) I 391

Attelsdorf (nw.Höchstadt/A.) IV 166, 807; VI 135, 246, 577, 583f

Attenham (w.Pfarrkirchen) I 145

Attenwinden (ON) II 522

Attergau (Österr.) I 139

Attersee (Österr.) I 139, 332; II 521, 629; III 188, 285, 351f, 360; IV 117

Atzelsberg (n.Erlangen) III 141; IV 795, 898, 978

Atzendörfer, Hans (Enchenreuth) VI 230

Atzenhof (Stadtt.Fürth) III 529
Atzhausen (nö.Kitzingen) VI 492
Atzmann, Fritz (Bbg) III 532
- Kunig. (-) III 532
Au (nw.Kronach) III 670
Au am Inn (sw.Mühldorf) I 290
Au, Maria Salome v. VI 698
Aub (sö.Wbg) II 509
Aub, Isaak Moses VII 142, 177, 261
Aue (sö.Hilpoltstein) III 181
Auer, Erhart (Nbg) IV 921
- Heinr. (Pfr Oberkotzau) IV 983
Auer v.Herrnkirchen, Joh. Christian VII/2 204
Auerbach (nw.Ansbach) IV 740
Auerbach (Opf.) I 4, 20, 142, 157; II 68, 133f, 332, 388f, 402, 448, 538, 560ff, 645; III 41, 112, 139f, 209, 249, 252, 271, 311, 338, 356, 417, 433, 447, 580, 634, 636, 638, 640, 642, 724; IV 5, 32, 55, 99, 216, 257, 337, 424, 446, 460, 495, 770; VI 17, 99, 103f, 107, 109, 158, 163, 169, 179, 210, 215f, 231, 233ff, 237, 276, 440, 457, 550; VII 39, 268; VII/2 43, 143, 337, 483, 535, 536
Auerbach, Friedr. v. II 562
- Gebhard v. II 448
- Heinr. v. II 402
- Joh. v. IV 57, 62, 114, 180
- Merboto v. II 560
- Reinboto v. II 645
- Rupert v. II 402
- Ulr. v. III 635
- Walter v. II 560

Auerbacher, Konr. (Forchheim) IV 682
Auersberg, v. (Fam.) VII 191; VII/2 219
Auffenstein, Friedr. v. III 134ff
- Konr. v. III 88, 134f
Aufhausen, Erlwin v. II 642
Aufheim (sw.Schwandorf) II 144, 332
Aufkirchen (sö.Starnberg) I 153
Aufseß (nö.Forchheim) II 56, 378, 500, 550; III 99, 231, 265, 310, 335, 391f, 419; IV 90, 359, 496, 622
Aufseß, v. (Fam.) III 147, 265, 377, 380, 391, 419; VI 534, 608, 636, 642, 651, 657, 671, 673, 698, 710; VII 18f, 38, 45f, 50, 69, 90, 93, 113, 179, 267, 279; VII/2 30, 37, 96, 160f, 251, 258, 412f, 417, 486, 521, 524, 528, 638, 645, 647, 682
- Adam Friedr. v. VII/2 543, 551, 583, 602, 622, 627, 647, 649, 665, 675, 681, 756f
- Agatha v. IV 400
- Agnes v. III 560
- Albrecht v. III 231, 252, 265, 335, 531, 539, 582, 585, 641, 680f; IV 79, 174, 256, 297
- Albrecht v. (Kan.St.Stephan) III 295, 537, 541
- Anna v. III 559, 570; IV 174
- Anna Eleonora Elis. v. VI 713
- Appolonia v. IV 318
- Balthasar v. IV 480
- Barb. v. III 566; IV 90, 400
- Berthold v. II 544

- Brigitta v. VI 484
- Burkart v. III 391, 575
- Chr. v. IV 174, 383, 419, 480, 986
- Chr. Ludwig v. VII/2 193, 326, 381
- Chr. Wilh. v. VI 484
- Daniel v. V 441
- Eberhard v. II 550
- Ekkehard v. II 98
- Else v. IV 174
- Ernst v. II 68
- Ernst Alexander v. VI 708
- Eucharius v. IV 318, 400, 496, 564, 651, 692, 742, 770, 772f; V 16
- Eysenein Heinr. v. III 391
- Fabian v. IV 479, 511, 973
- Friederika Augusta Henriette Christine v. VII/2 295
- s.u. Friedr. v. (B.Bbg)
- s.u. Friedr. v. (A.Michelsberg)
- Friedr. v. III 310, 374, 376f, 391, 405, 409, 419, 434, 448, 456f, 462, 507, 510, 516, 575, 627, 631, 640, 758; IV 72ff, 78f, 83, 141, 174, 322, 333, 350f, 405, 511; VI 508, 680; VII 69
- Friedr. Carl v. VII/2 343, 753
- Friedr. Chr. v. VI 718; VII 180ff, 311
- Friedr. Hector v. VI 545
- Friedr. Wilh. v. VII/2 519, 543, 551, 645, 647, 691
- Gg v. IV 323, 345, 353, 405, 511, 998, 1016
- Gg Chr. v. VI 702
- Gg Sigmund v. VI 423
- Gerhaus v. III 590, 627; IV 197
- Günther v. (Kan.St.Stephan) III 536
- Günther v. (Dh.;Pfr St.Sebald/Nbg) III 105f, 150, 159, 178, 181f, 193, 197
- Hans v. III 391, 496, 559, 602; IV 212, 479, 948, 1013
- Hans Karl v. VI 484f
- Hans Wilh. v. VI 484
- Heinr. v. III 265, 325, 419, 555, 560, 569, 585, 627, 688; IV 72f, 78, 108, 174, 178, 211f, 215, 241, 250f, 256, 263, 271, 294, 305, 307, 359, 366, 895f, 947, 977, 1011
- Heinr. Achatz v. VI 150
- Heinr. Chr. v. VI 708, 713
- Hermann v. (Dh.) III 132, 325, 365, 391, 401, 404, 409, 562, 565, 688
- Hermann v. IV 81f, 100, 174, 196, 236, 294, 333
- Herold v. II 56, 59f, 178
- Jakob v. V 431
- Jobst v. IV 459, 461f, 478, 924
- Jobst Bernhard v. VI 642, 679, 695, 708, 715, 717f; VII 51, 53, 79, 143-148, 150f, 157, 171, 173
- Joh. Friedr. v. VI 484, 611, 666
- Joh. Wilh. v. VI 508
- Julius Heinr. v. VI 484
- Kargas v. IV 514
- Karl Chr. v. VI 616
- Karl Dietrich v. (Dh.) VI 685, 713, 718; VII 40, 53, 80, 133, 235, 310f
- Karl Friedr. v. VI 674
- Karl Siegmund v. (Dh) VI 502, 504, 509, 517, 531, 542, 545, 549, 551, 564, 567, 580, 584, 590,

593, 614, 616, 627, 638, 653, 656, 690, 705, 708, 716; VII/2 160, 381, 412f
- Kaspar v. IV 531, 785
- Kath. v. III 531
- Kath. Barb. v. VI 714
- Konr. v. (Dh.Wbg) II 641
- Konr. v. III 231, 265, 391, 419, 570, 587, 627, 641, 650, 688, 758; IV 9, 67, 171, 174f, 177, 181, 192, 199, 214f, 226, 307, 317f, 400
- Konstantin v. II 98
- Kunig. v. III 650
- Marg. v. III 337, 531; IV 211, 345
- Marg. Barb. v. VI 705
- Martin v. IV 294
- Megengoz v. II 378, 500
- Otto v. III 15ff, 21-25, 28, 35, 50, 56, 58f, 63, 68, 75, 89f, 92f, 99, 132, 144, 147, 156, 270, 531, 559, 571, 581f, 585, 587, 589, 600, 607, 648ff, 652, 654, 658, 668, 714; IV 200, 345
- Pankratz v. IV 511, 558, 622, 767
- Peter v. IV 480, 960
- Sebastian v. IV 412, 418, 422f
- Sigmund v. IV 973
- Thomas v. V 294, 364
- Ulr. v. III 156, 310, 391, 409, 419, 531, 566, 585, 590; IV 90f
- Ursula v. VI 714
- Veit v. IV 460, 496
- Werner v. IV 257, 274, 283, 351, 405, 412, 447, 460ff
- Wilh. v. IV 480, 742f, 751, 756; VI 436
- Wolf v. IV 479, 639
- Wolf Heinr. IV 558
- Wolfgang v. IV 511
- Wolfgang Achaz v. V 324; VI 97

Aufseß (Regiment) VI 608

Augen, Joh. IV 147

Augerau (frz.Gen.) VII/2 699-704

Augsburg (Schw.) I 35, 53, 55, 59, 68, 96, 153, 166, 252, 261, 269, 290, 335, 368, 390, 424, 452ff; II 23, 29, 44, 304ff, 347, 430, 520, 546, 628, 656, 658f, 661ff; III 2, 23, 29f, 45f, 92, 152, 232, 304, 424, 426, 436, 441, 747; IV 477, 538, 694, 763f, 841, 844, 849, 1055; V 5, 12f, 25, 83, 160, 428; VI 256, 389, 442, 494, 507, 538f, 547, 561, 563, 568, 599, 619, 671, 679, 712, 714; VII 37, 62, 68, 92, 220, 223-226, 273; VII/2 139, 241, 257, 336, 357, 360, 383, 654, 659, 697, 700, 715

- Bistum u.Hochstift II 23; III 232, 264, 275, 304, 315, 426, 435, 722, 747; VII 125, 263; VII/2 286, 376, 715, 727
- - B. s.u. Bruno; Chr.; Embricho; Marquard; Udalschalk; Walter
- - Domkapitel VII 68, 182; VII/2 376, 405, 511, 664, 684
- Kirchen u.Klöster
- - Dom I 35, 166; II 305
- - Hl. Kreuz II 656
- - St. Afra I 53, 290; VII 224, 226
- - St. Ulrich I 53, 290; III 92; VII 220, 223, 226; VII/2 715

Augsburger, Maigel (Bbg) VI 61

Augsfeld (sö.Haßfurt) II 522; III 42, 434, 493; VI 45, 190, 444, 519, 521

Augst (Fam.Bbg) III 199

August v.Sachsen (Kg v.Polen; Kfst v.Sachsen) IV 830; V 58, 60; VI 334; VII 17, 72, 90f

- (Hzg v.Braunschweig-Lüneburg-Wolfenbüttel) VI 600

- (Pfalzgf) V 466

- v.Limpurg-Styrum (B.Speyer) VII/2 385-388

August Wilh. (Mgf v.Baden) VII 37

Augustinus (Hl.) I 391, 404; II 294

- (B.Salubriensis) III 287, 297, 690

- (B.Spigacensis) VI 635

- (A.Niederaltaich) V 161

- (Pr.Neunkirchen/Br.) IV 805; VI 98

Augustinoffsky, v. (Fam.) VII 192

Aura (nö.Hammelburg) I 24, 38, 50, 225, 230, 294, 305, 307f, 319, 404, 409, 426, 469, 473, 492; II 1f, 37, 39, 43ff, 109, 115, 118, 126, 128, 135ff, 148f, 158, 215, 217-220, 318; III 36

- A. s.u. Berengar

Aura, Ekkehard v. II 39, 219

Aurach (Fl.) I 6, 121f, 128, 136, 408; II 10, 419, 522; III 603

Aurach vgl. Frauen-, Herzogen-, Steg-

Aurach, v. (Fam.) IV 83

- Adalbert v. II 68, 379, 396, 401, 414, 419, 424, 444, 475, 479, 483

- Albert v. (Dh.) II 598

- Eberhard v. II 567

- s.u. Gebhard v. (B.Straßburg)

- Gerhard v. II 138

- Hartwig v. II 535f, 542, 548f, 570ff, 578f, 594, 623

- s.u. Hermann v. (B.Bbg)

- Hermann v. II 570, 576

- Hermann v. (Dh.) III 132, 325, 365, 404, 409, 562, 565, 688

- Herold v. II 56, 59f, 178

- Konr. v. II 58, 277, 475

- Meinhard v. II 68

- Otto v. II 387

- Reinolt v. II 417, 452, 462, 511

- vgl. Ekkehard

Auracher, Barb. IV 910

- Moritz IV 910

- Paul IV 910

- Paulus (Prie.) IV 894, 980

Aurelius (Dominikaner Bbg) V 177

Aurer (Dh.Passau) V 48

Auria, Gg (Nuntius) VII 198

Aurifaber, Joh. Konr. (Pfr Eggolsheim) V 515

Auernberg (n.ident.) IV 73, 81, 83

Aushofen (nw.Altötting) I 145

Austerlitz (Tschechien) VII/2 737

Austrasien (Teil d.Frankenreiches) I 76

Autenhausen (sw.Coburg) I 19; III 671, 649

Autz, Rinold III 662

Avancius (B.Xanciensis) III 690f

Avekkinge, Berthold v. II 544

Averhilteburchstal (n.ident.;Österr.) I 371

Avidorn, Jakob III 8

Avignon (Frkr.) III 11f, 74, 81ff, 107, 110, 120, 149, 152, 169, 172, 184, 192, 200, 204, 206, 209f, 225f,

230, 239, 247f, 260, 274f, 287, 297, 304f, 307, 313ff, 327, 329-332, 339, 341ff, 349, 401, 410f, 525, 537, 609, 615, 621, 634, 669, 681, 690, 705, 730, 753f

Avisius (Franziskaner Bbg) V 252

Axter (Kronach) VII/2 354, 375

- (Hofkammerrat) VII/2 435, 541f
- Wilbolt IV 559

Ayla, v. (Gesandter) VII 268f

Ayrer, Jakob (Bbg) V 233f

Azelin (PN) I 498

- (B.Hildesheim) I 362
- (Pr.Dronghene) I 184
- (Prie.) I 359

Azemann (PN) I 498; II 511

- (Pfr Forchheim) I 62

Azendorf (sw.Kulmbach) II 5; III 596, 599, 666, 710; IV 96, 276 ,737, 810; V 64f, 407

Azmann (PN) II 511

Azmann, Albrecht (Bbg) III 527

Azzo (B.Acqui) II 304

- (Mgf.It.) I 207
- (Prie.) I 122, 498

Baad (sö.Forchheim) II 54; III140; IV 406, 544

Baader, Joh. (Weidenberg) IV 1005

Baargau (Landschaft) I 139

Baar-Hartberg-Krotenstein, Joseph Ignaz v. VI 627

Babenberg, v. (Fam.) I 16f, 19f, 26, 28-32, 80, 159, 161, 183, 212, 216, 314, 331f, 371, 414, 499; II 17, 63, 72, 276, 394, 420, 455

- Adalbert v. I 30f
- Adelbraht v. I 30
- Adelhard v. I 19f, 26, 30
- Adelold v. II 62
- Baba v. I 28
- Berengar v. I 32; II 574
- Brunward v. II 62
- Dietmar v. II 100
- Ebo v. III 757
- Ernst v. I 73, 80, 82-85, 183, 212, 238
- Ezzilo v. I 20, 26, 30
- Gerung v. III 757
- Gottfried v. II 571
- Heinr. v. I 20, 26, 29f; II 402, 535, 572
- Herdegen v. III 757
- Hertwig v. II 572
- Irmentrud v. II 62
- Konr. v. III 739, 749f
- s.u. Liutpold v. (Mgf v.Österr.)
- Marg. v. II 535
- Mathilde v. II 475
- Megingoz v. II 402, 498
- Poppo v. I 29; II 20, 26, 29f
- Poppo II. v. II 29-32
- Poppo III. v. II 32
- Wezilo v. II 473f
- vgl. Altenburg, v.

Babgast (ON) VI 473, 531

Babo (PN) I 28, 359, 383, 498; II 64, 72, 104, 462

- (Dh.Wbg) II 95, 287, 290, 503

Pabst, Andreas (Staffelstein) IV 703

- Hans (Frensdorf) IV 421

- Konr. IV 657
- Walther IV 158

Bach (sö.Landshut) I 145

Bach, Adolf Ph. v. VII 298
- Eva Maria (Bbg) VI 67
- Hans Adam (-) VI 69
- Heinr. III 527
- Kaspar (Zeil) VI 73
- Michael (Bbg) VI 47, 69, 72, 78f
- Wolf Ph. v. V 531; VI 697

Bacharach (Rh.-Pf.) III 209

Pachelbel (Fam.) VI 581
- Wolfgang (Wunsiedel) IV 1039

Bachfeld (Thür.) I 20; III 253

Bachfeld, Gisela v. II 498

Bachhausen (ö.Dingolfing) I 145

Bachhausen, Konr. II 534

Bachham (sö.Dingolfing) I 146

Bachheim, Joh. v. IV 46

Bachmann (n.Simbach) I 145

Bachstein, Konr. (Bbg) IV 701

Pacinis, Deyphebus (Siena) V 120
- Joh. Baptist (-) V 120

Pack, Otto v. IV 748

Packer, Fritz (Kulmbach) IV 67

Backnapp, Hans IV 885

Pactad (Fam.) VII/2 702

Badanachgau (Landschaft) I 143, 226

Baden (Österr.) I 70

Baden (CH) VII 224f

Baden (Mgfschaft) I 138f; II 46; VI 558, 608, 647; VII/2 662, 716, 737

Baden, v. (Fam.) VII 38

- s.u. August Wilh. v. (Mgf)
- s.u. Bernhard Gustav v. (A.Fulda; Kard.)
- s.u. Philibert v. (Mgf)
- vgl. Zähringen, v.

Baden-Baden (B.-W.) VI 605; VII 37f

Baden-Durlach (Mgfschaft) VI 608; VII/2 301, 388

Baden-Durlach, Anna Charlotte Amalie v. VII/2 388

Bader, Gg Franz VII 298
- Fridel IV 560
- Jakob IV 560
- Konr. (Bbg) III 584
- Marg. (-) III 584
- Peter (Lindenhardt) IV 354
- Wolf (Teuschnitz) IV 618

Paderborn (NRW) I 58, 66f, 109, 113, 128, 183, 215f, 221, 231, 236f, 243, 246, 249f, 262, 272, 277ff, 282; II 28; III 723; IV 330; VI 360, 434; VII/2 262, 715
- B. s.u. Heinr.; Imadus; Meinwerk; Poppo

Paderborn, Braunwart

Badeymüller, Michael (Höchstadt/A.) VI 95

Padingou (n.ident.) II 138

Badolfesheim (ON) II 462

Badolfus (Eb.Tarantaise) I 129

Padua (It.) II 459, 462, 467; II 79; III 5, 142, 239, 336, 413
- B. s.u. Ciriacus; Milo; Petrus; Ulr.
- vgl. Marsilius v.

Badum, Joh. Adam VII/2 367, 378, 417f

Badung, Joh. (Marktgraitz) IV 358
Bäckermeister, Konr. II 390, 392, 461
Bähr (Fam.) VI 679
Bär, Chr. (Franziskaner) V 405
Bärenthal (ö.Forchheim) II 477f
Bärnau (sö.Tirschenreuth) IV 106, 1049
Bärnfels (sö.Ebermannstadt) IV 20, 328, 342, 344, 424, 442f, 612; VI 125
Bärnreuth (nö.Bayreuth) III 312, 757
Bärwald (Sachs.) VI 147
Bäuerlein (Fam.) VII/2 446, 449f
Pag (FlN.) III 338
Bahl, Joh. Daniel VII 238
Baiersdorf (n.Erlangen) I 318, 375; II 67f, 93, 138; III 276, 336, 358, 371, 389, 405, 428, 444, 724, 746; IV 39, 43, 73, 75ff, 80f, 83, 88ff, 178, 197, 367, 390, 511, 549, 721, 731, 738, 837, 868, 899; VI 20, 92f, 135, 156, 195f, 216, 483f; VII/2 214
Baiersdorf, Liutpold v. II 67f, 93
Baiersdorfer, Gg (Steinbach) VI 60, 62
- Marg. (-) VI 60
Bailwitz, Eva Rosina v. VII/2 186
Bainer, Joh. (Domvikar) V 401
Bajer (Fam.) VII/2 529
Palästina II 558; III 27
Palast, Anna III 549
- Elis. III 545
- Thomas III 549
Balckmacher, Erhart (Generalvikar) IV 522, 525, 545, 671, 924f, 1006f

- Joh. (Prie.) IV 333, 356, 391, 395, 419, 422, 579, 705
- Wolf IV 744
- Wolfgang V 484
Baldebert (Kan.St.Stephan) III 54, 754
Balderich (B.Lüttich) I 164, 194, 233ff
- (Gf) I 153, 194, 219, 223, 231ff
- (Gf Mecheln) I 164
Baldersheim (w.Uffenheim) I 143, 163; II 462, 591; III 437f
Baldersheim, Gertrud v. II 591
- Hedwig v. II 591
- Irmgard v. II 591
Balduin (PN) II 65, 71
- (Eb.Salzburg) I 362
- v.Luxemburg (Eb.Trier) III 248, 277
- (A.Banz) II 102-106, 148, 494
- (Kan.Neumünster/Wbg) II 579
- Schönbart (Gf v.Flandern) I 113, 117f, 184, 246
- (Gf Hennegau) II 50, 539
Baldz, Pankraz (Pfr Marktgraitz) V 296
Palermo (It.) II 573, 632
Balerne (It.) II 663
Palestrina (It.) II 573, 632
- B. s.u. Guido; Humbert; Kuno
Balgheim, Konr. v. II 396
Ball, Anna (Bbg) VI 61
Pallavicini (Kard.) VII/2 366, 410, 430
- Octavio (-) V 137, 241, 251f, 255ff, 260, 265f, 295, 308, 317, 329,

342ff, 346, 348, 351, 377, 416f, 422f, 425

Ballenstedt, Adalbert v. I 415
- Otto v. II 30
- Siegfried v. I 50

Ballhorn (Fam.) VI 543

Pallota (Kard.) VI 74

Palm, v. (Fam.) VII 265f

Palmhofer, Joh. (Prie.) III 505; IV 951

Balß, Daniel VII/2 311, 320f, 340, 356
- Joh. VII/2 340, 367
- Kunig. VII/2 356

Palta (Österr.) I 358

Balthasar (Landgf Thür.) III 347, 487f, 499f, 518
- (A.Fulda) V 334
- (A.Heidenheim) IV 776

Paltwein, Eberhard (Waischenfeld) IV 142

Paltz, Konr. (Mittelehrenbach) IV 780

„Bamberg" ist untergliedert in:
allgemein
Bistum und Hochstift
Bürger
Gerichtswesen
Juden
Kirchen, Klöster und Stifte
Münzwesen
Reichs- und Fürstentage
Schulen, Seminare, Universität
Spitäler u.Krankenanstalten
Topographie
Zollwesen

Bamberg (Ofr.); allgemein I 2f, 7, 28-33, 60, 118, 121ff, 127, 135, 146, 186, 224, 229, 240ff, 250, 274, 284, 286, 292ff, 296f, 309-312, 315-320, 325, 332, 334f, 346, 348, 355, 358, 362, 375, 381, 402, 406, 417, 430, 432, 434, 436f, 469, 493, 499-503; II 3, 10, 21ff, 25, 27f, 36, 42, 45, 50ff, 55, 57, 62, 69, 71, 81f, 86f, 89, 95, 99ff, 104f, 130, 133, 138, 141, 143, 147, 152f, 163, 170f, 173f, 209, 213, 219ff, 270-273, 303, 321f, 328ff, 333ff, 337, 343, 345f, 348ff, 372, 375, 385, 380, 388ff, 392f, 396, 403, 405, 407f, 412f, 415, 423ff, 437f, 441, 445, 449, 451f, 460f, 472, 474, 476, 479, 482, 486, 489ff, 500f, 507f, 512f, 522, 525, 537, 540-543, 547-550, 552, 555, 561, 563, 567-570, 572, 578ff, 587f, 593, 600, 611, 615-618, 621f, 624f, 628f, 632, 637ff, 642, 644, 646ff, 651f, 657, 659, 661f; III 1, 5, 12f, 15, 17, 20, 22, 26f, 30, 32, 38, 44, 49, 54f, 57, 59-62, 70ff, 82ff, 101, 109ff, 120f, 124, 126, 131ff, 138, 142, 144, 146, 150, 154f, 168ff, 173, 183, 186, 188f, 194, 199, 201-204, 212, 216f, 219f, 224f, 227, 233f, 239, 251f, 257f, 261f, 274ff, 281f, 289-292, 296, 307f, 311, 313ff, 318, 322ff, 331, 335, 346, 349-352, 354f, 360ff, 371ff, 387, 393, 395, 397, 399-402, 410, 430-433, 439-443, 457, 466f, 470ff, 477f, 483ff, 493, 501, 503, 507, 509, 514ff, 521ff, 531ff, 537f, 542f, 545, 547, 551, 553, 556, 559, 561, 564ff, 571-574, 581, 583, 585, 587f, 590-595, 597ff, 601f, 604ff, 610, 613,

616-619, 622, 629, 631, 641, 646ff, 653, 656, 658, 662, 664, 667, 671ff, 678, 680, 690ff, 696, 702, 707, 716, 723f, 729, 75, 749f, 753ff; IV 18, 25, 40, 48, 52, 58, 65f, 77, 117, 175, 211, 216, 227, 231f, 237, 241, 250, 274f, 287, 340, 386f, 401, 420, 438f, 470f, 487, 509, 538f, 544, 546, 569-582, 590-593, 600, 603, 606, 608, 620, 631, 633-637, 640, 656, 677, 689, 708, 750, 756, 761, 796, 803, 810, 828, 832f, 842, 846, 1044ff; V 3, 24, 53, 84f, 165, 183, 291, 381, 457, 459, 498; VI 20, 95, 104ff, 126, 154, 178, 189, 201, 214f, 220ff, 238f, 252, 254ff, 258, 276f, 279ff, 283, 285, 287, 290, 292, 296, 298, 300f, 305, 316, 325ff, 329-332, 336f, 339ff, 344ff, 348, 351f, 356, 358-364, 367-372, 374-381, 383f, 392ff, 398-405, 408f, 411, 416ff, 420, 422, 425ff, 429-438, 440f, 443ff, 448, 450, 452, 457f, 462-467, 470, 473, 475-478, 482, 484, 488-491, 495, 497ff, 501ff, 505-509, 511ff, 516f, 522f, 525ff, 530ff, 534f, 537, 540-545, 547, 549ff, 553, 555, 557-561, 563, 566, 569ff, 574, 576-591, 593-598, 600, 602f, 606-611, 613-616, 620-625, 627-631, 633-640, 645-648, 652, 654-657, 659ff, 665, 667f, 670f, 673, 676, 679-688, 690-698, 709, 715, 717; VII 12f, 15, 17, 35-38, 42, 49ff, 67f, 73ff, 90, 112, 137, 140, 144, 146f, 149f, 167, 170, 240, 244, 246, 265ff, 279, 293-299; VII/2 32, 46, 62, 81, 90, 160, 185, 228f, 256, 261, 265, 269, 281, 299f, 334, 420, 445, 458, 463f, 473, 491, 506, 524, 540ff, 552, 582, 585f, 595, 604f, 610, 612, 619, 629, 687f, 703, 707, 712, 740

Bamberg; Bistum u. Hochstift I 1ff, 8, 16, 19f, 33, 38, 41, 47, 87, 118-124, 126ff, 130ff, 134-161, 166f, 186, 225ff, 243f, 266, 273, 280, 282, 284, 297f, 311, 313-316, 323, 325f, 329ff, 334f, 345, 347, 354-365, 367ff, 372-376, 378-383, 407f, 410, 412-415, 429, 434, 436ff, 440, 451, 459, 477f, 482f, 485-489, 493, 495, 499-502; II 1, 8ff, 22, 24, 26ff, 34, 39, 41f, 45-48, 51f, 55, 57-68, 70, 72f, 80, 83ff, 95, 99f, 102ff, 106, 111, 118, 123, 132f, 135, 137, 139-143, 145-149, 152, 156f, 166, 170f, 174, 209, 213ff, 219ff, 223f, 232, 244, 270-278, 285, 290ff, 294-297, 303f, 309, 312, 317, 324, 328f, 333ff, 345, 367, 369, 371ff, 375-378, 380-386, 389f, 393-408, 411-416, 418, 420f, 423, 437-440, 445, 451f, 458ff, 462, 468, 476, 480f, 485-488, 490, 492ff, 499, 501f, 510, 515ff, 521, 529f, 532, 534, 536ff, 540-543, 547, 549f, 553, 558, 564, 566, 576f, 582, 584, 587-590, 592ff, 598, 600, 602-607, 610-613, 616, 618f, 621f, 628f, 633, 646f, 649-653, 657, 663; III 1, 4f, 12, 19, 24, 53, 73f, 76, 82ff, 91, 107, 111, 108, 142, 147, 161, 172, 182, 212, 217, 220f, 233, 243ff, 264, 278, 281, 289ff, 307, 309, 313ff, 330, 336, 342ff, 350f, 354, 360ff, 370ff, 382, 384, 392, 395f, 400, 402, 409ff, 420, 425ff, 430, 434ff, 455, 459, 472, 475ff, 484f, 492ff, 507ff, 538, 546, 553, 581, 585, 589, 605ff, 627, 629f,

637f, 646, 648, 653, 664, 667, 676ff, 685, 688, 691, 695, 703, 705, 722ff, 739, 754, 756ff; V 13, 24, 37, 98, 100ff, 223, 240, 246, 254, 337, 341, 402, 428, 459, 468, 488, 498; VI 260, 263ff, 267, 275, 290, 295, 299, 302f, 316, 333, 351, 354, 360, 406, 419, 429, 446, 459, 485f, 490, 495, 504, 506, 515-522, 526, 528, 531, 535-538, 541, 546, 555, 572, 577, 579, 583, 601, 603, 630, 634, 639, 649, 658; VII/2 730, 738

Bamberg; Bistum u.Hochstift; Archidiakonate III 10, 36, 38, 49, 51, 64, 81, 85, 108, 125, 146, 150, 157, 159, 238f, 396, 447, 457, 507, 509, 555f, 606, 609f, 640, 646, 654, 665, 706, 712

Bamberg; Bistum u.Hochstift; Bischof I 119, 124, 154, 156f, 160f, 244f, 316, 326, 332, 334f, 354f, 362f, 365f, 372f, 375, 380f, 385, 407, 413, 415f, 422, 440, 444, 457, 468f, 499; II 23ff, 28, 38f, 46, 49f, 56, 58f, 64f, 68f, 79f, 83ff, 87f, 92f, 98f, 101, 104, 111f, 127, 133f, 139-145, 147, 152, 156, 178, 271f, 275ff, 292, 294-297, 299, 320, 326-330, 333f, 345, 370, 372, 375ff, 379, 381-392, 394-398, 400f, 403, 407, 410-413, 415f, 418, 421f, 424f, 429, 433, 438f, 441, 451, 456, 458, 462, 468-473, 476, 479f, 481f, 485-488, 490ff, 494, 500ff, 513, 516, 521-526, 528, 530f, 535-539, 541ff, 545-553, 558f, 561-568, 570, 575ff, 580-583, 587, 589f, 593, 595f, 600-606, 609f, 615, 617, 619, 622f, 628ff, 632f, 637, 643, 651, 655, 661-664; III 5, 90, 147, 259, 264, 328, 353, 380f, 410, 418, 490; V 156

Bamberg; Bistum u.Hochstift; Bischöfe s.u. Adalbert; Adam Friedr.; Albrecht; Anton; Arnold; Bernhard; Berthold; Chr. Franz; Eberhard; Egilbert; Ekbert; Ernst; Franz; Franz Konr.; Franz Ludwig; Friedr.; Friedr. Karl; Gg; Gg Karl; Günther; Hartwig; Heinr.; Hermann; Joh.; Joh. Gg; Joh. Gottfried; Joh. Ph.; Joh. Ph. Anton; Konr.; Lampert; Leopold; Lothar Franz; Ludwig; Marquard Sebastian; Martin; Melchior Otto; Neidhart; Otto; Peter Ph.; Ph.; Ph. Valentin; Rupert; Suidger; Thiemo; Veit; Weigand; Werntho

Bamberg; Bistum u.Hochstift; Lehen I 330, 332, 358, 380f, 413, 457, 459, 482, 487, 498; II 10, 27, 35, 38f, 49f, 57-60, 62, 67f, 73, 92, 98f, 105, 133, 141f, 147, 152f, 276, 297, 333, 370, 377, 379, 380, 385, 390f, 396, 400, 402, 406, 415, 417, 425, 437f, 452, 462, 468, 479, 485ff, 501f, 516, 521, 525f, 529ff, 536f, 542ff, 547, 558f, 577, 582, 584, 588, 592, 598, 605, 607, 609ff, 619, 621f, 624f, 632f, 643, 649f

Bamberg; Bistum u.Hochstift; Ministeriale I 360, 380f, 478, 487, 489, 498; II 47, 52, 56-59, 61, 65-69, 71f, 90f, 93, 95, 97ff, 101, 106, 134, 140-143, 152, 178, 275, 291f, 294, 297, 373, 375, 377ff, 382f, 386, 388, 391f, 396, 401ff, 408, 412ff, 416-419, 421f, 424f, 442ff, 452, 454, 458, 461f, 465, 468, 475, 479, 481, 484f, 488,

490ff, 494, 498f, 501, 513, 516f, 525, 529, 532, 537f, 542, 547, 549f, 552, 564, 568, 570f, 576f, 588, 592f, 598, 605, 609f, 613, 618f, 622,3 624, 652f, 657, 661

Bamberg; Bistum u.Hochstift; Synoden I 188, 242, 379, 381ff, 405, 472, 476f, 486, 494f; II 61, 152, 314, 374, 377, 553, 576, 645

Bamberg; Bistum u.Hochstift; Weihbischöfe III 546, 756

Bamberg; Bistum u.Hochstift; Weihbischöfe s.u. Behr; Bernhard; Breyll; Ertlein; Feucht; Friedr.; Gerhard; Hahn; Heinlein; Jäger; Joh.; Karg v.Bebenburg; Ketterlein; Lichtenauer; Nitschke; Rauh; Schnatz; Schöner; Schoner

Bamberg; Bürger I 381; II 21, 57f, 60, 62, 68, 100, 143, 349, 384, 390, 393, 445, 476, 480, 520, 541f, 550, 555, 570, 605, 607, 609f, 618, 621f, 629, 634, 636ff, 640, 647f, 657, 661, 663f; III 16, 21, 25, 51f, 54, 58f, 61, 68, 74, 131ff, 169, 171, 213, 318, 427, 531, 538, 542-548, 552, 566f, 570-579, 581ff, 585f, 591-595, 597, 599-603, 607, 611, 629, 633, 689, 647, 658, 694, 696

Bamberg; Gerichtswesen I 157, 160, 362; II 46, 396, 492, 609, 618, 622, 657; III 27, 32, 54, 61, 73, 120f, 133, 169, 258, 318, 355f, 410, 432f, 438, 470ff, 507, 534ff, 538, 542ff, 555, 560, 564, 566, 569, 571ff, 575, 578, 585f, 591ff, 597, 600-603, 629, 633, 678-681, 694, 696; V 33, 107

Bamberg; Juden I 320; III 26, 194, 204, 219f, 261, 311; V 5f, 35

Bamberg; Kirchen, Klöster u.Stifte I 16, 32f, 158, 160, 224, 241f, 272f, 284, 292ff, 296f, 309ff, 316ff, 322f, 332, 334f, 345f, 348, 353, 355, 364, 366, 370, 375, 378, 383, 399, 402, 430, 432-437, 439f, 456f, 469, 472, 489, 493, 498, 501f; II 3, 10, 21f, 25, 27f, 39, 42, 45, 66, 71f, 79-82, 94ff, 99f, 104f, 117f, 123, 133, 136, 152, 174, 209, 213, 271f, 290ff, 295f, 303, 320-323, 333, 336f, 343, 345ff, 350, 372f, 381f, 384, 388, 393ff, 397f, 406-409, 412, 415, 419f, 422f, 425, 437f, 444, 448, 451f, 459, 468, 472, 479, 482, 485, 493, 500f, 520f, 525, 528ff, 536, 543, 549, 553, 555f, 560, 563, 568, 576, 588, 590ff, 594, 601f, 607, 616, 621, 628ff, 646ff; III 4, 10, 26, 73, 86, 104, 107f, 153, 195, 199, 254, 287, 292, 336, 341, 351, 354f, 433, 470ff, 512, 531, 535f, 539, 557, 560, 562, 564ff, 572, 578, 594f, 724; IV 231f, 237-242, 264, 296f, 330, 343, 701; V 53, 98, 128, 224, 410, 473, 487, 490, 501; VI 213, 503; VII 97, 259-262, 267, 290; VII/2 36, 39, 53, 92, 94, 194, 417, 458, 729

Bamberg; Kirchen, Klöster u.Stifte; Beginen III 515

Bamberg; Kirchen, Klöster u.Stifte; Dom, Domstift u.Domkapitel I 30, 38, 43, 51, 119f, 124, 137, 139f, 143, 148, 154-161, 185-188, 224, 241f, 272f, 284, 292ff, 296f, 303, 305, 309ff, 315-319, 323, 325, 327, 332f, 335, 345f, 348, 353, 358ff, 363f, 366, 370f, 373, 375f, 379f, 382f, 385ff, 395, 399, 402f, 407f, 413, 430-434,

436, 459, 461ff, 469, 477, 482f, 485ff, 490f, 493, 498, 500ff, 510, 525, 537, 542, 549f, 588; II 1, 6, 21, 25, 27, 34, 41, 50ff, 55-62, 65-73, 85, 89-93, 95f, 99f, 103, 106, 112, 117, 125, 130, 134, 137, 141ff, 145ff, 151, 153, 159, 173, 219, 223, 225, 270, 272, 275ff, 279, 283, 291f, 294, 297, 304, 309, 315, 323, 326, 333, 343, 350, 373, 375, 377f, 380-383, 385-393, 395f, 398, 400, 402f, 406-409, 411, 413, 416, 421-425, 441, 444ff, 451-454, 456f, 459-464, 468f, 472f, 479-490, 492-496, 500ff, 507, 510, 513-517, 519ff, 525f, 528-543, 547-550, 552f, 561-568, 570, 572, 574-584, 587-595, 597f, 601, 605ff, 609f, 612f, 615f, 618f, 621-625, 629f, 632, 634, 636-641, 643, 645-648, 650-653, 657, 661, 664f; III 1f, 4ff, 14ff, 19, 22, 24f, 27, 29, 31ff, 45, 49ff, 57, 59, 61-65, 71f, 74f, 81ff, 85ff, 89f, 93, 98, 100f, 103-109, 112, 114-118, 120, 125, 129, 131, 133ff, 141, 143-146, 150ff, 154, 157ff, 172f, 181, 188-193, 195-203, 216, 219ff, 234-238, 243-246, 249, 251, 254, 260, 262, 276, 279ff, 287, 289ff, 298, 301-305, 308f, 317ff, 321, 327, 329, 331, 341, 349, 351f, 354, 356, 360ff, 364f, 376, 383, 388, 396f, 403ff, 408f, 415, 422, 427, 432ff, 438, 445, 447f, 455-461, 463-469, 471-474, 478f, 481-485, 489f, 504, 506-510, 512ff, 517, 519, 521-524, 527f, 533f, 540, 542, 549, 551ff, 557, 559, 562, 567, 575, 588, 592, 596f, 605, 609f, 626ff, 631, 638f, 641, 646, 654, 669, 677, 692, 694, 697, 703f, 719, 723f, 729, 753ff, 760; IV 10, 18, 23, 25, 58-67, 95, 97, 107, 144f, 148, 155, 163, 167, 180-186, 211, 216, 236, 278, 310, 313f, 323, 404f, 428, 437, 497, 527, 541, 697, 756f, 759, 811, 818f, 1042f; V 74, 77, 84f, 128, 165, 183, 291, 381, 457, 491, 496, 501, 510; VI 49, 168, 171, 222, 459, 503, 586, 617; VII 15, 17, 19f, 24, 36-39, 42, 49, 68, 71-77, 80, 82ff, 87, 89, 95-98, 107, 167, 186, 189ff, 195, 200, 226, 245, 248f, 261, 265-269, 283; VII/2 58, 99, 101-104, 107f, 112f, 119, 160, 191-195, 200f, 232f, 251, 266, 270f, 279, 296, 304-324, 326, 338ff, 343, 346, 350, 354, 360, 364-369, 372f, 379, 387, 390ff, 396, 399, 402, 411, 416-419, 439, 441, 443f, 474ff, 481ff, 487, 489, 494, 498-511, 517, 522, 524f, 532, 545, 559, 561ff, 572, 576, 592, 594, 596, 603, 605, 614-618, 620, 622, 624, 626ff, 637ff, 646f, 655, 681, 706, 710, 725, 729, 734, 736, 740, 745

Bamberg; Kirchen, Klöster u.Stifte; Dom, Domstift u.Domkapitel; Domherren s.u. Abenberg; Adalbert; Adalo; Adelhalm; Adelmann; Aisch; Albero; Albert; Ambring; Ambundis; Ammann; Angermann; Anselm; Arbo; Arnold; Arnstein; Aufseß; Bainer; Balckmacher; Bayer; Bebenburg; Bebo; Bentznau; Berg; Berg zum Helb; Bernburg; Berner; Bernheim; Bertolf; Berwich; Bettenburg; Bettendorf; Bibra; Bicken; Bobenhausen; Boser; Bouso; Brauneck; Breitenegg; Breitenstein; Brevior; Bubenhofen; Buchele; Büren; Bürn; Burcheim; Burgellern; Burkhard; Buseck; Buttenheim; Canel; Capler v.Oeden; Chadeloch; Charlo; Cragant; Curtius; Dalberg; Deinhard; Dentzel; Dernbach; Dettelbacher; Diemar; Dienheim; Dienstmann; Dötzer; Dorse; Dümper; Dürr; Eberhard; Eberstein; Echter v.Mespelbrunn; Ekkehart; Egeno; Egilbert; Egilhard; Egloffstein; Ehenheim; Ehrenberg; Eilhard; Ekkehard; Elckershausen; Engelhard; Erbo; Erkenbert; Ermbert; Ernst; Erthal; Eyb; Falkenstein; Faust v.Stromberg; Fechenbach; Feilitzsch; Fink; Fosse; Frankenstein; Frankfurt; Freiberg; Freiberg-Eisenberg; Freysener; Friedr.; Frohberg; Fronhofen; Fuchs; Fuchs v.Bimbach; Fuchs v.Dornheim; Galen; Gauerstadt; Gebhard; Gebsattel; Gerlach; Gernot; Giech; Giselbert; Goldkron; Gosbert; Gotebold; Gottfried; Gotzfeld; Greiffenklau; Griesheim; Griffen; Groß; Groß v.Trockau; Gründlach; Grünhunt; Grumbach; Grundeis; Grunenberg; Günther; Gumbert; Gunzendorf; Guttenberg; Habsberg; Hanau; Harf; Hartmann; Hartmann v.Rosenbach; Hartwig; Haßlang; Hatto; Hatzfeld; Heideck; Heiden; Heimo; Hein; Heinr.; Helb; Helfenstein; Helmstadt; Henneberg; Herbelstadt; Herdingsberg; Herkerus; Hermann; Herold; Heroldsbach; Heßburg; Hessen; Heusenstein; Heyden; Hieronymus; Hildar;

Hiltebold; Hirschhorn; Hirslab; Hoennecker; Hörauf; Hoffmann; Hohenberg; Hohenfeld; Hohenhaus; Hohenlohe; Hornberg; Horneck v.Weinheim; Hüls; Huno; Icco; Ingelheim; Isenburg; Jahrsdorf; Jeich; Joh.; Johann; Kastner; Kazelin; Kellner; Kered.; Kerpen; Kesselstadt; Kezelin; Knaut; Knobel; Knuto; Königsfeld; Konr.; Kottwitz zu Aulenbach; Kotzau; Kraft; Kramer; Krögelstein; Kronach; Künsberg; Kunemund; Kuno; Kunstadt; Laineck; Lammersheim; Lang; Lankenreuth; Leimbach; Leonrod; Leopold; Leyend.; Lichtenstein; Lisberg; Liutpold; Liuzo; Lobdeburg; Löwenstein; Lorenz; Luchau; Lutz; Magnus; Marquard; Marschalk; Marschalk v.Ebneth; Marschalk v.Kunstadt; Massenhausen; Mauchenheim; Megingoz; Megintach; Meinhard; Memmelsdorf; Mengersdorf; Metternich; Miltitz; Morstatt; Müchel; Mücheln; Münster; Muselin; Nassach; Nencer; Neuneck; Neuster; Neustetter; Nikolaus; Nordeck; Notlich; Nürnberg; Ockel; Oettingen; Orlamünde; Ostein; Otnant; Otto; Oucinus; Paris; Paul; Pauli; Per; Perker; Petrus; Pfaffenhofen; Pinsel; Pistorius; Plankenfels; Poppo; Probst; Raab; Rabenstein; Raboto; Rand; Randeck; Ranis; Rechberg; Redwitz; Reimbertus; Reinach; Reinhard; Reinolt; Riedheim; Riedt; Rieneck; Rimbach; Rindthül; Ritter; Rodenhausen; Rodenstein; Rodt-Busmannshausen; Roland; Rosenau;

Rosenbach; Rotenberg; Rotenhan; Rotenstein; Roth; Rothenstadt; Roubo; Rouker; Rubein; Rude; Rudolf; Rüdt v. Collenberg; Rügheim; Rüssenbach; Ruland; Rumrod; Ruzelin; Samersheim; Sartorius; Schau; Schaumburg; Schellenberg; Schenk v. Erbach; Schenk v. Limpurg; Schenk v.Stauffenberg; Scheu; Schillingsfürst; Schirnding; Schlett; Schletten; Schliederer v.Lachen; Schlüsselberg; Schnaid; Schönborn; Schreiber; Schrottenbach; Schutzbar; Schwarzburg; Schwarzenberg; Schweinshaupt; Schweningen; Seckendorf; Sekkendorf-Hörauf; Seifried; Seinsheim; Sezlar; Sickingen; Slicher; Solms; Sonneberg; Spangenberg; Sparneck; Specht v.Bubenheim; Speth; Stadion; Stadion-Tannhausen; Stangenberger; Steckelberg; Stein; Stein v.Altenstein; Stein v. Ostheim; Stiebar; Stiebar v. Buttenheim; Stierberg; Stör; Stolberg; Streitberg; Stutz; Sulz; Susa; Tagboto; Thann; Theoderich; Thiell; Thiemo; Thimer; Thüngen; Thüngfeld; Troist; Truchseß v.Henneberg; Truchseß v.Pommersfelden;Truhendingen; Tuto; Ulr.; Ulsenbach; Ungnad; Valper; Vestenberg; Vogt; Vogt v.Hunoltstein; Voit v.Rieneck; Voit v.Saltzburg; Volbert; Vollandt; Volmar; Volrat; Wächsenberg; Wal...; Wallenfels; Walter; Walterdorf; Wamboldt v. Umstadt; Wannbach; Warza; Weichs; Weiler; Weiß; Werdenau; Werdenberg-Sagans; Werdenstein; Wertheim; Weyfer; Weyler; Wichmann; Wichsenstein; Wiesenthau; Wigelini; Wigger; Wild; Wildberg; Wilh.; Wilhermsdorf; Windeck; Wirsberg; Wittelsbach; Wittenberg; Wolf; Wolfersdorf; Wolfher; Wolfram; Wolfskehl; Wolfstein; Würtzburg; Wüstfeld; Zimmern; Zirkel; Zobel v.Giebelstadt; Zollner v.Hallberg; Zürner; Zufraß

Bamberg; Kirchen, Klöster u.Stifte ; Dominikaner I 502; III 18f, 65, 115, 190, 196, 481; V 92, 177, 499; VI 218, 553, 675; VII 51, 80, 178, 190, 245, 249, 269, 297; VII/2 62, 99, 103, 193, 432, 442, 559

Bamberg; Kirchen, Klöster u.Stifte; Englische Fräulein VII 69, 74, 135; VII/2 41, 379f, 408, 421, 432, 441, 455, 484, 486, 488, 496, 517, 539, 543, 545f, 588, 561, 573, 577, 604, 733

Bamberg; Kirchen, Klöster u.Stifte; Franziskaner II 3, 41, 65, 115, 196, 481, 539, 648, 652; III 33, 41, 43, 65, 115, 196, 481, 539, 560; IV 336, 578, 603, 672; V 34, 92, 252, 487, 490ff, 497, 510; VI 655; VII 20, 73, 95, 97, 178, 188, 190, 199, 249; VII/2 47, 60ff, 99, 103, 110, 193, 415, 442, 499, 511, 545, 573, 579, 626

Bamberg; Kirchen, Klöster u.Stifte; Heilig-Grab-Kloster (Dominikanerinnen) III 477f, 481, 468, 573, 576, 578, 597, 600, 760; IV 313, 336, 622, 672; VI 172, 238, 264, 276, 278, 281, 289, 293, 325, 553; VII/2 228, 432, 620, 734

Bamberg; Kirchen, Klöster u.Stifte; Jesuiten V 158, 384, 386, 391, 422; VI 187, 199, 214, 219f, 224, 240, 274, 289, 293, 354, 440, 497f, 548, 565, 568, 577, 594, 606f, 625, 660, 682, 687, 689; VII 13, 15, 26, 49, 69ff, 73, 75f, 87f, 94ff, 167, 188, 253, 266, 298; VII/2 5, 15, 35, 40-43, 51f, 58, 99, 102, 109, 130f, 193, 196, 272, 279, 286f, 309, 390ff, 397-401, 455f, 470f

Bamberg; Kirchen, Klöster u.Stifte; Kapuziner VII 15, 20, 74, 140, 178, 187; VII/2 59, 99, 103, 193, 442, 504, 523, 545, 573, 603, 626

Bamberg; Kirchen, Klöster u.Stifte; Karmeliten III 41, 59, 65, 115, 190, 196, 200, 481, 601, 623; IV 336; V 92, 177, 497; VI 222, 553, 679; VII 75, 96, 173, 178, 199, 221, 267, 286, 297; VII/2 99, 103, 193, 414f, 442, 512, 576, 626, 730, 734

Bamberg; Kirchen, Klöster u.Stifte; Klarissen III 161, 170ff, 259, 477f, 481, 519, 539, 572, 750, 759; IV 318, 336, 433, 577, 592, 602f; V 92, 234, 502; VI 278, 326, 373, 384, 544, 553; VII/2 194, 261, 524

Bamberg; Kirchen, Klöster u.Stifte; Klarissen; Äbtissinnen s.u. Kath.; Kunig.; Regina

Bamberg; Kirchen, Klöster u.Stifte; Maternkapelle I 346, 500; III 734

Bamberg; Kirchen, Klöster u.Stifte; Kloster Michelsberg I 224-230, 252, 294, 353f, 405, 429, 439, 489, 495-499, 502; II 1f, 4f, 9f, 21, 81-102, 121, 130, 135, 137f, 143, 148, 151ff, 164, 176, 260, 291, 315, 320-325, 329-334, 336-341, 344-350, 370, 382-386, 390, 393, 407, 421f, 439-449, 460, 484, 539, 551-558, 580f, 589f, 594, 614-618, 621-625, 636f, 647, 658; III 109, 115, 154, 189, 191, 196, 198, 253, 261, 285, 294, 307, 360, 402, 415, 446, 477f, 553f, 562, 572, 580, 603ff, 607-610, 612-615, 617-622, 625ff, 630f, 676, 680, 716, 755; IV 91, 95, 114f, 130f, 154, 205-208, 216f, 227, 231-234, 238, 274, 285ff, 310, 312, 320, 337, 344f, 354, 357, 415f, 454, 457, 514, 575f, 592f, 603, 692, 744f, 773, 803; V 42, 82, 104, 122, 130, 176, 243, 343, 378, 473; VI 22, 184, 194, 204f, 241, 290, 301, 326, 328, 348, 361, 401, 410, 417, 423, 426, 438, 444, 451, 456, 460, 498, 500, 502, 519, 548, 552f, 563, 582, 591, 626, 629f, 685; VII 19, 25, 37, 51, 68, 75, 85, 96, 99, 185, 193, 195, 212-230, 248, 257, 266, 269, 279; VII/2 36, 98, 118, 189, 230f, 237, 258, 328, 391, 408f, 435, 442, 498, 504f, 511f, 517, 533, 559, 576, 632, 634, 664, 676, 681, 686, 712f, 724, 730, 732, 734, 740

Bamberg; Kirchen, Klöster u.Stifte; Kloster Michelsberg; Äbte I 227; II 340, 439, 443, 446ff, 539, 551, 553, 558, 590, 615f, 625

Bamberg; Kirchen, Klöster u.Stifte; Kloster Michelsberg; Äbte s.u. Adelhalm; Andreas; Anselm; Cajetan; Chr.; Dietrich; Eberhard; Ekbert; Friedr.; Gallus, Gg; Gumpold; Hartung; Heinr.;

Helmrich; Hermann; Herold; Irmbert; Joh.; Kaspar; Lampert; Ludwig; Martin; Otto; Rato; Rimunt; Romanus; Rupert; Seifried; Thiemo; Udo; Ulr.; Veit; Volkold; Walter; Wilh.; Willo; Wolfgang; Wolfram

Bamberg; Kirchen, Klöster u.Stifte; Kloster Michelsberg; Mönche s.u. Abtsdorf; Adalbert; Adelhard; Albero; Albert; Arnold; Berengar; Bero; Bonifatius; Burkhard; Eberhard; Ellenhard; Erlach; Fuchs; Georius; Gottschalk; Greuzing; Groß v. Trockau; Hartung; Heinr.; Herbord; Joh.; Kauer; Keller; Kießer; Lambrecht; Liutfrid; Liutpold; Magnus; Maier; Manegold; Marquard; Michael; Mistendorf; Mühl; Otto; Peßler; Ph.; Rabenstein; Redwitz; Reich; Rheinländer; Rüdiger; Rumrod; Schramm; Schwab; Schwarzenberg; Schweißdorffer; Seckendorf; Stöhr; Stosser; Tappenheimer; Thiemo; Ulr.; Vichel; Wenkheim; Wesenhoven; Wiglinus; Wizpeyer; Wolfher; Wolfram

Bamberg; Kirchen, Klöster u.Stifte; St. Gangolf I 33, 308, 325, 381, 486, 495, 499, 502; II 213, 334, 407, 541ff, 567, 571, 605, 607, 621, 647; III 4, 9, 16, 25, 33, 36, 48ff, 57, 59, 62, 75, 86, 119, 126ff, 130, 133, 145, 154, 165, 189, 191, 195f, 243, 261, 304, 325, 461, 470, 477f, 509, 565, 567ff, 571, 573f, 577, 586, 592, 755; IV 246, 312, 426, 485, 570, 591f, 652f, 697f, 701f, 706, 758, 760, 860f, 1043; V 22, 79, 108, 144, 179f, 257, 262, 393, 408, 439, 441, 468, 473, 510; VI 222, 239, 396, 460, 512, 594, 615, 682, 686, 695; VII 16, 52, 60f, 133, 143, 152, 167, 169, 179, 189, 191, 270, 280; VII/2 3, 14, 25, 32, 47-50, 99, 133, 162, 193, 203, 205, 228, 237, 271, 275ff, 286, 306, 385-388, 391, 403, 423ff, 428, 442, 458, 495, 605, 711, 713, 733, 740

Bamberg; Kirchen, Klöster u.Stifte; St. Gangolf; Kanoniker s.u. Adalbert; Albert; Apollonius; Arnold; Aschaffenburg; Baunach; Behaim; Berthold; Bidermann; Boxberger; Bruckhaus; Burgheimer; Burkhard; Cadamer; Ciche; Clinckhardt; Custos; Degen; Dittrich v. Schönhofen; Drunck; Eberhard; Eisenbeutel; Entzenauer; Eppenauer; Esel; Feer; Fortenbach; Friedr.; Fürchtegott; Fulda; Gauerstadt; Gempert; Gerber; Gerung; Gleußner; Gottfried; Gottschalk; Großkopf; Günther; Gundeloch; Gundloch; Hartmann; Hartung; Heiland; Heinr.; Helmreich; Herbord; Hermann; Herold; Herzog; Hirschberger; Hohenlohe; Hummel; Immelsdorfer; Joh.; Judas; Kaulberger; Kellner; Kießling; Knott; Konr.; Krempel; Küchenmeister; Küptzer; Leopold; Lerr; Liebhard; Maier; Marquard; Mauerhaupt; Mautner; Mein; Mühlhausen; Müntzmeister; Murmann; Neidecker; Nieser; Nikolaus; Nockel; Onelsbach; Opilio; Otto; Pegholtz; Pletzner; Poppo; Raab; Richart; Ringer; Rohrbach; Rotenstein; Sartorius; Schank;

Scheublein; Schletzer; Schnaid;
Schönfelder; Schreiber; Schubert;
Seelmann; Seifried; Seyfried;
Sparwasser; Stiebar v.Buttenheim;
Teuerlein; Ulr.; Weidner;
Weiß; Weißenburg; Wernlein;
Wilhelm; Willich; Wisach
Bamberg; Kirchen, Klöster u.Stifte;
St. Gertrud II 153, 552, 567; III
571, 574, 578; IV 274
Bamberg; Kirchen, Klöster u.Stifte;
St. Getreu II 3, 151ff, 172f, 296,
460, 484, 551ff, 567, 618; III
606, 615, 617, 621, 624f, 633;
VII 213, 215ff, 220, 224
Bamberg; Kirchen, Klöster u.Stifte;
St. Jakob I 294, 417, 429f, 434,
486, 502; II 1, 27, 51-62, 163,
171, 323, 334, 398, 424, 473-477,
490f, 534ff, 541f, 547ff, 567-573,
578ff, 592, 605, 609, 615, 618f,
621-624, 647; III 8, 48, 51-54,
56f, 68, 85, 119, 133, 154, 185,
189, 191, 196, 248, 261, 321,
399, 461, 470, 477f, 509, 513,
537, 546, 552-566, 621f, 632f,
681, 713, 716, 730, 755; IV 41,
94, 97, 117, 188f, 202, 217, 227,
271, 312, 331, 395, 438, 652f,
696, 718, 732, 737, 816, 916,
1009, 1043; V 77, 108, 179, 228,
230, 391, 395, 457, 487; VI 239,
297, 417, 446, 460, 474, 552,
615, 668f, 686; VII 48, 73, 89,
95, 113, 150, 155, 159f, 162, 168,
179, 195, 199, 286, 291, 293;
VII/2 25, 53f, 00, 110, 116, 120,
133, 135, 162, 185, 193, 225,
232, 277, 286, 303, 307, 398,
403, 409, 424, 442, 445, 459,
594, 597, 628, 711, 734, 740
Bamberg; Kirchen, Klöster u.Stifte;
St. Jakob; Kanoniker s.u. Adalo;
Adelhard; Albero; Andechs-Meranien;
Arnold; Artzt; Bernolt;
Berthold; Branca; Braun; Braunward;
Breitenstein; Bühler; Büren;
Burkhard; Cesar; Crisant;
Crusius; Diepold; Eberhard; Ekkehard;
Fleischmann; Folcmar;
Friedmann; Friedr.; Füterer; Fulda;
Furte; Glortauer; Götz; Gotebold;
Gottfried; Groß; Günter;
Güßbach; Gumpo; Hageno; Halle;
Hartmann; Hausner; Haward;
Heimo; Heinlein; Heinr.; Henlein;
Hermann; Hertlein; Hofmann;
Hohenlohe; Joh.; Karg v.
Bebenburg; Keßler; Kleinherr;
Konr.; Küchenmeister; Leicht;
Leo; Lisberger; Liutpold; Lochner;
Lurtz; Manegold; Mayenblum;
Morschhäuser; Mücheln;
Mulk; Nagel; Nassach; Neustadt;
Nikolaus; Nürnberg; Perker;
Peßler; Pezelin; Pfister; Popp;
Poppo; Ortolf; Otto; Rabenstein;
Rapedius; Regil; Reginhard;
Reginolt; Reimlsberger; Rimpar;
Ringer; Rudolf; Rüdiger; Saalfeld;
Sahso; Sarburg; Schaiblein;
Schnappen; Schön; Schreiber;
Sell; Senft; Seuchter; Spangenberg;
Stadtschreiber; Stangenberger;
Storlein; Summer; Theuerstadt;
Til; Übelein; Ulr.; Weber;
Weigand; Weißenburg; Wipoto;
Wirnto; Wolfram
Bamberg; Kirchen, Klöster u.Stifte;
St. Leonhard II 53, 56, 568f; III
53, 554, 558, 566
Bamberg; Kirchen, Klöster u.Stifte;
St. Martin I 7, 33; II 349f, 570,
648; III 2, 58, 60f, 130, 144, 152,
171f, 326, 336, 546, 576f, 593ff,
597, 599, 601, 694; IV 117, 121,

267, 300, 406, 438; V 80, 211, 231, 382, 390, 416, 418, 421, 431, 481, 508; VI 178, 213, 224, 239, 544, 552, 554, 561, 603, 621; VII 49, 74, 133, 152, 191, 200, 254, 259; VII/2 44, 47, 58, 193, 403, 422-425, 429, 442, 456, 478, 484f, 490-493, 504, 506, 508, 510, 513, 527, 532, 541f, 545, 552, 560, 576, 591, 600, 614, 639, 707, 710f, 730, 740

Bamberg; Kirchen, Klöster u.Stifte; St. Stephan I 146, 242, 308, 325, 486, 494, 502, 525; II 323, 333f, 392, 424, 525, 533, 567, 579f, 605, 607, 611, 622, 634, 637, 647, 649, 657, 663; III 9, 11, 35, 42, 48, 54ff, 119, 123, 133, 147, 154, 189, 191, 196, 261, 327, 341, 461, 477f, 483, 509, 511, 526-548, 550f, 566, 578, 601, 670, 729, 754ff, 758; IV 35, 95, 97, 127, 217, 447, 482, 502, 510, 545, 600, 1043; V 30, 46, 55, 68, 79, 115, 179, 181, 259, 393, 427, 431, 474, 480f, 491, 510; VI 213, 297, 343, 374, 381, 414, 446, 460, 497, 510, 615, 619f, 660, 670f; VII 10, 51, 60, 73, 113, 136, 143f, 148, 152, 155-163, 167f, 170-177, 179, 184, 195; VII/2 3, 14f, 21, 25, 31, 35, 39f, 99, 133, 162, 193, 252, 256, 303, 328, 357, 403, 413, 415, 429, 432, 442, 494f, 506, 525, 545, 587f, 602, 606, 649, 653, 707, 711, 730, 734, 740

Bamberg; Kirchen, Klöster u.Stifte; St. Stephan; Kanoniker s.u. Adam; Adelmann; Andechs-Meranien; Arnold; Aufseß; Baldebert; Bauer; Baunach; Berengar; Beringer; Berthold; Berwich; Bessel; Bibra; Bingen; Born; Breitenstein; Bresson; Büren; Caramé; Christ; Cocius; Crololanza; Daumer; Dietz; Duck; Duppel; Egilbert; Egloffstein; Eustachius; Faber; Feucht; Forstmeister; Fraas; Friedr.; Fritzemann; Fuchs; Fucker; Gerlein; Gerwich; Gezendorfer; Gießen; Gmehling; Gockel; Gotebold; Gottfried; Greßmüller; Hagen; Hallersdorf; Hans; Heideck; Heinr.; Herdegen; Hermann; Herold; Heymann; Hoffmann; Hohenlohe; Horn; Hornung; Hugo; Jampert; Kaden; Karl; Kellner; Kemmer; Keßler; Kirchheim; Koch; Kolbenberg; Konr.; Korber; Kraft; Krempel; Landulf; Lebenprugg; Lechner; Liebsperger; Liutpold; Lochner; Lüst; Maier; Maler; Maßach; Mayer; Meinward; Meuer; Meyer; Model; Mone; Motschenbach; Nassach; Neidecker; Neudecker; Neunburg; Niedermünster; Nikolaus; Ochs zu Gunzendorf; Oedenberger; Oelsnitz; Örttlein; Oettingen-Wallerstein; Otto; Peßler; Pottensteiner; Pregler; Reimar; Reuß; Reynolt; Ringer; Rockenbach; Rohrbach; Rota; Rotenhan; Rotenstein; Rüdiger; Rüssenbach; Schau; Schiller; Schlüsselberg; Schneidawind; Schopper; Schott; Schreiber; Schwarz; Schweinfurter; Schweningen; Schwind; Seckendorf; Seifried; Serlein; Siegfried; Spitzenpfeil; Stromer; Tanhauser; Teucher; Thiemo; Thum; Tockler; Ulm; Walter; Wassermann; Weichenwasserlos; Weißenburg;

Wer; Werburghausen; Weyermann; Wild; Zenck; Zott; Zufraß
Bamberg; Kirchen, Klöster u.stifte; St. Theodor II 391f, 423ff, 441, 479-484, 493, 518, 522f, 567f, 581f, 598, 600, 606, 609-613, 618, 636, 638, 647f, 658, 660, 664; III 5, 66ff, 92, 109, 115, 125f, 154, 189, 191, 196, 213, 261, 294, 365, 477f, 520, 579ff, 702, 756; IV 133, 154, 197, 336, 353, 415, 522, 530, 577, 593, 708, 744f, 755, 803, 847; V 94, 109, 176f, 225, 233, 328, 391, 395, 487; VI 444, 512
Bamberg; Kirchen, Klöster u.Stifte; St. Theodor; Äbtissinnen s.u. Adelheid; Afra; Agnes; Barbara; Bertha; Christine; Dorothea; Elis.; Irmingard; Kunig.; Magdalena; Marg.; Mechthild; Ursula
Bamberg; Kirchen, Klöster u.Stifte; St. Theodor; Nonnen s.u. Erlbeck; Haußner; Kunig.; Irmingard; Lichtenstein; Modschiedler; Osima; Petrissa; Schaumburg; Wallenfels
Bamberg; Kirchen, Klöster u.stifte; Unsere Liebe Frau (Obere Pfarre) I 33, 308; II 8f, 152, 336, 391, 393, 461, 519, 531, 545, 553, 557, 559, 561, 567f, 571, 610, 618, 640, 759; III 515, 519; IV 25, 117, 140, 168, 353, 404, 785; V 478, 502; VI 178, 221f, 503; VII 36, 74, 87, 186, 200, 259, 293; VII/2 58, 60f, 78, 172, 193, 299, 398, 400, 403, 429, 442, 445, 450, 485, 492f, 495, 506, 508, 524, 527, 545, 551, 560, 571f, 581, 586, 597, 601, 606, 639, 675, 706f, 710f, 730, 740

Bamberg; Kirchen, Klöster u.Stifte vgl. Bamberg; Topographie; Klosterhöfe

Bamberg; Münzwesen I 373, 375; II 59, 91, 375, 613, 638, 651, 664; III 21, 27, 251, 259, 262, 489f, 543, 709

Bamberg; Reichs- u. Fürstentage I 327, 440f, 489; II 130, 158, 163, 173f, 217, 277, 303, 307ff, 315f, 373, 380, 400, 407, 413, 420, 437, 455, 469, 587, 604

Bamberg; Schulen, Seminare, Universität VI 240; VII/2 399, 458, 639, 730

Bamberg; Schulen, Seminare, Universität; Aufsessianum VII 145f, 148f, 151, 179, 265, 276; VII/2 7, 13, 17, 20, 36, 40, 56f, 80, 90, 120, 130, 135, 139, 159, 173, 210, 222, 237, 251, 258, 262, 268, 277, 286, 302f, 333, 336, 340, 343, 346, 354, 395f, 399, 412, 417, 429, 441, 496, 514, 519, 543, 559, 580f, 596, 618, 622f, 627, 675, 682, 684, 696, 710ff

Bamberg; Schulen, Seminare, Universität; Ernestinisches Seminar V 174f, 211, 222, 225, 510; VII 54-61, 143, 153, 155, 157, 196, 253; VII/2 23, 33, 61, 225, 307, 384, 399, 409, 422, 425, 428f, 509, 524, 545, 561, 567, 587, 615, 690, 713, 738, 742

Bamberg; Schulen, Seminare, Universität; Universität VII 64, 262; VII/2 33, 363, 378, 390, 396, 398-401, 416, 433, 442, 483f, 486, 488f, 498, 500f, 509f, 522, 527, 532, 546, 560f, 572f, 583,

591, 600, 603ff, 610, 629, 639, 644, 648, 652, 690, 692, 730

Bamberg; Spitäler u.Krankenanstalten I 346; II 220f, 421, 423; III 190, 545f, 557, 569, 571, 574, 578, 583, 586, 588f, 593; V 254, 487f, 490, 492, 495, 497, 501, 510; VII 297; VII/2 442, 445-449, 463f, 483, 505, 599ff, 612f, 641f, 650, 740

Bamberg; Spitäler u.Krankenanstalten; Allgemeines Krankenhaus VII/2 581, 587, 589, 591f, 597-600, 604, 607, 629, 637, 639, 641f, 703, 705, 713, 733, 736

Bamberg; Spitäler u.Krankenanstalten; Egidienspital I 317; II 82f, 87, 159, 163, 173, 253, 329, 333, 390f, 567, 580, 594, 618, 624, 648; III 554, 622; V 447, 471f; VI 591; VII 61, 145f, 148, 150f

Bamberg; Spitäler u.Krankenanstalten; Elisabethspital III 116, 190, 196, 481, 546; IV 1043; V 28, 211; VI 540; VII/2 45, 141, 285, 333, 428, 451f, 464, 505, 545, 621, 730, 732f

Bamberg; Spitäler u.Krankenanstalten; Katharinenspital II 647f; III 48, 57ff, 71f, 106, 116, 131, 185, 190, 192, 195, 481, 542, 546, 576, 579ff, 586ff, 590ff, 595, 759; V 231, 510; VI 544; VII 57, 185, 273, 285f, 289f, 293; VII/2 45, 141, 285, 333, 428, 451f, 464, 505, 545, 621, 730, 732f

Bamberg; Spitäler u.Krankenanstalten; Kurhäuser VII/2 445-449, 451, 464, 598f

Bamberg; Spitäler u.Krankenanstalten; Waisenhaus V 501; VII/2 78, 425, 464, 612

Bamberg; Topographie; Abtswörth III 57, 61, 127, 199, 546, 558, 582, 585, 592, 597, 610ff, 629; IV 287; VI 709

Bamberg; Topographie; Alte Hofhaltung u. Castrum Babenberg I 7, 29-33, 40, 272; II 36, 303, 437, 543, 611, 622; III 67, 101, 153, 192, 196, 354, 457, 483f, 538, 626, 673; VI 423, 461, 509, 574, 588; VII 49, 267, 279; VII/2 96, 108f, 188, 201, 419, 476, 513, 601, 632, 647

Bamberg; Topographie; Altenburg I 28f, 33; II 54, 57, 171; III 8, 21, 33, 38, 50, 52, 63, 65f, 101, 182, 187, 203, 239, 251, 257ff, 264, 266, 287, 292f, 302, 307, 309, 311, 379, 410, 445f, 484, 528f, 538, 551, 553f, 558f, 563, 595f, 649, 652f, 657, 686, 692, 719, 734f, 739, 747; IV 541, 574f, 603, 609, 646, 664, 828; V 31, 173; VI 213; VII 38, 52, 69, 74, 82f, 98, 242, 259, 279; VII/2 603

Bamberg; Topographie; Archive I 229; II 318, 468, 480, 531

Bamberg; Topographie; Armenhaus VII/2 338, 452, 493, 577, 635ff, 641f, 738, 743

Bamberg; Topographie; Au III 127, 199, 545, 561, 581, 601f

Bamberg; Topographie; Badstuben III 53, 55f, 61, 154, 318, 558, 560, 594, 598, 609

Bamberg; Topographie; Bibliotheken I 38, 134, 186, 284, 301f, 368, 499, 501f; II 2f, 66, 102, 460, 647

Bamberg; Topographie; Brücken u. Stege III 60, 125, 130f, 354, 558,

566, 584ff, 588f, 602; VI 214; VII 38, 74, 293-296; VII/2 25, 56, 76, 80-85, 90, 141, 167, 197, 222, 268, 336, 484, 511, 540ff, 552, 558, 580, 585, 648, 740

Bamberg; Topographie; Flurnamen I 375; II 99, 145, 407, 476, 579; III 196, 515, 526, 529, 533f, 558-561, 582, 592f, 595, 597f, 600f, 603, 672; VI 213, 540, 588f; VII 137, 294; VII/2 80, 85, 227f, 541, 609, 634, 645, 732

Bamberg; Topographie; Gärten II 153, 390, 482, 513, 542, 569, 611, 617f, 625

Bamberg; Topographie; Gasthäuser I 430; II 81, 425, 460; VI 215, 239; VII 12f, 35ff, 42, 50, 68, 73ff, 90, 265; VII/2 229, 481, 490f, 494, 501, 505, 508, 511, 513, 525, 539ff, 561, 567, 576f, 585, 589, 591, 595, 602ff, 609, 615, 621f

Bamberg; Topographie; Geyerswörth VI 222, 224, 239, 250, 328, 332, 344, 423, 456f, 459, 461, 474, 498, 501, 509, 529ff; VII 49, 266, 297; VII/2 55, 96, 188, 251, 434, 481, 490, 540, 542, 586, 589, 621, 632, 734f

Bamberg; Topographie; Häuser u. Höfe I 118, 317, 403, 500; II 51, 81, 101, 130, 209, 232, 334f, 424f, 482, 534, 537, 542, 552, 568-571, 578, 615ff, 619, 621, 624f, 646f; III 55, 127, 171, 199, 289f, 318, 439f, 483f, 528ff, 537ff, 542f, 545, 548, 553, 555, 558f, 571, 583-586, 589, 591-594, 598, 600ff, 610, 621ff, 632ff, 694; V 474; VI 220-223, 238, 383f, 501, 624; VII 15, 17, 42, 49, 64, 67, 137, 140, 146, 244, 246, 294-297, 299; VII/2 12, 31, 46, 53, 55f, 62, 81, 90, 170, 172, 185, 259, 262, 266, 296, 299f, 312, 314f, 334, 338, 341, 402f, 420, 429, 458, 464, 491, 511, 522, 524, 541f, 552, 559, 582, 585, 619, 621, 650, 685, 687f, 690, 696, 703, 712, 730, 740

Bamberg; Topographie; Häuser u. Höfe vgl. Bamberg; Topographie; Klosterhöfe

Bamberg; Topographie; Hundsbühl III 233, 529, 547, 569, 576, 586, 591f, 594; VI 540; VII/2 539

Bamberg; Topographie; Jakobsberg II 474, 490f, 569f, 572, 578ff

Bamberg; Topographie; Kaulberg II 482; III 59, 116, 196, 294, 530, 539, 542, 546-549, 551, 557, 583, 586, 595, 613; VI 213f, 239, 255, 264, 292, 352, 458, 618; VII 9f, 12, 35, 151, 166, 179, 267; VII/2 15, 25f, 36, 162, 269, 449, 463, 483, 539, 546, 586, 740

Bamberg; Topographie; Klosterhöfe II 425, 513; III 457, 676; V 3; VII/2 524, 610

Bamberg; Topographie; Märkte II 57f, 100, 334f, 384, 482, 549, 625; III 76, 171, 190, 199, 258, 289, 317, 534, 536, 545, 561, 575, 584, 586, 593, 597f, 600; VII/2 540, 542, 552, 605, 700, 730, 732f

Bamberg; Topographie; Mühlen I 335; II 334, 424, 482, 522, 611; III 171, 527f, 536, 594; VI 542; VII 72, 295, 297; VII/2 367, 505, 540f, 558, 580

Bamberg; Topographie; Mühlwörth III 542, 545; VI 178; VII/2 269, 540

Bamberg; Topographie; Öffentliche (Verwaltungs-) Gebäude III 379; VII 3, 7-12, 32, 97, 129, 138, 167, 190f, 279, 295, 297, 299; VII/2 4, 25, 36, 96, 107f, 188, 200f, 240, 281, 458, 464, 474, 4480, 484, 510f, 524, 540ff, 594, 632f, 644, 653, 656, 674

Bamberg; Topographie; Rathaus VI 215; VI 296; VII/2 196, 229, 283, 442, 542

Bamberg; Topographie; Residenz VII 14f, 23, 25, 35-38, 42, 52, 73, 80, 95-99, 188f, 191ff, 195f, 199, 216, 247ff, 252, 266f, 269, 274, 286; VII/2 4, 96, 99, 102, 113, 187, 194, 201f, 367, 431, 443, 462, 475f, 481, 484, 486f, 490, 492, 494f, 498ff, 503ff, 5008ff, 513, 522-525, 529, 533, 539, 545f, 553, 560f, 567, 572f, 576f, 583-587, 590f, 594, 597, 601, 603f, 608, 614, 617, 620ff, 628f, 638, 648, 654f, 660f, 665, 691, 735

Bamberg; Topographie; Sand II 616; III 59, 106, 131, 190, 196, 528ff, 543f, 554ff, 561, 582, 593, 603, 610, 618; VI 178, 591, 611; VII 49, 140, 246; VII/2 190, 411, 539, 546, 558f, 579, 581, 585, 597, 609, 621, 641, 712

Bamberg; Topographie; Stadtbefestigungen II 25, 82, 130, 209, 272, 425; III 49, 61, 130, 171, 189, 196, 198f, 432, 510, 528, 534f, 544, 546-549, 551, 557f, 578, 581, 586, 588f, 592f, 598f, 601, 612f, 694, 696; VI 201, 239, 593f; VII 49, 170, 299; VII/2 421, 458, 559, 586

Bamberg; Topographie; Stephansberg III 55, 526ff, 531-534, 541, 545ff, 573, 597; VII 51

Bamberg; Topographie; Straßen, Gassen u.Plätze II 652, 569; III 54, 59f, 114f, 125, 133, 144, 171, 233, 318, 531, 538, 542f, 556, 560f, 573, 581-584, 588, 590, 592f, 595, 597ff, 602, 617f, 621, 696; VI 189, 221f, 503, 600, 623; VII 35, 49, 74, 147, 298; VII/2 32, 46, 160, 228, 261, 265, 269, 281, 299, 445, 456, 458, 463f, 473, 491, 498, 505f, 519, 539, 540ff, 546, 552, 586, 595, 648, 700, 707, 730, 733, 740

Bamberg; Topographie; Theuerstadt I 3, 33, 381; II 56f, 67, 104, 213, 288, 384, 416, 446f, 474, 476, 482, 528, 541, 543, 563, 570, 572, 584, 609, 613, 617, 619, 629, 647f, 664; III 4, 59, 75, 130, 133, 143, 519f, 538f, 545ff, 556, 566, 585ff, 589, 591ff, 600f, 617f; IV 24, 57, 97, 117, 143f, 168, 188f, 270f, 312, 324

Bamberg; Topographie; Theuerstadt vgl. Bamberg; Kirchen, Klöster u.Stifte; St. Gangolf

Bamberg; Topographie; Wälder II 54, 132f, 141, 386, 389, 421, 424, 488, 501f, 541, 564, 582; III 550, 559

Bamberg; Topographie; Wälder vgl. Hauptsmoorwald

Bamberg; Topographie; Weinberge I 496; II 219, 333, 407, 460, 476, 482, 547f, 567f, 616; III 561

Bamberg; Topographie; Wunderburg III 234; VII 38, 112; VII/2 46, 195, 541, 713

Bamberg; Topographie; Zinkenwörth III 55, 170ff, 259, 296, 538, 568, 572, 576; VI 62, 384, 544, 581; VII 144, 147, 149f; VII/2 540f

Bamberg; Topographie; Zuchthaus VII 33f, 293, 297; VII/2 14, 85, 167, 222, 268, 419, 433, 446, 452, 581, 589, 605, 611, 639

Bamberg; Zollwesen I 335, 373, 375; II 72, 375, 417, 452; III 27, 52, 61, 123, 149, 261, 289f, 355, 484, 491, 493, 579, 590

Bamberg, Albert v. II 621

- Heinr. v. II 621
- Poppo v. II 621

Bamberger, Christein III 549

- Heinr. III 549
- s.u. Sebald (A.Heilsbronn)

Bammersdorf (sö.Ansbach) III 746

Bammersdorf (n.Forchheim) II 69, 454; III 533, 746; VI 598

Bammersdorf, Apel v. III 746

- Eberhard v. II 69
- Konr. v. II 454
- Luitpolt v. II 69

Bandel (Fam.) VII/2 680

Bandra (It.) I 257, 270

Pandulf (Hzg v.Capua) I 254ff, 256, 262

Pankratius (Hl.) I 187; II 398

Pankratius, Andreas (Pfr Wunsiedel) IV 863

Banner (Fam.) VI 360

Bannul, Klaus (Zeil) VI 39

Pantaffel (ON) VII/2 64

Pantaleon (Hl.) I 187, 417

Pantz (Fam.) V 401

Pantzer, Erhard (Kronach) VI 310, 312

- Kath. (-) VI 34
- Lena (-) VI 33f

Banz (nw.Lichtenfels) I 21, 32, 161, 331, 376, 406, 409-413, 500; II 102-106, 148, 487, 493-502, 527, 549, 614, 637-644; III 61, 69f, 205, 220, 245, 366, 412f, 522, 525, 635, 649, 656, 664, 674, 681, 688, 755; IV 210, 252, 256, 283, 315, 317, 343, 352, 415, 430, 462, 478f, 514, 594f, 598ff, 699f, 732, 737, 744f, 763, 805, 846, 849, 990; V 6, 17, 36, 58ff, 104, 116, 132, 139, 161, 176, 297, 339, 465; VI 14, 72, 91, 172, 228, 417, 438, 441, 456, 473ff, 502, 516ff, 562, 574, 579, 585, 685, 687; VII 16, 30, 35, 41, 43, 68f, 76, 99-102, 108, 186, 211; VII/2 84, 98, 134, 189, 237, 242, 262f, 383, 432, 435, 491, 512, 561, 576, 609, 614, 617, 632, 637, 664, 686, 724, 734

- A. s.u. Alexander; Balduin; Benedikt; Berthold; Dietmar; Eberhard; Eucharius; Gg; Kaspar; Thomas; Witego

Banz, v. (Fam.) I 331

- Adalbert v. I 32
- Alberada v. I 32, 409ff; II 102ff, 106, 495
- Hermann v. I 376ff, 409ff; II 103f
- Herold v. II 498
- Kuno v. II 498, 527
- Rupert v. II 498
- Wiceman v. II 106

Banzer, Petrus (Prie.) IV 724, 991

Banzgau (Landschaft) I 1, 5, 21, 226, 409, 411f; II 104, 143; VI 516; VII 41, 100f

Pappe (Fam.) III 620

Pappenberg (sw.Eschenbach/Opf.) II 145, 332; IV 492, 494

Pappenbrucken (ON) IV 34

Pappenheim (s.Weißenburg) II 414; IV 706; VI 698, 708

Pappenheim, v. (Fam.) VI 433

- Andreas v. IV 186, 247, 257, 274
- Chr. v. IV 551, 554, 564f, 614
- Dietz v. IV 21, 46, 79, 94, 108, 174, 177, 275, 324, 328, 452, 960
- Elis. v. IV 524
- Erkinger v. V 329
- Friedr. v. IV 118, 204, 284, 547, 658, 749, 767
- Gg v. IV 272, 275, 284, 324, 328, 405, 416, 452, 544, 584
- Gottfried Heinr. v. VI 138, 147f, 175, 182, 184f, 188, 196, 246, 287f
- Gundloch v. IV 118
- Hans v. IV 159, 171, 181, 215, 236, 252, 263, 272, 279, 283f, 305, 322, 326
- Heinr. v. II 414, 419, 514, 523, 601; IV 16, 21, 57, 64, 143, 162, 171, 174, 186, 198f, 275, 324, 328, 344f, 425, 452, 543
- Joachim v. IV 642
- Kaspar Gottfried v. VI 12, 55, 76, 186, 189, 191, 196, 200, 207, 211, 216f, 233, 239, 278, 304
- Konr. v. IV 6, 275, 324, 328, 343, 345, 347, 390, 418, 452, 890
- Leonhard v. IV 777
- Maria Elis. Marg. v. VI 563f, 572ff
- Sebastian v. IV 887
- Siegmund v. IV 388
- Sittich v. IV 1063
- Sophia v. IV 328
- Susanna v. V 524
- Theoderich v. V 3, 33
- Wilh. v. IV 250f, 269, 275, 327, 439, 452
- Wolf v. IV 416; V 9
- Wolf Dietrich v. IV 803, 813, 843, 850, 856f, 930, 1043; V 9
- Wolfgang v. IV 696f, 707f, 760, 815f, 1059
- Wolfram v. IV 284

Pappiani (Fam.) VII/2 654

Pappiis, Joh. Andreas VI 155

Papst, Mauritius (Pfr Leutenbach) VII/2 307

Papstmann (Fam.) VII/2 484, 523, 535f, 585, 605, 648

- Joh. Michael VII 60; VII/2 556
- Lorenz (Kronach) VI 270

Barabo, Christian Ernst (Bbg) VII/2 277, 313-317, 320f, 343, 361

Baradeysser (Fam.) V 2

Barbara (Hl.) I 417; III 624, 713

- (Ä.Gnadenberg) IV 445
- Puntzendorf (Ä.St.Theodor) II 609; IV 24
- v.Seckendorf (Ä.Sulz) VI 140

Barberini, Antonio (Kard.) VII 253f

- Francesco (-) VI 143, 160, 344f, 368, 379

Barby (Sa.-Anh.) I 89

Barby, Burkhart v. V 132

- Wal. v. III 69
Barcelona (Spanien) III 259
Bardo (PN) II 103
- (Eb.Mainz) I 289, 344ff, 361
Bardorf s.u. Groß-, Klein-
Bardowick (Nds.) I 29
Bardt, Dorothea (Bbg) VI 50
- Nikolaus (Pfr Schauenstein) IV 724, 973, 991
Bareau de Girac (B.Rennes) VII/2 660
Parei (FlN.) I 209
Parfuß, Daman IV 1032
- Joh. IV 1031f, 1035
- Paul IV 1032
Bari (It.) I 239, 253, 256, 490; II 573; III 511
Paris (Frkr.) I 29, 405; II 125; III 355, 492; VI 670, 690; VII/2 668, 671, 699, 702-705, 711
Paris (griech.Sagengestalt) I 286
- (Kapuziner) VI 73, 80, 123
Paris, Hartung v. (Dh.) III 10, 36, 49, 64, 81, 85, 143, 749
- Joh. v. (-) III 238
- Konr. v. III 163, 557
Parkstein (w.Neustadt/W.) II 623; III 641
Parkstein, Friedr. v. II 448
- Hermann v. II 623
- Meinhard v. II 133, 448f
Parma (It.) I 79, 100, 221; II 76, 274, 546; III 723; VII 91; VII/2 33
- B. s.u. Cadelous; Eurardus; Heinr.
Barnabas (Hl.) I 186, 417
Barnickel (Fam.) VII/2 418, 420

Barnym (Hzg Pommern) III 616, 619
Parsberg (Opf.) I 142; III 743f; VI 681; VII 306; VII/2 91
Parsberg, Chr. v. IV 215, 267
- s.u. Friedr. v. (B.Regensburg)
- Hans v. IV 215, 267
- Haug v. IV 830-835, 838
- Joachim v. V 26
- Marg. v. IV 215, 267
- Melchior v. V 26
- Werner v. IV 215, 267
Parschenbrunn (Österr.) VI 682
Parsdorf (nö.Ebersberg) IV 682
Partendorf, Gebolf v. II 65
- Hartmann v. II 65
- Meingoz v. II 65
- Tuto v. II 65
Partenfeld (s.Kulmbach) III 145, 661; IV 509, 949; V 64; VI 246
Bartenstein, Joh. Chr. v. VII/2 123, 142, 154, 176, 182, 245, 249
Barthel (Fam.) VII 151
- Joh. Kaspar (Dek.Wbg) VII 200, 226; VII/2 204f, 275
Barthelmeßaurach (sw.Schwabach) III 733
Bartholomäus (Hl.) I 186, 417; II 53, 382; III 649, 726; VI 402, 681
- (B.Castellaneta) V 19
- de Maraschis (B.Città di Castello) IV 383
- (B.Cysopolensis) III 297
- (A.Michelfeld) IV 484
- (A.Veßra) IV 272
- (A.Weißenohe) IV 44

- (Pr.Nbg) III 338
Parthaner, Hans III 591
- Kunig. III 591
Barthscherer, s.u. Aegidius (A.Michelfeld)
Parttenheim, Joh. Wolfgang v. (Virnsberg) VI 395
Barvitius (PN) V 299
Paschalis II. (Papst) I 303, 490ff; II 19, 26f, 31-35, 39-46, 49, 63f, 78f, 81, 107, 114ff, 118-122, 282, 477f
- III. (-) II 454ff, 466, 469
Basel (CH) I 61, 102, 113, 138, 164, 217, 234, 242, 266, 352, 390, 452; II 491; III 206f, 243, 414, 436; IV 227, 231; VI 24, 82, 161; VII/2 662, 708, 716
- B. s.u. Adalbert; Burkhard; Imer
Basilides (Hl.) II 493
Basilius (Hl.) I 254
Basold, Paulus (Baiersdorf) VI 483
Passau (NB.) I 44, 59, 116, 393f, 405, 464; II 146f, 217, 293ff, 334, 411, 468, 486, 558f, 597, 620, 627, 630, 635, 650, 662; III 137, 208, 276, 357, 361, 454; IV 798; VI 258, 274, 300, 369, 389, 531, 549, 644, 662, 676; VII 125, 263; VII/2 715
- B. s.u. Albrecht; Altmann; Berengar; Christian; Chr.; Diepold; Ernst; Friedr.; Joseph; Konr.; Leopold; Manegold; Regemar; Ulr.; Urban; Wigileus; Wolfgang; Wolfger
Bassenheim, v. (Fam.) VII 23, 25
Passionei (Kard.) VII/2 114, 202
Baßler (Pfr Hirschaid) VI 132

Passowitz, v. (Fam.) VII 74, 81
Bastheim, Karl v. IV 392
Pastorius, Joh. Augustinus (Rom) VI 379
Paterno (It.) I 52
Patricius (Hl.) VI 555
Pattert (Fam.) VII/2 633
Battis, de (Fam.) VII 191
Batz (Fam.) VII/2 256
- Friedr. (Staffelstein) V 503
Baucker, Enderlein IV 560
Baucshausen (ON) II 631
Baudenbach (nw.Neustadt/A.) IV 882
Baudissin, v. (Fam.) VI 219f
Bauer (Fam.) VI 372, 686; VII/2 336
- Bonaventura (Mitwitz) V 470
- Gg V 244; VII 109
- Heinz IV 490
- Helena V 378
- Jakob IV 420; V 395
- Joh. IV 609, 808; VI 84, 90, 100, 102, 268; VII 53
- Joh. Chr. (Dek.St.Stephan) VI 549
- Joh. Ignaz (Bbg) VII/2 47
- Joh. Sebastian (Kronach) VI 456f
- Konr. IV 47, 945, 969
- Pankraz VI 541
- Stefan (Bbg) V 468; VI 40, 43, 67
- Theresia (Forchheim) VII/2 62
- Ulr. IV 244
- Veit (Prie.) V 126
Bauer v.Eyssenbeck, Jakob V 463
Bauer v.Heppenstein (Fam.) VII/2 37, 79

- Benignus VII 154
- Gallus Heinr. VII 20, 78, 159, 187, 201, 231
- Joh. Alberich VI 691

Pauerath, Michael (Maler) VI 296

Bauermüller, Elis. (Wbg) VII/2 286

Bauerschmidt, David (Kronach) VI 269
- Hans IV 490, 617
- Joh. Gg VII/2 251
- Konr. (Prie.) IV 864, 912

Paul II. (Papst) IV 321, 330, 363, 365
- III. (-) IV 796
- IV. (-) IV 851
- V. (-) V 9, 48, 329, 347, 351, 369-372, 382, 389, 396, 415
- (B.) III 184, 287, 690
- (B.Freising) III 288
- (A.Niederaltaich) V 161
- (Domvikar) IV 579
- (Weihb.Mainz) IV 955

Pauli (Fam.) V 252
- Heinr. (Domvikar) III 459
- Nikolaus (Pfr Marktredwitz) IV 987

Paulina (PN) II 69

Paulinus (Hl.) I 186

Paulinzella (Thür.) II 387, 455, 500
- A. s.u. Gebhard

Paulsdorffer zu Teynesberg (Fam.) III 113

Paulser, Stephan IV 107

Paulus (Hl.) I 101, 109, 129, 135, 148ff, 186, 259, 364f, 417, 426, 449, 463, 465, 474, 489; II 52, 80, 129, 314, 320f, 372, 398; III 634

Paulus (Fam.) IV 571; V 372
- Gualterius (Prof.) V 59, 451
- Heinr. Eberhard Gottlob VII/2 731

Baum, Ambrosius (Prie.) IV 724

Baumann, Chr. (Hollfeld) V 486
- Marg. (Pegnitz) VI 609

Baumbach, v. (Fam.) VI 705

Baumeister, Joh. Adam (Prie.) VII/2 16, 88

Baumgärtner, Severin Dominikus (Prie.) VII 119

Baumgarten (n.Kulmbach) IV 73

Baumgarten, Dietrich v. II 275
- Heinr. v. II 277, 459, 468; III 676

Paumgartner, Balthasar (Nbg) IV 557f
- Barb. (Amberg) IV 346
- Bernhard (Nbg) IV 632
- Chr. (Augsburg) V 206
- Gg (Lonnerstadt) VI 95
- Heinr. (Amberg) IV 319
- Hieronymus (Nbg) IV 714
- Konr. Chr. (Ansbach) VII/2 35
- Regina IV 706

Paumhauer, Sebald IV 470

Baumhof (sw.Schwandorf) II 144, 332

Baunach (n.Bbg) I 5, 18; II 57, 69, 501, 532, 571, 578, 625; III 58, 171, 288, 373, 378, 420, 475f, 480, 500, 590, 632, 664, 671; IV 22, 185, 228, 276, 317f, 354, 357, 396, 398, 401, 442, 444, 510, 580, 603, 605, 613, 646, 747, 751, 812; V 65, 75, 216, 262, 473; VI 164, 199, 202f, 206, 208, 354f, 440, 459, 519, 521, 601,

622, 643, 648ff, 669, 695f; VII 30, 70, 92, 183, 185, 195, 221, 266, 279; VII/2 53, 213, 318, 335f, 400, 405, 524, 611, 700
- (Ritterkanton) VII 133; VII/2 324f, 496

Baunach (Fam.) VI 132
- Adalbert v. II 500f, 571
- Albert v. II 501
- Esaias (Bbg) V 255, 276
- Dietrich v. II 69
- Gg (Bbg) V 379
- Hans (Steinbach) VI 62
- Heinr. III 627, 716
- Hieronymus (Bbg) V 182, 231
- Hildebrand v. II 57
- Jeremias (-) V 281
- Joh. Chr. (Dek.St.Stephan) VI 381, 396
- Leo Joh. (Kan.St.Gangolf) V 397
- Ludwig v. II 532, 571
- Marg. (Steinbach) VI 58, 62
- Sebastian (Prie.) VI 133

Baurheim (ON) III 181
Paurudel, David (Bbg) V 244
Baurus, Gg (Eggolsheim) III 50
Pausdorf (nö.Bbg) III 375, 523, 563
Pausinger, Anton (Prie.) IV 1041
Bautsch, Joh. (Kulmbach) IV 198
Bautz, Stefan (Bbg) VI 46, 61
Bautzen (Sachs.) I 64, 105, 117, 173, 213f, 230f; III 231
Pautzfeld (nw.Forchheim) II 60, 522; IV 110, 817; V 407f
Bauz (Fam.) VI 203, 380, 424
- Adelheid (Coburg) III 70

- Folko (-) III 70
- Jutta (-) III 70
- Rudolf (-) III 70

Pavia (It.) I 72, 98ff, 198f, 204f, 207, 258ff, 265, 268, 349, 361; II 274, 313, 414, 435f, 450, 453, 455, 654; III 111, 664
- B. s.u. Rainald; Wilh.

Pavia, Anselm v. I 348
Pavonius, Joh. (Prie.) VI 85, 126
Bayer (Fam.) II 531; III 44
- Daniel (Bbg) VI 38, 132
- Erhard (Sendelbach) VI 122
- Heinz IV 84, 584
- Hermann (Pfr Lindenhardt) IV 962
- Joh. (Domvikar) IV 708, 758
- Joh. Balthasar Ursinius (Wbg) V 476
- Konr. (Pfr Weidenberg) IV 1005
- Martin (Ludwigsstadt) IV 963
- Nikolaus (Generalvikar) IV 111, 114, 125, 192, 951
- Otto II 579
- Wolfgang (Jesuit) VII/2 339
- vgl. Beier

Bayer v.Boppardt (Fam.) VI 701
Bayern (Landschaft, Herzogtum, Kurfürstentum) I 2, 7ff, 26, 32ff, 39-43, 45f, 49, 51, 53ff, 59f, 66, 68, 70, 74, 78, 81f, 84, 88, 92, 94, 96, 103, 105, 110, 115, 119, 124, 130, 144f, 154, 156, 161, 165, 167, 173, 192, 197, 206, 213f, 223, 234, 243, 245, 252, 273f, 282, 286f, 289, 319, 347, 369, 387, 389, 399, 405, 444, 456, 458, 463, 471, 475f, 478ff,

483f, 487f, 490, 501; II 9, 24, 28-31, 35, 38, 45, 47, 50, 63, 83, 127, 131f, 139, 146, 158, 174, 222f, 226, 271-274, 276, 278, 286, 294f, 304, 306ff, 315ff, 333, 347, 370, 374, 376, 394, 397, 414, 417, 420, 429f, 434, 438, 443, 448, 457, 468f, 479, 485, 488, 520ff, 543ff, 558, 560, 564, 574, 600, 620, 628, 630, 649f, 659, 662; III 9, 88, 231, 255, 275f, 283, 317, 337, 339, 342, 352, 357, 359, 380f, 387, 424ff, 428, 468f, 494, 521, 539, 636, 759; V 46, 60, 110, 115, 153, 159, 161, 168, 208, 213, 221f, 224, 227, 261, 336, 352, 391, 398, 451, 459, 461, 463, 467, 474, 476, 532; VI 172, 175, 251f, 275, 284, 287, 294, 296, 358, 360f, 400, 447, 459, 472, 475f, 513, 529, 538, 556f, 578, 602, 605, 608, 613, 616ff, 647, 654, 657, 662, 666f, 675; VII 73, 141, 145, 194, 202, 204, 263, 266, 272, 281, 286; VII/2 17, 37, 43, 78f, 86, 89, 186, 235, 258, 260, 269, 289, 292, 306f, 336, 342, 360, 384f, 409, 438f, 507, 535ff, 551, 604, 607, 609, 662, 668, 670, 672, 677, 699, 702, 714-718, 722-748

- Herzöge, Kurfürsten u.Könige s.u. Wittelsbach, v.

Bayern, Konr. v. (Konv. Langheim) III 665

- s.u Wittelsbach, v.

Bayerschoder, Joh. Andreas (Bbg) VII 192

Payr, Konr. v. III 32

Bayreuth (Ofr.) I 15, 317, 335; II 8, 332, 532, 648; III 12, 40, 163, 228, 231, 294f, 33, 335ff, 378, 393f, 503, 523, 597, 624, 640, 652, 668; IV 70, 72f, 75, 77-81, 91, 103, 216, 236f, 276, 295, 308, 371, 625f, 664, 682f, 713, 721f, 731, 736, 742, 831, 834, 837, 839, 842, 845, 869-875, 881, 896, 912, 1044, 1049; V 10, 470; VI 135, 156, 163, 172, 182, 187, 250, 275, 282f, 399, 414, 416, 418, 432, 448, 510, 525, 540f, 547, 561, 575, 582, 604, 617, 636, 667, 672; VII 25, 88, 92ff, 98, 118-131, 140, 178, 192, 204, 261, 267, 269; VII/2 42, 44f, 52, 225ff, 234f, 242f, 355, 382, 416, 442, 679f, 694

- Markgraftum s.u. Brandenburg-Bayreuth

Bayreuther, Berthold III 102

- Fritz III 589
- Hans III 597, 600
- Heinr. III 589, 596f, 622
- Joh. III 403
- Konr. III 589
- Leopold III 145, 661, 666; IV 949

Baysio, Guido v. (Prie.) III 12

Beaurieux (Fam.) VII 227, 282

Beatrix (PN) I 426; III 110

Beatus (A.Gengenbach) IV 422

Beauvais (Frkr.) II 112f

Bebenburg, Eberhard v. (Dh.) II 529; III 282

- Engelhard v. III 757
- Friedr. v. III 247
- s.u. Leopold III. v. (B.Bbg)
- Leupold v. (Dh.) III 132, 193, 246f, 290
- Petronella v. III 247

- Rudolf v. III 247
- Ulr. v. (Dh.Wbg) III 290
- Wolfram v. II 504

Bebo (Dh.) I 240ff, 248, 275, 285f, 404

Becha, Liutold v. II 634
- Ulr. v. II 634

Pecher, Hans (Baiersdorf) IV 927, 1012

Bechhofen (Bösen-, Krausen-, Zent- ; nö.Höchstadt/A.) II 54, 589f, 616f; IV 340, 346, 482; VII 43

Pechlarn, Alold v. I 332

Pechlich, Anna III 218

Pechmann, v. (Fam.) VII/2 211

Bechstein, Joseph (Strullendorf) VII/2 672

Bechtaler, Konr. III 425

Bechtelsreuth (sw.Kulmbach) IV 97, 180

Bechthal (ö.Weißenburg) III 180

Becilin (n.ident.) II 58

Beck (Fam.) VI 61
- Albert (Obersteinach) III 422
- Albrecht (-) IV 85, 934
- Anna (Leutenbach) IV 901
- Christian August v. VII/2 302
- Eberlein (Pretzfeld) III 482
- Elis. IV 1034
- Hans (Prie.) IV 720
- Hermann (Baiersdorf) IV 899
- Jakob IV 1028-1032, 1034f; V 433
- Konr. (Adelhofen) IV 1004
- Lucia VI 60
- Matthias IV 1027-1031
- Thomas (Pfr Baiersdorf) IV 868
- Ulr. (Leutenbach) IV 901
- Wolfgang (Schwabach) IV 1055

Beckenschmid, Heinr. (Bbg) III 597

Pecker, Fritz (Bruck) IV 892

Beckert (Fam.) VII/2 747

Becket, s.u. Thomas (Eb.Canterbury)

Beckgard, Joh. Gg (Kronach) VI 461, 466, 502, 512

Beckhelm, Michael (Lichtenfels) VI 242f, 248

Beckmann, Jakob (Jesuit) VII/2 169

Bedigheim (Fam.) VI 700

Peene (Fl.) II 238

Beer, Joh. (Prie.) IV 987
- Marg. V 503
- vgl. Behr

Beerbach (nw.Lauf/P.) II 54; III 286

Beerbach (sw.Neustadt/A.) II 292

Peesten (sw.Kulmbach) IV 96, 356, 622, 737, 742

Pegau (Sachs.) IV 115

Begen, Heinz IV 970
- Sebastian IV 970

Pegholtz, Joh. (Kan.St.Gangolf) IV 579

Pegnitz (Fl.) I 85, 142, 154-161, 280, 359, 478, 500; II 63, 132f, 564; III 100, 177, 181f, 280f, 642

Pegnitz (Ofr.) I 23, 138, 367; II 133, 560; III 39, 112, 139, 249, 277ff, 338, 635; IV 11, 27, 32f, 99f, 208ff, 244, 263, 297, 345, 394, 423f, 433, 521, 541, 627, 721, 725, 734, 736, 831, 984f; V 99, 466; VI 90, 163, 178, 209, 275, 343, 538, 609; VII/2 421, 667, 746

- Burg Beheimstein IV 32f, 88, 99f, 244, 345, 625, 663, 731, 831
Pegnitz, Gottfried v. II 560
Pegrinus (PN) II 609
Behaim (Fam.Nbg) VII 16
- Anton (Bbg) V 493
- Bartholomäus (Nbg) IV 718
- Erhart (Pfr Wonsees) IV 1017
- Fritz (Nbg) IV 746
- Gg (-) IV 501
- Hans (Dormitz) VI 122
- Herdegen (Nbg) III 748f
- Joh. (Prie.) IV 733, 864
- Kaspar (Bbg) V 300
- Konr. (Prie.) IV 355, 923, 1042
- Leonhard (Kan.St.Gangolf) IV 698
- Marg. (Forchheim) V 489
- Matthias (Villach) IV 220
- Michael (Nbg) III 739f
- Sebald (-) IV 718
- Stephan (Kan.St.Gangolf) IV 238, 271, 286
- Susanna (Bbg) V 458
- Timotheus (Forchheim) V 489
Beheimstein s.u. Pegnitz
Behemer, Marg. (Bbg) VI 29, 50
- Thorll (-) VI 36
Pehen, Hektor IV 559
Pehmel (Maler) VII/2 42
Behr, v. (Fam.) VII 227, 229, 232, 246, 264, 274; VII 321; VII/2 291, 415, 738
- Barnabas VII/2 432
- Friedr. IV 474
- Joh. Adam (Weihb.) VII/2 139, 173, 222, 252, 258, 346, 385, 389, 396, 415, 422f, 428-432, 443, 448, 457, 476, 478ff, 487, 490, 502f, 506, 510f, 525, 573, 576, 581, 586f, 591, 594, 596, 603f, 628, 632, 634, 651, 654, 656f, 660f, 693, 713, 738, 749
- Joh. Markus VI 211, 223, 384, 397
- Joseph VII/2 525, 576
- Kunig. (Bbg) VI 61
- Pankraz (Bayreuth) IV 722
- Seyfrid (Hochstahl) III 566
- vgl. Beer
Behrens, Anna (Bbg) VI 64
- Hans (-) VI 64
Behringersdorf (sw.Lauf/P.) III 95, 98, 313, 444
Behringersmühle (ö.Ebermannstadt) IV 333, 356, 425, 780; V 162; VII 110
Peibos, Bercht (Bbg) III 584, 593f
- Volklein (-) III 584, 593f
Beichlingen (Thür.) II 376, 378, 385
Beichlingen, v. (Fam.) I 137, 331; II 376, 378, 637
- Adam v. IV 430
- Agnes v. III 217
- Friedr. v. II 376-379, 385, 400; III 395; IV 430
- Hermann v. III 217
- Kaspar v. IV 430
- Konr. v. II 29f
- Kuno v. II 29f
- Reinhilde v. I 208
Beier (Fam.) III 584
- vgl. Bayer
Beierlein (Fam.) VII/2 670

Beikheim (sw.Kronach) III 13, 58; IV 264, 334, 663; VI 116, 150, 176

Peilndorf, Konr. v. IV 11

Beilngries (nö.Eichstätt) III 9

Beilngries, Berengar v. (Gf) I 138, 140

Peilstein (nw.Sulzbach-Rosenberg) III 641

Beirbach, Wichmann v. II 96, 292

- Wigand v. II 96, 292

Beislendorf (n.ident.) II 478

Bela (Kg Ungarn) II 330

Belgard (Polen) II 210f, 215, 217

Belgern (Sachs.) I 173, 191

Belgien VI 614; VII 264; VII/2 708f, 715

Pelitz, Fuchs IV 1032

- Walter II 615

Bellarmin, Thomas (Kard.) V 221, 351, 377, 418

Peller, Martin (Nbg) V 405

Bellheim, Konr. (Ochsenfurt) III 622

- Onofrius v. V 250, 263, 300, 304, 328, 369, 386, 396, 435, 439, 446, 451, 468, 477; VI 14

- s.u. Regina v. (Ä.St.Klara/Bbg)

- Seiz (Ochsenfurt) III 621

Bellinzona (Schweiz) I 101

Bellisle, de (Fam.) VII 204f

Pellitz, Heinz (Seinsheim) III 620

- Hermann (-) III 620

- Walther II 615

Belloni (Fam.) VII/2 11, 51

Belluno (It.) I 467

- B. s.u. Regenald

Peloja (Fam.) VII/2 204

Pelschar, v. (Fam.) VII/2 536

Beltwin (PN) II 335

Beltz, Hans IV 273

Bemdt, Wilh. Ludwig (Weihb.Eichstätt) VI 440

Benckendorff, v. (Fam.) VII 118

- Chr. Sigmund v. VI 672

Pendelbach (Fl.) III 32

Benedikt (Hl.) I 32, 44, 224, 229f, 257f, 409, 417, 495; II 88, 142, 144, 286, 502; III 608, 613; VI 460

- VIII. (Papst) I 93, 147-150, 155f, 201, ,203f, 239-245, 254, 256-259, 267ff, 271, 286, 341, 348, 357, 364, 500

- IX. (-) I 348ff

- XI. (-) III 5f, 54

- XII. (-) III 149, 168, 172, 669, 753

- XIII. (-) VI 661, 681; VII 4, 14

- XIV. (-) VII 132, 159, 182f, 192, 196, 198, 200, 221ff, 225f, 228; VII/2 5-13, 29f, 43, 51, 54f, 58, 69, 102, 114-119, 137, 140, 159, 166, 197-209, 217f, 251, 477, 482, 658

- (B.Cammin) II 3

- (B.Porto) I 150, 243

- (A.Asbach) IV 442

- (A.Banz) VI 665, 687; VII 16, 30

- (A.Michelfeld) VII/2 35, 39f, 122, 154

- (A.Münsterschwarzach) VI 441

- (A.Schlierbach) VI 515

- (A.Weißenohe) II 64

Benedikt (Fam.) IV 539

- Lukas IV 541
Benediktbeuern (sw.Tölz) I 258; II 656
- A. s.u. Gebhard
Benediktiner (Orden) II 135, 142ff, 147, 285, 478, 502, 518, 606; VI 327
Benevent (It.) I 240, 254, 352, 364, 470, 479; II 466, 470
Benevent, Landulf v. I 240
Pengel, Betzold III 578
- Jutta III 578
- Konr. (Seinsheim) III 620
Bengrod, v. (Fam.) VII/2 14, 172, 188
Penit (Fam.) III 683
Benk (nö.Bayreuth) IV 736, 742
Penne (It.) III 415
Bennendorf, Adalbert v. II 495
- Gnanno v. II 106, 495, 497
- Heinr. v. II 495
Benning (Fam.) VII/2 673, 680
Benningen (sw.Memmingen) II 439, 459
Benno (PN) I 110, 360, 382; II 103, 384
- (B.Osnabrück) I 418, 446, 452, 456, 467
- (B.Utrecht) I 343
Penschard, Eberhard (Weismain) III 663, 665
Pentling, Ulr. v. II 544
Bentznau, Peter (Dh.) IV 1063
Penz, Achim IV 838
- Gg (Nbg) IV 718
Benzendorf (n.Lauf/P.) II 478

Penzenreuth (sö.Pegnitz) II 133, 332; VI 102f
Benzo (PN) I 113
Pepinville (Frkr.) I 107
Per, Nikolaus (Domvikar) III 459
Peraudi, Raimund (Nuntius) IV 376-382, 386, 403
Beraun (Tschechien) III 423, 430, 443
Perberg (FlN.) III 434
Berberich, v. (Fam.) VII 196
Berchauser (Fam.) VI 463
Berching (s.Neumarkt/Opf.) IV 829
Bercholvesdorf, Otto v. II 497ff
Berchstein (n.ident.) II 332
Berchtesgaden (OB.) II 419, 436, 486, 566; VII 62, 263, VII/2 715
Berchtold, Gg IV 729
Berchtrada (PN) II 516
- (Nonne Bbg) II 173, 253
Berdel (Fam.) VII/2 434
Perechger (PN) I 347
Peregrinus (Patriarch v.Aquileja) II 430, 435
Peregrinus, Alexander (Como) V 19
Berengar (PN) II 52, 57f, 61f, 66, 70, 73, 103, 146, 336, 384, 392, 444, 473, 494, 520, 562, 578, 592
- (Kg It.) I 72
- (Gf i.Nordgau) I 138, 140
- (Hzg) I 246
- (B.Passau) I 208
- (B.Porto) III 84
- (A.Aura) III 36, 607
- (A.Münchaurach) III 607
- (A.Regensburg/St. Emmeram) II 342

- (Archidiakon) II 287
- (Diakon) II 580
- (Kan.St.Stephan) III 537f
- (Kaplan Wbg) I 126
- (Mönch Michelsberg) II 96
- (Pfr Frensdorf) III 184
- (Pfr Velden) II 564
- (Prie.) I 122, 205
- (Bbg) II 68, 570
- (Stettin) II 555ff

Berengoe, Hildegund v. II 473
Berengotesreut (ON) II 145
Berenwulf (B.Wbg) I 11, 13, 22, 25
Beres (n.ident.) II 541
Bereschiez (ON) I 227
Bereser (Fam.) III 734
Peretto, Alexander (Kard.) V 371
Perfedeon, Heinr. v. III 239
Berg (nw.Hof) III 76, 94, 224ff, 336, 400, 679; IV 724, 734, 736, 742, 783, 885f, 922
Berg (sw.Landau) I 145
Berg (Hzgtum) VII/2 718
Berg, v. (Fam.) II 170
- Adalbert v. II 414
- Adolf v. II 72
- s.u. Bruno v. (Eb.Köln)
- Eberhart v. III 79, 276, 495, 709; IV 245, 903
- Friedr. (Venedig) V 423
- Hans v. III 393; V 40
- Heinr. v. III 186, 192, 276, 495, 579, 704
- Jano v. II 681
- Kaspar v. (Dh.) IV 528, 653, 704, 706, 743f, 758, 769, 792, 849, 853; V 3, 6, 25, 27, 39, 517
- Konr. v. (Pfr Marktschorgast) III 185, 555f
- Marg. v. V 517
- s.u. Marquard v. (B.Augsburg)
- Otto v. III 668, 681
- Ph. v. IV 510
- Sigmund IV 1065
- Simon V 77, 521

Berg zum Helb, Christina v. V 39
- Dorothea v. V 39
- Franz v. V 36, 39f
- Kath. v. V 39
- Ph. v. V 39
- Sigmund v. (Dh.) V 40, 61, 77, 109, 127, 516, 518-521
- Wolf v. V 39

Bergamo (It.) I 98, 467; II 431f
- B. s.u. Arnold

Bergand (PN) II 492
Bergen (ON)
- A. s.u. Alsker

Bergen (nw.Neuburg/D.) I 115, 138, 153, 334; II 63, 419, 440f; III 279; IV 467

Bergen, Berthold v. II 536
- s.u. Heinr. v. (B.Wbg)
- Konr. (Prie.) III 185, 555f; IV 868
- Ulr. v. II 536

Bergen op Zoom (NL) VII/2 715
Berger (Fam.) II 506
Bergham (w.Dingolfing) I 145
Berglesdorf (nö.Kronach) III 242
Berglis, Hans v. V 75
Bergmann, Hans (Trieb) IV 596

- Heinz (Kleinhüll) IV 1016
- Ph. V 428
- Wolfgang (Strullendorf) VII/2 671

Bergmeister, Albrecht (Marktschorgast) IV 120

Bergrheinfeld (sw.Schweinfurt) I 11, 487

Bergtheim (nö.Wbg) IV 1004

Bergtheim, v. (Fam.) II 101, 445
- Berthold v. II 96, 101, 445
- Dietmar v. II 96
- Gerhard v. II 400, 445f, 452, 456, 465
- Hermann v. II 400, 402, 445f, 506f

Bergwinden, Berengar v. II 66

Beringer s.u. Berengar

Beringer (Fam.) VI 68, 201, 208, 210, 213, 216f, 231, 234, 237, 255, 499, 504
- Eberhard (Bayreuth) IV 869
- Hans V 511; VI 76, 202, 277, 280
- Heinr. IV 637; V 513
- Joh. Heinr. (Bbg) VII/2 109
- Kaspar (Kan.St.Stephan) V 495
- Markus (Bbg) VI 48
- Veit (Prior Theres) V 139

Berkach (Thür.) I 471

Perker (Dh.) II 112
- (Kan.St.Jakob) II 60ff, 473f

Berlaching, v. (Fam.) VI 704

Berlein, Hans (Nbg) III 570

Perler, Gg (Spital a.Pyhrn) IV 510

Berlichingen, v. (Fam.) V 463; VI 245, 491, 698, 702; VII 76
- Brigitta v. s.u. Aufseß, v.

- Gg Ph. v. V 360
- Götz v. IV 177f, 505ff, 526, 632
- Gottlieb v. VI 174, 185, 208, 296
- Hans Jakob v. IV 849
- Hans Ludwig v. V 452
- Melchior Reinhard v. V 477
- Ph. v. IV 507, 559
- Wolf v. IV 507, 559

Berlin VII 132; VII/2 19f, 679, 681

Berlingen, Hans v. V 401

Berlinger (Fam.) VI 327

Berlstedt (Thür.) VI 473, 531

Berman (PN) II 489, 640, 642ff

Bern (Fam.) II 290, 335
- Hans IV 1008

Bernbach (nw.Fürth) II 13

Bernbint, Joh. (Kulmbach) IV 722

Bernburg (Sa.-Anh.) II 389

Bernburg, Engelhard v. (Dh.) III 341

Berndorf (sw.Kulmbach) II 463, 562; III 587, 589; IV 96, 263, 396, 810; V 64

Berndorf (sw.Waldmünchen) II 111

Berndorf, Konr. v. III 266

Berne, Friedr. III 24

Bad Berneck (nö.Bayreuth) II 468, 582; III 76, 175f, 389, 393; IV 71, 163, 216, 277, 562f, 730f, 737, 742, 784, 886f, 954

Berneck, Otlin v. III 282
- Ulr. Walpoto v. II 378, 419, 424, 452, 454, 468, 534

Bernecker, Otto (Hallstadt) IV 212

Berner (Fam.) IV 889; VII/2 661
- Elis. III 527, 534

- Fritz III 527, 534
- Joh. (Domvikar) VII/2 579
- Peter III 534
Berngau (sw.Neumarkt/Opf.) III 144
Bernhar (PN) I 478
- (B.Verden) I 63, 108
- (A.Hersfeld) I 109
Bernhard (PN) I 28, 83, 110, 197, 227, 336, 359, 380; II 336, 481
- v. Clairvaux (A.; Hl.) I 133, 315; II 279, 285, 300f, 308, 317, 370, 396f, 442
- (Gf) I 205
- v.Anhalt (Hzg) II 520, 587
- v.Sachsen (-) I 56f, 63-66, 83, 95, 109, 173, 182, 212f, 219, 221, 231, 237f, 246, 251, 342
- v.Sachsen (-;Feldherr) VI 182, 288, 290, 305, 308, 317, 320, 324, 326ff, 330f
- v.Sachsen-Meiningen (-) VI 561
- v.Sachsen-Weimar (-) VI 430
- (Mgf) I 143, 170, 209, 219
- (Pfalzgf) I 83
- (Kard.) II 405, 426
- (B.) II 4
- (B.Bbg) III 137
- (B.Cammin) II 159f, 162f, 170, 172
- (B.Hildesheim) II 310f
- (B.Oldenburg) I 208, 232, 251
- Hilz (A.Niederaltaich) IV 441; V 228
- (A.Theres) VII/2 329
- (Diakon) I 456
- (Kan.Regensburg) II 112
- (Kapuziner Bbg) VI 408

- (Prie.) IV 44
- (Prie.Coburg) II 346
Bernhard Gustav v.Baden (A.Fulda; Kard.) VI 457, 474
Bernhard, Elis. II 593
- Friedr. (Pfr) V 241, 323, 509; VI 88
- Hans (Steinbach) VI 71
- Heinr. III 593, 731
- Joh. (Mengersdorf) V 494
- Joh. (Weihb.) VII/2 110
- Kaspar (Steinbach) VI 66
- Kath. (-) VI 71
- Marg. (-) VI 66
Bernharts (Dh.Eichstätt) IV 886
Bernhausen, Dietrich v. V 133
Bernheim, Hans v. IV 28
- Hans Beringer v. VI 698
- Hermann v. III 212, 266f
- Joh. Chr. v. (Dh.) VI 304, 698, 701
- Klaus IV 659
Bernher (Fam.) III 608
Berninger, Gg Friedr. VI 605
Bernkastel-Kues (Rh.-Pf.) I 50
Bernlohe (sw.Wunsiedel) IV 945
Berno (A.Reichenau) I 37, 198, 203f
- (Prie.) II 510f
- (Wbg) II 287
Bernolt (PN) I 470; II 335, 485
- (Kan.St:Jakob) III 566
- (Kan.Regensburg) II 112
- (Prie.) II 153
- v. St. Blasien (Chronist) I 366, 370, 387, 406, 470, 480, 484
Bernreuth (sö.Lichtenfels) II 335, 383; III 689

Bernreuth (sö.Pegnitz) II 143, 145, 388, 538, 560

Bernreuth, Bernhard v. II 560
- Hartwig v. II 133
- Heinz v. IV 969
- Hermann v. IV 969
- Joh. Konr. v. VII/2 42
- Rüdiger v. III 757

Bernroth (nw.Höchstadt/A.) II 510

Bernstein am Wald (sw.Naila) III 307; IV 736, 1039; VI 575

Bernterode (Thür.) I 20

Bernward (B.Hildesheim) I 41, 47, 58, 63, 79, 108, 114f, 118, 128, 130, 182, 191, 236, 251, 261, 342
- (B.Wbg) I 11, 25, 27, 82

Bernwindt, Joh. (Kulmbach) IV 730, 733f

Bernyr, Nikolaus IV 257

Bero (PN) II 60, 153, 383f, 424, 524, 543, 582
- (Diakon) II 70
- (Kan.) II 58, 68, 100, 294, 315, 382
- (Mönch Michelsberg) II 101

Berohard (PN) II 312

Perolt, Fritz (Ebermannstadt) IV 490
- Heinr. (Gefell) IV 903

Perpetua (Hl.) I 187

Berr, Hans IV 789

Berrich (Prie.) I 122

Persante (Fl.) II 210

Berschwardt, Nikolaus v. d. V 133, 135

Perseus (Dh.Wbg) II 449, 507, 512

Persig, Konr. (Pfr Trunstadt) IV 131

Berstadt (Hess.) I 407

Bertelmann, Jobst (Zeil) VI 62
- Klaus (-) VI 43, 47
- Marg. (-) VI 47

Bertha (PN) II 5, 69f, 152, 465f, 474, 510, 542
- (Gemahlin Ks. Heinr. IV.) I 407, 414f, 418, 470, 473, 476, 480; II 28, 219
- (Pfalzgfin) II 484
- (Ä.St.Theodor) II 582
- (Ä.Kitzingen) II 111, 520

Bertheld (PN) VI 270

Berthold (PN) I 368, 380, 383, 412; II 58, 60, 66, 103, 152, 290, 309, 336, 489ff, 515, 520, 550, 560, 563, 573, 592, 607, 641; III 558
- V. v.Andechs-Meranien (Eb. Kalocsa; Patriarch Aquileja) II 596, 600, 627, 653f, 662
- (Eb.Mainz) IV 395, 408, 1049
- v.Leiningen (B.Bbg) III 2, 9, 292, 355, 647; VI 553
- (B.Cisopolensis) III 287, 690
- (B.Eichstätt) III 312, 747
- (B.Freising) III 485f
- (B.Konstanz) I 440, 444f, 450, 456, 459
- (B.Toul) I 77, 120, 128, 183
- v.Henneberg (B.Wbg) III 710
- (Hzg) I 389, 475
- (Mgf i. Nordgau) I 31ff, 44, 80ff
- II. v.Andechs-Meranien (Mgf) II 494, 515, 523, 544, 552f, 562, 564, 27, 653f; III 1
- III. - (Mgf Istrien) II 515, 517, 523-529, 531, 536, 544, 552f, 563, 564, 574

- IV. - (Hzg Dalmatien) II 414, 501f, 515, 517, 529, 531, 533, 536-539, 544, 550f, 558, 561f, 564, 573, 585, 587, 591, 599, 615, 653
- (Gf) II 96
- (Gf i. Lungau) I 88
- (Gf i.d. Ortenau) I 138, 334
- (Gf v. Tirol) II 414
- (Gf i. Volkfeldgau) I 33
- (A.Banz) II 494-501
- (A.Garsten) II 629
- (A.Kornelimünster) I 184
- (A.Ossiach) II 488
- (A.Raitenhaslach) II 597
- (A.Veßra) IV 245, 315
- (Diakon) II 476f
- (Kan.Bbg) II 58, 112
- (Kan.St.Gangolf) II 664
- (Kan.St.Jakob) II 534f, 542, 548f, 568-572, 578ff
- (Kan.St.Stephan) III 55
- (Kan.Forchheim) IV 23
- (Kaplan) II 643, 661
- (Pfr Kulmbach) IV 90
- (Pfr Münchberg) III 225
- (Prie.) II 637
- (Pr.Mainz) II 449
- (Auerbach) II 561f
- (Bbg) II 616, 618, 621, 637; III 21
- (Besançon) I 361
- (Erlangen) III 698f, 719
- (Nbg) II 646
- (Tambach) III 656f

Berthold, Alheit III 685

Bertinus (Hl.) I 187

Bertolf (PN) I 496; II 396
- (Hzg Alemannien) II 24
- (Hzg) II 130
- v.Zähringen (-) II 333
- (Gf) II 92f
- (Gf i.Moenivelt) I 154
- (Dh.) II 294

Bertrada (PN) II 461; III 61

Bertrand (Kard.) III 88
- (B.Albi) III 11
- de Alanio (B.Famagusta) III 723ff

Perugia (It.) II 620, 651, 655, 657; III 84, 603, 727

Berungshausen, Joh. v. IV 411

Berwich (PN) II 392, 474; III 115
- (Dh.) II 623
- (Kan.St.Stephan) II 622, 637

Berys (ON) III 734

Besançon (Frkr.) I 361; II 426f, 436
- Eb. s.u. Humbert

Besigheim (B.-W.) VII 86

Bessel (Fam.) VI 130
- (A.Göttweig) VII 152, 192f, 219
- Gottfried (Mainz) VI 626, 692
- Joh. Franz (-) VI 693
- Joh. Michael (Kan.St.Stephan) VII/2 432

Peßler (Fam.) VI 86, 112, 121
- Anna Marg. (Bbg) VI 45
- Barb. VI 51f
- Brigitta V 395
- Burkhart (Nbg) IV 269
- Chr. V 253
- Gabriel (Michelsberg) V 184
- Gg (Kan.St.Stephan) VI 111f, 371, 460

- Gg (Pr.St.Sebald/Nbg) IV 718, 792
- Joh. (-) IV 674
- Karl (Pfr) VI 96, 130
- Kath. (Bbg) VI 47
- Klaus IV 641
- Ph. Daniel (Kan.St.Stephan) VI 84, 88, 90, 105f, 111, 120
- Wilh. (Kan.St.Jakob) III 716
- Wolf IV 745

Beta, Ulr. v. II 661

Betel, Konr. (Buttenheim) IV 83

Petelngereut (abgeg.;Ofr.) III 552, 581

Peter III. (Zar v.Rußland) III 280
- (Hzg v.Dalmatien)
- (Doge v.Venedig) I 71f, 98
- v.Schaumberg (B.Augsburg) IV 307, 316
- (B.Vercelli) I 72
- (A.Arnoldstein) V 17
- (A.Ebrach) III 368, 756; IV 979
- (Pfr Marktschorgast) III 713
- (Pfr Poppenreuth) IV 215
- (Prie.Posseck) III 222
- (Langheim) III 673
- vgl. Petrus

Peter, Hans (Creußen) IV 560, 626
- Klaus (Hetzles) VI 134

Peter Philipp v.Dernbach (B.Bbg u.Wbg) VI 373, 413, 424, 434, 460f, 464-475, 477-480, 482, 484, 487, 489ff, 495, 497ff, 501ff, 505, 507, 532, 534, 545, 552, 555, 587, 624, 700, 708; VII 21, 63, 170; VII/2 28, 45, 59, 67, 74

Peterbj, Gg (Kulmbach) IV 948

Peterlingen (CH) I 88

Petermann, Eckard III 242

Peters (Fam.) IV 109

Petersaurach (ö.Ansbach) IV 738

Petersberg (Hess.) I 109

Petersen (Fam.) III 269, 597f

Petershausen (B.-W.) VI 528, 574, 602; VII 230; VII/2 516, 716
- A. s.u. Alphons; Franz; Gg; Placidus; Wunibald

Peterskirchen (n.ident.) VII/2 326

Petersmühle (nö.Kulmbach) VI 546, 600

Peterstein (Österr.) III 381

Bethmann (Fam.Frankfurt/M.) VII/2 580, 596, 606f, 623, 678, 684

Petrasauta, Bartholomäus IV 925

Petrini, Antonio (Baumeister) VI 560

Petrissa (PN) II 456
- (Ä.Trebnitz) II 660

Petrus (PN) I 349, 473; II 162, 167, 584f
- (Hl.) I 101, 109, 120f, 123, 127ff, 131, 135, 140f, 143, 148ff, 154f, 157, 176-179, 186, 224, 230, 240, 243f, 246, 297, 316, 325f, 355, 364f, 376, 379f, 407, 411ff, 425f, 432, 438, 449f, 453, 460, 462f, 465, 472, 474f, 478, 483f, 489, 493, 496, 502; II 26, 32, 40, 47, 52, 63, 71, 80, 104, 106, 111, 129, 131, 135, 137, 142, 144, 149, 173, 219, 276, 292, 294, 314, 317, 320, 334, 372, 375, 389, 392, 398, 413, 428, 475; III 305, 342, 634
- (Kard.) I 456; II 518; III 255, 275, 341, 641

- Damiani (Kard.;B.Ostia) I 369f, 385, 416, 422
- de Prato (-) III 150
- (Eb.Mainz) III 13
- (Eb.Smyrna) III 297, 690
- (B.Albano) I 471
- (B.Cagli) III 287, 690
- (B.Montemarano) III 184
- (B.Natura) V 18f, 52
- (B.Novara) I 206
- (B.Padua) II 79
- (B.Sovana) III 297
- (B.Suacensis) III 690
- (B.Terdona) I 259
- (B.Vicenza) IV 1020
- (B.Valonensis) III 690
- I. v.Lauter (A.Langheim) III 755
- II. (-) III 677-681
- III. Schönfelder (-) V 297
- (A.Niederaltaich) III 203; IV 272
- (A.Reichenau) II 144
- (A.Veßra) IV 352
- (Dh.) I 490f, 494; II 59
- (päpstl.Bibliothekar) I 353f, 357
- (päpstl.Notar) I 124
- (Pfr Weißenohe) IV 243
- (Arezzo) III 84
- (Bbg) VI 53, 63
- vgl. Peter

Petsch, Jakob VII/2 375

Petschenegen (Volksstamm) I 175f

Bettenburg (n.Hofheim) VI 628

Bettenburg, Nikolaus v. IV 58
- Ulr. v. (Dh.) II 648

Bettendorf (nö.Nördlingen) II 332

Pettendorf (sw.Bayreuth) II 65; III 652, 912; IV 295, 961

Bettendorf, v. (Fam.) VI 702; VII/2 374, 638
- Friedr. v. II 47, 65, 142
- Lothar Franz Melchior Ph. v. (Dh.) VII 248, 310f
- Maria Eva v. VII/2 477

Bettenfeld (sw.Rothenburg o.T.) IV 366

Pettensiedel (nw.Lauf/P.) I 369, 374f; II 54, 334

Petter, Dick V 55

Bettlern (Böhmen) III 378, 432f, 438, 440, 444

Pettstadt (s.Bbg) I 6, 33, 499; II 54, 83, 421, 480; III 145, 184, 505f; IV 142f, 270, 568, 603, 607, 815, 817; V 447; VI 225; VII 69; VII/2 701, 742

Betz (Fam.) III 138, 750; VII/2 96f, 189, 512, 576
- Anna V 507
- Fritz III 695
- Gg (Prie.) VII/2 729
- Hans (Steinbach) VI 62
- Heinz IV 520
- Hermann III 600
- Hieronymus VII 152
- Kunig. III 600
- Lorenz (Bbg) V 505
- Pankraz (Hollfeld) IV 797
- Weltz III 695

Petzelmann, Barb. (Zeil) VI 58, 62
- Paul (-) VI 62

Betzenstein (sw.Pegnitz) I 447; II 45ff, 118, 137, 334, 561, 646; III

44, 46, 112f, 215f, 276, 282; IV 20, 33, 88, 176, 297, 311, 337, 466, 719, 845; VI 126, 342, 363; VII 39, 110; VII/2 737

Betzenstein, Diepold v. II 646
- Friedr. v. II 561
- Konr. v. II 646

Petzga (Tschechien) III 338

Petzmannsberg (Stadtt.Kulmbach) IV 198

Betzmannsdorf (w.Schwabach) II 292

Betzold (Fam.) III 25, 737
- Dittel (Weidensees) IV 337
- Fritz (Uttenreuth) III 197
- Heinr. III 79
- Joh. (Bbg) IV 226
- Theoderich (Zedersitz) III 397

Peucer, Melchior (Pfr Mistelbach) IV 973

Beuden (n.ident.) III 687

Peulendorf (nö.Bbg) III 420, 610; IV 419, 605f; V 510; VII 76, 286, 288f

Peulendorf, v. (Fam.) III 50, 563, 610, 613
- Albrecht v. III 612, 620
- Friedr. v. III 43, 614
- Heinr. v. III 615, 620
- Konr. v. III 50, 649
- Otto v. III 50

Beulwitz, v. (Fam.) VI 168, 288, 702, 706
- Chr. v. IV 565, 642, 726f, 732, 1038
- Ernst v. IV 734; VI 219, 230
- Fritz v. III 293

- Heinr. v. IV 612, 734, 880
- Kath. v. V 511
- Ursula Rufina v. VI 706
- Veit Ulr. v. V 394

Beumenrode (ON) II 541

Peunes, Heinz VI 41, 63
- Magdalena VI 45, 63

Peunle, Barb. (Zeil) VI 72

Beur, Albert (Hallstadt) VI 36
- Barb. (-) VI 36

Peurlein, Konr. IV 910

Beuron (B.-W.) II 301

Beusaltz, Konr. IV 780

Peuß, Sebald (Weidensees) IV 338

Beust, Joachim Heinr. v. VII/2 435, 43, 506, 513
- Joh. Ph. v. VII 16, 73, 77, 95, 191

Beutel, Bartel (Zeil) VI 58, 61
- Marg. (-) VI 41

Beuter, Gg (Augsburg) V 95

Beuth, Marg. (Bbg) VI 47

Peutinger, Konr. IV 507

Peutler, Otto III 586

Peychmann, Hans (Weidhausen) IV 264

Beyer (Fam.) III 445
- Brigitta VI 61
- Friedr. IV 459, 579
- Heinz (Ebermannstadt) IV 84, 490
- Klara III 539
- Konr. II 539
- Kunig. (Bbg) III 588
- Nikolaus (Neunkirchen/Br.) V 174
- Ortweyn (Bbg) III 588
- Wolf (Lichtenfels) IV 614

Beyerer, Ulr. (Prie.) VII 218

Beyerhofer (Fam.) IV 109

Beyerschoder (Fam.) VII/2 417

- Joh. Andreas (Bbg) VII/2 84f, 141

- Joh. Ignaz (Pfr Memmelsdorf) VII/2 99

Peygauff, Hermann (Leutendorf) IV 264

Beyhel, Hans (Unterleinleiter) IV 789

Beymelberg, Hermann v. IV 411

- Kaspar v. IV 411

- Konr. v. IV 411

- Reinhart v. IV 411

Beypoz, Berte III 591

- Treutel III 591

- Volklein III 591

Beywegh, Peter Cornelius (Weihb. Speyer) VII 27

Pezelin (PN) I 163, 231, 360, 498; II 60, 336

- (Kan.St.Jakob) II 57-62, 473f

Bezeman (PN) I 411; II 73

Pfaffenberg (nw.Pegnitz) IV 746; V 22

Pfaffendorf (abgeg.;Ofr.) II 526, 577; IV 199

Pfaffendorf (ö.Lichtenfels) III 618, 650, 657, 660, 676, 684, 686f, 690, 692ff; V 65

Pfaffendorfer, Joh. (Langheim) IV 282

Pfaffenhofen (sw.Amberg) II 485

Pfaffenhofen (nö.Hersbruck) III 97; V 57

Pfaffenhofen (n.Roth) III 738

Pfaffenhofen, Heinr. v. II 485

- Otto v. (Dh.) II 582, 598, 606f, 609f, 615, 619, 621, 623f, 636f, 646, 648

- Thiemo v. II 485

Pfaffenreuth (nö.Kulmbach) IV 246, 427, 907

Pfaffenreuth (n.Neustadt/W.) II 64

Pfaffing (abgeg.;Österr.) I 477

Pfahlenheim (nw.Uffenheim) II 96, 385

Pfalz (Kurfürstentum) I 50, 54, 63, 72, 83, 98, 100, 168. 207, 214, 245, 260, 268, 344, 380, 383; II 30, 37, 63, 71ff, 108, 110, 117, 121, 123, 130ff, 137f, 143ff, 218, 222, 275, 287, 291, 296, 307, 414, 423, 428, 437f, 468, 477, 505, 515, 521, 594, 599ff; III 9, 379, 426, 431, 499; VI 415; VII 68, 71, 73, 145, 176, 186, 189, 192; VII/2 48f, 90, 235, 513

- Kfst u.Pfalzgf s.u. Albrecht; August; Carl Gustav; Friedr.; Gottfried; Karl Ludwig; Karl Ph.; Karl Theodor; Ludwig; Ottheinr.

- - vgl. Wittelsbach, v.

Pfalz-Neuburg (Hzgtum) VI 274f, 415, 648

- Pfalzgf s.u. Ph. Wilh.; Wolfgang; Wolfgang Wilh.

Pfalz-Simmern (Hzgtum) VII/2 715

Pfalz-Sulzbach (Hzgtum) VI 400; VII/2 17, 80

- Pfalzgf s.u. Christian August

Pfalz-Veldenz (Hzgtum) VII/2 715

Pfalz-Zweibrücken (Hzgtum) VII/2 586, 715

Pfandtner, Pankraz V 182

Pfangauer, Heinr. II 630, 661

Pfannenberg, v. (Fam.) III 7
- s.u. Gebhard v. (B.Konstanz)
- Marg. v. III 149
- Ulr. v. III 71, 88, 134, 148, 168, 242; VII/2 67

Pfannenstein, Friedr. v. II 643
- Gundeloch v. II 643
- Hermann v. II 643

Pfanner (Fam.) III 642

Pfannewich, Ulr. v. III 32

Pfanzgraff, Lorenz V 223

Pfaphenwinkel (FlN.) II 99

Pfarrkirchen (NB.) I 145

Pfarrweisach (nw.Ebern) II 90; III 132; IV 462

Pfaumuß, Hermann (Prie.) IV 275

Pfaustein, Klaus IV 641

Pfeffer (Fam.) IV 165
- Elis. (Büchenbach) III 752

Pfefferkorn (Fam.) III 627

Pfeiffer, Konr. IV 562

Pfeil, Albrecht III 744
- Hans (Bbg) IV 456, 535

Pfeilschmidt, Chr. VII/2 171
- Kilian (Helmbrechts) VI 230

Pfendner, Andreas (Bbg) VI 64, 67f
- Joh. IV 858; V 487
- Konr. (Pfr Marktzeuln u.Zell) VI 13
- Petrus (Pfr) IV 991

Pferdsfeld (s.Staffelstein) I 17f; II 444, 624; III 42, 67; IV 402; VI 117; VII 100

Pferdsfelder (Fam.) VI 129, 135
- Friedr. (Bbg) VI 118

- s.u. Hartung (A.Michelfeld)
- Hermann (Hollenberg) III 580
- Jobst (Gößweinstein) VII 117
- Juliana (Weißenbach) III 563, 626, 731
- Rudolf III 375, 563, 626, 731
- Seibot (Weilersbach) III 334
- Seifried (-) III 563
- Walter (Pretzfeld) III 570

Pferk (FlN.) III 682

Pferrach (sö.Pegnitz) III 641

Pfersmann, Albert (Zeil) VI 68

Pfest, Bernhard (Pfr) IV 982

Pfeufer (Fam.) VII/2 579, 585, 617
- Konr. IV 555

Pfintzing (Fam.) VII/2 264f
- Berthold III 369, 403, 412, 482f, 722, 739f; IV 129f
- Franz IV 101, 897, 899
- Friedr. III 740
- Gg IV 386; V 431
- Hans III 748
- Joh. Sigmund VII/2 257, 264
- Konr. III 17, 122, 175, 586, 681
- Martin IV 746
- Melchior (Pr.St.Sebald/Nbg) IV 501, 519, 717
- Sebald III 483, 739; IV 104f, 130, 161
- Seifrid IV 746
- Seitz III 369
- Sigmund IV 518f, 746, 753, 843

Pfirt (Frkr.) III 170

Pfister (Fam.) IV 126; VII/2 244, 269, 643f

- Adelheid (Bbg) III 544, 582
- Albert (-) IV 258, 309
- Apel (-) III 597, 620
- Arnold II 582
- Fritz (Bbg) III 544, 582
- Gg (Strullendorf) IV 808
- Gotthard Anton VII/2 209f, 225, 271, 349, 353
- Hans (Pfr) IV 1004
- Heinr. III 570
- Hermann III 561, 564
- Kaspar (St.Jakob) IV 909
- Klara III 562
- Konr. IV 13; VI 64, 66
- Kunig. III 570
- Maria Kunig. VI 594
- Paulus VI 50
- Peter Adam (Bbg) VI 594; VII 299
- Weltz (Pödeldorf) III 520

Pfisterlein, Heinr. III 548, 619

Pfistersham (sö.Landshut) I 145

Pflaum, Hans (Bbg) V 514
- Matthias VII/2 633, 636, 704, 717, 727

Pfleumlein, Nikolaus IV 618

Pflöck, Apollonia (Bbg) VI 47

Pflug, Alexander V 181, 199
- Bernhard IV 535
- Fritz IV 292
- Hintzko IV 554
- Stefan IV 554

Pflugschmidt, Joh. (Kronach) V 485

Pförring (nö.Ingolstadt) I 140; III 380, 468; IV 58, 65, 849; VI 411; VII/2 496

Pförring, Burkhard v. II 534
- Friedr. v. II 66f
- Konr. v. II 534

Pforch (FlN.) III 622

Pfortner, Joh. (Kan.Ansbach) IV 382

Pforzen, Hans v. IV 539f, 656

Pfotel, Joh. IV 378, 901

Pfoter, Lorenz (Rabeneck) V 23

Pfraumhein, v. (Fam.) VI 700, 702

Pfreimd, Meinhard v. II 419

Pfeimdner, Hans (Wunsiedel) IV 1031

Pfretschner (Fam.) VII/2 632

Pfrim, Joseph (Jesuit) VII/2 169

Pfrunt, Michael (Greiz) IV 264

Pfullendorf, Rudolf v. II 487

Pfutzinger, Ludwig (Kan. Neumünster/Wbg) IV 223

Philibert (Mgf v.Baden) V 9f

Philipp (Hl.) I 186; II 57
- Neri (-) VI 554
- v.Schwaben (Kg) I 321, 327; II 478, 514, 565, 578, 583, 585-588, 590f, 594f, 597-602
- I. (Kg v.Frankreich) I 431
- (Hzg v.Anjou) VI 613
- v.Hessen (Landgf) IV 747, 754f, 799, 829
- (Eb.Köln) II 520, 545
- (B.) III 32
- v.Henneberg (B.Bbg) IV 312, 322, 1043; V 4
- (B.Lavacensis) III 287, 297, 690
- (B.Osnabrück) II 458
- (B.Regensburg) V 261
- (B.Saloncensis) III 184

- (A.Gengenbach) IV 471, 546
- v.Würzburg (A.St.Egidien/Nbg) III 746f
- (Mönch Langheim) II 528
- (Mönch Michelsberg) V 68
- (Prie.) II 663

Philipp Adolf v.Ehrenberg (B.Wbg) V 457, 526, 529f; VI 7f, 93, 95, 149, 156, 298, 362, 701

Philipp Christoph (B.Speyer) V 460

Philipp Karl v.Eltz (Eb.Mainz) VII/2 50

Philipp Magnus (Hzg v. Braunschweig) IV 826, 830

Philipp Valentin Voit v. Rieneck (B.Bbg) VI 398, 419, 423, 425-433, 439ff, 443, 447f, 450, 452, 454, 457, 459, 470, 482, 499, 518, 656, 689, 705; VII 81f; VII/2 418, 454

Philipp Wilhelm v.Pfalz-Neuburg (Pfalzgf) VI 426

Philippsburg (B.-W.) VI 493; VII 72, 91; VII/2 35, 709

Phirniggau (Landschaft) I 141

Phloch, Gg Heinr. VI 76

Phosch, Chr. (Gössersdorf) V 107

Photinus (PN) II 119

Phuten, Heinz IV 235

Pia (Hzgin) I 115

Piacenza (It.) I 100, 205, 350, 480, 484; II 76, 274, 433, 436; IV 186; VII 91; VII/2 33
- B. s.u. Dionysius; Hugo

Piaffa (Gf) VII 196

Biandrate, Guido v. II 431

Biber, Anna v. V 524

Biber (Fam.) V 250
- Joh. (Prie.) IV 869
- Peter Ph. (-) VII/2 431

Bibererden, Ursula v. V 520

Biberwine (Fl.) I 21

Bibo (B.Toul) I 445

Bibra (Thür.) II 584

Bibra, v. (Fam.) VI 285, 656, 666, 699, 702ff; VII 17, 35, 38, 68, 75; VII/2 15, 42, 76f, 237, 267, 472, 604, 645
- Adam v. IV 318
- Adolf v. IV 28, 507
- Agatha v. V 45, 521
- Anna v. IV 344, 544; V 523
- Anton v. IV 411, 418
- Apollonia v. V 108
- Berthold v. II 403; III 348; IV 250, 399, 814
- Chr. Erhard v. VI 584
- Dietrich v. III 434, 438
- Dorothea v. IV 355
- Elis. v. IV 355
- Franz Ludwig v. VII/2 189, 195
- Franz Ludwig Ignaz v. (Dh.) VII/2 478, 485, 487, 491, 602, 633, 752, 755
- Friedr. v. IV 322, 350, 405, 659
- Gg v. IV 405, 460, 467, 485, 498f, 504, 522, 528, 600, 653, 671, 814; V 41
- Hans v. IV 344, 355, 372, 411
- Hartung v. IV 344, 355, 460
- Heinr. v. II 382, 584; IV 101; V 357, 359
- Hermann v. IV 344, 355

- Jakob v. IV 528, 567, 653, 671, 674, 814, 1059; V 40, 480
- Joh. v. III 264
- Joh. Eyring v. IV 854f, 1062
- Joh. Heinr. v. VI 584
- Joh. Heinr. Karl v. VII/2 41f
- Joh. Ph. Carl Joseph v. VI 718; VII 14, 282; VII/2 95, 98, 100, 139, 186, 193, 241, 615
- Karl Ph. Heinr. Rudolph Joseph v. VII/2 203, 244, 268, 349, 558, 593, 600, 634, 752, 755
- Kaspar v. IV 215, 251, 253, 256
- Kath. v. V 519
- Kilian v. IV 363f, 372, 378f, 434
- Klara v. IV 355
- Konr. v. IV 460; V 108
- Lamprecht v. IV 460
- s.u. Lorenz v. (B.Wbg)
- Maria Juliana v. VII/2 42
- Martin v. IV 460
- Michael v. IV 968
- Moritz v. IV 653, 675, 1061
- Ph. Anton v. VII/2 558, 630, 691
- Ph. Wilh. v. VII/2 193, 262
- Rupert v. II 133
- Stephan v. (Dh.) IV 1062
- Sybilla v. V 517
- Tagino v. II 403
- Wilh. v. IV 380; VII 122f
- Wilh. Ernst Lothar v. VII/2 410

Biburg (s.Kelheim) II 139, 223f, 308, 318, 371, 394, 493

Biburg, Bertha v. II 223
- Konr. v. II 309
- Ulr. v. II 275, 309

Piccolomini, s.u. Octavius (Hzg Amalfi)

Bichius, Karl VI 551

Bichlinger, Gg (Marktzeuln) VI 13

Bichner, Konr. (Pfr Kronach) IV 16f, 194

Pickau (ON) III 58, 296

Pickel, Gg IV 1036
- Joh. (Jesuit) VII/2 399

Bicken, Joh. Caspar v. (Dh.) VI 709f
- Ph. Caspar v. VI 709

Bickenbach, Dietrich v. III 434; IV 105
- Ph. v. III 333

Bidermann (Kan.St.Gangolf) V 30
- Eberhard (Unterzaunsbach) III 639
- Hermann (Kronach) III 296
- Joh. (Pfr Kasendorf) IV 724, 935

Bidil, Adalbert v. II 449

Biebelried (sö.Wbg) II 73, 487, 509f, 513; VI 583

Biebelried, Burkhard v. II 73
- Engelhard v. II 487, 509f, 513

Bieberbach (Fl.) I 22

Bieberbach (sö.Ebermannstadt) I 21; II 145, 631; III 216, 323, 395, 542; IV 344; VI 165; VII/2 288

Bieberbach, Joh. III 614

Bieberehren (w.Uffenheim) III 437, 535f, 544, 550

Bieberstein, Frageboto v. II 528

Bieberswöhr (nö.Pegnitz) VI 263

Piechenbach, Michel (Richter) VI 153

Biegen (abgeg.;Ofr.) II 876; III 607, 620; VII/2 310, 333f

Piehl (ö.Regensbrug) III 45
Pielenhofen (nw.Regensburg) IV 469
Biengarten (sö.Höchstadt/A.) IV 783
Biengen, Hans Jakob (Spital a.Pyhrn) V 117
Bierberg (Stadtt.Kronach) VI 261
Bierberger, Andreas (Friesen b.Kronach) VI 62
- Marg. (-) VI 47, 62
Pierseyl (Fam.) IV 424
Biettel, Bartel (Bbg) VI 43, 61
- vgl. Büttel
Bigau, Friedr. (Ebing) III 626
Bigen (abgeg.;Ofr.) III 620
Pigerner, Konr. (Hallstadt) IV 157
Bigew, Andreas III 631
Pigner, Agnes III 578
- Eberhard III 578
Bihn, Daniel (Dekan Eggolsheim) VII/2 431f, 547ff
Pilberskofen (ö.Dingolfing) I 145
Bildhausen (nö.Kissingen) II 286, 423; III 366, 454, 645, 696; IV 588; V 3, 70, 161; VI 164, 166; VII/2 500, 576f, 603
Bildhausen, Rüdiger v. II 497
Bilehildis (Hl.) I 5
Pileus de Prata (Kard.;Eb.Ravenna) III 385ff, 411, 499, 544, 640, 654, 719-722, 740, 752
Bilfeld, Hermann v. III 410
Pilgerndorf (w.Bayreuth) IV 93, 294; VI 578
Pilgram, Joh. III 748
- Otto III 666
Pilgramsreuth (sö.Hof) IV 386, 736, 985

Pilgrim (PN) I 62, 151, 168; II 96
- (Eb.Köln) I 230, 239, 245, 250, 252, 254-257, 263, 267ff, 302, 343, 493
- (Eb.Salzburg) III 362, 424
- (A.St.Burkhard/Wbg) II 385
- (A.Gleink) II 655
Bilgrin, Heinr. (Nbg) III 122
Bilius, Melchior (Nuntius) V 84
Piliza (PN) II 59, 384
Pillenreuth (Stadtt.Nbg) III 751; IV 717
- s.u. Heinr. v.
Pillenstein (abgeg.;Opf.) II 133, 332
Pilligdorffer, Dietrich III 97
Billihe, Maximilian de VI 145
Pillmersreuth (sw.Hof) IV 722, 724f, 742, 783
Pillnach, Wernhart v. II 488
Billung (PN) II 56-59, 62, 69f, 91f, 94ff, 98, 101, 145, 277, 294, 297, 376, 378, 382ff, 392, 396, 398, 402f, 407f, 413, 418f, 421f, 443f, 449, 461, 464f, 483, 505-508, 512
Billunger (Fam.) I 182, 194
Bilrieth, Friedr. v. II 456
Pilsen (Tschechien) II 299; VII/2 211
Bilstein, Gebhard v. II 402
- Giso v. II 402, 506f
- Konr. v. II 402, 416
Bilversheim, s.u. Heinr. v. (B.Bbg)
Pilwisa, Konr. v. II 47
Bimbach (sö.Gerolzhofen) IV 507; VI 209, 672
Pimpinella, Hieronymus (Rom) IV 780

Pimriut (ON) II 133
Binabiburg (sö.Landshut) I 145f
Binamühl (nw.Eggenfelden) I 146
Bindlach (nö.Bayreuth) III 40; IV 736, 742, 887ff, 929, 953, 1006
Bingen am Rhein (Hess.) I 113; II 37; VI 145
Bingen, Peter v. (Kan.St.Stephan) III 542
Pinlein, Heinr. III 183
- Otto III 183
Pinsel, Wigand (Dh.) III 510
Binsenbühl (abgeg.;Ofr.) VI 546, 600
Binsendorf (abgeg.;Ofr.) IV 462
Binsfeld, Adalbert v. II 402, 507
- Berengar v. II 402, 464f, 506f
Pinzberg (sö.Forchheim) I 374; II 83, 333; III 446, 633; IV 43, 780, 840; V 14; VII/2 214, 563
Pippin (Kg) I 8, 10f
Pirckheimer, s.u. Caritas (Ä.St.Klara/Nbg)
- s.u. Clara (-)
- Hans (Nbg) III 742
- Konr. (-) III 369
- Willibald (-) IV 536, 714
Birckner, Gg V 33
- Leonhard IV 505
Pirehker (PN) II 60
Pirer, Konr. (Bbg) IV 420
Birger, Joh. Erasmus (Pfr Staffelstein) VII/2 221, 623
Birk (sö.Bayreuth) IV 626, 737, 889
Birkach (ON) II 332
Birkach (sw.Bbg) II 510, 522; III 43, 375, 580, 583, 589, 611; IV 320, 346; VI 518, 520

Birkach (n.Kronach) IV 14, 17, 71
Birkach (ö.Roth) III 326
Birkach (sw.Staffelstein) II 611
Pirkach (nw.Fürth) IV 990
Birkach am Forst (nw.Lichtenfels) I 21; IV 516
Birkel, Sebastian V 204
Birken (nö.Kulmbach) II 133; VI 546, 600
Birkenfeld (sw.Neustadt/A.) III 195, 294f, 377, 389; IV 47, 369, 713, 738, 830, 979; VI 178; VII 73
- Ä. s.u. Anna; Elis.; Marg.
Birkenfeld, v. (Fam.) VII 73
Birkenhof (ö.Kulmbach) IV 783
Birkenreuth (ö.Ebermannstadt) IV 491, 784; VI 535
Birkenrode (abgeg.;Ofr.) II 511
Birkig (nö.Coburg) V 23; VI 261
Pirking (nw.Passau) III 380
Birklein, Heinr. III 571
- Marg. III 571
Birkner, Andreas (Pfr Kupferberg) VII/2 583
Birlebez, Hartlieb v. II 277
- Hartwig v. II 68, 277, 389
Pirna (Sachs.) III 327
Birnbaum (nö.Kronach) IV 616f, 910; VII/2 555
Pirner, Erhard (Pfr Hof) IV 450
- Joh. (Prie.Gefell) IV 905
Pirsal, Kaspar (Pottenstein) IV 612
Pirsink (Fl.) III 272
Pisa (It.) I 205, 239; II 370, 516, 546; III 11, 47, 99, 330; V 403
Pisani (Fam.) VII 186; VII/2 244

Piscatter, Eberhard (Prie.) IV 111
- Heinr. (Lonnerstadt) IV 369
Bischberg (nw.Bbg) I 33, 142; II 476; III 557, 590, 619, 633; IV 130, 316; VI 444, 478, 622, 628, 668, 679; VII/2 197, 286, 408, 675
Bischberg (n.Neumarkt/Opf.) III 733
Bischof, Andreas (Pfr Steinwiesen) VI 96
- Konr. (Kaplan) II 619
Bischoff (Fam.) III 617
- Anna (Bbg) VI 62
- Heinr. III 724
- Klara (Bbg) VI 62
- Paul (-) IV 579
- Sixtus (Pfr Obernsees) IV 983
Bischofsgrün (w.Wunsiedel) I 6; IV 737, 890
Bischofsheim (ö.Haßfurt) II 458; IV 614; V 21, 390; VI 249; VII 92, 185, 202
Bischofsheim an der Rhön (nö.Neustadt/S.) VII/2 533
Bischofsreuth (nw.Sulzbach-Rosenberg) IV 420
Bischwind (nö.Gerolzhofen) II 402ff, 465, 506, 512, 529; III 590; VI 519, 544
Bischwind, Ebo v. II 529
- Hartmann v. II 465
- Hartmut v. II 464, 506, 512
- Hermann v. III 590
- Iring v. II 529
- Rudolf v. II 402f, 512
Biseglia, Antonius v. (Nuntius) V 452

Bissani (Bbg) VII/2 40, 97
Bissing, Joh. Adam (Bbg) VII 283; VII/ 58, 301
- Joh. Chr. (-) VI 562
Bissingen-Nippenburg, v. (Fam.) VII/2 516
Bissinger, v. (Fam.) VI 356
Bißwanger (Bbg) VII/2 570
Pistel, Peter (Pegnitz) IV 627
Pistor, Heinr. (Bbg) II 648
- Otto (Domvikar) IV 236
- Wölflein (Nbg) III 739
Pistorius, s.u. Friedr. (A.St.Egidien/Nbg)
- Gg (Dominikaner Nbg) IV 226
- Hermann (Pfr Neuhaus) IV 342, 420
- Joh. (Domvikar) III 459
Piterer, Hans (Hof) IV 921
Pitius, s.u. Joh. Nepomuk (A.Langheim)
Bittel, Anna Marg. VI 67
- Bartholomäus (Bbg) VI 50, 65
- Gg Daniel VI 67
- Hans Chr. (Bbg) VI 63
- Kath. (-) VI 49, 63
Bitteroff, Hans VI 230
Pittersdorf (sw.Bayreuth) IV 88
Bittolf, Kaspar (Pfr Knetzgau) V 484
Pius II. (Papst) IV 292f, 300f, 310, 312, 365, 919, 1027f; VII 162
- IV. (-) V 42, 50
- V. (-) V 82f, 158
- VI. (-) VII/2 409f, 429, 465-469, 473-482, 494f, 503, 517, 560, 581, 645-659, 661, 677, 684

- VII. (-) VII/2 688-695, 711, 745
- (Kard.) VI 535
Piznic (Fl.) II 559
Placidus (A.Petershausen) VII 30
- (A.Schuttern) VII/2 584
Pladeckern, Hans IV 1021
Plaich, Otnant v. II 468
Planck, Heinr. (Prie.) IV 450, 724
Planer, Hermann IV 154
Planitz, Günther v. (Zeitz) III 341
Blankenberg, Arnold IV 29
- Engelbert v. II 486
Plankenfels (nö.Ebermannstadt) III 640; IV 610, 622; VII/2 326, 357
Plankenfels, Anna v. III 640; IV 396
- Eberhard v. (Dh.) III 45, 159, 238, 302
- Friedr. v. III 45
- Hans v. III 640
- Hermann v. III 44, 162, 670
- Konr. v. III 569, 688
Plankenheim, v. (Fam.) III 350
Blankenstein (Thür.) IV 79, 83, 85, 295f; V 119
Plankenstein (nö.Ebermannstadt) III 217, 270, 273, 310, 379, 419
Plankenstein, Konr. v. II 613
Plankstetten (s.Neumarkt/Opf.) III 40, 743
- Ä. s.u. Hartung; Ulr.
Blantz, Joh. (Prie.) IV 725
Plauschwitz (Sachs.) III 400
Blashart (Fam.) II 511; III 557
- Heinr. III 42, 50
- Hermann II 615

Blasius (Hl.) I 187
Plassenberg, s.u. Adelheid v. (Ä.Himmelkron)
- Albert v. II 599
- Berthold v. II 98, 152, 291, 297, 377
- Bertolf v. II 152, 377ff, 383, 397f, 410, 412ff, 416, 438, 450, 454, 494, 496, 499ff
- Christian v. V 476
- Eberhard v. II 378, 592, 614, 624
- Friedr. v. II 525, 552, 562, 599, 613f, 622ff, 635; III 393; IV 74
- Götz v. IV 400, 418
- Gundeloch v. (Mönch Banz) II 495f
- Hans v. III 622 IV 419
- s.u. Heinr. v. (A.Millstatt)
- Hermann v. II 561f
- Konr. v. II 529; III 695
- Lorenz v. IV 558
- Marg. v. IV 291
- Nentwig v. II 378
- Ocgoz v. II 378
- Ortunc v. II 516f
- Poppo v. II 291, 297, 374-379, 397f, 524
- Ramung v. II 561f, 599, 635, 637f, 648
- Ulr. v. IV 695
- Willebrand v. II 643
Plassenburg s.u. Kulmbach
Platt (Fam.) VI 94
Plattenberger (Fam.) VI 407
Blatterndorf (Thür.) II 644
Platz, v. (Fam.) VII 269
- Elis. (Steinbach) VI 62

Plauen (Sachs.) III 80, 227, 400, 624, 639; IV 215f, 228; V 143; VI 324; VII/2 226f

Plauen, v. (Fam.) III 36, 78ff, 225, 227, 379

- Agnes v. III 216
- Heinr. v. III 79f, 216, 221, 224, 226, 228, 725; IV 29
- Reuzze v. III 227, 379

Blaufelden (B.-W.) IV 866f

Plaunitz, Günter v. III 393

Plebstein (abgeg.;Ofr.) III 156

Plech (sw.Pegnitz) II 133f; III 41, 112, 139, 209, 249; IV 20, 32, 88, 100, 706, 729, 734, 736, 784f, 985f; VI 90f, 100; VII/2 667, 746

Plech, Hartwig v. II 134

Blechschmidt, Andreas (Pfr Selb) IV 721ff

- Heinr. IV 666, 785, 927, 977

Bleemser, Arnold (Bbg) III 86

Pleibalso, Joh. IV 420, 1012

Pleiberg (Österr.) V 2

Bleiburg (Österr.) III 32; VII/2 66, 127

Bleiburg, Gottschalk v. III 88

Pleichfeld s.u. Ober-, Unter-

Pleichfeld, Konr. v. II 73, 289f

Bleichilberg (FlN.) II 535

Bleidenstadt (Hess.) I 336, 343; VI 517; VII/2 376

- A. s.u. Iko

Bleidner, Konr. (Kulmbach) IV 247, 277, 933

- Ursula (Bbg) VI 67, 71

Bleifeld (FlN.) II 290

Pleinfeld (n.Weißenburg) I 8, 293; IV 559

Pleinfeld, Meinhard v. II 293

Pleißner, Fritz (Bbg) III 570, 572

- Kunig. (-) III 570, 572

Plencklau, Joh. (Pfr Mistelreuth) IV 725

Plenkel, Heinr. IV 428

Blenklein, Andreas (Prie.) VII/2 49, 431

- Franz Andreas (Pfr Lichtenfels) VII 292
- Joseph (Staffelstein) VII/2 225

Plenser (Fam.) III 700

Plessel, Elis. IV 1037

- Hans IV 1037
- Leonhard IV 1037
- Marg. IV 1037
- Pantaleon IV 1037
- Peter IV 1037

Blessing, Elis. III 100f, 215, 217

- Friedr. III 100f, 215, 217, 704
- Heinr. III 529
- Konr. (Generalvikar) IV 1026

Pleßner, Dietrich (Pfr Ölschnitz) III 225, 269, 974

- Joh. (Pottenstein) V 498
- Konr. IV 945

Plesten, Emehart v. II 499

Plettenberg, v. (Fam.) VII 75, 88f, 98

- Gg v. IV 411
- Hederich v. IV 411

Pletzla, Pankratius (Pfr) IV 725, 863, 886

Pletzner, Heinr. (Kan.St.Gangolf) III 571

Pleull, Nikolaus (Trieb) IV 445
Pleußen (nw.Tirschenreuth) III 78
Bleyer, Hans (Rothenkirchen) V 501
Bleymüller, Heinr. (Waischenfeld) V 512
Pleystein (ö.Weiden) III 277; IV 1049
Belz, Anna (Pottenstein) V 504f
Blieningen, Luitfrid v. II 10
Bliessingen, Birthilo v. II 10
Pligger (PN) I 498; II 89, 91, 93
Blindheim (nö.Dillingen) VI 617
Blintendorf (Thür.) IV 386
Plinzeler, Ägidius (Rothenkirchen) V 501
Bloch, Justus (Pfr) IV 865
Plösen (sw.Hof) IV 163
Plofus, Joh. (Pfr) VI 339
Plos, Heinr. (Pfr Staffelstein) IV 698
Plotto, v. (Fam.) VII 96
Blümlein, Joh. (Pfr) IV 983
Plümmer (Fam.) III 714
Blum, Hans (Bbg) VII 294
- Konr. (Pfr Litzendorf) IV 236
Blumenau (n.ident.) III 325
Blumeneck, v. (Fam.) VI 700
- Marg. v. V 518
Blumenrod (ö.Coburg) III 676
Blumenschein, Heinr. (Bbg) IV 230
- Kaspar (Prie.) V 303
Blumenthal, v. (Fam.) VII 28, 39, 268
Blumentrost, Reicholt III 623
Blumler, Konr. IV 869
- Otto IV 295

Blumser, Arnold III 86
Pluntzhart, Joh. (Bbg) IV 307
- Ulr. (Scheßlitz) III 75
- Wolfram II 524
Po (Fl.) I 101, 474; II 42, 76
Bobbio (It.) I 206, 467
Bobene (n.ident.) II 410
Bobengrün (nw.Naila) IV 142
Bobenhausen, v. (Fam.) VII/2 303, 514
- Eberhard v. V 518
- Wolfgang v. (Dh.) V 518
Bobenneukirchen (Sachs.) III 397-400, 679; IV 742
Bober (Fl.) I 111
Pocher, Friedr. (Pfr Erlangen) IV 898f
- Valentin (Kan.Mainz) IV 851; V 18f
Bock, Agnes (Bbg) VI 63
- Friedr. (-) IV 275
- Konr. III 228
Bockelt, Joh. Joseph (Kaplan) VII/2 556
Bockens (PN) II 265f
Bocklein (Straßburg) III 498
Bockler (Fam.) III 44
Bad Bocklet (n.Kissingen) VII/2 596
Bocksberg, Konr. v. II 449, 456, 487, 523; IV 953
- Rupprecht v. II 146
Bockstaller, Gerhaus (Bbg) III 549
- Konr. (-) III 549
Pocksteiner, Joh. VI 99
Bockstorff, Joh. (Pfr Töpen) IV 865

Bocris, Joh. Heinr. (Prof.Bbg) VII 65, 270f

Bodelstadt (nö.Ebern) I 16, 19; II 495, 644

Bodelstadt, Ermbert v. II 498
- Friedr. v. II 644
- Thomas v. IV 918

Boden, Hermann IV 885

Bodendörffer, Leonhard IV 89

Bodendorf (nw.Pegnitz) IV 945

Podenecke, Otto IV 153

Bodenlaube (s.Kissingen) II 597, 614; IV 507

Bodensee II 546; III 83

Podigheim, v. (Fam.) VI 699

Podnek, Konr. (Bbg) III 587

Bodo (PN) I 189, 477f; II 64, 103, 413, 419, 464, 513
- (Gf) I 487; II 47, 63, 276, 373
- (A.Ensdorf) II 532f

Böblingen (B.-W.) I 139; II 9

Pöchnap, Konr. IV 885

Pödeldorf (ö.Bbg) I 487; II 99, 277, 291, 376, 384, 415f, 425, 461, 520f, 550, 561; III 520, 550; IV 110, 131, 265, 643; V 67; VII/2 227

Pödeldorf, Gundeloch v. II 277, 291, 376, 378, 384, 389f, 415f, 419, 424f, 443, 446, 452, 454, 461, 463, 484, 486f, 489, 492, 494, 498, 500f, 513, 515f, 520f, 525f, 529-532, 537, 541f, 547, 549f, 552ff, 561-564, 571, 574, 577f, 582, 588ff
- Hartmann v. II 623
- Pillung v. II 277, 376, 378, 446

- Pippin v. II 66, 69f, 91f, 94, 98f, 277, 376
- Ratloch v. I 487; II 99

Pöding (nw.Passau) III 356

Pödingen, Dietmar v. II 277, 294
- Dietrich v. II 592
- Raboto v. II 277, 294, 418, 454, 521, 547

Bödren, Nikolaus Job v. (Pottenstein) V 503

Böhem, Nikolaus (Prie.) IV 450

Pöhlde (Nds.) I 11, 58, 89, 109, 112ff, 162, 170f, 183, 194, 201, 209f, 219, 344, 358, 360, 373
- A. s.u. Alsker

Böhling, Friedr. (Scheßlitz) III 523

Böhm, Anna VI 53
- Arnold III 644
- Berthold III 644
- Gottfried III 644
- Hermann III 70
- Jutta III 644
- Reinboto III 79
- Wolfram III 644

Böhmen I 7, 16, 18, 23, 32, 37, 70f, 87, 102-105, 110, 173f, 190, 192f, 209, 211, 213, 222, 320f, 451, 475, 490; II 12, 36, 74, 109, 158, 167, 170, 174, 176, 212f, 215, 225f, 271, 278, 286, 298f, 303ff, 316, 343, 373f, 469, 590, 594, 635, 662; III 9, 42, 95, 232, 250f, 277, 280f, 283, 311, 327, 332, 334, 339, 346, 353, 358f, 371, 413, 427f, 440f, 443f, 494, 641f, 680, 727; IV 308; VI 176, 249, 313, 324f, 330, 334, 336, 394, 534, 572, 662; VII 19, 26,

41, 144, 196, 199, 202, 204,266, 272, 306; VII/2 33, 226, 230, 241, 280f, 359, 479
- Hzg s.u. Boleslav; Borsiwoy; Bretislav; Ulr.
- Kg s.u. Gg; Joh.; Theobald
Böhmen, Emma v. I 70f
- Joh. v. III 119, 443f
Böhmer, v. (Fam.) VII/2 561, 567, 591
Böhmerwald (Landschaft) I 2; III 489
Bökenförde (NRW) I 66
Boekhen (Fam.) VI 360
Böll, Chr. (Pfr Gesees) IV 723, 889, 973
- Reyne (Hirschaid) IV 153
Pöllersdorf (nö.Bayreuth) IV 1006
Pölling (nw.Neumarkt/Opf.) II 631
Pöllnitz, v. (Fam.) VI 548f, 564; VII/2 86, 291, 393, 478, 567
- Gottschalk v. III 226
- Hieronymus Chr. v. VI 453, 457f, 462, 467, 510f, 529
- Joh. Chr. v. VI 451
- Karl Anton v. VII 278; VII/2 393f, 420, 485, 491
- Konstantin v. VII/2 393f
- Ludwig Ernst v. (Dompr. Naumburg) VI 524f
- Marquard Karl Christian Anton v. VII 51, 75, 97, 113
- Pankraz v. V 384
- Wilh. Gg v. VII 106
Pölz (w.Kulmbach) IV 783
Pölz, Arnold v. I 487

- Friedr. v. II 488
- Liuzo v. II 461
Bömelberg, Heinr. v. IV 411
Pömer, Heinz (Weismain) III 697
- Hektor (Pr.St.Lorenz/Nbg) IV 674
Boemundus (PN) II 71
Börstel, v. (Fam.) VII 89
Bösenbechhofen (nö.Höchstadt/A.) VI 204
- vgl. Bechhofen
Bösenbirkig (w.Pegnitz) IV 151, 426, 746
Böseneck (sw.Münchberg) IV 75, 783
Pösing (w.Cham) I 88
Pöslasberg (n.Bogen) III 380
Pößenecker (Fam.) VII/2 409
Pötel, Heinr. (Pottenstein) IV 295
Böticher, Ulr. (Prie.) IV 911
Böttinger (Fam.) VI 498, 656; VII/2 241, 255, 293
- Gg VI 206
- Gg Chr. Eberhard VI 663, 676; VII 20, 72, 133, 143, 160, 163f, 182, 243, 246f, 261f, 275f, 279, 308
- Joh. Gg VI 530f
Pötzersdorf (n.Passau) III 380
Pötzlinger, Hans III 378
- Paulus (Pfr Kirchbuchau) IV 863
Bogen, v. (Fam.) I 322
- Adelbert v. II 142, 295, 333, 417, 544, 650
- Askwin v. II 295
- Bertolf v. II 412ff, 417
- Friedr. v. II 304
- Liupold v. I 333

- Prosper v. V 47
Pogenfeld, Bernhard v. II 492
- Ingelmar v. II 492
Bogeslaw I. (Hzg v.Pommern) II 339f, 555ff
- II. (-) II 557
- III. (-) II 557
Pogholtz, Hans (Kan.) IV 758
Bogner (Fam.) III 642; IV 163; VI 597
- Hans IV 808; V 23
- Heinr. III 455
- Kunig. (Auerbach) III 139
Boheler, Heinr. III 198
Bohemund (Eb.Trier) III 277, 747
Pohl, Konr. (Kronach) VII/2 340
Pohrnschlegel, Andreas (Kronach) VI 321
Boineburg, v. (Fam.) VII 36
- Maria Sophia v. VI 711
Poitiers (Frkr.) III 11
Poitou (frz.Landschaft) II 583
Bojendorf (sö.Lichtenfels) II 153; III 540, 545, 666, 708f; IV 70
Pola (n.ident.) II 654
Polandt, Kath. v. V 529
Polckenrod (FlN.) III 660
Polen I 52, 54, 59, 64f, 71, 80, 82-85, 102, 105, 110, 116, 171ff, 175, 190, 192, 195f, 209-215, 218, 220, 222, 283, 313, 423, 485f, 498; II 5, 11-17, 74, 159f, 162f, 166-170, 176-181, 193, 196, 199, 201, 210-215, 235, 249-253, 270, 327, 330, 420, 591, 660; III 332, 497; VI 342; VII 72, 90, 94; VII/2 427, 524

- Kg s.u. August; Boleslav; Stanislaus
- Hzg s.u. Hedwig; Judith; Wladislaus
Polen, Salome v. II 169
Bolence, v. vgl. Pölz, v.
Poler, Konr. III 407
Boleslav (PN) II 14
- I. (Kg v.Polen) I 35, 52, 54, 59, 63ff, 71, 80, 82ff, 86f, 94f, 102f, 105, 110f, 116f, 125, 171, 173, 175f, 178ff, 190ff, 195-198, 200, 208-214, 218, 220-223, 230f, 239, 344
- III. (-) II 159f, 162f, 166ff, 177f, 193, 196, 199, 201, 210-215, 235, 249ff, 270, 327, 330
- IV. (-) II 420
- Rothaar (Hzg v.Böhmen) I 70f
Polgsteti (Landschaft) I 28
Polizlaus (A.Altaich) II 412, 417
Bolko (Richter) III 491
Boller (Fam.) VII/2 364, 375ff, 408
Polliaco, Joh. (Prie.) III 81
Polling (s.Weilheim) I 53, 173
Polock (Weißrußland) I 313
Bologna (It.) I 200; II 306, 313, 433; III 12, 247, 756; V 95; VI 424; VII 221
Polster (Fam.) VII/2 88, 210, 277f
- Gabriel Alois (Büchenbach) VII 205
Polt, Chr. (Prie.) IV 895
Bombell (Fam.) VII/2 478
Bomberg (Fam.) VII/2 172
Pommelsbrunn (ö.Hersbruck) III 428
Pommer (sö.Forchheim) II 144, 332; IV 472

Pommer, Hans IV 482, 961
- Hartmann III 752
- Heinr. III 751f
- Marquard IV 275
- Wolfram II 618

Pommern II 2, 4-7, 14, 51, 55, 101f, 138, 151, 156, 159f, 162-172, 178-182, 206, 209f, 212-215, 226, 229, 231, 233-236, 243, 249ff, 253, 266, 270f, 324, 329f, 338-343, 372, 555ff; III 354, 616; VI 335

- Hzg s.u. Barnym; Bogeslaw

Pommersfelden (sw.Bbg) I 1, 136; III 301, 565; IV 320, 605f, 640, 828; VI 166, 246, 564, 595-598, 635, 642, 655, 660, 664, 667, 682f, 687f, 692-696; VII 14, 19, 23, 25, 35ff, 42f, 54, 65, 69, 74-77, 80ff, 88f, 96-99, 109, 125, 152, 181, 186f, 190-194, 201f, 209, 230, 247f, 250f, 254, 265, 268f, 285; VII/2 421, 478, 505, 511, 590

Pommersfelden, v. s.u. Truchseß v.Pommersfelden

Pommersfelden, Friedr. III 616

Pomposa (It.) II 493

Bona (ON) I 210

Bona (Kard.) VII 253

Bonaparte, Jérôme VII/2 747
- Joseph VII/2 708
- s.u. Napoleon I. (frz.Ks.)

Bonavitus (PN) III 84

Pondorf (abgeg.;Ofr.) IV 94

Ponholz (ö.Passau) III 380

Bonifatius (Hl.) I 8f, 17-20, 32, 187, 224, 245, 409; II 63, 477

- VIII. (Papst) III 83, 233, 328, 410; IV 309
- IX. (-) III 415, 441, 446, 454, 456, 472, 484, 499, 502, 505, 510f, 513, 696, 726, 728ff; IV 23, 26, 53, 68, 239f, 951
- (Mönch Michelsberg) VI 410

Bonin (Fam.) VII/2 283

Bonitho (B.Sutri) I 424ff, 432, 440, 448, 463

Bonius (Pfr Höchstadt/A.) VI 95

Bonland, Werner v. II 528

Bonn (NRW) VII 281

Bonnisius, Franz (Kard.) VI 514

Bono, Petrus de (Kard.) II 521

Pont de Sorgue (Frkr.) III 200, 341, 344

Pontagrau (Österr.) III 381

Pontelungo (It.) I 100

Ponte Mammolo (It.) II 75

Pontius (A.Cluny) II 117, 125

Boos, v. (Fam.) VII 14, 25; VII/2 294f, 325, 352f

Bopfingen (B.-W.) VII/2 715

Bopfinger, Heinr. III 492

Bopmann, Niclas (Prie.) IV 953

Popp, Albrecht IV 562
- Hans IV 639
- Joh. (Prie.) IV 394, 985f
- Joh. Anton VI 74, 77f, 144, 155ff, 160ff, 198
- Joh. Michael (Dek.St.Jakob) VII/2 54
- Kath. (Bbg) VI 63
- Konr. (Kronach) IV 617
- Peter IV 392

Boppa, Hermann II 499

Boppard (Rh.-Pf.) I 112, 153, 161; II 380; IV 4, 65; VI 411

Poppenbrunn (FlN.) IV 133

Poppendorf (n.Bbg) III 639; VII 205

Poppendorf (sw.Forchheim) IV 146f; V 57; VII/2 230

Poppendorf (nw.Pegnitz) II 561, 563; IV 296, 869, 871; V 303, 406; VI 87, 99; VII 109f, 141f; VII/2 531

Poppendorf, Adelheid v. IV 11
- Otto v. IV 11
- Weinher v. II 563

Poppengrün (w.Hof) IV 783

Poppenhausen (nw.Schweinfurt) III 393

Poppenhausen (B.-W.) IV 507

Poppenhof (nw.Kronach) VI 261

Poppenlauer (ö.Kissingen) VI 164

Poppenreuth (FlN.) IV 82, 295f

Poppenreuth (Stadtt.Fürth) III 530, 719, 722-726, 729; IV 82, 215, 474, 500, 784, 793

Poppenreuth (sw.Hof) II 620

Poppenreuth (n.ident.) II 144

Poppo (PN) I 28, 333, 496, 498; II 58, 60f, 66, 68, 93, 96, 98f, 103f, 139, 289, 383f, 486, 578, 618
- (Patriarch v.Aquileja) I 243, 253
- (Eb.Trier) I 45, 154, 159, 216, 221, 223, 231, 233, 236, 238, 242, 246, 267, 346, 493
- (B.Brixen) I 361
- (B.Paderborn) I 375ff, 378f, 382, 391, 413, 432, 436ff, 456, 494
- I. (B.Wbg) I 19, 25, 331

- II. (-) I 23, 25
- (Hzg d.Thüringer) I 29f
- (Gf) I 246; II 96, 152f, 323, 385, 614
- (A.Altaich) II 650
- (A.Lorsch u.Fulda) I 165, 197, 227, 231
- (A.Mönchröden) III 694
- (A.Stablo) I 268, 280
- (Dh.) I 413, 477, 486, 494; II 112, 533, 547f, 551, 562-565, 569, 572, 577, 580, 588, 596, 598, 605, 607, 609f, 613, 615, 619, 636, 639f, 645, 648
- (Kan.St.Gangolf) III 129
- (Kan.St.Jakob) II 52, 56
- (Kantor Wbg) II 335
- (Hof) III 76

Boppo, Hermann II 499

Popponen (Fam.) I 31
- vgl. Babenberg, v.; Schweinfurt, v.

Borbath (ö.Neustadt/A.) II 483, 522

Porcel, Heinr. II 634

Porchaner (Fam.) III 539

Bordeaux (Frkr.) VII/2 608

Pordenone (It.) II 654; III 170

Porec (Kroatien) II 654

Porer (Fam.) III 626

Borghese (Fam.) V 351, 387, 399, 403, 425, 437; VI 59

Borgius, Joh. (Rom) V 314, 316f, 327, 347f, 350f, 367, 413, 415, 421, 423-428

Borie, v. (Fam.) VII/2 484, 490

Borisen (PN) I 112

Boritz (Sachs.) I 102

Bork, v. (Fam.) VII/2 609
Porler, Augustin (Jesuit) VI 568
Pormuntpeunt (FlN.) III 731
Born, Heinr. v. (Kan.St.Stephan) III 343, 364
- Wilh. v. III 343
Pornschlegel, Otto (Bbg) V 262, 408f
Pors, Irmgard (Bbg) III 60
- Walter (-) III 60
Borsiwoy II. (Hzg v.Böhmen) II 36, 74
- (böhm.Rat) III 492, 494
- vgl. Swinar, v.
Borsybo (PN) III 496f
Port, Dorl (Zeil) VI 67
Porta, Konr. v. II 661
- Otto v. II 661
Portner v.Theuring, Joh. Albrecht VI 465
Porto (It.) I 150, 243, 473; II 593; III 5
- B. s.u. Benedikt; Berengar; Joh.
Portsmouth (GB) VII/2 498
Portugal VII/2 397
Borzias (B.Feltre) III 184
Porzia, Alfons v. V 325
- Hieronymus v. V 267, 287, 299, 312, 314, 325
Posch, Joh. (Bbg) IV 858
Bosecker, Pankraz (Kronach) V 326
Bosen, Chr. Dietrich VI 531
- Karl VI 523
- Sophia VI 523, 525
Posen (Polen) I 111, 116; II 177, 214, 420
- B. s.u. Vungerus

Boser, Andreas (Domvikar) VII/2 338f
- Peter (Tiefenlesau) VII/2 244
Boso (Mgf Toskana) I 464
- (Notar) II 477
Boß v.Flachslanden, Konr. IV 513, 540
Bosse, Anton (Stukkator) VII 298
Posseck (n.Kronach) II 526, 577; III 80, 368; IV 617, 736; V 228, 406, 410; VI 194, 665; VII/2 326, 555f
Posseck (Sachs.) III 222; IV 386
Posseck, Heinz (Oberndorf) IV 1005
Possenfelden (nw.Höchstadt/A.) VI 444
Poßler, Andreas (Bbg) VI 35
- Kaspar (-) VI 35
- Otto (Volsbach) IV 115
Postaler, Heinr. (Michelfeld) III 642; IV 44
Bostart, Adam (Pfr Teuschnitz) V 488
- Hans (Ludwigsstadt) IV 963
Postbauer-Heng (nw.Neumarkt/Opf.) III 735, 737f
Botenlauben, Otto v. II 594, 614
Bothfeld (Sa.-Anh.) I 369
Potschmann, Otto (Bbg) III 58, 552, 582ff
Potsdam (Brandenbg) VI 529
Bottenbach (sö.Neustadt/A.) II 478
Bottenhorn, Konr. (Hallstadt) VI 37
Pottenstein (w.Pegnitz) I 23, 319, 322, 478; II 47, 63, 87f, 118, 132, 144, 272, 276, 318, 373, 417, 438, 490, 540, 563, 610, 659; III

114, 124, 344f, 379, 627, 704f;
IV 19f, 27, 30, 82, 117, 179, 216,
243, 272, 294f, 319, 331, 356,
394, 429, 471, 509, 580, 584,
612, 639, 645, 655, 707, 783,
823, 865, 1044; V 11, 67, 139,
165, 185, 213, 228, 231, 241,
275, 406, 439, 492ff, 498, 504,
506, 509; VI 22, 82, 87f, 153,
165, 178, 185f, 197, 201ff, 208,
216f, 225, 227, 231, 233f, 236ff,
250, 252ff, 275f, 285, 287, 303,
331, 341ff, 348, 356, 360, 381,
397, 440, 541, 555, 654; VII 40,
89, 110, 113, 141f, 231, 286f;
VII/2 43, 47, 54, 337, 404, 502,
529, 531, 666f

Pottenstein, Bruno v. II 561f

- Egilolf v. II 561f

- Erkenbert v. s.u. Truchseß

- Friedr. v. II 561f; III 44

- Heinr. v. II 622f

- Hermann v. II 561f

- Konr. v. III 1

- Raboto v. II 417

- Wezilo v. II 64

Pottensteiner (Fam.) III 592

- Eberhard III 213

- Eckebrecht III 213

- Elis. III 213

- Friedr. IV 945

- Gottfried III 213

- Heinr. (Kan.St.Stephan) III 527, 586, 595f

- Kath. III 213

- Konr. III 311

- Ludwig III 213

- Walter III 40

Pottu, Joh. Laurentius (Kronach) VI 549, 607, 619

- Nikolaus VI 619, 674

Potz (Fam.) III 298

Botzler, Michael IV 613, 810

Potzlinger, Konr. (Creußen) IV 666

Boucquoi, Carl Albert v. VI 158, 169

Bourguignon, Franz (Wien) VII/2 176

Bournival, v. (Fam.) VI 358

Bouso (Domdekan) I 333, 494

Boveri, Joh. Caspar Franz (Büchenbach) VII/2 87

Boxberg (B.-W.) IV 416

Boxberger, Ignatius (Bbg) VII 265

- Joh. Jakob (Kan.St.Gangolf) VII/2 50, 275ff, 286, 389

- Sebastian VI 417

Boxbrunn (s.Höchstadt/A.) IV 783

Boxdorf (ö.Neustadt/Waldnaab) II 111

Boxdorf (n.Nbg) III 750, 752; IV 940; VII/2 357

Poxdorf (ö.Bbg) III 375

Poxdorf (s.Forchheim) III 71, 165; VII/2 214

Poxreuth (sw.Freyung) IV 873, 875

Poxstall (nö.Forchheim) VI 86

Bozen (It.) III 313

Bozen, Anshelm (Kan.Padua) III 336

Pozenreut (FlN.) III 216

Bozik (PN) II 299

Pozzo, Andreas (Jesuit) VI 550, 635

Brabant (Landsch.) III 414; VI 599

Bracciano (It.) V 403

Bracher, Konr. (Dressendorf) I 223

Brachiuti, Joh. I 466

Brachstein, Heinr. v. II 618

- Hermann v. II 618

- Sigemar v. II 618

Prackendorf (s.Oberviechtach) III 242

Brackenlohr, Anna v. VI 698

Prächting (s.Staffelstein) I 18; III 587, 596, 601; IV 65, 176, 402; V 65; VI 127; VII 100; VII/2 27

Prächting, Witichint v. II 382

Präg, Wolf (Pfaffenhofen) V 488

Prätorius, Joh. Nikolaus (schwed. Kaplan) VI 256

Bräuningshof (n.Erlangen) II 138; III 141, 698f; IV 795f, 898; V 473

Prag (Tschechien) I 71, 103f, 119, 475; II 123, 176, 214, 298f, 301, 303, 430; III 2, 112, 120, 205ff, 219, 230, 256f, 273, 276ff, 288, 292, 294, 313f, 316, 330, 333f, 338, 342ff, 349, 359, 376, 387, 410, 415ff, 430, 434f, 437, 439, 441, 443, 487, 489ff, 501, 516, 538, 576, 635, 641, 691, 723ff, 746, 757; IV 367; V 115; VI 142, 274, 303, 325, 332f, 336f, 383, 393f, 415, 432, 490; VII 202, 231, 266, 272; VII/2 211, 438, 464, 673

- B. s.u. Adalbert; Anton Petrus; Daniel; Ekkehard; Hartwig; Hermann; Hizo; Joh.; Meinhard; Severus; Thiedo

Braga (Portugal) II 122f

- B. s.u. Burdinus (Moritz)

Prager, Adelheid (Regensburg) II 628

- Jobst (Nbg) V 470; VI 133, 425

- Leopold (Regensburg) II 628

Braittenprasser (Fam.) IV 647

Brakel, Joh. v. III 608

Bramann, Nikolaus (Pfr Nedensdorf) IV 1011

Bramberg, Hermann v. II 65, 153, 315, 505, 525, 528f

- Stephan v. II 153, 452

Branca, Chr. Gg (Kan.St.Jakob) VII/2 277, 286, 389, 398, 424, 448, 506, 511

Brand (ö.Erlangen) VI 153, 253

Brand, v. (Fam.) VII/2 334

- Chr. Meinrich v. V 323

- Joh. Adolf VII 171

Branda di Castiglione (Kard.) IV 186

Brandenburg (Markgrafschaft) I 94, 102, 165, 189f, 331, 343, 446, 467; II 662; III 144, 231, 276, 283, 330, 339, 343, 353; V 8ff, 34, 37, 246; VI 136f, 335, 387, 392, 396, 400, 482, 494, 612f, 640

- Mgf s.u. Albrecht d.Bär; Hohenzollern, v.

Brandenburg (Brandenbg) I 174

- B. s.u. Thiedo

Brandenburg-Ansbach (Markgraftum) IV 308; VI 20, 28, 143, 372, 378, 400f, 450, 452, 547, 554, 581, 623f, 628, 640f, 646, 654f, 657f, 663, 667, 670, 681; VII 6, 77, 79, 90, 92, 135, 204, 246, 248, 281, 284; VII/2 2, 19, 35-38, 49, 57, 87f, 111, 139, 170f, 198, 204, 210, 212, 226, 257, 293, 335, 359f, 490, 496ff, 506,

523, 573-576, 589, 607f, 610, 663, 677-682, 737, 746
- Mgf s.u. Albrecht; Christian; Carl Wilh. Friedr.; Gg Friedr.; Karl Alexander

Brandenburg-Bayreuth-Kulmbach (Markgraftum) VI 148, 401, 457, 558, 604, 607, 675, 680; VII 46, 48, 53, 78, 80f, 91f, 132, 201, 204, 250, 266, 269, 284, 289; VII/2 33, 42, 139, 184, 198, 213f, 242f, 273, 291, 310, 324, 326, 360, 416, 497f, 510, 519, 544, 546, 550, 567, 572, 612, 666, 746f
- Mgf s.u. Albrecht Achilles; Albrecht Alkibiades; Christian; Christian Ernst; Christian Friedr.; Friedr.; Gg Albrecht; Gg Wilh.; Karl Alexander

Brandenburger, Hans (Pfr Bayreuth) IV 872

Brandenstein, v. (Fam.) VII 62
- Albrecht v. IV 399; V 511
- Chr. v. V 213
- Eberhard v. IV 399
- Ernst v. IV 516, 564
- Ewold v. IV 771
- Gg v. IV 399
- Günther v. IV 399, 412
- Joh. Veit v. V 377, 423, 526, 531
- Konr. v. IV 23, 73f
- Maria v. V 511
- Osanna v. IV 334
- Otto v. III 356; IV 23, 192
- Paris v. IV 516, 560, 597, 657
- Wilh. v. IV 399

Brandis, s.u. Heinr. (A.Einsiedeln)

Brandner, Paulus (Wunsiedel) IV 997, 1028f
- Thomas IV 1034

Brandstein (nw.Hof) III 221, 393

Brandt (n.ident.) IV 753; VII 41

Brandt (Fam.) V 454
- Barb. (Zeil) VI 46ff
- Friederika Magdalena Sophie v. VII/2 41
- Hans Sebastian v. VI 176, 192
- Joh. v. IV 484
- Joh. (Rattelsdorf) VI 180, 331

Branquinus (Eb.Mailand) III 723

Brantel, s.u. Friedr. (A.Ensdorf)

Branthog (A.Fulda) I 197, 269f, 342
- vgl. Bronthag

Prappach (nö.Haßfurt) II 474f; III 443

Braschi-Onesti, Romuald (Kard.) VII/2 651, 658

Praßberg, v. (Fam.) VI 700
- Veronica v. VI 697

Pratale (It.) I 247

Bratenbach, Gg v. IV 758

Bratengeyer, Heinz III 616
- N. (Pfr Henfenfeld) IV 719
- Syfrid IV 128

Pratingen (n.ident.) III 380

Bratislava (Slowakei) II 50; VI 116, 394; VII/2 741

Pratpachersgereut (FlN.) III 553

Pratzing (n.ident.) III 380

Braubart, Felicitas (Bbg) III 294

Brauersdorf (n.Kronach) III 368, 647, 690; VI 118, 194

Braun (Fam.) VI 16f, 19, 51, 56, 80, 97, 121, 129, 138
- Agnes (Bbg) III 572
- Andreas IV 908; VI 62
- Anton (Ingolstadt) IV 697
- Asmus (Forchheim) V 275
- Barb. (Zeil) VI 62
- Bartholomäus VI 49, 58, 62, 67
- Erasmus V 506
- Hans IV 461, 483, 511, 539, 653, 762,; VI 61f
- Heinr. III 544; IV 894, 954; VI 36
- Hermann III 572
- Ingram (Bbg) IV 70
- Joh. (Kan.St.Jakob) VI 474, 476
- Konr. IV 743
- Kunig. VI 36
- Marg. VI 79
- Martin IV 859
- Markus IV 860
- Michael IV 322
- Moritz IV 446
- Nikolaus IV 921
- Paul V 451; VI 79
- Sebastian VI 48

Braun v.Querfurt (Fam.) III 434; IV 329

Braunau am Inn (Österr.) I 146; II 254f

Brauneck (B.-W.) III 164, 194, 250, 439, 529, 703, 753, 757

Brauneck, v. (Fam.) III 164f, 379, 435, 438f
- Agnes v. II 208
- Andreas v. (Dh.) III 159
- Anna v. III 438f
- Elis. v. II 652
- Emcho v. (Dh.) III 105f
- Gottfried v. III 71, 95, 97f, 110, 140f, 169, 183f, 212, 266, 379, 437
- Konr. v. III 437ff
- Marg. v. III 438f
- Ulr. v. III 169, 250f

Braunersgrün (nö.Wunsiedel) IV 1029f

Braunersreuth (nö.Kulmbach) IV 479

Braunrot, Gertraud (Bbg) III 620
- Walter (-) III 620

Braunsbach (Stadtt.Fürth) III 714; VII/2 357

Braunsbach, Otto v. III 445, 714

Braunsberg (sw.Eggenfelden) I 181

Braunschweig (Nds.) III 340, 426; VI 116, 390; VII 200, 304
- Hzg s.u. Erich; Ernst August; Ferdinand; Heinr.; Karl Victor; Ph. Magnus; Wilh.

Braunschweig, v. (Fam.) VI 335, 494
- Ekbert v. II 17
- Ernst v. III 340
- Irmingard v. II 17

Braunschweig-Lüneburg (Herzogtum) II 658; VII/2 498, 716
- Hzg s.u. August

Braunschwig-Wolfenbüttel (Herzogtum) V 10, 46; VI 452, 558; VII 200
- Hzg s.u. August

Braunward (PN) II 52, 58, 60, 66, 68, 476, 542, 611, 618; III 68, 626

- (Bbg) II 384, 622, 636, 638, 640
- (Dek.St.Jakob) III 554, 593
- (Langheim) III 684
- (Oberhaid) II 57f

Braunward (Fam.) III 146, 171, 582
- Amman III 558
- Joh. IV 154
- Stephan IV 154

Prauscher, Jakob (Pfr Westheim) IV 1008

Prauser (Fam.) III 691

Brawe, v. (Fam.) VII 189

Praxedis (Hl.) III 640, 654
- (Ksin) I 479ff

Brazenmule (PN) II 145

Brecenstorf (abgeg.;Ofr.) II 410, 525

Brechilenheim (n.ident.) II 370f

Brechtel, Engelhart (Weidensees) IV 338
- Ulr. (Prie.) IV 342

Brechtlein (Fam.) III 286
- Albrecht III 632
- Joh. (Strullendorf) V 484
- Kath. III 632
- Pankraz (Breitengüßbach) IV 641

Breckendorf (abgeg.;Ofr.) III 660

Prediger, Peter III 725

Bregenz, Rudolf v. II 438

Pregler (Fam.) VII/2 609
- Joh. Nepomuk Adam Kilian (Kan. St.Stephan) VII/2 525
- Konr. IV 84

Pregradt, Megenhalm v. II 488

Prehaim, Kath. VI 67

Brehler, Jakob VII 180

Brehm, Hans (Bbg) VI 38
- Kath. (-) VI 60, 66
- Lukas (-) VII/2 14

Preil, Jakob (Klagenfurt) VI 160

Brein, Gg VI 66

Breisach (B.-W.) VI 673; VII 182; VII/2 709

Breisgau (Landsch.) I 101f, 138, 164; II 407, 655; VII/2 708

Breitbach (sö.Gerolzhofen) III 420, 692, 694

Breitbrunn (sw.Ebern) II 99; III 587, 590; IV 317

Breitenbach (Stadtt.Ebermannstadt) III 307, 390, 541; IV 611, 745

Breitenbach (nw.Ebern) II 483; III 693

Breitenbach, v. (Fam.) VI 698, 701; VII/2 604, 630
- s.u. Emmerich Joseph v. (Eb.Mainz, B.Worms)
- Gerach v. III 208
- Gerung v. II 402, 464f, 497
- Rumolt v. II 402, 464, 496f
- vgl. Strauf, v.

Breitenberg (n.ident.) VI 432

Breiteneben (nö.Kulmbach) VI 600

Breitenegg, Werner v. (Dh.) III 125, 142, 157, 159, 756

Breitenfeld (Sachs.) VI 160

Breitengüßbach (n.Bbg) I 136; II 58, 522, 607; III 62, 129, 254, 572, 615; IV 119, 127f, 158, 265, 340, 442, 641; VI 45, 153, 185, 219, 264, 292, 393, 586, 618, 675; VII/2 354, 567

Breitengüßbach, v. s.u. Gußbach, v.

Breitenlesau (nö.Ebermannstadt) III 50; IV 491

Breitenreuth (nö.Kulmbach) VI 484, 710

Breitensee (nö.Königshofen/Gr.) IV 383; VI 492, 506

Breitenstein (nw.Sulzbach-Rosenberg) III 344, 429

Breitenstein, v. (Fam.) VI 702
- Adam v. (Dh.) V 520, 523
- Eberhard v. (Kan.St.Jakob) III 159
- Hans v. V 67
- Joachim v. IV 795
- Kath. v. V 68
- Konr. v. (Dh.; Kan.St.Jakob) III 36, 105, 146, 288, 553ff, 609f, 616, 665, 755
- Konr. v. (Kan.St.Stephan) III 128, 755
- Werntho v. III 326

Breitenwang (Österr.) II 313

Breitenwiesen (FlN.) I 330

Breitloh (FlN.) III 708

Breitlon, v. (Fam.) VII/2 78

Breitstill, Joh. (Domprediger) IV 535

Breitungen (Thür.) III 454f

Prell, Joh. (Pfr Weißenstadt) IV 722

Brem, Fritz (Arnstein) IV 235

Prem (A.Fulda) IV 362

Premberg (s.Schwandorf) I 8, 29

Bremen I 63, 108, 182, 195, 347f, 353, 378f, 408; II 28, 156, 281, 587; VI 25, 136, 334, 434
- Eb. s.u. Adalbert; Adam; Herting; Hermann; Hubert; Libentius; Liemar

Bremer, Hans (Bbg) VI 29
- Helena (-) VI 67, 71

Premersdorf (abgeg.;Ofr.) III 368

Premeusel (nö.Kulmbach) VI 546, 600

Bremminc (PN) I 330

Bremser v.Rüdesheim (Fam.) VI 714

Bremus, Franciscus IV 351

Brende, Martin v. (Dh.Wbg) IV 550

Brendel, Hilbrand (Kan.) III 724
- Joh. VI 87
- Michael V 22

Brendel v.Homburg (Fam.) VI 704f, 707, 710, 713
- Elis. V 518

Brendiß (Prof.) VII/2 571

Prennberger, Ulr. (Kan.Herrieden) III 732

Brenner (Alpenpaß) I 252; II 313, 430, 662

Brenner, Hans VI 243
- Konr. (Prie.) IV 740
- Martin V 228
- Sigmund IV 607
- Simon IV 573

Brennersgrün (Thür.) II 531

Prenreut, Gerwich v. II 485
- Volnand v. II 485

Brent, Eyring v. III 2
- Hermann v. III 2
- Joh. v. (Pfr Ebern) III 675

Brenta (Fl.) I 73, 97f

Brentin, Günther v. II 497

Prentle, Heinr. (Kan.) IV 858

Brenzen, Joh. Wilh. (Wiesentheid) VI 506

Brescia (It.) I 72, 98, 467; II 274, 415f, 431f, 436; VI 73, 80, 123
- B. s.u. Adalbert; Kuno
Brescia, Arnold v. II 318
Breslau (Polen) I 222, 405; II 177, 214, 637; III 84, 276, 415, 441, 455; VI 653; VII 244
- B. s.u. Schaffgotsch, v.
Pressath (ö.Eschenbach/Opf.) III 112, 755
Preßburg s.u. Bratislava
Presseck (nö.Kulmbach) III 292; IV 117, 199; VI 92, 126f, 337, 339, 398, 546, 600; VII/2 326, 556
Pressel, Elis. (Büchenbach) III 752
Preßler, Ottilia (Zeil) VI 66
Bresson, Joh. Kaspar (Kan. St. Stephan) VII/2 28, 35, 39
- M. Andreas VI 561
Pretensteiner (Fam.) III 652
Breter, Kunig. (Bbg) III 696
- Peter (-) III 696
- Rüdiger (-) III 554
Bretislav (PN) II 14
- (Hzg v.Böhmen) II 299
Pretlack, v. (Fam.) VI 96
Bretschneider, Lukas V 94
Pretzdorf (w.Höchstadt/A.) II 410, 525
Pretzfeld (nö.Forchheim) I 15; II 392f, 469, 480, 542; III 41, 56, 245f, 271, 323, 419, 482, 541f, 545, 562, 564, 570f, 632, 731f; IV 137, 278, 327, 353, 472, 489f, 492, 784; V 416, 419, 424, 431, 477, 509f; VI 86, 115, 120, 135, 150, 170, 181, 233, 237, 246, 249, 326, 356, 373; VII 112, 115, 231, 287f; VII/2 44, 288-294, 381, 529, 532f, 563

Pretzfeld, Ebo v. II 563
- Hademar v. II 536, 562
- Konr. v. II 536, 542, 562
Breuberg (Hess.) III 351, 410; IV 45; VI 148
Breue, Marg. III 547
- Otto III 547
Preumbder v.Bruck, Joh. Ph. VI 550
- Verona Philippa VI 550
Breunig, Joh. (Pfr Frankfurt/M.) VI 707
- Ullinus IV 157
Breunl, Gg (Pfr Thuisbrunn) IV 999
Breunlein, Franz (Kulmbach) IV 88
Preuschwitz, Arnold v. II 378
- Eberhard v. II 378
Preuß, Andreas (Rügendorf) V 107
- Gg IV 878; VI 231
- Heinr. (Voitsberg) III 398
- Joh. (Arzberg) IV 866
- Martin (Pfr Stöckach) V 75
- Sebald IV 346
- Walter (Höchstadt/A.) III 703
Preußen I 176, 178-181; II 162, 166f; IV 711; VI 302, 613, 673; VII 67, 72, 136f, 202, 204, 266, 299, 308f; VII/2 137, 181, 197, 199, 209-220, 225-236, 240-244, 250, 252f, 258, 261, 263, 270, 278-285, 296, 300, 302, 306, 336, 407, 451, 470, 506, 546, 567, 603, 607f, 610, 615-618, 622, 631, 660-663, 673f, 677-681, 687, 699, 730, 737, 741, 746f

- Kg s.u. Hohenzollern, v.
Preußlinger, Wolfgang (Mistelgau) IV 973
Preutmann, Heinr. (Etlaswind) III 34
Brevior, Wigand (Dh.) III 459
Prevostius, Guido Ascanius (Rom) V 223, 371
Prewein, Adelheid (Bbg) III 60
- Purklein (-) III 60
Breyer (Fam:) VII 96, 98, 186
Breyll, Caspar (Weihb.Bbg) IV 391, 1043
Preysig, Heinr. (Dominikaner) VII/2 432
Preysing, v. (Fam.) VII/2 591
- Hans v. IV 34
Briccius (Hl.) I 187
Prichowsky, s.u. Anton Petrus (Eb. Prag)
Prichsenstadt (s.Gerolzhofen) V 36; VI 361
Brickard, Servatius VII 214
Priegendorf (nw.Bbg) VI 517
Priemershof (Stadtt.Kulmbach) III 176; IV 950
Priesendorf (w.Bbg) V 306; VI 628
Priester, Albrecht (Gleindt) III 679
- Marg. (-) III 679
Brigitta v.Schweden (Hl.) III 744; VII/2 659
- (Ä.Andlau) I 41, 102
- Seberin (Ä.Schlüsselau) III 66, 756; IV 846
Primatsch, Heinr. III 223, 704
Primissel (Fam.) III 274, 378f, 408, 480, 491

Brimus (PN) III 84
Brindisi (It.) I 400; II 620
Brinken, Joh. v. den VI 275
Prisening, Otto Kraft v. VI 574
Brixen (It.) I 96f, 243, 371, 464-486; II 120, 634; III 74, 82, 84, 155, 313, 343, 557, 754; VI 405; VII/2 715
- B. s.u. Adalbero; Altwin
Probst, Heinr. (Domvikar) III 76, 199
- Konr. (-) III 583
- Jakob IV 884
- Rüdiger II 616
Probus (Hl.) I 417
Brockard (Fam.) VII/2 189
- Aloys (Jesuit) VII/2 398f
- Edmund (Bbg) VII/2 286, 398, 448, 450f, 57
- Gabriel Aloisius (Pfr. Nordhalben) VII/2 555
- s.u. Gallus (A.Michelsberg)
- Maria Anna VII/2 472
Brockdorff, v. (Fam.) VII/2 421, 505, 610
Brodbacker, Konr. (Bbg) III 599
Brodswinden (sö.Ansbach) IV 740
Prögel, Hans IV 549
- Konr. (Wernsdorf) III 551
- Peter IV 549
Prölsdorf (sö.Haßfurt) II 10, 67, 99; V 341; VI 444, 521; VII 50; VII/2 40
Prölsdorf, Engelmar v. II 67
Pröstler, Joh. Gg (Bbg) VII 161, 233, 276; VII/2 87, 95, 97, 101
Prötschl, Erhard (Regensburg) IV 1027f

Prokop v.Mähren (Mgf) IV 33
- (Hussit) IV 216
Broner, Hans (Lindenhardt) IV 627
Bronn (sw.Pegnitz) I 6, 367; III 278; IV 33, 99f, 386, 433, 734, 736, 784; VI 87, 154, 275, 343, 477
Bronnamberg (sw.Fürth) III 705
Bronnbach (B.-W.) II 528, 614; III 41; V 285; VII/2 526
Bronnholzheim (B.-W.) IV 629
Bronnsarth, Wolf Sebastian v. VI 450
Bronthag (B.Halberstadt) I 197, 269f, 342
- vgl. Branthog
Proschell, Heinr. (Pfr Lichtenberg) IV 683
Prosselsheim (nö.Wbg) I 11, 26; II 506, 508, 527
Prosselsheim, Hartmut v. II 508
- Wolfram v. II 509, 527
Proßl, Werner (Schwarzenbach/S.) IV 995
Brotman, Götz (Pilgramsreuth) IV 985
Protzer, Heinr. (Nördlingen) III 725
Prow, Konr. (Bbg) III 127
Brown (Fam.) VII/2 211
Brozze, Gottfried v. II 515
Bruay, v. (Fam.) VI 361
Bruchsal (B.-W.) I 67f, 74; III 381; VII 90, 226; VII/2 301, 374, 385, 388, 582
Bruck (Stadtt.Erlangen) II 381; III 98, 175, 444; IV 214, 367, 549, 738, 891, 901, 978
Bruck (nw.Hof) III 221; IV 736
Bruck in der Oberpfalz (sö.Schwandorf) II 373

Brucker (Fam.) VI 36; VII/2 654
- Friedr. IV 419, 872, 1025
- Hans Jakob (Kronach) VI 315ff, 351
- Joh. (Pfr Bayreuth) IV 682, 722, 926
- Nikolaus (Stiftsberg) IV 214
Bruckhaus, Adolf (Kan.St.Gangolf) VII/2 228
Brücklein (sö.Kulmbach) III 662
Brückner, Joh. (Notar) V 483
- Konr. (Prie.) IV 883, 1003
- Paulus (Bbg) V 120, 179, 189, 237, 252, 278, 361, 379, 470, 497
- Wolfgang (Dek.Spital a.Pyhrn) V 21
Brüderlein, Barb. V 486
- Dorothea V 486
- Joh. V 486
Prüfening (Stadtt.Regensburg) I 47; II 6, 8, 64, 111, 125, 139-143, 145, 148f, 181, 187, 192, 197, 205, 207, 210f, 214, 223, 226f, 229, 231f, 262, 268, 275, 306, 317, 332f, 337f, 373f, 379ff, 413f, 416ff, 420, 457, 470, 485f, 521f, 532, 543f, 574, 576, 620, 628f; III 262, 274f; IV 227, 236, 279, 325, 351, 422, 743f; V 69, 139; VI 255f
- A. s.u. David; Erbo; Erminold; Friedr.; Gg; Hartmann; Heinr.; Joh.; Martin; Michael; Otto; Romanus; Rüdiger; Ulr.
Prügel (sö.Lichtenfels) III 690; VI 128; VII/2 13f, 210
Prül (FlN.) II 335
Prüllsbirkig (nw.Pegnitz) IV 185; VI 152, 331; VII/2 336

Prüm (Rh.-Pf.) I 25, 29f, 114, 219, 247; III 498
- A. s.u. Bruno; Regino
Prümer (Fam.) VII/2 523, 525
Brünnberg (nw.Pegnitz) IV 156, 425, 875; VII 167
Brünnstadt (w.Gerolzhofen) I 266; II 288, 512
Brünst (sw.Ansbach) IV 740
Brüssel (Belgien) I 322; V 8; VI 93; VII/2 662
Brütting, Hans V 139; VI 185
Bruhusen, Arnold v. II 541, 561f, 574
Bruis, Petrus de II 318
Brummer, Hans (Ludwigsstadt) IV 963
Brumpt (ON) I 265
Brun (Gf) I 172
- vgl. Bruno
Brunbard (PN) III 611
Bruncio (PN) I 112
Bruneck (It.) III 155
Bruneck, Konr. v. III 11
Pruner (Fam.) IV 193
Prunes, Hans IV 443; VI 47
Brunhard (PN) I 277
Bruning (Gf) I 226
Brunis, Heinr. v. II 492
Brunn (n.Ebermannstadt) II 56, 474, 612; II 25, 173, 293, 449, 531; VI 398, 573, 644
Brunn, v. (Fam.) III 343
- Adalbert v. II 275
- Alben v. II 112, 275
- Babo v. II 59
- Giselher v. II 564

- Heinr. v. II 634
- Hermann v. III 45
- Herold v. II 106
- s.u. Lampert v. (B.Bbg)
- Werner v. II 275
Brunnau (ö.Roth) III 326
Brunnbach (abgeg.;Ofr.) II 528, 614
Brunnen (sö.Augsburg) II 505, 511, 524
Brunner, Eberhard III 311
- Heinr. III 311; IV 990
- Joh. IV 1023; VI 537
- Konr. (Creußen) IV 945
- Matthäus (Bbg) V 331, 436
- Michael (Prie.) IV 863, 895
- Valentin VI 550
Brunnqualer (PN) III 286
Bruno (PN) I 330, 436, 440, 469, 477, 480, 486f, 489; II 58, 65, 67, 287, 576
- II. v.Berg (Eb.Köln) II 303, 308, 312f
- (Eb.Trier) II 28, 38, 46, 49, 75f, 81, 122
- (B.Augsburg) I 354, 41, 82, 84, 87, 95f, 114f, 126, 128ff, 166, 176, 198, 271, 280, 298, 308f, 336, 341f, 344; II 459
- (B.Merseburg) I 343
- (B.Segni) II 119
- (B.Speyer) II 79, 81, 121, 127, 130
- (B.Straßburg) II 62, 116, 131, 283, 301, 326, 373, 375, 378, 386, 389-392, 398, 400, 403, 407, 413, 421f, 424f, 441, 446, 459, 461, 495f
- (B.Toul) I 361

- (B.Verona) I 446, 467
- (B.Würzburg) I 347f, 355
- (A.Corvey) I 225
- (A.Prüm u.Reichenau) I 114
- (Pfr. Kirchehrenbach) II 553
- (Pr.Stift Haug/Wbg) II 287
- vgl. Brun

Brunonis, Hanko III 413
Brunstner, Jacob IV 10
Pruppach (n.Roth) III 288
Brusteberg, Ebo v. II 513
- Herold v. II 513
Pruting, Fritz (Weidenhüll) IV 443
Brutzel, Albrecht III 599
- Kunigunde III 599
Brylon, v. (Fam.) III 723
Ptolemaeus (Geograph) I 2
Bubach (sw.Landau) 140
Bubach (Rh.-Pf.) I 62
Bubach am Forst (nw.Regensburg) II 544
Bubach, Einwig v. II 544
Bubenhofen, v. (Fam.) VI 656, 669, 683; VII/2 503, 638
- Chr. Wilh. v. VII 14, 19f, 24, 31, 43, 49ff, 75, 88, 93, 99, 106, 112f, 134, 141, 187, 189, 196, 207, 267, 280
- Kath. Franziska v. VI 706
- Ph. Anton Ulr. v. (Dh.) VII/2 344, 487, 593, 595, 616, 628, 644, 646, 650, 678, 681, 753, 756
- Wilh. Chr. v. VI 691, 717
Bubenreuth (n.Erlangen) III 698; IV 549, 898; VI 194; VII/2 334
Bucco s.u. Burkhard

Bucco, v. (Fam.) VII 96
Buch (n.Ebern) II 640; VI 669
Buch (sö.Höchstadt/A.) II 615; III 614
Buch (Stadtt.Nbg) IV 940; VII/2 357
Buch (sw.Uffenheim) II 437
Buch am Forst (nw.Lichtenfels) I 21; II 482; III 102; IV 482, 518, 787; V 378, 489; VI 579
Buch am Sand (s.Kulmbach) III 294f, 693; IV 198
Buch am Wald (sö.Ansbach) IV 740
Buch, Albert v. II 607, 611, 622
- Erkenger v. II 275
- Gozwin v. II 560
- Hans v. III 517
- Konr. v. II 463
- Liutpold v. II 463
- Thiemo v. II 463
Bucha (sö.Deggendorf) II 374
Buchau (sw.Kulmbach) II 152, 551f; III 589, 596f, 600, 628; IV 96, 246; V 243; VI 398; VII/2 328, 356
Buchau (n.Pegnitz) II 68, 133, 332; III 139, 277, 390, 641; IV 33, 99, 124, 246, 354, 426, 440, 618, 943, 948
Buchau, Eberhard v. II 68, 94
- Ulr. v. III 139
- Werenth v. III 139
Buchbach (n.Kronach) II 533, 617, 635; III 368, 516; VII/2 665
Buchbach, Berthold v. II 617
Buchberg (s.Neumarkt/Opf.) III 344
Buchberg, v. (Fam.) III 357

Buchele, Albert v. (Dh.) II 402, 607, 616, 623, 638, 640
- Friedr. v. II 402, 504
- Konr. v. II 402
- Ulr. v. II 402
Buchendorf (sw.Roding) I 140, 487
Buchenrod (s.Coburg) I 21
Bucher, Hans III 735
- Nikolaus (Pfr Haßfurt) VII/2 526
Buches v.Staden, Maria V 525
Buchfeld (nw.Höchstadt/A.) II 54, 569; IV 746
Buchfeld, Burkard v. II 617
- Pankraz v. V 24
- Radboto v. II 617
Buchheim (w.Windsheim) IV 739; VI 682
Buchheim, v. (Fam.) VII 116
- Franz Anton v. VI 623
Buchhorn (B.-W.) VII/2 715
Buchilde, Friedr. v. II 464
- Konr. v. II 464
Puchinefurt (n.ident.) I 113
Buchlaitter zu Sünzing, Wolf V 236
Buchling, Stephan (Pfr) IV 725
Buchschwabach (nw.Schwabach) VII/2 309f
Buck (Fam.) IV 121
- Berthold III 334
- Elis. III 533
- Friedr. III 533
- Hermann III 533, 540
- Jakob III 334
- Wolfram III 445, 447, 633
- Wulfing III 445, 714

Buckel, Jakob (Westheim) IV 1008
- Joh. Adam (Weihb.Speyer) VII/2 205
- Sebastian V 25
Buckendorf (sö.Lichtenfels) III 61, 587; IV 584; V 65; VII/2 214
Buckenhofen (n.Forchheim) IV 264; VII 169
Buckenreuth (sö.Ebermannstadt) II 64; III 535, 564, 626
Buckenreuth (sw.Naila) II 64
Bucker, Joh. (Notar) V 484
Puckhon, Heinz (Wirsberg) IV 1012
Bucklein, Kunig. IV 193
Buckling, s.u. Joh. (A.Langheim)
Bucksah (ON) III 271
Budweis (Tschechien) III 274, 444, 487
Püch, Eberhard v. IV 72
Püchberg, v. (Fam.) III 91f
Büchelberg (sw.Bbg) II 510f; IV 740
Büchelt (Kaplan Bbg) VII 14, 112, 186, 199, 268
Püchen (FlN.) III 500
Püchen (Österr.) III 272
Büchenbach (w.Erlangen) I 6, 141; II 154; III 464, 468, 750, 752; IV 33, 58, 60, 63, 65, 254, 291, 294, 424, 549, 653, 704, 706ff, 802, 817, 984; V 455, 468; VI 106, 130, 198, 411, 645, 668; VII 6, 79, 194, 205, 236, 242; VII/2 25, 87, 220, 616, 619, 630, 674
Büchenbach (nw.Pegnitz) II 133, 332; III 45f, 640; VI 152f, 163, 275; VII/2 43, 54, 337, 537
Püchitz (w.Lichtenfels) I 21; II 639; III 671

Püchitz, Berthold v. II 642
- Hermann v. II 642
- Leopold v. II 105f
Büchner, Barb. (Bbg) VI 47
Püchrigel (Österr.) III 4
Pückler, v. (Fam.) VI 617, 646; VII/2 591
Bückling, Stephan (Pfr Gefell) IV 725
Büdenhof (nö.Ebern) II 495
Büdesheim (Hess.) I 226, 228, 496; II 625; III 612f
Büdesheim, Heinr. v. II 612
- Rudolf v. III 612f
Büdingen (Hess.) VI 445
Pühelmann (Fam.) V 24
Bühl (nö.Lauf/P.) IV 705, 983; V 442; VI 106, 396; VII/2 43, 549
Bühl (nö.Pegnitz) II 645f; III 552f; V 393; VI 513
Bühl, Albert III 618
- Andreas IV 924
- Hans IV 873f, 945, 999
- Hedwig III 621
- Heinr. v. II 646
- Kath. IV 873
- Konr. III 71, 97f, 110, 529, 621, 624
- Kunig. III 532
- Leopold III 532
- Stefan (Creußen) IV 626
Bühler, Albrecht (Kupferberg) IV 120
- Heinr. IV 147
- Joh. (Kan.St.Jakob) III 561
Pühlheim (sö.Lauf/P.) II 64, 477

Püllersreuth (n.Neustadt/W.) II 383f, 442
Püllersreuth, Adelhoch v. II 384
Bülow, Joh. VI 220, 238
Pülß (n.ident.) VI 674
Bünau, v. (Fam.) VII 268f
- Günther v. III 491; IV 72
Pünlein, Joh. (Prior St. Stephan/Wbg) V 69
Bünsenbühl (abgeg.;Ofr.) VI 546, 600
Pünzendorf (nö.Bbg) II 500, 532, 643; III 287, 375, 420, 532, 587, 664, 687f
Pünzendorf, Adelheit v. III 61, 663
- Albrecht v. III 146, 272ff, 287, 304, 392, 532, 687f, 695, 709
- Anne v. IV 100
- s.u. Barbara (Ä.St.Theodor)
- Elis. v. III 532
- Fritz v. III 391
- Heinr. v. II 643; III 15, 552, 650, 654
- Hermann v. III 167, 420, 552, 583, 589, 669, 673; IV 871
- Konr. v. II 500, 532ff; III 15, 167, 229, 663
- Kunig. v. III 61, 66, 678, 680
- Kuno v. II 500, 532ff; III 146, 270, 552, 583, 667-670
- Marg. v. III 668f
- Martin v. III 668f, 678ff
- Nikolaus v. III 391
- Rüdiger v. II 613; III 61
- Ulr. v. III 552, 669
- Walter v. III 391, 444, 501; IV 100

- Wölflein v. III 665
- Wolfram v. III 687f
Puer, Lorenz (Nbg) V 230
Büraburg (Hess.) I 9
Bürckel, Caspar IV 721, 930
- Sebastian IV 930
- Wilh. IV 930
Büren, Bernhard v. IV 411
- Heinr. v. (Dh.; Kan.St.Jakob; Kan.St.Stephan) II 343, 364, 381, 383, 427, 574, 628f, 755
- Joh. v. (Kan.St.Stephan) III 550f, 755, 757f
- Joh. v. (Dh.) IV 35, 49, 57, 95, 128, 186, 501, 1043
- Wilh. v. (Pfr Amlingstadt) III 505f; IV 119, 128, 131-135, 168
Bürgel (Hess.) I 232f; IV 830
Bürglein (ö.Ansbach) IV 741
Bürglitz (Tschechien) II 424, 433, 436, 475, 507
Büttel, Daniel (Bbg) V 308, 321, 328, 360f, 430, 503
Büttin, Adelheid III 530
Püttingen, v. (Fam.) VI 702
Püttlach (nw.Pegnitz) IV 9, 11, 423, 627; VI 86
Püttlach, Otto v. II 538, 562f
Büttner (Fam.) IV 394, 627
- Anna Christina VI 543
- Anna Marg. VI 543
- Gertraud (Bbg) III 59
- Hans IV 629, 874, 879
- Hans Adam VI 543
- Heinr. (Bbg) III 59
- Joh. (Domvikar) VI 414

- Joh. Ph. VI 543
- Konr. IV 627, 937
Büzzer, Heinr. (Uetzing) III 309
Puff, Elis. (Unterleinleiter) IV 789
- Hans (-) IV 789
- Kunig. IV 789; V 488
Bufleben (Thür.) I 19
Bug (Stadtt.Bbg) I 33; III 474, 547; IV 154; VI 229, 347; VII 62, 100ff, 134, 143f, 259; VII/2 55, 607, 629, 642
Bug, v. (Fam.) VII/2 616
Bughof (Stadtt.Bbg) III 466, 474
Buhelmann, Fritz (Pottenstein) IV 295
- Konr. (Baiersdorf) IV 331
Puiger v.Puige u.Raitzenschlag, Joh. André VI 468
Buirette, v. (Fam.) VII/2 572
Buker, Joh. Hermann VI 597
Bukke, Berthold III 76
Pulein, Heinr. (Bbg) III 458
Bulgarien I 395
Pull, Braunwart III 594
- Braunrot (Bbg) III 620
- Fritz (-) III 603
- Hans (Bayreuth) IV 237
- Irmgart (Bbg) III 620
- Joh. (Pfr Plech) IV 986
- Konr. III 71, 97f, 529, 624
- Simon (Pfr Wonsees) IV 1013
Bulla, Joh. (Erlangen) VII 131
Bullach (n.Lauf/P.) III 285f
Bullach (Fam.) VI 325f
Pullendorf (nw.Pegnitz) VII 109, 141

Bullenheim (n.Uffenheim) VI 401

Bulperger, Braunwart (Bbg) III 569

- Irmel (-) III 569

Pulverel, Walter (Prie.) I 223f

Bumanesdorf, Eberhard v. II 69

- Konr. v. II 454

- Liutpold v. II 69

Buna, Friedr. IV 29

- Günther IV 30, 85

Bunau, v. (Fam.) VI 706

Bunckel, Heinr. (Nbg) IV 547

Bundle, Paul VII/2 730

Bundorf (sö.Königshofen/Gr.) VII/2 579

Bundorf, Dietrich v. V 301

Bunno, Konr. II 134

Bunz, Gertrud (Bbg) III 679f

Buoster, Hans III 226

Buozenesheim (n.ident.) I 107

Buozenesheim, Iring v. II 73, 402

Purcbach (n.ident.) I 330

Burch, Hermann v. II 71

Burcheim, Heinr. v. II 613

- Konr. v. III 126, 133, 558

- Marg. v. III 558

- Nikolaus v. III 666

- Walter v. (Dh.) III 1

Burchlin (Fam.) III 64

Purchswint (PN) II 97

Burckart (Fam.) III 285; VII 280

Purckel, Heinz IV 488

Burckendorfer (Fam.) III 667

Burckhard (Fam.) IV 139

- Daniel V 294, 308

- Gg IV 864; VII/2 399

- Hans IV 338, 881; V 202f, 207

- Klaus (Bbg) IV 428

- Vitus (Ensdorf) IV 961

Burckheim (n.ident.) III 676

Burgau (ö.Günzburg) III 97

Burgberg (sw.Lichtenfels) IV 383

Burgbernheim (sw.Windsheim) I 11, 27; III 96, 99, 440; IV 308, 739, 830, 892f; V 467; VI 32

Burgdorf an der Oker (Nds.) I 57f, 62, 112, 196, 301

Burgebrach (sw.Bbg) I 137; II 505f; III 288, 342, 352, 379, 437, 602; IV 316f, 332, 346, 402, 430, 607, 622, 817, 849; V 213; VI 30, 37, 46, 70, 166, 176, 181, 202f, 207, 209, 212, 224, 438, 444, 478, 518, 521, 628, 630, 643, 645, 659, 718; VII 43, 66, 78, 142, 169; VII/2 230, 332, 393f, 473, 479, 527, 637f, 663

Burgelin, Adelbero v. II 413ff, 422, 424, 446

- Ezzo v. II 66, 68ff, 92ff, 96f, 99, 101, 134f, 152, 277, 292, 294, 297, 315, 377, 379, 383f, 386, 388f

- Marquard v. II 562, 576, 590

- Otnant v. II 401, 414, 422, 446, 477

- Otto v. II 68f, 89f, 94, 99, 152, 277, 292, 294, 297, 379, 384, 386

- Reginboto v. II 65, 93, 96, 99, 101

Burgellern (nö.Bbg) I 321; II 100, 152; III 629, 697; IV 91, 99, 167, 313; V 66; VI 342, 411, 425, 640; VII 6, 42, 98; VII/2 96, 164, 218, 224, 374-377, 382, 517, 582, 595, 710f

Burgellern, Bernhard v. III 655
- Eberhard v. (Dh.) III 51, 58, 64, 592
- Engelhard v. II 515
- Gouta v. II 515
- Heinr. v. III 58
- Konr. v. III 58, 62
- Kunimund v. III 58

Burger, Daniel (Bbg) VII/2 596, 606
- Heinz (Unterleinleiter) IV 463
- Joh. (Münchberg) IV 976

Burgerroth (w.Uffenheim) III 437

Burgetore, Friedr. v. II 142
- Heinr. v. II 142

Burgfarrnbach (Stadtt.Füerth) I 367; III 288; IV 74; V 469; VI 616f, 646; VII 77

Burggailenreuth (ö.Ebermannstadt) II 118; III 72, 265, 298f, 323; IV 331; VI 121; VII/2 396

Burggrub (nw.Ebermannstadt) I 19; II 101, 444; III 252, 541, 547, 627; IV 267, 445, 609f, 643, 784; VI 545, 573; VII/2 491

Burggrub (w.Eschenbach/Opf.) II 382

Burggrub (nw.Kronach) I 5; III 618, 675

Burghaig (w.Kulmbach) II 624; III 335, 389, 686

Burghaig, Herold v. II 581, 613f, 636f
- Wigger v. II 552

Burghaslach (nö.Scheinfeld) I 6, 17; II 59, 97, 277

Burghaslach, v. s.u. Haslach, v.

Burghausen an der Salzach (OB.) I 290; II 29; III 424, 426; VII 202

Burghausen, Sieghard v. II 29

Burgheimer, Gundloch (Kan.St.Gangolf) III 568, 571
- Otto IV 308

Burghöchstadt (nö.Scheinfeld) III 714

Burgkunstadt (ö.Lichtenfels) I 18, 137, 331, 382, 414, 487; II 56, 67, 91f, 99, 438, 501, 540, 648; III 15, 203, 271, 296, 336, 379, 457, 645, 648, 657, 662f, 665, 667, 670, 674f, 683, 687, 691, 693; IV 38ff, 117f, 147, 149f, 174, 211, 264f, 280, 298, 326ff, 354, 392, 399, 402, 420, 585, 590, 595-599, 646, 655, 662, 823, 826; V 65, 165, 172, 228, 388, 408, 410, 431; VI 12, 83ff, 127, 180, 191, 206, 214, 235, 241, 262, 271, 279, 286, 351, 441, 478, 526, 584; VII 40, 135; VII/2 52, 215, 236, 432, 553, 566, 581, 733

Burgkunstadt, v. s.u. Kunstadt, v.

Burglengenfeld (Opf.) I 82

Burglesau (sö.Staffelstein) V 64

Burgpreppach (ö.Hofheim/Ufr.) II 59, 474f, 568, 571, 579, 607; IV 383; VII/2 490, 494, 509, 512, 522-527, 532f, 544, 620

Burgpreppach, Erkinbert v. II 571
- Hermann v. II 571

Burgsalach (ö.Weißenburg) II 293; III 138

Burgsalach, Friedr. v. II 293
- Nodalricus v. II 293
- Ulr. v. II 293

Burgscheidungen (Sa.-Anh.) I 415; II 85, 232, 244, 297; III 17f, 331, 350, 434; IV 117, 273, 329

Burgscheidungen, v. s.u. Scheidungen, v.

Burgstall (w.Kronach) II 382; IV 334

Burgstall (ö.Lichtenfels) II 636; III 41, 687

Burgstein (n.ident.) IV 390f, 742, 906, 942f

Burgund I 113, 125, 217f, 223, 231, 234, 239, 242, 283, 349, 429, 480; II 37f, 44, 419, 426, 451, 491, 515, 599f, 612; VI 539

Burgund, Beatrix v. II 419

- Beatrix v. s.u. Andechs-Meranien, v.

- Berengar v. I 217

- Gerberga v. I 76, 78, 217

- Gisela v. I 39f, 60, 70, 78, 108, 114f, 139, 293

- Irmingard v. I 217

- Mathilde I 76, 78

- Otto Wilh. v. I 217f

Burgwindheim (sw.Bbg) III 296; VII 50, 188, 266; VII/2 512, 595, 654

Burk (w.Forchheim) II 71; III 632; IV 115, 136, 264; V 57, 165

Burk, Hermann v. II 71

Burkersdorf (sw.Kronach) III 463f, 522, 595, 636; III 579, 667; IV 118, 393, 760; V 36; VI 179, 337f, 398

Burkersdorf (Polen) VII/2 280

Burkersreuth (nw.Münchberg) III 394

Burkhard (PN) I 85f, 246, 308, 325, 330, 347, 498; II 64, 66, 68, 72, 95, 112, 288, 290, 293, 335f, 410, 452, 461, 464, 500-503, 505ff, 512, 515, 520, 534, 537f, 542, 549f, 553f, 564f, 568, 570, 578, 611, 618, 624; III 49

- (Hzg Schwaben) I 101; VI 602

- (Eb.Lyon) I 129f

- (B.Basel) I 445, 447, 473

- (B.Eichstätt) II 293, 404f

- (B.Halberstadt) I 390, 407, 443ff

- (B.Lausanne) I 446, 448, 452, 467, 476

- (B.Münster) II 28, 46, 81, 110, 112f

- (B.Utrecht) II 28, 46

- I. (B.Worms) I 60, 68, 77, 107f, 120, 128, 130, 132, 142, 165, 183, 198, 234, 336

- II. (B.Worms) II 117, 218, 222, 312, 370

- I. (Hl.; B.Wbg) I 9, 17, 24f, 187

- II. (B.Wbg) I 25

- (Gf) I 413; II 312

- (Gf Hassagau) I 106, 228

- (Gf Magdeburg) III 273, 689, 691

- (Pfalzgf) I 214

- (A.Ebrach) II 512

- (A.St.Gallen) I 252, 258

- (Dekan) II 464f

- (Dh.) I 1452, 454, 463, 481, 517, 529ff, 537f, 542f, 549f, 553f, 568

- (Dh.Wbg) II 410, 464, 505ff

- (Kan.St.Gangolf) II 482, 493, 517, 519, 528-531, 543

- (Kan.St.Jakob) II 530, 534, 578, 592, 609, 611

- (Mönch Michelsberg) II 102; III 624

- (Mönch Prüfening) II 576
Burkhard, Balthasar (Prof.) VII/2 400
- Elis. (Bbg) VI 65
Burkhard v.Klee (Fam.) VII/2 413, 426
- Franz VII/2 426f
Burkhardsreuth (nö.Eschenbach/Opf.) IV 981
Burkheim (sö.Lichtenfels) II 637; III 535, 657, 659, 676, 687; IV 507; V 65
Burkheim, Konr. v. III 554
Purklein, Dietrich (Bbg) III 582
- Mechthild (-) III 582
Burn, Joh. v. III 757
Pursius, Justus (Notar) V 119
Burstiger, Heinr. III 621
Burtscheid (NRW) I 230, 244, 263
Purzelt, Hans (Neukenroth) V 501
Busaeus, Karl (Jesuit) VII/2 397ff, 526
Busbach (w.Bayreuth) I 15; IV 736, 871f, 881, 890f, 953
Busch (Fam.) VII/2 696, 711
- Agatha (Zeil) VI 62
- Ludwig (Erlangen) VII/2 713
- s.u. Marian (A.Altaich)
- Matthias (Zeil) VI 62
Buschel, Fritz III 696
- Kaspar (Mistelgau) IV 973
Puschendorf (nw.Fürth) IV 740
Buseck, v. (Fam.) VII/2 242, 539, 586f, 654, 659, 661, 726
- s.u. Amandus v. (B.Fulda)
- s.u. Chr. Franz v. (B.Bbg)

- Chr. Franz Amand Vitus Christian Daniel v. (Dh.) VII 180, 195, 206, 311
- Ernst Joh. Ph. Hartmann v. VII/2 651
- Gerhard v. IV 32
- Joh. Reinhardt v. VI 114
- Leopold Christian v. VII/2 539, 591, 663, 665, 683, 712, 725f
- Maria Anna Kunig. Josepha v. VII/2 651, 661
Busendorf (sö.Ebern) I 21, 497; IV 317; V 309
Buslidius, Joh. V 452
Buso (PN) II 434, 464f
Bußmannshausen (B.-W.) VI 714f
Puster, Heinr. (Hof) III 79; IV 903
- Konr. (-) III 408
Putel, Hans (Schederndorf) IV 84
- Heinr. (Ebing) III 716
Butene, Eggebert v. II 414
Buterieth, Emehard v. II 581
- Rugger v. II 581
Puthan, Wolfgang (Pfr Plech) IV 863
Buticher, Ulr. (Dekan Hollfeld) IV 281, 911
Putigler, Heinr. III 66, 68, 583
- Hermann II 486
Butrech, Heinr. v. III 245
Butt (Fam.) III 584; VII 143
Buttendorf (sw.Fürth) IV 741
Buttendorf, Gernot v. II 277, 292
- Rudolf v. II 65, 277, 292
Buttenheim (sö.Bbg) I 4; II 90; III 25, 41, 43, 274, 291, 315, 538, 563; IV 19, 83, 126, 153ff, 222,

351, 766, 817; V 74, 455, 501f; VI 185, 187, 190, 401, 523f; VII 133; VII/2 283, 288-295, 353, 495

Buttenheim, Ulr. v. (Dh.) II 66

Putting (sw.Pfarrkirchen) I 145

Puttkammer, v. (Fam.) VII/2 236

Buttlar, v. (Fam.) III 44; VI 665, 705, 711; VII/2 537

- Daniel v. VII/2 652

Butz (Fam.) III 111, 739

- Elis. III 531

- Gertraud III 531

Putzendorff (n.ident.) IV 144

Putzenreuth (w.Schwabach) III 739

Putzmühle (w.Eschenbach/Opf.) II 564

Puzbach (ON) II 335

Buzemannes, Hademar v. II 388

- Hartwig v. II 388

- Otto v. II 564

Buzzo, Konr. II 538

Pygen, Friedr. (Ebing) III 716

Pyrbaum (w.Neumarkt/Opf.) VI 531

Pyrison (Fam.) VII/2 85

Pyritz (Polen) II 181f, 186, 188f, 214, 217

Bys, Joh. Rudolf VI 597

Byzanz s.u. Konstantinopel

Kaaden (Tschechien) I 4

Kabler, Vincenz (Kan.Ansbach) IV 362

Cadalhohus (PN) II 68

- (Gf) I 145, 155

- (Wbg) II 95f, 290, 385, 392, 503

Kadam, Hans (Marktzeuln) IV 355

Cadamer, Eberhard (Kan.St.Gangolf) IV 484, 1043

Cadelous (B.Parma) I 390

Kadeltzreuth (abgeg.;Ofr.) IV 1006

Kaden, Dietrich (Pfr Trumsdorf) IV 1000

- Martin (Kan.St.Stephan) V 488

Kadisch, Hans (Helmbrechts) IV 914

Cadolzburg (w.Fürth) III 48, 95, 172, 335, 337, 371, 392, 403, 428; IV 74, 89, 91, 100, 204, 368, 376, 740, 1044; VI 196, 399, 452, 543, 640; VII/2 212, 360, 610

Cäcilia (Hl.) I 187

Käfernburg, Günther v. III 18

- Sizo v. II 504

Cälestinus (Hl.) I 187

Kälin (Fam.) VII/2 642, 724

Kärner, Marg. VI 39

Kärnten I 43, 54, 78, 97, 107, 117, 139, 161, 183, 238, 343, 367f, 373, 380, 497; II 43, 50, 63, 84f, 110, 147, 223, 226, 286, 316, 397, 408, 430, 438, 458, 488, 492, 516f, 521, 539, 564, 582, 593f, 596f, 605, 609, 633f, 654f, 660f; III 3, 6, 8, 17, 27ff, 71, 88, 109, 133f, 137f, 147ff, 170, 203, 210, 221, 231, 240f, 244, 255, 272, 290f, 313, 324, 331, 354, 360, 362f, 381, 415, 449, 486, 509, 514; IV 10, 13, 28, 30, 52, 95, 107f, 175, 189, 210, 220, 226, 250, 252f, 269, 325, 340, 347, 354, 409, 413, 441, 478, 527f, 709, 760, 764f, 777f, 797f, 846, 862; V 1, 7, 37, 54, 61, 116, 118,

153, 160, 189, 267, 270, 303, 312f, 315, 384, 456; VI 19, 194, 258, 300, 304, 332, 349, 359, 379, 394, 405, 410, 413, 415, 417, 426, 432, 434, 455, 460, 462, 464ff, 505, 526, 532, 534, 545, 552, 555, 561, 568, 572, 586, 642, 654, 665, 684, 688, 690, 693; VII 18, 28, 178, 291, 299; VII/2 2, 63-76, 92, 99, 110, 121-129, 133f, 137f, 140-167, 170, 173f, 178-184, 192f, 197, 202f, 209, 216, 231, 238ff, 244-250, 253ff, 308, 345-348, 351, 625, 643, 683

Kärnten, Adalbert v. I 44, 184, 238, 343, 368
- Bernhard v. II 633f, 654f
- Elis. v. III 47
- Friedr. v. I 380
- Heinr. v. I 107; III 28, 30, 89, 110, 127, 130, 408
- Hermann v. II 458, 492
- Konr. v. I 60, 75-78, 107, 183, 367f
- Kuno v. I 497
- Mathilde v. I 76ff, 183, 367
- Otto v. I 43, 54f, 60, 68, 73, 76, 78, 80, 107

Caesar (Fam.) VII/2 189
- Julius (röm.Staatsmann) II 162, 197, 205, 226
- s.u. Julius (Eb.Athen)
- Veit (Pfr Ebern) VI 179

Caesarea (Israel) I 396

Käsemacher, Otto (Gottfriedsreuth) III 227

Käßlitz (Thür.) II 496ff

Käswasser (ö.Erlangen) IV 324

Kafering (nw.Passau) III 380

Kagen, Hans V 75

Kageneck, Franz Heinr. Wendelin v. (Weihb.Eichstätt) VII 275; VII/2 374, 376

Kager, Ratold v. II 544

Kagrer, Ulr. (Parkstein) III 641

Kahm, Hans Karl VI 504

Kaider (sö.Staffelstein) II 99

Kaiffeck (s.Bbg) VI 628

Kailbach (ö.Rosenheim) I 234

Kailing, Joseph (Karmelit) VII/2 576

Kainach (sw.Kulmbach) I 381; III 294, 333f, 405; IV 79, 81ff, 85, 396, 610, 742; V 65

Kainacher, Konr. III 205

Kainglein, Heinr. (Behringersdorf) III 313

Kairlindach (w.Erlangen) IV 390; VI 158; VII/2 611

Kaiser, Chr. Friedr. VII/2 143, 148, 151, 154
- s.u. Gg (A.Prüfening)
- Gg IV 875
- Konr. (Ebermannstadt) III 568
- Kunig. (-) III 568
- Veit (Ützing) V 503

Kaiserslautern (Rh.-Pf.) II 546, 655; VII/2 662

Kaiserswerth (NRW) I 389, 489

Kaisheim (n.Donauwörth) II 565; VI 375; VII/2 715

Caius (Papst) I 186

Cajetan (Eb.Capua) V 343, 345
- Rost (A.Michelsberg) VII/2 713

Cajetanus, Antonius (Nuntius) V 344

- Camillus (-) V 209f
Kalau (Brandenbg) I 190
Kalb, v. (Fam.) VII/2 211, 224, 525
Calbe an der Saale (Sa.-Anh.) I 102; III 340
Calbe, Heinr. III 659
Kalchreuth (ö.Erlangen) III 286; IV 324, 993; VI 201
Kalcke, Gustav Gg v. VI 529
Kalckhoven, Eberhart (Obersteinach) IV 85
Kaldorf, Hartnid v. II 47
- Siegfried v. II 277
Calixtus I. (Papst) II 382
- II. (-) II 124ff, 128ff, 149f, 155ff, 159, 170, 179, 205, 215, 282
- III. (-) II 469
Callenberg (w.Coburg) II 91f, 378, 383, 402, 419, 424, 452, 500, 524, 530, 564, 607, 614; III 419, 685
Callenberg, Adalbert v. II 413
- Berenger v. II 607
- Heinr. v. II 527
- Jobst v. V 55
- Konr. v. II 524, 564, 595, 597, 610, 614f
- Menlo v. II 607
- Poppo v. II 524, 527
- Rimund v. II 642
- Thiemo v. II 91f
- Ulr. v. II 378, 383, 402, 413, 419, 424, 452, 500f, 524, 527, 530, 636
Kallenbühel (FlN.) III 603ff, 612
Kallmünz (sw. Burglengenfeld) I 140; II 480, 486; III 466

Calo (ON) I 19
Kalocsa (Ungarn)
- Eb. s.u. Berthold
Kalohus (PN) II 605
Kaltenbrunn (nw.Staffelstein) II 56, 474, 495, 579, 638; III 244
Kaltenbrunner, Albrecht (Creußen) IV 948
Kalteneggolsfeld (sö.Bbg) III 72, 610, 612; VI 524; VII/2 295
Kaltenhaus (abgeg.;Ofr.) IV 810; V 64
Kaltenhäuser, Else (Bbg) V 491
- Hans IV 354
Kaltenherberg (nö.Lauf/P.) IV 82f, 97; V 295
Kaltennordheim (Thür.) II 297
Kaltensondheim (w.Kitzingen) IV 935
Kaltenthal (n.Pegnitz) III 640; IV 99, 424
Kaltenthal, Kaspar v. (Dh.Augsburg) IV 727f, 730, 755f, 761
Calvus, Heinr. II 485
Calw, s.u. Erlung v. (B.Wbg)
- Gottfried v. II 46f, 77, 79, 81
Kamba (abgeg.;Rh.-Pf.) I 286
Camberg, Heinr. v. III 1
- Walter v. I 184f, 194
Cambrai (Frkr.) I 118, 184f, 194, 233ff, 263f, 272; II 50
- B. s.u. Erlwin; Gerhard; Rüdiger
Camburg (Sa.-Anh.) VI 211
Kamerad (FlN.) II 625
Camerarius (Fam.) IV 718; VII/2 328

- Heinr. III 710
- Joachim V 162, 192
- Ludwig VI 401

Kamm, Joh. Bernhard (Bildhauer) VII/2 458

Kammerer, Ludwig III 616

Kammermeister, Agnes III 557, 572
- Braunwart III 557, 593, 619
- Breunlein III 572
- Friedr. IV 121
- Heinr. III 183, 271
- Hieronymus IV 540, 653, 692, 707
- Konr. III 271, 308
- Ulr. III 579
- Walter III 579

Kammerstein, Seifrid v. III 39

Kammervorster (Pfr Dietenhofen) IV 895

Kammin (Polen) II 3, 188-192, 194, 204, 210, 214, 217, 265, 267, 339, 555ff; III 433, 603, 615, 744
- B. s.u. Adalbert; Benedikt; Bernhard; Heinr.; Joh.; Konr.; Siegfrid

Kamp, Eberlein III 562
- Heinr. III 562

Campani, Diomedes V 257
- Prosper V 257

Kampanien (it.Landschaft) I 470; II 39, 41, 470

Campegius, Lauretius (Kard.) IV 687

Campensis, Dominicus V 331f, 496
- Gg (Pfr Neunkirchen/Sand) VI 96
- Joachim gen. Gaudentius (Salzburg) VI 73

Campo Formio (It.) VII/2 676, 678f, 708

Kamrer, Elis. (Kronach) III 284
- Otto (-) III 283

Kanaltal (Kär.) III 203; VII/2 64f

Kandel, Gg V 353

Cander, Joh. (Nbg) III 728

Candidus Hemmerlein (A.Langheim) VII/2 609f, 614, 637, 707
- (Mönch) II 393

Canel, Joh. v. (Dh.) III 373f, 381, 396, 398, 410, 754; IV 144

Cannae (It.) I 240

Kanndorf (ö.Ebermannstadt) II 333

Kannen, Moritz (Bayreuth) VI 238, 260

Canossa (It.) I 453-457, 463, 479

Canossa, s.u. Mathilde v. (Mgfin)

Canterbury (GB) I 490
- Eb. s.u. Anselm; Thomas Becket

Cantianilla (Hl.) I 187, 417

Cantianus (Hl.) I 187

Cantius (Hl.) I 187

Cantor, Veit V 180

Capaun (Fam.) VI 350, 405

Capella, Gertrud III 58
- Herdegen III 58

Kapfelberg (ö.Kelheim) II 111

Kapfer, Jakob (Bbg) VI 178
- Joh. Ludwig (Pfr Königsfeld) VII/2 310
- Michael VI 504

Capharsalamae (Israel) I 396, 400f

Capistran, Joh. (Franziskaner) IV 282

Capler v. Oeden, Wolfg. Dietrich (Dh.) VI 197, 383, 699

Capo d'Istria (Kroatien) II 654

Kappel (sö.Forchheim) II 54, 478; VI 483, 701

Kappel, v. (Fam.) VI 325, 701

- Anna v. III 133
- Gertrud v. III 13
- Hans v. IV 14f, 594ff, 752
- Heinz v. IV 521
- Herdegen v. III 13
- Kath. v. VI 257
- Konr. v. III 133, 664, 669; IV 208

Kappellan, Dietrich III 616

Cappenberg (NRW) VII/2 715

Kappendorf (ON) VI 543

Kappler, Christein (Bayreuth) III 624

- Eberhard (-) III 624
- Jutta (-) III 624
- Joh. (-) III 523, 624

Cappucinus, Benedictus (Brünn) V 512

Capua (It.) I 254ff, 262; II 123; V 343, 345

- Eb. s.u. Antonius; Cajetan

Capua, Raimund v. (Dominikaner) III 521

Carafa (Kard.) V 198

Caramé, Laurentius (Dek.St.Stephan) VII/2 554, 557, 560, 562, 572f, 581, 605f, 642f, 654, 713, 731

Karben, Anna v. V 529

Karcher, Joh. (Pfr Schauenstein) IV 724

Karg v.Bebenburg (Fam.) VI 649, 695; VII/2 60f, 293, 581

- Anna Philippina VII/2 77
- Eva VI 607, 695

- Franz Werner (Dek.St.Jakob) VI 686; VII 94, 113, 291, 293; VII/2 50, 53f

- Friedr. Karl VI 697; VII/2 45, 58ff, 77f

- Gg Joseph VII 18f, 31, 38, 45, 49, 52f, 94, 99, 105ff, 134, 182, 187f, 200f, 227f; VII/2 31, 45, 53, 56, 94f, 108, 121, 133, 139, 165, 167, 185, 217, 229ff, 243, 258, 261, 264, 268, 272, 296, 298, 479, 484

- Gg Karl VI 674f; VII/2 58-66, 77

- Hieronymus Karl VI 517, 547, 568, 582, 604, 649, 661, 669

- Joh. Friedr. (Weihb.Bbg) VI 474, 489f, 498, 504, 512, 552, 556, 582f

Karges, Samuel (Bbg) V 265

Caritas Pirckheimer (Ä.St.Klara/Nbg) IV 717

Karl (PN) I 498; II 314f, 335, 465, 616, 618, 624

- Borromäus (Hl.) VI 554
- I. der Große (Ks.) I 4, 11-14, 16ff, 22, 40, 108, 179, 235, 313; II 49, 426, 458, 607; III 257
- III. der Dicke (-) I 29
- IV. v.Luxemburg (-) III 204ff, 210f, 218f, 230ff, 239, 243, 246, 249ff, 254f, 257, 259, 261f, 264, 273ff, 280ff, 291ff, 303ff, 313ff, 326ff, 333f, 338ff, 343, 346, 348f, 351, 354, 358f, 372, 411, 425, 475, 507, 538f, 684f, 689, 691, 746f, 752f, 757; IV 78, 257; VII/2 81
- V. v.Habsburg (-) III 259; IV 522, 537, 540, 552, 566, 695, 763f, 769, 799, 807, 823, 828, 836f, 846, 1020; V 8; VI 28

- VI. v.Habsburg (-) VI 626, 650, 673, 688; VII 14, 18, 20, 42, 52, 72, 76, 81, 89ff, 145f, 154, 161, 165, 194, 198f, 299ff, 303; VII/2 2, 33, 70, 273
- VII. Albrecht v.Wittelsbach (-; Kfst v.Bayern) VII 134, 192, 202ff, 215f, 220f, 224, 232, 238, 243, 245, 248, 262f, 266-269, 311; VII/2 50
- VI. (Kg v.Frankreich) III 436, 498
- II. (Kg v.Spanien) VI 613f
- III. (-) VI 645
- v.Habsburg (Erzhzg v.Österr.) V 9, 61, 118, 120, 137, 168, 191, 193f, 208
- v.Habsburg (Erzhzg v. Österr.; Hoch- und Deutschmeister) V 476
- v.Habsburg (Erzhzg v.Österr.; Feldmarschall) VII/2 666f, 672, 685ff, 702
- (Mgf v.Mähren) III 204
- v.Hessen-Kassel (Landgf) VI 472, 479, 529
- v.Niederlothringen I 53
- (B.Konstanz) I 418ff
- (A.Banz) III 220, 635, 674, 688, 755
- (A.Schuttern) VII/2 517
- (Kan.St.Stephan) II 605, 611, 637
- (Pfr Garnstadt) III 655f
- (Lüchau) VII 49

Karl Albrecht (Kfst v.Bayern) s.u. Karl VII. (Ks.)

Karl Alexander v.Zollern (Mgf v. Brandenbg-Ansbach-Bayreuth) VII/2 409, 415, 432, 478, 497, 544, 567, 574ff, 608, 711

- v.Württemberg (Hzg) VII 76, 86f
- v.Arberg (B.Ypern) VII/2 659

Karl August v.Sachsen-Weimar (Hzg) VII/2 719

Karl Friedrich (Mgf v.Baden-Durlach) VII/2 301

- (- v.Brandenbg-Ansbach) VII/2 112
- (- v.Brandenbg-Bayreuth) VII/2 52, 112

Karl Eugen v.Württemberg (Hzg) VII/2 560f

Carl Gustav (Pfalzgf) VI 393, 401f

Karl Ludwig (Pfalzgf) VI 388

Karl Martell (Hausmeier) I 4

Karl III. Philipp (Kfst v.d.Pfalz) VII 97, 145f, 188, 224

Karl Philipp Heinrich v.Greiffenklau (B.Wbg) VII/2 53, 56, 81

Karl Theodor (Kfst v.Pfalz-Bayern) VII 238, 281; VII/2 17, 90, 387, 535f, 560, 587, 666, 702, 719

- v.Dalberg (Eb.Mainz) VII/2 364, 496, 524, 587, 589f, 615, 626, 729f

Karl Victor (Hzg v.Braunschweig) IV 830

Carl Wilhelm Friedrich v. Zollern (Mgf v.Brandenbg-Ansbach) VII 46, 76, 80f, 186, 195, 201, 281; VII/2 139

Karl, Andreas VI 538
- Hans (Bbg) VI 36
- Heinr. (Ebingen) III 716

Karlmann (Karolinger) I 8, 10f

Karlsburg (n.Karlstadt) I 10; III 710

Karlsburg, Wichard v. II 633

Karlshof (n.Weißenburg) II 604

Karlsruhe (B.-W.) VII/2 301, 306

Karlstadt (Ufr.) III 473, 497; IV 589, 642; VI 408; VII/2 324

Karlstein (Tschechien) III 487, 494, 691

Karmensölden (nw.Amberg) II 145

Karnhaus (n.ident.) VI 68

Caroline (Kfstin v.Bayern) VII/2 741

- (Mgfin v.Bayreuth) VII/2 431

Karpff, Joh. (Pfr Roth) IV 994

Karow (Polen) III 608

Carrara, Franz v. III 413; IV 32

Carrasa, Vicentinus (Jesuit) VI 383

Karremann, Braunward (Forchheim) III 538, 545

Karsdorf (Sa.-Anh.) IV 273

Karulus, s.u. Martin (B.Seckau)

Caruowa (n.ident.) II 557

Carus (A.Regensburg u.Nbg) II 393

Kasberg (sö.Forchheim) III 98, 280

Kaschauer (Fam.) III 291

Kasendorf (sw.Kulmbach) I 15, 19; III 99, 265, 405, 569; IV 97, 99, 247, 277, 724f, 735, 737, 742, 930-935, 952

Kasimir (PN) II 555, 557

Kasimir Anton v.Sickingen (B.Konstanz) VII 183, 281

Kaspar v.Seckendorf (B.Eichstätt) V 205, 245f, 520ff, 525

- Breyll (B.Natura) IV 503, 1043

- (A.Banz) VI 91, 172, 186, 194, 197, 248, 423

- (A.Michelsberg) VI 410

- (A.Niederaltaich) IV 803

- (A:Theres) V 161, 228

- (Weihb.Wbg) IV 884

Caspar, Joh. (Nbg) VI 124f

Caspari (Fam.) VI 504

Kaspauer (sö.Lichtenfels) III 655, 660, 673, 682, 687; IV 141; V 65

Cassel, Joh. Andreas v. (Pfr Trunstadt) IV 131

Kassel (Hess.) I 163, 211, 227, 288; VI 479; VII/2 280

Cassian (Franziskaner) VII/2 527

Cassubien (Landschaft) III 616

Kastel (Rh.-Pf.) VII/2 615, 709

Castell (s.Gerolzhofen) I 319; III 95, 222, 362; IV 630; VI 478, 530, 578; VII/2 273

Castell, v. (Fam.) I 16f; III 168, 222, 548, 622; IV 27f; VI 93, 249

- Adalbert v. II 465, 504

- Albert v. III 103

- Albrecht v. III 222

- Anna Sybilla Florentina v. VI 530

- Christian Friedr. Karl v. VII 50f, 95

- Dietegen v. III 222

- Egilolf v. I 16

- Friederika v. VII 96

- Friedr. v. I 477f; III 20, 110, 246, 326, 612, 615, 620; IV 1062

- Friedr. Magnus v. VI 530

- Heinr. v. IV 855, 1062

- Helpolf v. I 16

- Hermann v. II 290, 465, 504; III 95, 297, 619, 622

- Huntolf v. I 16

- Joh. v. III 629; IV 688

- Joh. Friedr. v. V 530
- Leonhard IV 27
- Ludwig Friedr. v. VII 96, 98
- Madalgoz v. I 29
- Manto v. I 12
- Marg. v. III 95
- Rupert v. I 17; II 287, 290, 335, 504, 512ff, 622
- Walter v. III 6
- Wilh. v. III 427
- Wolf Dietrich v. VI 530f
- Wolfgang v. IV 563, 588

Castell-Rüdenhausen, v. (Fam.) VI 164, 187, 249; VII 50

Castellaneta (It.)
- B. s.u. Bartholomäus

Castellinius, Joh. Paulus (Rom) V 98, 110, 112ff, 134ff, 147ff, 153, 156, 198, 204, 221, 226, 265, 267, 280

Castello (Spanien) III 514

Castello, Albert v. (Pfr Hof) III 76, 756

Kastl (sw.Amberg) I 319; IV 358f

Kastner, Joh. (Domvikar) III 459
- Michael (Wunsiedel) IV 1021

Caston, Bernardino (Rom) V 450

Castorius, Bernhardin (Rom) VI 112

Castra, Francesco di (Rom) V 399

Katald (Mönch St.Egidien/Nbg) III 143

Catenaz, Dorothee Justina VII/2 21
- Maria Magdalena VII/2 21

Katerpeck, Paulus III 485

Kathragrub (nw.Kronach) III 368, 673; VI 261

Katharina (Hl.) III 297; VI 433, 622

- Zollner (Ä.St.Klara/Bbg) III 519
- v.Fronhofen (Ä.Kitzingen) IV 545
- (Ä.Schlüsselau) IV 355

Katlenburg, Dieter v. II 30
- Heinr. v. I 58
- Udo v. I 58

Katzbach (nw.Cham) I 146

Katzelmair, Joh. (Kulmbach) IV 933

Katzenberg (Hess.) V 40

Katzenelnbogen, v. (Fam.) VI 445

Katzenstein, Diepold v. III 32
- Heinr. v. III 711

Katzlin, Ulr. III 44

Katzheimer, Wolfgang (Maler) VI 430, 541

Katzwang (Stadtt.Nbg) III 719, 737f; IV 713

Katzwang, Konr. v. (Prie.Nbg) III 736ff

Kaubenheim (nö.Windsheim) IV 739, 896

Cauchius, Anton V 82

Cauda, Gg V 509f
- Joh. (Pfr Pretzfeld) V 509

Kaudler (Fam.) V 420

Kauer, Gg (Bbg) VI 47, 68
- Hans (-) VI 50, 63, 67f
- Hans (Strullendorf) IV 808
- Helena (Bbg) VI 63
- Michael (Michelsberg) VII/2 713

Kauernburg (ö.Kulmbach) IV 85, 325

Kauerndorf (ö.Kulmbach) III 694; IV 86

Kauernhofer (Fam.) V 492

Kaufbeuren (Schw.) VII/2 715
Kauffmann (Fam.) VI 562
- Egidius (Staffelstein) IV 703
- Elis. III 577
- Erhard (Nbg) III 757
- Karl (Halberstadt) VII/2 42
- Konr. (Bbg) III 133
- Kunig. (-) III 133
- Otto III 577
- Ph. (Pfr Wolfsberg) V 192f
Kaufungen (Hess.) I 36, 39, 163, 183, 211, 221, 223, 225, 234, 236, 238, 246, 262, 287, 288-295, 302, 468
- Ä. s.u. Hildegard; Uta
Kaulberger, Adelheid (Bbg) III 586
- Heinr. (Kan.St.Gangolf) III 571ff, 594
Kauler, Liebhard III 60
Kaunitz, v. (Fam.) VI 607
- Ernst Franz v. VI 469
- Wenzel Anton v. VII/2 181, 198, 203, 233, 328
Kauper, Hans VI 231
- Joh. Gg (Pfr Neunkirchen/Br.) VII/2 547f, 550
- Matthias (Hollfeld) V 493
Kausern, Joh. Bernhard (Wien) VI 472
Kautendorf (nw.Rehau) III 502; IV 102, 248, 736, 936
Kautsch, Joh. (Generalvikar) IV 230, 238f, 258, 270f, 283, 312, 943, 990, 1043
Cavallerius, Joh. de (Trient) V 206
Cavalli, Joh. Maria VII/2 258, 460
- Josef Maria VII/2 255, 261

- Nikolaus VII/2 222
Cave di Predil (It.) V 2; VII/2 64, 127
Cavire (n.ident.) II 661
Caynhos (FlN.) III 624
Kazenhagel (FlN.) III 695
Kazelin (Dh) I 382, 477, 486f, 494
Kebitz, Andreas (Domdek.) IV 798, 827, 840, 842, 861; V 11, 13, 21f, 26, 37, 39f, 53, 55
- Ernst (Bbg) V 8
- Hans (Fürth) IV 802
- Sigmund IV 802
Keck, Adelheid (Frensdorf) IV 158
- Gg (Prie.) IV 205
Keer, v. (Fam.) VII 188
Kefenbach (ON) II 631
Kegel (Fam.) VII/2 491
- Hans IV 885
- Heinr. (Bbg) III 617
- Sebald (Nbg) IV 720
Keher, Hans VII 79
Kehl (B.-W.) VII/2 709
Kehlbach (n.Kronach) II 635; III 368, 516; IV 618
Kehlingsdorf (w.Bbg) VII/2 40, 89f, 120
Kehsch, Konr. IV 504
Keidenzell (w.Fürth) IV 130
Keil, Marquard (Nbg) III 17
Keim (Fam.) III 584, 588
- Ägidius VI 119
- Dietrich IV 905
- Hans (Kronach) VI 193
- Herdegen III 64

- Kath. VI 67
- Kunig. (Bbg) VI 47
- Moritz (Plassenburg) VI 291

Keiper, Fritz (Bbg) III 439f

Keiser, Vitus (Pfr Mürsbach) VI 290

Celau (abgeg.;Ofr.) III 667

Kelble, Hans (Burgkunstadt) IV 595f, 614

Kelbling (n.ident.) II 145

Kelheim (NB.) II 111

Kelheim, Albert v. III 757

Celini, v. (Fam.) VII 192

Cellarius, Joh. (Bbg) V 442

Kelle, Dietrich (Neustadt) IV 102

Keller (Fam.) VII 68
- Barb. V 330
- Gg Chr. (Nbg) VI 74f
- Hans (Wachenroth) III 607
- Hans Wolf VI 308
- Joachim Martin (Bbg) VII/2 221f, 361, 416
- Maria Magdalena VII 298
- Nonnosus (Michelsberg) VI 410

Kellermann, Gg Ulr. (Prie.) VII 27
- Joh. V 265, 304, 493
- Konr. IV 1032
- Michael (Pottenstein) VI 342

Kellner, Caecilie (Zirkendorf) III 634, 637
- Elis. III 553
- Friedr. (Kan.St.Stephan) III 528, 533, 543, 588, 590
- Friedr. (Mangersreuth) IV 967, 969
- Geiselher IV 169
- Hans III 521; IV 208, 210, 881, 992,1023; V 4
- Heinr. (Bbg) III 49, 553, 571, 600; IV 126
- Hermann (Kan.St.Gangolf) III 127, 553
- Konr. (Domvikar) III 459
- Konr. (Kan.St.Stephan) III 543
- Konr. III 109, 626; IV 605
- Kuno (Bbg) III 553
- Otto III 634, 637; IV 273
- Peter (Mainz) III 624; IV 385
- Ulr. (Kan.St.Stephan) III 534f

Kellose, Joh. (Ebern) III 680
- Konr. (-) III 680

Kelsch, Sebastian (Herzogenaurach) V 237
- Ulr. (Bruck) IV 892

Kelsgau (Landschaft) I 69, 140, 151

Kelwelinc (PN) II 145

Cembrante (n.ident.) II 54

Cemehaselahe (n.ident.) II 54

Kemeritz (s.Kulmbach) III 643, 651; IV 198

Kemmaten (nö.Coburg) III 675

Kemmathen (nö.Gräfenberg) II 478, 494; IV 472

Kemmer, Brunwart (Bbg) III 536
- Karl (Kan.St.Stephan) III 536
- Seitz (Bbg) III 536

Kemmern (n.Bbg) I 136, 143; III 615, 633; IV 41, 158, 585, 608; VI 393, 618, 643; VII 205; VII/2 268f

Kemmetter, Agatha VI 698
- Kunig. VI 698

Kemnade (Nds.) I 106, 221; IV 115

Kemnater, Hans III 457, 493, 633

- Konr. III 637
Kemnath (ö.Bayreuth) I 142; IV 1036; VI 158
Kemnath (nw.Neumarkt/Opf.) II 631; IV 642
Kemnathen (sw.Parsberg) III 112
Kemnathen (n.Weißenburg) IV 739
Kemnathen, v. (Fam.) VI 706, 709
- Sigeloch v. II 644
Kemnitz (ON) III 84; IV 386
Cemochare (n.ident.) II 59
Cemolefele (n.ident.) II 59
Kempach, Joh. (Wbg) IV 739
Kempel, Hugo Eberhard VII 11, 214, 234
Kempf, Gg VI 190, 200, 203
- Joh. (Pfr Schwarzach) III 548
- Joseph (Pfr Grafengehaig) VI 126
- Konr. III 669; IV 137
Kempsius (Fam.) VI 284
Kempten (Schw.) I 35, 96; VII/2 715
Cenci, Serafino VII 268
Cencius (PN) I 448
Kendorf (abgeg.;Ofr.) III 671
Kenegunge (ON) II 478
Cennehusen (abgeg.;Mfr.) II 293
Censigelen (ON) II 54
Kentsch, Heinz (Ludwigsstadt) IV 963
Kepler (Fam.) III 435
Kerber, Amadeus (Prie.) IV 584
- Klaus IV 410
- Lukas (Wernsdorf) IV 346
Cerdo, Heinr. (Prie.) IV 161f
Kere, Albrecht v.d. III 21; IV 97

- Andreas v.d. IV 28
- Erhard v.d. IV 97
- Günther v.d. (Dh.) III 459, 467f, 507, 548; IV 263
- Richard v.d. V 50
- Wilh. v.d. IV 460
Kerg, Kunig. V 488
Kergling, Theoderich (Prie.) III 722
Kerl, Else (Bbg) V 488
Kerling (Fam.) III 674
Kern, Gg (Dormitz) VI 122
- Heinr. III 540; V 484
- Ulr. III 524f
Kerndorff, Marg. IV 706
Kerner, Gg (Zeil) VI 47
- Konr. (-) VI 47, 64
- Marg. (-) VI 64
Kernwein, Konr. IV 608
Kerpen, v. (Fam.) VI 704, 715; VII/2 337, 478
- Anna Barb. v. VI 701
- Lothar Joseph v. (Dh.) VI 504, 570, 590, 617, 632, 645, 649, 673, 687f, 691, 706f, 711f, 720, 749, 753
- Marg. v. V 525
- Ursula v. VI 706
Kerrner, Christein (Heckenhofen) III 743
- Konr. III 743
Kersbach (Fl.) IV 83
Kersbach (s.Forchheim) I 143; III 347, 392, 534, 627; IV 101; V 411; VII/2 213, 563
Kersbach (nö.Lauf/P.) III 392; VII/2 549

Certaldo, Dandin v. (Florenz) III 11
- Synibald v. III 11
Kerzen, Heinr. (Bbg) III 617
Cesana (Frkr.) II 493
Cesar, Heinr. (Kan.St.Jakob) III 552
Cesarini, Julian (Kard.) IV 218
Keser, Heinr. III 733
Kessel v.Kessel, Hans André VI 157
Kesselberg, Volkmar v. II 473
Kesselhut, Hans IV 1021f
Kesselring, Chr. (Pfr Oberkotzau) IV 983
Kesselschmied, Berchtold III 582
Kesselstadt, v. (Fam.) VI 707
- Hugo Ph. Judas Thaddaeus Maria v. (Dh.) VII/2 630, 642, 756
Keßler, Agnes III 536, 598
- Adelheit III 568
- Erhard (Kan.St.Jakob) IV 923
- Heinr. III 568
- Hermann (Nbg) III 732f, 740
- Joh. (Kan.St.Stephan) III 336, 342, 352, 478, 541f, 545f
- Joh. (Spital a.Pyhrn) III 415
- Joh. III 401f, 580; IV 463, 860
- Konr. III 598
- Martin IV 590
- Ph. IV 626
- Walter III 595
Keßmair, Hans IV 1032
Keßmann, Bernhard (Bbg) VI 46, 50, 66
Kestel, Hans (Kronach) VI 34
Kestner (Fam.) III 130
Ketelhofer, Heinr. III 737

Ketler (Kan.Stift Haug/Wbg) VII 191
- Hans IV 573
Ketsch, Joh. (Pottenstein) V 498
Ketschendorf (sö.Bbg) I 414; II 60, 489, 491, 532, 565, 582, 598, 607, 614f, 622; III 55, 566; IV 766; VI 524; VII/2 295
Ketschendorf, Adeldegen v. II 60
- Eberhard v. II 489, 491, 530, 532, 550, 565, 582, 598, 607, 610f, 614, 622
- Friedr. v. II 491
- Heinr. v. II 550
- Marquard v. II 491
- Walter v. II 582
Ketschenstein, Eberhard v. II 624
- Wolfram v. II 663
Kettel, Lorenz VII 167
Ketteldorf (nö.Ansbach) II 293; IV 999
Kettenhofer (Fam.) III 387
Ketterlein (Weihb.Bbg) V 491
Kettler (Dek.Wbg) VII/2 28
Cetto (Fam.) VII/2 702
- Carl Joseph VII/2 180, 245, 249
Ketzler, Hans (Bbg) IV 606
Keuler, Anton V 27
Keulner, Friedr. (Weiden) III 319
Keusch, Konr. III 743
- Liebhard (Nbg) III 720
Keuschberg (Sa.-Anh.) II 575
Keusel, v. (Fam.) VII 36
Keustler, Agnes III 750
Kevenhüller (Fam.) VII 90
- Bartholomäus v. V 193f

- Bianca Ludmilla v. V 194
- Hans (Villach) IV 10, 109

Keyerloch (FlN.) III 375

Keynor, Walter III 92

Keyperlein, Konr. (Bbg) III 61
- Wendel (-) III 61

Keyrtor (n.ident.) III 743

Keyser, Samuel Erhard VII/2 109
- Walter III 694

Kezelin (Dh.) I 477

Chadeloch (Dh.) II 68
- (Wbg) II 95f, 290, 385, 392, 503

Chaesmair, Merkel III 140

Chäunsreute (n.ident.) III 41

Chaiendorf (n.ident.) II 58

Chalbaha (Fl.) II 415

Châlons-sur-Marne (Frkr.) II 49, 115, 125; VII/2 705
- B. s.u. Wilh.

Cham (Opf.) I 32, 321; II 414, 416f, 439, 486, 536; III 199; IV 1049

Cham, Adalbert v. II 485f, 586
- Adalram v. II 416f, 439, 529, 536, 586, 602
- Bertolf v. II 414
- Konr. v. III 199
- Walchun v. II 521

Chamar (PN) I 5

Champagne (frz.Landschaft) VII/2 662

Chanel, Friedr. III 32

Charbach (Fl.) I 209

Charlo (Dh.) II 112

Chaspizze, Adalbert (Regensburg) II 275

Chafta (Österr.) I 117

Chaurel (Fam.) VII/2 703

Chemnitius, Martin VI 263

Chemnitz (Sachs.) II 152, 296

Cheradin (PN) VI 52

Cheregati (Fam.) IV 676

Kherfolter, Marg. (Bbg) VI 36

Cheyppen (FlN.) III 137

Chiemsee II 454, 634
- B. s.u. Rüdiger

Chiers (Fl.) I 263

Chieti (It.) I 254

Chigi, v. (Fam.) VII/2 400

Chisius, Fabius (Nuntius) VI 364

Chiusi (It.) I 115
- B. s.u. Ariald

Khlesl (Fam.) VI 74

Chletitz (Fl.) II 532

Chlodene (n.ident.) II 59

Chlodwig (fränk.Kg) I 3, 6, 63

Chnuer, Otto II 485

Chobmann, Matthes (Kulmbach) IV 948

Chodeck, Gg Felix v. VII/2 122, 144, 176, 182, 203, 254

Cholemann (PN) II 73, 464

Cholwick (Sa.-Anh.) IV 279

Chourant (PN) II 68

Chracta, Erlwin v. II 97

Chrinesius, Augustinus (Bbg) VI 132

Christ, Joh. (Kan.St.Stephan) V 350, 416
- Zacharias VI 436
- vgl. Christianus

Christalnigg, Gg Andreas Josef v. VII/2 63, 66, 145f, 148

Christanz (sw.Bayreuth) III 285, 368, 555; IV 296, 488, 746; V 24; VI 458

Christanz, v. (Fam.) III 378

- Hans v. IV 256, 262
- Heinr. v. III 75
- Hermann v. III 133, 531, 555, 585
- Joh. v. III 132, 531, 555, 585
- Konr. v. III 392
- Otto v. III 15, 24, 75, 133, 554f, 591, 658, 688
- Peter v. III 378, 409, 640f
- Ulr. v. III 392, 409
- Walter v. III 133, 235f, 555

Christen, Hans VI 321

Christian (PN) II 502

- IV. (Kg v.Dänemark) VI 117, 146; VII/2 719
- (Eb.Mainz) II 466, 479, 516
- (B.Passau) I 45, 116, 128
- (Fürst zu Anhalt) V 463; VI 302
- (Fürst v.Halberstadt) VI 116
- v.Zollern (Mgf v.Brandenbg-Ansbach) V 341, 356, 368, 376, 406, 441, 444, 461
- v.Zollern (- v.Brandenbg-Bayreuth) V 388, 464-467, 470, 476; VI 91, 125, 135, 145
- v.Zollern (- v.Brandenbg-Kulmbach) VI 11, 93, 95, 117, 124, 136, 141, 149, 151, 154, 171, 174, 177f, 182f, 189f, 196, 206, 226, 228, 232, 252, 259, 269, 275, 277, 337, 339, 358, 399, 414, 416, 418, 432

- (Gf Grabfeldgau) I 19f
- (A.Banz) IV 343
- (Pfr Forchheim) II 553
- (Pfr Hersbruck) IV 200
- (Schultheiß Coburg) III 655

Christian Ernst v.Zollern (Mgf v. Brandenbg-Bayreuth) VI 448f, 463, 482, 539f, 561, 614

Christian Friedr. v.Zollern (Mgf v. Brandenbg-Bayreuth) VII/2 139, 203f, 215, 234f, 238, 335, 497, 544, 579

Christianus, Joh. (Prie.Aisch u.Attelsdorf) VI 89

- vgl. Christ

Christiansleiten (FlN.) III 535

Christine (PN) II 391, 425, 474, 569, 578

- (Kgin v.Dänemark) V 532
- (- v.Schweden) VI 386, 402
- (Ä.St.Theodor) III 520, 756; IV 24

Christoph (Hl.) I 187

- (B.Augsburg) IV 782f, 785
- v.Rotenhan (B.Lebus) IV 171, 181, 224f, 379, 383
- (B.Passau) IV 427
- v.Guttenberg (A.Michelsberg) VI 290, 582, 592, 630; VII 212f, 217
- (A.Steinach) IV 992
- (Büttner) IV 571

Christoph Franz v.Buseck (B.Bbg) VII/2 209, 258, 336, 343-346, 360, 364, 378ff, 402, 406f, 419, 434, 473, 475, 494, 511f, 539, 568, 570, 577f, 582, 588, 593, 596, 602, 604, 614, 625, 632, 642-736, 738, 745754, 756

- v.Hutten (B.Wbg) VI 659, 682, 714, 717; VII/2 652

Christoph Ludwig (Kard.) V 77, 95

Chrodegang (Hl.) I 24, 44

Chrozna (n.ident.) II 335

Chrysogonus (Hl.) I 187, 417, 456

Chuliz, Konr. II 549f

Chulm (FlN.) I 330

Chunesbac (n.ident.) II 144

Chuniza (PN) II 473, 541

Chuonerich (PN) I 380

Chur (CH) I 242f, 426, 443, 467, 472f; II 38, 566

- B. s.u. Heinr.; Norbert; Ulr.

Chusenrain (FlN.) II 397

Kiburg (CH) III 170

Cicero, Marcus Tullius I 348

Ciche, Heinr. (Kan.St.Gangolf) II 571

Kieferndorf (ö.Höchstadt/A.) VI 204

Kienberg (Österr.) III 28ff, 381; V 2; VII/2 66, 127

Kienburger See (Österr.) VII/2 66

Kieslinger, Martin (Forchheim) V 216

Kiesmann, Augustin (Theres) VII/2 329

Kießer, Marian (Michelsberg) VII/2 231

Kießling, Hermann (Kan.St.Gangolf) III 127, 131, 567

- Joh. (Kupferberg) V 250
- Michael V 514

Kiew (Ukraine) I 44

Kifer, Valentin (Kan.Ansbach) IV 1001

Kihn, v. (Fam.) VII 28

Cile, Friedr. v. II 61

Cilensi (Landschaft) I 174

Kilgath, Simon V 449

Kilian (Hl.) I 7, 13, 23, 24, 82, 135, 143, 148ff, 186, 410ff; II 5, 69, 73, 335, 392, 401, 469

- (A.Niederaltaich) IV 442, 523

Kilian, Konr. (Bbg) III 575

- Kunig. (-) III 575

Cilicien (Kleinasien) II 558

Cilij, Hermann v. IV 112

Killinger, Joh. Melchior VII 201, 203

Cimerberc (n.ident.) II 133

Cimino (It.) I 427

Kindlein, Joh. IV 732, 970

Kindsvater, Joh. IV 1028

King (Fam.) VI 309

Cintenbach (ON) I 408

Kinziggau (Landschaft) I 17

Kipp, Anna (Bbg) VI 58

Kirchahorn (sw.Bayreuth) I 15; III 285; IV 296, 806; V 336f; VI 399; VII/2 348

Kirchaich (sö.Haßfurt) I 265; V 306; VII/2 325

Kirchberg (abgeg.;Thür.) I 62, 66; II 232

Kirchberg (n.ident.) III 333

Kirchberg, Chalhohus v. II 544

- Joh. v. III 143, 341

Kirchdorf (Österr.) III 306, 325, 381; IV 175, 236; V 102; VI 515f

Kirchehrenbach (ö.Forchheim) I 137, 374, 478; II 61, 134, 172, 388, 516, 553, 624; III 198, 210,

285, 299, 542, 545, 731; IV 117, 138, 142, 147, 244, 263, 524, 708, 718, 915; V 241, 275, 406, 514f; VI 86, 117, 181, 275f, 330, 614, 639; VII 39, 53, 185, 246, 299; VII/2 45, 54, 214, 230, 413, 415, 529, 563

Kirchehrenbach, v. s.u. Ehrenbach, v.

Kirchenbirkig (w.Pegnitz) I 16; IV 311, 429, 443; V 139; VI 86, 186, 216, 343; VII 109, 185; VII/2 533

Kirchenlamitz (sö.Münchberg) III 96; IV 99, 628, 724, 731, 737, 937f

Kirchenrohrbach, Gottfried v. II 576

Kirchensittenbach (n.Hersbruck) II 645; IV 117

Kirchenthumbach (nw.Grafenwöhr) VII/2 537

Kirchenvogt (Fam.) III 412

- Christian (Friesen) IV 13

- Heinr. (Pfr Stadtsteinach) IV 313

Kircher, Otto (Nbg) III 724

Kirchfarrnbach (w.Fürth) IV 740

Kirchfembach (w.Fürth) III 742f, 750, 752

Kirchgattendorf (ö:Hof) VI 399

Kirchheim (ö.München) II 523

Kirchheim (sw.Wbg) I 10

Kirchheim (B.-W.) I 89, 138f

Kirchheim (n.ident.) II 631

Kirchheim, Heinr. v. (Kan.St.Stephan) III 526, 528, 531

- Walchun v. II 89

Kirchlauter (n.Eltmann) IV 398; VI 718; VII/2 338

Kirchlein (s.Kronach) III 123, 396, 674f, 679; IV 39, 390; V 65, 408, 489; VI 176; VII/2 56

Kirchleus (nw.Kulmbach) II 614; III 657f, 686, 693; IV 549, 736, 742, 936f; VI 231, 399; VII/2 215

Kirchner (Fam.) III 759

- Joh. (Pfr Wartenfels) V 483

- Joseph VII/2 316

- Krafto III 530

- Petrus (Zeil) VI 47, 50, 61, 65, 67

- Simon (Prie.) V 405

- Waltz (Bbg) III 586

Kirchohsen (Nds.) I 102

Kirchrimbach (n.Neustadt/A.) II 93, 287, 333; III 714; IV 959

Kirchröttenbach (n.Lauf/P.) I 368; II 522; IV 43, 344; VI 106; VII/2 43, 549f

Kirchrüsselbach (sö.Forchheim) III 147f, 285

Kirchscheidungen (Thür.) IV 117

Kirchschletten (nö.Bbg) II 94, 377, 379, 386, 390, 401, 492, 495, 529, 532, 576, 651; III 62, 375, 378, 395f, 618, 646, 676; IV 149; V 65, 577, 582f, 618, 649; VII 37, 280

Kirchschletten, v. s.u. Schletten, v.

Kirchschönbach (nö.Kitzingen) IV 630; VI 492

Kirchstetten (s.Vilsbiburg) I 145

Kirchzell (sw.Miltenberg) III 442

Circkel, Nikolaus V 128

Circulis, Nicola Ph. de (Florenz) III 11

Ciriacus (Eb.Padua) VI 162

Kirichomer, Veit (Pfr) IV 863

Cirner, Hermann (Bbg) III 609

Kirrweiler (Rh.-Pf.) VI 606

Kirsinger, Joh. Wilh. VI 141

Kirßner, Paul IV 616

Kiselius (Franziskaner) VI 456

Kisheber, Marg. IV 119

- Walter IV 119

Kislau (B.-W.) VII/2 386

Bad Kissingen (Ufr.) I 9; II 439; IV 507; VI 95, 379; VII 122, 185, 216, 253; VII/2 169, 220, 430f, 444, 625, 629

Cisterna di Roma (It.) II 435

Kistner, Barbara V 332

Cîteaux (Frkr.) II 470

Citerates (abgeg.;Ufr.) II 137

Kitzauf, Hans (Neustadt/A.) IV 980

Kitzbühel (Österr.) III 143; IV 263; V 235

Kitzbühel, Heinr. v. II 592

- Irmgard v. II 592

Kitzing, Heinz v. IV 573, 579

Kitzingen (Ufr.) I 138, 319, 334, 373, 385; II 110f, 406f, 457f, 520, 575, 606, 623, 658f, 664; III 438, 493; IV 21, 78, 176ff, 244, 283, 299, 317f, 333, 340, 363f, 378, 422, 545, 631, 649, 804; VI 109, 154, 159, 249, 251, 349, 388, 443f; VII 121, 269; VII/2 230, 381, 444, 510, 525

- Ä.s.u. Bertha;Elis.;Gisela;Hedwig; Kath.; Marg.; Mechthild; Sophie; Veronika

Kitzingendorf (abgeg.;Ofr.) III 527

Cividale di Friuli (It.) II 654

Kladrau (Tschechien) I 320; II 176, 213f; III 635

- A. s.u. Heinr.

Klagenfurt (Österr.) III 30; V 2; VI 160, 506; VII/2 70f, 73f, 122, 141, 152f, 159, 173, 246

Clairvaux (Frkr.) II 285, 300, 308, 370, 442, 470

- A. s.u. Bernhard

Klammerstein, Konr. (Nbg) III 757

Clara Pirckheimer (Ä.St.Klara/Nbg) IV 717

Klarmann, Hans (Unterhaid) IV 495f

Klaubauf, Hermann (Zeil) III 636

Klauber (Fam.) VII/2 357

- Peter (Amlingstadt) IV 119

Claudy de Severi (Fam.) VI 169

Clauer, v. (Fam.) VI 708

Klaus (Österr.) III 307

Klaus, Joh. (Kulmbach) IV 725f, 732, 982

Klausen, Pilgrim v. II 634

Clavius (Jesuit) V 158

Kleb, Joh. III 576

Kleber (Fam.) VII/2 667

- Jutta (Bbg) III 538

- Kraft (-) III 538

Klebheim (sö.Höchstadt/A.) III 71; V 478; VII/2 665

Klebhofmann, Albrecht (Strullendorf) IV 134

- Heinr. (-) IV 134

- Petrus (Domvikar) V 151

Klebsattel, Heinr. (Horb) III 667

- Kilian (Lonnerstadt) IV 453

Klee, Tolentius (Franziskaner) VII/2 654

Kleiber, Peter (Hof) IV 875
- Thomas (Wunsiedel) IV 1027
Klein, Heinz (Weismain) IV 84
- Joh. Heinr. (Bbg) VI 541
- Kath. (Burgebrach) III 602
- Leuthart (-) III 602
Kleinbach, Joh. (Prie.) IV 673
Kleinbardorf (sw.Königshofen) II 566; VII 213
Kleinbirkach (sw.Bbg) III 589
Kleinbuchfeld (s.Bbg) III 301; VI 181, 204; VII/2 411
Kleineibstadt (ö.Neustadt/S.) VI 628
Kleinerlbach (nö.Neustadt/A.) III 650
Kleingeschaidt (ö.Erlangen) III 444
Kleingesee (sö.Ebermannstadt) VII/2 628, 667
Kleinherr, Joh. (Kan.St.Jakob) III 449, 523; IV 13
- Werner (Scheßlitz) IV 41
Kleinhül (sw.Kulmbach) IV 1016
Kleinlangheim (ö.Kitzingen) I 265
Kleinlesau (nw.Pottenstein) II 144
Kleinmehring (ö.Ingolstadt) I 116
Kleinmeinfeld (nö.Hersbruck) IV 394; VI 102
Kleinneuses (s.Höchstadt/A.) III 586, 589, 593, 596, 598
Kleinochsenfurt (sö.Wbg) III 493, 606, 608
Kleinreuth hinter der Veste (Stadtt. Nbg) IV 784, 941; V 469
Kleinschierstedt (Sa.-Anh.) I 143
Kleinschmidt, Adam (Pfr Obernsees) IV 983

Kleinseebach (n.Erlangen) I 137, 374; IV 83; VI 540, 680
Kleinsendelbach (sö.Forchheim) III 25, 140, 478; IV 10, 42f, 406, 544; VI 122
Kleinwenkheim (n.Schweinfurt) I 18, 347, 355; II 503
Kleinziegenfeld (sö.Lichtenfels) III 71, 372, 391f, 444, 501, 589, 597f, 688, 695, 697; IV 70, 77, 80, 90, 100; VI 85, 342; VII/2 215, 682
Kleist, v. (Fam.) VII/2 279, 281-284
Clemens (Hl.) I 467; II 52f, 252, 398
- II. (Papst) I 91, 346-358, 363ff
- III. (Gegenpapst) I 470, 473, 485, 490
- III. (Papst) III 341ff, 547, 551, 557
- IV. (-) III 81
- V. (-) III 11f, 33, 201
- VI. (-) III 192, 200, 206, 209, 218, 225, 230, 233, 243, 251, 256, 532
- VII. (-) III 385, 411; IV 687
- VII. (Gegenpapst) III 341, 411
- VIII. (Papst) 220ff, 230, 241, 247, 267, 279, 286, 314, 322, 329, 348
- IX. (-) VI 447; VII 147
- X. (-) VI 447, 469
- XI. (-) VI 620, 626, 630, 632, 635, 637; VII 120, 212f, 314
- XII. (-) VII 18, 52, 71, 74, 139, 196
- XIV. (-) VII/2 251f, 274, 321, 359, 363, 366, 369, 383-387, 396-401, 410, 464
Clemens August v.Wittelsbach (Eb. Köln) VII 19, 281; VII/2 279

Clemens Wenzeslaus v.Sachsen (Eb. Trier) VII/2 464-470, 544, 727
Clementia (Hl.) I 417
Klemm (Fam.) III 440, 443
- Berthold III 652
Klenck, v. (Fam.) VII 113
Clermont-Ferrand (Frkr.) I 481, 484; II 285, 300
Clerzcow (ON) II 556
Klesel, s.u. Melchior (Eb.Wien)
Klessing (ON) III 380
Klett, Hans IV 883
- Ulr. (Reuth) IV 137
Kleuer (Fam.) VI 697, 700
Kleukheim (s.Lichtenfels) II 152; III 66, 375, 621; IV 402; V 65; VI 128, 441; VII/2 432
Kleve (NRW) VII 192; VII/2 737
Cleve, Heinr. Joh. v. (Prie.) III 723
Klieber, Dietrich (Bbg) III 595
- Eberhard (-) IV 233
- Heinz (-) IV 61
- Kunig. (-) III 556, 568
- Liebhard (-) III 556, 568
- Otto (-) III 598
Klietsch (Fam.) VII/2 255
- Joh. Gg VII/2 363, 501
Clinckhardt, Heinr. (Kan.St.Gangolf) III 133; IV 256
Kling, Joh. Gg VII/2 474f, 592
Clingen, Andreas in der (Kan.Augsburg) IV 363
Klingenberg (s.Aschaffenburg) III 69; VI 254
Klingenberg, v. (Fam.) VI 700
- Clara v. VI 697

Klingenmünster (Rh.-Pf.) I 336
- A. s.u. Adalbert
Klingensten, Peter (Pfr Westheim) IV 1008
Klingenzell (CH) VII 230
Klinger, Albrecht (Pfr Elrichshausen) IV 741
- Gg IV 641
- Heinr. (Pfr Unterkotzau) IV 725
- Konr. (Wunsiedel) IV 1023
Klingsor, Friedr. (Bbg) IV 121
- Jutta (-) IV 121
Cloden (n.ident.) II 104
Clodona (ON) II 210, 212
Closen, v. (Fam.) VI 703f, 706
- Anna Elis. VI 705
Klosterbeck, Adelheit (Bbg) IV 43
Klosterlangheim s.u. Langheim
Klosterneuburg (Österr.) I 62
Kloster Sulz (sö.Ansbach) VI 140
- Ä. s.u. Barb.
Klosterwald, Markus (Bbg) IV 142
Klube, Heinz III 133
Klucken, Chr. (Bbg) V 397
Klüglin, Heinr. (Weiden) III 320
Klüpfel, Gerhaus III 578
- Hermann III 578
Kluge, Konr. (Pfr) IV 724
Kluger (Fam.) VII/2 255
Klugl, Veit V 168
Kluglein (Fam.) IV 351
- Gg (Langheim) IV 547, 594
Klunckert (Fam.) VII/2 221
Cluny (Frkr.) I 88, 109, 115, 199, 204, 260, 284, 307, 352, 416,

422, 456; II 44, 49, 117, 124f, 453, 456
- A. s.u. Hugo; Odilo; Pontius
Knab, Michael V 261
- Rochus (Bbg) VI 132, 330
Knappe, Konr. (Unterhaid) III 528, 532
Knappelin, Ulr. II 616
Knauer, Ambrosius (Weismain) VI 414
- Moritz (Bbg) VI 227
- s.u. Romanus (A.Michelsberg)
Knaus, Hans IV 610
Knaut, Haimerant IV 838
- Konr. (Dh.) III 106, 159, 193, 196, 555f
Knebel v.Katzenellenbogen (Fam.) VI 699f, 703, 707
Knebes (abgeg.;Ofr.) IV 725
Knellendorf (n.Kronach) III 368; IV 618; VI 272, 318
Knetzgau (sö.Haßfurt) I 17-20; III 42, 192, 418, 434, 606; IV 316, 392, 585, 606; V 216, 301, 449; VI 166f, 176, 444, 520f; VII 43; VII/2 489
Kneutel, Sigmund IV 705
Knicreister (PN) III 138
Kniphausen (Fam.) VI 113
Knipper, Pankraz (Domvikar) V 311, 448, 470
Knistling, Friedr. (Rothensand) III 540
- Heinr. III 540; IV 126
- Konr. (Rothensand) III 540
Knobel, Dietrich (Dh.) IV 171
Knoblauch (Fam.) III 286

- Agnes III 573
- Albrecht III 569
- Fritz (Baunach) IV 613
- Gg (Forchheim) IV 809
- Hermann (Bruck) IV 891
- Irmgard III 569
- Joh. (Pfr Geisfeld) IV 471, 749
Knobloch, v. (Gen.) VII/2 241f
Knoch, Hermann (Burgkunstadt) IV 596f, 654
Knöcklein (Fam.) VII/2 575
Knörlein, Joh. (Bbg) V 265
- Matthäus (Kpl.) V 319, 324
Knörringen, v. (Fam.) VI 699
- Chr. v. (Dh.Augsburg) IV 875
- Marg. v. V 529
- Wilh. v. IV 565
Knol, Fritz (Pottenstein) IV 295
Knopf, Heinz (Kornbach) IV 908
Knorr, Angelika VI 128
- Hans IV 507
- Hermann VI 128
- Joh. IV 867; V 499
- Konr. (Erlangen) IV 899
- Kunig. III 549
- Martin (Marktzeuln) VI 13
- Otto III 549
- Petrus (Pfr.St.Lorenz/Nbg) IV 246, 305, 318, 330, 333, 361-365, 386
- Wolfgang (Langheim) V 32
Knortz, Konr. (Ansbach) IV 382, 741
Knott, Friedr. (Kan.St.Gangolf) III 542
- Gg IV 333
- Wolfgang IV 478, 483

Knottner, Sebastian IV 812
Knür, Otto II 538
Knuto, Konr. (Dh.) III 104, 756
Kobel, Anna (Dettelbach) V 502
- Noel (-) V 502
Cobenzl, v. (Fam.) VII/2 13ff
- Karl v. VII 131, 185f, 199, 204, 284
- Ludwig v. VII/2 704, 708
Kober, Hermann IV 84
- Lorenz VI 429
- Ph. (Pottenstein) V 498
Koberlein, Heinz III 696
Koblenz (Rh.-Pf.) I 154, 164, 193f, 215, 251; II 71, 303, 315f; III 1, 107, 110, 414, 498; IV 330; VI 432, 493, 623, 658, 666, 675; VII 197, 228, 281; VII/2 91, 232, 274, 337, 467, 709
Kobler, Hans IV 424
Kobolt (Fam.) VI 109
- Konr. (Seinsheim) III 620
Coburg (Ofr.) I 2; II 296, 346, 553, 607, 638, 640; III 69f, 155, 273, 276, 336, 347f, 380, 487f, 491, 585, 598, 649, 654, 656f, 661, 675, 680, 685, 692; IV 27, 264, 771, 1046; V 33, 61; VI 135, 143, 150, 176, 187f, 192, 227, 229, 233, 242, 248, 252, 265f, 268, 283f, 290, 305, 309, 324, 326, 431, 547, 554, 558, 591; VII 71; VII/2 42, 284, 418, 576, 614, 698, 700, 703, 707
- Hzgtm s.u. Sachs.-Coburg
- - Hzge s.u. Joh. Casimir
Coburg, Christian v. III 649, 670
- Dietrich v. III 677, 681
- Gisela v. III 670
- Konr. v. III 598, 655, 657, 661, 677, 688
- Otto v. II 553, 720
- Udo v. II 553, 605, 607, 638, 640
Coburger, Andreas (Bayreuth) IV 876
- Joh. IV 264, 270, 897, 952
- Kaspar IV 408
- Konr. IV 145
- Michael IV 611
Koch (Fam.) III 625
- Elis. (Bbg) III 615
- Engelhardt IV 410
- Friedr. II 535, 548; III 615; IV 295
- Gundeloch II 520
- Hans (Prie.) IV 902
- Heinz (Ludwigsstadt) IV 963
- Hermann II 392
- Jakob (Pfr) VI 87, 396
- Joh. IV 816, 871
- Joh. d.Reumel (Kan.St.Stephan) IV 985
- Konr. (Marloffstein) III 140
- Lukas (Freiburg/Br.) V 69
- Marquard II 605
- Nikolaus (Kan.St.Stephan) V 324
Kochberg, Hans Veit v. V 194
Kochertürn (B.-W.) VII 86
Kochibutz, Gottfried III 66
Kochinger, Leonhard (Domvikar) V 151, 495
Cochläus, Joh. (Wbg) VI 110
Kochsieslein, Maria Anna VII 180ff

Cocius, Joh. (Kan.St.Stephan; Pfr Velden) IV 276, 399, 420
Kockl, Joh. IV 530
Cocolen (n.ident.) I 151
Cocus, Joh. (Pfr.Bayreuth) IV 276
Kodnitz, Hans (Amberg) IV 878
Köberlein, Balthasar VII 10
- Franz Joseph v. VII 4, 19, 194
Köbler, Friedr. (Hollfeld) III 128
Köcher, Fritz (Thurnau) IV 419
Köditz (w.Hof) IV 736, 912, 938f
Ködler, Hans (Bautenbach) IV 884
- Konr. (Pfr Hirschberg) IV 725
Ködnitz (ö.Kulmbach) III 325
Köffler, Joachim (Staffelstein) V 341, 423f
Köhler (Fam.) VII 282
- Friedr. Thomas VII/2 289f, 293
- Heinr. IV 241
- Jakob (Pfr Bußbach) IV 890
- Konr. (Pfr Konradsreuth) IV 940
- Ursula VI 48
- vgl. Koler
Kölbigk (Sa.-Anh.) I 414; II 389, 584
Kölblein (Fam.) III 308
- Hans (Pfr Leuchitz) IV 235
Köldiz, Thiemo v. III 689
Coelestin I. (Papst) I 420
- II. (-) II 380, 389, 473
- III. (-) I 323, 325; II 478, 573, 581, 583, 585, 594
Cölln (Stadtt.Berlin) VI 529
Köln (NRW) I 35, 55, 79, 153, 163, 229, 237, 249ff, 261, 263, 268, 302f, 361, 409, 450, 452; II 49, 110, 115ff, 123, 286, 309, 315, 399, 409, 467, 471, 583, 586, 630, 633; III 209, 259, 414, 721, 723, 747, 758; IV 458f, 477; V 285, 397; VI 198, 294f, 299ff, 303, 324, 329, 332, 364, 379, 404, 434, 437, 474, 488, 494, 574, 580, 613, 647, 662; VII 19, 37, 50, 196f, 222, 281; VII/2 2, 205, 207, 235, 374, 397, 505, 589f, 603, 607, 614, 622, 640, 655, 719
- Eb. s.u. Adolf; Anno; Arnold; Bruno; Clemens August; Ferdinand; Friedr.; Gero; Heribert; Hermann; Hugo; Joseph Clemens; Maximilian Franz; Maximilian Friedr.; Maximilian Heinr.; Ph.; Pilgrim; Rainald; Sigewin; Wilh.
Köln, Dietrich v. (Spital a.Pyhrn) IV 31
- Matthäus IV 833
- Petrus v. I 490f
- Wigeleus IV 362
König, v. (Fam.) VII/2 549
- Andreas Melchior VII/2 49
- Balthasar V 292, 354
- Gg (Pfr Lauenstein) IV 958
- Hans IV 884
- Heinr. (Ebermannstadt) III 568ff
- Klaus (Birkenfeld) IV 47
- Konr. IV 789
- Kunig. (Ebermannstadt) III 568ff
- Vert (Untertrubach) VI 185
Königsaal (Böhmen) III 3
Königsberg in Bayern (nö.Haßfurt) V 464; VI 166f, 187, 190, 200, 236, 243ff, 249, 251f; VII 92

Königsberg, Otto v. II 634
Königsdorfer, Erhard (Hof) IV 925
- Veit (-) IV 450
Königsegg, v. (Fam.) VII/2 175
- Leopold Wilh. v. VI 465
- s.u. Maximilian Friedr. v. (Eb.Köln)
Königsfeld (ö.Bbg) I 4, 7, 11, 17, 136, 143; II 99f, 500, 623, 629; III 156, 252, 325, 379, 575, 627, 664, 689; IV 318, 400, 743; V 65, 406f; VI 88, 250f, 503, 544; VII 141, 175; VII/2 214, 310, 495, 531, 649
Königsfeld, Andreas v. IV 272
- Bartholomäus v. IV 272
- Christian v. III 377
- Chr. v. IV 443, 463, 517, 612, 658
- Gg v. IV 443
- Hans v. IV 443
- Hans Wolf v. (Dh.) V 522f
- Hermann v. III 270, 333, 641
- Joachim v. V 522
- Joh. v. (Pfr Stadtsteinach) III 270; IV 272, 281
- Joh. Gg v. VII 232
- Klaus v. IV 443, 463, 658
- Konr. v. III 270, 333, 421; IV 192
- Marquard v. III 588
- Otto v. II 623, 629
- Reinhold v. III 15, 24, 50, 58
- Thomas v. IV 856
Bad Königshofen im Grabfeld (Ufr.) I 10f, 16, 409; II 497; III 497; VI 157, 163, 167, 170, 184, 242f, 248, 256, 274, 342, 350, 425; VII 81, 87; VII/2 241

Königsmark, Joh. Chr. v. VI 353, 371, 373, 394
Königsperger, Heinr. V 482
Königsstücke (FlN.) III 608
Königstein(nw.Sulzbach-Rosenberg) I 157; II 135, 561; III 428f; VI 17; VII/2 44f, 536, 550, 560
Königstein (Hess.) VI 715
Königstein, Eberhard v. IV 1053
- Gelphrad v. II 135
- Ludwig v. V 338
- Ulr. v. III 38
- Wirnto v. II 561
Königswart, Taut v. III 46
Königswiesen, Bertolt II 562
Könitz (Thür.) II 383, 389, 401, 525f, 566, 635
Könitz, v. (Fam.) VII 25
- Adalbert v. II 383, 389, 401
- Albert v. II 525f, 531, 560, 635
- Christian Ferdinand v. VII/2 500, 560
- Heinr. v. III 517
- Veit Ulr. v. VI 179, 194
Körbeldorf (nw.Pegnitz) II 133; III 46; IV 11, 33, 1017f; VI 152f
Körber, Anna Marg. (Bbg) VI 50, 70
- Heinz (Kirchenbirkig) V 139
- Joh. (Lüglas) VI 86
- Tobias (Buchbach) VII/2 665
Körner (Fam.) VI 79; VII/2 323
- Andreas V 485; VI 231
- Barb. V 483; VI 71
- Fritz (Theuerstadt) III 575, 591
- Gertrud (-) III 575, 591

- Kaspar VI 64
- Kath. VI 46, 61
- Kilian (Bbg) V 263
- Rochus (Kronach) VI 270
Körzendorf (sw.Bayreuth) III 270; IV 295, 783, 869; V 494
Kösten (Fl.) I 22; II 502; III 368
Kösten (w.Lichtenfels) I 21; II 640, 643; III 659; VII 102
Kösten, Arnold v. II 497
- Hildebrand v. II 497, 640, 642ff
- Otto v. III 659
- Rumolt v. II 106, 494
Köstenberg (n.Stadtsteinach) I 330; II 106, 483, 494, 498; VI 546, 600
Köstenberg, Erkenbert v. II 483, 498
- Hartmut v. II 106, 494, 498
Köthen (Sa.-Anh.) VII/2 516
Kötsch (sw.Bbg) II 506, 509
Köttel (sö.Lichtenfels) III 254, 647, 659f, 663, 673, 683, 687, 708; V 65
Köttensdorf (nö.Bbg) II 511; III 375, 687; IV 192; V 65
Köttler (Fam.) IV 571, 592
Köttmannsdorf (s.Bbg) II 54; III 531; VI 601, 643
Köttweinsdorf (nö.Ebermannstadt) III 372; IV 426, 746
Köttweinsdorf, Berthold v. II 488
- Helburg v. II 488
Kötzner, Berthold (Nbg) IV 205
- Joh. (Pfr Herzogenaurach) VI 198
- Michael (Kpl.St.Martin/Bbg) VI 58, 65, 78

Koffler, Stephan (Pfr Staffelstein) V 323
Kofherin, Ella (Nbg) III 719
Kohler (Fam.) VI 462
Kohlstein (ö.Ebermannstadt) IV 356; V 335; VI 709; VII/2 404
Kokolowe (n.ident.) II 584
Kol, Berthold (Aschbach) III 2
- Friedr. III 204
- Rucker III 204
- Siegfried (Aschbach) III 3
Kolb v.Reindorf (Fam.) VII/2 212f, 215
Kolb (Fam.) IV 341
- Franz (Karthäuser) IV 715
- Hans IV 628
- Klaus VI 306
- Konr. IV 86
Kolbenberg, Friedr. v. (Kan.St.Stephan) III 526
Kolbenmacher, Ulr. (Augsburg) III 23
Kolberg (Polen) I 103, 195; II 210f, 217
- B. s.u. Reinbern
Kolbmüller, Hans (Pottenstein) V 504
Kolbrat (Fam.) III 350
Koldingen (Nds.) I 196
Colditz, Otto v. III 78
Coleman (PN) II 464
Kolen, Dietrich v. (Domvikar) IV 122
Koler (Fam.) III 706
- Elis. (Nbg) IV 125
- Erkenbrecht (Nbg) III 122

- Paulus (Pr.Feuchtwangen) IV 867
- vgl. Köhler

Kolf v.Bettelhofen, Amalia V 529

Kolhart, Erhard IV 819

Kolin (Tschechien) VII/2 211

Kolitzheim (nw.Gerolzhofen) II 509f

Colle Calvus (It.) I 156

Collen, Joh. Engelbert VII 144

Koller, Gregor (Pfr Gattendorf) IV 863
- Konr. (Langheim) IV 423
- Matthias IV 429, 610
- Michael (Lichtenfels) IV 614

Kollermerckel (Fam.) IV 139

Kollmering (sö.Deggendorf) III 380

Kollonitsch, Sigismund v. VII 125, 269

Colloredo, v. (Fam.) VII 77, 92, 196; VII/2 28, 154, 198, 220, 233, 302, 328, 436, 474, 650, 709f
- s.u. Hieronymus v. (Eb.Salzburg)

Collr, Sophie v. III 282

Kollschreiber, Hans IV 1035

Colmannus (PN) II 393

Colmar (Pr.Griffen) V 70

Colmberg (nw.Ansbach) III 94, 145; IV 740, 939

Colmberg, Nikolaus v. IV 915

Colmeyer, Heinz (Bbg) IV 600

Kolmreuth (s.Ebermannstadt) III 548

Kolmsdorf (w.Bbg) III 583, 589; IV 541; VI 188

Kolnbeck zu Waldsee, Nimrod V 325

Kolnitzer, Eberhart III 313; IV 112

Colo (PN) II 394, 414, 488

Colon, Chr. (Pfr Schwarzenbach) IV 988

Columba (Nonne Bbg) VII/2 432

Columban (Hl.) I 187
- (Prie.) VII 221

Comburg (B.-W.) V 370, 395, 510; VI 376, 417, 517; VII/2 259, 405, 420, 582, 636, 665, 716, 752

Komer (Fam.) IV 447

Comino (It.) I 256

Commendone (Kard.) V 83

Como (It.) I 101, 129, 206, 259f, 426; VI 533
- B. s.u. Alberich

Como (Kard.) V 86ff, 91, 93, 111, 113, 138

Compensis, Jakob V 379
- Kunig. V 440

Compiègne (Frkr.) I 263

Konhofer, Konr. (Generalvikar) IV 26f

Conmario (Fam.) VI 195

Konon (Kard.) I 456

Konrad (PN) I 412, 496; II 57f, 61f, 68, 71, 73, 90, 95, 100f, 288, 290, 297, 335, 385f, 425, 443, 452, 460, 481, 485, 487, 489, 515, 519, 534, 542f, 560ff, 564f, 570f, 576, 579, 582f, 592f, 605f, 611, 616, 621f, 629, 638, 641f; III 1, 3, 33, 47, 60, 89, 136f, 139, 175, 199, 205, 260, 611, 643, 652, 756; IV 129, 133
- I. (Kg) I 22f, 31
- II. (Ks.) I 78, 107, 138, 146, 223f, 238, 275, 287, 289f, 293ff, 304, 308f, 334f, 342-345, 349, 360, 366, 368, 385, 496

- der Jüngere (Salier) I 238
- III. (Ks.) I 311, 314; II 65, 73, 96, 101, 106, 116, 118, 123, 127, 142, 145, 158, 271, 273f, 277, 280, 286f, 293, 296, 300, 302, 310, 315ff, 323, 333, 335f, 369, 373-376, 378-381, 385, 388, 390, 392f, 395ff, 399-402, 406-409, 411, 413, 423, 443f, 451, 456, 459, 468, 477, 495, 502-506, 508, 511f, 514, 631; VI 438
- IV. (-) II 664
- (Sohn Heinrichs IV.) I 476, 480, 491
- (Kg v.Burgund) I 39f, 76, 78, 130
- (Hzg Austrasien) I 76
- (Hzg v.Franken) I 78
- d.Rote (Hzg v.Lothringen) I 52
- (Hzg v.Schw.) II 514
- von Zähringen (Hzg) II 333
- (Mgf) II 312
- (Mgf d.Nordmark) II 308
- (Mgf v.Sachsen) II 505
- (Pfalzgf) II 514
- (Burggf v.Nbg) II 452, 454, 487, 536, 631, 656
- (Gf) I 25f, 30f, 246, 333; II 292, 382
- (Eb.Magdeburg) II 310, 312
- v.Wittelsbach (Eb.Mainz u.Salzburg) II 344, 453, 455f, 469, 479, 523, 539f, 573, 584ff
- (Eb.Mainz) IV 177
- (Eb.Salzburg, B.Passau) II 43, 122, 131, 278f, 284f, 307, 309, 311, 316f, 369f, 414, 420, 435, 440, 442, 449, 455, 458, 469; III 611

- v.Ergersheim (B.Bbg) II 317, 514, 530-533, 537, 542f, 550, 553f, 561, 563ff, 568, 574, 576ff, 589-592; V 28
- (B.Brixen) III 84
- (B.Cammin) II 339, 555ff
- (B.Eichstätt) II 405
- (B.Freising) III 87
- (B.Genua) I 467
- (B.Hildesheim u.Wbg) II 578f, 584-589, 590
- v.Giesenheim (B.Lübeck) III 387, 753
- I. (B.Regensburg) II 141, 274, 285, 304, 309
- III. (-) II 587, 592
- IV. (-) II 606
- III. (B.Speyer) II 600
- II. (B.Trient) II 600
- (B.Utrecht) I 467ff, 472
- I. (B.Wbg) s.u. Konr. (B.Hildesheim)
- III. v.Thüngen (B.Wbg) IV 503, 522, 549f, 552, 748, 757
- (Weihb.) IV 114
- (A.Banz) III 69f, 755
- (A.Ebrach) II 508, 512
- (A.Ensdorf) IV 196
- (A.Fulda) II 288, 318
- v.Mühlheim (A.Gengenbach) IV 462, 471
- (A.Heilsbronn) II 335
- (A.Langheim) II 635
- Haas (-) IV 803, 811; V 236
- Holzmann (-) V 161, 228, 236
- (A.Michelfeld) II 341, 560f, 565

- (A.Münchaurach) II 454; IV 895
- (A.Schuttern) IV 521, 546
- (A.Stein) III 381
- Heidenreich (A.Waldsassen) IV 1018
- (A.Weißenohe) III 445, 755
- (Dh.) II 57-60, 68ff, 72, 90, 95, 112, 141, 143, 145f, 151, 153, 272, 277, 288, 292, 294, 297, 315, 375, 378, 382, 386, 388ff, 392, 396, 398, 400, 403, 406f, 413, 416, 425, 444, 454, 457, 460f, 464, 480, 482, 484, 489, 494ff, 501, 510, 515f, 519f, 529, 532ff, 538, 542f, 549f, 553, 561, 563-566, 570, 574, 576f, 582, 589, 622, 637f, 640, 646, 648; III 312, 459, 592
- Suso (-) II 536, 543, 568, 577, 589
- (Dh.Eichstätt) II 293, 563, 572, 577, 589
- (Dh.Wbg) II 449
- (Kan.St.Gangolf) III 50, 53, 128f, 131, 552
- (Kan.St.Jakob) II 61, 548, 569-572, 578ff; III 49, 52, 66, 160, 315, 352, 399f, 470f, 478, 559, 561f, 564, 574f, 606, 713
- (Kan.St.Stephan) II 533, 579; III 4, 13, 49f, 55f, 62f, 66, 128, 146, 156, 188, 471, 680
- (Kan.Magdeburg) I 347
- (Kan.Wbg) II 287, 290, 335, 503, 507, 513
- (Kpl.B.Ekbert) II 661, 663
- (Kpl.B.Otto I.) II 68
- (Kpl.B.Otto II.) II 502, 564
- (Kpl.Nbg.) II 619
- (Kpl.Wbg) II 449
- (Mönch Banz) III 366
- (Mönch Heilsbronn) III 750
- (Mönch Hirsau) II 136
- (Mönch Michelfeld) IV 242
- (Mönch Münchaurach) II 136
- (Pfr Altenkunstadt) III 645
- (Pfr Auerbach) IV 44
- (Pfr Banz) II 495
- (Pfr Bühl) II 645
- (Pfr Burgkunstadt) III 654
- (Pfr Diespeck) IV 989
- (Pfr Forchheim) III 3
- (Pfr Gaustadt) II 498
- (Pfr Kronach) II 576
- (Pfr Kupferberg) III 198
- (Pfr Münchberg) IV 163
- (Pfr Nankendorf) II 469
- (Pfr Nbg) II 553; III 184, 191, 725
- (Pfr Schönfeld) IV 294
- (Prie.) III 40, 133, 196, 198, 299, 645; VI 109
- (Prie.Breslau) II 637
- (Pr.Griffen) II 661
- (Pr.i.Passau) I 405
- (Pr.Spalt) II 293
- (Pr.Windberg) II 521, 583
- (Pr.i.Wbg) II 95, 287, 290, 335, 410
- (Notar Bbg) III 50, 56f
- (Nbg) III 143
- der Besengt II 244

Konrad, Heinz (Nbg) III 539, 611
- Veronica (Bbg) VI 63, 71

Konrad Ferdinand (Weihb.Konstanz) VI 574, 714

Konrad Wilh. v.Wernau (B.Wbg) VI 508f, 690, 709, 711

Conradi, Joh. (Mainz) III 399, 458f, 566, 578, 633, 696

Konradsreuth (sw.Hof) IV 386, 725, 736, 940

Consalvi (Kard.) VII/2 693, 695, 711

Consbruck (Fam.) VI 612

Konstantin (röm.Ks.) I 170, 383

- (A.) I 74f, 77

Constantini, Carl Aloys (Rom) VII/2 656

Konstantinopel (heute: Istanbul; Türkei) I 254, 361, 395, 400; II 381, 399, 426, 608

- Ks. s.u. Alexis; Justinian

Konstanz am Bodensee (B.-W.) I 61, 81, 418ff, 484; II 407; III 43, 84, 152, 222, 262, 264, 359, 401, 580, 715, 757; IV 55, 64, 105ff, 222, 468, 952; V 69, 98; VI 155, 297, 299, 369, 528, 574, 602, 714; VII 19, 23ff, 27, 55, 73ff, 92, 94, 153, 182f, 198, 207, 225-228, 281, 305ff; VII/2 185, 404, 516, 571, 681, 716

- B. s.u. Arnold; Berthold; Damian Hugo; Dieter; Diethelm; Franz Konr.; Gebhard; Heimo; Joh.; Joh. Franz; Karl; Kasimir Anton; Lambert; Otto; Ruthard; Sittich; Ulr.; Warmund

- Weihb. s.u. Konr. Ferdinand; Sirgenstein, v.

Konstanz, Heinr. v. III 715

Konstanze v.Sizilien (Kgin) II 544, 583

Contareni, Aloys (Venedig) VI 386

Contareno, s.u. Marinus (B.Vicenza)

Contz, Joh. (Mainz) V 453

Copingen, Engelbert v. II 486

- Liutwin v. II 486

Kopp, Hans (Bbg) IV 706

- s.u. Joh. (A.Prüfening)

- Sebald (Forchheim) VI 433

- Ulr. (Bbg) IV 571

- Wolff (Diakon) IV 533

Coppel, Heinr. (Hof) III 228

- Löb (Kronach) VI 664

- Ulr. III 223f.

Koppenhof (Stadtt.Bbg) VII 75, 193

Coppenstein, Joh. Andreas (Bbg) V 438

Korau (ON) III 615

Korber, Amadeus (Kan.St.Stephan) IV 484, 579

- Bartholomäus (Pottenstein) IV 243

- Heinr. IV 41, 143

- Joh. (Staffelstein) IV 160

Korbheim (abgeg.;NB.) I 146

Korcher, Joh. (Pfr Pegnitz) IV 725

Kordigast (Berg sö.Lichtenfels) III 693

Korft, v. (Fam.) VII 93

Korling, Albert III 655

Korn, Franz (Karthäuser) IV 715

- Hans (Pfr) IV 902

Kornbach (nö.Bayreuth) IV 79, 908

Kornberge (Landschaft) I 6

Kornburg (Stadtt.Nbg) II 64; III 428

Korndorfer, Benedikt (Prie.) IV 962, 992

Corneli, Caspar (Rom) V 403

Kornelimünster (NRW) I 184

- A. s.u. Berthold

Korner, Andreas (Pfr Seubelsdorf) IV 730, 733
- Gertrud (Bbg) III 602
- Heinz (-) III 601
- Joh. (-) IV 192
- Martin (Gefell) IV 905
- Sebastian (Hag) IV 812
- Weltz (Bbg) III 602

Cornhunt, Gottfried v. II 101, 617
- Hermann v. II 617

Cornizenbach (Fl.) VII/2 66

Kornlein, Walter (Seußling) IV 36

Korntheuer, Hieronymus (Pfr Hohenstadt) IV 865

Kornwibel (Fam.) III 599

Corpus, Marx VI 307

Corpozovius, August VI 387

Corvey (NRW) I 67, 109, 113, 182, 208, 211, 225, 237, 334, 341, 346; II 2; VII/2 630, 655, 716
- A. s.u. Bruno; Druthmar; Erkenbert

Korzendorf (sw.Bayreuth) III 270; IV 295, 783, 869; V 494

Kosbot, Leutold v. III 79; IV 903
- Nikolaus v. III 229

Kosbrunn (nw.Pegnitz) IV 20

Koser, Konr. (Erlangen) IV 901

Cosheim, Ulr. v. I 452, 456, 470

Cosler, Sifrid II 582, 611

Cosmas (Hl.) I 186
- (Kard.) III 511
- (B.) III 287, 297, 690
- v.Prag (Chronist) II 215, 298f, 303

Koß, Joh. IV 758

Cossel, v.(Fam.) VII 67

Kosserleins (abgeg.;Ofr.) III 242

Koßlinger, Karl IV 422, 441, 462, 486
- Michael (Forchheim) IV 486

Costagusto, M. Vincenz (Rom) VI 345

Kosten, Otto v. III 659

Costenbach (FlN.) IV 14

Kostener, Adelheid (Bbg) III 127, 529, 593
- Hermann (-) III 127, 529, 593
- Irmgard (-) III 127, 529, 593
- Jutta (-) III 296

Kostenpauer, Stefan (Hof) IV 926

Kostenreuther (Fam.) V 250

Costorius, Bernhard V 421

Kotel (Fl.) III 229

Kothes (abgeg.;Ofr.) III 662

Kotner, Heinr. (Haßfurt) III 434

Kotschenreuther, Benignus (Pfr Dornheim) VII 234
- Ferdinand Jakob (Pfr Altmannshausen) VII 234
- Gg Heinr. (Büchenbach) VII 205

Cottenau (nö.Kulmbach) IV 71, 563, 783, 1010f

Kottenauer, Hermann (Bbg) III 588
- Konr. III 602
- Kunig. III 575, 588

Kottendorf (ö.Haßfurt) IV 354

Kottenheim, Adalbert v. II 460

Kottnauer, Sigmund IV 396

Kottwitz zu Aulenbach, v. (Fam.) VI 706, 716
- Anna Maria v. VI 504

- Franz Otto v. (Dh.) VI 461, 464f, 472, 504, 509, 534, 703, 709f
- Friedr. v. III 350
- Gg Ph. v. VI 504
- Konr. v. (Wbg) V 165
- Maria Susanna v. VI 707f
- Wolfgang Albert v. VI 703

Kotzau, v. (Fam.) IV 70, 385f, 725, 736, 742, 920
- Albert v. III 502; IV 385
- Anna Ursula v. V 446
- Chr. v. IV 450, 477
- Eberhard v. III 133
- Elis. v. III 133
- Gerhard v. III 229
- Gg v. III 421
- Hans Berthold v. V 524
- Hektor v. (Dh.) V 212, 275, 308, 377, 392, 422, 426, 428, 456, 516, 524, 530; VI 60, 704
- Heinr. v. III 229, 335, 502, 646; IV 385, 450
- Herbert v. III 123
- Joh. v. III 79, 293; IV 903
- Konr. v. III 123, 229; IV 875
- Nikolaus v. III 502; IV 385
- Otto v. IV 337
- Peringer v. IV 332
- Theoderich v. III 646

Kotzauer (Fam.) III 390

Kotzendorf (ö.Bbg) II 392, 480, 522, 543, 609, 611; III 67f; V 65

Kotzendorfer, Joh. (Pfr Ebensfeld) V 241

Kotzenwinden (ON) II 639

Cotzer, Heinr. (Forchheim) IV 689

Kotzler, Heinr. (Baiersdorf) IV 982
- Seyfried III 539

Coyat, Jorg IV 912
- Lorenz IV 912

Koye, Walter III 562

Koyen (Thür.) II 520

Krackhardt (Fam.) VII/2 730

Craco, Valerius IV 826

Kradel, Hans IV 423; V 485f
- Jakob IV 410
- Joh. (Pfr) V 485
- Konr. (Nankendorf) III 236
- Kunig. (Ellern) V 485

Crätz v.Scharffenstein (Fam.) VI 658, 666

Kraft (PN) I 347; II 96, 473, 488
- (Dh.) II 598, 607, 613, 619, 629, 639, 646ff
- (Gf i.Radenzgau) I 369, 374, 383, 407, 478
- (Pfr Burghaslach) II 96
- (Notar Bbg) II 661, 663

Kraft (Fam.) VI 655
- Joh. (Kan.St.Stephan) III 544
- Konr. IV 564
- Michael (Bbg) VI 76

Kraftshof (Stadtt.Nbg) III 735; IV 367, 940ff; VII/2 357

Cragant, Hermann (Domvikar) III 459

Krage (Fam.) III 271

Krahlach (PN) VI 701

Crailsheim (B.-W.) IV 69, 586, 741, 868

Crailsheim, v. (Fam.) V 73ff; VI 165, 622; VII/2 574

- Agnes v. VI 698
- Bernolf v. VI 163
- Hans v. V 73
- Joh. Friedr. v. VII/2 664
- Ursula Agnes v. V 530
- Wolff v. VI 142

Krain (Herzogtum) I 70, 96; II 662; III 170, 291, 324, 362

Krainburg (Slowenien) I 70

Krainegg (Österr.) III 28, 30, 381; VII/2 66

Kraisdorf (nw.Ebern) IV 462

Kramer, Bernold (Nbg) III 728, 737
- Eberlin (Kupferberg) III 587
- Elis. (-) III 587
- Fritz III 737
- Hans (Bbg) V 481
- Heinr. (Domvikar) III 459
- Magdalena III 737
- Michael (Prie.) IV 142, 1028

Crane, Joh. v. VI 386

Kranichfeld, Wolfher v. II 498

Krankenmeister, Hermann (Ebrach) III 4

Kraphe, Helmrich (Gemünd) III 644

Krappenberg (FlN.) III 692

Krappenhof (ö.Haßfurt) VI 517

Krappenroth (ö.Lichtenfels) III 646, 659; VI 466

Kras, Anna V 502
- Dorothea V 492, 502
- Hans V 74, 205, 502
- Michael (Prie.) V 193, 501

Krassach (sö.Lichtenfels) III 655, 673, 697; IV 326; V 65; VII/2 405

Krassach, Elis. v. III 673
- Fritz v. III 673

Krassen (Fam.) IV 326

Crasser, Joh. (Prie.) V 74
- Wolfgang (Hollfeld) V 493

Krassolzheim (w.Neustadt/A.) I 265

Kratz (Fam.) III 103, 616; VI 136, 210, 216, 227, 231, 234f, 237f, 243, 246, 249, 250, 287, 309, 316f, 330f, 342
- Konr. (Steppach) III 66, 205

Kratzer (Fam.) III 326
- Hans IV 34, 738
- Kath. (Bbg) VI 71f
- Leonhard (-) VII/2 81, 90, 197, 220, 269, 428, 541, 698

Kratzper, Hans (Pfr Oberkotzau) IV 983

Kraus (Fam.) III 589; VII 183
- Anna V 452
- Dionysios (Banz) VII 30
- Friedr. (Scheßlitz) III 523
- Gg (Kirchehrenbach) VII 53
- Heinr. III 412
- Kath. V 452
- Magdalena (Zeil) VI 58
- Neithardt V 452
- Thomas (Pfr Kleukheim) VI 441
- Veit (Bbg) V 348, 405, 452
- Wolf Albrecht V 452

Krausenbechhofen s.u. Bechhofen

Crausolt, Hans (Oberfellendorf) IV 786

Krauß, Bartholomäus (Pfr Kirchröttenbach) IV 392
- Erl (Degenreuth) IV 420

- Fritz (Lindenhardt) IV 627
- Gg (Pfr Steinbach/Wald) IV 863, 998
- Hans IV 236, 614, 1015
- Heinz (Berneck) IV 886
- Jakob V 330; VI 47
- Konr. (Allendorf) IV 1000
- Kunig. (Kronach) VI 34
- Martin (Pfr Pottenstein) IV 865
- Michael (Pfr Auerbach) IV 484
- Peter (Bbg) V 496f
- Salomon (Pfr Kautendorf) VI 864
- Simon (Karthäuser) IV 858

Kraußberger, Stefan IV 738

Krautblatt, Simon (Bbg) VI 67, 72

Krautblatter, Heinr. Bernhard (Bayreuth) VII/2 416

- Joh. Karl Leonhard (Pfr Strullendorf) VII/2 54

Krauter, Albrecht (Pfr St.Sebald/Nbg) III 257, 724

Krauters, Friedr. III 748

Krautheim an der Jagst (B.-W.) VII 86

Krautostheim (w.Neustadt/A.) II 96, 101, 385

Craven, Eliza VII/2 711

Crebers, Heinr. (Weiden) III 320

Krebs, Agnes (Bbg) III 600
- Heinr. (Domkustos) VII 179
- Hertlein (Bbg) III 600
- Joh. Adolf VI 386
- Peter Baptist (Eremit) VII 270

Krebes (n.ident.) IV 386, 736, 906, 922, 942f

Krechorn, Hans IV 589

Krefeld (NRW) III 288

Creglingen (B.-W.) I 347; III 11

Creglingen, Hartwig v. II 93, 275

Kreidlein, Bartholomäus (Notar) V 490

Kreittmayr, v. (Fam.) VII/2 37, 79, 591

Kreller (Fam.) VI 86
- Joh. (Meißen) IV 1028

Crema (It.) II 435

Kremer, Erhard IV 610
- Hans (Bbg) IV 591f
- Joh. (Notar) III 723
- Konr. (Strullendorf) IV 134

Kremmeldorf (nö.Bbg) III 375; IV 198, 641

Cremona (It.) I 46, 100, 106, 460, 467; II 274, 313, 559
- B. s.u. Arnulf

Krempel, Eberhard (Kan.St.Gangolf) III 576; IV 77, 89, 99f, 109, 917
- Konr. (Prie.) III 697
- Otto (Kan.St.Stephan) III 537, 541

Krems (Österr.) II 630

Kremsmünster (Österr.) II 440, 522, 596, 663; III 4, 272; VI 258, 302, 515f
- A. s.u. Ernst; Friedr.; Heinr.

Krenkingen, Joh. v. III 378, 435

Krennich, s.u. Wilh. (A.Langheim)

Krependorf (abgeg.;Ofr.) IV 311

Krepp, Marg. V 502

Krepser (Fam.) V 133

Crescentia (Hl.) I 187

Crescentier (Fam.) I 52, 56, 200f, 204, 239, 258

Crescentius (Hl.) I 186
Kress, Gerhaus (Bbg) III 584
- Konr. (-) III 582, 584
Kress v.Kressenstein (Fam.) VI 616
- Jodok Chr. (Nbg) VI 387
Kreßner, Joh. (Küps) V 485
Kretl, Gg (Waischenfeld) VI 71
Kretschmann, Fritz (Wirsberg) IV 1012
- Konr. (-) IV 1012
- Theodor VII/2 678
Krettenbach (nw.Scheinfeld) III 266
Kretzer, Eucharius (Pottenstein) VI 276
Kreulsheim (Fam.) III 620
Creuselmann, Ulr. (Elpersdorf) IV 292
Kreusenberg (FlN.) III 535
Creusen, Jorg IV 420
Kreusner, Otto III 270
Creußen (s.Bayreuth) I 6, 16, 84, 86, 88, 157; II 69, 85, 94, 98, 101, 218, 294, 382, 384ff, 388, 444; III 41, 276, 295, 335, 390, 719; IV 47, 101, 103, 124, 533, 626, 731, 734, 737, 831, 890, 943-948; V 466; VI 108, 275, 287; VII 122
Creußen, Appel v. IV 411
- Gelphrad v. II 388
- vgl. Adelsdorf, v.
Kreutlein, Hans (Knetzgau) VI 521
Kreuz, Konr. (Bbg) III 60
Kreuzbach (Fl.) IV 73, 81, 784
Kreuzberg (ö.Kronach) VII 270; VII/2 195
Kreuzberg (nw.Neustadt/S.) VI 662

Kreuzer, Gg (Pfr Forchheim) IV 691
- Hans (Lüglas) VI 86
Kreyer, Konr. (Nbg) III 359
Kreyttner, Friedr. IV 530
Kreytzbach, Konr. (Nbg) III 757
Crichingen, v. (Fam.) V 338
Crichten, Robert v. VI 372
Krick, Gg (Köttmannsdorf) V 23
Krieg, Andreas (Pfr Kirchehrenbach) V 514f
Kriegenbrunn (Stadtt.Erlangen) II 292, 379, 424, 631, 645
Kriegenbrunn, Egeno v. II 292, 379, 424, 606f, 609f, 612f, 615f, 621f, 636ff, 645f, 648
Krieger (Fam.) III 111, 390
Krieywald (FlN.) III 434
Krimmer (Baunach) VII/2 213
Krimmitschau, Joh. v. III 76f
Crineis, Heinr. (Gefrees) IV 906, 908
Crisant (Kan.St.Jakob) II 476f, 490f, 534f, 542, 548f, 568-571
Criseler, Eberhard II 640, 642
Crispinianus (Hl.) II 205
Crispinus (Hl.) II 205
Kristan vgl. Christian
Cristaner, Hans IV 175, 217, 251, 256, 297
- Heinr. III 68
- Jakob (Lelitz) IV 426
- Konr. (Zultenberg) IV 358
- Lew (Welchendorf) IV 119
- Nikolaus IV 869
- Stefan (Mistelbach) IV 972
Cristansberg (n.ident.) IV 91
Cristein (Nbg) III 750

Kritzelmer, Joh. (Kulmbach) IV 1028

Kritzmer, Hermann IV 90, 951

- Joh. (Pfr Mainroth) IV 864

Kroatien VI 185, 238f, 253, 264f, 342f

Krodel (Fam.) III 43

Krögelstein (nö.Bbg) II 378, 582, 610, 612, 615, 639; III 14, 24, 28, 41, 106, 193, 379, 405, 467, 644; IV 406, 544, 561; VI 336; VII/2 327, 356

Krögelstein, Adelold v. II 375

- Albert v. III 644
- Ekkehard v. II 375
- Konr. v. (Dh.) III 642, 644
- Lukardis v. II 615
- Martin (Münchberg) IV 724
- Merboto v. II 529
- Poppo v. II 582, 642
- Seifried v. II 610, 612, 629, 648

Kröner, Andreas (Ützing) VII 86

Krönfuß, Hans (Markt Erlbach) IV 971

Krötenbruck (Stadtt.Hof) III 407

Kröttenbach (sw.Gunzenhausen) III 42

Krötzer, Apel (Zeil) VI 67

Krogersdorf, Hans (Bayreuth) III 393

Krohn (n.ident.) VII 257

Crolack, Andreas v. IV 411

Crolipper, Joh. (Losau) III 226

Crololanza, Laurentius (Kan.St.Stephan) V 414; VI 256

Kronach (Ofr.) I 87, 161; II 131, 219, 318, 334, 382, 403, 526, 531f, 549, 574, 576f, 631, 636; III 2, 85f, 133, 146, 194f, 199, 262, 273, 284, 293, 296, 320, 336, 368, 372, 379, 457, 521, 550, 595, 618, 647, 652, 673, 676, 704, 760; IV 13-17, 23f, 30, 35, 73, 94, 179, 194ff, 342, 347, 357f, 392, 401f, 405, 533, 547, 583, 590, 594f, 597, 599, 601, 609, 615-618, 639, 641, 644, 654, 675, 689, 753, 766ff, 832, 862, 1043, 1049; V 4, 7, 64f, 103, 109, 120, 165f, 183, 186, 189, 217, 228, 239, 241, 243, 302, 341, 385, 395, 410f, 439, 483ff, 503, 508; VI 30, 33f, 48, 50, 61, 64, 73, 86, 114, 116, 119, 130f, 149ff, 156, 170, 175f, 179, 182f, 190, 192f, 196, 200f, 206, 210ff, 217ff, 225, 229ff, 235-238, 248, 251, 254, 256, 258-261, 265-275, 277, 279, 282, 284f, 290f, 298f, 304, 309, 312-321, 323f, 332, 338f, 348, 351, 360f, 394f, 403, 407, 417f, 440, 456f, 459, 463, 497-500, 505, 510, 512, 523, 527f, 549f, 553, 556, 561, 563, 584, 586, 590, 606f, 615f, 619, 646f, 653, 660, 663f, 685; VII 9, 11, 41, 110, 206, 242, 253f, 256f, 270, 279, 282; VII/2 41, 44, 52, 57, 98, 101, 169, 172, 189, 195, 242, 255, 323, 333, 340, 382, 435, 472, 550, 553-557, 564ff, 632f, 661, 666, 673ff, 684, 694, 699ff, 705ff, 713f, 739, 747

- Festung Rosenberg IV 752; VI 187, 196, 206, 218, 274; VII 204; VII/2 102, 188, 230, 242, 557, 673

Kronach, Adelheid v. (Bbg) III 586, 595

- Albero v. II 553

- Helmrich v. II 533
- Hermann v. (Dh.) III 289, 305f, 309, 529, 537f, 562, 574
- Otto v. II 533, 636
- Petrissa v. III 614
- Rudolf v. II 533
- Rüdiger v. II 529
- Thomas v. III 614
- Ulr. v. II 533
- Wolfram v. (Dh.) III 459

Kronacher (Fam.) III 595
- Anna (Kronach) VI 34
- Emma (-) VI 34
- Jakob (-) VI 34

Cronberg, v. (Fam.) V 466; VI 237, 246, 708, 710, 714; VII/2 638
- Barb. v. VI 712

Krondorf (n.Schwandorf) II 144, 332
Croneck, v. (Fam.) VII 95
Croner, Heinz (Erlangen) IV 901
- Marg. (-) IV 901

Kronmühle (sö.Roth) III 326
Cronoldt (Fam.) VII/2 349
Cronschwitz (Sachs.) III 2, 341
Kropf (Fam.) VII 298
- Seyfried III 351
- Simon VII 298

Kropfelt, Chr. (Pfr Kersbach) VII/2 213
Kropfersricht (nw.Amberg) II 522
Kroschel, Heinr. (Hof) IV 938
Krosel, Chr. (Bbg) V 4
Krosigk, v. (Fam.) VII/2 517
Crossen an der Oder (Polen) I 111, 213

Krotenbach (Fl.) II 646
Krotenburg (ON) III 52
Krottensee (nö.Hersbruck) VI 102f
Crowil, Heinr. II 65
Crowland (GB) I 400
- A. s.u. Ingulph

Crozwine (n.ident.) II 312
Kruckh, Karl IV 410
Krüger, Andreas (Prei.) VI 86
Krug, Wolf VI 257
Krugel, Hans (Freiahorn) V 23
Kruger, Hans (Nbg) IV 1052
Krum (ö.Haßfurt) VI 519f
Krum, s.u. Jodok (A.Stein)
Krumau (Tschechien) III 444
- Hzg s.u. Joh. Anton v.

Crumauer, Ludwig (Pfr Hof) IV 725
Krumb (Fam.) VI 444
- Joh. Leonhard VII/2 143, 148, 154

Krumbach (sw.Coburg) I 21; II 335; III 671
Krumbach, Tegeno v. II 497
Krummel (Rh.-Pf.) I 154
Krummennaab (w.Tirschenreuth) II 64
Krumpholz, Anna (Bbg) VI 47
Cruner (Fam.) VI 305
Krunkelius, Laurentius (Weidenberg) IV 1005
Crupesvelt (abgeg.;Ofr.) II 617
Krusen (Fam.) III 350
Crusius, Laurentius (Pfr Heiligenstadt) VI 573
- Vitus (Kan.St.Jakob) V 452

Cruso, Marquard II 640

Crutlin, Otto III 553
Crutorff-Hatzfeld (Fam.) VI 675
Kucherer, v. (Fam.) VII 196
Kudermann, Hermann (Aschbach) III 2
Kübelhof (n.Kulmbach) IV 783
Kübelstein (nö.Bbg) III 375; IV 86; V 252
Küchel, Joh. Jakob Michael v. (Baumeister) VII 57f, 111, 115, 125f, 137f, 143, 231, 250, 253, 256, 280, 285f, 288ff, 292, 297; VII/2 44, 54, 80, 85, 197, 271, 311, 314, 316, 318f, 320ff, 343, 354
Küchenmeister (Fam.) III 691; VI 698f
- Bernhard III 612
- Breunlein III 153, 588
- Elis. III 153
- Engelhart III 457
- Friedr. III 153, 557, 588, 612
- Friedr. (Kan.St.Jakob) IV 180, 227, 1009
- Gertrud III 588
- Gottfried II 390, 392, 461
- Heinr. III 309
- Heinr. (Kan.St.Gangolf) III 571
- Konr. III 309; IV 410
- Kunig. III 557, 588
- Leopold III 274
- Tyrolf II 629
- Ulr. III 588, 619
Küdorf, Hans v. V 104
- Ulr. v. V 22
Küdorffer, Albrecht III 738
- Gg III 743

- Ulr. III 122, 749
Küffner, Bartholomäus (Pegnitz) VI 90
- Elias (Bayreuth) IV 881
- Konr. (-) IV 890
Küfler, Augustin V 507f
- Chr. (Forchheim) V 193, 241, 506
- Joh. (Pfr Staffelstein) V 378
- Otto V 507
Kügelein, Heinz (Erlangen) IV 900
- Marg. (-) IV 900
Kühbach (nö.Augsburg) I 183
Kühlenfels (sw.Pegnitz) III 294, 704; IV 346, 612, 794; VI 216; VII/2 47
Kühlentrunck, Caspar (Bbg) IV 857f
Kühndorf, Albrecht v. III 738
- Joh. v. III 485
- Konr. v. III 33
- Stefan v. III 744
- Ulr. v. III 485
Kühnhofen (n.Hersbruck) III 97
Külsheim (sw.Neustadt/A.) III 41, 44, 470, 552, 705
Külsheim, Konr. v. III 470
- Rapoto v. III 44, 552, 705
Kümlinsgereuth (FlN.) III 553
Kümmel (sw.Lichtenfels) II 152; III 254; IV 402; VI 441
Kümmelbach, Friedr.(Spital a.Pyhrn) III 415; IV 16, 77, 94
Kümmelmann (Fam.) III 244
- Jakob VI 11
Kümmersreuth (sö.Staffelstein) II 637; III 645, 663; VII 106
Kün, Dorl (Bbg) VI 60

Künburg, v. (Fam.) VII/2 66

Künig, Theoderich III 445

Künlein, Mauritius (Kirchheim) V 489

Künreuth (abgeg.;Thür.) III 368

Künsberg, v. (Fam.) III 667, 689; VI 102, 108, 149, 611, 649, 656, 708; VII 23, 47; VII/2 56, 212, 268, 272, 296, 440, 481, 505, 507, 513, 521, 553f, 557

- Adolf Albert v. VI 583
- Aldrian v. IV 1005
- Amalia Sophia v. VI 522
- Anna v. V 517
- Augustin v. IV 1005
- Barb. v. IV 341; V 527
- Chr. v. IV 989
- Chr. Ludwig v. (Dh.) V 519
- Eberhard v. II 613, 624; III 662, 667
- Erhart v. IV 943
- Felix v. III 689
- Friedr. v. III 662, 667, 689; IV 88, 100, 177f, 896
- Friedr. Karl Ludwig Ernst v. VII/2 404f
- Gg v. (Dh.) IV 74, 209, 247, 296, 986
- Gg Christian v. VI 398
- Gg Friedr. v. IV 993; VI 563, 582f
- Gg Heinr. v. (Dh.) VI 393, 416, 420, 425f, 435f, 441f, 446, 461, 510, 690, 702
- Gg Ulr. v. (-) IV 865, 1062; V 2, 11, 54, 518
- Gg Wilh. v. VI 226

- Hans v. IV 251, 309, 321, 649, 945, 1005; V 482
- Hans Adam v. V 205
- Hans Friedr. v. IV 993; V 64ff; VI 129
- Hans Friedr. Franz v. VII/2 293, 404f
- Hans Heinr. v. VI 262, 291, 338
- Hector Alexander v. VI 459
- Heinr. v. III 335, 347, 391, 393, 396, 652, 662, 667, 683, 689, 695; IV 309, 321, 354, 896, 972; VII/2 507
- Joachim v. V 107, 519
- Jobst Bernhard v. (Dh.) VI 699
- Jobst Heinr. v. VI 699
- Joh. Chr. v. VI 582f, 603
- Joh. Kaspar v. (Dh.) V 32, 518
- Julius Hector v. VI 586
- Karl Dietrich v. VII/2 95ff, 103, 163, 165, 185, 189, 195, 261, 507
- Kath. v. IV 353, 440f
- Kath. Maria v. VI 522
- Konr. v. IV 418
- Leander v. (Dh.) V 31
- Ludwig Chr. v. (-) V 521
- Marg. v. IV 425
- Maria Dorothea v. VI 714
- Magdalena v. V 66
- Nikolaus v. (Generalvikar Regensburg) IV 279, 1027
- Ramung v. III 667
- Reymundt v. III 662
- Rüdiger v. IV 1005
- Sebastian v. (Dh.) IV 498f, 528f, 549f, 578, 584, 590, 622, 651, 671, 692, 743f, 759, 780, 1042

- Tobias v. VI 107
- Ulr. v. III 695; IV 67, 309, 354
- Ulr. v. (Dh.) IV 800
- Utz v. VI 441, 475
- Valentin Gg v. VI 418
- Wolf Adrian v. VI 168, 235

Künsberger, Heinz (Bbg) V 480

Künziggau (Landschaft) II 413

Küps (s.Kronach) II 401; III 579, 667f, 670, 677f, 682; IV 39, 164, 194, 264, 393, 524, 560, 753, 766, 772, 784, 832; V 485; VI 83, 149f, 179, 219, 316, 398, 452; VII/2 215, 551, 553, 565

Küps, Apel v. III 677
- Wolfram v. II 401

Küptzer (Fam.) III 303
- Helmreich (Kan.St.Gangolf) III 576f

Kuer, Andreas IV 884
- Bezold (Bbg) III 591

Kürbendorfer (Fam.) III 639

Kürbenreuther, Friedr. (Auerbach) III 634

Kürmreuth, Heinr. v. II 68, 72, 134, 277, 332, 379, 561

Kürnach (nö.Wbg) I 20

Kürnlein, Hans Gg (Nbg) VI 64

Kürschner, Fritz III 51, 146
- Hans III 584
- Heinr. III 600
- Hermann III 560, 600, 753
- Jutta III 584
- Konr. (Kupferberg) III 660
- Peter VI 63

Kueschwert, Heinr. IV 1009

Küssin (Polen) II 236

Kütt (Fam.) VI 310f, 313

Küwelhut, Hans (Ludwigsstadt) IV 963

Kufermann (Fam.) III 285

Kuffelmühle (ON) IV 446

Kuffler, Paul IV 610

Kugelbein, Konr. IV 83

Kuhn, Albert III 115
- Zacharias VII 7

Cuigelich, Konr. II 519

Culenheim (n.ident.) II 509

Kulm (ON) II 226; III 372

Kulm, Bucco v. II 133

Kulmbach (Ofr.) I 2; II 484, 552, 618; III 50, 76, 79f, 145, 175f, 229ff, 294ff, 303, 324f, 333, 335ff, 371, 374, 378, 390, 393f, 406, 447, 456, 500f, 503ff, 644, 658f, 661f, 666, 668, 672, 686, 693, 696f, 719, 757; IV 69, 75, 77, 79ff, 85-88, 90, 103, 109, 125, 178, 198, 215, 228, 231, 235, 246f, 277, 325, 625f, 664, 721f, 724, 727f, 730-737, 742, 832, 834, 837, 895, 919, 932f, 948-953, 966f, 987, 1003, 1012; V 32, 70, 106f, 444; VI 20, 97, 109, 118, 149, 159, 164, 196, 203, 218f, 229, 231ff, 259, 265f, 279, 281, 287, 305, 315, 320, 339f, 366, 376, 378, 388, 401, 418, 448ff, 479, 482f, 554; VII 40; VII/2 213, 215, 242, 281, 746ff

- Plassenburg I 15, 137; II 98, 376, 378, 496, 515, 529, 561, 585, 592, 599, 614, 624, 635; III 76, 96, 175f, 230, 278, 294f, 333, 389-393, 404, 501, 503ff, 587,

661f, 666, 671f; IV 23, 67, 69, 90, 98f, 383, 512f, 625f, 832, 834-837, 950f; V 476; VI 114, 116, 196, 206, 225, 232, 259, 275, 287, 291, 307, 339; VII 40

Kulmbach, Hans v. (Pfr Hof) IV 45, 73, 100, 905

- Heinr. v. (Bbg) III 557
- Herdegen v. III 79
- Herold v. II 618
- Joh. v. (Pfr Altdorf) IV 949
- Konr. v. II 618; III 560

Culmberg zu Gaillenreuth, Barb. V 162

- Hans Wolf Herdegen V 162

Kulmitz (Fl.) I 330

Culmnaha (n.ident.) I 20

Culp, Hans (Wirsberg) IV 1012

Kulsheimer, Konr. III 485

Kumater, Joh. Altmann (Sulzbach) IV 111

Kummelbach, Friedr. III 415, 758

Cummeria, Conr. II 570

Kummer, Bruno (Strullendorf) IV 135

- Fritz IV 86
- Heinr. (Bbg) III 527f, 532
- Kunig. (-) III 528, 584

Kumpf, Ernfrid IV 589

Kumpfhof (ON) I 168

Kunckel (Fam.) VI 569

Cunehilt (PN) I 366

Kunemund (Dh.) III 49

Kungesse, Heinr. (Kupferberg) III 660, 662

- Konr. (-) III 660, 662

Kungfelder, Hermann (Hollfeld) III 270

- Konr. (-) III 270

Kungsdorffer, Erhard (Hof) IV 921, 923

Kunhart, Hans (Schederndorf) IV 84

Kunhaus, Konr. III 198

Kunibert (PN) II 605

- (B.Turin) I 432

Cunich, Nikolaus v. (Dh.Prag) III 206

Kunig, Balthasar (Landshut) V 261

Kunigstein, Nikolaus IV 58

Kunigunde (PN) II 461, 517, 542, 560, 611, 621

- (Hl;Kaiserin) I 36, 38f, 49f, 62, 65ff, 69f, 74, 79f, 84, 87ff, 96, 99, 102, 106-110, 112, 115, 117f, 125f, 130, 135f, 141f, 144-148, 151-154, 162f, 171f, 190f, 197, 201, 211f, 218, 221, 224, 229-234, 237-240, 243f, 251, 263ff, 267, 270ff, 278, 280, 286-302, 304-308, 317-327, 341, 345, 366f; II 7, 63, 347, 381, 445, 587, 621, 648; III 115, 160, 549, 608, 613, 619, 650, 721; VI 406, 438, 555, 626, 679; VII/2 191, 253, 421
- (Ä.St.Klara/Bbg) III 539
- (Ä.St.Theodor) III 579, 756; IV 353, 393
- (Ä.Göß) I 245
- v.Orlamünde (Ä.Großgründlach) III 76, 173, 175, 384, 637, 668, 672, 756
- (Nonne St.Theodor) II 598
- (Bbg) III 594

Kunihilt (Gf) I 19

Kuno (PN) I 27, 246, 329f, 332ff, 380; II 52, 57f, 71, 73, 492

- (Hzg v.Bayern) I 488
- (Pfalzgf) I 380, 383
- (B.Brescia) I 467
- (B.Palestrina) II 112f, 115, 119f, 122f
- (B.Sabina) II 280
- (B.Straßburg) II 81, 283
- (Dh.) I 501
- (Kan.Regensburg) II 112
- (Pr.Wbg) I 411

Kunreuth (sö.Forchheim) II 53, 55, 83, 474; IV 246, 420, 779, 794, 810, 829, 840; V 14ff; VI 255, 339; VII 33

Kunreuth (nö.Kulmbach) II 402; IV 65

Kunßvelder, Fritz IV 1000

Kunstadt, v. (Fam.) I 137, 414; III 690; VII 12

- Adalbert v. I 487
- Albert v. II 613, 636; III 645
- Apel v. I 382
- Arnold v. II 52, 56, 67, 72, 91f, 96, 99, 101, 137, 152f, 315, 376f, 382f, 398, 401ff, 408
- Asimus v. IV 408
- Bertrada v. II 96
- Dietrich v. I 487; II 531; III 13, 58, 60, 646, 651f, 655, 709
- Eberhard v. II 490, 501; III 645, 661, 709
- Eckenbert v. III 645
- Elis. v. III 116, 649, 657, 709
- Erasmus v. IV 462, 518, 604, 658
- Eyring v. III 315, 394, 651, 690
- Felix v. III 676
- Friedr. v. II 530; III 242, 255, 271, 325, 420, 596, 645, 660f, 666f, 670, 674f, 676, 682, 687
- Gg v. IV 408
- Gundeloh v. III 645, 650f
- Hans v. III 315, 366, 690; IV 547
- Heinz v. IV 1043
- Hermann v. III 676, 678, 690
- Jutta v. III 709
- Konr. v. II 492, 497
- Kunemund v. III 116, 664
- Otnand v. II 501, 529, 554, 621, 636f, 645, 648; III 649, 656f, 659, 676
- Rumolt v. II 501, 529, 554
- Siegfried v. III 645
- Suffey v. III 676
- Walter v. (Dh.) III 459
- Wilh. v. II 501, 529, 554, 637
- Wirnto v. II 52, 56, 91f, 137, 152f
- Wolfram v. II 501; III 645, 651, 660, 662, 676, 678, 690

Kuntsch, Cordula (Bbg) VI 60, 67

Cuntzer (Fam.) VI 658

Kunz (Fam.) III 601; IV 571

- Adelheit (Hollfeld) IV 180
- Gunther (Fockendorf) IV 15
- Otto V 404

Cunza (PN) II 69

Kunzel, Nikolaus (Prie.) IV 724

Kunzendorf (ON) VI 17

Kunzewerda (Sachs.) I 212

Kunzolveshusen (ON) I 489

Kupferberg (nö.Kulmbach) III 93, 101, 171, 184f, 198, 336, 379, 393, 587, 618, 660, 662; IV 12, 24, 34, 38, 73, 75, 79, 81, 85f, 94, 117, 119f, 212, 269, 399f, 474, 492, 585, 619, 622, 639, 644, 647, 655, 661f, 755, 783, 823, 832; V 34, 65, 160, 249f, 263, 302, 406f, 410, 460; VI 115, 126, 151, 165, 168, 183, 187, 203, 206, 218, 225, 229, 234f, 241, 263; VII 40, 60, 285ff, 291ff; VII/2 227, 242, 382, 556f, 564, 583, 611f

Kupferberg, Albrecht v. III 540

Cupherlin, Ulr. II 615

Kuptzer, Heinz (Wernsdorf) IV 169

- Joh. (Pfr) III 722

Curia, Reginaldus de (Dominikaner) V 438

Kurlein, Joh. (Bbg) IV 806

Curnerus, Pankraz (Pfr Rothenkichen) V 484

Kurt, Johanna Maria (Altenburg) VII/2 130

Curtius, Joh. V 94

- Nikolaus (Generalvikar) V 124, 151, 178, 184, 190, 494f

Kurz, Gregor VII 222, 229

- Hans (Zeil) VI 62, 66
- Melchior (-) VI 590
- Pesold III 746

Kurzendorffer, Joh. (Pfr Neukenroth) V 500

Kuschner, Nikolaus (Kirchenlamitz) IV 724

Kuschwar, Nikolaus (Pfr) IV 725, 938

Kusel (Rh.-Pf.) I 67

Kusterberg (FlN.) III 636f

Custinc (n.ident.) II 542

Custine (Fam.) VII/2 615, 662

Custos, Gampert (Kan.St.Gangolf) V 408

Kutener, Kunig. III 198

Kutschendorf (w.Sulzbach-Rosenberg) III 334

Kuttenkofen (sö.Dingolfing) I 145

Kuttrolf (Fam.) III 554

- Joh. (Pfr Hof) IV 985

Kyent, Heinr. IV 388

Kymen, Hermann III 604

Kynach, Rudolf v. III 442

Kyner, Andreas (Weidensees) IV 338

Cynstner, Hans (Wunsiedel) IV 1022

Cynthius (Kard.) V 293, 295f, 312, 314, 316f, 320

Cyriak (Hl.) I 102, 187, 417

Cyrian (Berg Steiermark) II 634

Kyrspach, Fritz IV 141

Cyspreth (PN) II 335

Czella (PN) III 269

Czeyrner, Hans III 383; IV 125

Czeytez (PN) III 390

Czischrer, Heinr. (Ützing) III 449

Czisczowicz (Fam.) VII/2 236

Czynstner, Hans (Wunsiedel) IV 1022

Taberndorf (ON) II 99

Tabor (Israel) II 620

Dachau (OB.) II 47, 276, 373, 382, 400, 414; III 95, 443

Dachau, Adelheid v. II 47, 276, 373, 382

- Arnold v. II 414
- Konr. v. II 47, 276, 373, 382, 400, 414

Dachauer, Abraham Isaak (Bbg) VII/2 473

Tachov (Tschechien) III 112

Dachsbach (nw.Neustadt/A.) II 60, 94, 510, 562; III 333, 362; IV 102, 368ff, 372f, 628ff, 664, 738, 783, 830; VI 183, 202, 208; VII/2 575

Dachsbach, Adalbert v. II 292
- Berthold v. II 562
- Buggo v. II 510
- Burkhard v. II 632
- Eberhard v. III 401f
- Gisilbrecht v. II 562
- Gumpo v. II 474
- Heinr. v. II 60, 94
- Helmwig v. II 60, 474, 562
- Joh. v. III 166, 267, 457, 529
- Konr. v. III 267
- Marg. v. III 267

Dachstadt (sö.Forchheim) III 34, 714; IV 472

Dachsteter (Fam.) III 194
- Hans (Biberbach) III 542, 545

Dachstetten, Adalbert v. II 277, 292, 449, 511
- Gotebold v. II 65
- Hartmann v. II 65
- Megelaus v. II 514

Dänemark I 251, 366; II 156, 166, 229, 246f, 249, 256, 268ff, 303, 600; III 727; VI 294, 334, 613; VII/2 513
- Kge s. Christina; Christian; Friedr.

Täuffenbach, v. (Fam.) VII/2 739

Tafer (Fam.) III 732

Dafner, Eusatachius (Spital a.Phyrn) V 70

Tag, Adelheid (Bbg) III 535
- Heinr. (-) III 535

Tagboto (Dh.) II 543

Tagenbach, Konr. v. II 456
- Kuno v. II 275, 309
- Rüdiger v. II 456

Tagino (PN) I 413
- (Eb.Magdeburg) I 35f, 42, 45, 47, 69, 90-96, 107ff, 111, 116, 120, 126, 128f, 134, 162, 165f, 172, 174f, 187ff, 298f

Tagmersheim (nö.Donauwörth) I 145

Tagminner (Bbg) III 591

Dagobert (Kg) I 4

Daibersdorf (ö.Dingolfing) I 145f

Taichilberg (ON) II 332

Taiding (sö.Deggendorf) III 380

Dalberg, v. (Fam.) VI 701, 704, 708, 715; VII/2 590, 626, 638
- Adolf Franz Egbert v. (Dh.) VII/2 515, 519f, 543, 551, 567, 577f, 610, 623-626
- Adolf Franz Wolfgang v. (Dh.) VII 54, 311
- Anna Magdalena v. VI 712
- Friedr. Anton v. VI 710
- Hugo Ph. v. VII 243
- s. Karl Theodor v. (Eb.Mainz)
- Maria Eva v. VI 710
- Maria Francisca v. VI 708f
- Maria Ursula v. VI 711

- Wolff Eberhard v. VI 710

Dalenvelt (n.ident.) II 92

Talleyrand, Charles Maurice de VII/2 702, 704f

Dallwig, Ludwig August v. (Dh.Minden) VII/2 38, 57f

Taltitz (Sachs.) III 400; VII/2 227

Damasus II. (Papst) I 361

Tambach (sw.Coburg) I 19; II 464f, 526ff; III 54, 370, 650, 656f, 671, 680, 684ff, 695, 697; V 3, 70, 104; VI 417, 443, 456, 498, 519, 562, 685; VII 105; VII/2 213, 216, 238, 683, 698ff

Tambach, Berthold v. III 54, 656f

- Konr. v. III 697
- Turinch v. II 418

Damel, Walter (Niederau) III 627

Damerkirch (Frkr.) I 218

Damesdorf (n.ident.) II 92

Damian Hugo v. Schönborn (B.Speyer u. Konstanz) VI 627, 661, 663, 687; VII 23ff, 27, 73ff, 92, 94, 153, 198, 207, 225-228, 247, 303, 305ff

Damianus (Hl.) I 186

Damiette (Ägypten) II 620

Damm (Jesuit) VII 114, 194

Dampfach (sw.Haßfurt) V 449

Dampfesdorf, Otegebe v. II 571

Tandorffer, Anna (Neunkirchen/Br.) IV 279

- Engelhard (Hollfeld) IV 84
- Fritz (Nbg) III 337; IV 66, 93
- Heinr. (Pfr St.Lorenz/Nbg) IV 111, 191, 214, 226, 230
- Ulr. III 523

Danerer, Caspar IV 802

Tangan (PN) III 334

Dangel, Gg Anton (Zeil) VII/2 323, 358

Tangermünde (Sa.-Anh.) I 169; III 339, 353; VI 156

Dangrieß, Joh. Ulr. v. (Weisendorf) VI 478

Tangrintel (abgeg.;Opf.) II 111, 224, 381; III 9

Tanhauser (Bbg) III 59

- Friedr. (Kan.St.Stephan) III 526, 530

Daniel (Eb.Mainz) V 55, 110

- (B.Prag) II 430
- P. (Arnoldstein) VI 96

Dankenfeld (w.Bbg) V 306; VI 538, 696; VII/2 526

Tanna (Thür.) III 209, 225

Tanna, Aribo v. I 380

- Eberhard v. II 277
- Heinr. v. II 277
- Hermann v. II 65
- Jutta v. II 631
- Konr. v. II 277
- Meingoz II 277
- vgl. Thann, v.

Dannberg (FlN.) III 71; VII/2 611

Danndorf (nw.Kulmbach) I 21; IV 125, 875; VI 603

Tanndorfer, Anna IV 279

- Engelhart IV 84
- Fritz III 337; IV 66, 93
- Heinr. IV 111, 191, 214, 226, 230
- Ulr. III 523

Tannenbach (nw.Bayreuth) II 531

Tannenberg, Ph. v. IV 894
- Werner v. IV 894
Tannenreuth (sw.Hof) III 337
Tanner, v. (Fam.) VII 189
- Burkhart (Pfr Büchenbach) IV 210, 984
- Hans (Nbg) IV 836
Tanneri, Peter v. III 725
Tannfeld (nw.Bayreuth) III 65; IV 228
Dannhäuser, Heinr. (Bbg) III 535
Tannhausen, Eberhard v. II 544
- Sigeboto v. II 390
- Sophia v. VI 708
Tanpach (Fl.) II 559
Danti (Fam.) V 158
Tanzenhaid (ö.Neustadt/A.) II 96; III 607
Tanzfleck (n.Amberg) IV 492
Tappenheimer, Konr. (Mönch Michelsberg) IV 205, 208, 233
- Ulr. III 56, 129
Tarantaise (Frkr.) I 129; II 584
- Eb. s. Aimo; Badolfus
Tarent (It.) III 724
Darmstadt (Hess.) V 56; V 168, 366; VII/2 42
- s.u. Hessen-Darmstadt
Tartarei (Khanat) III 257
Tartsch, Konr. IV 83
Taruselli (Jesuit) VII 199
Tarvisio (It.) V 20, 251; VII/2 64f, 70ff, 76, 122f, 153, 182
Taschenberger, Heinr. III 220
Daschendorf (n.Bbg) I 18; III 480; IV 354, 607f; VI 188, 575; VII/2 316, 323f

Taschner, Lorenz (Bayreuth) IV 722
Dassel, s.u. Rainald v. (Eb.Köln)
Dattus (Bari) I 239f, 252f
Taub, Arnold III 64
Taube, v. (Fam.) VII/2 283
Dauben, Hans (Neuses) VI 206
Taubenbrunn (abgeg.;Ofr.) II 614
Taubendorf (sö.Dingolfing) I 146
Tauber (Fl.) I 17; II 602
Tauberbischofsheim (B.-W.) I 17
Taubergau (Landschaft) I 143
Tauberrettersheim (s.Wbg) VI 145
Daucher, Gg (Prie.) V 512
- Joh. (Pfr Gößweinstein) V 509, 512
- Pankraz (Prie.) V 178
Tauchersreuth (nw.Lauf/P.) II 54
Taucherstorf, Heinr. (Pegnitz) IV 100
Dauck, Markhart IV 630
- Paul IV 630
Dauer (Zentbechhofen) III 183
- Joh. (Strullendorf) VII/2 672
Tauernfeld (sö.Neumarkt/Opf.) III 144
Tauernfeld, Joh. v. (Prie.) III 144
Taufers, Ulr. v. III 155
Taufkirchen, v. (Fam.) VII 202
Dauker, Joh. (Prie.) V 241
Daum, Daniel VI 127, 148
Daumer, Hermann (Kan.St.Stephan) III 539
- Konr. III 675
Daun, v. (Fam.) VII/2 236, 211
Taupadel (Fam.) VI 327f
Tauperlitz (sö.Hof) III 223ff; IV 89; VII/2 423

Tauschendorf (sö.Lichtenfels) III 503, 652, 659, 662, 669, 687; IV 950

Tauschendorf, Otto v. III 25, 42, 66, 68, 573

Tautenwind (s.Roth) II 64, 477f

Tavernier, Joseph Peter (Bbg) VII/2 303, 696

- Karl Ferdinand (Pfr Drosendorf) VII/2 705

David (PN) II 2, 76

- Ellerbacher (A.Prüfening) V 139
- v.Winckelzan (A.Stein) IV 468, 804

Tawdanein, Jütt (Bbg) III 593

Teano (It.) I 256

- s. Gf Pandulf

Debring (s.Bbg) IV 263; VII 66, 78, 142, 169, 259

Debs (abgeg.;Ofr.) IV 125

Teccaz (Fl.) I 330

Decentius (Hl.) I 186

Tech, Heinr. (Tauperlitz) III 224

- Heinr. (Pfr Ludwigsstadt) IV 955, 962

Dechant, Gertraud (Bbg) VI 67

- Hans IV 1015

Decheidt (Fam.) IV 614

Dechsendorf (Stadtt.Erlangen) VII/2 517, 665

Teck, Friedr. v. III 691

- Ludwig v. III 122

Deckenreuth (nö.Kulmbach) IV 427, 1003f

Decker, Heinr. (Bbg) III 592

- Joseph Bartholomäus VII 298; VII/2 31, 38

- Wilh. VII 298

Deckler, Ph. (Richter) VI 80

Decksler, Ursula (Bbg) VI 50

Declanus (Mönch St.Egidien/Nbg) II 393

Teferstain, Joh. IV 998

Tegeley, Otto III 395

Tegelpeck, Hans III 578

Degelsdorf (sö.Pegnitz) III 641

Degen (Fam.) VII/2 36f, 46, 79, 84, 88, 113, 126, 155, 165

- Franz Rudolph VI 695; VII 4
- Franz Wenzel VII/2 727
- Gallus Heinr. VII 4, 88, 93, 105, 125, 168, 187, 200, 210, 227, 232, 241, 268, 278, 282, 287
- Jakob (Kan.St.Gangolf) V 448
- Joh. Kaspar VI 93; VII/2 57
- Lorenz (Weismain) VI 305
- Martin (Pfr Weismain) V 21

Degenberg, Hans v. IV 99

- Hugo v. II 544

Degendorf (ö.Lichtenfels) II 526, 607; III 659

Degenrat (Kan.Ansbach) II 336

Degenreuther, Kraft IV 751

Tegernsee (sw.Miesbach) I 48f, 51, 70, 168, 180, 183, 236, 246; II 370, 656, 659; VII 152

- A. s.u. Eberhard; Gosbert

Deggendorf (NB.) VI 256

Deichel (Eichstätt) VII/2 375

Teichniz (Österr.) II 661

Teichsler, Ulr. (Nbg) IV 106

Teiffenreut (n.ident.) III 269

Teigeno (PN) II 640, 644

Deinhard (Dh.) II 647
Deinhard(t) (Fam.) III 548
- Apollonia (Bbg) VI 61
- Gg (Pfr Bischberg) VI 679
- Hans (Bbg) VI 61
- Hermann III 551
- Konr. III 561
Teinhard (PN) II 640
Deinschwang (n.Neumarkt/Opf.) IV 466
Teintz, Chr. (Vilseck) IV 751
Telein, Martin v. IV 969
Delicasius, Joh. (Generalvikar Regensburg) IV 987
Delitsch, Joh. (Wittenberg) IV 535
Dellchingen (B.-W.) VI 718
Telli, Joh. Baptist (Rom) VII/2 198, 202, 204f, 208, 274, 369, 397
- Seraphim VII/2 207
Dellinger, Karl (Forchheim) VI 381
Delmensingen (B.-W.) VII 145
Delphinus, Zacharias (Nuntius) IV 853; V 42, 80
Tels, Heinz (Reuth) III 695
Demantsfürth (sw.Höchstadt/A.) III 735-738; IV 102
Demantstein, Marie Amalie v. VI 160, 198
Temliszer, Heinr. III 728
Demmelsdorf (nw.Bbg) III 375; IV 197
Demmin (Mbg-Vp.) II 211, 233, 236ff, 254
Tempel (Fam.) VII/2 612
Templer (Orden) III 5, 33
Denderlein, Hans (Pottenstein) IV 295

Denk, Joh. (Nbg) IV 719
Tennar, Jan III 408
- Konr. III 408
Dennefell, Christian VII 9
- Gg VII/2 459
- Hans Gg VII 10, 238, 285
- Joseph VII/2 367, 577
Tennenlohe (Stadtt.Erlangen) III 98, 285, 750, 752; IV 319, 892; VII/2 357
Tenner, Joh. (Pfr Gefell) IV 904
Tennersreuth (sw.Hof) IV 360
Tennlein, Moritz (Elsenberg) V 14
Dentzel, Erhard (Generalvikar) V 176f, 196ff, 202, 232, 238ff, 244, 250, 254, 262, 269, 294, 311, 319, 344, 498ff; VI 12
Dentzler, Anna Maria (Bbg) VI 65
- Barb. (-) VI 71
Tepner, Ulr. (Pfr Münchberg) IV 684
Deps (nö.Bayreuth) IV 875
Derelbach, Heinz IV 641
Terenz (röm.Dichter) I 348
Terfues, Hans (Dietzhofen) IV 780
Derlein, Joh. (Prie.) IV 960
Derleth (Fam.) VII/2 588
Terma (It.) I 155
Dern, Niclas (Rüssenbach) V 383
Dernbach, v. (Fam.) VI 489f, 493, 504, 506, 594
- Anna Maria v. VI 491, 504
- Anna Sidonia v. VI 498, 505, 549f
- Anna Sybilla v. VI 607
- Eleonore v. VII/2 67
- Gg Ernst v. (Dh.) VI 697

- Joh. Otto v. VI 491ff, 503f, 506f, 708
- Melchior v. VI 700
- Otto Wilh. v. VI 708
- s.u. Peter Ph. v. (B.Bbg u.Wbg)
- Ph. Wilh. v. (Dh.) VI 491f, 504, 507

Terracina (It.) II 107

Derrer, Adelheid (Bbg) III 593
- Balthasar IV 845
- Braunwart (Bbg) III 593
- Heinr. III 286

Tersch, Heinz (Windheim) IV 618

Derschau, v. (Fam.) VII/2 605

Teschen (Polen) III 274, 359, 378, 408

Teschenbach (Fl.) III 229f

Despagne (Fam.) VI 158

Dessel, Nicolaus (Prie.) IV 991

Tessinger, Gg (Kanzler) IV 744

Tetenheim, Heinr. III 167, 263

Tetenvang, Thiemo v. I 413

Detsch, Hans (Kronach) VI 323
- Joh. (Pfr Pottenstein) V 241

Detscher (Kronach) V 7
- Paulus (-) VI 73
- Peter (Prie.) V 454

Tettau (Fl.) II 532f

Tettau (n.Kronach) VI 704

Tettau, v. (Fam.) VI 707
- Anselm v. IV 391
- Hans v. III 393; IV 391
- Marckart v. IV 445

Tettel, Ulr. (Neuhaus) IV 343

Dettelbach (n.Kitzingen) I 11; II 460; IV 340; VII/2 437, 524, 704

Dettelbach, Gernot v. II 460
- Heinr. v. II 460
- Martin v. (Prie.) IV 952

Dettelbacher (Fam.) VI 316
- Adam (Domvikar) VI 225, 374

Dettendorf (nö.Neustadt/A.) II 54

Detwin (Prie.) III 84

Detzel, Gg Wilh. (Sambach) V 499

Tetzel, Friedr. (Nbg) IV 467
- Hans (-) IV 519
- Jobst (-) III 369, 412, 732; IV 842
- Jobst Friedr. (-) V 257;
- Stephan (-) IV 308, 319, 1047; VI 354

Tetzelein, Albert (Hattenreuth) III 321
- Heinz III 718
- Joh. (Hattenreuth) III 321
- Konr. (Hollfeld) IV 84

Deuber, Eberhard III 569, 575
- Heinz III 569

Teuchatz (sö.Bbg) III 92, 132; IV 222

Teucher, Friedr. (Frensdorf) IV 901
- Hans (-) IV 518
- Heinr. (Speckfeld) III 529f
- Hermann III 265, 308, 418
- Konr. III 265, 308, 418, 537
- Kunig. III 537
- Rüdiger (Kan.St.Stephan) III 543, 547

Teuchler, s.u. Emmeram (A.Langheim)
- Michel (Pegnitz) IV 481

Teuerner, Konr. IV 331, 346
Teuerlein, Gg IV 893f
- Heinr. (Kan.St.Gangolf) III 575, 577, 757f
- Heinr. IV 894
- Marg. IV 893
- Sixt IV 893
Teufel, Hans (Bayreuth) IV 682
- Hans IV 874; VI 120, 236
- Konr. (Staffelstein) IV 283
- Marg. (Bbg) VI 46, 49
Deuffel, Andreas VI 202
Teugn (ö.Kelheim) I 70
Deuren (Fam.) VII/2 58
- Joh. Melchior VII 161, 167f, 174, 324, 237, 283
Teuschnitz (nö.Kronach) I 5; II 106, 531; III 307, 336, 366ff, 370, 372, 380, 487, 516, 646, 664f, 677, 684, 689; IV 23, 30, 104, 234, 401, 444f, 482, 522, 590, 616, 618, 623, 654, 692, 765f, 877, 1049; V 5, 17, 94, 165, 228, 253, 263, 302, 306, 314, 337, 446, 488; VI 119, 190, 192, 270, 396, 550, 584, 586; VII 41; VII/2 189, 226, 233, 555, 666
Teuschnitz, Arnold v. III 682
- Eyring v. III 682
- Gut v. III 682
Deusdorf (nw.Bbg) I 21; III 244
Deut, Heinz (Pottenstein) V 231
Deutsche, Ulr. III 686
- Walter III 663
Deutschel, Joh. (Rothenburg o.T.) IV 589
Devirite (Fam.) VII/2 82

Textor, Joh. Jakob (Pfr) VI 456
Teygen, Hans (Pfr Berg) IV 886
Teyme (PN) III 412
Teyn, Heinz III 457
Teyndorffer, Heinr. (Hallstadt) IV 12
- Peter (-) IV 12
Teynesberg, Paulsdorfer v. III 113
Thalberg, Wolfgang v. (Kämmerer Worms) V 79
Thaler, Seb. (Nbg) V 46
Thalmässing, Ekbert v. II 486, 544
Thalmann, Gg (Pfr Kirchenlamitz) IV 938
- Matthias IV 1012
Thandorf, Heinz v. IV 989
Thangel, v. (Fam.) VI 701
Thangmar (PN) I 79
Thanheim (w.Schwandorf) II 146, 332; VII/2 90
Thann (s.Ansbach) IV 486
Thann (sw.Tirschenreuth) III 39
Thann, v. (Fam.) III 583; VI 704, 706, 709; VII 80
- Albert v. (Dh.) II 621, 631
- Albrecht v. III 141
- Amalia Rosina Maria v. VI 602
- Gerwig v. III 39, 102
- Hans v. IV 422, 442, 452
- Heinr. v. (Dh.) III 6, 9, 35, 49, 56, 63, 74f, 397f, 606, 654, 753f
- Heinr. v. VI 525, 602
- Hermann v. (Dh.) III 116, 238, 307, 309, 320, 688
- Kaspar v. VI 109, 138, 198, 249, 281
- Marg. v. VI 698

- Metz v. V 45
- Ph. v. (Dh.) IV 244, 257, 259, 260, 265f, 270, 1042
- Volkolt v. III 141, 635ff
- Wolff Adam v. (Dh.Wbg) V 511
- Tanna, v.

Thannbrunn, Adalbert v. II 72, 112, 309
- Bertolf v. II 448

Thannhausen (sw.Neumarkt/Opf.) IV 140

Thannhausen, v. s.u. Tannhausen, v.

Thaul, Wolf V 23

Thaum, Otto IV 786

Thebaische Legion I 95, 111, 251

Theiler, Otto (Notar) IV 283

Theilheim (sö.Wbg) III 145

Theilingen, Berthold v. II 277, 294

Thein, Gottfried (Pfr Stettfeld) V 378
- Kilian (Bbg) V 2, 5, 17, 54

Theinfeld (w.Kissingen) II 566

Theinhart, Gg (Schmalkalden) V 491
- Marg. (-) V 491

Theinheim (sö.Haßfurt) VI 209

Theisau (sw.Kronach) III 697; IV 39

Theisen, Heinr. IV 706

Theisenort (sw.Kronach) III 296, 405, 434, 462, 479, 574, 602, 692; IV 280, 327f, 559, 801f; V 38; VI 284f, 316, 324f, 452; VII 12

Thekla (Hl.) I 187

Thelitz (ö.Lichtenfels) II 526, 529; III 659, 663, 678, 687, 692, 694; IV 614

Themmel, Gg (Bbg) V 429
- Laurentius (Hollfeld) V 493

Theobald III. (Kg v.Böhmen) II 590
- (A.St.Gallen) I 261
- (A.Monte Cassino) I 256f

Theoderich (B.Wbg) II 893
- (A.Michelfeld) III 641, 755
- Zogenreuth v. (-) IV 44
- (A.Wilhering) II 663
- (Dh.) III 397
- (Pfr) III 722
- (Pr.Aachen) I 352, 358
- (Pr.Ansbach) II 513, 529, 581
- (Pr.Basel) I 352

Theodewin (Kard.) I 315; II 308, 315ff, 380, 387

Theodolus (Hl.) I 187, 417

Theodor (Hl.) II 391f; VI 679
- (A.Corvey) VII/2 630

Theodora (PN) II 420

Theodosius (Ks.) II 113

Theodrat (PN) I 19

Theres (w.Haßfurt) I 18, 25, 31f, 144, 161, 347f, 354f, 487; II 4, 51, 55, 87, 138, 148, 271f, 293, 334, 401, 549, 637; III 220, 609; IV 245, 272, 309, 317, 352, 463, 477, 532, 546, 622, 805; V 339, 341; VI 164f, 184, 297, 414, 438, 441, 443, 456, 474, 498, 502, 518f; VII/2 329, 603, 614
- A. s.u. Anton; Bernhard; Heinr.; Helmrich; Hermann; Jakob; Joh.; Kaspar; Thomas; Weigand

Therfus, Konr. (Leutenbach) IV 458

Dhern, Anna v. V 529

Thessaloniki (Griechenland) II 113

Theuerkauf, Marg. (Bbg) VII/2 62
- Martin (-) VI 129
- Paulus VII 10
Theuern, Hartnid v. II 47, 97, 146, 275
- Ulr. v. II 97
Theuerstadt, Bero v. II 384, 541f
- Burkhard v. II 476
- Eberhard v. II 67
- Erkenbert v. II 384
- Kunibert v. II 446f
- Otto v. II 570
- Reginbert v. II 56f
- Ulr. v. (Kan.St.Jakob) II 572, 578ff
Theuma (Sachs.) III 400
Theyn, Chr. IV 492
Thiedbern (PN) I 106, 110
Thiedo (PN) I 122; II 335
- (B.Brandenburg) I 446, 467
- (B.Prag) I 104, 224
- (B.Wbg) I 11, 22, 25
Thiedolf (Mgf Modena u.Reggio) I 72f, 79, 98, 101
Thiell, Jakob v. d. (Dh.) IV 1061
Thiemitz (Fl.) I 136, 330
Thiemo (PN) I 168, 359, 370, 380, 383, 411, 413, 487, 498; II 91, 98, 100, 104, 152, 277, 516, 621
- (Eb.Salzburg) I 479ff
- (B.Bbg) I 317, 323, 325, 327; II 482, 513f, 517, 519f, 526, 528-534, 537f, 539, 542f, 547, 550, 552, 554, 561, 563-568, 571f, 574-580, 582-589, 598; VII 164
- (A.Michelsberg) I 477, 495
- (Dh.;Pr.St.Stephan) II 59, 67, 70, 72, 91, 95, 99, 137, 141, 143, 294, 297, 375, 382, 575
- (Dompr.) II 532f, 550, 561, 563, 571, 574f
- (Mönch Michelsberg) II 5, 150f, 441, 616
- (Pr.St.Getreu) II 618
- (Pr.St.Theodor) II 582, 638
- (Gf i.Salzburggau) I 139
Thierheim, v. (Fam.) VII/2 298
Thiersheim (nö.Wunsiedel) IV 628, 737
Thierstein (nö.Wunsiedel) III 277, 693; IV 724, 737
Thietburga (PN) I 171; II 475
Thietmar s. Dietmar
Thilemann, Nikolaus (Zeitz) IV 391
Thimer, Joh. (Dh.) V 156
Thingau (w.Marktoberdorf) I 35, 96
Thöring auf Dißling, Eustachius v. V 330
- Hans Sigmund v. V 330
- Hans Veit v. V 330
Tholey (Saarland) I 336
- A. s.u. Everguin
Tholmann, Joh. IV 908
Thomas (Hl.) I 186
- (Kard.) I 315; II 380
- Becket (Eb.Canterbury) II 467
- (Ep.Nymocensis) III 401
- (Ep.Sibensis) III 690
- (Ep.Sylensis) III 297
- (A.Arnoldstein) IV 319
- (A.Banz) V 297
- Wagner (A.Langheim) VI 474, 525
- (A.Schuttern) IV 805

- (A.Theres) VI 79
- (Pfr Gräfenberg) III 85

Thon (Stadtt.Nbg) VII/2 357

Thoreysen, Hans (Hirschberg) IV 916

Thorn (NL) I 117

Thornau (Österr.) VII/2 67

Thorß, Fritz (Bbg) IV 591

Thossanus (Fam.) V 453

Throner (Fam.) III 586

Thümen, Laurentius (Feuchtwangen) IV 363

Thümler, Hans IV 423

Thümmig, Abraham Valentin (Pfr Obernsees) VI 708

Thüna, v. (Fam.) VI 431
- Albrecht v. IV 958
- Anna v. V 526
- Chr. v. IV 958, 965f
- Friedr. v. IV 587, 624, 656, 958, 963, 965
- Hans v. IV 958
- Heinr. v. IV 955, 958, 962ff
- Joh. Sebastian Hieronymus v. VI 541
- Konr. v. IV 904
- Kurt v. IV 958

Thüngbach (sw.Bbg) II 382

Thüngen (n.Wbg) II 290, 504, 506; IV 507

Thüngen, v. (Fam.) III 435; VI 366, 550, 701ff, 705, 716f; VII 94, 191
- Adam v. IV 643
- Adam Gottlieb v. (Dh.) VI 708
- Albrecht v. VI 262, 702
- Andreas v. III 38
- Anna Agatha v. V 531
- Anna Kath. v. VI 699
- Anton Friedr. v. VII 94
- Bernhard v. IV 507
- Chr. v. IV 505, 507
- Dietrich v. IV 740
- Dietz v. IV 412, 417
- Eberhard v. IV 383
- Eustachius v. IV 588
- Fritz v. IV 505, 507; V 35
- Hans v. (Domdekan) VI 295, 301
- Hans Gg v. IV 558f
- Hans Karl v. VI 540
- Joh. Adam v. VI 451, 453
- Joh. Samuel v. (Dh.) VI 461, 601, 706
- Karl v. IV 505; V 519
- Kaspar v. V 377
- s.u. Konrad v. (B.Wbg)
- Konr. v. II 290, 504, 506
- Konr. Friedr. v. (Dompr.Wbg) V 265f, 277, 457, 475, 528, 537; VI 18, 146, 179, 362
- Ludwig Konrad v. (Dh.) V 530; VI 132, 701
- Marie Amalie v. VI 702
- Martin v. (-) V 319, 517
- Neidhard v. IV 505
- s.u. Neidhart (B.Bbg)
- Neidhart Albrecht v. (Dh.) VI 702, 706
- Philipp v. V 517
- Sigmund v. IV 418

Thüngersheim (nw.Wbg) III 666

Thüngfeld (sw.Bbg) II 414, 424, 476, 485, 510, 615, 623; III 2, 214, 281f, 310, 324, 379, 437, 582; VI 207

Thüngfeld, Albert v. II 485, 487, 492, 542, 554, 561, 564, 611, 623

- Apel v. III 449, 632

- Chr. v. (Dh.) IV 351, 357, 405, 417, 441, 453, 462, 481

- Eberhard v. II 414, 424, 452, 476, 510, 611, 615, 619; III 346, 420; IV 453

- Erhard v. III 579

- Gg v. IV 453, 472, 485, 518, 522, 653

- Gerlach v. III 582, 586, 593, 596

- Heinr. v. III 2, 21, 24, 35, 63, 579, 652

- Hermann v. II 485, 487, 510, 554; III 2, 579, 582, 586, 589

- Jakob v. (Dh.) IV 64, 171, 181, 185f

- Joh. v. (-) III 420; IV 244, 274, 283

- Konr. v. III 360, 629; IV 453

- Nikolaus v. IV 453

- Petrus v. (Dh.) III 159, 238, 405, 502, 629

- Ulr. (-) III 159, 238, 307ff, 311, 318, 320, 322, 324, 351, 354f, 367, 369, 373, 383, 397, 409, 427, 434, 437, 459, 462, 467, 478f, 486, 497, 522, 542, 564, 567, 575, 641, 688, 754

- Wolfram v. III 598

Thürheim, v. (Fam.) VII/2 725, 735, 739

Thüringen I 2-5, 7-10, 20, 26, 29f, 56, 62f, 66, 83, 89, 94, 96, 238, 251f, 331, 347, 371, 414f, 422f, 438, 442, 471; II 30f, 106, 110, 278, 310, 349f, 504, 520, 575, 583ff, 587, 606, 633, 659; III 10, 209, 327, 426; VI 289; VII/2 241, 516, 715

- Hzg s.u. Hedan; Radulf; Thuring

- Landgf s.u. Balthasar; Ernst; Friedr.; Kath.; Wilh.

Thüringen, Irmina v. I 5, 10

- Kath. v. III 487f

- Siegbert v. I 5

- Sizo v. II 504

Thürring, Joh. (Lichtenfels) VI 180, 242

Thuisbrunn (ö.Forchheim) I 6, 137, 374; III 94, 428; IV 383, 724ff, 737, 913, 999; VI 253, 582; VII/2 310

Thuli, Joh. Christian (Bbg) VII 150

Thum, Konr. (Eichstätt) IV 257f

- Lorenz (Kan.St.Stephan) IV 382, 417, 422, 998

- Martin (-) V 184, 291, 302, 319, 322

Thumig, Hans IV 609

Thumsenreuth (sw.Tirschenreuth) IV 1037

Thumshirn, Wolfgang Konr. v. VI 387

Thun, s.u. Joseph Maria v. (B.Gurk)

- Wilh. v. V 512

Thundorf (ö.Kissingen) IV 507; VI 164

Thundorf, Giso v. II 505

- Konr. v. II 642

- Manegold v. II 402, 464f, 504, 507

Thungern (abgeg.;Mfr.) III 286
Thurgatus (B.Skara) I 195
Thurgau (Kanton CH) I 87, 139
Thuring (Hzg v.Thür.) I 4f, 10
Thurmannsbang (sw.Freyung) III 380
Thurn (sw.Forchheim) V 328; VI 679; VII/2 18, 168, 225, 253, 265, 308, 329
Thurn, s.u. Afra v. (Ä.St.Theodor)
- Detzelin v. III 665
- Friedr. (Nbg) IV 564
- Hans (Strullendorf) IV 643, 590
- Joh. v. III 757
- Leonhard v. IV 769, 814
- Rupert v. II 513f, 523, 566
Thurn u.Taxis, v. (Fam.) VII 196; VII/2 576
- Alexander Ferdinand v. VII/2 43
Thurnau (sw.Kulmbach) I 19; II 152, 484; III 12f, 38, 57, 581, 595f, 598, 643, 648-654, 658, 660ff, 665ff, 675, 686, 710, 716; IV 76, 96, 276, 396, 398, 419, 603, 610, 622, 684, 742, 810, 931; V 64f, 99; VI 231, 246, 418, 459; VII/2 13, 327, 356, 404
Thurndorf (nö.Pegnitz) I 157; II 561f; III 46, 112, 249, 338, 637, 642; VI 17, 100, 103, 108f, 646; VII 43, 141; VII/2 54, 260f, 269, 537f
Thurndorf, Heinr. v. II 562
- Konr. v. II 562
- Liutpold v. II 388, 561
- Sigeboto v. II 134f, 388f, 561
Thurrigl, Hans IV 422, 897

- Heinz IV 422
- Magdalena IV 422
- Werner IV 422
Thuta (Prag) II 299
Thyem, Heinr. (Mainz) IV 189
- Jodok (Kronach) V 485, 488
Tiber (Fl.) I 316; II 279, 281
Tiburtius (Hl.) I 187
Dicherling (sw.Cham) I 88
Tichling (sö.Dingolfing) I 145
Ticho (PN) II 60
Tician (Hl.) I 417
Dickhaut, Hans IV 595
Dickeschmid (Bbg) VI 43
Dictisalvi, Rassus (Venedig) III 84
Didald (B.Vicenza) I 467
Didelsheim, Ph. (Pfr.) V 509
Tiebler, Eberhard (Hof) IV 985
Diebowe (n.ident.) I 319
Dieburg (Hess.) VI 693
Diedenhofen (Frkr.) I 74
Tiefenbach (Fl.) II 502
Tiefenbach (nö.Kronach) III 368
Tiefenbach (sö.Wunsiedel) IV 1033
Tiefenellern (ö.Bbg) II 152; IV 131, 430; V 65; VI 46, 66
Tiefengrün (Thür.) III 79
Tiefenhöchstadt (sö.Bbg) IV 222
Tiefenklein (s.Kronach) IV 38, 195, 524; VI 219
Tiefenlesau (nö.Ebermannstadt) II 100, 443; III 50; VII/2 244
Tiefenpölz (ö.Bbg) I 482, 487; II 59, 100, 333, 461, 482ff, 488, 552, 612; III 132, 328, 625; IV

789, 863; V 184, 381, 410; VI 87f; VII/2 432, 620

Tiefenreuth (ON) III 166

Tiefenroth (nw.Lichtenfels) I 21f

Tiefenstürmig (nö.Forchheim) III 562

Tiefenthal (sö.Bayreuth) III 94, 390; IV 124, 943

Tiefstadt (sw.Pfarrkirchen) I 146

Diel, Joh. Gg Chr. VII/2 318ff

Tiel (NL) I 107, 232, 235

Diemantstein, v. (Fam.) VI 707, 714

- Kath. Marg. v. VI 703

Diemar (Fam.) VII 89f, 93

- Gg V 519

- Joh. (Dh.) V 104, 141, 181, 200f, 203, 219, 230, 519, 521f, 524

- Konr. (Pfr Auerbach) IV 55

Tiemenhagen (ON) II 534

Tiemicus (Hl.) I 180

Diendorf (s.Oberviechtach) I 152

Dienheim, v. (Fam.) VII/2 591

- Joh. Friedr. v. V 528

- Joh. Ph. v. (Dh.) V 528, 530

- Weigand v. IV 552

Dienst, Barb. (Bbg) V 473

- Gg V 104, 127f, 138

- Heinz V 3

Dienstmann, Heinr. (Domvikar) III 459

Dientzenhofer, Joh. (Baumeister) VI 595, 597

- Joh. Chr. (Fürth) VI 665, 678, 696

- Justus Heinr. (Baumeister) VI 592, 597, 667; VII 7, 10, 56ff, 107, 137, 150, 153, 285, 294, 298; VII/2 322, 336

- Kath. VII/2 336

- Leonhard (Baumeister) VI 587-594

- Marie Apollonia VI 683

- Theresia VII/2 62

Diepenried (sw.Roding) I 153

Diepersdorf (sö.Lauf/P.) I 459; II 70; III 364

Diepold (PN) I 17, 383, 477; II 60, 67, 104f, 139, 290, 461, 497, 543, 582

- (Gf i.Nordgau) II 30, 36, 74, 130, 132, 139, 275, 294f, 309, 477, 613f

- (Eb.Mailand) I 460, 467

- (B.Passau) II 536, 551, 574

- (Pr.Kölbigk) II 389

- (Dek.St.Jakob) II 58f, 61f, 474ff, 547, 556, 572

Diepold, Albrecht IV 929

- Barb. (Bbg) V 335

- Veit (-) V 335, 493, 497, 503

- vgl. Dippold

Diepoldsgrün (abgeg.;Ofr.) IV 974

Diepoltsdorf (nö.Lauf/P.) III 286

Diepoltskirchen (Österr.) III 313

Tiergarten (abgeg.;Mfr.) III 612

Diesbach (abgeg.;NB.) I 145

Diespeck (nö.Neustadt/A.) IV 631, 893f; VI 174

Dießen am Ammersee (nw. Weilheim) II 304, 5115, 523f, 636, 653

Dießen, v. (Fam.) II 304

Dießenhausen (Fam.) VI 313

Diessenhofen, Heinr. v. III 242, 259, 262, 264

Diet, Ph. (Wbg) IV 836, 842
Dietbert (PN) I 486; II 66, 90, 392
- (Dh.) II 68, 139, 292, 424, 483, 507
Dietendorf (sw.Bbg) IV 43
Dietenhofen (nö.Ansbach) IV 894; VI 427
Dieter (Dietrich;PN) I 347, 487; II 68, 73, 112, 139, 146, 243, 292, 335, 419, 460, 464f, 481f, 517, 640; III 2
- (fränk.Kg) I 3, 7, 63
- (Hzg v.Oberlothringen) I 60, 74, 76, 78, 170, 234, 246, 265
- (Mgf d.Nordmark) I 170
- v.Askanien (Mgf v.Brandenbg) I 171
- (Mgf v.d.Lausitz) II 523
- (Gf Wetterau) I 496
- (Kard.) II 114ff, 120
- (Eb.Mainz) IV 288
- (B.Konstanz) I 352, 358
- (B.Meißen) I 343
- (B.Metz) I 108, 120, 128, 163, 169f, 188, 193, 221, 230, 242, 246, 286f, 304, 306, 341
- (B.Minden) I 129
- (B.Naumburg) IV 390
- (B.Verdun) I 352, 448, 450, 464
- v.Wiesenthau (A.Michelsberg) III 620ff, 688, 755
- (Kanzler) I 162, 192, 252, 257
- (Pr.Ansbach) II 513, 529, 581
- (Pr.Walbeck) I 35
- (Konv.Banz) II 640
Dieterich (Pfr Untersteinach) III 230
- Hermann (Bbg) III 548

- Kath. (Neuses) VI 47
- Marg. (Bbg) III 548
- vgl. Dietreich; Dietrich; Dietterich; Ditrich
Dietersberg (abgeg.;Ofr.) I 359, 375
Dietersdorf (sw.Coburg) III 125, 148, 162, 581, 670ff, 677, 680, 693, 697
Dietersdorf (sw.Höchstadt/A.) II 94f
Dietersdorf (n.Neustadt/Waldn.) VI 611, 673
Dietersdorf (n.ident.) IV 43
Diethalm (PN) I 489
Diethelm (B.Konstanz) II 587, 591, 593
Dietl, Gg (Mönch Weißenohe) VI 500
- Ursula (Hallstadt) VI 38
Dietlein, Gg (Steinbach) VI 62
- Gertraud (-) VI 49, 61
- Hans (-) VI 58, 65, 71
- Jakob (-) VI 49, 61
- Jung Wolf (-) VI 49
- Kaspar (-) VI 62
- Klaus (-) VI 49, 65
- Kunig. (-) VI 65
- Marg. (-) VI 58
- Stefan (Bbg) V 80
Dietmair, Jakob (Bbg) VI 46, 67
- Joh. V 453
- Kath. V 453
- Kath. (Bbg) VI 50
- Maria (-) VI 47, 61, 71
- Remigius V 276, 453
Dietmar (Thietmar;PN) I 237, 289, 383, 413, 498; II 56ff, 60ff, 68,

70, 73, 103, 336, 391f, 461, 473, 489, 510, 517, 562, 623
- (B.Merseburg) I 34-38, 40, 42, 47, 49, 52, 56, 58, 60, 63-66, 71, 81f, 85f, 88ff, 92ff, 96, 101, 107ff, 116, 119, 124f, 127, 130, 133f, 159, 162, 165-171, 175f, 183-185, 188-192, 195f, 198f, 201, 204f, 208ff, 212, 215, 218, 235, 252, 261, 281, 299, 305, 307
- (B.Osnabrück) I 108, 129, 269
- (Weihb.Bbg) III 114, 756
- (A.Banz) II 640, 644
- (Pr.) I 411
- (Dompr.) II 288
- (Kan.Wbg) II 290
- (Mgf Ostmark) I 80, 216
- (Gf i.Suavagau) I 153
- (Gf i.Volkfeldgau) I 119, 137, 144, 265

Dietmar, Heinr. (-) IV 121

Dietreich (Prie.) IV 96
- Konr. (Unterhaid) III 528
- vgl. Dieterich; Dietrich; Dietterich; Ditrich

Dietrich s.u. Dieter

Dietrich, Hans (Feuchtwangen) IV 776
- Konr. VI 521
- Kunig. (Strullendorf) IV 134
- vgl. Dieterich; Dietreich; Dietterich; Ditrich

Dietrichstein (FlN.) III 535

Dietrichstein (Österr.) II 488, 492; III 28ff, 136

Dietrichstein, v. (Fam.) VI 391
- Dietrich v. II 492, 622, 629
- s.u. Franz v. (Kard.;B.Olmütz)
- Wolfram v. II 640

Dietstätt (nö.Schwandorf) II 332

Dietterich (Fam.) III 2
- Jakob VII 164, 178, 181, 233
- Joh. Andreas Balthasar (Prof.) VII 271f
- Konr. (Ebern) III 680
- Michael IV 610
- vgl. Dieterich; Dietrich; Dietrich; Ditrich

Diettmann, Konr. (Kronach) IV 547, 616, 654

Dietwein (Kard.) II 308, 315ff, 380, 387

Dietz, v. (Fam.) VI 445, 700, 702, 708

Dietz (Fam.) VI 600, 623; VII/2 63, 158, 632
- Bernhard (Gremsdorf) VII 230
- Ferdinand VII/2 85
- Franz Konr. Maximilian VII/2 34f, 95, 188, 204, 209, 213
- Ignaz (Jesuit) VII/2 398f, 432
- Joh. (Kan.St.Stephan) VI 113, 117, 120, 155-158, 160, 167, 170-173, 200, 237f, 242, 279f, 291, 293; VII/2 14, 21, 39
- Joh. Nikolaus (Jesuit) VII/2 416, 721, 732f
- Lorenz (Hohenmirsberg) V 513
- s.u. Ludwig (A.Michelsberg)
- Maria Barb. (Engl.Fräulein/Bbg) VII/2 379f
- Michael (Bildhauer) VII/2 459
- Waltzo III 714f
- Wolf (Staffelstein) IV 859

- Wolfgang IV 319, 347

Dietzhof (sö.Forchheim) IV 400, 519; V 473

Diezmannshofen (n.ident.) II 448

Tigler, Peter (Weismain) IV 146

Digna (Hl.) I 417

Dignamenta (PN) I 347

Til, Ludwig (Kan.St.Jakob) IV 244f

Tilithi (Gau) I 221

Dillberg (nw.Neumarkt/Opf.) II 478; III 759

Dillberg, Ekbert v. II 133

- Poppo v. II 61, 133

Diller, Michel (Prie.) IV 962

Dillich (Hess.) I 141

Dillingen an der Donau (Schw.) V 95f

Dillingen, Hartmann v. I 451; II 9, 81

Tillisch, Hans Friedr. v. (Bbg) VI 150

Dillmann, Erhardt (Pottenstein) VI 22

Dillner, Franz (Bbg) IV 547, 796

Tilly, Joh. Tserclaes v. (Feldherr) V 467, 476; VI 113, 128f, 135, 143, 146f, 151, 156, 158-161, 168f, 171, 177, 180, 183, 185-188, 190-196, 198, 200, 208, 210ff, 215-218, 220, 226, 233f, 236-240, 243-248, 250, 252-256, 274, 286, 294, 301

Tilman (Pfr Mücheln) III 18

Tilmann, Heinr. (Losau) IV 945

Tilsit (Ostpreußen) VII/2 747

Dimelsich, Engelbert (Prie.) III 723

Timenreuth (abgeg.;Ofr.) II 152

Dinau (sw.Burglengenfeld) III 466, 475

Dingolfing (NB.) I 145; II 111

Dingolshausen (ö.Gerolzhofen) VI 209

Dingolshausen, Richolf v. II 509f

Dinkel, Eckarius (Höchstadt/A.) IV 597

Dinkelsbühl (Mfr.) III 46; IV 720; VI 148, 154, 159f, 169f, 371, 574; VII/2 715

Dinkelsteiner, Heinr. (Eggolsheim) III 579

Tinktner, Hermann (Bbg) III 440

Dinthers, Konr. (Pegnitz) IV 244

- Marg. (-) IV 244

Tintner, Bruno (Bbg) IV 189

- Elis. (-) III 598f

- Fritz (-) III 519; IV 13

- Hermann (-) III 598f

- Joh. IV 266

Tintoretto (Maler) VI 653

Dionysius (Hl.) I 186, 364f, 409-412; II 53, 80, 104f, 372, 475; III 106

- Areopagita (-) II 252

- (B.Piacenza) I 432, 467

Diothalinus (Prie.) I 122

Diothohus (Forchheim) I 62

Dippach (sw.Bbg) III 41

Dippold, Joh. Eberhard (Pfr Gößweinstein) VII 39, 108-111

- Konr. III 228, 697

- Lorenz VII/2 137

- vgl. Diepold

Tirbel, Konr. III 399

Tirman (PN) II 54

Tirol II 656; III 204, 231; VII/2 143
- Gf s.u. Albrecht; Berthold
Tirolf (Min.) I 330; II 629
Tirolt, Wolfgang (Pfr) IV 864
Dirrfelder, Christian V 466
Tirschenreuth (Opf.) II 53; VI 98, 115, 276
Disentis (CH) I 243
Diskau, Dietrich v. IV 380
Distelmann, Michael IV 594
Distler, Chr. IV 789
- Gg V 383
- Jörg VII/2 320
- Kunig. V 383, 449
Dithmar v.Schmittweiler, Maria Anna VII/2 426f
Ditrer, Wolfgang (Muggendorf) IV 974
Ditrich, Brecht IV 1013
- Hans IV 169
- vgl. Dieterich; Dietrich; Dietrich; Dietterich
Dittenheim, Adalbert v. II 276
Ditterichsbrunn (abgeg.;Ofr.) IV 707
Dittersheim, Joh. v. (Prie.) III 324, 336, 393, 404, 693
Dittrich v.Schönhofen (Fam.) VII/2 670
- Karl Ignaz Joseph Gislenus (Kan. St.Gangolf) VII/2 381, 387f, 562
- Michael (Domprediger) VII/2 601, 606, 679
Titschendorf (Thür.) VII 270
Titus (PN) VII/2 370
Ditz, Hans IV 978

Ditzlein (Fam.) III 307
Tiuvelbolt (PN) II 96
Tiuzelenbuch (n.ident.) II 332
Tivoli (It.) II 313, 406; III 402
Dobeneck (Sachs.) VI 704
Dobeneck, v. (Fam.) III 393; VI 118; VII 29, 92
- Bezold v. III 393
- Konr. v. IV 450
- Kunemund v. III 393
- Sigmund v. IV 450
- Wilh. v. IV 450
Dobenreuth (sö.Forchheim) IV 400, 900, 903
Dober (Fl.) II 531
Tobhan, Konr. (Bbg) III 54
Doblhof (Österr.) I 477
Dobrilugk (Brandenbg) I 110
Docker, Marg. V 492
Tockh, Heinr. (Dh.Magdeburg) IV 230
Tockler (Fam.) III 52, 190, 582
- Adelheid (Bbg) III 530f
- Chr. IV 808; V 29
- Friedr. III 579
- Gangolf (Pfr Pottenstein) V 492, 494, 498
- Gg III 202, 677; IV 808
- Günther (Kan.St.Stephan) III 537, 542, 576, 602, 691
- Hans (-) III 538, 543, 546f, 561, 574f
- Heinr. III 530, 534, 538, 592, 597; IV 231, 233, 612
- Hermann (Nbg) III 111
- Herdegen III 61

- Joh. III 561; V 494
- Karl III 581, 594
- Konr. III 581
- Kunig. III 534
- Leopold (Bbg) III 202, 579
- Otto (Wbg) III 592
- Peter (Bbg) III 594
- Ulr. (-) II 648
- Ulr. (Kan.St.Stephan) III 541
- Veit (Pfr Poppendorf) V 303, 489, 494, 498
- vgl. Topler

Docuiza, Wezzilin v. II 348

Todtenweis (n.Augsburg) I 290

Döben (abgeg.;Ofr.) III 662, 666, 670

Döber, Andreas (Kaplan Nbg) IV 714

Döberein (n.Kemnath) II 133

Döberlein, Wolfgang (Pfr Hollfeld) IV 864

Döberlitz (ö.Hof) IV 70, 875, 880f

Döberschütz (sö.Bayreuth) II 443, 447, 658

Döbra (sw.Naila) IV 647, 783, 991; VI 151, 153, 399, 401; VII/2 611f

Töbs, Erhard (Pfr Hof) IV 864
- Heinr. (Pfr Töpen) IV 725
- Kunig. VI 36

Döffingen (B.-W.) III 427

Töging (sö.Neumarkt/Opf.) II 64

Döhlau, Hans v. III 229

Döla (n.ident.) IV 736

Döll, Balthasar (Pfr Buttenheim) VII/2 291

Döllel, Hans V 94

Döllinger (Fam.) VII/2 402, 447, 512, 576, 598, 621

Döllnitz (sw.Kulmbach) III 651, 665; IV 97; V 65

Töpen (nw.Hof) IV 724f, 734, 736, 865, 922, 999

Töpen, Heinr. v. (Pfr Hof) III 209, 225ff, 704

Töpher, Heinr. (Pfr Münchberg) III 315

Döpp, Gg (Pfr Bischberg) VI 679

Dörflas (w.Selb) III 662, 667

Dörfleins (n.Bbg) I 5, 18, 228; II 95, 658; III 631f; IV 13f, 317, 415, 486; V 473

Dörfler, Joh. (Neuses) VI 86
- Martin (Eggolsheim) VI 201, 211

Döring, Jodocus (Jesuit) VI 331
- Marg. (Bbg) VI 66, 71
- Martha VI 67

Döringstadt (sw.Staffelstein) I 3, 7, 17f, 331; II 461, 522, 598f, 636; III 16; IV 58, 60, 65, 584; V 20, 146f, 216, 232, 323, 334, 447, 482; VI 127, 199, 206, 411, 606; VII 41, 101, 269; VII/2 26, 203, 240, 307, 345, 361, 517

Döringstadt, Heinr. v. II 461

Dörner (Fam.) III 566

Dörrer, Heinr. IV 998
- Lorenz (Prie.) IV 1004

Törring, Adam Lorenz v. (Dh.Salzburg u.Regensburg) VI 373
- s. Albert v. (B.Regensburg)
- Emanuel v. VII 204

Dörrnwasserlos (sö.Staffelstein) I 7, 17f, 226, 331; II 83, 553, 623; III 336, 375, 544, 608, 623f, 716; V 485

Dörzbach (B.-W.) VII/2 652

Döttenreuth (nw.Sulzbach-Rosenberg) III 102

Dötzer, Chr. (Domvikar) V 451, 503

- Joh. (Pfr Wichsenstein) VI 85, 120

Dogler, Kath. (Wbg) III 132

- Otto (-) III 132

Tolder (Pfr Burgkunstadt) IV 150

Dôle (Frkr.) I 442; V 95

- B. s.u. Juhellus

Toledo, Alvarez di VII/2 87

Dolein (n.ident.) IV 385

Tolher, Konr. (Unterleinleiter) IV 789

Tolhopf (Fam.) III 138

- Joh. (Forchheim) IV 380

- Matthias (Bayreuth) IV 875

Tolitz, Andreas IV 564

Toll, Hans IV 419

Toller, Joh. IV 198

Dollnstein (w.Eichstätt) I 115

Toltzsche (Fam.) III 540

Dombasle, v. (Fam.) VII/2 233-236

Toming (Fam.) IV 904

Dominicus (B.Percensis) III 184

Domitius Ahenobarbus (röm.Soldat) I 2

Domizlaus (Kammin) II 194

- (Stettin) II 197f, 205

Tommo (PN) I 105

Domus, Ulr. (Wbg) II 449

Donald (A.St.Egidien/Nbg) III 143, 755

Donati, Joh. VII/2 653

Donatus (Hl.) I 187

Donau (Fl.) I 5, 12, 35, 44, 54, 69f, 115, 138, 140, 166, 199, 399, 469; II 15, 63, 140, 142, 274, 487, 630, 650; III 91; VI 186, 251f, 287, 360; VII/2 219, 235

Donaugau (Landschaft) I 88, 139ff, 153, 373

- Gf s. Altmann

Donaustauf (ö.Regensburg) III 257, 344

Donauwörth (Schw.) I 39, 312, 489; II 274, 487, 565, 626, 662; III 97, 122; VI 192, 251, 256, 371, 442; VII/2 234

Tonberg, Hans v. IV 1024

Tonczsch, Hans (Hain) IV 264

Dondorffer, Gg (Mönch Michelfeld) IV 484

Doner, Erhart (Prie.) IV 722

- Hans (-) IV 985

- Heinr. IV 944

Tongeren (Belgien) II 50

Donhorn, Andreas IV 1029

Doni (Fam.) VII/2 299

- Josef VII 110f

Donner v.Lahrum, Agatha VI 706

Donnersdorf (sw.Haßfurt) I 17; IV 507; VI 200, 521

Donnersreuth (s.Kulmbach) IV 969

Donop, v. (Fam.) VII/2 500

Tonsch, Heinz III 695

Dont, Franz (Jesuit) VII/2 130

Donterloux (Fam.) VI 429

Doos (nö.Ebermannstadt) IV 323

Doos (Stadtt.Nbg) VII 204

Topler, Heinr. (Rothenburg o.T.) IV 50

- Jakob (Nbg) IV 159
- vgl. Tockler

Toppel, Stephan v. III 313

Doppelhafen, v. (Fam.) VII/2 125

Doppelinsky, Franz Paulinus (Pfr Neuhaus/P.) VII/2 535

Torcellanus, Joh. Delphinus (Nuntius) V 85

Dordrecht (NL) I 232, 234f

Torf (Fam.) III 286

Dorfe, Eberhard v. II 476
- Otto IV 141

Dorfhaus (sö.Forchheim) II 64, 478

Dorfhaus, Gebolf v. II 478
- Hartmann v. II 478
- Tuto v. II 478

Dorfprozelten (nö.Miltenberg) V 505

Torgau (Sachs.) I 212

Dorhoffer, Kath. V 507

Doria, Giorgio (Nuntius) VII 196ff, 222ff, 227, 248

Dorla (Hess.) III 316, 729

Dorlisheim (Frkr.) III 27

Dormann, Wolf (Gremsdorf) VI 157

Dormitz (ö.Erlangen) II 383f; III 165, 445; IV 549, 897; V 57; VI 122; VII/2 431

Dormitz, Siegfried v. II 383f

Dormühle (ö.Ebern) III 677, 680

Dorn (Fam.) VII/2 683
- Heinz IV 394
- Klaus IV 490
- Nikolaus (Prie.) VI 100
- Pankraz (Pfr Hohenmirsberg) V 498

Dorn-Assenheim (Hess.) VII/2 104

Dornbach (sö.Pegnitz) II 68, 72, 134f, 377, 388, 483, 538; III 311; V 4; VI 106; VII/2 337

Dornbach, Arnold v. II 377
- Berengar v. II 538
- Friedr. v. II 483
- Hademar v. II 68, 72, 134f, 377, 388

Dornbeck, Konr. III 269
- Ulr. III 269

Dornberg (w.Ansbach) III 99, 145; IV 308, 739

Dornberg, Hans v. IV 411

Dornburg (Sa.-Anh.) I 89, 107

Dornheim (sö.Kitzingen) I 10, 20, 265; II 631; III 300; IV 58, 65, 704; VI 401, 411

Dornstetten (B.-W.) III 85, 265

Dorothea (Hl.) III 621
- v.Mistelbach (Ä.St.Theodor) IV 522, 744, 803

Torresani (Fam.) V 350
- Luca V 347

Dorsch, Gg (Prie.) IV 724
- Hermann (Bbg) III 532
- Joh. (Ebermannstadt) VI 218, 232, 236, 280

Dorse (Fam.) II 483
- Heinr. (Dh.) III 459

Torslein, Friedr. IV 147

Dorster, Fritz (Höchstadt/A.) III 701

Dortmund (NRW) I 108f, 112, 165, 216; III 426

Tortona (It.) I 259, 467

Tortsch, Joh. IV 918

Toskana (It.) I 48, 100, 188, 199, 205, 207, 260, 281, 464; VII 91

- Hzg u.Mgf s.u. Albert; Boso; Ferdinand; Hugo
Tossen, Agnes III 679
- Dorothea III 679
- Erhard III 399
- Joh. III 398, 679
- Nikolaus III 398
- Ofima III 679
- Paul IV 1017
- Peter III 393, 398f
- Thomas III 398
- Wilh. III 393
Totfelder, Berthold (Forchheim) IV 40
- Heinr. (-) IV 40
Dottenheim (sw.Neustadt/A.) IV 299, 739
Dotterweich (Fam.) VII/2 333
- Anna Marg. VII/2 331f
- Joh. Michael VII/2 331f
- Marg. VII/2 331f
Doudon (Fam.) II 81
Toul (Frkr.) I 485; II 450f; VI 490
- B. s.u. Berthold; Bibo; Bruno
Toulouse (Frkr.) II 449
Tournon, Camille de VII/2 747
Tours (Frkr.) I 369, 405, 481, 484; II 453
- B. s.u. Martin
Tousenteschel, Nik. III 228
Touticho (PN) I 359, 383
Toutsch, Friedr. (Pfr Memmelsdorf) IV 167
Toyber, Konr. (Lichtenfels) III 395
Doynus (n.ident.) III 723

Trabelsdorf (w.Bbg) VI 188, 581; VII/2 525
Trabelshof (ö.Neustadt/A.) II 96
Traben-Trarbach (Rh.-Pf.) I 117
Traberg, Heinr. v. II 634
- Otto v. II 634
Trabotenawe (ON) III 455
Drach (Fam.) VI 122
- Hartmann (Wien) VI 19
- Ulr. V 153
Drachendorf, Matheis v. IV 30
Tracht, Konr. (Bbg) III 741f
- Kunig. (-) III 741f
Träger, Fritz (Sendelbach) VI 122
Trägweis (sö.Pegnitz) I 21, 375; VI 341
Tränckmain (Fl.) III 325, 504
Trafalgar (Spanien) VII/2 737
Drageboto (PN) II 289
- (Domvikar) II 463
Tragelhöchstädt (sw.Höchstadt/A.) IV 783
Dragon (ON) VI 620f
Drahtschmidt, s.u. Albert (A.Ensdorf)
Trailsdorf (nw.Forchheim) II 54; III 372, 420
Trainau (sw.Kronach) IV 38ff, 264, 280; VI 83, 441
Traindorf (n.Ebermannstadt) II 402; III 132, 561; IV 491, 545, 784
Trainmeusel (nö.Ebermannstadt) II 152; III 285, 634
Draisdorf (w.Staffelstein) I 21; II 496, 638; III 671
Draisendorf (nw.Ebermannstadt) IV 784f

Draisendorf (sö.Hof) III 223, 407; IV 248f, 491, 945

Trandersdorf (n.ident.) III 420

Trani (It.) II 313

Trasfelden (n.Passau) III 380

Traßhofer, Peter IV 361

Tratz, Konr. III 545
- Peter V 22

Tratzel, Michael (Forchheim) V 506

Traulsheim, v. (Fam.) V 9

Traun (Fl.) I 380, 394

Traunfeld (n.Neumarkt/Opf.) III 642; VII/2 526

Trausnitz, Weigel v. III 45

Traustadt (sw.Haßfurt) II 504

Trautenberg v. (Fam.) VII/2 518, 538f, 664
- Gg v. IV 882
- Hauwart v. III 94
- Heinr. v. III 39
- Jakob v. III 39
- Konr. v. III 39
- Marchart v. III 39
- Rüdiger v. III 39
- Ulr. v. III 39

Trautenberger, s.u. Friedr. (A.Michelfeld)
- Hartung IV 394
- Nikolaus (Pfr Auerbach) IV 417

Trautmannsdorf, Ferdinand v. VII/2 546, 583, 589
- Maximilian v. VI 18, 386
- Thaddäus Maria v. VII/2 655

Trautner, Gg VI 86; VII/2 549

Trautskirchen (s.Neustadt/A.) IV 999

Trebatsch (Brandenbg) II 102

Treber, Ludwig v. III 661f

Trebesberg (n.Kronach) III 270; IV 86

Trebesmülner, Jodok (Staffelstein) IV 395, 417

Trebgast (sö.Kulmbach) II 379, 400, 599; III 76, 175f, 394; IV 91, 277, 725, 736, 742, 929f, 999f

Trebgast, Adelhold v. II 400

Trebitz (Sa.-Anh.) VI 473, 531

Trebitz, Heinr. (Staffelstein) IV 160

Trebnitz (Schlesien) II 660
- Ä. s.u. Petrissa

Trebra, Joh. IV 318

Trebur (Hess.) I 28, 31, 153, 163, 170, 183, 237, 268, 344, 363f, 372f, 408, 452, 454, 496; II 124f

Trechiragau (Landschaft) I 112

Drechsel, Hedwig III 543, 546
- Heinr. (Bbg) III 543, 546

Treffen (Österr.) I 116; III 136

Treffurt (Thür.) VII/2 715

Dreisam (Fl.) I 164

Dreißigackerberg (FlN.) VI 33

Dremel, Ulr. (Heilsbronn) IV 361, 371, 373, 384

Tremita (n.ident.) VII/2 386

Trendel (sw.Gunzenhausen) VII/2 257

Trendel, Sigeboto v. II 277, 383

Trenner, Adam Rudolf VII 107, 113, 182, 193, 216, 219, 281, 291, 293

Trennfeld (w.Wbg) I 143

Drente (niederländische Provinz) I 113

Trentel, Eberhard (Pfr) IV 895
- Erhard (Kulmbach) IV 722
Treppel, Heinr. III 724
Treppendorf (nw.Ebermannstadt) I 19; II 333, 424, 522
Treppendorf (sw.Bbg) III 627
Treppendorf, Eberhard v. II 452
- Ebo v. II 59, 61, 99, 277
Treppnau (n.ident.) IV 82
Dreschen (s.Kulmbach) IV 198
Drescher, Bernhard VII/2 186
- Franz Carl VII/2 313f, 317
- Friedr. VII/2 311
- Joh. (Bbg) VII 143, 275
- Peter (Zeil) VI 61
Dresden (Sachs.) I 36; VI 431, 524, 531; VII/2 43, 355
Dreser, Hermann III 705
Dressel, Hans (Helmbrechts) IV 914
- s.u. Joh. (A.Ebrach)
Dressendorf (n.Bayreuth) IV 872, 881, 973, 1006
Dressendorf, Franz Friedr. v. VI 602
Treßler, Heinz (Bbg) IV 571
Dreten Eichen (FlN.) II 499
Tretzendorf (sw.Haßfurt) III 602; VI 519f
Treu (Maler Bbg) VII/2 444, 640
Treuchtlingen (sw.Weißenburg) III 43
Treuchtlingen, Wyrich v. IV 79, 99, 177
Treunitz (nö.Bbg) II 525; IV 1013
Dreuschendorf (n.Forchheim) II 83, 388, 658; III 72, 160, 534, 540; IV 766; V 156; VI 524; VII/2 292, 295

Treutlinger, Erasmus (Neustadt/A.) IV 991
Treviso (It.) II 540
- B. s.u. Roland
Drewner, Hans (Ludwigsstadt) IV 963
- Nickel (-) IV 963
Drexel, Fritz (Kronach) VI 312
Triberg (B.-W.) I 139
Tribsees (Mbg-Vp.) II 312
Tribun, Heinr. II 385
Tieb (ö.Lichtenfels) II 291; IV 423, 598, 742
Trieb, s.u. Joh. v. (A.Langheim)
Triebel (Sachs.) III 397, 400; IV 445
Triebel, Gg V 451; VI 64, 211, 223
- Rosina (Bbg) VI 63
Triebendorf (ö.Ansbach) IV 98
Triebendorf (n.ident.) II 646
Triebenreuth (nö.Kulmbach) III 255, 421; VII/2 335
Triebsdorf (s.Coburg) III 253, 671, 680, 685
Triefenstein (w.Wbg) II 472f
Trient (It.) I 73, 96, 115; II 38f, 76, 312f; III 155; V 70, 77, 84, 95, 158, 170, 180, 198, 211, 406, 438, 472, 479; VI 142, 369, 405, 470, 487f, 550, 568, 570; VII 32, 55, 106; VII/2 714
- B. s.u. Eberhard; Gebhard; Konr.; Olderich
Trier (Rh.-Pf.) I 50, 120, 128, 163f, 216, 361, 485; II 71, 399, 437, 451, 503, 660; III 107, 288, 294, 410, 414, 498, 684, 747; V 87;

VI 379, 436f, 480, 494, 662, 671, 686f; VII 88, 98, 195; VII/2 235, 337, 397, 466, 603

- Eb. s.u. Adalbert; Balduin; Bruno, Bohemund; Clemens Wenzeslaus; Eberhard; Egilbert; Franz Gg; Heinr.; Hillin; Jakob; Joh.; Liudolf; Megingaud; Meginherus; Poppo; Volkmar

- - Weihb. s.u. Hontheim, v.

- Klöster u. Stifte:

- - Domstift I 216; II 71; III 757; VII/2 374, 619, 636

- - St. Maximin I 50, 107, 267f, 336; II 218

- - St. Paulin I 164, 216

Triesdorf (sö.Ansbach) VII 77

Driesen, Gg Wilh. v. (General) VII/2 227-230, 232, 235

Triest (It.) I 129f, 224; VII/2 67, 143

- B. s.u. Richolf

Trifels (Rh.-Pf.) II 108, 218

Triglaus (Gottheit) II 202, 205, 207ff, 228, 256

Driller, Paul VI 296

Trimberg (sw.Kissingen) IV 191

Trimberg, Gozwin v. II 98, 287, 290, 402, 581

- Heinr. v. II 402, 465, 508

- Konr. v. III 372

- Otto v. II 47

- Poppo v. II 402, 465, 508

Trimultis, Joh. Antonius de (Prie.) IV 924

Tripolis (Griechenland) I 396

Trisching (nw.Schwandorf) II 144, 332

Tritelo (PN) II 492

Trithaneus, Eberhard II 378

Trithemius, Joh. (Humanist) I 405

Tritschler, Joh. VII/2 696

Triwin, Alex. (Bonn) V 86ff

Trixen, Gottfried v. II 634

Trockau (nw.Pegnitz) III 139; IV 9, 295, 783, 960f; VI 679; VII 141, 234; VII/2 337

Trockau, v. s.u. Groß v.Trockau

Trockauer, Ott (Bbg) III 542, 571

Tröbersdorf (sw.Bayreuth) I 19; IV 73, 736, 973

Trogen (nö.Hof) III 76; IV 385

Drogo (PN) I 404

Drogunze (n.ident.) II 568

Troia (It.) I 254ff, 480

Troist, Gerlach v. (Generalvikar) IV 224

Dronghene (Belgien) I 184

Tropfe, Joh. (Prie.St.Sebald/Nbg) III 728

Troppau, Hans v. III 494

Troschel, Chr. V 23

Droschendorf, Konr. v. III 663

Troschenreuth (nö.Pegnitz) I 6f, 138, 375; II 54, 144, 332, 379, 382, 424, 485, 560, 562 III 94, 277; IV 424, 736, 922; VI 17, 102, 107, 109, 398; VII/2 43, 537

Troschenreuth, Eberhard v. II 424, 454

- Gerung v. II 424

- Irmfried v. II 379, 424, 485

- Poppo v. II 379, 424

- Sigeboto v. II 560

Troschler, Joh. (Pfr Herzogenaurach) IV 441

Drosemans (abgeg.;Ofr.) III 667, 674, 683

Drosendorf (nö.Bbg) II 67, 318, 424, 483, 522; III 50, 65, 67, 133, 254, 523, 554, 568, 570, 584, 589, 689; IV 145, 167, 197; VI 347, 541

Drosendorf (nw.Ebermannstadt) IV 568; V 67, 407f; VII 115; VII/2 172, 705

Drosendorf, Adalbert v. II 67

Trosispach (ON) II 106

Trossenfurt (sw.Haßfurt) III 602f; VI 444, 538; VII/2 325

Droste, Kaspar Maximilian v. (Weihb. Münster) VII/2 655

Trottenreuth (nö.Kulmbach) VI 546, 600

Trotzhofstet (n.ident.) III 735

Drouin (Fam.) VII/2 747

Troyes (Frkr.) II 49

Trubach (Fl.) I 408

Truchseß (Fam.) III 380, 500

- Arnold II 487
- Caspar V 36
- Dietrich II 528
- Erkenbert (Pottenstein) II 54, 550, 561ff, 598, 610, 613, 615, 619f, 622
- Hans III 437f
- Heinr. II 486, 640; III 146, 529
- Konr. II 487
- Peter III 456
- Ph. VI 285
- Siegfried II 637
- Ulr. II 514
- Wigand (Fulda) II 528
- Wolfram III 681

Truchseß v.Baldersheim (Fam.) VI 700

Truchseß v.Henneberg (Fam.) VI 705, 710,

- s.u. Gg (A.Banz)
- Joachim Sigmund V 526
- Ph. Heinr. (Dh.) V 526; VI 699
- Sigmund (Dh.) V 531

Truchseß v.Herzogenaurach, Wolfram III 144, 611, 614

Truchseß v.Höfingen (Fam.) VI 169

Truchseß v.Holnstein, Konr. III 573

Truchseß v.Kuntal, Berthold III 122

Truchseß v.Nainsdorf, Heinr. III 68, 125, 611

- Hermann III 25, 611
- Ulr. II 623, 637
- Wolfram III 33, 527

Truchseß v.Pommersfelden V 196, 388; VI 181, 204, 289

- Aegidius IV 369
- Albrecht IV 320
- Asmus IV 399, 515
- Bartholomäus IV 101, 256
- Braun IV 256
- Chr. IV 343f, 418, 509f, 515, 660
- Dietrich Ernst VI 459
- Dorothea IV 509f, 606, 660
- Erhard (Dh.Eichstätt) IV 323, 350f, 982
- Friedr. Ernst VI 642
- Gg IV 189, 245, 251, 262, 343, 418, 509, 515; V 497

- Gernot IV 266, 315
- Hans IV 343, 418, 425, 427, 459, 891, 982
- Hartung IV 266, 315
- Heinr. III 162, 616; IV 422
- Joh. (Dh.) IV 333, 422, 441, 478, 499, 509
- Konr. IV 79, 100f, 178, 953
- Leopold IV 399, 422
- s.u. Marg. (Ä.Kitzingen)
- Marg. IV 319
- Magdalena IV 426
- Martin IV 252, 320, 392, 418, 515
- Melchior (Dh.Wbg) IV 380, 386
- Michael (Dh.) IV 343, 351
- Peter IV 21, 37, 79, 110, 174, 178, 189, 193, 202
- Ph. IV 444, 510, 515, 606, 640, 660, 773, 810
- Ph. Ernst VI 423, 452, 458
- Ph. Hektor VI 115
- Reinhard IV 422
- Seyfrid IV 319
- Sigmund (Dh.) IV 510, 660, 708, 889
- Ulr. IV 166, 238, 240
- s.u. Veit (B.Bbg)
- Wolfgang IV 441, 660

Truchseß v.Rothenburg, Konr. II 513f, 536

Truchseß v.Sternberg, Dietrich III 500

Truchseß v.Wetzhausen (Fam.) VII/2 500, 579f
- Barb. V 520
- Christian Gottlieb VII/2 262
- Hans Eitel V 301
- Ph. IV 411, 507
- Sigmund Heinr. V 301
- Wolf Dietrich VI 166f, 180, 222f, 262, 275f

Truchseß v.Waldburg, Gg IV 552, 559, 636, 642
- Heinr. II 600
- Wilh. IV 550, 567, 824

Druckendorf (abgeg.;Ofr.) VI 677

Trucksful, Heinr. (Zeil) III 636

Trudimann (PN) II 101

Drübeck (Sa.-Anh.) I 133, 252

Trübenbach (sw.Kronach) IV 264, 771f; VI 199

Drügendorf (nw.Ebermannstadt) I 374; III 718; IV 117; V 439, 447, 506; VII/2 415

Trürlingen, Cordula v. VII 108

Drütschel, Joh. Wolfgang (Staffelstein) VII/2 237

Trüzel, Friedr. (Ützing) III 309

Truhendingen, v. (Fam.) I 137; II 410, 536, 613; III 13f, 19, 75, 94, 362, 373ff, 471, 475f, 479, 491, 590, 708f; IV 20, 80f, 84
- Adalbert v. II 405, 407, 410, 414, 452, 456f, 463, 504f
- Agnes v. III 58, 373, 475
- Anna v. III 479
- Dorothea v. III 373, 376
- Friedr. v. II 452, 487, 504, 536, 613; III 4, 13, 23, 28, 36, 49, 52ff, 60, 75, 110, 144, 194, 234-239, 244, 260ff, 264, 267f, 270, 279, 281f, 289-292, 301f, 306ff, 312, 317, 373, 376, 475, 480, 526, 530,

532-537, 552-556, 559, 568f, 588, 590, 594, 597f, 605, 616, 619, 622, 634, 636ff, 646, 649, 651, 655, 658f, 663f, 681, 688, 692, 719, 747, 754f, 757; IV 11
- Heinr. v. III 212, 273, 312, 330, 346, 351, 372f, 375f, 479f, 549, 673, 684, 687f, 708f; IV 84
- Joh. v. III 372f, 375ff, 420, 475f, 479, 549f; IV 68, 197, 444
- Konr. v. III 75, 373, 376, 478, 480
- Martin v. (Dh.) III 103, 144, 664
- Oswald v. III 373, 376f, 476, 479f, 550; IV 68, 72, 99, 101, 142
- Suffey v. III 687
- Wirich v. III 710

Truhtlier (n.ident.) II 492

Druisheim, Bernold v. II 487

Truithere (PN) I 498

Trull, Fritz IV 881

Trummer, Hans (Engelsberg) V 23
- Joh. V 119

Trumsdorf (w.Bayreuth) I 19; II 92; III 405, 575, 675; IV 228, 294, 722f, 737, 953, 1000f

Trumsdorf, Friedr. III 65

Drunck, Peter (Kan.St.Gangolf) IV 578, 703

Trunk, Jutta (Bbg) III 600
- Konr. (-) III 600

Trunstadt (nö.Bbg) I 16, 142; II 571; III 529, 537, 551, 610, 617; IV 130f, 316, 334; V 43, 119, 239, 249, 339; VI 172, 450, 520, 537

Trunstadt, Adalbert v. II 571

Truppach (sw.Bayreuth) II 613, 615, 620; III 392; IV 72, 561; V 441

Truppach, Adelold v. I 383
- Degenhard v. II 636, 643
- Hans v. III 444
- s.u. Heinr. v. (A.Michelfeld)
- Hemmo v. I 383
- Klaus v. IV 480, 511, 890
- Kunig. v. V 517
- Otto v. II 613, 615, 620
- Werner v. II 613, 620
- Werner v. (Forchheim) III 258, 599; IV 80

Truschenhof (nö.Ebern) III 160, 663, 673

Truschenhof, Elis. v. III 663
- Konr. v. III 663

Drusingus (Prie.) I 122

Trutbach (abgeg.;Ufr.) II 504f, 508

Tschick, Matthias Bastian (Jesuit) VI 274

Tschirn (nö.Kronach) III 368; IV 108, 421, 618; VII/2 555

Duber, Joh. (Forchheim) IV 526

Dubern, Werner v. II 106, 494

Tubuan, Heinr. (Poppenreuth) III 530

Tuchel, Petrus (Pfr) IV 722, 977

Tuchenbach (nw.Fürth) IV 441

Tucher, Andreas (Nbg) IV 557
- Anton (-) IV 714; V 390
- Berthold (Forchheim) III 587
- Friedr. (Zeil) III 636
- Konr. (Forchheim) III 594
- Laurentius (Nbg) IV 386
- Markus (-) IV 632
- Michael (-) IV 758, 760
- Sixtus (Nbg) IV 386

Ducheron (Fam.) VII/2 667
Tuchscherer, Gg IV 629
Duck, Afra IV 706
- Hans IV 481, 796
- Joh. (Kan.St.Stephan) V 33, 488
Tübingen (B.-W.) I 139; V 90; VI 383
Tücherau (FlN.) III 668, 676
Tüchersfeld (nw.Pegnitz) III 186, 379; IV 9, 425, 463, 746; VII 108f; VII/2 404
Tückelhausen (sö.Wbg) II 297, 318; III 1, 632; IV 586
Tückelmann, Walter III 694
Tügkisch, Dietz IV 410
Dülck, Gg (Bbg) VI 435
Düllstadt (nö.Kitzingen) I 266
Tülp, Andreas (Kronach) V 302
- Friedr. (Prie.) VI 127, 339
Dümler (Bbg) VI 75, 78f
- Franz Ph. VII/2 324
- Gg Wilh. VI 71, 75-79
- Hans VI 129
- Heinr. VII/2 324
- Leonhard VI 609
- Marg. VI 67, 71
Dümling, Hans V 513
Dümper (Domvikar) VI 611
Dünrinbach, Konr. III 410
Türck, Martin V 362
Türckkeeß, Zacharias (Kronach) VI 314
Dürer, Albrecht IV 541
Düring, Alexander VI 409, 412
- Hans (Bbg) VI 45

Türkelstein (sö.Ebermannstadt) IV 20; VI 341
Dürn (ON) I 95
Dürnwisner, Heinr. III 526
Dürr, Wolfgang (Pfr St.Sebald/Nbg) III 720ff
- Wolfram (Generalvikar) III 505, 520, 564, 726, 729; IV 148
Dürrbach (Fl.) VII 47
Dürrbeck (Fam.) VII/2 665
- Friedr. (Pfr Hannberg) VI 198
- Hans (Prie.) IV 1011
- Nikolaus (-) IV 1011
Dürrbrunn (n.Ebermannstadt) III 129, 569; IV 789; VII 47
Dürrengrün (Tschechien) III 393f
Dürrenhof (abgeg.;Ofr.) IV 913; VI 202
Dürrfelder, Christian (Halle/S.) V 132
Türriegel, Hans Werner v. V 185
- Konr. v. III 114
- Ursula v. V 209
Dürrmoos (Österr.) II 661
Dürrnbuch (sö.Neustadt/A.) IV 486
Tüsche, Heinz IV 84
Tüschnitz (sw.Kronach) III 686; IV 39; VI 12
Düsel, Max (Bbg) VI 70
Düsseldorf (NRW) VI 426; VII/2 709
Tütschengereuth (w.Bbg) VI 478, 521; VII/2 592
Dützsch, Hans (Bbg) V 502
- Marg. (-) V 502
Tugendorf (sö.Schweinfurt) III 449

Duggendorf (nw.Regensburg) II 64

Tuhensdorfer, Heinr. (Lichtenfels) III 536

Duisburg (NRW) I 58, 66, 165, 219; II 218

Tulbach, Gebhard v. I 413

Dulcken, Gg (Notar) VI 420

Tullifeldgau (Landschaft) I 16; II 297

Tulp, Heinr. (Kaplan) IV 863

- Heinr. (Forchheim) V 491f

- Nikolaus (Wirsberg) IV 1012

- Zacharias (Pfr Kupferberg) V 241, 250

Tumbach, Ezelin v. II 382

Dumbeck (Fam.) VII/2 398, 520

- Joh. (Notar) VII/2 9

Tumig, Konr. (Hof) IV 985

- Nikolaus IV 972

Dumming, Konr. (Bbg) IV 571

Dumouriez (Fam.) VII/2 662

Dumpert, Joh. (Pfr Marktgraitz) VII/2 607

Tuncher, Hans (Frensdorf) IV 518

Tundi, Michel Angelus (Kard.) V 377

Tundorffer, Engelhart (Hollfeld) IV 119

- Petrus (Michelfeld) IV 337

Duorinc (PN) II 384

Duppel, Mathäus (Kan.St.Stephan) V 324

Durac (PN) II 70

Durandus (B.Lüttich) I 250, 263, 284, 494

Durchslukken (FlN.) III 553

Durenc (PN) I 330; II 476, 573

Durenrith, Poppo v. II 527

Turin (It.) I 207, 259, 432; III 239

- B. s.u. Kunibert; Landulf

Durne (FlN.) II 143f, 332, 418

Durrenpusch, Konr. IV 410

Dury (Fam.) VII/2 431

Tusch, Heinr. IV 275

- Kunig. (Zeil) VI 39, 71

Tuscherer, Konr. (Neustadt/A.) IV 980

Tuscien vgl. Toskana

Tusculum (It.) I 201, 348f; II 107, 488, 518

Dusens, Heinr. v. III 690

- Yring v. III 690

Dusilischinden (n.ident.) II 332

Tutecha (PN) II 73

Dutendorf (w.Höchstadt/A.) IV 487

Tuto (PN) II 64, 103, 443

- (Dh.) II 56, 67-71, 92, 95, 99, 102, 104, 137, 141, 143, 145, 152f, 277, 294, 297, 315, 375, 382f, 388ff, 392, 424, 460

Tuttlingen, Berthold v. III 122

Tuy (Spanien) III 454

Twiske, Gerlach v. IV 210, 904

Dybawe (abgeg.;Ofr.) IV 9

Dyezman (Forchheim) II 335

Dyle (Fl.) I 164

Tym (Fam.) III 591; IV 165

Tymer, Marx IV 411

Dymuter (PN) III 286

Tyn (Tschechien) III 3

Dynnis (PN) III 195

Tyräus, Hermann (Jesuit) V 93

Dysel, Matthäus (Forchheim) V 506
Tyzwiz (Fl.) II 532f
Tzwelffpoten, Fritz IV 294

Ebach (nw.Lauf/P.) III 285f
Ebbs (Österr.) II 487
Ebelin, Adalbert II 524
Ebelsbach (sö.Haßfurt) I 17f; III 602f; IV 312, 606; VI 180, 183f, 517f, 520
Ebelsfeld, Jeut (Bbg) III 542, 545
- Ott III 542, 545
Eben (Obrist) VI 166, 328
Ebener, Hermann (Nbg) III 122
Ebensfeld (sw.Lichtenfels) I 17ff, 228, 331, 498; II 624; III 69, 336, 360, 379, 587, 596f, 629, 657, 693; IV 30f, 143, 199, 227, 402, 431, 751; V 241, 303; VI 127, 440, 478; VII/2 222, 567
Eber (PN) II 73, 95, 335
Eber, Andreas (Weismain) IV 618
- Chr. IV 649f
- Eberhard III 693; IV 936
- Heinz III 693
- s.u. Nikolaus (A.Langheim)
- Ott III 693
- Paul IV 659, 749
- Ulr. (Schwarzenbach) IV 107
Eberbach s.u. Schenk v.Eberbach
Eberbach, Nik. Heinr. v. V 227
Eberen, Bernhard v. III 644
Eberhard (PN) I 380, 477, 498; II 67, 70, 72, 99, 104, 106, 143, 145, 148, 152, 277, 288, 292, 297, 335, 381, 386, 393, 416, 463, 476, 494, 496f, 501, 547, 550, 572, 579, 643, 645; III 584
- I. (Eb.Salzburg) I 316; II 223f, 308, 371, 394, 398, 414f, 434, 436, 440, 450, 453f
- II. (-) I 327, II 587, 633f, 655
- (Eb.Trier) I 361
- I. (B.Bbg) I 114, 117, 124, 127, 134f, 142f, 146, 149, 151, 153, 158, 185f, 198, 215, 221, 224, 226, 230f, 236, 242f, 246, 265f, 284, 287, 297, 305, 308f, 329-336, 341f, 344ff, 359, 496; II 408
- II. v.Ettling (-) I 316; II 5, 293, 371, 375, 377-380, 388f, 391-407, 409-426, 429-441, 443-446, 449-459, 461-464, 468-476, 479, 481f, 490, 494ff, 498f, 501, 511, 521ff, 574, 617, 663
- I. (B.Eichstätt) II 38, 75
- (-) V 9
- (B.Merseburg) II 342f, 566
- (B.Trient) II 422
- Gf (div.Gfen) I 30, 382, 412f, 448, 452
- v.Württemberg (Gf) III 85, 265, 381, 427, 685
- im Barte v.Württemberg (Gf) IV 387
- (A.Aldersbach) II 536
- (A.Asbach) II 381
- (A.Banz) IV 210, 252, 256, 283, 315
- (A.Ebrach) II 607
- (A.Michelsberg) III 68, 603, 605ff, 609ff, 755
- v.Venlo (-) IV 310, 321
- (A.Salem) II 599

- (A.St.Blasien) I 49
- (A.Tegernsee) I 49
- (Archidiakon Wbg) II 503, 505
- (Diakon) II 424, 482, 488f
- (div.Dh.) I 477, 486f, 494; II 59f, 62, 67f, 223f, 277, 294, 297, 371, 386, 394, 400, 407, 461, 476, 481, 487, 489, 500f, 515, 517, 519, 529-534, 537f, 542f, 549f, 553, 561, 563ff, 567f, 574, 621, 647; III 669, 684ff
- (Domkantor Trier) II 71
- (Dompr., Pr.St.Jakob, Pr.St.Gangolf) I 477, 495; II 21, 52, 54-62, 64-73, 90ff, 95, 99f, 104, 112, 134, 137, 141, 143, 145, 151, 153, 225, 275f, 294, 297, 315, 369, 394, 459, 462f, 480, 548; III 159
- (Kämmerer) II 381
- (Kan.St.Gangolf) III 567, 592
- (Kan.St.Jakob) I 316; II 371, 375, 380, 388f, 392f, 416, 452, 457, 463, 468, 473f, 476, 482, 489ff, 493, 500, 515, 517, 519, 526, 528f, 533ff, 542, 548f, 568-572, 578ff; III 51, 53
- (Kanzler) II 661
- (Kaplan) II 622f, 629
- (Karmelit Nbg) III 143
- (Kustos Bbg) II 462f, 476, 487, 489, 500, 533, 535, 542
- (Magister) II 294, 400, 407
- (Mönch Michelsberg) II 99, 325, 442, 604, 611, 617f, 623, 625
- (Pfr Altenkunstadt) III 454
- (Pfr Neunkirchen) II 663
- (Pfr Vilseck) II 625
- (Prie.) III 25f, 51, 53, 454, 567
- (Richter) II 581, 599, 613f
- (Vikar Nbg) III 25f
- (Bbg) I 381; II 384, 390, 476
- (Waischenfeld) IV 142

Eberhard, Fritz III 570

Eberhardi, Joh. (Pfr Baunach) IV 228

Eberhilt (PN) II 66

Ebering (sö.Deggendorf) II 277, 294, 418, 592

Ebering, Eberhard v. II 418
- Rüdiger v. II 227, 294, 418, 592
- Ulr. v. II 418

Eberkar (PN) II 66, 103

Eberl, Anna (Bbg) VI 44, 46

Eberlein, Alheit (Sachsendorf) III 594
- Anna (Bbg) III 144
- Anna Maria (Forchheim) VII/2 329
- Hans (Bbg) VI 48
- Heinz (Seinsheim) III 620
- Jakob (Zeil) VI 66
- Joh. (Pfr Kaltensondheim) IV 935
- Kunigund (Zeil) VI 66
- Lang (Bbg) III 144
- Peter (Offenhausen) III 138, 144
- Peter (Reundorf) IV 142
- Thurn (Bbg) IV 818

Eberlint (PN) II 290

Ebermann v.Biebelheim (Fam.) VI 19
- Ignatius Joh. Chr. (Wbg) VI 478
- Joh. Melchior Chr. VI 478
- Joh. Ph. Chr. VI 478
- Ph. Chr. VI 478

Ebermannsdorf (sö.Amberg) II 47, 56, 66, 146
Ebermannsdorf, Erbo v. II 47, 97, 133, 485
- Gebhard v. II 47, 72, 146, 275
- Gumbert v. II 72
- Marquard v. II 47
- Merboto v. II 47, 56, 66, 97, 133
- Razzo v. II 146
- Ulr. v. II 485
- Wirnto v. II 47, 97
Ebermannstadt (Ofr.) II 54, 474, 563; III 41, 46, 75, 214f, 272, 281f, 307, 382, 437, 541, 566, 568-571, 619, 731; IV 77, 80f, 83, 87, 136f, 141, 147, 211, 243, 314, 327, 394, 420, 442, 472, 484, 489f, 511, 568, 601, 611, 634, 638f, 655, 789, 826, 828; V 301, 410, 506; VI 154, 158, 163, 165, 197, 203, 218, 224, 231ff, 236f, 255, 276, 278, 289, 326, 537, 573; VII 48f, 115, 249; VII/2 214, 563, 574, 667
Ebermannstadt, Konr. v. II 563
- Mathilda v. II 563
- Thimo v. II 563
Ebern (Ufr.) II 53, 474, 597, 613, 641f; III 443, 497, 660, 664, 671, 675, 677, 680; IV 842; VI 115, 160, 179, 190, 192, 202, 249, 522, 606, 716; VII 81; VII/2 419
- Pfr s.u. Cäsar, Veit; Geig, Valentin; Prente, Joh. v.
Ebern, Albert v. II 594
Ebersbach (abgeg.;Ofr.) II 635; III 368
Ebersbach (nö.Erlangen) II 478; III 140, 190; IV 35; VI 253

Ebersbach (nö.Sulzbach-Rosenberg) II 485
Ebersbach, Wolfram v. II 485
Ebersberg (OB.) I 405; III 145, 192, 317, 380, 418, 420, 434f, 611, 616; IV 117, 148, 266, 437, 622; V 216, 378; VI 82, 166f, 190, 193, 199, 209, 251, 417, 659; VII 43; VII/2 626
- A. s.u. Williram
Ebersberg (Ruine sö.Haßfurt) I 137; II 118
Ebersberg (abgeg.;Opf.) II 133, 332, 388, 538
Ebersberg, Albert v. (Dh.Wbg) III 145
- Burkhard v. (-) II 641
Ebersbrunn (sö.Gerolzhofen) I 6, 20
Ebersbunt, Ulr. v. II 275
Ebersdorf bei Coburg (sö.Coburg) I 21; IV 772
Ebersdorf (n.Kronach) IV 587, 656, 963
Ebersdorf (Österr.) VI 18ff
Ebersdorf, Ferdinand v. V 46
Ebersfeld, Dietrich v. II 402
- Sigeboto v. II 402
Eberspeck, Konr. (Notar) IV 245
Ebersreuth (abgeg.;Ofr.) II 314; IV 360
Eberstein (Österr.) VII/2 63
Eberstein, Albert v. II 536
- Berthold v. (Pr.Aquileja) II 634f, 649, 663
- Dietrich v. (Wbg) IV 215
- Eberhard v. II 649
- Engelhard v. (Dh.Bbg u.Wbg) IV 171

- Gerlach v. IV 186
- Kath. v. V 338

Eberwin (PN) II 584

- (Pfr Thurndorf) II 562

Ebing (n.Bbg) I 17f, 226; II 618, 658; III 585, 626f, 714ff; IV 265, 317, 415, 607f; V 215

Ebingen, v. (Fam.) VI 699

Ebleben, v. (Fam.) VI 703

Ebner (später: Ebner v.Eschenbach; Fam.Nbg) VII 114

- Albrecht III 285
- Anton VI 121
- Elias V 330
- Erasmus IV 844
- Hans III 286
- Hermann III 748f
- Hieronymus IV 714
- Jobst Wilh. VII/2 345
- Seifried III 733
- Seytz III 286

Ebneth (ö.Lichtenfels) I 21; III 271; IV 38, 326, 390, 392

Ebneth, v. s.u. Marschall v.Ebneth

Ebo (PN) I 347, 380, 383, 413, 459, 496; II 66, 70, 89, 103, 106, 289f, 335, 496, 504, 547; III 167

- (B.Naumburg) I 407, 446, 451f
- (A.Mallersdorf) II 274, 295
- (Domkaplan Wbg) II 335
- (Pfr) III 10, 757
- (Gf) I 146, 496
- (PN in der Vita Ottonis ep.) II 3-11, 14-22, 24-27, 39, 43, 45, 48, 50f, 63, 81f, 86, 138, 148, 151, 156, 159ff, 171, 174ff, 205ff, 212ff, 226ff, 238ff, 249ff, 254ff, 262ff, 268-271, 319ff, 324

- vgl. Eberhard

Ebrach (Fl.) I 6, 136, 408; III 271, 583, 609

Ebrach (sw.Bbg) I 323, 325; II 83, 99, 285-290, 293, 370, 381, 394, 396f, 399f, 403f, 407, 410, 423, 425, 439, 460, 468, 472, 484, 502-514, 518, 586, 595, 602, 607, 619, 658; III 4, 41, 43, 51, 114f, 296, 352, 366ff, 437, 558, 660, 674, 685, 691, 719, 750, 756; IV 235, 316, 579, 622, 686, 713, 935, 979; V 3, 33, 93, 269, 405; VI 94, 163, 170, 438, 441, 502, 622, 710; VII 35, 50, 180, 200; VII/2 230, 242, 299f, 417, 441, 443, 489f, 509, 514f, 522f, 561, 609, 614, 637, 664, 701, 703, 715

- A. s.u. Adam; Alberich; Albert; Burkhard; Eberhard; Engelbert; Eugen; Friedr.; Heinrich; Hermann; Hieronymus; Joh.; Konr.; Leonhard; Otto; Peter; Wilh.

Ebrach, Altun v. II 99

- Berno v. II 286f, 289f, 503, 509, 511
- Richwin v. II 286f, 509, 511

Ebrach vgl. Burgebrach

Ebron, Konr. v. (Weihb.) IV 1043

Ebßer, Wolfgang (Prüfening) IV 743

Ebzendorf (abgeg.;Ofr.) II 644

Ecco vgl. Ezzo

Echerbach (abgeg.;Ofr.) II 101; IV 269, 325, 344

Echinger v.Wildeck (Fam.) VI 706

Echter, Hamman IV 178

Echter v.Mespelbrunn (Fam.) VI 703, 706, 708, 715

- Anna Katharina VI 708
- Dietrich V 309, 523
- s.u. Julius (B.Wbg)
- Julius Ludwig (Dh.) V 523, 527
- Julius Peter (Dh.Bbg u.Wbg) V 519, 524f
- Marg. V 523, 526, 528
- Maria VI 711
- Maria Gertraud VI 714
- Maria Ottilia VI 711
- Peter V 519
- Ph. Sebastian (Dh.Bbg u.Eichstätt) V 440, 524
- Valtin V 338, 525

Echternach (Luxemburg) I 50, 107

Eck (Fam.) VII/2 326
- Christian v. VI 563, 565
- Heinr. (Drossenfeld) IV 721
- Hermann IV 869
- Joh. (Pfr Kulmbach) IV 726ff, 732, 836, 1027, 1036
- Joh. (Prof.Ingolstadt) IV 536f, 818
- Konz (Mainleus) III 698
- Mauritius (Kaplan Münchberg) IV 976
- Nickel (Kulmbach) IV 967

Eckardt, Friedr. (Pegnitz) VII/2 667

Eckart, v. (Fam.) VII/2 609, 664

Eckart (Fam.) III 49, 531; VI 209
- Gg Anton (Pfr Posseck) VII/2 556

Eckehard (Prie.Nankendorf) III 50
- Heinr. (Domvikar) III 459

Eckel, s.u. Gg (A.Prüfening)

Eckelsheim (Rh.-Pf.) VI 11

Eckenmühle, Ekbert v. II 544

Eckenreuth (sw.Pegnitz) III 277

Eckersberg, v. (Fam.) VII 71

Eckersdorf (w.Bayreuth) IV 736, 872, 999; V 64

Eckersdorf, Degenhard v. II 378
- Ulr. v. II 378

Eckhardt (Pfr Auerbach) III 640
- Jeute (Höchstadt/A.) IV 146
- Jörg (-) IV 146

Eckhart, Albrecht IV 120

Eckhert, Sebastian (Zeil) VI 62

Ecksdorf, Götz v. III 457

Eckstein (Prächting) III 596

Eckstorffer, Hans (Schmerldorf) IV 94

Edel (Fam.) VII 162

Edelmann, Hans (Pretzfeld) IV 490
- Konr. (Pfr Walmersbach) IV 953, 1004
- Nikolaus (Pfr Uffenheim) IV 1002

Edelrich (Wbg) II 335

Edelstetten (sö.Günzburg) II 515
- Ä. s.u. Mechthild

Eder (Fam.) VII/2 300, 585, 644
- Barb. (Bbg) VI 40, 42
- Eleonora (-) VII/2 62
- Gg (-) VI 70f
- Hans Gg (-) VI 41, 45f
- s.u. Marian (A.Michelfeld)

Ederam (n.ident.) I 496

Edith (PN) I 78

Eenham, Hermann v. I 184, 194

Effelder (Thür.) II 499, 510, 644; VI 194

Effelder, Bertha v. II 510

- Engelhard v. II 510
- Heinr. v. III 11

Effelter (nö.Kronach) I 411f, 500; II 83, 495, 499, 638, 643; III 368; IV 616ff

Effelter, Dragon v. II 499

Effeltrich (sö.Forchheim) IV 568; V 411; VII/2 214

Egbert (A.Fulda) I 409

Egen, Heinr. (Memmelsdorf) III 65

- Sebald (Ansbach) IV 362

Egenhof (abgeg.;Mfr.) III 165

Egeno (PN) II 101, 312

- (Dh.) II 606, 637, 648

Eger (Tschechien) II 590, 629, 655; III 3, 94, 98, 207, 221, 223, 257f, 296, 330, 332, 334, 336, 400, 407f, 426, 431, 436, 441, 494; IV 70, 81, 186, 204, 232, 827, 1021, 1032f, 1036; VI 154, 313, 315, 324; VII/2 226, 242, 621

Eger, Adalbert v. II 449

- Else v. III 408
- Hans v. III 685
- Konr. v. II 449

Egergau (Landschaft) I 5f, 83

Egermann (Fam.) IV 248

Egersdorf (w.Fürth) III 743

Egertwerl (FlN.) IV 167

Egezo (PN) I 497

Egg (Österr.) VII/2 66

Egge Truhtlier (ON) II 492

Eggebert s.u. Ekbert

Eggelhofer, Markus (Augsburg) IV 557

Eggenbach (w.Staffelstein) I 21; III 123

Eggenberg, v. (Fam.) VI 18

- vgl. Joh. Anton v.Krumau (Hzg)

Eggenhof (ö.Erlangen) III 197

Eggenreuth (sw.Grafenau) III 380

Eggolsheim (n.Forchheim) I 4, 7, 17, 62, 143, 375; II 58, 61f, 309, 516, 617; III 41, 44, 50, 382, 464, 468, 478, 541, 545, 579, 594, 718; IV 58, 63, 65, 117, 137, 268, 279, 344, 568, 606; V 156, 407, 447; VI 86, 114, 158, 191, 194, 201, 211, 223, 264, 277, 411, 553, 556, 691, 717; VII 115, 141, 175; VII/2 161, 172, 230, 282, 290, 295, 529, 532, 540, 547, 558, 561ff, 649

Eggolsheim, Albert v. (Prie.) III 478

- Azelin v. II 58
- Heinr. v. II 309, 617
- Hermann v. II 62
- Karl v. II 309
- Richolf v. II 61
- Walter v. II 62

Eggolsheimer, Heinr. (Bbg) III 558

Eggrer (Fam.) IV 94

Egilbert (Patriarch Aquileja) II 278, 369f

- (Eb.Trier) I 464, 468, 471, 475, 485, 491

- (B.Bbg) I 314ff; II 47, 55-59, 61, 64, 66, 68-72, 92, 95, 99, 104, 106, 134, 137, 141, 143, 145, 151, 153, 225, 276-279, 291-294, 297, 309, 315, 320, 337, 369-393, 395, 418, 454, 460, 474, 480, 525, 567, 629

- (B.Freising) I 60, 66, 114, 117, 129, 242, 289

- (Dh.) I 359, 487, 490f, 494, II 21, 41, 56, 65ff, 72, 134, 223, 371, 386
- (Kan.St.Stephan) I 284, 333, 494

Egilhard (Dh.) II 514, 532f, 563, 574, 576-580, 582, 646

Egilolf (PN) II 392

Egilward (PN) I 24
- (B.Wbg) I 13, 24f

Eging (sw.Kötzting) III 380

Egino (PN) I 31; II 101

Egloffstein (sö.Eberm) I 15, 23; II 519, 538, 562, 574; III 297ff, 419; VI 85, 165, 253, 255, 339, 476, 517, 613

Egloffstein, v. (Fam.) III 147, 166, 201, 233, 297, 300, 378, 380; VI 120f, 176, 186, 636; VII 187; VII/2 506

- Albrecht v. III 297f, 406, 435, 445, 456, 478, 510, 516, 631, 633; IV 4, 9, 13, 18f, 37, 44f, 48ff, 56, 73f, 79, 83, 88, 99, 158, 127, 215
- Albrecht v. (Burggaillenreuth) VI 280
- Anna Juliana v. VI 188, 232
- Balthasar v. IV 659
- Barb. v. IV 511
- Chr. v. IV 400, 452, 746
- Dietrich v. (Dh.) III 159, 627
- Eberhard v. III 496
- Eglolf v. III 258, 529
- Elis. v. III 140, 297, 299
- Friedr. v. III 370; VI 165, 280
- Gg v. IV 659, 746
- Gg v. (Dh.) IV 383, 398, 443, 475, 504, 517, 528, 533, 550, 572, 577, 653, 697, 701f, 727, 728, 731, 744, 759, 762, 888f
- Gertrud v. III 190
- Gottfried v. III 328, 370, 688
- Gottfried Friedr. Leopold v. VII/2 496, 506, 691f
- Hans v. III 631; V 15f; VI 536
- Hans Chr. v. (Dh.) V 74, 518, 520
- Hans Ph. v. VI 87
- Hans Wolf v. V 16
- Hartung v. (Dh.) III 162, 238, 650, 703; IV 32, 48f
- Heinr. v. II 519, 538, 562, 574; III 4, 9, 15f, 23, 59, 75, 140, 560
- Heinr. Wolf v. V 15f
- Hieronymus v. VI 280, 339
- Jobst v. IV 392, 423, 442f, 463, 476f, 517
- s.u. Joh. I. v. (B.Wbg)
- Joh. v. (Dh.) III 190f, 297, 299f, 330, 378, 394, 462, 471, 507, 519, 566, 627, 631, 700, 702; IV 4, 45, 175, 177, 215, 246, 267, 342, 367-370, 372, 392f, 410, 418, 452f, 462, 471, 475f, 486, 516f, 566, 659, 746, 791
- Joh. Ph. v. (Dh.) VI 436, 461, 690, 705
- Klaus v. IV 45, 215, 246, 341, 398, 420, 452, 659, 779, 809f, 824, 828ff, 840, 844; V 8, 13f, 16
- Klaus Gg v. V 15f
- Konr. v. III 141, 144, 146, 190f, 265, 298f, 611f, 621, 624f; IV 5, 20, 32, 50, 463, 517, 621, 651, 659, 713, 719, 802, 809
- Kunig. v. IV 659
- Kuno v. III 140

- Leonhard v. IV 440f, 451f, 467f, 477ff, 483, 487, 492, 499
- s.u. Leopold II. v. (B.Bbg)
- Martin v. IV 45, 515; V 16
- Matthias v. IV 475, 517
- Melchior v. V 15f
- Michael v. V 15f
- Moritz v. IV 383, 443
- Nikolaus v. IV 225
- Osanna v. III 297
- Otto v. III 238, 297f, 482, 493, 507, 757f; IV 475f, 493, 517
- Otto v. (Dh.) IV 25, 50, 64, 109, 127, 140, 150, 155, 158, 168, 1042
- Otto v. (Kan.St.Stephan) III 536, 544, 547, 565, 624
- Pankraz v. (-) IV 659, 708, 1054
- Ph. v. IV 809;
- Rochius v. V 15f
- Seifried v. (Dh.) IV 856, 1065; V 31, 518ff
- Siegmund IV 344, 659
- Sigeboto v. I 15; III 75, 129, 141, 156, 201, 262, 297f, 419, 627, 650, 681, 688; IV 331, 517
- Stephan v. IV 392, 396, 423, 443, 475
- Susanna v. V 521
- Ulr. v. (Dh.) III 186ff, 191, 201, 396, 663
- Veit Rochius v. V 518
- Volland III 159, 201
- Wilh. v. IV 215
- Wilh. Rochius v. V 15f
- Wolff v. IV 659, 913, 958; V 15f

Eglofsdorf (nö.Ingolstadt) I 21
Egmüller (Fam.) V 453
Ehe (Fl.) I 6, 265
Ehegau (Landschaft) I 5, 16
Ehemann, Katharina (Bbg) VI 41, 43
- Joh. (-) VI 40
Ehenfeld (nö.Amberg) II 276, 383
Ehenfeld, Erkenbrecht v. II 383
Ehenheim (ON) III 380
Ehenheim, v. (Fam.) III 380; VI 699
- Albert v. (Dh.) III 353, 369, 373, 383, 404, 427, 437, 444, 459, 462, 478f, 574, 639, 641
- Gg v. IV 387
- Joh. v. (Dh.) IV 226, 286
- Konr. v. IV 387
- Leonhard (Kan.Neumünster/Wbg) IV 686
- Ludw. v. IV 387
- Michael v. IV 386f
- Six v. IV 387
- Wigeles v. IV 208
Ehestberg (ON) VI 579
Ehingen (s.Donauwörth) III 412
Ehinger v.Belzheim, Hugo Dietrich VI 150, 204
Ehinger, Anna III 749
- Heinr. III 742
- Konr. III 749
Ehlen (Arzt) VII/2 505, 634
Ehmann, Joh. (Bbg) V 345
Ehrenbach, Egeno v. II 516
- Hildegard v. II 61
- Karl v. II 293
- Werner v. II 58, 134, 172

Ehrenbacher (Fam.) III 198
Ehrenberg, v. (Fam.) V 525; VI 699f, 703
- Joh. Heinr. v. V 523, 526; VI 117
- Peter v. (Dh.) V 523, 536
- s.u. Ph. Adolf v. (B.Wbg)
Ehrenbürg (Walberla;Berg ö.Forchheim) VI 639
Ehrenfels, Chall v. III 331
- Heinr. v. III 9, 45, 88, 149, 331
- Konr. v. III 9
- Otto v. III 17, 331
- Wolfhart v. III 414
Ehrenreich, Joh. (Domvikar) V 405, 443, 445; VI 132
Ehringshausen (B.-W.) II 137, 402
Ehringshausen, Heinz v. IV 411
- Swach v. IV 411
Ehrl (nö.Bbg) III 649f, 696f
Ehtpach (n.ident.;Österr.) II 408f
Eibelstadt (sö.Wbg) II 54f, 58, 459, 463, 474, 483, 490, 522, 568, 572; III 51f, 58, 145, 468, 553, 562, 591; VI 519
Eibelstadt, Alheid v. III 51
- Harigo v. III 51
- Joh. v. III 51
Eibenstock (abgeg.;Ofr.) III 278; IV 33
- vgl. Zips
Eibisch, Hans IV 900
Eich, Hans (Dormitz) VI 122
- Willibrand (Jesuit) VI 94
Eicha (sw.Coburg) III 671
Eichach (abgeg.;Opf.) II 144
Eichel, Adam (Zeil) VI 62
- Elis. (-) VI 58, 62
Eichelberg (nö.Kronach) III 270; IV 14, 630
Eichelberg (abgeg.;Mfr.) II 478
Eichelberger, Barb. (Bbg) VI 67
- Hans (-) VI 58, 70f
- Magdalena (-) VI 71
- Nikolaus (-) IV 330
Eichelburg (ö.Roth) III 326
Eicheldorf (n.Haßfurt) VI 628, 649
Eichenbirkig (nö.Ebermannstadt) IV 746
Eichenbühl (ö.Miltenberg) III 41
Eichendorf (sö.Landau) II 111
Eichenhausen (ö.Neustadt/S.) I 144; II 402
Eichenhüll (sö.Lichtenfels) III 375; IV 84, 584; VII/2 214
Eichennagel (Fam.) III 171
- Anna (Bbg) III 538
- Braunward III 366
- Fritz III 625f
- Konr. (Bbg) II 570
Eichfeld (sw.Gerolzhofen) VII 76
Eichhorn (Fam.) IV 347; VII/2 309
- Andreas (Marktgraitz) VI 13
- Gg (Memmelsdorf) IV 803
- Heinr. III 420
- Joh. (Pfr Memmelsdorf) IV 570, 585
- Michael (Bbg) IV 571
Eichhorst, Diclif v. III 616
Eichig (sö.Lichtenfels) III 588f, 596, 599, 649, 661, 673, 687; VII/2 86
Eichler, Joh. (Prie.) III 624

Eichsfeld (Landschaft) I 344; VII/ 602

Eichstätt (OB.) I 8f, 23, 128, 158f, 261, 280, 357, 367, 373, 500; II 292f, 403-406, 563, 572, 589; III 19, 32, 40, 103, 111, 122, 144, 169, 172, 180f, 248, 295, 312, 327, 441, 491f, 513, 634, 639, 710, 724, 729f, 747, 756; VI 20, 104f, 155, 198, 368, 372, 424, 434, 440, 442, 456, 558, 671, 676; VII 5, 27, 29, 125, 139, 135, 178, 244, 261, 263; VII/2 15f, 35, 45, 50, 57, 230, 256, 296, 303, 309, 348, 360, 364, 370-377, 408, 423, 590, 715

- B. s.u. Albert; Berthold; Burkhard; Eberhard; Erchanbald; Friedr.; Gabriel; Gebhard; Joh.; Joh. Anton; Joh. Chr.; Joh. Konr.; Joh. Martin; Kaspar; Konr.; Marquard; Martin; Megingoz; Raban; Raimund Anton; Udalfridus; Ulr.; Walter; Willibald; Wilh.

- - Weihb. s.u. Berndt; Kageneck

- Domkapitel VII/2 29, 36, 39, 57, 333, 336, 342, 360, 364, 372, 376, 496, 554, 571

Eichstätt, Heinr. v. III 582

- Wicfridus v. II 293

Eidendorffer, Leonhard V 493

Eido (B.Meißen) I 63, 94, 190, 198, 214, 216

Eigenbrod (Staffelstein) VII 119

Eigentz (abgeg.;Ofr.) III 713

Eigermann (Fam.) III 227

Eigil (A.Fulda) I 285

Eila (n.Kronach) II 106, 501f; III 368, 647; VI 118, 194

Eilbert (B.Minden) I 445

Eilenburg, Friedr. v. I 171f

- s.u. Heinr v. (B.Merseburg)

- Pothe v. III 317

Eilhard (Dh.) II 532, 563, 568, 574, 576

Eilika (Ä.Niedermünster/Regensburg) II 17

Eilward (B.Meißen) I 216, 269

Eilwarsdorf (abgeg.;Sa.-Anh.) III 18

Einberg, Heinr. v. II 499

Einersheim, Helwig v. II 460

- vgl. Markt Einersheim

Einfolck, Hans (Prie.) IV 976

Einhard (Chronist) I 5

- (Dh.Wbg) I 411

Einhausen (Thür.) II 402

Eining (sw.Kelheim) I 69

Einkure, Joh. (Heilsbronn) IV 971

Einsiedel, v. (Fam.) VI 702

Einsiedeln (CH) I 101, 234, 271, 336; VI 662; VII/2 458

- A. s.u. Heinr. Brandis; Sigizo

Einspeck, Ursula VI 67

Einthaler, Anna (Bbg) V 493

- Barb. V 68

- Chr. V 68

- Marg. V 68

Einwag (Fam.) VI 46, 48, 50, 66f, 72, 277, 280

Einwig (PN) I 380

Eiscwin (PN) II 588

Eisen, Fritz III 743

- Heinz IV 164

Eisenbeutel, Albert (Kan.St.Gangolf) III 649

Eisenhart (nö.Straubing) II 111
Eisenhuter, Joh. (Konv.Nbg) III 143
Eisenkastner, Kath. II 515
Eisenlein (Fam.) III 199
Eisensteg (nw.Passau) III 380
Eisentraut (Jesuit) VII/2 401
Eisenwind (n.Kulmbach) IV 783
Eisfeld (Thür.) III 83, 336
Eisvogel, Heinr. (Nbg) III 369
- Hermann III 731
Eita (PN) I 360
Eiteldap, Matthes (Zeil) VI 43
Eitrungesbach (abgeg.;Ufr.) I 18
Eitzenberger, Elias (Pfr Pottenstein) VII/2 54
- Martin VII/2 359, 441
Eizersdorf (sw.Grafenau) III 380
Ekbert (PN) I 475; II 73, 152
- v.Andechs-Meranien (B.Bbg) II 514, 533, 563, 565, 582, 584f, 588, 590-637, 649-665
- (B.Münster) II 284f
- (div.Grafen) I 236, 387; II 413f
- (A.Fulda) I 409
- (A.Michelsberg u.Münsterschwarzach) I 421, 429, 439, 495, 497
Ekkart, Albrecht u.. (Kupferberg) III 393
- Konr (-) III 393
Ekkehard (PN) I 236, 498; II 96, 98, 146, 295, 462, 465, 476, 492, 513, 515, 517, 579
- (B.Prag) I 102, 224, 269
- (B.Schleswig) I 108, 129, 195, 251
- (A.Aura;Chronist) I 24, 38, 50, 225, 230, 294, 305, 307f, 404, 409, 426, 469, 473, 492; II 1f, 37, 39, 43f, 109, 115, 118, 126, 128, 135f, 148, 158, 215, 217-220
- (A.Weißenohe) II 477f
- (Dh.) II 72
- (Kan.St.Jakob) II 571
- (Pr.Banz) II 640
Ekkerich (PN) I 213; II 476f, 534f, 548, 567, 569
Ekersdorfer, Volker III 585
Elbe (Fl.) I 2, 4, 86, 110, 112, 151, 169, 173f, 191, 209, 212, 214f, 221, 223, 247, 251; II 176, 233, 520; VI 328
Elbel, Fabian (Langheim) IV 423
Elbersberg (w.Pegnitz) II 54, 64, 477f; III 41, 400f; V 513; VI 22, 86ff, 152, 343; VII 109; VII/2 52, 531
Elbersreuth (sw.Naila) VI 127, 246, 545f, 600
Elbersroth (nö.Feuchtwangen) IV 738
Elbogen (Tschechien) III 349, 494
Elchingen (B.-W.) VII/2 715
Elckan, Moyses VII/2 13
Elckershausen, Gg Wilh. v. (DO-Komtur) VI 394
- Joh. Ph. v. (Dh.) VI 424, 452, 458, 461, 498, 509, 702, 704, 707
- Ph. Kuno v. VI 702
- Wolff Daniel v. VI 700, 702
Eleßlein, Joh. (Bbg) IV 571
Eleutherius (Hl.) I 186
Elfershausen (sw.Kissingen) VI 714
Elgard, Nikolaus (Augsburg) V 87-91, 93, 127

Elgersheim (abgeg.;Ufr.) II 508f

Elisabeth (PN) III 318, 661

- v.Thüringen (Hl.) II 575, 659f
- v.Rußland (Zarin) VII/2 280
- (Ä.St.Theodor) III 580, 756
- (Ä.Birkenfeld) III 294, 389
- Finsterloh (Ä.Kitzingen) IV 522
- (Ä.Schlüsselau) III 53, 756

Elkind (Fam.) III 539

Ell, Helena (Kronach) VI 39

Ellebogen (Österr.) III 336

Ellember (Prie.) I 411

Ellendorf (Fam.) VII 188

Ellenhard (B.Freising) I 445

- (Mönch Michelsberg) II 102, 260

Ellerbach (Fl.) III 523

Ellerbacher, s.u. David (A.Prüfening)

Ellern, v. s.u. Burgellern, v.

Ellersdorf (s.Bbg) II 54, 569; III 183; IV 846

Ellingen (n.Weißenburg) III 143; IV 958; VII 17

Ellner, Max IV 344

Ellrichshausen (B.-W.) IV 629

Ellroth, v. (Fam.) VII/2 52

- Hermann Friedr. (Bayreuth) VII/2 52, 203

Ellwangen (B.-W.) I 246; III 92; V 445; VI 662; VII 265; VII/2 551, 716

- A. s.u. Ryodhois

Elma, Richolf v. IV 46, 74, 77

Elpersdorf (Stadtt.Ansbach) IV 292, 740

Elsaß (Landschaft) I 55, 59, 61, 88, 101, 138, 192, 218, 265f, 458, 484; II 218, 538, 551, 584; III 170, 206, 218f, 295, 334, 343, 355; VI 279, 490; VII/2 618, 715

- Gf s.u. Gerhard

Elsaßer, Heinr. (Pfr Kupferberg) IV 120

Elsenbach (n.Mühldorf/I.) I 145

Elsenberg, Moritz v. V 14

Elsendorf (nw.Höchstadt/A.) I 6, 228; II 614; III 2, 301, 310; IV 294, 356f; VI 174, 207, 444, 510, 521; VII/2 273

Elsner, Joh. (Burghaslach) IV 945

- Konr. (Gefell) IV 903f
- Marg. V 494f

Elßinger (Fam.) VI 179

Elster (Fl.) I 6, 64, 220, 468

Elsterberg (Sachs.) IV 85f

Elten (NRW) VII/2 715

Eltersdorf (Stadtt.Erlangen) I 154; III 98, 175

Eltmann am Main (sö.Haßfurt) II 529, 638; III 434, 527, 573, 588, 591, 601, 603; IV 317; V 306; VI 70, 166f, 183, 190, 200, 440, 478, 497, 517f; VII 95, 192

Eltmann, Gerhard v. II 638

Eltz (Fl.) I 50

Eltz, v. (Fam.) VI 687, 707, 711, 715f; VII 25; VII/2 681

- Anna Elis. v. VI 704f, 710
- Gg v. IV 552
- s.u. Jakob v. (Eb.Trier)
- Joh. Franz Nepomuk v. VII/2 756
- Kunig. v. VI 704
- Maria v. VI 706
- s.u. Philipp Karl v. (Eb.Mainz)

Elwinger, Hans IV 939
Emaldi (Prie.) VII 248f, 253
Embricho (PN) II 334, 527
- (B.Augsburg) I 418, 427, 430, 458
- v.Leiningen (B.Wbg) II 72f, 94, 273, 286f, 289f, 312, 322f, 335, 373, 381, 384, 392, 502f, 506f, 513
Emehard (PN) I 330; II 499, 550
- (B.Wbg) I 476, 481, 489, 491; II 20, 35
Emerita (Hl.) I 417
Emicho (B.Freising) III 6
- (Gf Nahegau) I 360
- (Kan.Wbg) II 290
Emhilt (PN) I 16f
Emler (n.ident.) III 2
Emma (Gfin) I 182
Emmeram (Hl.) I 187
- Teuchler (A.Langheim) IV 423, 432, 462f, 474
Emmerich (NRW) VI 434
Emmerich Lehenmüller (A.Arnoldstein) V 304; VI 96
Emmerich Joseph v.Breitenbach (Eb.Mainz, B. Worms) VII/ 407
Emmerich, Jakob (Prie.) VI 551
Emmersten (abgeg.Ofr.) III 682
Emnilde (Ä.Quedlinburg) I 34
Bad Ems (Rh.-Pf.) VI 590
Ems, Gg v. IV 480, 558
- Hans v. IV 554f, 562, 564f
Emser v.Münzenrodt, Leonhard VI 281
Emskirchen (sö.Neustadt/A.) II 96, 101, 138; III 295, 428, 607f; IV 299, 738, 837, 895, 979

Emskirchen, Pillung v. II 96, 101
Emtmannsberg (sö.Bayreuth) III 41; IV 110, 737, 896f
Emtzenauer, Gilg IV 698
- Hermann IV 698
Emygdius Ziucci (Eb.Rhodos) VII/2 666
Emzesfelder, Gabriel Hartmann (Staffelstein) V 243
Enchenreuth (sw.Naila) IV 399, 647, 654f, 783; VI 126f, 151, 218, 229f, 235, 263, 269, 288; VII 40; VII/2 199, 227, 242, 556, 611f
Encheren, Gerhard v. (Prie.) III 722
Encken, Erasmus (Forchheim) V 216
Enckering (ON) IV 552
Enden, v. (Fam.) VII 189
Endert, Adam VII/2 209
Endorf (nw.Regensburg) III 112
Endres (Bbg) IV 66
- (Baunach) IV 646
- Adelheid (Bbg) III 59
- Hans (Donnersreuth) IV 969
- Joh. Gg (Notar) VII/2 607
- Konr. (Bbg) III 59
- Michael (-) VI 227
- Simon (-) VI 45, 58
Endsee (nö.Rothenburg o.T.) IV 50
Endsee, Albert v. II 581
- Konr. v. II 456
Endt, Fritz v. IV 1024f
Endtmann, Joh. (Pfr Neunkirchen) IV 675, 926
Endtner, Jakob (Kaplan Wunsiedel) IV 1040
Engel, Korgeß (Bbg) VI 34

- Vitus (Pfr Weißenstadt) IV 724

Engelberger (Prie.) VI 222

Engelbert (PN) II 60f, 71, 73, 290, 335, 385, 464, 474, 503, 506f

- (Mgf) II 112, 130, 132, 275, 397, 492

- (A.Ebrach) II 658

Engelbrecht, Peter (Spital a.Pyhrn) IV 803

Engelein, Kaspar (Bbg) IV 353

Engelhard (PN) I 169, 496; II 56, 90, 288, 402, 456, 465, 499, 503, 525, 529, 543, 550, 582, 637

- (Eb.Magdeburg) I 361

- (B.Naumburg) II 588

- (Dh.) II 461, 482, 514, 516, 519f, 526, 529-533, 542, 550, 553, 561, 563ff, 568, 574, 576-580, 582, 605, 646

- (Kan.Wbg) I 122, 411

- (Pfr Burgebrach) II 505f

- (Pfr Schalkau) II 644

- (Pr.Neunkirchen/Br.) III 446f, 717, 719, 755; IV 41

- (Bbg) II 57f, 68

Engelhard, Andreas (Pfr Marktgraitz) VI 656, 669

- Cristein (Bbg) III 60

- Daniel (Darmstadt) V 56

- Engel (Bbg) III 561

- Friedr. (-) III 582, 591

- Gg Friedr. (-) VII/2 692

- Hans III 561

- Heinr. (Bbg) III 60

- Joh. (-) III 540

- Joh. (Pfr Elbersberg) V 513

- Joh. (Pfr Lichtenfels) V 499

- Konr. (Bbg) III 527

- Poppo III 562

- Rochus (Prie.Baunach) VII/2 335

- Sebastian (Steinach) IV 914

- Stephan V 278

Engelhardsberg (nö.Ebermannstadt) III 624, 627f; IV 152, 491, 737, 784, 786, 789; VI 573

Engelin, Stephan (Bbg) IV 25

Engelmannsreuth (nö.Pegnitz) II 332; V 466

Engelmar (PN) II 66

Engelschalk (PN) I 380

- (A.Gleink) III 117, 137

- (Pr.Osterhofen) II 417, 521

Engelthal (sw.Hersbruck) III 103, 111, 138, 156; IV 466, 469, 829, 845; VI 102

Engerda (Thür.) I 19

Engern (Nds.) II 520

Engershausen (NRW) I 144; II 402

Engilhartaigen (abgeg.Ofr.) II 56

Engkofen (s.Dingolfing) I 145f

Englert, Joh. (Prie.) VII/2 652

Englfing (sö.Deggendorf) III 91, 380

Engolf (A.Gengenbach) IV 196

Enkering (nö.Eichstätt) IV 552

Enna, Albert v. (Pr.Freising) III 87

Enndde, Nickel v. IV 329

Ennelinus (PN) I 156

Enning (ON) III 380

Enns (Fl.) I 114, 160, 289, 379, 380; II 146f, 394, 406; III 88; VI 258, 515, 683

Enns, Adrian v. IV 411

Ennsburg (Österr.) I 394

Ensdorf (sö.Amberg) II 132, 139, 143-146, 148f, 317, 413, 418, 454, 468, 532f, 619; IV 196, 325, 331, 423, 462, 525, 960f; VI 17

- A. s.u. Albert; Bodo; Eucharius; Friedr.; Germanus; Hartnid; Helmrich; Joh.; Sebastian; Walchun

Enter, Joh. (Pfr Wunsiedel) IV 1040f

Entersten (n.ident.) IV 765

Entzenauer, Gilg (Kan.St.Gangolf) IV 706, 758

Entzian, Heinr. u. III 198

- Walter III 198

Enza (PN) II 72

Enzendorf (nö.Hersbruck) III 276; IV 394, 466

Enzenreut (abgeg.;Opf.) II 380

Enzersdorf (nw.Passau) III 380

Enzo (PN) II 67

Eötvos, v. (Fam.) VII/2 234

Epiphanius (Hl.) I 186

Epp, Daniel (Kastner) IV 474

Eppelin (PN) II 67

Eppenau (FlN) IV 295f

Eppenauer (Fam.) VI 180, 498, 562, 685f; VII/2 303

- Fritz IV 490

- Hans (Forchheim) VI 21, 243

- Ignaz (Kan.St.Gangolf) VII 133

- Joh. Ph. VII 20, 106, 281; VII/2 45, 93

Eppendorf (nw.Passau) III 380

Eppenreuth (nö.Neustadt/W.) II 64

Eppenreuth (nw.Münchberg) IV 426

Eppenstein, Adalbert v. I 183, 368

- Gottfried v. III 1

Eppental (abgeg.) II 152

Epplas (w.Hof) III 224f

Epprechtstein (sö.Münchberg) III 96, 221, 228f; IV 99

Epprechtsteiner, Hans IV 195

Eps, Joh. Bernhard (Weihb.Wbg) VII 4, 24f, 70, 113f, 154

Epting, v. (Obristleutnant) VII/2 214ff

Equarhofen (sw.Uffenheim) IV 739, 897

Erasmus (B.Straßburg) V 2, 519

- (A.Langheim) VI 83, 139

Erbach, v. (Fam.) VI 376, 647

- Eberhard v. IV 89

- Gg Albrecht v. V 452

- Ludwig v. VI 143

- vgl. Schenk v.Erbach

Erbendorf (sö.Kemnath) II 64, 134; III 39, 112, 634, 641

Erbendorf, Friedr. v. II 134

Erber, Hans (Forchheim) VI 157

- Seyfrid (Nbg) IV 35

Erbermann, Chr. (Jurist) V 393

Erbesmann, Konrad (Pfr Oberkotzau) IV 450, 923, 983

Erbo (PN) I 413, 498; II 60, 99, 297, 391f, 443, 543, 578, 580

- I. (A.Prüfening) II 140f, 148, 223, 374, 381, 413, 420

- II. (-) II 485, 522, 543

- (Dek. Halberstadt) II 311

- (Dh.) I 477

- (Bbg) II 87, 520, 541f

Erchanbald (Eb.Mainz;A.Fulda) I 87, 142, 144, 182, 187, 198, 216, 220f, 224, 231, 233, 242, 246f, 251

- (B.Eichstätt) I 23

Erckbrecht, Carl Jakob (Veldenstein) VI 467

Erentius (Hl.) I 417

Erffa, v. (Fam.) VII 23, 77, 89

Erfo (PN) II 71

Erfurt (Thür.) I 29, 320; II 108, 273, 311, 315, 349, 398, 422f, 439f, 442, 450, 471, 498, 500, 521; III 2, 18, 54, 247, 316, 327, 331, 336, 340, 380, 404, 440, 501, 621, 681; IV 69, 188; VI 353, 371, 646, 666, 718; VII 70; VII/2 6, 50, 220, 241, 284, 397, 524, 715

- Kirchen und Klöster

- - St. Maria II 273, 315; III 621; IV 69, 188

- - Petersberg II 439, 450; III 331, 621, 681

- - St. Severin I 320; III 247, 336

Erfurt, Friedr. v. III 715

Ergelin, Konr. II 644

Ergersheim (abgeg.) IV 426, 738

Ergersheim, Hermann v. II 543

- s.u. Konr. v. (B.Bbg)

Ergolding (n.Landshut) I 139

Erhard (Hl.) I 187; III 297

- (A.Niederaltaich) IV 231

- (Pr.Neunkirchen/Br.) IV 201, 234, 242, 256

Erhardt, Hans (Gössersdorf) V 107

- Konr. IV 626

- Ulr. (Obernsees) IV 72

Eribo s.u. Erbo

Erich v.Braunschweig (Hzg) IV 829, 832

- (B.Havelberg) I 35, 165, 188ff, 192

Erimbrechtshausen, Ulr. v. II 97

Ering (nö.Simbach) I 117, 146, 335; II 334, 381, 488; IV 117, 396

Erk (Fam.) III 745

- Kunig. III 744

Erkenbert (PN) I 496; II 62, 72, 89, 95, 103, 106, 288, 290, 502; III 167

- (A.Corvey) II 2

- (A.Niederaltaich) I 45

- (Dh.) I 477; II 647

- (Subdiak.) I 411

Erkenbrechtshausen (abgeg;Ufr.) II 97, 522

Erkenbrechtshausen, Ebo v. II 89

- Ermbert v. II 89

- Ulr. v. II 89, 97

Erkenbrechtsreuth (abgeg.;Ofr.) II 624

Erkenger (PN) II 510

Erker (Prie.) II 622

Erkersreuth (n.Selb) IV 996

Erlach (sö.Bbg) II 73, 406f, 462, 622, 625; III 72, 217, 532, 633; IV 437, 499; VI 128, 622; VII 144; VII/2 602

Erlach (abgeg.;Mfr.) II 478

Erlach, Albrecht v. IV 363

- Berthold v. (Mönch Michelsberg) III 633

- Elis. v. III 633

- Hartwig v. II 406f, 462

- Heinr. v. II 73
- Warmund v. II 622, 625

Erlangen (Mfr.) I 1, 6f, 23f, 62, 141, 143, 360; II 5; III 140, 289f, 336, 338, 350, 698f, 719, 724; IV 71, 75ff, 80, 83f, 100f, 297, 299, 549, 576, 731, 756, 798, 837, 897-901; V 57; VII 77, 97f, 119, 129-133, 182, 193, 201, 248; VII/2 45, 134, 168, 210, 213f, 283, 431f, 449, 481, 490, 510, 512, 544, 546, 558, 572, 579, 583, 589, 713

Erlangen, Arnold v. III 140
- Berthold v. II 60

Erlbach (n.ident.) IV 325

Erlbach (sö.Rothenburg o.T.) III 123

Erlbach (abgeg.;Opf.) II 144, 332

Erlbach vgl. Markt Erlbach

Erlbach, Berchtold (Konv.Banz) III 366

Erlbeck, Christine v. (Nonne St. Theodor) IV 226
- Gg v. IV 226, 305, 307
- Konr. v. III 640

Erleben, v. (Fam.) VI 703

Erlenbach, Marg. v. V 518

Erler (Fam.) VII/2 146
- Engel III 570
- Heinz III 570

Erlesmühle (s.Coburg) III 698

Erlhof (FlN.) III 445, 523

Erlibach (Fl.) II 559

Erlich (abgeg.;Ofr.) V 65

Erlichhauser, Christ (Pfr Utzmemmingen) IV 1004

Erlingestrut (n.ident.) II 478

Erlolf (PN) II 66

- (A.Fulda) II 117, 127, 130

Erlung v.Calw (B.Wbg) I 17, 403; II 11, 34ff, 46, 79, 110, 116, 127, 335

Erlwin (PN) II 550, 562
- (B.Cambrai) I 66f, 118, 120, 128, 184

Ermatingen (CH) VII 225

Ermbert (PN) II 57-62, 70, 392, 473f, 476f, 489
- (Dh.) II 112

Ermeltraut, Joseph Martin (Fürth) VI 663, 665, 674

Ermenfried (B.Sitten) I 418f

Ermetzhofen (sö.Uffenheim) IV 738

Ermgeres, Degenhard v. II 564

Erminold (A.Prüfening u.Lorsch) II 111, 139f

Ermreich, Hans IV 418, 426
- Helena IV 425
- Marg. IV 425
- Stefan (Bbg) IV 972
- Wolf (Gößweinstein) IV 425

Ermreus (sö.Forchheim) III 154; IV 780

Ermreuth (sö.Forchheim) III 297, 299f; IV 604f, 713, 901f; V 404; VI 255, 563, 661

Ern (PN) III 348

Ernberg, Hans Heinr v. (Forchheim) VI 64

Ernersdorf (s.Neumarkt/Opf.) I 116

Ernesteswiniden (n.ident.) I 19

Ernfried (Gf) I 230

Ernst (PN) I 496; II 60, 67, 73, 336, 485, 542, 560, 565

- v.Wittelsbach (Eb.Salzburg, B.Passau) IV 510
- v.Mengersdorf (B.Bbg) V 95, 105, 148, 151-217, 510, 518; VI 357, 381f, 553; VII 54f
- (Hzg Ostfranken) II 136
- v.Sachsen (Hzg) IV 331, 905
- I. d.Fromme v.Sachsen-Gotha (-) VI 163, 165, 167, 182, 184, 187, 189, 191f, 200, 206, 211, 222, 249f, 285, 327; VII/2 719
- (Gf Österr.) I 371
- (Gf Sualafeld) I 115
- (Gf Thür.) II 504
- (A.Kremsmünster) III 272
- (Dh.) I 477
- (Nbg) II 489

Ernst August v.Braunschweig (Hzg) VII 76, 301

Ernst Friedrich v.Sachsen-Hildburghausen (Hzg) VII 951

Ernst, Hans IV 817, 857
- Heinr. (Pfr Pretzfeld) IV 490
- Hieonymus (Karmeliter) VI 347
- Joh. (bayer.Hofrat) VI 387
- Meinhard II 640

Ernstadt (abgeg.) III 677

Erpho (PN) I 277

Ersam, Gerung III 309
- Gottfried III 626
- Kunig. III 626

Erskine, Karl (Kard.) VII/2 653

Erstein (Frkr.) I 113, 192, 218, 266

Erthal, v. (Fam.) VI 698f, 703, 705; VII/2 170, 638
- Anna Eleonora Elis. v. s.u. Aufseß, v.
- Christina v. VI 701
- Franz Adolph v. (Dh.) VI 706
- s.u. Franz Ludwig v. (B.Bbg u.Wbg)
- Franz Ludwig Karl Ph. Anton (Dh.) VII 179, 311
- Franz Otto v. (-) VI 707
- Friedr. Karl v. (-) VI 718
- s.u. Friedr. Karl Joseph v. (Eb.Mainz u.B.Worms)
- Gg Eyrich v. V 529
- Gg Wilh. v. (Dh.) V 529; VI 699
- Gottfried Dietrich Ernst v. (-) VI 709
- Joh. Anton v. (-) VI 642, 713f
- Joh. Chr. v. (-) VI 568, 585, 591, 595, 610, 651, 713, 715
- Joh. Ludwig Christian v. (-) VI 713; VII 145, 150, 168, 171ff, 178f, 184, 189, 199, 205f, 208, 234f, 237f, 240, 242, 279, 281f, 308, 310f; VII/2 27, 76, 113, 129, 136, 140, 159, 163-169, 187, 220, 237, 240, 259f, 262, 266f, 285, 309, 341, 352, 358, 365, 379f, 390ff, 402f, 408, 441, 544, 558, 577, 639, 643, 752
- Karl Friedr v. (-) VII 310
- Karl Friedr. Wilh. v. (-) VII/2 170, 189, 192, 304, 315, 349, 383, 412, 487, 503f, 753f
- Karl Heinr. v. (-) VI 714; VII 199, 282; VII/2 27, 113, 136, 140, 163f, 169, 751
- Kath. Barb. v. s.u. Aufseß, v.
- Lothar Franz Michael (Mainz) VII/2 478, 488, 533, 616, 620f, 628f, 635, 637, 641
- Maria Amalia v. VI 703

- Maria Eva v. s.u. Bettendorf, v.
- Maria Sophie Kath. Marg. v. (IBMV) VII/2 486, 488, 490, 504, 524, 533, 573, 591, 620, 629
- Ph. Chr. v. (Lohr) VII/2 477
- Ph. Valentin v. VI 714
- Veit v. (DO-Komtur Mergentheim) VII/2 652
- Veit Dietrich v. (Dh.) VI 422, 442, 457, 461, 509, 702, 706, 708

Ertlein, Joh. (Weihb.Bbg) V 132, 138, 174, 197, 284, 302, 319, 336, 342, 367, 419, 508, 517

Erweiter (Simmelsdorf) III 635

Erwin (PN) II 500

Erwitte (PN) I 66, 278

Erzgebirge (Landschaft) I 102

Esbach (abgeg.;Ofr.) III 286; IV 198

Esch, Gg (Staffelstein) IV 283
- Wolfram (Burgkunstadt) III 691

Eschborn (Hess.) I 141

Eschen (w-Bayreuth) IV 125, 875

Eschenau (nw.Lauf/P.) II 65, 97, 138, 292, 477f, 579, 604; III 285; V 442; VI 153, 158, 519

Eschenau, Kraft v. III 285
- Otnant v. II 65, 97, 138, 292, 477f, 579, 604; III 529, 532
- Ulr. v. III 285f

Eschenbach (nö.Hersbruck) II 144

Eschenbach (Opf.) III 46, 112, 249, 642

Eschenbach am Main (nw.Bbg) I 265f; VI 519

Eschenbach, Ulr. v. (Prie.St.Lorenz/ Nbg) III 731
- vgl. Ebner v.Eschenbach

Eschenbeck, Suffey (Bbg) III 602

Eschenberger (Jesuit) VII 253

Eschendorf (abgeg.;Ufr.) V 33

Eschenfelden (nw.Sulzbach-Rosenberg) II 118, 387

Eschenloher, Konr. IV 66

Escheringen, Eberhard v. II 378
- Otto v. II 538

Eschlipp (nw.Ebermannstadt) V 143

Esel, Eberhard (Forchheim) V 507f
- Gg V 507
- Gertrud (Bbg) III 629
- Hans (-) III 597, 600
- Hans V 507
- Heinr. III 663, 665
- Heinr (Kan.St.Gangolf) V 503
- Hermann (Bbg) III 597, 629
- Kaspar V 507
- Konr. (Hollfeld) IV 85
- Konr. (Schultheiß Nbg) III 20

Eskelhorne (abgeg.;Ofr.) II 483, 522

Eskil (Eb.Lund) II 426

Esler, Konr. III 68

Esmarck (Fam.) VII 190

Espagne (Fam.) VI 186; VII/2 748

Eßberg (n.ident.) IV 333

Eßel, Jakob VI 222

Essen (NRW) I 79, 182; VII/2 715
- Ä. s.u. Mathilde; Sophia

Essenwein (Historiker) I 366

Esser, v. (Fam.) VII 98

Eßfeld (s.Wbg) III 43; IV 630
- vgl. Ober-, Untereßfeld

Eßfeld, Berthold v. II 642
- Burkhard v. I 412

- Erlwin v. II 498, 578
Eßlingen (w.Eichstätt) III 45f
Eßlingen (B.-W.) II 650; III 417
Eßlingen, Joh. v. (Lichtenfels) III 521, 695; IV 273
Este, Caesar v. V 266
Esztergom (Ungarn) I 129, 185
Etek, H. III 32
Ethelger (B.Merseburg) I 165
Ethelinde (PN) I 58
Ethicho (B.Faenza) I 362
Etinger, Paulus (Marktzeuln) VI 12
Etlaswind (ö.Erlangen) II 54; III 34, 286
Etlen, Konr. (Reifenberg) III 284
Etsch (Fl.) I 97
Ettel (Fam.) VII 141
Ettenau, v. (Fam.) VII/2 605, 620, 622
Ettenheimmünster (B.-W.) VII/2 716
Ettenstadt (nö.Weißenburg) II 275
Ettenstadt, Heinr. v. II 275
Ettling, s.u. Eberhard II. v. (B.Bbg)
- Reginolt v. II 378, 394, 400, 402f, 413f, 419, 446, 494
- Wolfher v. II 394, 476
Ettlingen (B.-W.) VII 70
Etwashausen (Stadtt.Kitzingen) IV 738
Etzdorf (sö.Ebermannstadt) III 277; IV 20; VI 165, 237, 341, 702; VII/2 667
Etzdorf, Hans Ott v. V 104
- Heinr. v. (Coburg) V 58
- Otto v. V 209
- Ursula v. V 209, 520

Etzel (Fam.) IV 837
- Valentin (Forchheim) V 514
Etzelskirchen (n.Höchstadt/A.) I 17, 20, 225-228; II 349, 445; III 258; IV 398, 452, 482; VI 248
Etzelwang (nw.Sulzbach-Rosenberg) I 500
Euben (n.Bayreuth) II 636; III 662, 667
Euben, Ulr. v. III 662
Eucharius (Hl.) I 186, 417
- (Weihb.Wbg) V 369
- Friedrich (A.Ensdorf) IV 507
- (A.Steinach) IV 884, 913
-, (A.St.Stephan/Wbg u.Banz) VI 473, 579
- (A.Weißenohe) IV 441, 469
Eucharius, Samuel (Bbg) V 308
Euerbach (nw.Schweinfurt) VII/2 571
Euerbach (abgeg.;Ofr.) I 20
Euerdorf (sw.Kissingen) II 98, 137; III 625
Euerfeld (ö.Wbg) III 93
Euerhausen (s.Wbg) II 385
Eufemia (Ä.Altomünster) II 515
Eugen III. (Papst) I 38, 308, 311, 315; II 380, 394ff, 398f, 401, 403ff, 411, 477, 494, 503; IV 365
- IV. (-) IV 219, 221, 224, 238, 268, 291, 364
- Montag (A.Ebrach) VII/2 609, 614
Eugenbach (nw.Landshut) III 754
Eurardus (B.Parma) I 467
Eurasburg, Adalbert v. II 378
- Konr. v. II 378

Eusebius (Hl.) II 64

Eußenheim, v. s.u. Heuß v.Eußenheim

Eußertal (Rh.-Pf.) II 400

Eustachius (Kan.St.Stephan) II 634

Eustachius, Joh. (Nbg) VI 122, 124, 136

Euwingen (n.ident.) III 528

Evander, Chr. (Pfr Forchheim) IV 864

Eventius (Hl.) I 187

Everguin (A.Tholey) I 336

Everhardi, Tilman III 723

Ewelpeck, Kaspar IV 702

Ewennot, Wolfram Marschalk zu IV 284

Ewerker (PN) I 82

Ewih (n.ident.) I 19

Eyb, v. (Fam.) VI 564, 582, 713; VII 15; VII/2 496f
- Agnes v. VI 699
- Albrecht v. (Dh.) IV 322, 330
- Christian v. VII/2 652
- Friedr. v. V 133, 146
- s.u. Gabriel v. (B.Eichstätt)
- Gabriel v. (Dh.) IV 380f, 405, 412
- Hans v. (Weismain) VI 83
- Joh. v. (Dh.) IV 238, 240, 257f, 273f, 280, 283, 322, 340, 362ff
- Joh. Chr. v. VI 543
- Joh. Friedr. v. VI 543
- Joh. Kaspar v. VI 598
- s.u. Joh. Martin v. (B.Eichstätt)
- Kath. Sophia v. VI 572f
- Ludwig v. IV 307, 335, 466, 492, 494f, 511, 1062
- Maria Josepha Elis. v. VI 561, 563f
- Maria Marg. Franzisca v. s.u. Frankenstein, v.
- Marquard Franz v. VI 708
- s.u. Martin v. (B.Bbg)
- Martin v. (Dh.) VI 426
- Michael v. IV 398
- Reinhard Anton v. (Dh.) VII/2 4f
- Reinhard Anton Sebastian v. (-) VI 645f, 650, 653, 658ff, 666, 668, 674, 690, 708, 718
- Veit Asimus v. V 146

Eybel (Fam.) VII/2 465

Eybo (Kard.) VI 509, 513

Eyershausen (ö:Königshofen/Gr.) II 402

Eyffelstadt, Joh. v. IV 382, 925

Eyler (Fam.) VI 714

Eymer, Michael IV 884

Eynon, Gg v. VI 251

Eyrichshof (n.Ebern) VI 692; VII 187, 192; VII/2 496

Eyrig, Hans V 132; VI 165, 393

Eyringus (Weihb.Bbg) III 521, 756; IV 20, 114, 1043

Eyserein, Heintz (Strullendorf) IV 235

Eysölden (s.Hilpoltstein) II 293, 514, 531, 543, 548

Eysölden, Hermann v. II 293
- Konr. v. (Dh.Eichstätt) I 308, 325; II 416, 457, 484, 489, 514ff, 519, 529, 531ff, 536, 543, 548, 550, 552f, 561, 563-566, 568, 573, 574, 577f, 582, 588f

Eyssendraut, Nikolaus (Pfr Seubelsdorf) IV 864

Eystania, Ulr. v. III 525
Eyweg, Heinr. III 198
- Konr III 198
Ezelheim (w.Neustadt/A.) I 265
Ezelin (PN) I 230
Ezzo (PN) I 20, 246; II 60, 67, 98f, 100, 103, 145, 293, 379
- (Pfalzgf) I 54, 268, 344
- (div.Dhh.Bbg) I 333, 360, 382, 405, 413, 477f, 490, 494f; II 52, 112
- (A.) II 335
- (Scholaster Bbg) I 405f, 478, 490, 494, 497

Faber (Fam.) VI 167, 327f; VII/2 132, 220, 535, 547, 550, 620
- Anton Moritz (Kaplan) VII/2 509, 528, 530, 554, 557, 564f, 587f
- Ferdinand Ignaz VII/2 29, 46, 56, 97, 100, 289, 293, 296
- Jakob (Kan.St.Stephan) VII 56ff, 153, 175, 231
- Joh. (Rom) V 347, 351, 365, 403, 450
- Joh. Adam VII/2 495
- Joh. Friedr. VI 605
- Joh. Kaspar (Bbg) VI 428
Fabri, Gg (Kpl.St.Lorenz/Nbg) IV 214
- Gumpert (Generalvikar) IV 308, 310, 316, 318, 330, 333, 869, 984
- Joh. IV 189, 673, 725
- Michael IV 837
- Nikolaus (Langheim) IV 654
Fabriano, Gabriel (Pfr Valleneto) III 11

Fabrica (it.Landschaft) I 73
Fabricius, Andreas (Landshut) V 52
- Friedr. VI 159
- Gg (Pfr Arnstein) V 503
Vach (Stadtt.Fürth) I 500; II 576, 615; III 98; IV 740; VII/2 210, 213
Vach, Mathilde v. II 576
- Regenhard v. II 576, 615
- Ruthen v. II 576
Vacha (Thür.) III 305
Vachard, Heinr. (Wbg) II 449
Vachdorff, Konr. (Bbg) IV 205, 225, 244
Faenza (It.)
- B. s.u. Ethicho; Jakob
Vaghieri (Fam.) VII/2 591
Fahndorf, Rudolf v. III 32
- Ulr. v. III 32
Fahner, Rüdiger v. II 599, 638, 640, 643
Fahrmann (Weihb.Wbg) VII/2 583, 604, 615, 660f, 693
Vaihingen (B.-W.) II 414, 649; III 44, 86
Vaihingen, Egeno v. II 414
- Elis. v. III 44
- Gottfried v. II 649
- Konr. v. II 44, 86
Valant, Konr. II 592
- Siboto II 592
Valcherus (B.Lüttich) I 404
Valeggio (It.) II 430
Valence (Frkr.) VII/2 677
Valenciennes (Frkr.) I 113, 117f, 184

Valenti (Kard.) VII 132; VII/2 51, 114
Valentin (Hl.) I 187
- (A.Bildhausen) V 70
- (A.Waldsassen) IV 1038
Faler, Adalgoz v. II 275
Valerius (Hl.) I 417
- (A.Banz) VII/2 383, 432, 491, 609
Falk, Heisen III 273
- Kunig. VI 63
- Rudolf (Regensburg) III 725
- Thomas (Zeil) VI 63
- Vinzenz (Bbg) VI 218
Falkenberg (n.Eggenfelden) I 145
Falkenberg, v. (Fam.) VI 296
- Bolko v. III 251
- Dietrich v. VI 147
Falkendorf (abgeg.;Opf.) II 146f
Falkendorf (w.Erlangen) IV 486, 810, 897
Falkendorf, Arnhalm v. II 147
- Bruno v. II 146f
Falkenstein (Fam.) VI 707, 716; VII/2 708
- Arnold v. (Coburg) IV 771
- Kalchoch v. II 635
- Paul Sixt Trautsohn v. VI 465
- Ph. III 498
- Rudolf v. II 275
- Ulr. (Dh.) III 238
Falkner, Hans (Baiersdorf) IV 868
Valle (n.ident.) III 194, 196
Valleder, Colmann (Pr.Griffen) V 70
Valleneto (It.) III 11
Falls (n.Bayreuth) III 421

Falmann, Matthias IV 934
Valmont, v. (Fam.) VII/2 634
Falner (Fam.) III 269
Valper, Hermann (Domvikar) III 459
Valter, Josephus (Michelfeld) VI 639
Faltz (n.ident.) IV 783
Valtzner, Hans (Nbg) IV 12, 42, 110
- Herdegen (-) III 489, 515; IV 12, 18, 42, 159, 161
- Peter (Kupferberg) IV 12
Valwen (Volksstamm) II 305
Famagusta (Zypern) III 723ff
Vanauer, Ulr. (Pegnitz) IV 984
Farby (Fam.) VI 178
Varell, Gg Adam v. VII/2 225, 236, 256, 335, 337
Farfa (It.) I 199, 204, 239, 258, 460
- A. s.u. Hugo
Varner, Heinr. (Kupferberg) III 660
Farnese (Kard.) V 51, 111, 113, 400, 450
Farrnbach, Burkart v. III 748
Vasant (Fam.) III 626
Vaselt, Hermann IV 956
Fasolt (Fam) VI 46, 66, 78
- Barb. VI 250
- Ernst V 369, 379, 433; VI 37, 41, 48, 54, 76, 250, 456
- Hans IV 657; VII 53
- Karl V 116, 132, 148, 153-156, 160, 175f, 179, 197, 210, 214, 227, 291, 293, 323, 378, 384, 495; VI 250
- Konr. (Pfr Litzendorf) IV 420
- Nikolaus (Schönfeld) V 407
Faßeln, N. (Bbg) VI 94

Vaßman, Engelhart III 500
- Heinr. IV 906
- Pezolt III 229; IV 906
- Rüdiger III 79; IV 903
Fastrada (Gem. Karls d.Gr.) I 12
Vatter, Gallus VI 504, 562
Fattigau (s.Hof) III 502; IV 385
Faulhaber, Hans IV 419
- Konr. (Schellenberg) IV 515
Faulmüller, Ulr. (Prie.) VI 100
Faust, Adelheid (Bbg) III 600
- Dorothea (Schmachtenberg) VI 62
- Hans III 600; VI 62
Faust v.Stromberg (Fam.) VI 703, 716, 718; VII 8, 27
- Agnes VI 712
- Anna Maria VI 707
- Franz Ernst VI 707
- Franz Gg (Dh.) VI 568, 644, 668f, 680, 711
- Franz Ludwig (-) VI 419, 701
- Friedr. (Wbg) VI 680
- Joh. Paul VI 702
- Ph. Ludwig (Dh.) VI 566f, 707, 713
Faviers, Mathieu VII/2 697
Fechenbach, v. (Fam.) VII 92, 188; VII/2 219
- Friedr. Karl Joseph v. (Dh.) VII/2 757
- s.u. Gg Karl v. (B.Wbg)
- Hartmann Friedr. v. (Dh.) VI 591, 624, 688, 708, 716
- Joh. Ernst v. VI 708
- Joh. Ph. v. (Dh.Wbg) VII/2 439
- Joh. Ph. Karl Anton v. VII/2 478, 490

- Lothar Franz v. (Dh.) VII/2 607, 630, 645, 654, 660, 689f, 700, 707, 727, 738, 745, 754, 757
Vechendorf (sw.Coburg.) II 614
Fechheim (nw.Coburg) II 499, 642; IV 731
Fechtmeister, Heinr. (Bbg) III 657
Vedastus (Hl.) I 187
Fedraun (Österr.) II 438, 488, 492, 540, 605; III 28ff, 381; IV 109; VII/2 64, 66, 127, 142, 144
Fedraun, Bernhard v. II 492
- Gerbert v. II 492
- Karl v. II 492
Federlein, Gg (Kan.Neumünster/ Wbg) V 458
- Heinr. (Ebing) III 716
Feer, Joh. (Kan.St.Gangolf) IV 202, 213
- Kilian (Rom) IV 395
- Peter (Bbg) IV 481
Veichtner, Anton (Dominikanerin) VII 249
Feierabend, Joseph (Ansbach) IV 776
Feigendorf (w.Bbg.) II 10; VI 188
Veilbronn (n.Ebermannstadt) II 393; IV 211, 611, 740; V 39ff; VI 246, 280, 335, 573, 601; VII 47
Feilitzsch, v. (Fam.) VI 704
- Daniel v. IV 564
- Dietrich v. IV 912
- Hans v. IV 450, 875, 917
- Hans Wilh. v. VI 704
- Haubolt v. IV 875
- Heinr. v. IV 391, 450
- Hermann v. IV 875

- Kaspar v. IV 922
- Kaspar Urban v. VI 118, 159
- Jobst v. IV 450
- Nikolaus v. IV 875
- Peter v. IV 917
- Peter Heinr. v. (Dh.) VI 451, 461, 704, 707
- Ph. v. IV 450, 513, 681
- Reinboto v. III 228

Veilsdorfer (Fam.) III 661

Feilshof (sw.Bbg) III 616

Fein, Kath. (Zeil) VI 43

Feiring (ON) III 180, 189

Feirwals (n.ident.) IV 544

Veit (Hl.) I 186f, 190, 348, 354, 417; II 53, 334
- I. Truchseß v.Pommersfelden (B.Bbg) IV 256 320, 322ff, 350f, 388, 404ff, 408, 412, 415, 421-426, 428, 437-450, 456, 475, 477, 516, 519, 544, 1042, 1049; V 116, 152; VI 27
- II. v. Würtzburg (-) IV 862, 1063; V 27, 45-107
- v.Höchheim (-) V 186, 211, 214, 493
- Finger (A.Michelsberg) V 69, 108, 128, 148, 161, 164

Veit (Fam.) IV 571
- Hans (Nbg) IV 484
- Petrus (Pfr Uffenheim) IV 1002

Veitlahm (nw.Kulmbach) III 396

Veitshöchheim (nw.Wbg) VII/2 225, 233, 254, 272, 290, 297, 319, 324, 329, 331, 354, 388, 405, 413, 424, 437, 440, 450f

Felbacher, Nikolaus (Pfr Kasendorf) IV 725, 935

Felbinger, Gg (Strullendorf) VII/2 671f
- Hermann (Bbg) V 263

Velburg (sö.Neumarkt/Opf.) II 419

Velburg, Gebhard v. II 419
- Hermann v. II 419

Felchta (Thür.) I 28

Feldbrecher, Brant III 406

Feldbuch (n.Kulmbach) III 689, 696; IV 89, 783

Velden (n.Hersbruck) I 85, 142, 157, 319; II 133f, 388, 538, 560, 564; III 93, 109, 112, 209, 249f, 276, IV 244, 394, 399, 420, 466, 548, 795, 823, 845; VI 102; VII 39; VII/2 534, 666, 746

Velden, Barbara v. V 518, 521

Veldener, Hermann III 705

Veldenstein (nö.Hersbruck) I 23; III 201, 252; IV 393, 399, 445, 481, 751, 795; V 27, 55, 67, 109, 233, 239, 303; VI 91, 104, 186, 254, 342, 360, 457, 462, 467, 555, 578, 716f
- vgl. Neuhaus an der Pegnitz

Veldensteiner Forst (Wald s.Pegnitz) III 102, 250, 279ff, 282, 311, 350, 641; IV 438, 770

Veldenz, v. (Fam.) VI 302
- Emecho v. II 71
- Gerlach v. II 71

Veldes (Slowenien) I 96f

Feldkirchen (Österr.) I 289; III 28-31, 135f, 381; IV 117, 438; V 2; VII/2 67, 127, 141f, 144

Veldteich, Michael (Ulm) V 94

Feleger (PN) II 288

Felicissimus (Hl.) I 187

Felicitas (Hl.) I 187
Felix (Hl.) I 417
Felkendorf (s.Kulmbach) III 57, 596; IV 396; V 64
Velkener, Arnolt II 615
Vellberg, Gg v. IV 418
Fellberger, Eberhard IV 358
Fellendorf, Otto v. III 42, 66, 126
Velletri (It.) II 512, 523
Fellhorn (Fam.) VII/2 549
Fellner (Fam.) VII/2 85
Felsecker (Fam.) VII/2 627
- Martin VII/2 627
- Vitus (Pfr Schönfeld) VII/2 428
Velsendorf (abgeg.;Mfr.) II 292
Felß, v. d. (Fam.) VI 707
Veltheym, Bertram v. IV 273
Veltin (Fam.) VI 65f
Feltre (It.) III 184, 413
- B. s.u. Borzias
Venar, Job (Prie.) IV 58
Venatorius, Thomas (Nbg) IV 715
Vench (Fam.) III 529
- Heinr. (Bbg) III 558
Fenden, Erasmus v. V 115
Venedig (It.) I 71f, 98; II 415, 493, 512, 515, 634, 654; III 84, 388, 514; V 423; VI 713; VII/2 65, 179, 654, 688
Venesser, Konr. (Pfr Berneck) IV 887
Venlo, s.u. Eberhard v. (A.Michelsberg)
Venningen (Rh.-Pf.) III 431; VI 124
Venningen, Gebhard v. VI 124
- Siegfried v. III 431

Venthas, Konr. (Zeil) III 636f
Venturini, Albert V 299
Venzka (Thür.) III 78, 224f; IV 902
Fenzonius, Heinr. (Rom) VI 59
- Joh. (-) V 285, 292, 294, 372, 391, 403, 413ff, 417, 420-423, 427f, 453
Veranen (Volksstamm) II 252
Verber, Agnes (Bbg) III 595f
- Konr. (Frauenstein) IV 347
Vercelli (It.) I 456, 488
- B. s.u. Gregor; Leo; Peter; Regenger
Verden (Nds.) I 63, 108, 342f; II 28, 46; IV 54f
- B. s.u. Bernhard; Mazo; Ulrich; Wigger
Ferdinand I. v.Habsburg (Ks.) V 10, 46, 49, 53, 467, 531; VI 137; VII/2 68, 70
- II. - (-) VI 9, 69, 74f, 78, 96, 101, 114, 137, 149, 284, 298, 302, 330, 332, 336
- III. - (-) VI 303, 324f, 331, 336, 368, 383, 386, 391, 402, 404, 412, 426
- - (Ehzg v.Österr.) IV 548, 668, 671, 708, 764, 775, 777, 780, 787, 790, 798, 804, 827, 829f, 836, 844, 1056; V 267f, 303, 386, 403
- (Hzg v.Braunschweig) VII/2 280, 662
- (Hzg Sagan, Fst v.Lobkowicz) VI 563
- v.Habsburg (Hzg v.Toskana) VII/2 708, 714
- (Eb.Köln) V 397
Ferdinand Maria v.Wittelsbach (Kfst v.Bayern) V 221, 224, 227

Verdugo (PN) VI 136

Verdun (Frkr.) I 184, 242, 263, 265f, 452, 485; VI 490

- B. s.u. Dieter; Heimo; Rampertus; Ricbert; Richard

Verell, Friedr. Huldreich (Ansbach) V 341

Verena (Hl.) I 187

Ferentino (It.) II 114, 477

Ferenz (Fam.) VI 353

Verffen (Fam.) IV 19

Ferg, Hans (Nbg) V 223, 350

Verleins (abgeg.;Ofr.) II 254, 802, 1010; III 2

Fermo (It.) I 467; VII/2 207

Vern, Anna III 737

Ferner v.Fernau (Fam.) VII/2 28f, 131, 136, 149, 153, 209, 219, 239, 327, 354, 404

Fernsdorf (sw.Viechtach) III 380

Veroli (It.) II 470f

Verona (It.) I 43, 53, 73, 89, 97f, 206, 252, 479; II 79, 340, 539f, 544f, 560

- B. s.u. Bruno; Walter

Veronika Huntler (Ä.Kitzingen) IV 804

Ferrara (It.) I 200; II 434, 512, 546; V 266

Versailles (Frkr.) VII 202

Vertine, Rebecca III 657

Vesel, Konr. III 745

Veß, Joh. (Pfr Neuhaus) VI 99

Fesselsdorf (sö.Lichtenfels) III 63, 581f, 588, 596; IV 97; V 65

Veßra (Thür.) II 291, 296f, 318, 661; III 650; IV 37, 211, 245, 272, 315, 317, 320, 352, 484

- A. s.u. Bartholomäus; Berthold; Gg; Petrus

Vestenberg (nö.Ansbach) III 428; IV 76

Vestenberg, v. (Fam.) III 380, 428; VI 698

- Albert v. III 25, 39, 283, 456
- Albrecht v. IV 21
- Anastasia v. V 64
- Anton v. IV 504, 766, 856
- Fritz v. IV 270
- Gg v. (Dh.) IV 382
- Hans v. III 391, 456; IV 21
- Joh. v. (Landrichter Nbg) III 140, 273, 391
- Konr. v. IV 333
- Otto v. IV 74, 79
- Walter v. II 529

Veszprem (Ungarn) III 29

Veterana, Gerbert v. II 492

- Joh. v. II 492
- Karl v. II 492

Veterlin, Ulr. II 293

Vettabia (Fl.) II 433

Vetter (Fam.) III 308; VI 61

- Anna (Bbg) VI 72
- Erhard (-) II 3
- Heinr. (Rothenburg o.T.) III 169
- Moritz (Pottenstein) IV 612
- Walter (Nbg) IV 42

Fetzer, Ph. Jakob v. VII/2 309

Feucht (sö.Nbg) I 159; IV 162

Feucht, Jakob (Weihb.Bbg) V 80, 87, 104, 517

- Kaspar (Kan.St.Stephan) V 330

- Konr. (Kraftshof) IV 940
- Ulr. (Kaltenthal) IV 424

Feuchtwang, Konr. (Nbg) III 720f, 725, 751

Feuchtwangen (Mfr.) III 722; IV 292, 365, 387, 776, 867

Feuerer (Fam.) III 550
- Adelheid (Bbg) III 545, 594
- Gg Adam VII/2 107f, 200f, 265
- Heinr. III 545, 594, 719-722, 728
- Jakob (Pfr Lichtenfels) IV 802
- Jutta III 545, 594
- Ulr. (Bbg) III 545, 594

Feulersdorf (nö.Bbg) III 584, 587; IV 84, 167; V 65

Feulesbach (abgeg.;Ofr.) II 594; III 616

Feuln (sö.Kulmbach) IV 67, 101, 886; VI 118

Feulner, Elis. (Wildenstein) III 694
- Gunther (-) III 694
- Heinr. (Untersteinach) III 328
- Konr. (Wildenstein) III 694

Feuser, Nikolaus (Neuhaus) VII 141

Feußnitzer, Nikolaus (Schwarzenbach) IV 985

Fex, Albrecht (Bbg) III 335, 393, 626
- Elis. (-) III 626
- Hans (-) IV 143

Fexer (Fam.) VII/2 255

Feymer, Friedr. (Hohenstadt) IV 927

Feynmann, Adam (Wunsiedel) IV 1037

Feynock, Joh. (Kulmbach) III 757

Vezzel (PN) I 330

Viatis (Fam.Nbg) V 386

- Bartholomäus V 405, 440

Viber, Hans (Sulzbach) IV 341

Vicenza (It.) II 539

- B. s.u. Didald; Hieronymus

Vichel, Konr. (Michelsberg) III 611f
- Leonhard (Pfr Sachsgrün) IV 863

Fichtel (Fam.) VII 153, 186
- Ch. III 39
- Jobst (Pfr) IV 864, 890
- Joh. Baptist v. (Wien) VII/2 404, 515, 517f, 622
- Ph. Bernhard VI 572

Fichtelgebirge (Landschaft) I 1f, 23, 381

Vichtenstein (Österr.) II 630

Vichtperger, Konr. (Hersbruck) IV 243f

Fick (Fam.) VII/2 334
- Joachim Joseph (Sulzbach) VII 145f

Fides (Hl.) II 151f

Viechtach (s.Kötzting) II 332; III 521

Fiechterer, Ulr. IV 1007

Fiedler (Fam.) VI 456
- Joh. VI 270, 461, 508

Fiegenstall (nö.Weißenburg) III 722, 724

Vieheuser, Sigmund V 124, 153

Viehhofen (n.Hersbruck) IV 548; VII/2 746

Viehhofer, Konr. (Auerbach) II 134

Vielitz (nw.Selb) IV 996

Vienne (Frkr.) II 124; III 33
- Eb. s.u. Guido; Stephan

Fiererckel, Nikolaus (Pfr Steben) IV 683

Viereth (nw.Bbg) I 22, 121f; II 57, 571, 623, 625; III 529, 604f, 611, 617, 628, 633; IV 316; V 449; VI 519f; VII 137; VII/2 408

Viereth, Hermann v. II 625
- Siegbert v. II 57, 571

Vierling, Dietrich (Haid) III 184
- Hermann (-) III 524

Fierst (ö.Ebern) I 330; II 484, 522; VI 519, 522

Vierweg, Kaspar (Sulz) VI 140

Vierzehnheiligen (nö.Staffelstein) III 675ff, 683; IV 282-285, 331, 423, 781; VI 408; VII 253-258; VII/2 55, 311, 316, 361, 377, 381ff, 566, 734

Fieschen, Joh. (Pfr Kupferberg) V 407

Fikelscher, Konr. (Prie.) III 724

Viktor (Hl.) II 398
- II. (Papst) I 347f, 353, 369, 372, 500
- III. (-) I 475f
- IV. (-) II 317, 435ff, 449, 451, 453f

Viktring (Österr.) II 597, 633; IV 315, 347
- A. s.u. Gerhard; Joh.

Filbot, Eitel v. IV 411

Villach (Österr.) I 373; II 539, 593, 632f, 661; III 3f, 8, 17, 28-31, 117, 135f, 188f, 203f, 209, 291, 362f, 381, 449ff; IV 10, 108f, 117, 175, 208, 210, 220, 315, 478, 509, 697; V 2, 7, 117, 226, 251, 288, 303ff, 345; VII 18, VII/2 64-68, 70, 127, 143ff, 173, 247

Villemuth, Hans (Wildensorg) VI 37

Villeneuve (Frkr.) III 248, 327, 331, 339, 342

Vils (Fl.) I 69; II 143f; III 271

Vilsbiburg (sö.Landshut) I 145

Vilseck (n.Sulzbach-Rosenberg) I 319; II 53, 625; III 9, 38, 141, 268f, 379, 533, IV 34, 37, 117, 139, 179, 190, 200, 214f, 263, 303f, 319, 324, 334, 346, 459ff, 467, 492f, 505f, 508, 546, 615, 754f, 823; V 4, 17, 25, 34, 36, 67, 94, 228, 288, 466; VI 109f, 170, 172, 176, 186, 191, 198, 200, 203, 212, 215-218, 223, 227, 231, 233, 235ff, 252, 254, 276, 336, 342, 350, 396, 433, 474, 602, 611; VII 39; VII/2 57, 209, 212, 396, 536f, 616, 665

Vilseck, Gotebold v. II 541

Vilsecker, Albrecht (Bbg) III 529
- Irmgard (-) III 529

Vilz, v. (Fam.) VI 701

Vincentius (Hl.) I 264
- Pragensis (Chronist) II 430
- (Bbg) V 241

Vincenzenbronn (sw.Fürth) IV 741

Vincy (Frkr.) I 4

Vindemialis (Hl.) I 187

Finder v.Burgheim (Fam.) VII 249

Finger, s.u. Veit (A.Michelsberg)

Fingerling (Fam.) VI 315

Vinginhoven, Heinr. v. II 617

Finichestorph (ON) I 19

Fink, v. (Fam.) VII/2 242
- Elis. (Bbg) III 549
- Gg Paul VII 122-126, 128, 130f, 178; VII/2 52f, 382, 416

- Hans (Dormitz) VI 122
- Heinr. (Dh.) III 625
- Konr. III 549, 625
- Lorenz VII/2 600, 608, 672

Finkeln, Joh. (Bbg) VI 559

Finkenstein, Heinr. v. II 655

Vinkgemi, Thomas VI 362

Finnich (ON) II 533

Finsterloh, s.u. Elis. (Ä.Kitzingen)

Finstermühle (s.Pegnitz) IV 445

Virben, Heinr. v. III 84

Vircunnia (FlN.) I 22

Virdung, Martin (Vilseck) IV 139

Firmian (A.St.Egidien/Nbg) III 338, 755

- (Gf) VII/2 609

Firmo, Thomas de (Dominikaner) IV 69

Firmond, v. (Fam.) VII 161, 184

Firneis, Kaspar VII 11

Fischach (Fl.) I 243

Fischbach (Fl.) I 243; II 499

Fischbach (ö.Kronach) I 487; II 335, 548, 656; III 503, 684; IV 446, 623, 950; V 65, 383; VI 97, 126, 399; VII/2 521

Fischbach, Herrant v. I 487

Fischbeck (Nds.) I 102

Fischberg (Thür.) VII 204

Fischer (Fam.) V 133; VII/2 534, 617
- Adelheid IV 285
- Anna V 486
- Balthasar IV 817
- Barb. (Hollfeld) V 486f
- Christin (Burgbernheim) VI 32
- Eberlein (Bbg) III 584
- Friedr. IV 757
- Hans IV 355, 394, 1016; VI 32
- Joh. (Rom) V 321
- Joh. Adam VI 517
- Joh. Michael (Wbg) VII/2 312f, 378
- Joh. Wilh. (Pfr Geisfeld) VII 60
- Joseph VII/2 49
- Konr. IV 355, 884; VI 13
- Marg. (Lobenstein) V 485
- Martin (Burgkunstadt) V 233
- Paul IV 656
- Peter IV 430, 594
- Ulr. VI 198

Fischering (Österr.) III 136

Fischlein, Gg IV 302, 936

Fischmeister, Joh. (Bayreuth) IV 869

Fischmüller, Konr. (Bbg) VII 294

Fischstein (s.Pegnitz) III 102

Visconti (Fam.) III 341

Viselmann, Hans (Höchstadt/A.) IV 606f

Vita Altmanni I 3, 99, 405
- Anonis I 370
- Bernwardi I 342
- Chunegundis I 39, 287f, 293f, 317, 321
- Eberhardi II 224, 308, 371
- Erminoldi II 139f
- Godehardi I 295, 304f, 342
- Heinrici II. Imp. I 38f, 120, 294, 305f, 308, 312ff
- Heinrici et Cunegundis imp. I 38
- Heriberti I 248

- Hiltegundis II 137
- Meinwerki I 272, 276, 344f
- Ottonis ep. Bambergensis II 3-11, 14-22, 24-27, 39, 43, 45, 48, 50f, 63, 81f, 86, 138, 148, 151, 156, 159ff, 171, 174ff, 205ff, 212ff, 226ff, 238ff, 249ff, 254ff, 262ff, 268-271, 319ff, 324
- Ottonis ep Bambergensis (Prüfening) II 6, 8, 181, 187, 192, 197, 205, 207, 210f, 214, 226f, 229, 231f, 262, 268
- Ottonis (Andreas) II 3
- Popponis I 280
- Romualdi I 253
- Wolfkangi I 41, 202

Vitalis (Hl.) I 187
- (B.Albano) III 87

Vitellescus, Mutius (Jesuit) VI 354, 356

Viterbo (It.) II 394f, 539, 661; III 7, 407, 532

Vitonus (Hl.) I 266

Fitsch, Ph. Gottfried VI 529

Vittinghofen, v. (Fam.) VII/2 660

Vitzner, Nikolaus (Pfr Rudolstadt) IV 69

Fiume s.u. Rijeka (Kroatien)

Flach v.Schwartzenberg, Maria Magdalena VI 714

Flachslanden (n.Ansbach) IV 629, 739

Flad, Hans (Trumsdorf) IV 1000
- Heinr. (Prie.) III 742

Fladenheiß, Konr. IV 144

Fladensteiner (Fam.) V 444
- Chr. (Prie.) IV 721
- Erasmus (Coburg) IV 720
- Hans (Kulmbach) IV 720, 969
- Hartung (Mengersreuth) IV 967
- Nikolaus (Domvikar) IV 720

Fladungen (nw.Mellrichstadt) III 497

Flandern I 118, 120, 124, 235; II 50; III 728
- Gf s.u. Balduin; Robert

Flarchheim (Thür.) I 458

Flechs, Elis. (Hersbruck) IV 244
- Hermann (-) IV 244

Flechser (Fam.) IV 160

Fleckel, Heinr. (Rom) IV 952

Fleckenstein, v. (Fam.) VI 699f

Fleeder, Hermann (Pfr Seßlach) VI 622

Fleger, Jobst (Hof) VI 450

Flehrsheim, v. (Fam.) VI 700
- Anna Ottilia v. V 522

Fleischberger, Gallus (Wbg) V 369

Fleischmann, Albert (Nbg) III 505, 510, 729, 734; IV 7, 53, 98, 105f, 158f, 184f
- Apollonia (Lichtenfels) VI 248
- Bonifaz (Banz) VII 30
- Bruno (Ostheim) VI 256
- Chr. (Staffelstein) VI 205, 259, 332
- Friedr. III 705; VI 48, 119, 193, 314
- Hans IV 285; V 281
- Hans Chr. (Bbg) VI 150
- Heinr. IV 27; V 446; VI 14, 180, 229, 248, 274
- Hieronymus (Ansbach) IV 362
- Jobst (Pfr) IV 722

- Joh. (Kronach) V 485
- Joh. Kasimir (Bbg) VII 298
- Kaspar IV 643
- Konr. III 705; IV 1012
- Lorenz (Bbg) VI 375, 401f, 408
- Michael IV 331; VI 242
- Nikolaus (Kan.St.Jakob) IV 578, 617
- Tobias VI 241
- Wolf Chr. (Forchheim) VI 39, 134, 217, 254, 256, 274, 293, 304

Fleisnitz (sw.Münchberg) IV 360

Fleming (Fam.) III 97

Flender (Fam.) VII 44

Flenn, Amely V 481f

Fleurus (Belgien) VII/2 662

Flexdorf (n.Fürth) III 98

Fleysner, Markus (Hof) IV 248

Flieger, Dietrich III 162, 529f, 602
- Joh. III 38
- Kath. V 486
- Kunig. V 485f

Flinger, Jobst (Hof) IV 923

Flinglein, Gg (Pfr Neukenroth) V 254

Flinsbach (NRW) I 112

Flinsbach, Volker v. II 47

Flischbach, Gg v. (Pfr Creußen) VI 108

Flitschel (Österr.) II 488; VII/2 64

Flock, Adam (Prie.) IV 994
- Apollonia VI 71
- Dorothea VI 73ff
- Gg Heinr. VI 71, 74f

Florennes (Belgien) I 184, 215

Florentius (Hl.) I 186

Florenz (It.) I 188; II 76; III 11, 84, 333f

Florschütz, Nikolaus (Pfr Höchstadt/A.) V 326

Floß (nö.Weiden) III 343

Floß, Hans (Bbg) IV 96

Flox, Konr. VII/2 402

Flüchter, Adam (Nbg) IV 363

Flurhei, Hermann III 44

Vocho (PN) I 383; II 58, 475

Fock, Diemut (Bbg) III 556
- Eberlein III 583
- Konr. (Bbg) III 556

Vockendanz, Fritz (Höchstadt/A.) IV 357

Focmarus (Dh.Trier) II 71

Vodelgisus (PN) I 183

Vöcklamarkt (Österr.) III 5

Vögler, Petrus (Pfr) IV 904

Föhr, Andreas VI 213f

Völcker, Joh. (Pfr Gärtenroth) IV 864

Völderndorff, v. (Fam.) VII/2 573ff

Völkermarkt (Österr.) V 2; VII/2 68

Förbau (s.Hof) VI 542

Förchtel, Heinr. (Nbg) III 15, 720f
- Paul (-) IV 900

Förner (Fam.) VI 109
- Friedr. (Weihb.) V 265ff, 276f, 319, 322, 343f, 348f, 352-355, 366f, 369-372, 377ff, 381, 385, 390, 395, 398, 409, 411, 414f, 417, 420, 422ff, 427, 432f, 478f, 509, 512f, 517; VI 88, 90, 109f, 120; VII/2 425
- Joh. V 397; VI 117

Förnlein, Joseph VII/2 375
- Michael VII/2 375
Förrenbach (sö.Hersbruck) I 144, 367; III 111, 732, 739; IV 376
Försch (Fam.) III 44; VII/2 277, 315
- Adam Elias (Mainz) VII 209, 235, 237, 281; VII/2 55, 89f, 95f, 170f, 200, 333, 336, 338, 351
Förstenreuth (nö.Kulmbach) IV 86, 360
Förster, Adelheid (Bbg) III 130f
- Berthold II 572
- Joh. Martin VII/2 335
- Kath. (Steinbach) VI 60, 66
- Konr. (Bbg) III 130f
- Leonhard (Steinbach) VI 60, 66
- Otto III 308
- Peter VI 67
Vörtels, Eberhard III 748f
- Hermann (Nbg) III 749
Förtsch v.Thurnau (Fam.) II 612, 614, 636, 638f, 648; III 12, 38, 379f, 566, 596, 651, 667
- Albert III 651, 661, 665
- Albrecht III 12f, 15, 21-25, 28, 35, 50, 56f, 59, 62ff, 66, 85, 115, 277, 377, 393, 420, 581f, 588f, 595, 599, 643, 649-655, 658, 660-663, 665f, 675, 692, 709f; IV 141
- Anastasia V 64
- Anna III 716; IV 313, 520
- Arnold II 612, 614, 636, 643
- Barb. V 64f
- Christian III 722
- Dietz IV 418, 458
- Dorothea IV 354
- Eberhard III 614, 636, 638f, 648, 651, 665f, 710; IV 251, 276, 396, 398, 459, 462, 472, 475, 622, 815, 934, 1065
- Felicitas V 518
- Gg IV 773; V 64f
- Hans IV 45, 96, 845f, 935; V 65f
- Heinr. III 665
- Hermann III 13, 647
- Joh. III 651
- Jutta III 57, 643
- Kath. III 12, 63, 651, 654
- Klaus V 303
- Magdalena V 66
- Marg. III 589, 665
- Martin III 377, 716; IV 71, 96, 167, 245f, 276, 313, 458, 509
- Mechthild III 648, 658
- N. V 520
- Reichza III 651
- Ursula V 64f
- Wolf IV 810, 929; V 64
Förtschendorf (n.Kronach) III 368; VI 119
Förtschwind (s.Bbg) II 54; VI 204; VII/2 19, 273
Fösel, Diemut (Bbg) III 595
Vogel (Fam.) III 732; VII 267; VII/2 417, 422
- Adam Peter (Pfr Gößweinstein) VII 109, 114, 117; VII/2 413, 415
- Adelheit III 686
- Andreas IV 874
- Elis. III 694
- Fritz (Seinsheim) III 620
- Hans (Bopfingen) IV 874

- Heinz (Thurnau) III 686
- Hermann (Isling) III 694
- Joh. Jakob VI 560, 588, 591, 595; VII 111
- Kaspar VI 591
- Konr. IV 294, 708
- Marg. VI 68
- Paul (Zeil) VI 44

Vogelsang, Gg (Pfr Büchenbach) IV 817
- Konr. (Pfr Steinach) IV 954
- Sanderus v. III 723

Vogesen (frz.Landschaft) VII/2 705

Foggia (It.) II 655f

Vogler, Christein IV 245
- Fritz IV 245
- Gg (Ansbach) IV 540, 557, 712, 762
- Gerhaus (Bbg) III 547
- Hans IV 245
- Heinr. IV 245
- Hermann IV 245
- Konr. III 547

Vogogna (It.) V 242, 251f, 267

Vogt (Fam.) III 663f
- Adelheid III 655
- Christian (Coburg) III 649
- Engelhardt IV 410
- Gg IV 922; VII/2 399
- Gotz III 337
- Hans (Lindenhardt) IV 627
- Heinz IV 471, 628
- Karl (Dh.) III 456, 493; IV 57, 93
- Konr. IV 295, 573, 592, 961
- Marckart IV 83
- Rudel IV 81
- Simon (Bbg) IV 225
- Ulr. IV 997
- Walter II 456
- Werner (Domvikar) III 459

Vogt v.Hunoltstein (Fam.) VI 707
- Franz Ferdinand Joh. (Dh.) VI 705
- Hans Wilh. VI 705
- Maria Barb. VI 709

Vogt v.Sumerau, Joh. Heinr. V 133

Vogtendorf (s.Kronach) III 112, 267; IV 14, 94, VI 317

Vogtland (Landschaft) I 14, 136; III 78, 221; VI 256; VII/2 612

Vogtsberg, Eberhard v. III 94
- Heinr. v. III 94
- Ludwig v. III 94

Vohburg (ö.Ingolstadt) II 394, 468

Vohburg, Berthold v. II 468
- Diepold v. II 30, 36, 74, 130, 132, 139, 275, 294f, 309, 477, 613f
- Hermann v. II 138

Vohenstrauß (sö.Weiden) II 174f, 214; VII/2 211

Voigd, Fritz (Hirschaid) III 129

Voigendorf (nö.Ebermannstadt) III 531; IV 147, 491, 784, 789

Voist, Stephan (Pfr Wirsberg) IV 725

Voit, Götz III 449
- Hans Karl V 480
- Karl III 507

Voit v.Rieneck (Fam.) V 527f; VI 492, 505, 535; VII/2 396
- Adam Dietrich VI 506, 703, 707
- Anna Elis. VI 506

- Anna Maria V 531; VI 491, 493, 549
- Carl Friedr. (Dh.) VI 442, 461, 486, 509f, 526, 535, 537, 542, 549, 566f, 591, 600, 608f, 611, 617, 623f, 690, 705, 712
- Chr. Daniel (Dh.) V 531f; VI 699
- Chr. Wilh. VI 705
- Gg Chr. VI 417, 703
- Hans Chr. VI 538
- Joh. Erhard (Dh.) VI 702
- Joh. Ludwig (-) V 531
- Karl (Dh.) III 757
- Levin Rudolph VI 538
- Maria Juliana VI 708
- Maria Magdalena VI 705
- Ph. Daniel V 531
- Ph. Heinr. VI 538
- Ph. Valentin (Dh.) VI 301, 368, 374, 383, 406, 410ff, 420, 689, 701

Voit v.Saltzburg (Fam.) VI 297, 640, 704, 706, 709, 713; VII/2 503
- Adolph Gg VI 417, 421f
- Friedr. Christian (Dh.) VII/2 753
- Friedr. Ernst Gottfried Wilh. (-) VII/2 368, 644f, 649, 687, 757
- Hans IV 178, 202, 316
- Hans Wolff VI 698
- Joh. Wilh. (Dh.) VI 703
- Maria Marg. VI 421
- Melchior Otto (Dh.) VI 315, 343f, 346, 689
- Otto III 631f
- Ph. Ernst Heinr. Karl Anton Leonhard (Dh.) VII 86, 93, 310; VII/2 47, 82, 170, 189, 203f, 221, 237, 258f, 299f, 305ff, 316, 319f, 322, 334, 344, 346, 348, 360, 364-369, 375, 390, 394, 403f, 417, 434ff, 442, 473-476, 481, 483, 490, 494f, 519, 546, 551, 563, 579, 592-595, 602, 628, 633, 637, 683, 687, 748f, 753, 755

Voitmannsdorf (ö.Bbg) IV 119; V 65

Voitsreuth (s.Bayreuth) IV 872

Volana (It.) II 493

Volbert (Dh.) III 485

Volcburc (FlN.) II 506, 512f

Volchler, Kunig. (Bbg) III 594

Volchnant (PN) II 73, 489, 497

Volck (Fam.) IV 582, 620, 744, 747
- Joh. IV 525, 653, 691
- Pankraz V 261; VI 88

Volckel, Jobst V 23

Volckenstein, Ignaz VI 670

Volcker, Joh. IV 362, 371f, 374, 379, 382, 970

Volckershausen, Maria Martha v. VI 704

Volcklein, Fritz (Buckenhof) IV 115

Folcnant (Wbg) II 95, 290

Folcwin (PN) II 599

Folgerus (PN) II 288

Volkach (sw.Gerolzhofen) II 104, 286; III 548, 662; IV 631; VI 164, 443, 561; VII/2 233

Volkamer (Fam.) VI 456
- Andreas Gg (Nbg) VII/2 309
- Gg (-) IV 842
- Hartwig (-) III 733-738
- Konr. (Feuchtwangen) III 722
- Peter (Nbg) IV 105f

Volkenhauser, Hans IV 410
Volker (PN) II 95, 139; III 651
Volkersdorf (nw.Höchstadt/A.) IV 21
Volkfeldgau (Landschaft) I 5f, 9ff, 17f, 22, 28, 30, 32f, 80, 119, 121f, 128, 135-138, 144, 226, 265, 376, 407, 410
- Gf s.u. Berthold; Dietmar
Volklein, Joh. (Kersbach) III 392
Volkmannsgrün (sw.Hof) III 394
Volkmannshausen (Thür.) II 496
Volkmar (PN) I 214, 489; II 58, 60, 67, 77, 276, 462
- (Eb.Trier) II 545f, 551
- (Pr.Triefenstein) II 472f
- (A.Hirsau) II 93, 136
- (A.Merseburg) I 312
- (Kan.St.Jakob) II 56, 62, 473-477, 490, 535
- (Pfr Pretzfeld) II 563
Volkold (PN) II 67
- (A.Michelsberg) III 49, 54, 604f, 607, 649, 755
- (Bbg) II 473, 476, 570
Volksdorf (n.Eggenfelden) I 145
Vollandt (Fam.) III 743
- Berthold (Bbg) III 625
- Elis. (-) III 61, 581, 597
- Gg (Domvikar) VII/2 120, 483, 576
- Gertrud III 61, 581, 597
- Irmgard (Bbg) III 585
- Joachim VI 167
- Nikolaus (Domvikar) III 459
- Ph. (Bbg) III 585
- Seyfried (-) III 61, 68, 581, 597
Follard (Fam.) VII 248, 266f

Vollert (Fam.) VII/2 720
Follet, Peter IV 630
Vollmannsdorf (sw.Bbg) VI 231
Follow (Fam.) VII 250
Volmar (Dh.) II 56, 61, 65, 67-72, 137, 141, 143, 275ff, 292, 294, 315, 375, 378, 386, 388-391, 396, 398, 400, 403, 406f, 413, 421, 424f, 444, 446, 460f, 464, 480, 496
Volmar, Gertrud (Bbg) III 586, 592
- Heinr. (-) III 586, 592
- Isaak (Wien) VI 386, 408
Volmuot (PN) II 560
Volnand (div.Personen) II 60, 464, 621
- (A.Michelfeld) II 644f
Volprecht, Wolfgang (Augustiner Nbg) IV 714
Volrat (PN) I 330; II 336
- (Dh.) I 383, 477
- (Bbg) II 622, 629, 661
Volrat, Konr. (Nbg) IV 35, 191
- Nikolaus IV 172
Volsbach (sw.Bayreuth) I 330; II 133, 517; III 284f; IV 115, 684f, 791; V 23, 494, 512; VI 88; VII/2 531
Volsbach, Albero v. II 133
- Engelmar v. II 133, 517
- Heinr. v. II 375
- Hermann v. II 378, 383
- Mazele v. I 330
- Walter v. I 330
Volta (It.) II 430
Folterrad (FlN.) III 79

Volturno (Fl.) I 204

Voltz (Fam.) III 3

- Pankraz VI 88

Fonchius, Joh. V 48

Fondi (It.) III 411

Vonesser, Veronica (Bbg) VI 46

Fontz (Fam.) VI 261

Forchheim (Ofr.) I 4, 7f, 17, 19f, 22ff, 29, 62, 136ff, 141, 143, 157, 159, 318, 368, 374f, 407, 457; II 54, 71, 334f, 378, 400, 479f, 553, 617; III 23, 35, 71, 106, 109f, 147, 159, 187f, 190, 249, 251f, 258, 260, 296, 309, 321, 325, 349, 353, 358, 371, 375f, 378f, 405f, 412, 417, 422, 427, 441, 447, 461, 470, 473, 498, 505, 511, 513, 517ff, 525, 532ff, 538, 545, 564, 566f, 569, 583, 587, 590f, 594, 599, 632f, 687, 697, 699f, 714, 724, 731f, 753, 755; IV 13, 19, 23, 40, 43, 50, 58, 60, 63, 65f, 72f, 75f, 80f, 83, 117, 135-138, 143, 146f, 151, 173, 178f, 216, 225f, 244, 256, 259f, 264, 296, 303, 318, 330, 332f, 355, 394, 437, 448, 505, 515, 635, 642, 644ff, 689, 692, 749, 752, 782, 814, 818, 823, 825, 827, 840, 842, 897f, 1044, 1053; V 5, 15, 20, 26, 90, 94, 109, 173, 189, 217, 275, 290, 410f, 460, 474, 491f, 497, 506f, 510ff, 514; VI 40, 64f, 73, 86, 114f, 134, 150, 153, 156ff, 161, 167, 170-182, 184-191, 193-198, 200-218, 222f, 232ff, 236-239, 247, 249-252, 254f, 257, 274ff, 278-282, 285f, 293, 296-301, 303f, 309, 316, 326f, 329ff, 342, 348, 351, 360f, 378, 381, 384, 394, 397, 403, 411f, 415ff, 419, 432, 451, 457, 459, 464, 498, 510f, 546, 549, 553, 555, 562, 564, 573, 578, 585, 587, 598, 629, 639, 645ff, 656f, 666, 685, 692-695, 713; VII 15, 35, 37f, 68, 90, 108, 112f, 115, 140, 182, 185, 201, 206, 239, 244, 246, 250f, 279, 282; VII/2 3f, 25, 39, 57, 62, 71, 98, 102, 160, 162, 172, 189, 213ff, 230, 243f, 281, 286, 329, 333, 377, 394, 400, 412-416, 420, 429, 435, 445, 486, 526, 539f, 547, 549f, 561ff, 591, 595, 605, 617, 632, 645, 649, 666, 673ff, 691, 701, 713f, 738

- St. Martin I 7, 23; III 251, 461, 507, 509, 700; IV 13, 117, 135-138, 143, 151, 256, 264; V 20, 491f, 506, 510; VI 552; VII 250ff; VII/2 102, 162, 333, 400, 412-416, 547, 562, 649, 683, 738

Forchheimer (Fam.) III 589

- Erkenbert II 617

- Heinr. III 59, 396

- Konr. (Nbg) III 728

Forchler, Ayd (Altenkunstadt) III 678

Vorchtel, Heinr. (Nbg) III 15, 95, 109

- Paul (-) IV 161

Vorchtmann, Konr. (Pfr Wunsiedel) IV 1019

Forckel, Nikolaus (Bbg) V 80

Vorderhaslach (ö.Hersbruck) IV 162

Vorderkleebach (n.Pegnitz) II 393; IV 783; VII 141

Vorderlautengrund (abgeg.;Ofr.) VI 546, 600

Vorderösterrreich (oberrhein.Landschaft) VI 494

Forehahi (FlN.) I 60

Vorell (Fam.) VI 85
Vorh (n.ident.) IV 236
Forkendorf (s.Bayreuth) I 319; IV 553
Vorlahm (w.Bayreuth) III 295
Vornbach (s.Passau) II 551
Vorndran, Hans IV 881
Vorra (nö.Hersbruck) I 144, 367; II 53, 55, 59f, 474; III 250; VI 518
Vorsch, Christian (Prie.) III 722
Vorst, Adalbert v. I 383
Forstenhäuser (Fam.) VI 164
Forster (Fam.) IV 103; VI 87
- Erhard IV 996
- Friedr. III 664; IV 429
- Gg (Lüglas) VI 86
- Gg Friedr. IV 973
- Hans IV 424, 995f, 1021
- Heinz (Höchstadt/A.) III 701
- Hermann (Bbg) III 594
- Jobst IV 997
- Joh. IV 226
- Kath. (Bbg) III 624
- Nikolaus IV 995ff
- Otto IV 84
Forstlahm (Stadtt.Kulmbach) IIII 666; VII/2 712
Forstmeister, Boppo (Bbg) III 618
- Friedr. (Kan.St.Stephan) III 535
- Hermann (Minorit) III 143
- Konr. III 574, 602
- Ph. Konr. (Kan.St.Burkard/Wbg) V 138
Forstner, Joh. (Langheim) IV 423
Fortaun (Fam.) III 57-60

Vortel, B. III 42
Fortenbach (Fam.) V 34; VII 89; VII/2 513
- Gallus Heinr. (Kan.St.Gangolf) VII/2 48
Fortschwinder, Kunig. (Bbg) III 562
- Ulr. (-) III 562
Foscari, Franciscus (Venedig) IV 298
Vosel, Adelheid (Bbg) III 583
- Elis. (-) III 577
- Fritz III 569
- Hermann (Hirschaid) IV 154
- Joh. III 640
- Konr. (Bbg) III 60f, 583
- Walter (-) III 577
Voß (Jesuit) VII 80f
- Petrus (Domvikar) III 396
Voßner, Joh. IV 484
Fraas, Franz Kaspar (Bbg) VII/2 675, 682, 696
- Peter (Kan.St.Stephan) III 545, 549
Fraburg, Rupert v. II 504
Fracassini (Fam.) VII/2 597
- Albert (Wbg) VII/2 631
- Francesco (Rom) VII/2 429f, 476, 480, 651, 654f, 692, 694f, 704f
Fränckel (Fam.) V 460; VI 18; VII 273
- Adolf (St.Georgen am See) VII 127
- Berman Salomon (Fürth) VII/2 171, 306, 342, 419
- Gabriel (-) VI 664, 674; VII/2 38, 495
- Jakob VI 674
- Salomon Isaak VII 28, 272; VII/2 57, 87, 89, 171

- Wolf Gabriel VII 7
- Zacharias Isaak VII 194, 272; VII/2 171

Fränckling (Fam.) VI 701

Fränkischer Reichskreis VI 607; VII 72f, 78, 90f, 94, 131, 137, 191, 201-204, 206, 233, 237ff, 248f, 261, 272, 284; VII/2 91f, 94f, 100, 112, 135, 139, 170, 181, 188, 198, 203f, 209-217, 220, 226-230, 234ff, 241, 243, 253, 256f, 265, 279-282, 290, 298, 307, 324, 327, 335f, 343, 401, 440, 444, 471, 478, 503, 546, 589f, 610, 618, 626, 633, 663ff, 681f, 684, 695, 699, 718, 742

Fragner, Erasmus (Zeil) VI 43

Francho (PN) I 497

- (A.Michelfeld) II 538, 560

Frank (Fam.) VII/2 219

- Christian VI 164
- Heinz (Unterleinleiter) IV 789
- Joh. III 721f; IV 559f, 627
- Joh. Peter (Pfr Pommersfelden) VI 694
- Kunig. (Zeil) VI 71
- Marg. (Schmachtenberg) VI 67
- Pankraz (Strullendorf) VII/2 668f
- Ulr. II 562
- Wilbold IV 559

Franken, Hermann (Strullendorf) IV 133, 135

- Joh. (Wiebelsheim) IV 1008
- Joseph v. VII/2 609
- Peter (Ludwigsstadt) IV 965

Frankenberg (sö.Lichtenfels) III 581, 596, 687; V 65

Frankenberg (sw.Kulmbach) VI 636; VII 118

Frankenberg (nö.Pegnitz) II 438, 540, III 110, 112, 249; IV 100

Frankenberg, Veronica v. V 521

Frankenberger, Barb. V 515

- Heinr. (Zirkendorf) III 635
- Joh. III 277; V 515; VI 151, 168, 225, 305
- Paulus (Pfr Küps) IV 864

Frankenburg (Österr.) III 351f, 360

Frankendorf (sö.Bbg) I 4, 486

Frankendorf, Ulr. v. I 486; II 56ff, 64-68, 71, 91f, 104, 112, 137

Frankengrüner, Hermann (Regensburg) IV 1027

Frankenhaag (w.Bayreuth) I 4

Frankenhofen (sö.Dinkelsbühl) IV 739

Frankenmarkt (Österr.) II 632, 662

Frankenohe (abgeg.;Opf.) I 4, 7; II 133, 332, 619; III 140

Frankenreuth (sö.Kronach) III 292, 686

Frankenreuth, Friedr. v. III 662

- Ulr. v. III 662

Frankenstein, v. (Fam.) VI 644; VII/2 5, 100, 103f, 192

- Daniel v. VI 381
- Franz Ph. v. (Dh.Mainz) VII/2 1, 6, 8-12, 513
- Gg Joh. Friedr. v. VI 703
- Gotebold v. II 465
- Joh. Carl Ernst Maria v. VII/2 104, 513, 617
- Joh. Daniel v. VI 707
- Joh. Eustach v. (Dh.) VI 704

- Joh. Friedr. v. (Dh.) VI 315, 331, 362, 416, 701
- Joh. Friedr. Adolf v. VI 713; VII/2 4
- Joh. Friedr. Karl v. (Dh.) VII/2 265
- Joh. Friedr. Karl Nepomuk v. (-) VII/2 259, 752
- s.u. Joh. Karl v. (B.Worms)
- Joh. Ph. v. (Dh.) VI 498, 509, 550, 567, 572, 632, 705, 707, 712; VII/2 4
- s.u. Joh. Ph. Anton v. (B.Bbg)
- Joh. Ph. Anton Chr. v. (Dh.) VI 668, 685, 713; VII 37f, 138ff, 189, 232, 246; VII/2 105, 112, 136, 185
- Joh. Ph. Ludwig Ignaz v. (-) VII 86, 88f, 182, 265, 275ff, 281f, 310; VII/2 12, 17f, 20, 29, 50, 105, 222, 237, 259, 263, 304, 348, 474, 491, 496, 500, 752, 754
- Joh. Richard v. (-) VI 383, 424, 461, 497, 712
- Karl Friedr. Emmerich v. (-) VII/2 491, 623, 645, 675, 691, 698, 700, 754
- Ludwig v. II 344, 465, 513
- Maria Marg. Franzisca v. VI 713; VII/2 4f, 96, 100, 104
- Paulus v. (Dominikaner) VII/2 5
- Ph. Chr. v. VI 701
- s.u. Rudolf v. (B.Speyer)

Frankenthal s.u. Vierzehnheiligen

Frankenwald (Landschaft) I 1, 14, 136f, 329-332; II 53, 294, 421f, 530, 532f, 638; VII/2 242

Frankenwinheim (s.Schweinfurt) I 17; VI 181

Frankfurt am Main (Hess.) I 11, 13, 74, 118, 121, 124-130, 134f, 141f, 144, 152, 158, 162, 165, 175, 183, 192, 197, 210, 218f, 221, 223, 225-230, 298f, 342ff, 370, 416; II 73, 373f, 397, 399f, 410, 417, 468, 576, 601, 604, 627, 655; III 27, 46, 96, 209, 211, 329, 343, 410ff, 435, 443, 492ff, 497ff; IV 204, 408; V 5, 13; VI 146f, 156, 158, 160, 168, 238, 338, 351, 365, 375, 390, 398, 404, 408, 421, 445f, 540, 595, 599, 604ff, 608, 612, 645, 691f, 694-697, 707, 712; VII 10, 19, 71f, 106, 196, 199, 202, 204, 226f, 232, 234, 248, 263, 265, 267, 272, 281; VII/2 265, 302, 314, 430, 442, 489, 567, 580, 616f, 662, 704f

Frankfurt an der Oder (Brandenbg) VI 147f

Frankfurt, Joh. v. (Domvikar) III 315, 598, 623; IV 258

Frankreich I 4, 6f, 44, 50, 118, 128, 194, 283, 349, 361, 417f, 424, 429, 431, 446, 449, 470f, 480f; II 44, 49, 107, 112f, 115, 124f, 218, 233, 252, 279, 285, 300, 396, 436, 449, 466, 608; III 77, 354f, 492, 495, 498, 517, 727; VI 282, 294, 340, 376f, 385ff, 392, 490, 494, 498, 514, 539, 546, 552, 557f, 604, 606f, 613f, 647; VII 91, 202ff, 207, 264, 308; VII/2 211, 220, 234, 258, 265, 269, 280, 282, 397, 400, 403f, 478, 596, 609, 614-620, 630f, 643, 661-681, 684, 697, 699-709, 714, 717, 747

- Kg s.u. Heinr.; Hugo; Karl; Ludwig; Ph.; Robert

Frantis, Ludwig v. I 373
Frantschach (Österr.) VII/2 67
Frantz, Hans (Kulmbach) III 500f
- Heinr. (Pfr Pottenstein) IV 30
- Sebastian (München) V 184
- Walter (Kulmbach) III 500f
Franz Borgia (Hl.) VI 453
- I. Stephan v.Lothringen (Ks.) VII 91, 269, 272, 283; VII/2 17, 21, 27, 31, 33, 39f, 68, 72, 74, 79, 83f, 88, 92, 117, 121, 131ff, 139, 144, 164, 174f, 183, 186, 193f, 197ff, 207f, 211, 213, 218ff, 224, 235, 243f, 252, 255, 257, 262, 298, 307, 327, 342, 347
- II. (-) VII/2 622, 626, 644ff, 650, 662, 681, 690, 692f, 699, 703, 708-711, 714, 717, 740, 756
- (Kard.) IV 55, 172, 321, 330, 883, 1042
- v.Dietrichstein (Kard.;B.Olmütz) V 304
- (Patriarch v.Aquileja) V 267
- (B.) III 287, 690
- v.Hatzfeld (B.Bbg u.Wbg) V 476f, 527; VI 12, 16-19, 77, 97, 133, 148, 155f, 299, 301ff, 318, 324f, 332, 336, 338f, 342, 344-348, 350-354, 356, 362, 365, 367, 370, 379, 382, 407, 427, 698, 700f
- (A.Schuttern) VII 51
- (A.Stein u.Petershausen) VI 528, 574, 602
Franz Adam (A.Heilsbronn) VI 28
Franz Anton v.Méan (B.Lüttich) VII/2 659
Franz Christoph v.Hutten (B.Speyer) VII 281; VII/2 33, 205, 232, 255, 301, 750

Franz Georg v.Schönborn (Eb.Trier) VI 661; VII 19, 23ff, 109, 196f, 227, 281; VII/2 91f, 488
Franz Julius v.Sachsen-Lauenburg (Hzg) VI 418, 430f
Franz Kaspar v.Stadion (B.Lavant) VI 442, 461, 509, 710; VII/2 109f
Franz Konrad v.Stadion (B.Bbg) VI 365, 368, 383, 415, 419, 424f, 437, 442, 444, 452, 461, 548, 550, 623, 645f, 656, 665, 669, 683f, 689f, 695, 700, 702f, 710, 717; VII 7f, 11f, 14, 17, 20, 24, 35f, 45f, 59f, 87ff, 94, 97, 135, 141, 156ff, 164, 170, 172f, 177, 180, 190, 195, 199, 206, 210, 243, 249, 253, 262, 265, 267ff, 278, 281, 283, 299, 306, 308, 311; VII/2 3, 27, 41f, 87, 96ff, 100, 106-196, 202, 204, 206, 218, 220, 223, 238, 347, 430, 435f, 559, 749
- v.Rodt-Busmannshausen (B.Konstanz) VII/2 185, 404
Franz Ludwig v.Erthal (B.Bbg) VII/2 185, 225, 249, 259, 290, 327f, 343, 345, 349-352, 354, 358f, 410f, 421, 441, 472-642, 650, 656, 754
Franz Wilhelm v.Wartenberg (B.Regensburg u.Osnabrück) V 400; VI 302, 446, 775, 783
Franz Xaver (Hl.) VI 448, 455, 497, 636, 661
Fras, Konr. IV 86
- Nikolaus IV 86
Frauenalt (B.-W.) VII/2 716
Frauenaurach (sw.Erlangen) III 43; IV 107, 549, 622, 713, 830, 837, 999

Frauenbrunn (abgeg.;Opf.) IV 34

Frauenbühl (nw.Altötting) VI 370

Frauendinst, Konr. (Berneck) IV 886

Frauendorf (sö.Staffelstein) I 414; II 640, 643; III 644f, 649, 655f

Frauendorf, Hermann Obrasus v. III 644f

- Marquard v. III 644, 655
- Nentwich v. III 645, 649, 655

Fraueneck (ON) VII/2 26

Frauenhofen, Barb. v. V 97

Frauenhofer, Matthias VII 298

Frauenstein (ON) IV 508

Frauenstein, Nikolaus IV 120

Frauental (B.-W.) III 41; IV 953

- Ä. s.u. Marg.

Frech, Heinr. (Bbg) III 586

- Marg. (-) III 586

Freden (Nds.) I 208

Frederunde (PN) I 115

Frei, Berthold III 100

- Burkhard II 293
- Elis. III 100
- vgl. Frey

Freiahorn (sw.Bayreuth) II 538, 563, 623; IV 296, 425, 746, 807; V 23

Freiahorn, Bruno v. II 538, 563

- Konr. II 623
- vgl. Ahorn, v.

Freiberg (Sachs.) III 334; VII/2 280f

Freiberg, v. (Fam.) IV 698, 701, 703; VII 70

- Eberhard v. IV 824
- Ferdinand v. (Dh.) V 525, 528f

- s.u. Joh. Anton v. (B.Eichstätt)
- Wieland v. IV 262

Freiberg-Eisenberg, Chr. Benedikt v. (Dh.) VI 712f

- Chr. Wilh. v. VI 712
- Johanna Sibylla v. VI 712

Freiburg im Breisgau (B.-W.) II 407; V 69; VI 383

Freidel, Matthias V 192

Freienfels (n.Ebermannstadt) III 231, 265, 310, 335, 391, 419; IV 72, 211, 359, 480, 622; VI 243, 479, 484f; VII/2 251, 539

Freihaslach (nö.Scheinfeld) I 6; II 95f; III 714

Freihaslach, Arnold v. II 96

- Kraft v. II 96
- vgl. Haslach, v.

Freipot, Matthias (Forchheim) VI 205

Freiröttenbach (nö.Lauf/P.) I 368; IV 43, 344

Freising (OB.) I 70, 87f, 92, 117, 407; II 68, 551; III 6, 87, 239, 244, 485, 754; VI 574, 718; VII 29, 263, 281; VII/2 324, 359, 715

- B. s.u. Abraham; Albert; Berthold; Egilbert; Ellenhard; Emicho; Gottschalk; Joh. Theodor

Freisleben (Fam.) VII 262

- Antoinette VII/2 241

Freitag, Konr. III 616

Frensdorf (s.Bbg) I 6, 136, 161; II 294, 419, 484, 509f, 532, 549, 611, 615, 623; III 19f, 86, 184, 265f, 308, 418, 506; IV 94, 117, 127f, 158, 164, 236, 265, 320, 421, 487, 518, 820, 901; V 39,

132; VI 128, 175, 225, 624; VII/2 325, 331f, 338
Frensdorf, Albert v. II 623
- Berthold v. II 549, 623
- Eberhard v. II 615, 623
- Ebo v. II 532
- Engelhard v. II 484, 509
- Friedr. v. II 513, 549, 567, 623; III 65
- Otto v. II 611
- vgl. Abenberg, v.
Frenzler (Fam.) VI 34
Frenzonius (Fam.) VI 380
Fretzel, Fritz (Albrechtsreuth) IV 937
Freudenberg, v. (Fam.) III 425
- Adam v. (Auerbach) IV 744
- Albrecht v. IV 32
- Eberhart v. IV 552
- Leonhard v. IV 552
- Ulr. v. IV 215
Freudeneck (n.Bbg) VI 477
Freudenthal u.Eylenberg, Joh. Kaspar v. VI 141
Freundt, Jobst IV 411
Frey (Fam.) VI 114
- Andreas VII/2 474f, 510, 592, 616, 632, 638f, 646f, 686, 694f
- Franz Andreas VII/2 694f, 745
- Gg Anton VII 293
- Konr. (Tennenlohe) III 752
- vgl. Frei
Frey v.Dern (Fam.) VI 707
Freyberger, Hans (Gattendorf) IV 902
- Konr. (Frauenstein) IV 347

- Wenzel IV 347
Freydenthal (n.ident.) VII/2 551
Freyschlag, Joh. (Pfr Emskirchen) IV 895
Freysener, Friedr. (Domvikar) III 3f
Freystadt (sw.Neumarkt/Opf.) III 489
Friant (Fam.) VII/2 748
Friaul (It.) I 43; II 654, 662; III 291
Frichlkofen (sö.Dingolfing) I 145
Frickendorf, Eberhard v. II 277
- Pabo v. II 275
- Werner v. II 112
Frickenhausen (s.Kitzingen) I 20, 26; II 70, 486, 503
Frickthal (CH) VII/2 708f
Fridel, Joh. Jakob (Augsburg) V 330
Fridini (Fam.) I 122
Friebersdorf (n.Passau) III 380
Friedberg (Österr.) III 71
Friedberg, Hartwig v. II 629
Friedburg (Österr.) III 188, 351f
Friederich (Fam.) VII/2 189
- Urban (Ebermannstadt) V 261
- Veit (-) V 261
Friedersdorf (n.Kronach) IV 199, 617; VI 118, 194
Friederswald (ON) VI 175
Friedersreuth (nw.Neustadt/W.) II 133, 144, 332
Friedhelm (PN) I 347; II 335
Frieding (nw.Cham) I 88
Friedländer, Ernst III 247, 756
Friedland, v. s.u. Wallenstein
Friedmann, Erhard (Pfr Roßbrunn) IV 990

- Peter (Kan.St.Jakob) IV 815

Friedreich (Nbg) III 750ff, 758

Friedrich (PN) I 246, 379f, 382f, 412f, 459, 477; II 58, 60, 71, 73, 90, 98, 103, 139, 272, 289, 378, 424, 462, 473, 477, 489, 512, 517, 534f, 548, 560, 565, 569-572, 578, 581, 599, 625, 644; III 89, 97, 254, 406, 555, 572, 619, 622, 643, 722

- I. Barbarossa v.Staufen (Ks.) I 313; II 137f, 343, 408-417, 419ff, 423, 425-439, 445f, 449-459, 462-472, 477, 479ff, 484-489, 491-494, 496, 498-501, 505, 507ff, 511, 514-517, 522, 525f, 528, 533, 535, 538-541, 544-551, 555, 558, 564, 573, 576, 602

- II. v.Staufen (-) II 576, 581, 583, 605-608, 612, 614, 619, 626ff, 630, 632-635, 644, 653, 657, 659, 661

- III. v.Habsburg (-) IV 176, 243, 257, 301, 307, 315, 325, 331, 347, 388, 407, 408, 1020; VI 612; VII/2 68

- (röm.Kg) III 33, 36, 41, 142, 170

- III. v.Dänemark (Kg) VI 431

- II. v.Hohenzollern (Kg v.Preußen) VII 192, 244, 262, 266; VII/2 19, 56, 212f, 229, 234f, 241, 281f, 284, 497

- I. v.Hessen-Kassel (Kg v.Schweden) VII 49, 94, 96

- v.Hohenzollern (Burggf v.Nbg) I 15; II 79, 81, 514; III 12, 21ff, 26, 37, 39, 47f, 71, 80, 86f, 93-101, 104, 110, 126, 145, 157, 172, 205, 229, 273f, 276, 278, 282, 294ff, 311f, 316, 324, 326f, 330-337, 347f, 357, 361, 364, 370ff, 378, 384, 387-394, 402, 404, 406, 408, 417, 424, 426ff, 431, 435, 439, 444f, 469, 480, 485, 487-491, 494f, 497-503, 505f, 518, 597, 651, 705, 707

- (Hzg v.Bayern) III 343, 379, 391

- (Hzg v.Oberlothringen) I 78

- v.Sachsen-Hildburghausen (Hzg) VII/2 719

- I. (Hzg v.Schwaben) I 469, 475; II 15, 24f

- II. (-) II 46, 79, 81, 117f, 121, 123, 127, 130, 158, 218, 222f, 225, 271, 273, 300f, 308, 310, 314, 335, 395f

- V. (-) II 456, 486f, 528, 558

- v.Staufen (Hzg) II 419

- v.Sachsen (Kfst) IV 8, 49, 87, 104, 291, 305, 391, 430f, 474, 516, 535, 675f, 679f, 903, 1046, 1051

- v.Wittelsbach (Kfst v.d.Pfalz) V 460, 463f

- III. (-) VI 98

- V. - (-) VI 100

- v.Zollern (Mgf v.Brandenbg-Bayreuth) VII 80f, 93, 96, 98, 122-129, 131f, 188, 195, 201, 203, 269

- (Pfalzgf) I 63

- v.Sommereschenburg (-) II 30

- v.Schwarzburg (Eb.Köln) I 490f; II 28, 46, 49, 74, 79, 81, 108, 110, 112f, 120, 122, 130f, 222f, 280f, 285, 303, 443

- (Eb.Ravenna) I 72f, 98, 199

- (Eb.Salzburg) I 160

- III. v.Aufseß (B.Bbg) IV 10, 19, 29, 37, 45, 48f, 57, 64, 97, 109,

144, 146, 150, 152, 158, 168, 170-223, 238ff, 265, 267, 399; V 141; VII 169
- (B.Eichstätt) III 491f, 495, 498, 756; IV 55, 60, 70, 78, 105
- (B.Halberstadt) II 32
- (B.Kammin) III 615
- (B.Münster) I 445
- (B.Passau) IV 356
- (B.Regensburg) III 294
- v.Parsberg (-) IV 230, 1022, 1025
- Nausea (B.Wien) IV 862
- v.Wirsberg (B.Wbg) IV 824f, 1064; V 9, 11, 46, 55f, 67
- (A.Aspach) II 454, 488
- (A.Ebrach) III 50, 645, 649, 656, 660, 719, 756
- v.Leuchtenberg (-) III 111
- Brantel (A.Ensdorf) IV 462
- (A.Gengenbach) II 148; IV 803
- (A.Kremsmünster) III 4
- I. v.Leuchtenberg (A.Langheim) III 643ff, 756
- II. (-) III 691, 755
- III. Wolf (-) III 366f, 369f, 385, 695, 756
- V. Marschalk (-) IV 234, 247, 256, 283f, 332, 848; V 3f, 32, 36
- (A.Michelfeld) IV 415, 433, 805
- (A.Michelsberg) III 614f, 645
- v.Aufseß (-) VI 99, 107
- Trautenberger (-) IV 423; VI 108
- (A.Monte Cassino) I 369
- (A.Niederaltaich) IV 342, 356
- Pistorius (A.St.Egidien/Nbg) IV 716

- (A.Prüfening) IV 236
- (A.Schuttern) III 442; V 69, 161, 228
- (Dh.) II 9f, 55, 68, 93, 99, 461, 481f, 484, 489, 520
- (Kan.St.Gangolf) II 543; III 9, 16, 25, 28, 49ff, 62, 71, 606
- (Kan.St.Jakob) II 535, 542, 548f, 569f
- (Kan.St.Stephan) II 579; III 756
- (Pfr Altenkunstadt) III 652
- (Pfr Burggrub) III 675
- (Pfr Küps) III 668, 682
- (Pfr Poppenreuth) IV 148
- (Prie.) II 544; III 174, 313, 643, 652; VI 221f
- (Prior) III 43
- (Prior Michelfeld) III 637, 641
- (Pr.Neunkirchen/Br.) III 36, 103, 129, 140, 755
- (Pr.Regensburg) III 172
- (Weihb.Bbg) VI 9, 88, 140
- (Bbg) III 594ff
- (Lichtenfels) II 636
- (Nbg) III 142f, 595
- (Wbg) II 335; III 651
- (Kämmerer) I 231, 262f, 371; II 588
- (Küchenmeister) II 535, 548, 615
- (Vogt) II 111f, 132, 271

Friedrich August v.Sachsen (Kfst) VI 81; VII/2 544, 719

Friedrich Christian v.Sachsen (Kfst) VII/2 43
- (B.Münster) VI 558

Friedrich Karl v.Schönborn (B.Bbg u.Wbg) VI 618f, 628, 632-635,

650, 659, 661, 682, 687f, 691; VII 19; VII/2 1, 5, 17, 40, 42, 91ff, 119, 264, 329f, 343, 360, 437, 455f, 459, 488, 505, 749

Friedrich Karl Joseph v.Erthal (Eb. Mainz, B. Worms) VII/2 30f, 112, 343, 346, 349-352, 379, 387, 407, 474, 478, 480, 485-490, 503, 533, 542, 604, 628f, 645ff, 681f, 689, 713, 728, 750, 753

Friedrich Wilhelm I. v.Hohenzollern (Kg v.Preußen) VII 17

- II. - (-) VII/2 601, 608, 610, 617, 631, 666, 719

- III. - (-) VII/2 674, 680, 714f

- v.Sachsen (Hzg) VI 431

- v.Westfalen (B.Hildesheim) VII/2 288, 496

Friedrich, s.u. Eucharius (A.Ensdorf)

- Nikolaus (Prie.) IV 1002

Friedrich zu Heberstein, Siegmund v. V 194, 196

Friedrichberg (abgeg.;Ofr.) VI 128

Friedrichsbrunnen (ON) III 54

Bad Friedrichshall (B.-W.) II 400

Friesach (Österr.) III 6, 117

Friesen (sö.Bbg) II 610; III 58, 274, 581, 589; IV 13ff, 446, 477, 516, 622; VI 47, 62, 269, 309, 524; VII/2 295, 392

Friesen (n.Kronach) III 421

Friesen, v. (Fam.) V 384

Friesendorf (n.Lichtenfels) II 106, 499; VII 102

Friesendorf, Wolfram v. II 499

Friesenhausen (n.Haßfurt) VII 54; VII/2 243

Friesenheim (B.-W.) III 442

Friesland (Landschaft) I 67, 107f, 235; II 110

Frieslein, Friedr. III 459

- Nikolaus III 459

Frieß (Fam.) VI 516

- Barb. IV 855

- Michael (Nbg) IV 715

Friger (PN) I 411

Frimmersdorf (w.Höchstadt/A.) I 498; III 580

Frischenstein (Österr.) III 28, 30

Frischmann, Adam VI 129

- Fritz IV 264

- Hans IV 264

- Heinz (Mannsgereuth) IV 264

Frischmorgen, Konr. (Bbg) IV 274f

Frisner, Ägidius (Prie.) IV 997, 1039

- Hans (Wunsiedel) IV 1030

Fritz (Fam.) IV 571; VI 33

- Andreas IV 488

- Hans IV 875

- Joh. (Generalvikar) IV 20, 40

- Otto (Haslach) IV 945

- Peter IV 618

Fritzemann, Konr. (Kan.St.Stephan) III 54f

- Poppe III 54

Fritzlar (Hess.) I 30; II 30, 123f; VII/2 365

Fritzsch, Nikolaus (Prie.) IV 998

Frobin (Pfr Regnitzlosau) III 222

Froburg, Konr. v. II 513

Fröhlich (Fam.) VII 17; VII/2 578

- Joh. (Pfr St.Martin) IV 478

- Konr. (Frankfurt) IV 540

- Michael (Kronach) VI 323
- Wolf (-) VI 319, 321

Fröhstockheim (ö.Kitzingen) IV 630

Fröschlein, Andreas (Zeil) VI 72

Frössen (Thür.) II 100; IV 386, 725, 734, 736, 902, 922

Frohberg, Gg Karl v. (Dh.) VII/2 707, 757

Frohendorf (n.ident.) IV 147

Frohnhof (ö.Erlangen) III 286; VI 153

Frohnlach (n.Lichtenfels) IV 772

Frohse (Sachs.) I 56, 106, 112, 172f, 189

Fromhold, Joh. (Ansbach) VI 387

Fromm, Hirsch (Fürth) VII 6f, 28

Frommetsfelden (w.Ansbach) IV 740

Fromund (Mönch Tegernsee) I 49, 51

Fronberger (Fam.) VII 294

Fronhofen, Barb. v. III 286; V 521
- Chr. v. IV 518, 547
- Hans v. IV 560
- Jobst v. IV 869
- s.u. Kath. v. (Ä.Kitzingen)
- Ph. Rudolf v. (Dh.) V 531; VI 150

Frorntaig, Friedr. (Wunsiedel) IV 1030f
- Simon IV 1032

Frossel, Heinr. (Prie.) IV 905

Frouweke (n.ident.) II 335

Frowin (PN) II 488, 621

Früauf, Daniel (Großheirath) VI 92
- Joh. (Strullendorf) IV 134

Frumgestete, Lambert v. II 528

Frumman, Erhard (Egersdorf) III 742

- Marg. (-) III 742

Vrumolt (PN) III 223

Frundsberg, Gg v. IV 526

Fruttuaria (It.) I 207

Fucher, Anton (Augsburg) IV 548

Fuchs (Fam.) III 378, 500; IV 287
- Andreas (Dh.) IV 518, 522, 528f, 538, 545f, 653, 670f, 709, 744, 759f, 780, 1059; V 41
- Anna IV 659; VI 61, 71
- Anna Barb. V 384
- Apel III 38, 283, 339, 348, 367, 376, 390, 439, 487, 631, 692ff, 696; IV 9
- Beringer IV 287
- Chr. IV 505, 507, 534, 613, 659; V 95
- Dietrich III 283, 287, 310, 589, 603; IV 507
- Dorothea (Bbg) V 499
- Eberhard (Dh.) III 448, 471, 482ff, 631, 633
- Elis. III 390, 692ff
- Fritz V 506
- Gg IV 256, 287, 302, 850-853, 1063
- Gottfried (DO-Komtur Nbg) III 333,589f
- Hans Gg V 499
- Hans Lorenz (Bbg) V 499
- Hans Sixt V 252, 499
- Hartmut III 378
- Heinr. IV 287, 995; VI 39
- Herold III 616
- Hieronymus (Dh.) IV 528, 653, 671, 811, 1060
- Jakob (-) IV 462, 498, 528f, 546, 600, 653, 670, 757

- Joachim V 43
- s.u. Joh. (A.Michelsberg)
- Joh. III 588f; IV 418, 447, 606, 724, 905, 1040, 1061; VI 121
- Joseph Andreas (Dh.Bbg u.Wbg) IV 1066
- Klaus IV 605, 611
- Konr. III 376, 434, 601, 623
- s.u. Ludwig (A.Langheim)
- Ludwig (Langheim) V 4, 32, 236
- Maria Magdalena VI 249
- Marg. V 499
- Matern V 43
- Meinward (Kan.St.Stephan) III 11, 55, 75
- Michael VI 150
- s.u. Otto (A.Michelsberg)
- Ph. Daniel VI 118
- Sigmund V 20, 43
- Stephan (Dormitz) VI 122
- Susanna V 499
- Thomas IV 287
- Ursula (Bbg) V 499
- Valentin (Wiesentheid) V 22, 36, 73
- Walburga IV 425
- Wilh. IV 9, 287, 383
- Wilh. Eytel V 242
- Wolf Heinr. V 511

Fuchs v.Bimbach (Fam.) VI 187, 705f, 709
- Dietrich IV 507
- Gg (Koadjutor) IV 850-853, 1063
- Hans Chr. VI 352
- Hans Wilh. V 8, 58
- Joh. (Dh.) V 8, 26, 55, 77f, 517, 519, 521
- Joh. Franz Ludwig Ernst (-) VI 644, 662, 668, 672, 694; VII 164, 243; VII/2 231, 683
- Sophia Augusta VI 717

Fuchs v.Burgpreppach (Fam.) VI 662, 698
- Amaley V 519

Fuchs v.Dornheim (Fam.) IV 28; VI 254, 258, 317, 698ff, 706f, 709, 713f
- Gg Adolph VI 491
- Joh. Gg (Dh.) V 456, 474f, 491, 516, 528; VI 8ff
- Joh. Ph. (-) VI 659, 709; VII 311
- Julius Gottfried VI 709
- Ph. Konr. VI 150, 258
- Ph. Julius (Dh.) VI 95, 383, 698
- Valentin V 530; VI 698
- Veit Hartmann VI 254, 258
- Wolf Ernst VI 194
- Wolfgang Ph. (Dh.) V 530; VI 132, 175, 236, 273, 297, 301, 368, 374, 702f

Fuchs v.Rügheim, s.u. Gg (B.Bbg)
- Hans V 39
- Siegmund V 64, 66

Fuchs v.Schweinshaupten (Fam.) V 463, 465; VI 132, 698, 700, 705

Fucker, Markus (Kan.St.Stephan) IV 1043

Fudelfeld (FlN.) III 296

Führel, Wilh. (Nbg) IV 214

Führungbach (n.ident.) V 443

Füllbach (Fl.) I 21

Füllbach, v. (Fam.) III 500; IV 398, 462, 560, 564
- Albert v. III 655f
- Christina v. III 655f
- Gebhard v. I 413
- Gottfried v. II 106, 422, 494, 640; III 462
- Hartmann v. III 655f
- Hartmut v. III 655f
- Heinr. v. II 638, 640, 644
- Herold v. II 496, 499
- Otto v. III 655f
- Sebastian v. V 132

Fünesin, Helena VI 71

Fürbeyn (Fam.) IV 270

Fürchtegott (Kan.St.Gangolf) VII/2 389, 449, 451

Fürnbach (w.Bbg) V 68

Fürer v.Haimendorf (Fam.Nbg) VII/2 548
- Chr. IV 714
- Karl Moritz VII/2 525f
- Joh. (Augsburg) III 315

Fürnrid, Hermann (Stolzenberg) III 719

Fürspanger (Ritterbund) IV 139f

Fürst, Barb. V 500
- Eva V 500
- Gg V 25, 34, 62, 262, 500
- Gg Ludwig (-) V 480
- Hans (Mödling) VI 69
- Kath. (Bbg) VI 46
- Michael (Pfr Westheim) IV 893
- Peter (Bbg) VI 58, 61, 69
- Regina (-) VI 64

Fürstenberg, v. (Fam.) VI 77, 608, 704; VII 36
- Egon v. VI 154
- Frobenius Ferdinand v. VII 29
- Ludwig Wilh. v. VII 96

Fürstenhof (nö.Kulmbach) VI 600

Fürth (Mfr.) I 140, 157, 159, 333, 359, 367, 375; III 25, 83, 349, 431, 464, 468, 484, 724; IV 58, 60, 63, 291, 428f, 474, 568, 662, 741, 758, 784, 793, 802, 849; V 6, 25ff, 468f; VI 275f, 350, 399f, 411, 442f, 450, 452, 543, 581, 587, 610, 612f, 615f, 628, 635, 640f, 645f, 654, 656f, 663ff, 667, 670ff, 674-678, 681, 696; VII 3, 5ff, 17, 27ff, 44, 77, 135, 194, 204, 238, 246, 264, 274, 277, 315; VII/2 2, 15f, 31, 35-39, 56, 558, 86-89, 106, 111, 120, 129, 135, 160, 170f, 203, 209-215, 218, 220f, 225, 252, 257f, 260, 271, 277f, 283, 306, 315, 338-342, 349, 352f, 359f, 390, 392, 408f, 411, 419, 495, 517ff, 579, 607, 610f, 616, 643, 665, 673f, 677-682, 687, 698, 701, 705, 707, 712

Fürth am Berg (ö.Coburg) IV 9, 180, 319, 622, 752f, 786f; VII 41; VII/2 188, 435, 633

Fürttenbach, Bonaventura V 27

Fueß, Hans IV 593

Füssen (OB.) VI 712; VII 268

Füterer, Joh. (Kan.St.Jakob) III 321

Füttersee (sö.Gerolzhofen) I 6

Fugel, Joh. (Pegnitz) IV 985

Fugger (Fam.) IV 460, 502; VI 158f, 169, 173, 200
- Alexander (Dh.Freising) V 330

- Anton IV 548
- Friedr. (Dh.Salzburg) V 76f, 79
- Gg IV 395, 427
- Hans Jakob V 25, 47
- Jakob IV 427, 552
- Karl V 400
- s.u. Siegmund Friedr. (B.Regensburg)
- Ulr. IV 427

Fugmann, Hans (Waischenfeld) VI 21

Fuhr, Konr. (Marktzeuln) V 449

Fuhrmann, Hermann (Ebermannstadt) III 571

- Kunig. (-) III 571

Fulbach, Gebhard v. I 413
- Heinz IV 283
- Jakob v. IV 398, 462
- Wolf v. IV 560, 564

Fulcher v.Arras I 393

Fulda (Hess.) I 7, 9, 16-22, 32, 59, 87, 137, 182, 194, 197, 207, 225ff, 231, 245f, 266, 269ff, 285, 331, 336, 343, 352, 364, 405, 409, 421, 441, 443; II 74, 117f, 120, 127, 130, 222, 288, 293, 304, 308, 318, 380, 396, 414, 471, 505, 528, 558, 603, 614; III 14, 101, 129, 459, 476, 560; V 87, 90; VI 148, 154, 158, 171, 177, 294, 299, 457, 467, 470, 551; VII 67, 70, 125, 195, 204; VII/2 45, 57, 284, 440, 506, 558, 577, 581, 604, 652, 665, 691

- A. s.u. Adolf; Balthasar; Bernhard; Branthog; Eigil; Ekbert; Erkanbald; Erlolf; Gottfried; Heinr.; Huoggi; Joh. Friedr.; Konr.; Marquard; Poppo; Prem; Richard; Rohingus; Sieghard; Sturmi; Ulr.; Wolfhelm

- B. s.u. Amandus

Fulda, Arnold v. I 227
- Berthold v. (Kan.St.Jakob) III 560
- Dietrich v. (Kan.St.Gangolf) III 129
- Jodokus v. (Prie.) III 459

Fuldorfer, Hermann III 682

Vullner, Hans IV 895
- Oswald III 667
- Ulr. III 667

Fulneck (Tschechien) VII/2 236

Vungerus (B.Posen) I 190

Funk (Fam.) III 746
- Andreas IV 1052

Funtheim, Wolfram v. II 403

Furckel, Heinr. (Domvikar) IV 858
- Nikolaus (Bbg) V 151f, 255, 495

Furenschild, Joh. (Pfr Selbitz) IV 863

Furholtz (Fam.) III 719
- Bertholt (Kulmbach) III 324
- Kunig. (-) III 324

Furkendorfer (Fam.) III 236

Furleger, Joh. (Pfr Bautenbach) IV 885

Furte, Heinr. v. (Kan.St.Jakob) II 58-62, 473ff

Furth im Wald (nö.Cham) VII/2 216

Further, Otto (Buch) III 530

Fußbach, Adelheid (Stöckach) III 718
- Christein (-) III 718
- Elis. (-) III 718
- Gewet (-) III 718

- Heinr. (-) III 718
- Kunig. (-) III 718
Vuterse (n.ident.) II 138
Vynaus der Pfister (Bbg) III 544
Vysehrad (Tschechien) III 83, 119, 206, 724

Gaar, Gg (Jesuit) VII/2 169
Gabler, Nikolaus IV 728
Gablkofen (sö.Dingolfing) I 145
Gabor, Bethlen VI 116
Gabriel v.Eyb (B.Eichstätt) IV 448, 464
Gabrieli, Gabriel de (Baumeister) VII/2 408
Gack, Friedr. (Litzendorf) IV 127
Gackenstein, Seyfried III 562
Gaden (s.Kelheim) II 111
Gadning (abgeg.;NB.) III 380
Gädheim (sö.Schweinfurt) I 11; VI 421
Gärtenroth (nw.Kulmbach) II 314f; III 102, 296; IV 195f, 246, 328, 354, 429, 864; VI 149f, 398; VII/2 581
Gärtenroth, Degeno v. II 314
- Karl v. II 314f
- Sigeboto v. II 315
- Ulr. v. II 314f
- s.u. Walraban v. (B.Zeitz)
- Wilh. v. II 314f
Gärtner, Andreas (Buchdrucker) VII 298
Gagel, Joh. Jakob VI 398
- Martin (Schönbrunn) VI 36

- Ursel (-) VI 36
Gagenhard (PN) I 347
Gaibach (w.Gerolzhofen) VI 587, 590, 594, 598, 663, 682, 688, 690-694, 696; VII 50f, 60, 75, 90, 92, 94, 99, 152ff, 217, 229, 240, 277, 294, 299, 304; VII/2 369
Gaiganz (sö.Forchheim) II 144, 332; III 34f; IV 794; VI 253
Gailstorffer, Lorenz (Pfr Goldkronach) IV 977
Gaimersheim, Ilsung v. II 293
Gais (It.) III 155
Gaismannshof (Stadtt.Nbg) VII/2 526
Gaius s.u. Caius
Galching (s.Amberg) II 332
Galen, v. (Dh.) VII 89, 278; VII/2 42
- Chr. Bernhard Benedikt v. VI 667
Galhard (Kard.) III 88
Galimberto, Giovabatista di VI 253, 255, 257, 261, 276, 281, 284, 287
Galitzenstein (Österr.) IV 34
Gall, Adalbert II 378
- Anna VI 50, 60
Gallas, v. (Fam.) VI 217, 324
Galli, Joseph (Rom) VII/2 29
Gallien s.u. Frankreich
Gallus (Hl.) I 187
- Brockard (A.Michelsberg) VII/2 391, 408, 424, 431, 487
Galster, Joh. Gg (Pfr Memmelsdorf) VII/2 551
Gambara (It.) II 431
Gameret, Ulr. (Kronach) III 296

Gaminare (PN) II 334, 593
Gammelsdorf (nö.Freising) III 46, 111
Gammesfeld (B.-W.) III 247
Bad Gandersheim (Nds.) I 42f, 47, 65f, 106, 114f, 163, 172, 182, 185, 192, 250f, 262, 341-344; II 300
- Ä. s.u. Gerberga; Sophia
Gandter, Marg. (Bbg) VI 71
Gang, Dietrich v. VI 249
Gangkofen (nw.Eggenfelden) I 146
Gangolf (Hl.) I 417; II 5, 40, 174
Gangolf, Joh. (Pfr Gefrees) IV 909
- Konr. (Kulmbach) IV 949
Gans, Heim (Dinkelsbühl) IV 19
- Marg. (Bbg) VI 49, 71
Gansmann, Konr. IV 879
Ganßner, Kath. (Forchheim) V 492
- Leonhard (-) V 492
Ganstorff (n.ident.) II 631
Ganswirt (Fam.) VI 49
Ganzhorn, Hieronymus (Kan.Neumünster/Wbg) V 133-136
- Joh. Wilh. (-) V 276
Garard (B.Angoulême) II 107
Gardeleve, Joh. v. (Kammin) III 608
Garehere (PN) I 380
Garigliano (Fl.) I 240, 253
Garnstadt, Gottfried v. II 382
Gars am Inn (sw.Mühldorf) I 290
Garsten (Österr.) II 334, 558f, 629, 663; III 4, 137, 272, 306, 381; IV 117
- A. s.u. Berthold

Gartner, Eberhard (Kleinreuth) IV 941
Garysen (Fam.) IV 120
- Hermann IV 1020
Garz (Polen) II 205f, 214, 217
Gasseldorf (nw.Ebermannstadt) II 152; IV 137, 268, 489, 784
Gassenreuth (Sachs.) III 222
Gast, Andreas (Rödlas) IV 43
- Joh. Nikolaus (Erlangen) VII 131
- Leonhard VII/2 36
- Leopold VII 10
Gastmeyer, Joh. Augustin (Wildenstein) VII/2 153
Gattendorf (ö.Hof) IV 386, 562, 736, 742, 902; VI 399
Gattenhofen, Berthold v. III 544
- Konr. v. III 310
Gatzerreut (sw.Freyung) III 380
Gauberloh (FlN.) III 568
Gaubüttelbrunn (sw.Wbg) I 226; IV 45
Gauch, Konr. (Bbg) III 602
- Kunig. (-) III 602
Gauchsdorf (nö.Roth) III 50
Gauerstadt (nw.Coburg) I 321; II 498, 642; III 690
Gauerstadt, Arnold v. II 527
- Gotebold v. II 524
- Hans v. IV 28
- Otto v. (Dh.; Pr.St.Gangolf) III 353, 462, 546, 566, 573ff, 755
- Walter v. III 50
Gaukönigshofen (sö.Wbg) I 11, 143; III 247
Gaul, Ignaz VII/2 375

Gau-Odernheim (Rh.-Pf.) I 170, 193

Gaustadt (Stadtt.Bbg) I 33; II 100, 621ff, 625; III 614, 617f, 676; IV 415; VI 347; VII 137, 259; VII/2 408, 629

Gautz, Anna (Bbg) VI 50, 64
- Hans (-) VI 47
- Stephan (-) VI 64

Gautzsch (Sachs.) I 96

Gebauer, Hermann (Weitramsdorf) III 694

Gebenbach (n.Amberg) II 142, 485

Gebenbach, Otnant v. II 68
- Poppo v. II 65f

Gebenbeck, Martin IV 139

Gebeno (PN) II 54

Gebersdorf (Stadtt.Nbg) VII/2 526

Gebhard (PN) I 25, 30, 266, 343, 380; II 90, 97, 295, 298, 488, 562, 582, 648; III 539
- (Eb.Salzburg) I 418, 472, 477f
- I. (B.Eichstätt) I 362, 369, 500
- II. v.Hirschberg (-) II 275, 293, 373, 398, 404
- v.Pfannenberg (B.Konstanz) VI 602
- v.Zähringen (-) I 472, 478, 481, 484; II 27, 31f, 37f, 49
- I. (B.Regensburg) I 42, 48, 68, 93, 128, 167, 188, 269
- II. (-) I 269
- III. (-) I 362, 385
- IV. (-) II 36
- II. (B.Speyer, A.Hirsau) I 36, 56
- (B.Speyer) II 312
- v.Aurach (B.Straßburg) II 301, 312
- (B.Trient) II 39, 43, 120
- v.Henneberg (B.Wbg) I 38; II 127, 131, 138, 224, 400f, 407, 409f, 437f, 464f, 504-507, 509, 511ff
- (A.Benediktbeuern) II 656
- (A.Paulinzella) II 500
- (Archidiakon Wbg) II 287, 290
- (Dek.Kirchensittenbach) II 645
- (Dek.Wbg) II 503
- (Diakon Wbg) I 411
- (Dh.Regensburg) II 275
- (Dompr.) I 477, 494
- (Kan.Wbg) II 73, 95
- (Pr.Wbg) II 335, 385, 392, 407
- (Gf i.Banzgau) I 226
- (Gf i.Grabfeld) I 144
- (Gf Mattigau) I 139, 151

Gebhard (Fam.) III 569
- Balthasar (Markt Erlbach) IV 971
- Jakob (Maler) VI 597
- Melchior IV 610
- Stefan IV 722

Gebhardshofen (abgeg.;Ofr.) IV 20

Gebirg (Ritterkanton) VI 196, 337, 600, 603, 643, 648, 650, 667; VII 133, 195, 276; VII/2 93, 110, 272f, 288, 291-296, 324f, 394, 406, 413, 491, 515, 520f, 614, 682, 688

Gebitzka, Joh. Nikolaus v III 349

Gebold, Chr. V 352f, 355, 379, 411

Gebolf (PN) II 65, 561f, 564

Gebolfshofen, Gebolf v. II 561

Geboltsbach, Berthold v. (Kan.Freising) III 6

Gebsattel, v. (Fam.) VI 121, 580; VII/2 546, 728

- Adam v. (Dh.Bbg u.Wbg) V 456, 530f; VI 353, 373, 704
- Amalia Kath. v. VI 353
- Andreas Gg v. V 357
- Anna Elis. v. VI 251
- Anna Maria v. VII/2 256
- Berthold v. III 560
- Chr. v. V 358
- Daniel v. V 357; VI 352
- Daniel Joh. Anton v. (Weihb.Wbg) VII/2 51, 110, 205-208, 381, 383, 430f, 480, 487, 652
- Dorothea v. V 526
- Dorothea Isolde v. VI 352
- Ferdinand v. VI 375
- Friedr. v. V 515
- Hans Gg v. V 515
- Hans Heinr. v. VI 414, 616
- Hans Ph. v. V 357, 361, 395
- Heinr. v. (Dh.) V 525
- Helena v. VI 46, 52, 58
- Jakob v. V 357, 379
- Joh. Gg v. (Dh.) V 278
- Joh. Ph. v. (-) VI 456, 461, 704
- Otto Heinr. v. V 530
- Otto Wilh. v. V 311, 328, 360, 525, 530
- Ph. v. (Dh.) V 230, 360, 523
- Wolf Chr. v. V 328, 357, 360f, 379, 515; VI 86, 95, 213, 251, 279

Geckenheim, Arnold v. II 446

Geddo (PN) I 175

Gedendorf (abgeg.;Ofr.) IV 783

Gefell (Thür.) III 78f, 336; IV 102, 386, 724f, 734, 736, 742, 902-905, 916, 922, 999

Gefrees (nö.Bayreuth) III 315, 394, 719; IV 74, 80, 216, 277, 732f, 737, 742, 906-910; VII/2 227

Gehren (ON) I 174

Gehringer, Joh. (Pfr Neukenroth) VII/2 555

Geiersberg s.u. Seßlach

Geiersberg (nö.Bayreuth) IV 204

Geig, Valentin (Pfr Ebern) V 215

Geigel (Fam.) VII/2 583

Geigenkofen (sö.Dingolfing) I 145

Geigenreuth (Stadtt.Bayreuth) IV 125

Geiger (Fam.) VII/2 326, 664
- s.u. Martin (A.Stein)
- Stefan (Nbg) IV 566
- Tobias (-) VI 370
- vgl. Gyger

Geiging (s.Dingolfing) I 145

Geilana (Hzgin der Kilianslegende) I 5

Geilenhausen, Heinr. v. II 589
- Hermann v. II 589
- Hildebrand v. II 497
- Siegfried v. II 497

Geir, Friedr. (Bbg) III 579, 611

Geireuth (FlN.) III 641

Geisdorf (ö.Bbg) III 128

Geiselher, Heinr. (Bbg) III 589
- Kunig. (-) III 589

Geiselheim, Elis. (Ochsenfurt) III 617
- Heinr. (-) III 617

Geiselhöhe (w.Pegnitz) VI 341

Geiselwind (sö.Gerolzhofen) I 319; VI 202, 207, 401

Geisenheim (Hess.) I 19

Geisfeld (ö.Bbg) I 161, 318; II 549; IV 111, 169, 265, 609, 634; VI 656; VII 60; VII/2 323

Geisleden (Thür.) I 344

Geislingen (B.-W.) II 657

Geislingen am Kocher (B.-W.) IV 739

Geißbach (abgeg.;Ofr.) III 674ff

Geißendorfer, s.u. Anselm (A.Michelsberg)

Geißler (Fürth) VII 246

- Dorothea (Fischerin) VI 43
- Heinr. IV 991
- Kunig. VI 39

Geißlingen (nw.Uffenheim) II 385

Geistpitzheim (n.ident.) VI 707

Geiter, v. (Fam.) VII/2 500

Gelasius II. (Papst) II 119, 122ff

Gelbeno (PN) II 528

Gelbsreuth (sw.Kulmbach) V 407

Gelchsheim (sö.Wbg) III 267

Geldersheim (w.Schweinfurt) I 18; II 289

Geleen, v. (Fam.) VI 358

Gelhendorf, Volkolt v. II 133

Gelnhausen (Hess.) II 479, 520, 545, 573

Gelra, Gerhard v. II 81

Gelßer, Nikolaus (Ludwigsstadt) IV 963

Gelter, Joh. Konr. VI 588f

Gembloux s.u. Siegbert

Gemeyer, Heinr. (Pfr Marktschorgast) IV 205, 1010

Gemlenz (n.Kulmbach) II 614

Gemlich, Gg (Nemschenreuth) IV 424, 631

Gemmingen, v. (Fam.) VII 25; VII/2 522, 677

- Barb. v. VI 712
- s.u. Joh. Konr. v. (B.Eichstätt)
- Ursula v. VI 712
- Wolf Dietrich v. VI 142

Gemmund (PN) I 359

Gempert, Neidhart (Kan.St.Gangolf) VI 411

Gemünd (ö.Ebern) VI 519, 522

Gemünd (Österr.) VI 434

Gemünda (sw.Coburg) I 18f; II 614; III 644, 657, 671; IV 452

Gemünda, Friedr. v. II 527

- Helmbold v. II 527
- Konr. v. II 527
- Sigeboto v. II 527

Gemundi (n.ident.) II 144

Gena (Sa.-Anh.) I 58

Genf (CH) I 129; II 385

Gengenbach (B.-W.) I 138, 334, 422; II 146, 148; III 343, 442; IV 196, 422, 462, 471, 546, 771, 803; V 2; VI 490; VII 51; VII/2 517, 716

- A. s.u. Beatus; Engolf; Friedr.; Gg; Gisbert; Jakob Maria; Joh. Ludwig; Rupert; Stephan

Gengenbach, Joh. v. IV 40

- Lutinus v. III 446, 473; IV 10, 111, 177, 193, 202

Gengler (Fam.) VII/2 733

Genleins (FlN.) III 638

Gens (Fam.) VI 222

Genslein, Joh. (Diespeck) IV 894

Gensingen (Rh.-Pf.) I 289
Genshove (abgeg.;Mfr.) IV 783
Gent (Belgien) I 77, 117, 184, 246
Gent, Arnulf v. I 107f
Gentilini, Bonaventura (Schreiner) VII 11, 234
Gentinell, Chr. (Augsburg) VI 507
Genua (It.) I 239, 467; III 415, 726
- B. s.u. Konr.
Georg (PN) III 415
- (Hl.) I 135, 141, 143, 148ff, 150, 154f, 187, 218, 360, 364, 407, 417, 486, 493; II 5f, 25, 47, 53, 65-71, 95, 99, 103, 106, 111, 125, 136, 139f, 142, 149, 174, 296, 334, 372, 375, 381f, 390ff, 408, 461
- (Kg v.Böhmen) IV 308
- III. (Kg v.Großbritannien) VII/2 719
- v.Sachsen (Hzg) IV 8, 758
- v.Sachsen-Meiningen (-) VII/2 719
- (Landgf v.Hess.-Darmstadt) VI 360
- I. v.Schaumberg (B.Bbg) IV 40, 171, 174, 181, 226, 235, 247, 252, 254f, 257-260, 270-274, 280, 283, 291, 300-338, 341, 360, 384, 402f, 947, 1042, 1048
- II. Marschalk v.Ebnet (-) IV 451-456; VI 27
- III. Schenk v.Limpurg (-) IV 546-542, 549, 552, 670, 1053; V 8, 28, 36ff, 118f; VII 294
- IV. Fuchs v.Rügheim (-) V 1-44, 393
- (B.Regensburg) V 9
- (A.Ahausen) IV 1009
- (A.Arnoldstein) V 117

- (A.Banz) IV 805; V 17, 36, 132, 465
- Truchseß v.Henneberg (-) V 58ff
- (A.Gengenbach) V 297
- (A.Göttweig) V 404
- Herold (A.Michelsberg) V 69
- Mühlvatter (-) V 161, 184, 197, 204, 228
- Ziegler (-) IV 803
- (A.St.Egidien/Nbg) IV 200, 215, 1028
- (A.Petershausen) VII/2 516
- Eckel (A.Prüfening) IV 422, 743
- Kaiser (-) V 69, 139
- (A.Prühl) II 141
- (A.Veßra) IV 37
- (A.Walderbach) II 144
- (Kaplan Augsburg) V 48
- (Pr.Griffen) IV 803; V 54
- (Asbach) IV 396
- (Uetzing) III 626

Georg Albrecht v.Zollern (Mgf v. Brandenbg-Bayreuth) VI 432

Georg Friedrich (Mgf v.Baden) V 388

- v.Zollern (Mgf v.Brandenbg-Ansbach) V 10f, 24, 28, 38, 57, 66, 254, 320, 444; VI 140f

Georg Karl v. Fechenbach (B. Bbg u. Wbg) VII/2 636, 645f, 649, 654ff, 659ff, 663, 688-696, 703, 705, 727, 735-747, 756f; VII/2 Vorwort

Georg Karl Leberecht v. Anhalt (Fürst) VII/2 516f

Georg Wilhelm v. Zollern (Mgf v. Brandenbg) VI 116

- (Mgf v.Brandenbg-Bayreuth) VII 91, 118ff
Georgi, Joh. (Pfr Kaubenheim) IV 896
Georius (Mönch Michelsberg) IV 205, 208
Gepewinede (n.ident.) II 402
Gepmus, Gundlach (Bbg) III 599
Gera (Thür.) VI 324; VII/2 233, 242, 673
Gera, v. (Fam.) III 78f, 227, 229, 312; IV 28, 655
- Heinr. v. III 79, 227, 229, 333, 379, 679; IV 29f, 90, 421, 495, 519; V 71
Gerabronn (B.-W.) III 247
Gerach (nw.Bbg) IV 641
Gerach, v. (Fam.) VI 66
Gerald (B.Ostia) I 426, 456
Gerard, Albert (Lüschwitz) V 266
Geratwohl, Heinz (Pottenstein) IV 20
Gerau (NRW) I 66, 141f; VII/2 236
Gerbau (Tschechien) VII/2 236
Gerber, Hans (Gefrees) IV 907
- Joh. (Kan.St.Gangolf) VI 568
- Nikolaus (Teuschnitz) V 263
- Paulus (Steinbach) V 337
Gerberga (Ä.Gandersheim) I 42
- (Mgfin) I 85f, 344
- (Ottonin) I 76, 78
Gerbert (A.St.Alban/Mainz) I 336, 343
Gerber Virst (FlN.) I 330
Gerbirdis (PN) II 100
Gerburga (PN) II 335

Gerebold (PN) III 38
Gerer (Fam.) III 155
- Heinr. (Burgkunstadt) I 420
Gereuth (ON) I 145
Gereuth (sw.Bayreuth) I 15
Gereuth (Österr.) VII/2 66
Gerharer, Fritz (Neuses) III 697
Gerhard (PN) I 347; II 62, 103, 473, 500, 640
- (Kard.) II 224, 280, 282, 474
- (Eb.Magdeburg) II 411
- (B.Cambrai) I 184, 194, 233ff, 263
- (B.Halberstadt) II 311
- v.Schwarzburg (B.Naumburg u.Wbg) III 305, 332, 340, 345-348, 352, 357f, 361, 371, 379, 382, 387, 402f, 405, 416, 426, 431, 434, 437, 439, 443, 487ff, 493, 695, 697, 712, 714, 753
- (A.Viktring) IV 315
- (Pfr Herrnsdorf) III 220
- (Pr.St.Johannes/Halberstadt) II 311
- (Pr.Windberg) II 413, 417
- (Weihb.Bbg) IV 1043; V 18
- (Gf i.Elsaß) I 61, 221, 223f, 231
- (Vogt Eichstätt) II 293, 405
- (Vogt Fulda) I 409
- (Vogt Michelsberg) II 385
- (Nbg) III 734
Gerhard, Dietrich (Erlangen) IV 899
- Gg (Pfr Schnaid) V 275
- Götz (Altenkunstadt) III 669
- Heinr. (-) III 669
Gerhardshofen (nö.Neustadt/A.) IV 910

Gerhartswinden (abgeg.;Ofr.) I 21; II 496

Gerhausen, Otto (Lichtenfels) IV 118

Gerhilde (PN) II 396

Gerhoh (Pr.Reichersberg) II 406, 451, 450, 472

Gerhusa, Gertrud v. III 173

Gerichz (n.ident.) I 15

Gering, Joh. (Schweinfurt) V 405

Gerl, Peter (Pfr Sachsgrün) IV 991

Gerlach (PN) I 497; II 492, 646
- (Eb.Mainz) III 206, 249, 326, 339
- (A.Rein) II 394
- (Dh.) II 67
- (Dh.Wbg) II 581
- (Pfr Fulda) II 528
- (Pr.Völkermarkt) III 5ff
- (Wbg) II 335

Gerlach, Hans (Goldschmied) VII 294

Gerlachshausen (nö.Kitzingen) III 654

Gerlachsheim (B.-W.) VI 140; VII 127, 273, 285, 290; VII/2 369

Gerlais (Gfschaft) I 226

Gerlant (Kan.Ansbach) II 336

Gerlein, Jakob (Kan.St.Stephan) IV 175, 185, 214, 869
- Sifrid (-) III 447

Gerler, Fritz (Stadtsteinach) IV 619

Gerloch s.u. Gerlach

Germansdorf (abgeg.;Ofr.) III 126, 183

Germannsberg (n.Passau) III 380

Germanus (Hl.) I 187
- (A.Ensdorf) IV 196

Germaremark (fränk.Gau) I 18, 408, 423

Germaresdorff (abgeg.;Mfr.) II 137

Germen (Polen) III 616

Germersberg (n.Lauf/P.) III 285f; IV 891

Germersreuth (s.Hof) IV 866

Germunt (PN) II 290

Gern, Christian (Jesuit) VII/2 399, 402f, 419, 435, 443f, 494

Gerner, Joh. (Franziskaner) IV 336
- Joh. Baptist VII/2 457f, 528, 530, 534, 547, 550, 555, 559, 604, 621, 654

Gernfels, Wolfing v. III 149

Gerngroß (Fam.) III 156

Gernot (PN) II 543
- (Domvikar) III 561

Gernotestein (abgeg.;Opf.) II 133, 332

Gernrode (Sa.-Anh.) I 96, 208
- Ä. s.u. Adelheid; Hathui

Gernsheim (Hess.) VI 695

Gero (Eb.Köln) I 80
- (Eb.Magdeburg) I 35, 192, 195, 210f, 214, 219, 230f, 250, 252, 262, 269
- (Gf) I 80
- (Gf i.Hessengau) I 143
- (Mgf Lausitz) I 56, 63, 173f, 208, 212, 214, 452

Gerode, Eberlin (Ebingen) III 626

Gerold (PN) I 106
- (Eb.Salzburg) I 160
- (A.Lorsch) I 60
- (Kan.Regensburg) II 112

- (Gf Isinincgau) I 145
Geroldi, Joh. (Rothenburg o.T.) III 722
Geroldsberg (abgeg.;NB.) III 380
Geroldshofer (Fam.) III 199
Gerolseck, Diepold v. IV 228, 468
- Gangolf v. IV 506, 523
Gerolzhofen (Ufr.) I 17; II 287; III 497; IV 368f, 373, 738; VI 207, 209, 223, 327; VII/2 478, 489
Gerolzhofen, Lampert v. III 212
Gerovit (PN) II 234, 243
Gerrih (Prie.) I 122
Gersbach (w.Coburg) II 636
Gersberg, Chr. Ph. VII/2 560
Gerstorff, v. (Fam.) VII 195; VII/2 617
- Chr. Friedr. v. VI 581
Gerstungen (Thür.) I 423
Gerthold (PN) III 697
Gertner, Elis. III 569
- Gg Andreas (Buchdrucker) VII/2 5, 15
- Hermann III 569
- Joh. Gg (Buchdrucker) VII/2 102, 109, 195f, 268
- Joh. Gg Christian (-) VII/2 572f, 577
- Joh. Gg Chr. (-) VII/2 102, 109, 349, 362, 384, 410, 415
- Joh. Michael (-) VII/2 603, 639
- Kath. VII/2 577
Gertrud (PN) I 236; II 158, 271, 373f
- (Hl.) I 399; II 334, 398
- (Kgin v.Ungarn) II 596, 610, 615, 637

- (Gemahlin Konr.III.) II 286, 316, 381, 393, 468
Gerung (PN) I 359; II 81, 103, 153, 392, 400, 592, 643; III 223
- (Gf Waldsassen) I 143
- (Dek.St.Gangolf) II 104
- (Pfr Fischbach) II 548
- (Pfr Kitzingen) II 664
- (Pfr Trebgast) II 599
- (Pr.Osterhofen) II 582, 592
Gerung, Heinr. (Nbg) IV 1027
Gervasius (Rom) II 150
Gerwich (PN) I 413; II 103, 336, 463, 594
- (Kan.St.Stephan) III 51
Gerwig, Heinr. III 558; IV 281
Gerwinsdorf (abgeg.;Ofr.) III 270
Gesees (nö.Bayreuth) IV 722
Gesees (s.Bayreuth) I 381; III 40f, 95; IV 235, 237, 627, 722ff, 736, 911, 953
Gesitinus (PN) I 230
Gessel, Gg VI 457
- Kaspar VI 503
Geßler (Fam.) III 136; IV 740
Gestungshausen (w.Kronach) II 91, 318, 333; III 253; IV 265
Gestungshausen, Atto v. III 656
- Erkenbert v. III 656
- Heinr. v. III 646, 656
- Hermann v. III 646, 656
- Poppo v. III 646, 656
Gettendorf, v. (Fam.) VI 700
Getzendorffer, Hermann (Hirschaid) IV 153f, 193
- Joh. IV 153; V 509

- Joh. Ph. (Bbg) V 509
- Nikolaus (Hirschaid) IV 153f, 193
Geuckler, Bartholomäus (Notar) V 512
Geuder, v. (Fam.Nbg) VII 16; VII/2 291
- Heinr. III 444, 544, 732, 737, 739, 741, 749f
- Jakob V 391, 442
- Joh. Ph. VI 164, 338, 398
- Konr. III 444
Geuher, Heinz (Unterleinleiter) IV 789
Geulenhofer (Fam.) III 738
Geuler, Oetacher III 17
Geus, Nikolaus (Domvikar) V 151, 197, 496, 498
Geuschmid, Heinr. (Hohenstadt) III 111
- Konr. III 485, 748
Geusfeld (ö.Gerolzhofen) VI 209
Geusmanns (w.Pegnitz) VI 87
Geuß, Magdalena VI 38, 60
- Matthias (Prie.Neufang) V 407
Geutenreuth (w.Kulmbach) I 329, 331f; II 637; III 649; IV 127; V 65; VII/2 327
Geutenstein, Leonhard V 308, 314, 316, 345, 509; VI 53, 247, 277, 280, 293, 329
Geuth, Agatha VI 46, 50
Gevelle (FlN.) II 499, 501
Gewichtmacher, Gertrud (St.Katharina/Nbg) IV 993
Geyer (Fam.) III 326; VI 134; VII/2 683
- Elias VI 508, 551, 568
- Florian IV 589, 630
- Kunig. VI 71
- Maria Kunig. VI 60
- Ph. VI 79, 129, 213, 245, 247, 252, 254, 256, 277, 303
- Sebald IV 470
- Tobias VI 11
Geyer v.Giebelstadt (Fam.) VI 194, 197, 709
- Hans Chr. VI 207
Geyers, Heinz IV 197
Geyling (Fam.) III 583
- Albrecht (Hoheneck) IV 629
Geyll (Österr.) VII/2 66
Geymann (Fam.) VII 298
Gezemann (PN) II 290
Gezendorf, Adalbert v. II 59
- Heinr. v. II 422, 425, 446
- Walter v. II 59f
Gezendorfer, Heinr.(Dek.St.Stephan) V 46-52, 148
Gezo (PN) I 62, 165, 191, 411
Gibelsburg (FlN.) III 279
Gich, Gertraud VI 35
Gick, Hans VI 231, 236, 250, 278; VII 79
Giebelstadt (s.Wbg) IV 557
Giebichenstein (Sa.-Anh.) I 93, 95, 188, 191, 207
Giech (nö.Bbg) I 137, 318; II 93, 276, 374-379, 438, 540, 642, 653; III 13f, 58, 60, 94, 367, 373, 375-378, 380, 475f, 480, 517, 582, 589; IV 23, 33, 38, 149, 197, 234, 236, 438f, 605, 622, 654, 738; V 7, 65, 109, 165, 233, 243; VI 188, 355, 581, 653, 705, 710; VII 41f, 76, 102, 286; VII/2 356, 459, 500

Giech, v. (Fam.) III 380, 543; VI 108
- Achaz v. IV 520, 524, 564, 657, 767; V 522
- Albert v. III 6, 123, 448f; IV 32, 186, 251, 256, 261, 301, 305, 307, 318
- Albrecht v. III 15, 21, 24, 658
- Andreas v. IV 327
- Anna v. III 265, 693; V 517
- Anton v. IV 245
- Apel v. IV 520, 564
- Balthasar v. IV 354, 511
- Barb. v. V 128, 517, 520; VI 181
- Bernhard v. (Dh.Bbg u.Wbg) V 219, 522, 525f
- Blandina v. V 202
- Christian Friedr. Karl v. VII/2 327, 356
- Chr. v. IV 410f, 419, 440, 504, 891; V 54
- Chr. Karl v. VI 477
- Dietrich v. (Dh.) V 406, 525, 528ff
- Dietz v. III 374; IV 406, 418, 973
- Eberhard v. II 378, 529f, 642; III 58
- Eberhard v. (Dh.) III 207, 236, 238, 356, 406, 627, 631
- Eva Marg. v. VI 336
- Franz v. IV 594f, 597, 653, 657
- Gg v. IV 252, 255f, 258, 262, 297, 302, 308, 316, 374, 430, 440, 511, 554, 563
- Gg Wolf v. IV 558, 562ff, 566
- Gertraud v. III 627
- Hans v. III 374, 357, 448f, 457, 627, 697; IV 87, 99, 251, 256, 354, 481, 511, 763, 1000
- Hans Chr. v. V 11, 185, 213
- Hans Erhard v. VI 156
- Hans Gg v. V 64ff, 116, 202; VI 174
- Heinr. v. II 446; III 58, 165, 264, 293, 457, 523, 536, 569, 595, 629, 631, 688; IV 90, 353, 641, 657; V 21
- Karl Gottfried v. VI 635, 638
- Karl Maximilian v. VII/2 13
- Kath. v. V 520
- Klaus v. IV 307, 316
- Konr. v. (Dh.) III 4, 9, 15f, 26, 35f, 49, 51, 53, 56ff, 61, 66, 68, 70, 72, 74, 125, 147, 162, 191, 202, 214, 265, 312, 330, 356, 529, 573, 585, 589, 616, 648, 658, 661, 665, 670, 680, 693, 753
- Kunimund v. II 502, 525, 529f, 554; III 6, 58, 631; IV 880
- Kuniza v. I 137; II 291, 374-377, 525
- Lorenz v. V 528
- Marg. v. V 517
- Markus v. IV 425
- Matthias v. IV 440, 504, 639, 641, 657, 689
- Maximiliana Kath. v. VI 638
- Otto v. III 374, 448f, 627; V 21
- Peter v. III 449, 457, 516, 688; IV 21, 72, 74
- Reginboto v. II 72, 152, 276, 374-378
- Sigmund v. V 128
- Ulr. v. (Dh.) III 238, 374, 449, 627, 688
- Veit v. IV 353, 440
- Wilh. v. II 93f; III 457

Giecher, Hans Thomas Voitlein IV 592

Giechkröttendorf (sö.Lichtenfels) VI 683

Giedolt, Andreas Joseph VII/2 607

Giel, Otto II 378

Giengen, v. (Fam.) II 9

Gienger, Joh. Jakob (Spital a.Pyhrn) V 70

Giesen (Fam.) VI 466

Giesenheim, s.u. Konr. v. (B.Lübeck)

Gießen (Hess.) VII/2 622

Gießen, Nikolaus v. III 410, 457, 475

- Seyfried v. (Kan.St.Stephan) III 548

Giff, Robert V 467

Gifting (n.Kronach) III 368; VII/2 326

Gigas, Gg (Pfr) IV 864f

Gimbsheim (Rh.-Pf.) I 225, 229

Ginsenha, Burkard v. II 631

Girac, s.u. Barreau de (B.Rennes)

Giraud (Kard.) VII/2 430, 477

Girching (sö.Deggendorf) III 356

Girsing, Hans Chr. V 193, 196

Gisbert (A.Gengenbach) V 69

Gisela (PN) II 57, 69, 535

- (Kgin v.Ungarn) I 41, 49

Giselbach (abgeg.;Ofr.) II 509f

Giselbert (PN) I 99, 496f; II 492

- v.Lothringen (Hzg) I 78

- (Eb.Magdeburg) I 56f, 63, 89ff, 93f, 96, 106, 171

- (Dh.) II 378, 390, 400, 408, 413, 416, 422, 444, 446, 454, 457, 459, 462, 464, 468, 479, 481, 483f, 494f, 500

- (Bbg) II 548, 569-572, 618

- (Mainz) II 443

Giselheim, Elis. v. III 619

- Heinr. v. III 619

Gitrer, Wolfgang (Pfr Muggendorf) IV 724

Giustiniani, Vincenzio V 347

Glaneck, Wilh. v. III 363

Glansdorff, Ernst Franz v. VII 154, 300f

Glanz, Heinr. (Bbg) IV 372

Glaser (Fam.) VI 685; VII 49

- Erhart (Gefrees) IV 908

- Fritz (Forchheim) III 700

- Henlein IV 573

- Hermann (Forchheim) III 700

- Jobst (Kan.Ansbach) IV 291f

- Joh. (Trieb) IV 423

- Konr. (Pfr Eger) IV 214, 758

Glashausen (sö.Deggendorf) III 380

Glashütten (sw.Bayreuth) III 334, 377f; IV 831; VI 636, 674; VII 118

Glasmann, Lorenz IV 791

Glatz, Gg (Vilseck) V 94

- Joh. (Bayreuth) IV 873

Glehuntragau (Landschaft) I 139

Gleichberge (Landschaft Thür.) III 499

Gleichen (Hess.) I 476

Gleichen, v. (Fam.) III 340; VI 372, 375f, 381, 432; VII 68, 77, 201

- Ernst v. IV 834

Gleink (Österr.) II 146ff, 318, 516f, 537, 628ff, 655; III 88, 117, 137

- A. s.u. Engelschalk; Pilgrim

Gleisenau (sö.Haßfurt) I 21; IV 243, 606; VII/2 216, 357

Gleismuthhausen (w.Coburg) I 19; II 464; III 671

Gleißenthal (sw.Tirschenreuth) II 444

Gleisweiler (Rh.-Pf.) I 112

Gleitsmann, Erasmus (Kronach) VI 319

Glen, Heinz (Weidensees) IV 338

Glenach (Thür.) IV 117

Glesbeck, Konr. (Prie.) III 554

Gleusdorf (ö.Ebern) I 21; IV 398, 462, 560, 564; V 132; VI 179, 194; VII 41, 100f

Gleusdorf, Ermbert v. II 496, 498
- Gottfried v. II 106, 530, 576, 598, 618f
- Heinr. v. II 527, 530

Gleußner, Konr. (Kan.St.Gangolf) III 574

Gley (Prof.) VII/2 703

Glick, Franz (Kan.Regensburg) IV 1028

Glismut (PN) I 18; II 629, 643, 661

Glock, Eberhard III 64
- Hans (Michelau) IV 264

Glocka, Hermann (Bbg) II 572

Glockengießer, Elis. (Nbg) IV 122
- Hermann (-) IV 122

Glocklein (Fam.) IV 232

Glogau (Polen) I 174, 222

Glohammer, Sebald (Pfr Berneck) IV 887

Glorinius, David (Lübeck) VI 387

Glortauer, Martin (Kan.St.Jakob) IV 909

Glosberg (n.Kronach) IV 617; VII 254; VII/2 326, 437

Glotzdorf (sö.Bayreuth) IV 872

Glüer (Fam.) III 563; VII/2 415

Glurmann, Joh. VI 75

Gmehling (Fam.) VII 153
- Hugo Eberhard (Kan.St.Stephan) VII/2 432, 506

Gnadenberg (nw.Neumarkt/Opf.) IV 245, 334, 445, 466, 469; VI 98
- Ä. s.u. Barbara

Gnämil, Sahso II 547

Gnatznaff, Konr. (Nbg) III 741

Gneisting (ö.Deggendorf) III 380

Gnellenroth (nw.Lichtenfels) I 21; II 100, 177f, 214f, 234, 270

Gnesen (Polen) II 100, 177
- B. s.u. Jakob

Gneulein, Heinz (Neuhof) IV 940

Gnodstadt, Burkard v. IV 244f

Gobelius, Cornelius VI 337, 358, 371, 387, 392, 400, 408f, 415, 419f, 432, 435
- Joh. Heinr. VI 432

Gochsheim (sö.Schweinfurt) VII/2 715

Gockel, Reymar (Kan.St.Stephan) III 541

Gockeldey, Michael (Pfr Lauenstein) IV 956

Godehard (B.Hildesheim) I 45, 48f, 62, 109, 112, 168, 183, 261f, 295, 304f, 341-344

Godelbrune (abgeg.;Mfr.) II 631

Godeldorf (nw.Bbg) III 590, 602; IV 71, 197, 317, 399, 430; V 473; VI 518, 521

Godelnreut (abgeg.;Opf.) III 269
Godesheim, Ulr. v. I 452, 456, 470
Godetzer (Fam.) III 223
Göbel, Lorenz (Ebersdorf) IV 656
Göckel, Joh. (Bbg) V 262
Göddeldorf (nö.Ansbach) II 631; III 743
Gödelbrunner, Gg IV 910
Göditz (abgeg.;Ofr.) IV 736, 929
Göggelbach, Rupert v. II 468
Göhler, Ursula VI 45
Göller (Fam.) III 735
- Gg (Strullendorf) VII 53
Göllersdorf (Österr.) VI 682; VII 301, 303f
Gölner, Veit (Domkantor) V 497
Gönner, Franz (Pfr Bischberg) VII/2 197
- Nikolaus Thaddäus VII/2 678, 682
Gönninger, Joh. Jakob (Kaufmann) VII/2 458
Göpfert, Gg (Pfr Lonnerstadt) VI 95
Göppenham, Wilh. v. II 275
Göppmannsbühl (sö.Bayreuth) VI 263
Görau (ö.Bayreuth) IV 874, 1006
Görau (sw.Kulmbach) I 487; II 152; III 123, 400, 661; IV 618; V 65
Görbitz (n.Lauf/P.) II 477f
Görck, Josef VII 76
Göring, Martha (Bbg) V 436
Görlitz, Walter (Pettstadt) III 506
Görtz s.u. Gorizia
Görtz, v. (Fam.) IV 315; VI 638; VII 196, 248
- Albrecht v. III 29, 155

- Gg Joh. v. VI 602
- Heinr. v. III 29, 155
- J. J. M. v. VI 602
- Meinhard v. III 290f, 362
Görzer, Gertrud (Bbg) III 694
Gösen (Thür.) VI 219
Göss (Österr.) I 245, 247
- Ä. s.u. Kunig.
Gössenreuth (sö.Kulmbach) IV 101
Gössersdorf (n.Kulmbach) III 661, 691; IV 69, 125, 425, 731, 736, 783, 951; V 24, 107
Gößlein (ON) VI 541
Gößweinstein (ö.Ebermannstadt) I 4, 376f, 478; II 68, 98, 383, 424, 438, 452, 464, 486, 492, 540; III 41f, 302, 379, 391, 673; IV 311, 333, 399, 425, 443, 612f, 622, 655, 786, 823; V 162, 214, 228, 494, 509, 512; VI 88, 125, 165, 171, 197, 201, 236f, 249f, 254, 341, 379, 413, 440, 497, 598f, 606, 662; VII 35, 39f, 60, 107-117, 122, 190, 201, 250, 252, 282, 290; VII/2 44, 328, 413, 416, 437, 527-533, 666, 701
Gößweinstein, Bruno v. II 383, 424, 452, 464, 486, 492
- Eberhard v. II 424, 452, 464, 486, 492
- Gozwin v. I 376f, 383, 413f, 477f
- Poppo v. II 68, 98, 383
Göstel, Konr. (Pfr Nedensdorf) IV 976
Göswein (Fam.) VII/2 574
- Erhard IV 248
- Franz IV 248
- Gg (Unterleinleiter) IV 786

- Nikolaus IV 248
Göttingen (Nds.) I 271
Göttweig (Österr.)
- A. s.u. Bessel; Gg
Götz (Fam.) VI 53
- Anna V 485
- Elis. III 547
- Felix V 105
- Felix (Kan.St.Jakob) V 98, 239; VI 9
- Hans IV 912; V 383
- Heinr. III 271, 547; IV 264
- Jakob (Rüssenbach) V 449
- Joh. (Ingolstadt) IV 698, 758
- Klaus (Schönbrunn) V 444
- Meinhard (Schauenstein) IV 90
- Michael (Prie.) VII 69
- Wolf (Rüssenbach) V 383
Götz v.Ecksdorf (Fam.) III 457
Götzenberger, Hermann (Achtel) III 139
Götzendorf (nw.Ebermannstadt) II 59, 424, 483, 522; III 718
Götzendorf (Österr.) I 155
Götzendorf, Adalbert v. II 59
- Heinr. v. II 422, 425, 446
- Walter II 59f
Götzendorffer (Fam.) V 74; VI 51, 56
- Joh. Chr. VI 332, 374, 384, 393, 420f
- Stephan VI 104, 106, 111
Götzinger, Franz VII/2 79, 89, 277, 323
- Joh. Franz VII 7-11, 144
Götzlesberg (nö.Lauf/P.) II 133

Goezfelder, Hermann IV 100
Goggau (Österr.) VII/2 64
Goggenlentzer, Eberlein (Schlaifhausen) III 382
Golch, Joh. Michael (Büchenbach) VII/2 220
Gold, Adelheid III 571
- Joh. III 571
- Otto III 395, 690
Goldener, Joh. (Generalvikar) IV 271
Golderberg (nö.Altötting) I 145
Goldiner, Heinr. II 67
Golding (ö.Dingolfing) I 145
Goldkorn, Joh. (Domvikar) III 459
Goldkronach (nö.Bayreuth) I 6, 16, 85, 87; IV 78, 731, 737, 742, 912, 976f; VI 121, 182
Goldmayer, Joh. Christian (Kissingen) VII/2 169
- Joh. Ph. Franz (Wbg) VII/2 640
Goldner (Fam.) IV 163
- Konr. (Hilbrandsgrün) IV 139
Goldschmied (Fam.) III 44
- Braunward III 318, 582
- Burkard (Pfr) IV 885
- Else III 617
- Hermann III 529
- Joh. III 146, 557, 593
- Konr. III 560, 628
- Nikolaus III 439f
- Rüdiger II 392
- Thomas III 617
- Ursula Marie VI 61
Goldwitzer, Joh. (Bildhauer) VII/2 320
Goler (Fam.) III 269

Goles, Heinr. IV 487

Gollachgau (Landschaft) I 10, 20, 226

Gollachostheim (nw.Uffenheim) IV 739

Gollenbach (sw.Bayreuth) V 65

Gollhof, Konr. (Seinsheim) III 620

- Petzold (-) III 620

Gollhofen (nw.Uffenheim) I 10; III 468; IV 58, 65, 298; VI 411, 611f

Gollhofen, Arnold v. II 581

Goltbach (abgeg.) II 607

Goltstein (Fam.) VI 221

Gondeloch, Konr. (Scheßlitz) III 757

Gonzaga (Fam.) V 398f

Goppelsdorf (abgeg.;Ofr.) IV 360, 783

Gorchesheim, Alawic v. II 62

- Emehart v. II 62

- Konr. v. II 62

Gordan, Joh. (Pfr Sachsgrün) IV 905

Gordonio, Wilh. de (Kard.) III 305, 753

Gorizia (It.) III 137

Gortzweiler, Paulus (Augsburg) V 209

Gorz (FlN.) II 526

Gorze (Frkr.) I 114, 421, 439

Gosberg (sö.Forchheim) I 374; IV 76; VI 277; VII/2 214

Gosberger, Heinr. (Forchheim) III 700

Gosbert (PN) I 122, 380; II 476

- (Hzg v.Thür.) I 5, 7f

- (A.Michelfeld) II 440f

- (A.Tegernsee) I 48

- (Dh.) I 382, 413, 436

Goschel, Berthold (Presseck) IV 907

- Hans (Hof) IV 920

Gosdorfer, Götz (Langenzenn) III 706

Goslar (Nds.) I 212, 220f, 236, 262, 270f, 284, 341, 348, 370f, 408, 439f, 443f; II 31, 46, 114, 303, 311, 455; VII/2 716

Goßbruckner (Fam.) IV 264

Gossen, Heinr. (Pfr Selbitz) IV 998

Gossenberg (sw.Coburg) I 21; III 654, 659, 671

Gossetius, Petrus (Prämonstratenser) VI 140

Gossfeldgau (Landschaft) I 11, 16, 19, 26, 138

Gostenhof (Stadtt.Nbg) IV 297; VII/2 212

Gotebold (PN) I 459, 487, 497; II 67, 73, 288, 290, 335, 464f, 489, 503-508, 547, 552

- (B.Utrecht) II 130

- (Chorb.) II 416

- (Dh.) II 112, 452, 457f, 463, 468f, 479, 481f, 484, 487, 492, 533

- (Kaplan) II 422, 462, 479, 486, 488, 500, 525, 539, 562, 583

- (Kan.St.Jakob) II 475

- (Kan.St.Stephan) II 580, 605, 613, 615

- (Kan.Stift Haug/Wbg) II 614

- (Gf) II 288, 335

Gotehit (PN) II 67

Gotelind (PN) II 70

Goteram (PN) I 261

Goterun (PN) I 343

Gotfart zu Kemmenau, Ludolf v. V 39
Gotha (Thür.) I 282; VI 604; VII/2 607
Gotha, Herwig v. III 535
Gothendorf (nö.Bayreuth) III 93
Gottelhof (w.Bayreuth) V 294; VI 616
Gottern (Thür.) I 223
Gottesgnaden (Sa.-Anh.) II 411
Gottfrid, Anna (Strullendorf) IV 808
- Heinz IV 571
Gottfridi, Heinr. (Prie.) III 615
Gottfried (PN) I 358, 487, 497f; II 66, 73, 96, 98, 104, 277, 288ff, 392, 461f, 473, 484f, 489, 499, 519, 524, 542f, 547, 592, 640; III 205
- (Burggf Nbg) II 138, 396, 505, 631
- (Hzg Lothringen) I 362, 369, 387
- (Hzg Niederlothringen) I 185, 194, 215, 221, 223, 231, 234ff, 246, 266; II 50
- (Pfalzgf) II 110, 121, 123, 130, 222
- (B.Brescia) I 72
- I. (B.Wbg) II 545, 551, 581; III 83
- Schenk v.Limpurg (-) IV 186, 208, 215, 220, 225, 244, 250, 252, 254, 262, 290f, 363, 456, 458, 688, 1003, 1042, 1046
- (A.Admont) II 419, 439-442
- (A.Fulda) II 74
- (A.Münsterschwarzach) II 342
- (Domdek.Wbg) II 513, 581
- (Dompr.Regensburg) II 380
- (Dh.) II 65, 309
- (Dompr.Trier) II 71

- (Dompr.Wbg) I 323, 325; II 513, 581
- (Kan.St.Gangolf) III 131f, 567
- (Kan.St.Jakob) II 605
- (Kan.St.Stephan) III 534
- (Kan.Freising) III 6
- (Kan.Regensburg) II 112
- (Kan.Wbg) II 449, 506, 513, 581
- (Mönch Michelfeld) II 645
- (Prie.Regensburg) II 98
- (Pr.Neunkirchen/Br.) III 103
- (Weihb.Regensburg) VII 29
- (Kirchenrohrbach) II 576
- (Wbg) II 335, 443f, 464f, 505-508
Gottfriedsmühle (abgeg.;Opf.) II 144
Gottfriedsreuth (sw.Hof) III 227, 475; IV 326
Gotthard (Fam.) VII/2 598ff
Gottmannsdorf (sw.Fürth) IV 162
Gottsch, Melchior (Pfr Mirsberg) IV 864
Gottschalk (PN) I 236, 358, 380, 383; II 61, 64
- (B.Freising) I 48f, 59, 70, 84, 87, 104f, 114
- (B.Minden) II 46
- (B.Osnabrück) II 46
- (Dompr.Lüttich) I 250
- (Kan.Ansbach) II 336
- (Kan.St.Gangolf) II 567, 571
- (Kaplan) II 528
- (Mönch Michelsberg) II 336; III 610, 613
- (Pfr Hallstadt) II 552f
- (Pfr Mürsbach) III 69
- (Staffelstein) III 339

Gottsmann, Albrecht IV 484, 494, 619, 689
- Andreas (Pfr Töpen) IV 999
- Dietrich (Neunkirchen/Br.) III 34
- Gg (-) IV 18, 42f
- Hans (Hof) IV 940
- Hans Friedr. (Thurn) V 328
- Hans Wenzel (Bug) IV 780
- Helena IV 810
- Heinr. (Heroldsbach) III 700
- Konr. III 699; IV 18, 22, 564, 747, 773, 789
- Kunig. (Heroldsberg) III 699
- Livin (Schleifhausen) IV 272
- Lorenz IV 201, 897
- Martin (Pfr Dinkelsbühl) IV 705
- Ulr. (Neunkirchen/Br.) III 34
- Wolfgang (Thurn) IV 355, 382, 410f

Gottsmannsgrün (nw.Hof) III 79; IV 903

Gotwaltesreut (abgeg.;Ofr.) IV 70

Gotzfeld, Bastian v. IV 831
- Gg v. (Dh.Augburg u.Bbg) IV 323, 333, 386, 921
- Konr. v. III 390; IV 481
- Wolf v. IV 746

Gotzo (PN) I 27

Gotzwinesberge (n.ident.) II 483, 522

Gozbald (B.Wbg) I 13, 24f

Gozelin (PN) I 404; II 95, 290

Gozelo (Hzg v.Niederlothringen) I 266, 451
- (Wbg) II 287

Gozenstein (FlN.) II 133

Gozernick (Österr.) II 661

Gozhardesrein (abgeg.;Ofr.) I 374

Gozmar (Fulda) II 288
- (A.Weißenohe) II 447

Gozwin (PN) I 496; II 66, 95, 335, 401, 497, 534

Gra, Paulus (Pfr Mirsberg) V 383

Graber (Fam.) IV 573, 692
- Gg IV 692

Grabfeld (Landschaft) I 5, 9ff, 16, 19, 26f, 29, 70, 121, 144, 407, 409; III 657

Grabler, Konr. (Langensendelbach) III 34

Grabner, Ortel (Heilsbronn) III 752

Gradin, Anton Lopez VI 115

Grado (It.) I 206

Gräbner, Erhard (Kronach) VI 266
- Hans (Zeil) VI 41

Gräfenberg (sö.Forchheim) I 6, 321, 359, 500; III 85, 94, 276, 279, 428; IV 472, 844, 912; V 56; VI 171, 183

Gräfenberg, Sieghard v. II 478
- Wirnto v. II 478

Gräfenbergerhüll (sö.Forchheim) II 478

Gräfenhäusling (nö.Bbg) III 375, 709; IV 97; VII/2 405

Graen, Joh. (Forchheim) V 20

Grätz (Polen) IV 17, 296

Grätzmüller, Joh. (Pfr Seußling) V 439, 444, 458

Grävenitz, v. (Fam.) VII/2 617

Graf (Fam.) V 111
- Adelheit (Wernsbach) III 731

- Anton VII/2 63
- Bastian IV 701
- Friedr. III 662
- Hermann (Wernsbach) III 731
- Joh. IV 561, 883; VI 679; VII 166, 279
- Paulus V 381

Grafenberg (ö.Bogen) III 380

Grafendobrach (n.Kulmbach) III 176, 267, 391

Grafendorf (Österr.) II 464; III 31

Grafengehaig (nö.Kulmbach) VI 92, 126f, 546, 600

Grafenheuslein (abgeg.;Ofr.) IV 97

Grafenrath, v. (Fam.) VII/2 604

Grafenrheinfeld (s.Schweinfurt) I 11, 487

Grafenwerder, Gg IV 410

Grafenwöhr (sö. Eschenbach/Opf.) IV 324

Graflkofen (ö.Dingolfing) I 145

Graisch (sw.Pegnitz) VI 185

Gramann, Konr. (Marktzeuln) IV 214

Gramastetten (Österr.) II 597

Gramben, Stephan VI 458

Gramlipstoren (n.ident.) III 639

Gran s.u. Esztergom

Granchfeld (abgeg.;B.-W.) VI 278

Grandisvallis (CH) III 396

Graser, Eva VI 45, 244

Grasmannsdorf (sw.Bbg) VI 444; VII/2 473

Grasolvingen (n.ident.) II 142

Graß, Leonhard (Franziskaner Bbg) IV 717; V 51

Grasser, s.u. Joh. (A.Prüfening)

Grassinger, Hans (Tiefenlesau) VII/2 244

Graßmann (Fam.) III 52
- Nikolaus (Pfr Lauenstein) IV 956

Gratz, Joh. (Prie.) VI 127

Grau (Fam.) VII/2 733
- Gabriel (Staffelstein) V 182
- Hans VI 43, 45
- Heinz (Leutenbach) IV 458
- Konr. (Zeil) VI 41, 46
- Marg. (-) VI 46
- Martha (-) VI 39
- Michael IV 592

Graus (Fam.) III 199

Gravenhagen (ON) II 137

Gravenreuth, v. (Fam.) VII/2 134, 526f, 536f, 553
- Ludwig v. VII/2 506

Gravina (It.) II 633

Graz (Österr.) II 633, 662; III 17, 134, 277f, 363; V 61; VI 161, 446, 455; VII/2 152

Grebis, Christian VI 308

Grebner, Jakob (Pfr Wonnsees) IV 1017
- Michael (Auerbach) VI 110

Grechtler (Fam.) VII 273

Gredelmark (FlN.) II 617

Greding (sö.Hilpoltstein) I 485; II 589; III 181

Gredinger (Fam.) IV 136

Gredual (n.ident.) III 374

Grefenthal, Arnold v. III 682
- Heinr. v. IV 141

Greff, Hermann III 395, 595

Greffenberger (Mönch Weißenohe) IV 469

Gregor (PN) I 201

- I. (Papst) I 186, 285f, 384, 391, 404, 501; II 4, 398
- V. (-) I 52
- VI. (-) I 348-351
- VII. (-) I 369, 424-428, 430-435, 437f, 440-448, 450f, 453-468, 470, 473f, 476, 478, 492; II 107, 119
- VIII. (-) II 340, 512, 546, 551
- VIII. (Gegenpapst) II 122f, 126, 160
- IX. (Papst) II 632, 634, 651, 655, 657, 659, 661, 665
- XI. (-) III 316, 327, 331f, 339-342, 344, 401, 410f, 754
- XII. (-) VI 54f, 97, 105
- XIII. (-) V 77, 85, 97f, 111, 120, 125, 134, 157, 182, 221; VI 613
- XIV. (-) V 208, 213, 345, 479
- XV. (-) VI 9, 82
- (Kard.) II 125, 128, 317, 405
- (B.Terracina) II 107
- (B.Vercelli) I 426, 458
- (A.Banz) VII 30, 35, 41, 43, 68f, 76, 99, 102, 186; VII/2 84
- (A.Ottobeuren) V 476
- v.Nazianz II 160
- (Diakon) I 456

Gregoridorf (n.ident.) II 83

Greiendorf (sw.Höchstadt/A.) IV 398, 452, 482

Greifenstein (n.Ebermannstadt) II 489, 554, 609, 624; III 161f, 173, 215f, 281f, 379; IV 445, 610, 790f; VI 545, 564, 573; VII 47; VII/2 491, 620

Greifenstein, v. s.u. Adelsdorf, v.

Greifesbach, Berthold v. III 122

- Gebhard v. III 85
- Hartnid v. II 90, 277

Greiff, Hans IV 879

- Heinz (Limmersdorf) IV 935

Greiffenklau, v. (Fam.) VI 707, 710f; VII 247; VII/2 219

- Anna Marg. v. VI 711, 715
- Chr. Heinr. v. VI 715f; VII 12, 152, 311
- Franz Erwein Ferdinand v. (Dh.) VI 712, 717
- Franz Friedr. v. (-) VI 641, 683, 686
- Franz Wilh. v. (-) VII/2 405f
- Friedr. Franz Ph. v. (-) VII/2 405f
- Friedr. Karl Anton v. VII/2 405f
- Gg Ph. v. (Dh.) VI 715
- Joh. Franz v. (-) VII/2 405f
- Karl Adolf v. VII/2 495f
- s.u. Karl Ph. Heinr. v. (B.Wbg)
- Lothar Franz v. (Dh.) VII/2 405f, 439
- Maria Ursula v. VI 706, 711f

Greifflein, Heinr. III 544

- Konr. III 544

Greil, Hans Wilh. (Michelfeld) VI 99

- Wilh. (Speinshart) VI 99

Grein, Michael VII 298

Greintzdorffer, Chr. (Pfr Hannberg) IV 864

Greis, Theoderich (Konstanz) V 69

Greisel, Fritz (Weidenhüll) IV 443
- Heinz (-) IV 443
Greiselbach (sö.Dinkelsbühl) IV 1009
Greisnecker, Hans IV 115
Grel (Fam.) VI 221
Grelner, Otto IV 945
Grembs (Fam.) VI 258
Gremper, Joh. (Konstanz) VI 26
Gremsdorf (s.Höchstadt/A.) I 19f, 32; II 625; III 604, 611-614, 624; IV 14, 157, 202, 208, 630, 807; VI 157, 202, 208, 630; VII 223, 230
Gremsdorf, Adalbert v. I 498
- Eberhard v. II 615
- Heinr. v. II 94
- Hermann v. I 487, 498
- Jutta v. II 576
- Kraft v. II 94, 379, 452
- Poppo v. I 498
Grengel, Balthasar (Bbg) VII 298
Grenoble (Frkr.) I 439
Grentzer, Joh. Wilh. VI 676
- Stephan V 451
Gresel, Hans (Ködnitz) IV 938
- Wilh. (Villach) IV 478
Gresla, Klaus (Ludwigsstadt) IV 963
Greßmüller, Joh. (Kan.St.Stephan) VI 9
Greßthal (w.Schweinfurt) I 18
Grettstadt (sö.Schweinfurt) II 508
Greulich, Heinz IV 151
- Michael III 481; IV 30, 52, 164, 180, 201f
- Michael (Wbg) III 481

Greussing, Joh. (Wbg) IV 372
Greuth (nö.Höchstadt/A.) II 475; III 126; VI 204, 669
Greuth, Chr. v. (Kronach) IV 590
Greuzing, Agnes (Viereth) III 628
- Eberhard (Mönch Michelsberg) III 125
- Hermann (Viereth) III 628
- Konr. (Pfr) III 396, 401
Grevenbruck (FlN.) III 228
Greyfeld, Marg. VII/2 528
Gribin (n.ident.) II 556
Griechenland I 200, 240, 251, 253ff, 395, 400, 484, 490; II 434, 601, 608
Grieff, Marg. V 388
Griesbach (sö.Dingolfing) I 145
Griesheim, Heinr. v. (Dh.) III 105f, 236, 239
Grieß, Hans (Prie.) IV 860
- Hermann (Pödeldorf) III 520
- Ulr. IV 209
Grieße (FlN.) III 644
Griffen (Österr.) II 438, 540, 582, 597; III 28f, 32, 71, 117, 136, 240, 381; IV 210, 220f, 335, 441, 779, 803; V 2, 54, 70, 167ff, 192, 303, 317; VI 194, 279; VII 18; VII/2 67f, 123, 127, 173
Griffen, Dietmar v. (Dh.) II 621, 661
- Eberhard v. II 492, 661
- Hans v. III 347f
- Konr. v. II 492
- Otto v. II 622
Griffo (PN) II 629
Grilloni (Fam.) VII 221ff, 254f

Grilpuhler, Friedr. IV 1023
Grimm, Jutta III 382
- Konr. III 382
- Matthias (Diakon) IV 859
Grimmo (PN) II 287, 290
Grinedorffer, Jodocus (Domvikar) IV 458
Grintbühl (FlN.) III 543
Grobau (Sachs.) IV 565, 972
Gröhner, Gg Pankraz VI 286
Groes, Nikolaus (Bbg) IV 233
Grössau (n.Kronach) IV 617; VI 194
Grötschenreuth (w.Tirschenreuth) II 64
Groh (Fam.) VII/2 554, 557
- Barb. (Ützing) VII 86
- Gabriel V 308
- Joh. (Prie.) IV 533, 675, 818, 862
- Joh. Franz VI 668; VII 180; VII/2 172, 338
Grohn (Fam.) VII 255, 257
Groitsch, Heinr. v. II 301
- Wipert v. II 36, 74, 114
Grolant, Hans (Nbg) III 369
- Heinr. III 29, 31
Grolmann, Joh. (Hof) IV 386
Grone (Nds.) I 65f, 189f, 192, 261f, 271f, 341f
Gronner, Joh. IV 878, 881
Gropp, Friedr. VI 164f, 167, 203
- Hans VI 203
Gropper, Kaspar (Nuntius) V 86f
Groschlag v.Dippurg (Fam.) VI 714
Groß, Albrecht III 347
- Altun II 73

- Eberhard (Kan.St.Jakob) III 75, 92, 128f, 552f, 579
- Friedr. III 457, 576
- Gottfried v. (Dh.) VII 79
- Heinr. III 50, 175, 180, 279, 284, 649; IV 998
- Hermann III 270, 284, 737
- Joh. III 344f; IV 973; V 54
- Joh. Benedikt VII/2 742
- Klara III 284
- Klaus VI 206
- Konr. III 97f, 100, 122, 128, 143, 159, 169, 171, 173ff, 177f, 180, 182, 212, 270, 285, 344f, 384, 731f, 734, 736, 747; VII/2 454
- Lorenz V 36
- Magdalena VI 71
- Magnus (Kan.) III 50
- Marg. IV 983
- Melchior VI 212
- Ph. III 174f
- Poppo III 49, 554
- Rudolf IV 296
- Ulr. III 50
- Werner III 50
Groß v.Altenstein, Helmbold II 640
- Marquard II 640
Groß v.Trockau (Fam.) VI 698, 703, 716f; VII/2 337, 400, 537f, 547
- Adam IV 354; V 334, 393f, 524, 526ff
- Adam Friedr. Lothar Joseph (Dh.) VII/2 341, 487, 519f, 543, 551, 644-647, 650, 673, 675, 682f, 700f, 703, 705f, 709, 720, 753
- Albrecht (Mönch Banz) IV 700, 921, 960

- Anna V 522
- Anselm Friedr. (Dh.Eichstätt) VII/2 342
- Anselm Ph. Friedr. (Dh.) VII/2 304, 341, 752f
- Anton VI 350
- Christian IV 562
- Christina VI 703
- Chr. IV 425, 478, 626f, 659, 810
- Eberhard IV 10f, 20, 45, 87
- Ernst VI 9, 134, 697, 700
- Ernst (Dh.) V 396, 523, 529; VI 697, 700
- Felix IV 659
- Friedr. Ph. VI 373, 705
- Gg IV 509f, 523, 611, 657, 659, 824, 835, 848; V 55, 66, 101, 182, 517
- Gottfried Ph. (Dh.) VI 705
- Hans IV 510
- Hans (Dh.) V 511, 524
- s.u. Heinr. v. (B.Bbg)
- Heinr. IV 10f, 87
- Hermann IV 10f, 87, 949
- Jakob IV 460
- Jobst V 524
- Joh. IV 154, 443, 472, 510, 561, 627; V 19
- Joh. Gottfried (Dh.) VII 24f, 80, 135, 173, 178, 240, 261, 282f, 311; VII/2 9ff, 14f, 27, 31, 57, 750, 757
- Joh. Gottfried Ph. VI 706, 711, 716
- Karl Ludwig VII/2 404
- Karl Sigmund VI 601, 709, 716
- Konr. III 377f; IV 108, 179f, 206ff, 359, 398, 410, 417f, 422, 453, 960, 1013
- Maria Rosina VI 716
- Melchior IV 848
- Michael IV 418; V 132, 183, 219, 300, 307, 328f, 386, 389, 397, 517, 523f, 526, 529
- Otto IV 214, 626, 960
- Otto Ph. Erhard Ernst (Dh.) VI 717; VII/2 31, 35f, 57, 65, 76, 98, 114, 121, 135f, 140f, 148, 164-167, 169, 184, 188ff, 192f, 201, 221, 231, 257, 270, 277, 341f, 357f, 365, 380, 390f, 412, 474, 491, 752ff, 756
- Otto Ph. Erhard Joseph Maria (-) VII/2 365, 412, 487, 595, 637, 640, 649, 711, 753, 756
- Otto Ph. Ernst Erhard (-) VI 717; VII 3, 14, 18f, 66, 78, 93, 145, 172f, 178, 190, 192, 275, 277
- Peter IV 9, 33, 71, 179, 296, 960
- Ph. Ernst (Dh.) VI 642, 654, 669, 680, 709, 716
- Poppo IV 10f, 510, 659
- Reichart (Banz) IV 700
- Rosina V 524
- Rudolf IV 81, 296, 524, 657, 659, 1066
- Rupprecht IV 410
- Sebastian IV 839
- Seibot IV 11
- Sophia VI 134
- Thomas IV 627
- Ulr. IV 10f, 72, 87
- Ursula IV 426
- Valentin (Dh.) IV 810

- Werner III 10f
- Wilh. IV 960; V 527
- Wolf IV 463, 509, 511, 524, 610, 659, 700, 767, 811, 881, 960
- Wolf Sebastian (Dh.) V 456, 458, 527, 531
- Wolfgang Ph. VI 32, 509, 511, 562, 566, 568, 578, 706, 709, 711

Großbach (Fam.) VII 58

Großbardorf (sw.Königshofen/Gr.) II 566

Großbirkach (sw.Bbg) III 589

Großbritannien I 232; II 74, 109, 428, 436, 449, 455, 467, 608; VI 613f, 647; VII 204, 263; VII/2 262, 280, 497f, 608, 662, 677, 700, 716, 719
- Kg. s.u. Georg III.

Großbuchfeld (s.Bbg) III 301; VI 181; VII/2 411

Grosschlag, v. (Fam.) VII/2 590

Großeibstadt (w.Königshofen/Gr.) III 339

Großenbuch (sö.Forchheim) III 445; IV 269; VI 210

Großenhül (sw.Kulmbach) IV 1015f; VI 243

Großenohe (sö.Forchheim) II 482, 522; IV 472

Großenseebach (nw.Erlangen) V 468

Großenreut (abgeg;Mfr.) IV 784

Großer, Hermann (Frensdorf) III 308

Groß-Etzenberg (w.Regensburg) II 111

Großgarnstadt (ö.Coburg) I 21; II 382; III 70, 655f, 670, 674, 681

Großgeschaidt (sö.Erlangen) III 17, 35, 444

Großgründlach (Stadtt.Nbg) I 154; II 607, 631, 636, 648; III 71, 97ff, 161, 173-176, 333, 336, 384f, 637, 750, 752, 756; IV 716, 792f, 845
- Ä. s.u. Anna; Kunig.

Großhabersdorf (sw.Fürth) IV 741

Großharbach (n.Rothenburg o.T.) I 20

Großheinz (Fam.) IV 193

Großheirath (nw.Lichtenfels) I 22; III 69, 671, 683, 687ff, 697f; V 465; VI 91f, 172

Grossien (Fam.) VII/2 617, 620, 622

Großköllnbach, Adalbert v. II 47

Großkopf, Leonhard (Bbg) VI 69
- Nikolaus (Kan.St.Gangolf) V 151f, 379
- Otto (Papenbrück) IV 34

Großlag, v. (Fam.) VII 49

Großlangheim (nö.Kitzingen) III 371; IV 630; VI 164, 249

Großmann, Heinz IV 912
- Konr. (Ludwigsstadt) IV 963
- Nikolaus (Pfr Lauenstein) IV 955

Großmehring (ö.Ingolstadt) I 145

Großmeinfeld (nö.Hersbruck) IV 394; VI 102

Großneuses (s.Höchstadt/A.) III 589, 593, 596, 598

Großschierstedt (Sa.-Anh.) I 143

Großvichtach (ö.Kronach) IV 89, 618

Großviehberg (nö.Hersbruck) III 98

Großvogel, Hermann (Bbg) III 524

Großwalbur (nw.Coburg) I 18; III 487

Großweiglareuth (s.Bayreuth) III 335

Großwenkheim (sw.Königshofen/Gr.) I 18, 347, 355; II 503

Großziegenfeld (sö.Lichtenfels) III 587, 589, 594, 598, 688, 708; VI 85

Großzöbern (Sachs.) IV 386, 736, 742, 922, 1041f

Grotsch, Gg (Lauenstein) IV 956
- Hans (Pfr Birk) IV 890
- Seibot (Marloffstein) III 34

Growssing, Heinr. (Pfr Altenkunstadt) III 454

Groysche (Regiment) VI 340

Grözenbach (Fl.) III 32

Grub (abgeg.;Ofr.) III 394; VI 88f, 521

Grub am Forst (sw.Coburg) IV 334; VII 102

Grub, Hans v. III 325

Grubald, Konr. (Strullendorf) V 484

Gruben, Karl v. (Weihb.Osnabrück) VII/2 655

Gruber (Fam.) VII/2 44, 126, 244, 553
- Adam (Zeil) VI 49
- Franz VII/2 20
- Gallus Heinr. VII/2 251
- Gg IV 379
- Hans (Zeil) VI 71
- Joseph VII 56ff, 150; VII/2 20
- Marg. (Zeil) VI 49

Grubhof (n.Passau) III 380

Grüharting (n.ident.) III 380

Grün (sö.Kronach) III 368, 500, 647; IV 475, 742, 922

Grün, von der (Fam.) I 330
- Albrecht v.d. IV 345
- Elis. v.d. IV 193
- Friedr. v. d. III 269
- Hans v.d. III 79; IV 903; V 27, 99; VI 121
- Konr. v.d. III 80, 229; IV 903
- Neithart v.d. IV 193
- Nikolaus v. d. III 80, 199, 221, 587, 665, 668
- Oswald v.d. IV 450
- Peter v.d. IV 345
- Ulr. v.d. IV 945
- Werner v.d. IV 887ff, 929
- Wilh. v.d. IV 45, 628
- Wolfram v. d. III 80, 199, 221, 668

Grünach, Jutta v. III 653

Grünau (n.ident.)

Grünau (sw.Marktheidenfeld) III 724; VI 139, 142

Grünbach, Joh. v. IV 186

Gründemann, Konstantin VI 161

Gründlach, Albert v. (Dh.Wbg) II 641
- Herdegen v. II 97, 487, 511, 536, 631; III 3, 644, 655f
- Liutpold v. II 65, 477, 511, 631
- Marg. v. III 71
- Rudolf v. II 97
- Ulr. v. (Dh.) II 607, 609f, 636, 648

Grüneisen, Hans Erasmus VI 449

Grüner, Andreas (Pfr Obertrubach) VI 87, 120, 165
- Gg Pankraz VI 160

Grünenberger, Joh. (Kan.Neunkirchen/Br.) IV 242

Grüneroder, Götz III 594
- Ulr. III 594
Grünhunt (Fam.) III 584
- Brunwart III 254
- Breunlein III 59
- Burklein III 59
- Ulr. (Domvikar) III 459
Grüningen (ON) IV 428
Grünsberg (sw.Nbg) IV 466
Grünschneider, Hans Gg (Bbg) VI 431
Grünstein (nö.Bayreuth) IV 623, 783
Grünthal zu Kremseg, Jakob v. V 325
Grünthanmühle (w.Eschenbach/Opf.) II 382
Grumbach (FlN.) VI 355
Grumbach (abgeg.;Ofr.) III 659
Grumbach, v. (Fam.) III 380; VI 698
- Adalbert v. II 465
- Berthold v. III 614
- Chr. v. (Dh.) IV 1066
- Elis. v. IV 396
- Hans Adam v. (Dh.) IV 1065
- s.u. Joh. III. v. (B.Wbg)
- Joh. v. (Dh.Wbg) III 617
- Karl Chr. v. VI 174
- Marquard v. II 407, 410, 414, 449, 465, 503ff, 508f, 512
- Otto v. II 449, 465
- Weyprecht (Dh.) IV 550
- Wilh. v. (-) IV 405; V 24, 35, 55, 136
- Wilpert v. III 614
- Wolf v. III 614
Grumbholz, Anna (Bbg) VI 61

- Gallia (-) VI 61
- Hans (-) VI 70f
Grunau (sö.Bayreuth) II 152
Grunauer, Ludwig (Pfr Creußen) IV 863
Grundeis, Heinr. III 459, 483, 574, 624, 639
- Nikolaus (-) IV 172f
Grundel, Ph. (Jesuit) VII/2 399
Grundfeld (sw.Lichtenfels) I 18; II 522, 646; III 271, 308, 395, 676, 678, 693, 695f; IV 47, 481; VII 100
Grundherr, Leonhard (Neustadt/A.) IV 631
- Michael (Nbg) III 412, 720, 739, 741, 748
Grundübel, Seitz (Seinsheim) III 620
Grune (abgeg.;Opf.) II 133
Grunenberg, Joh. (Domvikar) III 459
Grunenreut, Friedr. v. IV 1039
Gruner, Heinz (Pottenstein) IV 295
- Joh. (Pfr) IV 724, 1016
Grunleins (n.ident.) IV 426
Grunthid, Michael III 724
Gruntler, Gg (Vilseck) V 36
Gruser, Valentin (Prie.) IV 976
Gruzzingeshusen, Helmrich v. II 402
Gschaid (s.Dingolfing) I 145
Gschwendt (Österr.) II 559
Gualbertus (Mönch Weißenohe) VII/2 548
Guastalla (It.) II 2, 42f
Gubein, Joh. v. (Pfr Auerbach) III 640
Guben (Brandenbg) III 330

Gudenius (Fam.) VI 610, 612, 686
Gudenus, v. (Fam.) VII 19, 94, 238; VII/2 6, 219, 609
Gudinggau (Landschaft) I 196
Gügel (nö.Bbg) III 13f, 190, 373, 375-378, 380, 475f, 480, 517, 573, 760; IV 149, 438, 502, 1044
Gügel, Chr. (Nbg) IV 842
Gülchsheim (nw.Uffenheim) III 267
Güldenstein (abgeg.;Ofr.) VI 546, 600
Gümpell, Hans IV 700, 758
Günnlein, Fritz (Ludwigschorgast) IV 86
Günter, Eberhart IV 411
- Franz Friedr. (Kan.St.Jakob) VII 146, 151, 179, 280f; VII/2 135, 138f, 277, 333, 381, 424, 506, 511
- Joh. Franz VII 146
Günther (PN) I 371; II 52, 90, 378, 396, 463, 473, 475, 647; III 205
- (Eb.Salzburg) I 136, 269, 290, 371
- (B.Bbg) I 360, 368, 370-383, 385, 387-399, 401f, 405f, 477
- v.Henneberg (B.Speyer) II 288, 401f
- (Dekan Naumburg) III 638
- (Dh.) I 477; III 552, 756
- (Kan.St.Gangolf) III 567
- (Pr.Wbg) II 95, 290, 392, 503
- (Bbg) II 664
- (Spital a.Pyhrn) III 88
- (Kämmerer) II 609-612, 622, 624, 636, 638
Günthersbühl (nw.Lauf/P.) III 285; IV 406, 544

Günthersdorf (sw.Hof) III 394
Gürder, Kath. VI 40
- Veit VI 40
Güßbach, Engelhard v. (Kan.) IV 271
- Heinr. v. (Langheim) IV 423
- Konr. v. II 58
- Lorenz v. IV 641
- Walther v. (Kan.St.Jakob) III 410; IV 27, 112, 271
Güßbacher (Fam.) VII/2 722, 724
Gütenland (nw.Cham) I 152f
Gueter, Adam VI 62f
- Joh. (Bbg) IV 1026
- Walburga VI 62f
Güttingen, v. (Fam.) III 83
Gützer, Konr. IV 292
Gützkow (Mbg-Vp.) II 211, 243ff
Gugelweide, Paul (Hoheneck) IV 894
Gugler, Chr. (Prie.) IV 878
Guibert (Eb.Ravenna) I 460, 467f, 470f, 473f, 478f, 481, 485, 488, 490f; II 2, 17, 38
Guido (Kard.) III 239
- (Eb.Ravenna) II 431
- (Eb.Vienne) II 107, 120, 124
- (B.Palestrina) II 586f
Guifred (Eb.Narbonne) I 460
Guiscard, Robert I 470
Gukkelhusen (abgeg.;Mfr.) II 97, 385
Gulenhusen (abgeg.;Ufr.) II 402
Gulpen, Heinr. IV 58, 184, 186, 202
Gulsheim, Konr. (Ochsenfurt) III 632
Gumbert (PN) I 383, 413, 496; II 90, 97, 103,

- (Hl.) I 12, 17, 22; II 336
- (Gf) I 143, 226, 265, 496
- (A.Münsterschwarzach) II 459
- (Dh.) II 112
- (Prie.) I 472

Gumbertz, Zacharias Salomon VII/2 257

Gumler, Friedr. IV 212, 1028

Gumpenberg, v. (Fam.) VI 698, 703, 706

- Gg v. IV 849; V 43, 69
- Felicitas v. V 531

Gumpenhof (ON) IV 214, 319

Gumpenhofen, Marquard v. II 47

Gumpo (PN) I 486; II 58, 60, 70, 473f

- (Kan.St.Jakob) II 52, 56, 67, 83, 475

Gumpold (A.Michelsberg) I 489, 495, 498; II 83, 85, 88

- (Kan.Regensburg) II 112

Gumprechtshausen, Heinr. v. II 635

Gumprechtsreuth (abgeg.;Ofr.) IV 918

Gundekar I. (B.Eichstätt) I 157ff, 494
- II. (-) I 159, 373, 418, 500

Gundekar, Heinr. (Bbg) II 480

Gundelbein, Fritz III 632

Gundelchofen, Konr. v. II 630

Gundelfingen, s.u. Andreas v. (B. Wbg)

- Konr. v. III 48, 96
- Thiemo v. II 452

Gundeloch (PN) I 497f; II 57, 59, 61, 69f, 91f, 94, 98f, 106, 145, 153, 277, 291f, 294, 297, 315, 376ff, 382ff, 386, 389f, 392, 396, 398, 401ff, 408, 410, 413-416, 419, 421f, 424f, 443f, 446, 452, 454, 458, 461, 463ff, 475, 481, 484, 487ff, 491, 494, 496, 498, 500, 515f, 520f, 533f, 618

- (Banz) II 495f
- (Dh.) I 308, 325; II 112, 482, 501, 514, 536, 578, 580, 588ff, 592-595, 598, 607, 609-613, 621f, 634; III 583
- (Kan.St.Gangolf) III 567
- (Koch) II 520
- (Vogt St.Jakob) II 548
- (Wbg) II 335, 648

Gundelsdorf (n.Kronach) IV 23; VI 271f

Gundelsheim (n.Bbg) I 318; II 54, 56ff, 65, 424f, 474, 483f, 522, 526, 609, 612; III 563; V 67; VI 347, 393, 541, 699

Gundelsheim, Kraft v. II 425, 484
- Marquard v. II 65, 99, 425, 444, 484

Gundersleben, Liutpold v. II 464f, 508

Gundersreuth (sw.Kulmbach) IV 96, 783

Gundissa (PN) I 226

Gundlitz (nö.Kulmbach) IV 783

Gundloch (Fam.) III 567, 619
- Dietrich (Strullendorf) IV 134
- Friedr. III 619
- Konr. III 557
- Walter (Kan.St.Gangolf) III 92, 127ff, 567ff
- Wolfgang (Strullendorf) VII/2 668f

Gundolt (PN) I 382; II 58f

Gundradis (PN) II 461

Gunderam (PN) II 61f, 543

- (Wbg) II 287, 290, 335, 403, 503

Gungeloch (PN) II 56

Gunssenrodt, v. (Fam.) VI 697, 700

Gunthardsmanse (FlN.) I 498

Guntler, Hans IV 591

- Michael IV 591

Guntz (Fam.) III 254

Gunzila (PN) II 579

Gunzelin (PN) I 213; II 56, 402

Gunzendorf (n.Forchheim) II 54; IV 604, 610, 622; VI 102, 108f, 398, 524; VII 201; VII/2 172, 292f, 295

Gunzendorf (sö.Pegnitz) II 133, 332, 387

Gunzendorf, Arnold v. (Dh.) II 530f, 542, 549f, 563ff, 568, 577, 579

- Berengar v. I 319; II 488, 530
- Hans v. III 572
- Heinr. v. II 422
- Kath. v. III 572
- Konr. v. (Dh.) II 638, 648
- Marquard v. II 133
- Otto v. III 572
- Reginhard v. II 419
- Stefan v. III 572

Gunzenhausen (Mfr.) IV 454; VII 201

Gunzenlee (FlN.) II 271

Gunzo (PN) I 158, 330, 359f, 382, 494

Guolch (FlN.) II 147

Guolmareshoven, Ignebrand v. II 396

Gurhart, Joh. (Wbg) III 459

Guriching, Eisengrin v. II 479

Gurk (Österr.) II 521, 538; III 31; VII/2 69

- B. s.u. Joseph Maria; Lorenz

Gussen, Wilh. IV 496, 506, 552

Gustav II. Adolf (Kg v.Schweden) VI 162f, 165ff, 170-174, 177f, 182ff, 189, 191, 202f, 224, 226, 232f, 238, 251, 256, 263, 287f, 335

- III. (-) VII/2 539, 719

Gustenhofen, Karl Friedr. (Notar) V 499

Güstrow (Mbg-Vp.) III 604

Gut, Jakob (Prie.) IV 908

Gutberlet (Fam.) VII/2 634

Gutenbiegen (nö.Ebermannstadt) IV 334

Gutenbiegen, Werner v. II 468

Gutener (Fam.) III 223

Gutenfels (Ruine nö.Ebern) II 640

Gutenstetten (n.Neustadt/A.) I 20; III 608; IV 788, 883, 913, 1003

Gutenswegen, Dedo v. I 192

Guth (Fam.) VII/2 683

- Franz Anton VII/2 357, 495

Gutila (PN) II 69

Gutknecht, Stephan IV 573

Gutmannsvelden (abgeg.;Mfr.) IV 990

Guttenberg (nö.Kulmbach) III 166, 199, 231, 336; IV 246f, 352, 426, 490, 561, 618f; VI 126, 290; VII/2 564f

Guttenberg, v. (Fam.) III 378, 380, 392; VI 87, 97, 126, 165, 280, 484, 600, 668, 683, 708, 716; VII 40, 54, 89, 95, 113, 179, 240, 249;

VII/2 47, 86, 105, 244, 264, 336, 338, 419f, 435, 510, 564, 620f, 638
- Achatius v. IV 558, 644, 659; V 383
- Albrecht v. IV 971
- Andreas v. (Dh.) VI 704
- Anna Maria v. VI 380
- Antonius v. IV 352, 1003
- Apel v. III 336; IV 426, 659
- Bernhard v. (Dh.) IV 971f
- Brigitta v. IV 524
- Christian Ernst v. (Dh.) VI 618, 718
- Christian Heinr. v. (-) VI 715
- Chr. v. IV 344, 352
- s.u. Chr. v. (A.Michelsberg)
- Chr. Joseph v. VII/2 337
- Eberhard v. III 336
- Franz Dieter v. (Dh.Augsburg) VI 601
- Franz Wilh. v. VII/2 337
- Friedr. v. III 198, 336, 378, 406, 444; IV 74, 352, 659
- Friedr. Ph. Anton v. (Dh.) VII/2 581, 583, 630, 686, 688, 691, 712, 755
- Friedr. Wilh. v. V 440, 454; VI 132, 185
- Gg v. IV 326, 558, 644, 659; V 205, 524
- Gg Abraham v. VI 680, 710
- Gg Ph v. V 94
- Gg Wilh. v. VII/2 506
- Gg Wolf v. V 470
- Gottfried Wilh. v. VI 413, 704
- Hans v. III 166, 198f, 231, 295, 336; IV 85f, 262, 283, 352, 453, 550, 949, 1060
- Hans Erhard Chr. v. VI 601
- Hans Gottfried v. VI 115
- Hans Kaspar v. (Dh.) VI 699f
- Hector v. IV 555, 558, 562, 564, 644, 659
- Heinr. v. III 198, 336; IV 352, 360, 462; VII/2 507
- Heinr. Christian v. (Dh.) VI 710
- Hermann v. (-) VII/2 94-98, 100
- Joh. v. (Generalvikar Wbg) VI 94
- Joh. Andreas v. (Dh.) V 528; VI 9, 244, 246, 296, 330, 333, 367, 383, 424, 697, 702, 705
- Joh. Gottfried v. (-) VI 508f, 529, 704; VII/2 645, 678, 681, 688, 757
- Joh. Karl Dietrich Joseph v. (-) VII/2 172, 259, 269, 298, 303-306, 337, 345f, 349, 360, 366ff, 378, 407, 410, 412, 420, 481, 487, 494f, 504, 514f, 521, 564, 568, 582f, 593f, 596, 600, 607, 616, 619, 621, 623f, 712, 748f, 752, 754ff
- Joh. Karl Joseph Ludwig v. (-) VII/2 368, 407, 421, 633, 637, 645, 647, 649, 665, 674f, 682, 685, 712, 742
- Joh. Kaspar v. (-) V 454, 527, 530f; VI 9, 244, 246, 277, 284, 296f, 303, 330, 701
- Joh. Ph. v. (-) VI 718; VII 235, 279; VII/2 95, 140, 163, 165, 189f, 265, 297, 341, 368, 435, 454, 494, 607, 617, 619, 754, 756
- Joh. Ph. Chr. v. (-) VII/2 754
- Karl v. IV 283, 307, 659, 948, 977, 987, 1012
- Karl Chr. v. VI 601, 670, 713

- Karl Dietrich v. (Dh.) VII 80, 275, 277, 310
- Karl Rudolf v. VI 601
- Kaspar v. IV 659, 773
- Konr. Wilh. v. VII/2 562
- Lorenz v. V 160, 183, 193, 196, 227, 231, 250, 276, 312
- Maria Amalia v. VI 710
- Maria Kunig. v. VI 704f
- Maria Theresia Karoline Ottilia v. VII/2 521
- Marquard Karl Ludwig v. VI 680
- Marquard Konr. Ph. Gottfried v. (Dh.) VI 711, 713
- Moritz v. IV 452
- Otto Ph. v. (Dh.) VI 457, 461, 509, 526, 529, 544, 549, 567, 592f, 601, 607, 614, 616, 627, 641, 650, 659, 661, 669f, 674, 689, 704, 710, 718; VI 136, 179, 240
- Peter v. (Dh.Mainz) IV 971
- Ph. v. IV 352, 399, 425, 558, 659; V 525f
- Ph. Anton Chr. Ernst v. (-) VII/2 259, 304, 337, 479, 494, 564, 752, 757
- Ph. Ernst v. (-) VI 653, 668f, 671f, 680, 716ff
- Ph. Franz v. VII/2 507
- Rudinger v. IV 659; V 517
- Sebastian v. (Dh.) V 95, 517, 520
- Sigmund v. (-) V 524f
- Susanna Maria v. VI 636
- Veronika v. VI 87, 704f
- Veronika Felicitas v. V 528
- Wilh. v. V 527
- Wilh. Ulr. v. (Dh.) VI 601, 713, 719; VII 46, 79, 142, 177, 261f; VII/2 27, 52, 95, 107f, 112f, 140, 163, 165f, 322, 340f, 419, 750, 752f
- Wolf Achaz v. V 446; VI 152, 185, 203, 216, 236, 238, 341, 379
- Wolf Gerhard v. VI 149, 168, 226
- Wolfram v. IV 442

Gutter, Heinr. IV 241
Guttler, Götz (Staffelstein) III 547
- Marg. (-) III 547
- Michael IV 592
Gutula (PN) II 578
Gutzmannsdorf (abgeg.;Ofr.) IV 327
Gutzrein, Joh. Balthasar VII/2 195, 333
Gwerlich, Joh. (Augsburg) IV 205
Gyso (Pr.Wbg) III 1

Haag (s.Bayreuth) IV 914; VII 39
Haag (sw.Eschenbach/Opf.) III 139; IV 460, 493, 737, 1010; V 325; VI 96, 100, 106, 536
Haag (ö.Hof) III 222
Haag (Österr.) I 379; III 88, 117, 137, 381, 485; IV 96, 117, 226, 812
Haagen, v. (Fam.) VI 714; VII 98
Haan, Gg (Kanzler) V 342, 358, 361, 384, 391, 476; VI 39, 42, 51, 54f, 57, 91
- Gg Adam VI 52, 54-57, 61, 134
- Joh. Simon VII/2 90, 318
- Kath. VI 42, 46
- Leonhard VI 54
- Maria Ursula VI 59, 67

- Ursula VI 59
- vgl. Hahn

Haarth (s.Coburg) III 651, 657

Haas (Fam.) III 95
- Damian Ferdinand VII/2 301, 310, 333
- s.u. Konr. (A.Langheim)

Habach (sw.Eggenfelden) I 145

Habelsee (nö.Rothenburg o.T.) IV 50

Haberberger, Joh. (Prie.) IV 877, 929

Haberer, Joh. IV 333

Habermann (Fam.) VII 176f
- Chr. (Schlaifhausen) V 507

Habern, Anna v. V 519

Habernhofermühle (ö.Erlangen) III 140, 165

Haberstumpf, Heinz (Naila) IV 976

Habsberg (nö.Neumarkt/Opf.) II 218

Habsberg, Friedr. v. II 66
- Hermann v. (Dh.) II 56, 390, 496
- Otto v. II 30, 47

Habsburg, v. s.u. Österreich, v.

Hachendorn, Gottfried III 319

Hachens (Fam.) VI 37

Hacher, Eva (Zeil) VI 49

Hacho (Pfr Hallstadt) II 58, 95, 99ff

Hack, Friedr. (Pfr) IV 864

Hackenbach (n.ident.) IV 95, 604, 611

Hackenschmied, Heinr. (Bbg) III 585

Hacker (Fam.) VII/2 421

Hackl, Kunig. VII 298

Hadamar (Hess.) VI 404

Hadebrand, Hans III 449
- Konr. III 449

Hadebrecht (PN) I 478

Hader, Heinlein IV 236

Hadewig (PN) I 78
- (Hzgin v.Schwaben) I 101, 138f; VI 602
- vgl. Hedwig

Hadimuot (PN) II 63, 477

Hadrian IV. (Papst) II 406, 415, 419, 426-435, 540
- VI. (-) IV 548, 676f

Häck, Kath. (Bbg) VI 50
- Kunig. VI 68

Häslabronn (nw.Ansbach) IV 739

Häusling (Stadtt.Erlangen) III 560

Hafner, Balthes VI 199
- Gertrud (Bbg) III 59
- Hans IV 591f
- Schönhans IV 591

Hage (abgeg.;Ofr.) II 144; III 79, 367

Hage, Herbert v. II 486
- Herboto v. II 560
- Otgoz v. II 57ff, 61, 69f, 90ff, 94, 96, 99, 101, 297, 332
- Otto v. II 623
- Ulr. v. III 17, 29-32
- Walchun v. II 544, 576
- Werner v. II 544

Hagelsheimer, Friedr. IV 333

Hagelstein, Gg (Bbg) IV 571; VI 41, 49, 75-78

Hagemann, Adam (Pfr Kirchehrenbach) VII/2 413, 415

Hagemark (FlN.) III 389

Hagen (FlN.) II 512

Hagen, v. (Fam.) VII/2 503

- Fritz (Waischenfeld) IV 488
- Hans IV 192; V 494
- Heinr. (Pfr Markt Erlbach) IV 971
- Joh. (Kan.St.Stephan) V 455
- Joh. Valtin (Offenbach) V 161
Hagenau (Frkr.) II 538, 551, 599, 604, 619; III 249, 442
Hagenbach (s.Ebermannstadt) II 479, 522; III 448, 482f; VI 246, 249, 356, 700; VII 141, 175; VII/2 288, 291, 649
Hagenbach, Rüdiger v. II 479
Hagenberg (Österr.) II 442
Hagenbüchach (sö.Neustadt/A.) III 553
Hagenbühl, Engelmar v. II 511
Hagene (abgeg.;Ofr.) II 522
Hagenhausen (sö.Nbg) II 631
Hagenhofen (s.Neustadt/A.) IV 629
Hagenmühle (ö.Hersbruck) III 97
Hagenmühle (s.Naila) III 394
Hageno (Dompr.Regensburg) II 275
- (Kan.St.Jakob) II 56
- (Ritter) II 146
Hagenohe (ö.Pegnitz) II 133, 332; III 641
Hagenohe, Reginbert v. II 112, 275
Hagenohsen (Nds.) I 102
Hagenpucher, Andreas (Mangersreuth) IV 970
- Egidius (-) IV 970
- Lukas (-) IV 970
- Ulr. (-) IV 970
Hager, Anna (Bbg) VI 50, 61
- Hans IV 994; V 80
- Hermann (Steinfeld) IV 84

- Paul (Bbg) VI 46
Hagsdorf, Ernst v. VI 160
Hahartesdorf (n.ident.) III 335
Haherbach, Berthold v. II 560
Hahn, v. (Fam.) VII 68; VII/2 48
- Anton Joseph v. VII/2 49
- Franz Ignaz v. VII/2 48f
- Franz Joseph (Weihb.Bbg) VI 684, 697; VII 16, 57f, 60, 68f, 71, 74ff, 91f, 95f, 99, 105, 107, 111-114, 122ff, 126, 133, 152-155, 182, 187, 189f, 193f, 196f, 200f, 215f, 219f, 225-228; VII/2 14, 44, 47f, 50, 63, 277, 749
- Heinr. III 588
- Maria Magdalena VII 269f
- Ph. v. VII 152
- vgl. Haan; Hann
Hahnbach (nw.Amberg) III 9
Hahnenkamm (FlN.) I 9
Hahnhof (s.Staffelstein) III 502, 601
Hahnmühle (abgeg.;Ofr.) III 628
Haid (w.Forchheim) III 184, 524f; IV 603
Haid, Karl v. II 475
Haidengrün (s.Naila) IV 783, 991; VI 151
Haidenober, Gg (Laineck) IV 878
- Heinz IV 879
Haidenreich, Joh. Adam (Staffelstein) VI 413
Haider, Hans (Hüttenheim) VI 94
Haidersdorf, v. (Fam.) VI 700
Haidt (nö.Hof) III 223
Haig (nw.Kronach) III 367; VI 246; VII/2 326, 557

Haigling, v. (Fam.) VII/2 532

Haila, Hans V 514

Hailingcove, Gottschalk v. II 448

Hailka (PN) II 277

Haimbrunnen, Heinr. v. II 560
- Otto v. II 560, 564

Haimbuch (abgeg.;Ofr.) III 50

Haimburg (n.Neumarkt/Opf.) III 425; IV 466

Haimburg (Österr.) II 661; III 7, 32

Haimburg, Albert v. II 661
- Friedr. v. III 7, 32
- Hermann v. III 32
- Nikolaus v. III 31f
- Ulr. v. III 32
- Wilh. v. II 661

Haimendorfer, Friedr. III 743

Haimer, Anna Marg. V 357f
- Felicitas V 357f
- Kath. Barb. V 357f

Haimpfarrich (sö.Roth) III 326

Hain (s.Kronach) III 391, 420, 665; IV 264; V 65

Hain, Otto VII 30

Hainbach (nö.Ebermannstadt) IV 426

Hainberg, Heinr. v. III 619

Hainbronn (sö.Pegnitz) III 278; IV 33, 99, 339, 424; VI 343

Hainburg (Österr.) III 136; IV 466

Hainert (s.Haßfurt) III 42

Hainz (Pfr Stadtsteinach) III 198

Hainzendorf (s.Kronach) III 665, 668-672, 676, 678, 680

Halb, Anna (Zeil) VI 67

Halberg, v. (Fam.) VI 708

Halbersdorf (sw.Bbg) VII/2 479

Halberstadt (Sa.-Anh.) I 64, 67, 84, 215, 220, 270, 347f, 353, 471; II 23, 55f, 120, 146, 157, 280f, 308-311, 387, 417; III 83, 316; IV 829; VI 136, 334, 371; VII 189; VII/2 42

- B. s.u. Arnulf; Bronthag; Burkard; Friedr.; Gerhard; Hildward; Ulr.

Halbherr, Heinr. (Mangersreuth) IV 967

Halbritter (Fam.) IV 415
- Markus IV 991

Halbthuring (n.ident.) I 18

Haldenslavensis, Bartholomäus Acelänus (Notar) V 184

Halicz (Ukraine) II 177, 214

Hall (sw.Kronach) II 636

Hall in Tirol (Österr.) III 364; IV 439

Hall, Gg v. IV 844

Hallburg (nö.Wbg) VII/2 190

Halle (NRW) III 329

Halle an der Saale (Sa.-Anh.) I 312; II 233, 278, 329, 416, 420, 436; V 132

Halle, Siegfried v. (Kan.St.Jakob) III 315, 541, 555, 558, 561ff, 602

Hallenhausen, Markard v. II 631

Haller (Fam.Nbg) VII 94, 238; VII/2 212, 396, 544, 548
- Alexius IV 383, 519, 874
- Anna IV 161
- Balthasar IV 133
- Barb. IV 808
- Berthold III 276, 279

- Chr. IV 383
- Franz III 746
- Gg IV 337, 383
- Hans IV 337, 1030
- Klaus (Bbg) IV 264
- Konr. IV 154, 383
- Lorenz IV 66
- Ludwig IV 400
- Marg. IV 337
- Martin III 746
- Nikolaus IV 232
- Peter (Stopfenheim) IV 400, 999
- Praward III 716
- Sebald IV 842
- Ulr. III 142, 175; IV 324

Hallerndorf (nw.Forchheim) II 60, 276, 483, 548, 554; III 41, 215, 524f, 533, 540; IV 330, 346f, 396, 605, 607; V 489; VI 181, 233, 264, 451, 524, 619, 650f; VII 9; VII/2 325, 432

Hallerndorf, Heinr. v. II 60
- Konr. v. II 548
- Reginbert v. II 59, 483, 554
- Ulr. v. II 60, 62, 294

Hallersdorf, Gg Arnold v. (Kan.St. Stephan) V 269

Hallerstein (s.Hof) IV 914

Hallewagen, Heinr. III 270

Hallis (abgeg.;Ofr.) III 681

Hallstadt (n.Bbg) I 8, 11, 15, 29, 33, 67, 120, 136, 142, 161; II 58, 67, 95, 99ff, 422, 468f, 549, 552f, 570, 580, 588, 625, 652; III 49f, 62, 64, 336, 491, 546, 558, 561, 572, 582, 592, 595; IV 12f, 94, 117, 127f, 156ff, 192, 212, 215, 226, 265, 300, 316, 342, 353, 401, 438, 567, 578, 590-594, 601f, 605f, 609f, 619, 634, 640, 648, 814, 817, 1044; V 27, 65, 80, 178, 376, 395, 406, 510; VI 30, 36-39, 70, 72, 115, 132, 166, 179f, 189, 206, 214, 239, 264, 292, 325, 328, 331, 393, 618, 695; VII 42, 80; VII/2 225, 242, 320, 412, 416, 423, 486, 621, 649, 660, 663, 702

Hallstadt, Arnold v. II 67, 570
- Dietrich v. II 497
- Egeno v. II 637
- Hacho v. II 58, 95, 99ff
- Konr. v. III 696
- Ludwig v. II 570
- Reginboto v. II 542
- Siegfried v. II 67

Hallweil, v. (Fam.) VI 703

Halo (ON) I 88

Halpersbach, Hugo zu IV 206

Hals (Stadtt.Passau) III 380

Hals, v. (Fam.) III 372f
- Albert v. II 650
- Alram v. II 650
- Anna v. III 372f
- Leopold v. III 373

Ham, Hans V 509

Hamaland, Adela v. I 194, 219

Hamberg (n.ident.) V 471

Hambühl (nw.Neustadt/A.) IV 741, 885

Hamburg VI 385, 390

Hamburger, Samuel (Bbg) VI 664

Hamel, Kaspar (Bbg) VI 58, 66

Hameln (Nds.) I 102

Hamenchendorf, Pero v. II 68
Hamerstile, Hans IV 66
Hamm, v. (Fam.) VII 186
Hamman, Joachim (Jesuit) VI 68, 76, 109
- Otto (Staffelstein) V 341
Hammelburg (Ufr.) I 11; IV 838; VI 166; VII 212, 243; VII/2 558
Hammenstedt (Nds.) I 243
Hammer (n.ident.) III 394
Hammer, Alexander (Prof.) VII 64, 270f
- Gg (Weihb.Magdeburg) VI 157
- Joseph (Pfr Wolfsberg) V 193
Hammerbach (w.Erlangen) I 408
Hammerbacher, Joh. VII 298
Hammerbühl (sö.Forchheim) IV 913
Hammersbach (s.Eggenfelden) I 145
Hammerschmid, Enderlein IV 564
Hammerschrott (n.Hersbruck) IV 34
Hammerstat (abgeg.;Opf.) III 642
Hammerstein (Rh.-Pf.) I 255, 482; II 74
Hammerstein, Irmingard v. I 232, 263, 267, 341, 343
- Otto v. I 232f, 246ff, 263, 343
Hampteshusen (ON) II 503
Hanart, Joh. (Prie.) IV 718
Hanartl (PN) VI 519
Hanau (Hess.) V 24; VI 529, 577; VII/2 233
Hanau, v. (Fam.) VII 49, 96
- Bernhard v. IV 458
- Friedr. Casimir v. VI 473, 529
- Joh. v. IV 36
- Ph. v. IV 36

- Reinhard v. (Dh.) III 238
- Reinhard v. IV 36; VII 96, 136, 276; VII/2 21
- Seyfried v. III 526
- Ulr. v. III 211, 276, 671; IV 3, 36
Hanauer, Gallus VII/2 643
- Heinr. IV 34, 85
- Joh. Melchior VII 281; VII/2 98, 190, 288ff, 293, 295, 363
Hanbach, Arnold v. II 72
- Erkenbert v. II 134f, 387
Handel (Fam.) VII/2 13, 326
Handsch, Joh. (Pfr Hollfeld) V 321; VI 88
Handwerker, Anna Eva VII/2 425
Hanfelden (n.ident.) II 634
Hanhammer, Kaspar (Amberg) IV 494
Hann, Anna (Steinbach) VI 39
- Chr. IV 441, 478, 584, 652
- Hans IV 458, 910
- Heinr. III 588
- Konr. (Pfr Waldsassen) IV 987
- Vitus (Pfr Gerolzhofen) IV 910f
- vgl. Haan; Hahn
Hannbaum, Sebastian (Wachenroth) VI 209
Hannberg (nw.Erlangen) II 61; III 71, 611; IV 864; V 449; VI 195-198; VII/2 630, 665
Hannberg, Herdegen v. II 61f
- Wilh. v. II 634
Hannoldt, Konr. (Pfr Selb) IV 863, 997
Hannover (Nds.) VI 558, 610, 635; VII 15, 77, 89, 299-302, 304;

VII/2 241, 262, 280, 490, 503, 609, 662

Hanolt, Andreas (Schlüsselau) V 106, 511

- Marg. V 106

Hans (Kan.St.Stephan) III 538

- (Pfr Melkendorf) III 199

Hanschneider, Hans (Burgebrach) VI 70

Hansen, Anna (Küps) VI 219

- Gerhard VI 369, 428

Hanstein, v. (Fam.) VII 62

Hanstete, Joh. (Franziskaner) IV 449

Hantsch, Joh. (Pfr Amberg) VI 110

Happertshausen (nö.Schweinfurt) II 503f

Happurg (ö.Hersbruck) I 84, 144; IV 267

Harbach (sö.Deggendorf) III 356; IV 953

Harburg, Adelheid v. II 276f

- Konr. v. II 276f

- Kuno v. II 276f

- Otto v. II 143

Hard (abgeg.;NB.) III 91

Hard (nw.Tirschenreuth) II 560

Hard, Ernst v. II 560

Hardegg, Burkhard v. III 273, 691

- Herdewil v. II 492

- Joh. v. (Burggf v.Magdeburg) III 373

Hardego (PN) I 252

Hardenberg, Karl August v. (Minister) VII/2 607ff, 611, 616, 631, 662, 679f, 682

Harder, Konr. (Rasch) III 279

Hardewin (PN) I 497

Harding, Hans (Weismain) VI 307

Harf, Lothar Franz v. (Dh.) VII/2 737f, 757

Haricho (A.St.Maximin/Trier) I 268, 336

Harlandt (n.ident.) IV 296

Harlieb (Forchheim) V 489

Harmdeseihe (ON) I 265

Harneß, Gg IV 607

Harpolden (n.Mühldorf) III 356

Harra (Thür.) IV 742

Harrach, v. (Fam.) VII/2 122

- Friedr. v. VII 41f

- Karl v. VI 18

Harras, Dietrich v. IV 382

Harscher, Jakob (Tennenlohe) IV 892

Harsdörffer (Fam.Nbg) VII/2 649

- Hans IV 467

- Marg. IV 148

- Paul VI 175

- Ulr. III 34

Harsdorf (n.Bayreuth) IV 736, 742

Harsee, Joh. Gregor (Jurist) V 240, 250, 284, 296, 308, 345, 365, 378, 422; VI 11, 35f, 42, 54f, 66, 75, 104, 205, 217, 254, 256f, 293, 500

Harstall, v. (Fam.) VI 697

Hart (n.Mühldorf) III 356

Hartel v.Hartenberg (Fam.) VII/2 219

Hartenberg, Heinr. v. II 634

- vgl. Henneberg, v.

Hartenreuth (sö.Ebermannstadt) I 16; II 484; III 321, 542, 545; IV 613

Hartenstein (nö.Hersbruck) I 23, 157; III 112, 209, 249; IV 33, 90, 99, 466; VI 102; VII/2 534

Hartenstein (Österr.) III 240

Hartenstein, Hermann v. (Kan.Regensburg) III 138

Harth (FlN.) VI 653

Hartheim, Hans v. IV 588

Hartig, v. (Fam.) VII/2 503, 546

Hartlanden (sw.Bbg) III 537, 594

Hartlieb (PN) II 73

Hartlieb, Hans IV 571, 591, 640; V 489

Hartmann (PN) I 452, 497; II 90, 336, 478, 485, 489, 498, 508, 582

- (B.Brixen) II 398, 450, 453
- (Dompr.Mainz) II 443
- (Dh.) II 72
- (A.Prüfening) II 620, 628
- (Kan.St.Jakob) II 476f, 490f, 535, 542, 548f, 568-572, 578ff
- (Prie.) II 105f, 644

Hartmann (Fam.) III 649, 660; VII 200

- Alheid III 740
- Fritz IV 610
- Gerung III 190
- Hans III 740
- Hans (Kan.St.Gangolf) IV 760
- Heinr. (Hollfeld) IV 689
- Jakob (Notar) IV 67
- Joh. IV 945
- Joh. (Kan.St.Gangolf) VI 23
- Joh. (Pfr) V 241, 296
- Kaspar (Kan.St.Gangolf) V 269, 344
- Konr. (Ebern) III 680
- Kunig. III 740
- Merkel III 740
- Sebald (Kan.St.Gangolf) V 508
- Veit VI 84

Hartmann v.Rosenbach, Joh. Ph. Friedr. (Dh.) VII 311

Hartmannsreuth (sö.Bayreuth) II 314; III 390; VI 399

Hartmut (PN) II 504f, 517, 646, 648

Hartnid (A.Ensdorf) II 413

- (Pfr) II 153

Hartroch (PN) I 347, 396; II 103, 499

Hartung (PN) II 68

- (A.Michelfeld) II 386f, 413, 443, 463
- Pferdsfelder (-) IV 242, 336
- (A.Michelsberg) II 622f, 625, 638
- (A.Plankstetten) III 40
- (Mönch Michelsberg) II 440f

Hartung (Fam.) III 244

- Hans IV 927
- Konr. (Kan.St.Gangolf) IV 311

Hartwig (PN) I 380, 382, 498; II 52, 60, 69, 309, 489, 520, 534, 562

- (Eb.Bremen) II 587
- (Eb.Magdeburg) I 472
- Hazilin (B.Prag) I 358, 366
- (Eb.Salzburg) I 70, 88, 128, 187f, 243, 261, 269
- (B.Augsburg) II 523
- (B.Bbg) I 332, 358-362, 364ff
- (B.Eichstätt) I 323, 325
- (B.Regensburg) II 36, 79, 111, 116, 120, 122, 125, 130f, 140f, 176, 271, 274, 309

- II. (-) II 435, 459
- (B.Säben-Brixen) I 261
- (A.Michelfeld) IV 281
- (Archidiakon Wbg) II 95, 287, 290, 503
- (Dompr.Salzburg) II 36
- (Dh.) I 413; II 90, 647
- (Kan.) II 73
- (Pfr Iphofen) II 406f
- (Pfr Pottenstein) II 563
Hartwig, Frideberc II 629
Bad Harzburg (Nds.) I 420; II 626
Harzgau (Landschaft) I 57
Hasehin (n.ident.) II 605
Haselacher, Gertrud III 125
- Konr. III 125
Haselbach (sö.Kulmbach) III 668
Haselbach (sö.Landshut) I 145
Haselbach (nw.Passau) III 380
Haselbach (w.Schwandorf) II 631
Haselbach (Frkr.) I 138, 334
Haselbach, Ulr. v. II 488
- Wichmann v. II 561
Haselbrunn (nw.Pegnitz) IV 11
Haselbrunn (abgeg.;Ufr.) II 507, 509
Haselbrunn, Hans zum V 228
Haselere (n.ident.) II 483
Haselhof (ö.Erlangen) I 374
Haselhof (abgeg.;Ofr.) II 424; IV 22, 263; VII 53, 67
Haselmann, Joh. (Marktzeuln) V 215; VI 12
Haselstein, Liutger v. II 528
Hasen, Peter (Pfr Scheßlitz) IV 149
Hasenbruck (sö.Roth) III 326

Hasenbühl (n.ident.) II 631
Hasenpach (FlN.) II 582
Hasenried s.u. Herrieden
Hasenzagel, Balthasar IV 861
- Hans (Döringstadt) VI 206
- Konr. IV 995
Hasilin (PN) I 21
Haslach (n.ident.) III 380
Haslach (nö.Dinkelsbühl) III 428
Haslach (sw.Sulzbach-Rosenberg) II 144
Haslach, Adalbert v. II 59
- Dietrich v. III 229; IV 471
- Eberolf v. II 277
- Erhart v. IV 659, 752
- Helmrich v. II 97
- Joh. v. III 714
- Mechthild v. III 714
- Ulr. v. IV 111
- vgl. Freihaslach, v.
Haslerer, Joh. (Pfr Hof) IV 921
Haß, Hans IV 646
- Peter IV 789
Hassenstein, Boguslaw Felix v. IV 836f
Hassert, Joh. Gottfried VI 687
Haßfurt (Ufr.) II 640, 653; III 283, 345f, 358f, 371, 434, 497, 529, 588; IV 68, 238, 316f, 829; V 59; VI 58, 64, 135, 166f, 181, 183f, 190f, 199, 243, 251, 278, 443f, 517, 521, 707, 709; VII 43, 192; VII/2 208, 243, 484, 486, 491, 503, 507, 526, 629, 636, 660
Haßfurter, Braunwart III 260, 601
- Christein III 591f, 595

- Hans III 260, 577
- Heinr. III 640
- Hermann (Bbg) III 260
- Konr. III 574, 576
- Kraft (Bbg) III 260, 594
- Seyfrid III 591

Haßgau (Landschaft) I 18, 106, 228

Haßlach (Fl.) III 368

Haßlach (n.Kronach) III 368, 516; VI 190, 251, 257f, 272, 312, 320, 325, 350; VII/2 326

Haßlach, Albero v. III 647

Haßlang, v. (Fam.) V 398; VII 263
- Alexander v. V 531
- Anastasia v. V 529f
- Gg Chr. v. VI 703
- Joh. Adam v. (Dh.) V 531; VI 700
- Joh. Franz Carl v. (-) VI 703f
- Ph. Ignatius v. (-) VI 461, 508, 704

Hastver, Klaus VI 163, 165ff, 182, 226, 229, 242f, 248, 254f, 258, 261, 267, 274, 276f

Hasungen (Hess.) I 417

Hathui (Ä.Gernrode) I 96, 208

Hatterlein, Heinr. (Prie.) IV 186

Hattersdorf (sw.Coburg) II 297, 525; III 645, 671

Hattlo (PN) II 67

Hattmannsdorf (abgeg.;Ofr.) VI 629

Hatto (PN) II 58, 69, 71
- (Dompr.) I 359, 494
- (Pfr) I 411; II 153

Hattstein, Anna v. V 518
- Kath. V 518
- Maria Jakobe v. V 528

Hattuariergau (Landschaft) I 194

Hatzenberg (ö.Deggendorf) III 380

Hatzfeld, v. (Fam.) VI 318, 335, 492, 675; VII 23; VII/2 249, 328, 367, 409, 622, 655, 681
- Alexander Adolph v. VI 336
- s.u. Franz v. (B.Bbg u.Wbg)
- Heinr. Bruno v. VI 365
- Heinr. Wilh. v. VI 336
- Hermann v. VI 335f, 362-365, 432
- Maria Eleonore Charlotte v. VI 491
- Melchior v. VI 154, 256f, 279, 281, 315, 335f, 340, 343, 350, 362ff, 372, 375f, 381
- Sebastian v. V 527

Hatzfeld-Gleichen, Franz v. VI 675

Hau, Chr. (Scheßlitz) IV 502

Hauck, Andreas (Prie.) VII/2 28, 44, 138
- Gg Adam VI 678
- Joh. Adam (Fürth) VII 29
- Simon (Regens Bbg) VII 281

Haueisen, Heinr. III 421

Hauen, Hans v. IV 411
- Ph. v. IV 411

Hauenare, Berthold v. II 560

Hauenschilt, Simon (Leipzig) IV 249

Hauenstein (ON) VI 197

Hauenstein, Konr. (Volsbach) V 512
- Stefan V 494

Hauer, Friedr. III 126
- Hans (Prie.) IV 818
- Ulr. III 126

Hauesberg, Heinr. v. II 483

Haufang (sw.Grafenau) III 380

Haug (abgeg.;Ofr.) IV 425, 521, 524

Haug (Stift) s.u. Wbg; Kirchen, Klöster u.Stifte

Haug (Fam.) III 542f; IV 153f
- Chr. IV 410
- Eberhard (Adelsdorf) III 322
- Joh. (Pfr Kronach) V 241, 302
- Konr. III 388, 541ff, 627
- Kunig. III 632
- Thomas III 574
- Walter (Rattelsdorf) III 541, 632, 737

Hauger, Barb. IV 445
- Wilh. (Giech) IV 88, 444

Haugwitz, Friedr. Wilh. v. (österr.Kanzler) VII/2 74f, 175-178, 280ff, 203
- Gg Albrecht v. VI 187

Haundorf (sw.Grafenau) III 380

Haunold, Gg (Pfr Auerbach) VI 457
- Joh. Maximilian v. (Weihb.Mainz) VII/2 659

Haupt, Albert s.u. Ehenheim, v.
- Hans (Aurach) IV 313
- Heinz IV 81, 92, 165

Hauptsmoorwald (FlN.) I 136; II 346; III 59, 108, 130, 233, 510, 551, 571; IV 438; VII 52, 62, 69, 72, 95, 188, 195, 245, 266, 270; VII/2 227f, 316, 406, 552, 571

Hausberge (NRW) I 238

Hausen (s.Aschaffenburg) VI 615

Hausen (sw.Forchheim) I 137, 374; II 292; IV 139, 515, 549, 731, 738, 815; V 57, 261; VI 257, 401; VII 115; VII/2 415

Hausen (n.Kissingen) II 439

Hausen (sw.Lichtenfels) VII 101f

Hausen (ö.Schweinfurt) II 566

Hausen (Hess.) I 226, 228

Hausen (Thür.) II 402

Hausen (n.ident.) II 286, 502, 506f, 513

Hausen, Berthold v. II 292, 378
- Ekkehard v. II 449
- Hermann (Generalvikar) V 490
- Jutta v. II 631
- Konr. v. II 449
- Mazelin v. II 292
- s.u. Wolfgang (B.Regensburg)

Hauser, Joh. (Pfr Villach) V 117

Haushalter, P. (Burgwindheim) VII 50

Hausheim (nw.Neumarkt/Opf.) III 180f

Hausleinshegge (FlN.) III 660

Hausner, Ulr. (Kan.St.Jakob) III 555, 567, 622

Hausperuch, Gottfried v. II 485

Haußmann (Fam.) VII/2 725

Haußner, Brigitta (Nonne St.Theodor) IV 522

Hauswirt (Prie.) IV 428

Haut, Fritz (Adelsdorf) III 322
- Hans VI 347

Hautsch, Friedr. (Prie.) IV 429

Hautzenberger, Sebastian v. (Michelfeld) VI 100

Havel (Fl.) II 233

Havelberg (Sa.-Anh.) I 35, 93f, 102, 165, 188f; II 233f, 414, 500

- B. s.u. Anselm; Erich; Hilderich; Wirikind
Haward (Kan.St.Jakob) II 572
Hayd (n.ident.) IV 920
Hayden, Berthold II 645; III 21
Haydenfeld, Joh. v. (Kan.Ansbach) III 724
Haydengarten (FlN.) III 693
Hayder, Joh. (Hüttenheim) VI 94
Haydorn, Heinr. (Prie.) VI 397
Hayl, Ph. (Jesuit) VII/2 194f
Haym (Fam.) IV 850; V 17
- Anton VI 394
- Gabriel (Fürth) VI 664
- Konr. VI 796
- Nathan VI 596, 663f
Haymendorfer, Friedr. III 742
Hayn, Markus v. VI 230f
- Max v. VI 219
Haynloch (abgeg.;Ofr.) III 695
Haysdorf, v. (Fam.) VII/2 220, 570
Hazacha (PN) II 61f, 335, 560
Hazecho (B.Worms) I 342, 496
Hazo (PN) I 330; II 336
Hebeisen, Elis. V 379
Hebendanz, Ignaz Franz v. VI 685; VII 20, 72, 89, 200, 238, 281; VII/2 34f, 106
Hebenstreit, v. (Fam.) III 135
- Adelheid v. III 603
- Friedr. v. III 88
- Heinz v. III 603
Heber, Andreas Ph. (Lichtenfels) VII/2 328
- Joh. Gg VII/2 238

- Lorenz IV 494
- Peter IV 341
Heberer, Joh. IV 318; VI 243
Heberstein, s.u. Friedrich zu Heberstein
Hech, Kath. (Bbg) VI 61
Hechingen (B.-W.) I 139
Heckel, Hans (Pottenstein) IV 295
- Jakob (Pegnitz) IV 541
- Konr. (Rgensburg) IV 1018
- Thomas (Pfr Büchenbach) IV 424
- Wolf IV 87
Heckenmantel, Joh. (Speckheim) IV 140
Hecker, Hans IV 1024
- Heinr. IV 1030
- Michael (Wunsiedel) IV 1030
Heckner, Wolf VI 181
Hedan I. v.Thüringen (Hzg) I 5
- II. v.Thüringen (-) I 4f, 8, 717
Hedemünden (Nds.) I 223
Hedersdorf (nö.Lauf/P.) III 97, 285f
Hedler, Hans (Strullendorf) IV 309
- Marg. (Bindlach) IV 881
Hedner, Joh. (Muggendorf) IV 974
Hedweig, Konr. (Staffelbach) III 382
Hedwig (PN) I 329, 331; II 489, 516, 548
- (Hl.;Hzgin v.Schlesien) II 575, 591, 601
- (Hzgin v.Polen) II 660
- vgl. Hadewig
Heeger (Fam.) VII/2 307
- Eva Marg. VII/2 361
- Gg Wilh. (Staffelstein) VII/2 297, 307, 380

- Jodokus VII/2 361
- Ludwig (Döringstadt) VII/2 345, 361

Heel, Jakob (Jesuit) VI 110

Heffner (Fam.) III 61
- Bartholomäus IV 925
- Hans IV 626; V 4
- Helena (Bbg) VI 41, 43
- Jutta (-) III 549, 584
- Simon (Lichtenfels) IV 614
- Ulr. (Bbg) III 549, 584

Heft (sw.Vilshofen) I 145; III 356

Heftle (Fam.) VII 194

Hegau (Landschaft) I 138

Hegel (Fam.) III 759

Hegeleins (FlN.) III 556

Hegelsheimer (Fam.) VI 333

Hegen, Nikolaus (Wunsiedel) IV 1027

Hegenley (FlN.) III 645

Hegenmer, Ulr. (Sulzbach) IV 34

Hegihingen, Hermann v. II 146

Hegmulner, Veit (Selbitz) IV 998

Hegneien, Hans (Sulzbach) IV 111f

Hegner, Paul IV 346, 751

Heiberg, Eberhard v. III 45

Heid, Götz v. d. IV 917
- Hans v. d. IV 972
- Heinr. v. d. IV 193, 1041
- Kaspar v. d. IV 565

Heide (FlN.) II 499, 501

Heideck (sö.Roth) III 724; IV 829, 845

Heideck, Bonifaz v. (Dh.) IV 1060
- Friedr. v. III 330, 468f; IV 62, 101
- Gg v. IV 468, 478, 483, 525, 530, 540, 545
- Hadbrand v. (Dh.) III 106, 157, 159, 236, 238, 244, 308-311, 318ff, 324, 559, 623, 688, 757
- Hallebrand v. (Kan.St.Stephan) III 754
- s.u. Joh. v. (B.Eichstätt)
- Joh. v. (Dh.) III 406, 422, 437, 445, 448, 459, 462ff, 468f, 471, 478f, 483f, 486, 490, 507, 514, 521f, 524f, 549, 551, 567, 605f, 645f, 648f, 754; IV 1060
- Wolfgang v. (-) IV 1059

Heidecker, Joh. (Notar) IV 245, 276, 309

Heidelberg (B.-W.) III 274, 312, 356, 394, 414, 425f, 431f, 436, 757; IV 48, 50, 58, 60; V 467; VI 146, 177, 198, 383, 530; VII 40; VII/2 407

Heidelberger, Gg V 452

Heidelmann, Hans (Nbg) V 491

Heiden, Friedr. (Dh.) II 609; IV 122, 162
- Hans IV 646
- Joh. (Pfr Baiersdorf) IV 894
- Martin IV 910
- Otto IV 90, 99, 122
- Sebastian IV 714

Heidenfeld (s.Schweinfurt) I 410ff; II 103; III 145; VI 289; VII/2 603, 637

Heidenheim (s.Gunzenhausen) II 403-406; IV 713; VI 607
- Ä. s.u. Adalbert; Balthasar; Wunibald

Heidenreich (PN) II 584, 643

Heidenreich (Fam.) III 38, 618
- Andreas (Pfr Fischbach) IV 864
- Gallus Heinr. (Staffelstein) VII/2 136
- Hans IV 886, 1012
- Heinz III 576, 602f
- Kath. III 576, 602f
- s.u. Konr. (A.Waldsassen)
- Lorenz (Prie.) IV 673
- Matthias (Stadtsteinach) IV 644
- Peter IV 1010

Heider (Fam.) VII/2 643
- Baltahsar IV 163
- Berthold III 59; IV 138
- Erhard IV 163, 241
- Heinz III 621
- Hermann III 567, 594; IV 76
- Joh. III 567
- Konr. III 599

Heidersdorf, v. (Fam.) VI 707

Heidfrek, Andreas (Lichtenfels) III 586

Heidingsfeld (s.Wbg) I 20; II 460, 605; III 326, 329, 440; IV 340, 630

Heidingsfeld, Dietrich v. IV 100
- Kalohus v. II 605

Heidolt, Otto III 115

Heidorff, v. (Fam.) VI 699

Heiland (Fam.) VII/2 190
- Daniel VI 685
- Franz Gg Andreas (Kan.St.Gangolf) VII/2 49, 274
- Joh. Daniel VII 20, 38, 45

Heilberskofen (ö.Dingolfing) I 145

Heilbronn (B.-W.) III 416; VI 408, 608; VII 49, 272; VII/2 636, 665

Heilgersdorf (sw.Coburg) III 420, 631

Heilica (PN) II 61, 66f, 72

Heilig, Ulr. (Heuberg) III 733

Heiligbrunne, Joh. v. III 196

Heiligen, Melchior (Pfr Amlingstadt) VI 441

Heiligenberg (B.-W.) I 130, 181

Heiligenkreuz (Österr.) I 70; II 6

Heiligenstadt (n.Ebermannstadt) IV 491, 784; V 140; VI 87, 557, 564, 573; VII/2 214, 491

Heiligenstadt (Thür.) I 262, 442; VII/2 397

Heiligenzell (B.-W.) III 442

Heiliginswert, Hans (Pfr Mengersdorf) IV 972

Heilig Kreuz (n.ident.) III 725

Heiligkreuztal (B.-W.) VII/2 716

Heilmann (A.Langheim) III 13, 57, 647, 649ff, 755

Heilsbronn (nö.Ansbach) I 323, 325; II 5, 286, 292f, 318, 335, 381, 396, 425, 513; III 33, 43, 99, 337, 431, 503, 651, 710ff, 750f; IV 230, 371, 512, 713, 738, 801, 897, 959, 971, 999; VII 76f

- A. s.u. Arnold; Franz Adam; Heinr.; Konr.; Sebald; Raboto

Heilwiga (PN) II 66f

Heim, Franz Heinr. V 480
- Joh. VI 193, 504
- Joh. Kaspar (Wbg) VI 617

Heimbreich, Hans (Waischenfeld) V 415

Heimbrot, Rab IV 411
Heimburg (n.ident.) III 555
Heimburg, Jakob (Ludwigsstadt) IV 964
- Jörg IV 238, 240
Heimerad (Hl.) I 417
Heimes (Weihb.Mainz) VII/2 604
Heimo (B.Konstanz) I 261
- (B.Verdun) I 77, 120, 128, 170, 216, 246
- (A.Merseburg) I 63
- (Dh.) II 275
- (Kan.St.Jakob) I 294, 316, 381, 417; II 52, 57-62, 89, 163, 324, 381, 472, 479, 515
- (Pfr Hollfeld) II 469
- (Pfr Lichtenfels) II 599
Hein, Werner v. (Dh.) IV 171, 181
Hein, Albrecht (Prie.) IV 225
- Chr. (Pfr Sachsgrün) IV 991
- Dietrich (Redwitz) IV 264
Heinberg, v. (Fam.) VI 715
Heinburg (abgeg.;B.-W.) II 146
Heinckel (Fam.) VII 182
Heincken, Joh. (Bbg) V 276
Heinczinne (PN) III 98
Heiner, Fritz IV 641
- Hermann (Kronach) III 673
Heinersberg (nö.Kronach) II 97
Heinersdorf (w.Fürth) III 705
Heinersdorf (Thür.) I 5, 414; II 533; III 368; IV 587, 618; VI 119, 194
Heinersgrund (n.Bayreuth) III 390
Heinersreuth (nw.Bayreuth) III 312; IV 164, 876, 887

Heinersreuth (sw.Naila) IV 545f, 600
Heinersreuth (w.Kulmbach) III 656
Heinike, Joh. Heinr. VI 562
Heinlein, Albrecht III 683
- Andreas (Weihb.Bbg) IV 503, 1043
- Elias (Forchheim) VII/2 329
- Hans (Vikar) IV 578
- Heinr. III 683
- Kath. IV 940
- Klaus IV 940
- Kunig. IV 128, 132
- Nikolaus (Kan.St.Jakob) IV 110, 174, 180
- Rüdiger (Kulmbach) IV 987, 1012
- vgl. Henlein
Heinrich (PN) I 107, 151, 380, 497f; II 58, 60, 62, 67-71, 73, 81, 89f, 98ff, 112, 137, 275, 277, 290, 335f, 385, 416, 462, 473, 481, 485, 494, 513, 516f, 520, 524, 535, 547, 560, 578, 582, 616, 624, 629, 640-644, 646ff, 661; III 41, 68, 111, 682
- I. (Kg) I 11, 78, 184, 331
- II. (Hl.;Ks.) I 23, 34, 37-49, 51, 53-159, 162-176, 182-186, 188-227, 229-316, 319, 326, 336, 341, 345, 354, 357f, 363-368, 371ff, 376, 382, 387, 402, 493, 501; II 4, 28, 47, 51, 63, 101, 157, 209, 331, 380f, 389, 395, 397f, 408, 445, 459, 543, 616, 654; III 86, 115, 141, 160, 566, 608, 613, 721, 753; VI 406f, 438, 453, 487, 602, 612, 626, 674, 679; VII 15, 42, 45, 49, 66, 111, 254, 274; VII/2 124, 141, 154, 159, 191, 421
- III. (-) I 293, 309, 334f, 345f, 348-352, 354-358, 360-372, 374f, 387, 405, 447, 449, 497; II 17

- IV. (-) I 368ff, 372-375, 384f, 387, 389ff, 403, 407ff, 411-416, 418-426, 428, 430f, 436, 438-445, 447-465, 467-476, 478-486, 488-493, 497; II 8f, 11-20, 22-39, 43, 70, 81, 90, 131, 136, 219; VI 612
- V. (-) I 482, 488f; II 2, 24, 28, 30ff, 34-39, 43-46, 49f, 67, 73-79, 81, 90ff, 103, 106-131, 137, 139f, 143, 157ff, 218f, 222, 283, 334, 515
- v.Staufen (Kg;Sohn Konrads III.) II 286, 381, 397, 399, 503
- VI. (Ks) II 343f, 449, 469f, 484, 501, 512ff, 544f, 554, 558f, 563-566, 573-576, 580f, 583, 602, 604
- (VII.) (Kg) II 612, 627, 630, 632, 649f, 654, 656, 658, 660, 663f
- VII. (Ks.) III 19, 22, 27f, 30f, 36
- (Kg v.Böhmen) III 31
- II. (Kg v.Frankreich) IV 821f
- (Gf) I 53, 58, 60, 66, 83, 413; II 72, 335
- (Gf i.Donaugau) I 373
- (Gf i.Nordgau) I 69, 71, 80, 83, 142, 144, 151, 153f, 224, 334, 368, 374f, 408, 459
- (Gf i.Österr.) I 62, 155
- (Gf i.Radenzgau) I 62
- der Fette (Gf Sachs.) I 485; II 29
- (Gf i.Taubergau) I 143
- (Hzg) II 464, 485; VI 604
- I. (Hzg v.Baiern) I 78
- II. der Zänker (-) I 32f, 39-43, 45, 47, 56, 78, 82, 101, 108, 119, 138, 145
- III. (-) I 43
- IV. (-) s.u. Heinr. II. (Ks.)
- V. v.Luxemburg (-) I 49, 51, 54f, 96, 110, 130, 164f, 167, 170, 221, 223, 234, 268, 286f, 289, 304, 306
- VII. (-) I 347
- IX. der Schwarze (-) II 131, 139, 222
- X. der Stolze (-) II 271, 275, 294f, 304, 307f, 316f, 373f
- XI. Jasomirgott (-) s.u. Heinr. (Mgf v.Österr.)
- XII. der Löwe (-) II 373f, 407, 429, 434, 448, 468f, 492, 520, 522
- (Hzg v.Braunschweig) IV 826, 830, 832-835, 843f; V 11, 24
- (Hzg v.Braunschweig-Lüneburg) V 10
- (Hzg v.Braunschweig-Wolfenbüttel) V 10, 46
- (Hzg v.Lothringen) II 28
- v.Limburg (Hzg v.Niederlothringen) II 44, 74, 276
- v.Niederlothringen I 215
- (Hzg v.Österr.) III 89
- (Hzg v.Sachsen) VI 561
- (Hzg v.Schlesien) III 205, 353
- (Burggf v.Regensburg) II 414
- (Mgf v.Brandenbg) III 18
- (Mgf Lausitz) II 301
- (Mgf v.Mähren) II 587
- (Mgf d.Nordmark) I 479
- I. (Mgf v.Österr.) I 47, 70, 208, 213f, 222, 236
- II. Jasomirgott (-; Hzg v.Baiern) II 96, 323, 369, 374, 414, 420, 473
- (Pfalzgf) II 594

- (Kard.) II 430f; III 630
- (Patriarch v.Aquileja) I 462, 467
- (Eb.Magdeburg) II 38
- (Eb.Mainz) II 395, 398f, 404f, 442; III 208
- II. (Eb.Salzburg) II 486
- (Eb.Trier) I 45
- (B.) III 239, 747
- (B.Albano) II 547
- II. (B.Augsburg) I 373, 386f; VI 155
- I. v.Bilversheim (B.Bbg) III 1
- II. v.Sternberg (-) III 51, 64, 87ff, 91ff, 98, 101f, 106f, 109, 127, 148, 419
- Groß v.Trockau (-) IV 9, 296, 331, 388-443, 452, 457, 460, 464, 480, 519, 848, 873, 1049
- (B.Cammin) III 608
- (B.Chur) I 426
- (B.Eichstätt) II 656; III 122, 168
- (B.Gurk) III 31
- (B.Hildesheim) I 40f, 47, 79, 196, 262
- (B.Laibach) VI 80
- (B.Lausanne) I 129
- (B.Lavant) III 134
- (B.Lüttich) I 445, 452
- v.Eilenburg (B.Merseburg) II 28
- v.Grünenberg (B. Naumburg u. Zeitz) III 77, 81
- (B.Olmütz) II 298f
- (B.Paderborn) II 28, 32
- (B.Parma) I 239
- (B.Regensburg) II 146, 224, 304, 307ff, 412, 414, 442; IV 325, 351
- I. (B.Speyer) I 415, 427, 432, 451
- (B.Thermopolis) III 381, 388, 756
- I. (B.Wbg) I 25-28, 62, 70, 77, 79, 87, 89, 106, 120-128, 131-135, 142f, 147, 170, 192, 198, 217, 221, 224, 233, 235, 242, 248, 363
- II. (-) II 439, 457, 465, 507f, 513
- III. v.Bergen (-) II 481f, 513, 517, 525f, 528-531, 534, 537f, 542f, 546, 548-552, 559, 561, 567ff, 580f, 589, 598
- IV. (-) II 597, 613
- (A.Banz) IV 352, 430; V 161
- (A.Bildhausen) II 423; III 366
- (A.Ebrach) III 558, 678, 756; IV 106, 935
- Brandis (A.Einsiedeln) III 262
- (A.Fulda) II 614; III 101, 168
- (A.Kladrau) III 635
- (A.Kremsmünster) II 663
- I. (A.Langheim) II 636
- II. (-) II 614, 635, 637
- VI. (-) III 657, 755
- VII. (-) III 124, 144, 582, 618, 662-665, 670-677, 755
- VIII. (-) III 293, 302, 681, 683-686, 756
- IX. (-) III 366, 370, 397, 694, 756
- (A.Michelfeld) II 387, 645; III 38, 102f, 138f, 604f, 755
- v.Truppach (-) IV 44, 114, 210, 217, 336
- (A.Michelsberg) I 230, 495f
- v.Plassenberg (A.Millstadt) II 377
- (A.Mönchröden) III 525
- (A.Münchaurach) III 444f; IV 11
- (A.St.Egidien/Nbg) IV 206, 230

- (A.Prüfening) IV 227, 236
- (A.Saalfeld) III 675
- (A.St.Gallen) II 587
- (A.Theres) IV 516, 546
- (A.Waldsassen) III 227, 704
- (A.Weißenohe) IV 281, 483, 545
- (A.Wülzburg) I 11, 15
- (A.St.Burkhard/Wbg) I 336
- (Archidiakon) II 530, 538, 542
- (Diakon) II 337, 534
- (Dh.) II 57, 59, 112, 147, 153, 277, 294, 482, 514, 516f, 529, 542, 563ff, 568, 576f, 580, 583, 588, 592, 595, 598, 616; III 10, 25f, 36, 51, 53, 64, 72, 74, 76, 81f, 89f, 103, 143, 351f, 354f, 361, 367, 388, 397, 401, 541f, 546, 564, 609f, 626, 628f, 643, 659, 694, 754
- (Dh.Eichstätt) IV 223
- (Dompfr Bbg) II 589, 598
- (Domscholaster Wbg) II 581
- (Kan.) II 584; III 352, 478, 565, 570ff
- (Kan.St.Gangolf) I 308, 325; II 605, 612f, 615; III 194, 352, 478, 565, 567f, 570ff
- (Kan.St.Jakob) II 57-61, 475ff, 490f, 534f, 569-572, 578ff, 605, 615, 622ff, 629
- (Kan.St.Stephan) II 533, 634
- (Kan.Koblenz) II 71
- (Kan.Neunkirchen/Br.) IV 279, 324, 901
- (Kan.Regensburg) II 275; III 13
- (Kan.Alte Kapelle Regensburg) II 543; III 1
- (Kan.Sonderhofen) IV 893
- (Kan.Spital a.Pyhrn) III 88
- (div.Kan.Wbg) II 124, 290, 335, 410, 449, 464f, 503, 505f
- (Kaplan) II 605
- (Kaplan Forchheim) IV 13
- (Kler.) II 538; III 36, 76, 81f, 245, 459, 567, 610
- (Kustos Bbg) I 486, 494
- (Mönch Hof) IV 248f
- (Mönch Michelfeld) III 637
- (Mönch Michelsberg) II 553f, 557, 604f, 607, 613, 615, 618, 623, 627, 629
- (Mönch Prüfening) II 338
- (Mönch Weißenohe) IV 243
- (Pfr) III 697
- (Pfr Diebach) IV 893
- (Pfr Dörrnwasserlos) III 608
- (Pfr Kirchleus) III 686
- (Pfr Kupferberg) III 198
- (Pfr Langenzenn) III 711
- (Pfr Lonnerstadt) III 710
- (Pfr Marktschorgast) III 553
- (Pfr Marienweiher) III 668
- (Pfr Regensburg) III 721
- (Pfr Rode) IV 141
- (Pfr Weismain) III 674f
- (Prie.) II 337; III 224, 679; IV 214
- (Prie.Bbg) I 308, 325; II 651
- (Prie.Nbg) III 734
- v.Pillenreuth (Prie.Nbg) III 720f
- (Prie.St.Lorenz/Nbg) III 732
- (Prior Banz) III 220
- (Prior Griffenthal) IV 803

- (Augustinerprior Nbg) III 143
- (Karthäuserprior Nbg) III 388
- (Prior St.Egidien/Nbg) IV 400
- (Pr.Ansbach) II 449
- (Pr.Berchtesgaden) II 436, 486
- (Pr.Ilmmünster) III 9
- (Pr.Marienweiher) III 644
- (Pr.Saalburg) III 225
- (Bbg) III 49, 194, 193, 199
- (Schulmeister Bbg) IV 35, 57, 214
- (Erlangen) III 699
- (Hollfeld) III 128
- (Kämmerer) II 644
- d.Kahle I 412; II 485
- (Kellner) III 194, 199, 567f
- (Marienweiher) III 662
- (Nbg) II 511
- (Oettingen) II 347
- (Regensburg) III 619
- d.Zan (Regensburg) III 287
- (Richter) II 464f
- (Schultheiß) II 639
- (Schwarzach) II 460
- (Wbg) II 73, 288, 335, 385, 410, 464f, 503, 505f
- (Schultheiß Wbg) II 449, 507f, 512
- (Zensuale) II 606

Heinrich (Fam.) III 199
- Ernst V 214; VI 375
- Joh. (Spital a.Pyhrn) VI 526
- Magdalena IV 318

Heinrichen, Joh. Franz Joseph VII/2 358ff, 364f, 377, 396, 407, 434, 457, 473ff, 520, 540, 568, 592, 626, 638, 640, 646f, 651, 674, 684, 686f

Heinrichsdorf (w.Passau) III 380
Heinrichskirchen (n.ident.) I 313
Heinz, Erhard III 398
- Nikolaus III 397
Heinzburg (nw.Neumarkt/Opf.) IV 466
Heinzelmann, Joh. (Venedig) VII/2 654
Heippel, Heinr. IV 945
Heisdorff (Fam.) VII/2 244
Heisenstein, Joh. Sebastian VII/2 358
Heiß, Jakob V 498
Heißdorf, v. (Fam.) VII/2 435
- Heinr. v. VII 56
Heißprechting (nw.Eggenfelden) I 145
Heitersheim (B.-W.) VI 445
Helb, Lorenz v. (Dh.) III 546
- Ph. v. IV 411, 508
Helbelinz, Heinr. II 644
Helbenbeck, Leopold III 589
Helberg, Albert v. III 410
Helbich (Forchheim) V 506
Helburg, Iring v. II 513
Helchner, Burkard (Nbg) IV 200
Held, Friedr. IV 422
- Gg (Amtmann) V 309
- s.u. Hieronymus (A.Ebrach)
- Konr. (Pfr Fürth) IV 428
- Leonhard (Nbg) IV 395, 408
- Wilh. (Pfr Oberngeseß) IV 725, 983
Heldburg (Thür.) I 18; III 690
Heldorfer, Konr. (Pfr Wichsenstein) VI 165

Heldritt, v. (Fam.) III 41, 659; VI 701, 706, 709
- Anna Barb. v. V 531
- Barb. v. VI 698
- Hans v. III 366
- Heinr. v. III 70
- Karl v. II 642; III 685
- Kath. v. III 685

Helehenfeld (n.ident.) II 64, 477f

Helfenroth (n.Bbg) II 622; III 627f, 632

Helfenstein, v. (Fam.) II 8; V 400
- Agnes v. III 217
- Beatrix v. III 217f
- Ludwig v. (Dh.) IV 1058
- Ulr. v. III 217; IV 468

Helffenberg, Darius v. IV 215

Helffer, Martin (Pfr Selbitz) IV 724f

Helfrid (PN) III 49

Helgot, Anna (Steinwiesen) VI 34
- Hans (-) VI 34
- Kath. (-) VI 34
- Maigel (Zeyern) VI 34
- Marg. (Steinwiesen) VI 34

Helica (PN) II 105f

Helin v.Nißa, Erasmus (Prie.) IV 161

Heller (Fam.) VII 293
- Bartholomäus III 631
- Fritz (Pettstadt) IV 270
- Joh. (Pfr Oberkotzau) IV 983
- Joseph III 760
- Leonhard VII 294

Hellewagen, Hans (Leutzenhof) IV 334
- Konr. III 102

- Treibod III 269
- Wolfram III 38, 269

Hellingen (Thür.) I 17, 19; II 291, 491, 497; III 643

Hellingen, v. (Fam.) III 562
- Arnold v. II 497
- Ekkehard v. II 474-477, 490f, 535, 571, 579
- Gundeloch v. II 497
- Hartmann v. II 465, 497
- Helmbold v. II 496f
- Herbord v. II 475, 491
- Hermann v. II 640
- Imbrico v. II 497
- Jutta v. II 475, 579
- Konr. v. II 491
- Merboto v. II 465, 496f
- Otto v. II 497
- Richiza v. II 475, 491
- Volkmar v. II 491

Hellinstein, Degenhard v. II 487

Hello (Gf) I 154

Hellziechen (abgeg.;Opf.) IV 34, 460

Helm, s.u. Joh. (A.Michelsberg)

Helmarshausen (Hess.) I 83, 115

Helmbolt (PN) II 103, 383, 443, 460f

Helmbrecht (PN) I 359

Helmbrecht, Heinr. (Pfr Leups) IV 949

Helmbrechts (sw.Hof) II 644; III 394; IV 117, 724f, 734, 737, 914; VI 230, 315f

Helmbrechts, Dietrich v. II 644

Helmburch (PN) II 105

Helmiger (Prie.) I 97

Helmleinsbach (Fl.) III 298
Helmlin (Fam.) III 531
Helmodus (PN) II 415
Helmreich, Friedel (Baudenbach) IV 882
- Gg (Kan.St.Gangolf) IV 570
- Geute (Bbg) III 542
- Hans (Baudenbach) IV 882
- Heinr. III 542; IV 789
- Konr. (Limmersdorf) III 684
Helmrich (PN) I 347; II 67, 96, 104, 502, 562, 597, 614
- (A.Ensdorf) II 454, 468
- (A.Michelsberg) II 5, 407, 413, 421f, 425, 439, 442-447
- (A.Theres) II 637
Helmstadt, v. (Fam.) VI 702
- Kunig. v. VI 704f
- Michael v. (Dh.) IV 257
- Wipert v. IV 58
Helmstedt (Nds.) I 193
Helmwert (Kan.Salzburg) III 6
Helmwig (PN) II 510, 533, 565, 616
Helngisesbach (Fl.) I 408
Helperich (PN) II 68, 577
Helschisaue, Marquard (Bibra) III 536
Helwig (Fam.) III 27
- Wilh. (Pfr Stadtsteinach) V 245
Hemau (Opf.) I 138; II 111, 143, 223; III 9
Hembure (n.ident.) II 143, 223
Hemer, Wolfgang (Scheßlitz) V 486
Hemerla, Hans (Pretzfeld) IV 490
Hemhofen (sö.Höchstadt/A.) III 252

Hemizo (Gf) I 228
Hemma (PN) I 489
- (Ä.Obermünster/Regensburg) II 393
Hemmendorf (ö.Ebern) I 21; II 640; III 672f, 675, 677f, 683f, 689; VI 583
Hemmendorfer, Jobst IV 673, 815
Hemmerlein, s.u. Candidus (A.Langheim)
- Friedr. (Pfr Creußen) IV 281, 943
- Otto (Pfr Altenkunstadt) III 454, 457, 697
Hemminger, Joh. (Forchheim) V 490f, 494
Hemmo (PN) I 333; II 97, 103
Hemrich (PN) I 347
Hemuza (PN) I 105
Hendrich, Gg Friedr. VI 622
Henel (Fam.) VII/2 355
Henfenfeld (w.Hersbruck) I 382; II 54, 118, 133, 332; III 38, 639; IV 466, 719, 746; VI 98; VII/2 257, 264
Henfenfeld, Eberhard v. III 141
- Gebhard v. III 38
- Kaezelin v. I 382
- Leonhard v. III 425
- Ulr. v. III 639, 719
Henffling, Stefan (Weismain) IV 618
Heng (nw.Neumarkt/Opf.) vgl. Postbauer-Heng
Hengen, Adalbert v. II 65, 390
Hengersberg (sö.Deggendorf) I 168; II 446
Hengersberg, Gerung v. II 446
Henglein, Joh. (Ützing) V 375, 384

Hengsthof (abgeg.;Mfr.) III 285
Henlein (Fam.) III 544
- Albrecht III 686; IV 936
- Andreas (Wertheim) IV 47
- Eberhard IV 101
- Friedr. III 686; IV 936
- Heinr. III 652, 658, 686; IV 236, 936
- Joh. IV 652, 658
- Nikolaus (Kan.St.Jakob) IV 256
- Nolt III 378
- Ramung III 652
- Vitus (Archidiakon) IV 937
- vgl. Heinlein
Hennberg (n.ident.) IV 263, 864
Henne (PN) III 337
Henneberg (Gfschaft) VII/2 284
Henneberg, v. (Fam.) I 16-20, 26, 137, 331; II 276, 291, 400ff, 420, 439, 620; III 21, 70, 155, 264, 379, 427; V 40; VI 176, 361, 376
- Anna v. III 69
- Bernhard v. I 17
- s.u. Berthold v. (B.Wbg)
- Berthold v. II 288, 290, 400ff, 464f, 504f, 509, 512f, 652; III 21; IV 2, 7, 37, 50, 74, 77, 88, 92, 95
- Berthold v. (Dh.) III 159, 344, 353, 355, 361, 365, 438, 459, 462, 639; IV 323, 339, 345, 376, 422, 563, 688
- Blitrud v. I 18
- Chr. v. (Dh.) IV 701, 803, 812-815, 1042, 1060
- Friedr. v. III 500; IV 28, 48, 68, 105, 113, 164
- Gg v. IV 191, 954
- Gg Ernst v. V 28
- s.u. Gebhard v. (B.Wbg)
- Gerhard v. (-) I 18
- Gotebold v. II 91, 94f, 178, 276, 288ff, 296f
- s.u. Günther v. (B.Speyer)
- Heinr. v. II 439; III 70, 101, 123, 155, 168, 193, 230, 275, 371, 379, 488, 491, 500; IV 22, 27, 29f, 37, 40, 48, 57, 64, 68, 93, 108, 113, 127, 144, 148, 151, 156, 164, 263, 1042
- Heinr. v. (Dh.) IV 245, 339f, 363f
- Hermann v. (-) III 312, 346, 361, 371; IV 527, 588, 689
- Irmingard v. II 401
- Joh. v. III 212, 295, 312
- Joh. v. (Dh.) IV 1060
- Jutta v. III 212, 681, 683
- Ludwig v. (Dh.) III 83, 125, 159f, 238, 305, 322, 331, 355
- Luitgard v. II 296
- Otto v. I 28, 157; IV 383, 416
- s.u. Ph. v. (B.Bbg)
- Pippin v. I 18
- Poppo v. I 20, 26; II 276, 290, 400ff, 410, 421, 449, 464f, 504-508, 620, 652f; III 233
- Poppo v. (Dh.) IV 812f, 1061; V 28
- Ratbirc v. I 17
- Sophia v. III 230, 295, 312, 327
- Wilh. v. IV 37, 188, 251-254, 471, 562, 613, 638, 688, 825, 829, 891; V 28
Henneberger, Ferdinand VII/2 333

- Joh. VI 654

Hennegau (Landschaft) I 194, 233f; II 50, 539; III 354, 728

- Gf s.u. Balduin; Reginar

Hennen, Hans (Nbg) IV 547

Hennhofer, Leonhard V 113

Henning, Alheid II 631; III 558

- Kunig. III 558
- Peter V 274, 310

Hentsch, Joh. (Rom) V 347, 351

Hentschel, Konstantin (Bbg) V 202

- Tobias (Kan.St.Stefan) V 160, 176f, 202, 239f, 252f

Hepel, Heinz IV 597

Hepesperch (n.ident.) II 106

Hepp, Adalbert Ph. VII/2 434, 436, 484, 575, 581, 585, 602, 632, 663

Heppenheim, v. (Fam.) VI 682, 686; VII 231; VII/2 369

- Anna v. VI 706

Heppenstein, v. s.u. Bauer v.Heppenstein

Her, Heinr. (Strullendorf) V 484

- Konr. (Sterpersdorf) III 703

Heraklius (Eb.Lyon) II 436

Herard (B.Straßburg) I 352

Herbelstadt, v. (Fam.) VI 716

- Cyriakus v. IV 507
- Dietz v. IV 418
- Eleonora v. VI 705, 709
- Michael v. (Dh.) IV 171, 181, 241, 245, 247, 258, 263

Herbert (PN) I 73; II 535

- (Eb.Köln) I 46, 52ff, 67, 77, 97, 99, 108, 120, 127-130, 132, 186, 198, 211, 219, 221, 232, 234, 242, 246, 248f, 261
- (Eb.Ravenna) I 242, 252
- (B.Eichstätt) I 261, 348
- (B.Hildesheim) II 586
- (B.Modena) I 419

Herbette (n.ident.) I 238

Herbig, Maria Franziska VII/2 641

Herbold (PN) II 73, 605

Herboldshof (Stadtt.Fürth) II 631

Herbolzheim (nw.Windsheim) II 376; III 96; IV 308, 852

Herbolzheim, Friedr. v. II 376

Herbord (Kan.St.Gangolf) II 543

- (Mönch Michelsberg; Theol.) I 469; II 3, 5-11, 14, 23-27, 40, 47, 51, 118, 131, 135, 139, 146, 149ff, 154, 156, 165-169, 171, 174-192, 199-204, 206, 210, 212, 220, 229, 231ff, 237f, 240, 243, 248f, 251f, 254, 261f, 267, 269ff, 290, 292-297, 302, 317, 322f, 325-331, 347, 440f
- (Pr.Erfurt) III 336
- (Friedberg) II 629
- (Verwalter) II 462

Herbrecht (PN) IV 18, 406

Herbst (Pfr Seußling) V 413

- Christine IV 814
- Hans VI 63
- Heinz IV 899
- Kath. (Bbg) VI 63

Herburg (PN) II 290, 516

Herch, Gangolf (Bbg) IV 591

Herchenzeil, Heinr. v. III 139

Herdan, Konr. IV 86

- Otto IV 264
- Walter IV 264

Herde (abgeg.;Ofr.) II 579
Herde, Heinr. v. III 348
Herdegen (PN) II 60, 486
- (Kan.Herrieden) III 732
- (Moorsbrunn) III 268
Herdegen, Balthasar (Kan.St.Stephan) VI 396
- Gg IV 760; V 500
- Konr. (Notar) III 142, 178
- Nikolaus (Frankenberg) IV 558, 666
- Ursula V 500
- Wolfgang V 189
Herdersdorf, v. (Fam.) VI 708
Herdingsberg, Kraft v. (Dh.) II 576, 579, 584, 598, 607, 609f, 612f, 618f, 621, 623, 629f, 636, 638ff, 645-648
Herdingsfeld, Siboto v. III 606
Herdygel, Jutta (Zeil) III 637
- Konr. (-) III 637
Herell, Fritz (Ottenhof) VI 90
Herenger (PN) I 246
Herford (NRW) VII/2 715
Herfurt, Joh. (Notar) V 180, 496f, 511
Hergolshausen (sw.Schweinfurt) I 19
Hergoltingen, Ebo v. II 417, 454, 521
- Marquard v. II 454
Hergramsdorf (w.Coburg) III 655, 671
Herhard (PN) I 150
Heribaldus (Prie.) I 122
Heribert s.u. Herbert
Herich der Stolze I 212f
Hering (Fam.) III 732

- Gangolf (Unterailsfeld) V 23
- Hans IV 629; VI 86
- Loy (Bildhauer) IV 542
Heringen, Rudolf v. (Prof.) IV 1025
Heringer, Gisela III 190
- Joh. IV 275
Heringnohe (n.Sulzbach-Rosenberg) VI 407
Herisbach, Reinger v. II 631
Heriward (B.Brixen) I 242f, 261
Herkerus (Dh.) II 578, 580
Herlembald (PN) I 207
Herlheim (nw.Gerolzhofen) I 10, 266; II 504
Herlmus, Joh. (Kan.Neunkirchen/Br.) VI 99
Hermann (PN) I 380, 383, 413, 459, 498; II 58, 60, 66f, 70f, 73, 90, 99, 103, 146, 153, 208, 210, 272, 290ff, 336, 461f, 481, 488f, 515f, 520, 542f, 553f, 560, 562f, 582, 592, 606, 629; III 64, 506, 564, 567, 756
- v.Baiern I 347
- (Hzg Oberlothringen) I 74
- II. (Hzg Schwaben) I 54f, 58-61, 67f, 74, 78, 81, 89f, 101, 183, 367
- III. (-) I 89, 101, 183, 238, 331
- (Gf) I 127, 409, 487; II 47, 79, 96, 323
- (Gf i.d.Ardennen) I 185
- (Burggf Nbg) III 128
- (Landgf Hess.) III 518
- (Landgf Thür.) II 587
- (Mgf Baden) II 46, 649
- (Mgf Banz) I 376ff, 409ff; II 103f
- (Eb.Bremen) I 347, 353

- II. (Eb.Köln) I 361, 364f, 370
- III. (-) I 490
- (-) IV 1049
- (B.) IV 130f
- (B.Augsburg) II 25, 81, 120, 130, 275, 304f
- I. (B.Bbg) I 375, 377f, 382, 388, 390, 406-409, 412ff, 416ff, 421ff, 426-441, 459, 494f, 502; II 11, 51f, 55, 103
- II. v.Aurach (-) II 67ff, 137, 141, 143, 294, 315, 375, 381ff, 385f, 389f, 406, 413, 416, 452, 454, 457, 460-464, 468, 479-493, 495, 500, 510, 526, 531, 566, 574; III 1
- (B.Brixen) I 316
- (B.Metz) I 427, 432, 445, 448, 450, 478
- I. (B.Münster) I 346
- II. (-) II 523
- (B.Prag) II 297
- I. (B.Wbg) II 636, 639-643, 649, 652
- (-) III 1
- (Deutschmeister) II 632
- (A.Niederaltaich) II 413f
- (A.Banz) II 638-644
- (A.Ebrach) I 323, 325; II 513; IV 235
- (A.Eilwarsdorf) III 18, 750
- I. (A.Michelsberg) II 5, 89, 94-101, 143, 151ff, 260, 276, 315, 329, 331f, 382f, 385, 407, 442, 617
- (-) III 92, 110, 127, 129, 611-614, 755
- v.Romrode (-) IV 226, 285
- (A.Theres) III 220
- (Dh.) I 477; II 64ff, 390, 424, 482, 484, 488f, 492, 495, 500, 515ff, 519ff, 529, 533f, 537, 542f, 549f, 564f, 581; III 194
- (Kan.) III 58, 157
- (Kan.St.Gangolf) II 416, 457, 479
- (Kan.St.Jakob) III 58, 312, 315, 557, 564, 567, 713
- (Kan.St.Stephan) II 607, 613, 615, 619
- (Kan.Forchheim) III 389
- (Kaplan) III 295
- (div.Kleriker) II 424, 463
- (Pfr) III 41, 557, 670, 674
- (Pfr St.Martin/Bbg) III 172
- (Pfr St.Sebald/Nbg) III 25, 28, 30, 86
- (Pfr Schauenstein) IV 163
- (Prie.) III 556
- (Subdiakon) I 308, 325, 411; II 416, 457, 482
- Angiensis I 24
- (Bbg) II 647; III 106, 756
- Boppo II 499
- Contractus I 366
- (Dachsbach) IV 373
- d.Geschorene II 640
- (Kämmerer) II 489, 520
- (Kärnten) II 492
- (Kellner) II 17
- (Notar) III 57
- (Nbg) III 757
- aus der Stadt II 550
- (Wbg) II 335
- (Zensuale) II 605

Hermann (Fam.) I 469f, 472, 475f; II 629
- Dorothea (Bbg) VI 44
- Hans (Reitsch) V 326
- Kaspar IV 1026
- Nikolaus (Stadtsteinach) VI 575
- Peter VI 397

Hermannsberg (ö.Haßfurt) III 587
Hermannsberg (Österr.) VII/2 66
Hermannswerde (FlN.) III 622
Hermersdorf (w.Höchstadt/A.) IV 783
Hermersreuth (nö.Bayreuth) IV 80
Hermes (Hl.) I 186; II 209
Hermunduren (Volksstamm) I 2
Hernberger (Fam.) VI 51
Herngerber, Heinz (Burgkunstadt) IV 595, 614
Hernsfelder, Andreas VI 538
Herold (PN) I 413, 459; II 73, 139, 385, 392, 460, 485, 529, 578, 599, 640, 646
- (B.Wbg) II 449, 456ff, 463, 509, 513
- (A.Michelsberg) II 615, 617f
- (Dh.) II 68, 134, 178, 299, 387
- (Kan.St.Gangolf) II 571
- (Kan.St.Stephan) III 525
- (Kan.Wbg) II 410, 464f, 507f, 512
- (Wbg) II 95, 290, 335, 385, 392, 410, 449, 460, 465, 503, 508, 512, 579, 581

Herold, Heinr. (Bayreuth) IV 870f
- Huozelin II 640
- Lucia (Bbg) VI 38, 40
- Sebastian (Mangersreuth) IV 969
- Ulr. IV 908

Heroldsbach (sw.Forchheim) I 137, 374; II 70, 94, 98, 292, 378, 400, 402, 419, 464, 482, 530, 549, 552; III 699; IV 549, 868; V 57; VII/2 230, 266, 406
Heroldsbach, Friedr. v. II 70, 94, 98, 292, 378, 400, 402, 419, 464, 482
- Heinr. v. II 529
- Ulr. v. (Dh.) II 517, 525, 530, 537f, 539, 542, 547, 549f, 552f, 568

Heroldsberg (nö.Nbg) II 90, 631; III 428, 444; IV 334, 344; V 489
Heroldshausen (Thür.) I 223
Heroldsmühle (n.Sulzbach-Rosenberg) III 269
Heroldsreuth (s.Pegnitz) II 133, 332, 645; IV 87
Heroldsreuth, Wolfram v. II 645
Herolteshusen (abgeg.;Ofr.) I 19
Herpersdorf (ö.Ansbach) II 138
Herpersdorf (n.Lauf/P.) I 154; III 444

Herrant (PN) I 487
Herrat (PN) II 103, 510
- (Pfr Pretzfeld) II 563

Herrenhusen, Eberhard v. II 378
Herreth (nw.Staffelstein) I 21; II 495, 638, 641
Herrieden (sw.Ansbach) III 19, 732; IV 915
- Anonymus Haserensis I 158f, 280, 364, 373

Herrieden, Konr. v. III 715f
Herrnberger, Matthäus (Bbg) VI 41f, 45f, 56, 59, 64, 66, 76, 78, 287, 367

Herrnsdorf (s.Bbg) II 286, 506, 508, 510f; III 183, 220, 542, 552, 559, 561; IV 607; V 447; VI 676; VII/2 702

Herrnsheim (sö.Kitzingen) II 446; VI 401

Hersbruck (Mfr.) I 8, 63, 66, 84, 144, 157, 367, 373, 500; II 54, 66, 332ff, 480f, 541, 646; III 110, 112, 172, 243, 249f, 260f, 279, 343, 425, 489, 639f, 724; IV 106, 117, 129, 179, 200, 243f, 313f, 466, 792, 829, 845, 915; V 258; VI 276; VII 204

Herschutein (Fam.) III 586

Herscilt (n.ident.) II 407

Bad Hersfeld (Hess.) I 35, 109, 183, 225-228, 246, 270, 336, 343, 358, 366, 371, 374, 386, 393, 401, 406, 417, 421, 423; II 370, 545f, 551; VI 115

- A. s.u. Arnold; Bernhar; Siegfried
- s.u. Lambert v.

Hersfeld, Adelhoch v. II 497
- Dietrich v. II 497
- Sigeboto v. II 497

Hertel, Konr. IV 136, 881
- Peter (Dornbach) V 4

Hertenberger, Konr. VII/2 43

Hertenkes, Andreas III 450

Hertennagel, Ruprecht (Pfr Sachsgrün) IV 724, 906

Hertlein, Konr. (Kan.St.Jakob) IV 271

Hertnid (PN) II 647

Hertnidstein (Österr.) IV 269

Hertreich, Friedr. (Wbg) III 576

Hertrich, Heinz (Dachsbach) IV 629

Hertter, Ludwig IV 682

Hertwig vgl. Hartwig

Hertwig, Hermann III 223

Hertzfeld, Heinr. VI 415

Herwigesdorf (n.ident.) III 258

Herwigesreut (n.ident.) II 332

Herwisci (n.ident.) I 106

Herzan v.Harras, Franz (Kard.) VII/2 651, 661, 692, 695

Herzog (Fam.) VII/2 98, 724
- Heinr. II 485
- Konr. Joseph (Kan.St.Gangolf) VII/2 388
- Leonhard (Prie.) IV 885

Herzogenaurach (w.Erlangen) I 154, 159, 333, 359, 408; II 144, 179ff, 349, 379, 401, 419, 549, 578, 611, 633; IV 83, 94, 179, 184, 225, 270, 296f, 305, 308, 313, 345, 352, 384, 399, 401f, 416, 441, 462, 485f, 549, 645, 750, 752, 785, 823, 849; V 5, 64, 165, 310, 449; VI 153, 166, 177, 179, 183, 186, 188, 198, 202, 208, 233, 236, 255, 282, 525, 543, 659; VII 43, 76f, 194, 205; VII/2 53, 433, 701

Herzogenreuth (ö.Bbg) III 92, 375

Herzogswalde (Sachs.) VII/2 281

Herzogwind (sw.Pegnitz) I 15; IV 342, 344, 443

Hesel, Heinr. (Prie.) III 740
- Joh. (Nbg) III 739f

Heselbewer (n.ident.) III 71

Heslein, Konr. IV 119, 211

Hesler, Peter (Selbitz) IV 997

Heß (Fam.) VII 19, 200

- Anna IV 469
- Eobanus (Nbg) IV 718
- Fritz IV 85
- Jakob (Eremit Staffelberg) VII/2 334
- Joh. VI 249
- Nikolaus (Wunsiedel) IV 1031
- Ursula (Vilseck) V 4
- Wilh. VI 358

Heßberg, v. (Fam.) III 380, 488; VI 709; VII 89
- Amalia Sabina v. VI 187, 705
- Anna Sybilla Juliana v. VI 576
- Bernhard v. IV 630
- Christian Erdmann v. VI 644
- Darius v. IV 219, 346, 418
- Dietrich v. IV 443
- Gg Ph. v. V 322
- Hans v. VI 576
- Joh. Andreas v. V 160
- Joh. Wolf v. V 58
- Nikolaus v. IV 546
- Ph. v. IV 546
- Siegmund v. IV 492, 540, 773, 807
- Valentin v. IV 546, 553, 557
- Wilh. v. IV 564, 659; V 484
- Wolf v. IV 630

Heßburg, v. (Fam.) III 500
- Adam v. IV 29
- Albert v. III 70, 340
- Elis. v. III 694
- Erkinger v. III 462, 545, 547, 566, 573, 601, 694
- Karl v. (Dh.Wbg) III 308, 382, 625; IV 28, 427
- Konr. v. III 70, 125, 671

Heßdorf (w.Erlangen) III 71; VII/2 665

Hesselbach (nö.Kronach) III 368, 672; VII/2 554

Hesselberg (sö.Höchstadt/A.) IV 783

Hessen I 30, 409; III 238, 313, 340, 426, 518; IV 362; V 10; VI 168f, 282, 445, 479, 494, 558, 627; VII 247; VII/2 241, 615, 716, 737

Hessen, Giso v. II 313
- Friedr. v. (Kard.) VI 445
- s.u. Ludwig v. (Landgf)
- Otto v. (Dh.) III 238
- s.u. Ph. v. (Landgf)

Hessen-Darmstadt (Landgfschaft) VI 648, 675; VII/2 622

Hessen-Darmstadt, Elis. Amalie v. VI 426
- s.u. Gg v.
- s.u. Joseph v. (B.Augsburg)

Hessen-Hanau (Landgfschaft) VII/2 498

Hessen-Kassel (Landgfschaft) VI 366; VII/2 498, 662, 682

Hessen-Kassel, v. (Fam.) VII 87
- s.u. Friedr. v. (Kg v.Schweden)
- s.u. Karl v. (Landgf)
- s.u. Wilh. v. (-)

Hessengau (Landschaft) I 143, 163

Hessinus (Gf) I 138f

Heßlach (ö.Bayreuth) IV 874

Heßlein (Fam.) VII 298
- Seligmann Samuel VII/2 473, 631, 685, 694, 696, 733

Hesso (PN) I 22; II 2

Hessus, Eobanus s.u. Heß
Hethenrich (A.Werden) I 211
Hetterich (Fam.) VII/2 396
Hettersdorf, v. (Fam.) VI 716; VII/2 262
- Barb. Kunig. v. VI 702
- Maria Susanna v. VI 708
Hettfolchus (PN) II 96
Hettinger, Joh. VI 693
Hettstadt (w.Wbg) VI 421
Hettstedt (Sa.-Anh.) II 114
Hetzel, Joh. (Pfr Uetzing) V 500, 503
- Lorenz IV 614
- Marg. (Schmachtenberg) VI 62
- Sebastian VI 339
Hetzelsdorf (s.Ebermannstadt) I 137, 374; II 474, 624; III 286, 564; IV 491, 731, 737, 784, 915, 999, 1002
Hetzelsdorf, v. (Fam.) III 732; IV 138
- Alman v. III 16, 75, 652
- Elis. v. III 564
- Gg v. IV 446, 483, 509, 524, 659, 891f
- Hans v. IV 892
- Heinr. v. III 532
- Horant v. III 532
- Konr. v. III 285, 564
- Marg. v. IV 659, 891f
- Ulr. v. III 564
- Walter v. III 286
- Wolf v. IV 659, 700
Hetzendorf (sw.Pegnitz) I 15; III 277
Hetzendorfer, Anton Albrecht (Pfr Schönfeld) VII/2 531

Hetzer, Gg VII 137f
Hetzles (nö.Erlangen) II 54; III 140, 159; IV 18, 406, 544, 568; VI 134, 185, 253, 512
Hetzmannstein (abgeg.;NB.) III 380
Hetzstauden (FlN.) III 284
Heubach (B.-W.) II 9
Heubach, Heinr. III 264
Heuberg (sw.Ansbach) III 733
Heubsch (sw.Kulmbach) II 499; III 285, 356, 667, 710; IV 20, 509, 934
Heubsch, Eberhard v. IV 791
- Ebo v. II 499
- Gebhard v. III 667
- Gg v. IV 791
Heublein, Klaus VI 194
- Martin VI 241, 306
- Siczo IV 222
Heuchelheim (nö.Scheinfeld) I 6; II 94, 554
Heuchling (ö.Lauf/P.) III 279
Heudorf, Heinr. v. II 461
Heuel, Eberlein III 629
Heuler, Klaus IV 633
Heumann, Joh. (Prie.) VII/2 413
- Ursula VI 67
Heunisch (Fam.) VII 199; VII/2 552
- Maria Kath. VII/2 49
- Maria Magdalena VII/2 49
Heus, Gg (Nbg) IV 539
- Wilh. IV 564
Heusenstamm (Hess.) VI 682, 693; VII/2 369, 373
Heusenstein, Gg v. (Dh.) V 95, 518, 520

- Martin v. V 518
Heusner v.Wandersleben, Sigmund VI 163f, 223, 247, 275, 303, 326
Heuß (Fam.) VI 324
- Ulr. (Augsburg) V 316
Heuß v.Eußenheim, Adam Valentin VI 345, 379
- Gg Erasmus VI 176, 205
- Gottfried (Sachsendorf) VI 578
- Hans Gottfried (Schönfeld) VI 525
- Hartmann Donat VII/2 326
- Heinr. Christian (Marloffstein) VI 643, 651, 659
- Heinr. Chr. VI 525, 602
- Maria Amalia VI 578
- Marsilius VI 525
- Otto Hermann VI 525
Heußer (Fam.) VI 176
Heustreu, Dietrich v. II 497
Heuzo (PN) I 246
Hevellerland (Landschaft) I 174
Hewndal (abgeg.;Opf.) II 631
Heyberger (Fam.) III 204; VII/2 296, 627
- Franziska VII/2 627
Heydecker, Heinr. (Bbg) III 574
- Irmgard (-) III 574
Heyden (Fam.) II 439; III 286
- Friedr. (Dh.) III 245, 471, 507, 752
Heydenreich (A.Zedlitz) III 38
- Gallus Heinr. (Staffelberg) VII/2 136
Heyderer, Gg (Prie.) IV 733
Heydt, Joh. VII/2 411
Heyl (Fam.) VII/2 442f

Heylmann (Mönch Heilsbronn) III 711
Heymhofen, Albrecht v. IV 462, 518, 659
- Alweg IV 460, 484
Heymann, Gerhaus IV 235
- Joh. (Kan.St.Stephan) IV 417
- Joh. (Prie.) IV 985
Heynach, Karl Sigmund v. VI 544
- Ludwig Karl v. VI 544
- Rosina Barb. v. VI 544
Heynenberg, Konr. v. III 104
Heyner, Hermann III 360f
Heynerl, Franz Xaver (Wien) VII 166
Heyrloch (abgeg.;Mfr.) III 286
Heyfolt (PN) II 112
Hezichus (Hl.) I 180
Hezilo (PN) I 17, 497f
- (B.) I 362
- (B.Hildesheim) I 348, 443, 445f, 501
- (Gf) I 20, 347
Heziman (PN) I 498
Hezingen (n.ident.) I 88
Hicecha (PN) I 157; II 69
Hickrich (Fam.) IV 527
Hiendl, Petrus (Kupferberg) V 250
Hieronymus (PN) I 285
- (Hl.) II 395
- (päpstl.Legat) IV 307
- v.Colloredo (Eb.Salzburg) VII/2 514
- (B.Vicenza) I 206f
- Held (A.Ebrach) VII/2 50, 188, 200f

- (Dh.) VI 119
Hilarius (Hl.) I 187
Hilbrandsgrün (nw.Münchberg) IV 163
Hildar (Dh.) II 58, 68, 194, 196
Hildburghausen (Thür.) I 229; III 305
Hildebrand (PN) I 385; II 476, 489, 641; III 387
- (A.Arnoldstein) II 605
- (Jesuit) VII/2 99, 102
- (Mönch Ebrach) II 511
Hildebrand, Konr. (Regensburg) VI 77
- vgl. Hillbrandt
Hildegard (PN) II 66, 621, 631
- (Hl.) II 473
- (Ä.Kaufungen) I 289
Hildegundis (PN) II 401, 461, 473, 516f
- (Hl.) II 137
Hildelinus (Kan.Wbg) I 122
Hildenberger, Joh. Rochus (Pfr Scheßlitz) VII/2 45
Hildenbrand, Joh. Lukas (Baumeister) VI 595
Hilderich (B.Havelberg) I 93f, 102
Hildesheim (Nds.) I 40f, 47, 79, 114, 196, 206, 261f, 270, 272, 284, 293, 304, 439, 501; II 156, 584, 586, 660; IV 694; VI 379, 488; VII/2 288, 715f
- B. s.u. Adelhog; Azelin; Bernhard; Bernward; Friedr. Wilh.; Godehard; Heinr.; Herbert; Hezilo; Konr.; Othwin; Udo
Hildeward (B.Naumburg) I 35, 94, 102, 129, 166, 190, 343

Hildewin (PN) I 17f
Hildmannsdorf (n.ident.) VII/2 526
Hildolf (B.Mantua) I 120, 128, 343
Hildward (B.Halberstadt) I 34
- (B.Zeitz) I 35, 94, 102, 129, 166, 190, 343
Hilgartsberg (nw.Vilshofen) II 486f
Hilger (Fam.) VI 404
Hilkering (sö.Deggendorf) III 380
Hilkersdorf (sö.Ebern) III 631
Hillbrandt, Arnold IV 271
- Friedr. (Weiden) III 319
- Hans Gg IV 609
- Heinr. IV 85
- Hermann IV 15
- Sebastian (Bbg) VI 131
- vgl. Hildebrand
Hillebrand zu Brandau (Fam.) VII 199
Hillebrink, Robert VI 344f
Hillenberg, Adalbert v. II 59, 523, 527
- Kunemunt v. II 59
Hillin (Eb.Trier) II 410, 414, 437
Hillstett (nw.Cham) I 153
Hilpersdorf (Österr.) VI 434
Hilperhausen (Hess.) IV 388
Hilpertshausen (nö.Wbg) V 484
Hilpoltstein (Mfr.) III 424; IV 829, 845
Hilsbach (sw.Ansbach) III 97
Hilta (PN) II 489
Hiltebold (PN) III 138
- (Gf) I 139
- (Dh.) III 49

Hiltiger (PN) II 616
Hiltmar, Arndt III 746
Hiltner, Hans (Lichtenfels) IV 420
- Jakob IV 751
- Joh. IV 530
- Nikolaus (Pfr Wunsiedel) IV 722, 733, 997, 1036, 1038
Hiltpoltstein (n.Lauf/P.) II 64, 97, 477f; III 112, 249; IV 82, 296, 613; VI 125f, 551
Hiltpoltstein, Joh. v. IV 469, 484
- Kaspar v. IV 422
- Ulr. v. II 97, 442
Hilz, s.u. Bernhard (A.Niederaltaich)
Himmelberg, Hans Leonhard v. V 192
- Konr. v. III 32
- Otto v. III 88, 136
Himmelkron (nw.Bayreuth) III 93, 294, 334, 337, 683, 756; IV 67, 69, 101, 109, 164, 237, 270, 360, 625, 627, 731, 735, 737, 843; VI 109, 140
- Ä. s.u. Adelheid; Agnes; Anna
Himmelreich (Fam.) III 589, 591
Himmeltal (sö.Aschaffenburg) II 655; III 41
Himmelthron s.u. Großgründlach
Himmler, Anna V 490
- Gg V 490, 492
Himsel (Fam.) IV 120
Hinckelmann, Barb. (Bbg) VII/2 375
Hinberg, Irnfried v. II 634
Hinterhaslach (sö.Hersbruck) IV 162
Hinterholzer, Peter III 363
Hinterkleebach (nw.Pegnitz) II 393

Hinterlaudengrund (abgeg.;Ofr.) VI 546, 600
Hintesbrunn (abgeg.;Ofr.) II 522
Hiras, Eberhard III 75
Hirnheim, Hans-Walter v. IV 824
Hirnkofen (ö.Dingolfing) I 145
Hirnkofen, Joh. v. IV 938
Hirnsing, Michael (Pfr) IV 866
Hirs, Eberhard III 267; IV 11
- Walter III 267, 568
Hirsau (B.-W.) I 483; II 2, 9, 11, 36, 49, 56, 83-86, 93, 102, 136, 138f, 164, 285, 325; IV 115
- A. s.u. Gebhard; Volkmar; Wilh.
Hirsau, Ulr. (Pfr Ickelheim) IV 281
Hirsch, Josef VII 142
- Model VII 142
- Samuel V 466
Hirschaid (sö.Bbg) I 459; II 484, 522, 598; III 25, 129, 190, 760; IV 58, 60, 65, 95, 126, 129, 152ff, 211, 643, 817, 875; V 65, 165; VI 58, 158, 211, 238, 253, 264, 277, 326, 411, 444, 518, 523ff; VII 89, 201; VII/2 291f, 295, 513, 601, 702
Hirschaid, Christian v. III 531
- Chr. v. IV 833, 837, 839, 844; V 34
- Friedr. v. III 188, 531
- Hermann v. II 641
- Hieronymus v. IV 658, 780, 808
- Joh. v. IV 333, 831
- Konr. v. IV 333, 356, 881
- Matthias v. IV 126, 153f
- Sebastian v. V 24, 162
- Ulr. v. III 634

Hirschau (nö.Amberg) III 112, 343; IV 215
Hirschberg (nö.Eichstätt) II 293
Hirschberg (Thür.) I 6, 331; II 403, 624; III 78; IV 386, 723ff, 734, 736, 902, 916, 942; VI 230
Hirschberg (abgeg.;Mfr.) IV 893
Hirschberg (abgeg.;Ofr.) II 509
Hirschberg, v. (Fam.) III 110, 223
- Adelheid v. III 664, 666
- Albert v. III 662
- Anna v. III 664, 666
- Arnold v. III 252, 313, 405, 664, 666, 669f, 678; IV 72, 270, 937, 985, 1020
- Augustin v. IV 521, 658, 908
- Chr. v. IV 450
- Dietrich v. IV 968
- Dorothea v. (Nonne Himmelkron) IV 237
- Eberhard v. IV 974
- Friedr. v. III 166, 269
- s.u. Gebhard v. (B.Eichstätt)
- Gebhard v. III 9
- Gg v. IV 658, 909, 997
- Gg Peter v. VI 11, 17, 113ff; VII 298
- Gottfried Wolf v. IV 968
- Heilmann v. III 166
- Heinr. v. III 166
- Hermann v. III 584; IV 252, 906, 908, 1006
- Joh. v. III 313, 390; IV 874, 906, 937, 1006, 1029
- Joh. Gg v. V 457
- Kath. v. (Nonne Himmelkron) IV 237
- Konr. v. III 266, 393
- Ludwig v. IV 968
- Marg. v. III 664, 666
- s.u. Marg. v. (Ä.Kitzingen)
- Nikolaus IV 270, 907f, 937
- Osanna v. III 664
- Ph. v. IV 1006
- Rüdiger v. II 624
- Samson v. IV 908
- Volkolt v. II 403
- Wolf v. IV 909
Hirschberger, Erasmus (Pfr) IV 981
- Hieronymus (Kan.St.Gangolf) IV 579
Hirschbrunn (sw.Bbg) VI 453, 642f
Hirschbühl (FlN.) II 502
Hirschendorf (Thür.) II 439
Hirschenfeld (n.ident.) III 541
Hirschfeld (n.Kronach) II 635; III 368
Hirschhorn, Eberhart v. (Dh.) III 247, 282, 596f, 688; IV 89
- Joh. v. IV 4f
Hirschlein, Sebald (Bbg) IV 858
Hirschmann, Barb. (Heroldsberg) V 489
- Hans V 489; VI 39, 43
- Konr. (Pottenstein) IV 295
- Michael (Köttmannsdorf) V 23
Hirschvogel, Martin (Nbg) IV 386
- Veit (-) IV 541
Hirslab, Sebald (Domvikar) IV 759
Hirst, Kunig. (Kronach) IV 358
Hirt, Hermann III 743
Hitinchoven (abgeg.;NB.) II 111

Hitzinger, Andreas (Zeil) VI 39, 61
- Ottilia (-) VI 61
Hizo (B.Prag) I 269
Hoch, Heinz (Scheßlitz) IV 192
Hochberg (Österr.) VII/2 74
Hochberger, Hans (Voitsreuth) IV 881
Hochenhart (FlN.) II 488
Hocher, Joh. (Pfr Schauenstein) IV 991
Hocher v.Hohengrän, Joh. Paul VI 465
Hochgesancks, Kaspar IV 878
Hochhausen (B.-W.) II 503
Hochherz, Heinr. III 728
Hochkirch (Sachs.) VII/2 236
Hochstadt (Rh.-Pf.) I 112
Hochstadt am Main (ö.Lichtenfels) II 528ff, 636; III 349, 582, 653, 659, 662, 677; VII/2 223
Hochstahl (nö.Ebermannstadt) III 50, 236, 566; IV 144, 584, 610
Hochstetten, v. (Fam.) VII 17
Hochstetter, Gg VII/2 255
Hochtrit, Hans (Mangersreuth) IV 966
Hocke, Heinr. (Diepersdorf) III 364
Hodeneck, Wittigo (Bbg) III 647
Hodo (Gf) I 213, 219
Hoe (Fam.) V 23
Höbing, Karl v. II 275
Höchheim, s.u. Veit v. (B.Bbg)
Höchst (Hess.) I 341; III 27; V 467; VI 581; VII/2 367f
Höchstadt an der Aisch (Mfr.) I 17, 19f; II 290, 335, 423f, 438, 481ff, 522, 540, 615; III 144, 258, 330, 379, 394, 515, 526, 586, 593, 596, 608, 611f, 614, 624, 700-703, 710; IV 61f, 72, 77, 96, 102, 107f, 117, 146, 165, 227, 309, 357, 367, 392, 398ff, 452, 482, 486f, 515f, 596ff, 606f, 614, 645, 655, 750, 783, 785, 788, 792, 794, 823, 828, 1002; V 5, 16, 67, 326, 358, 449; VI 94f, 158, 166, 173ff, 178, 183, 187, 194, 197, 202, 204ff, 208-211, 216, 224, 233f, 241, 247f, 251, 255, 277f, 282, 326, 444, 582, 608, 617, 630, 645, 659; VII 19, 43, 187, 287; VII/2 57, 323, 381, 423, 425, 491, 618

Höchstadt, Adelheid v. II 296
- Agnes v. II 296
- Dietmar v. II 452, 483, 510
- Eberhard II 379, 401, 419, 460
- Engelhard v. II 392
- Engelmar v. II 543
- Gottfried v. II 96, 443, 448, 483
- Gozwin v. II 137, 287, 291, 423
- Konr. v. II 550
- Heinr. v. II 511
- Hermann v. II 60, 67, 146, 287, 290f, 296f, 379, 423, 460, 511, 532, 550
- Siegbert v. II 511

Höchstädt (sw.Pegnitz) II 137; IV 311

Höchstädt an der Donau (nö.Dillingen) I 469

Höfen (n.Bbg) VII/2 26

Höfen (s.Bbg) VI 628, 643, 674; VII 28, 66, 78, 142, 169, 185, 205; VII/2 402, 434

Höfen (nö.Ebermannstadt) III 57
Höfen (sw.Kemnath) III 39; VII/2 667
Höfen (ö.Neustadt/W.) III 138
Höfen (Stadtt.Nbg) V 469
Höffels, Berthold VI 270
Höfflig, Kath. Lioba VII/2 324
- Wolfgang VII/2 324, 514
Höflas (nö.Bayreuth) IV 783, 1011
Höflas (nö.Eschenbach/Opf.) III 634
Höflas (w.Eschenbach/Opf.) III 637
Höflein, Heynel (Kupferberg) IV 120
Höfler (Fam.) III 243, 246
- Adam Andreas (Pfr Schlicht) VII/2 382
- Gertaud (Bbg) VI 46
Höfles (sö.Forchheim) IV 913; VI 451
Höfles (ö.Kronach) IV 14, 91, 270, 317, 347
Höfles (Stadtt.Nbg) IV 784
Höfstätten (nw.Kulmbach) III 396; IV 234
Högling (ö.Amberg) II 146
Höhenberg (n.ident.) III 380
Höhhof (nö.Kulmbach) VI 546, 600
Höhingen (B.-W.) II 71
Höhlein, Joh. IV 576, 590; VI 10
Höhn (Fam.) VII/2 98, 189
- Joh. Heinr. (Pfr) VI 669; VII 178
- Konr. III 527; IV 399, 987
Höltzl (Fam.) VI 38
- Klaus VII 294
Hölzel v.Sternheim (Gen.) VII 73, 90, 94, 191, 201, 203
Höneich (n.ident.) IV 496

Höner (Fam.) III 752
Hoennecker, Wolfgang (Domvikar) IV 423
Bad Hönningen (Rh.-Pf.) I 156f; II 71
Höpfler, Regina (Bbg) VI 50
Höpfner, Jodocus (Rom) VI 371
Höppel, Kaspar V 405
Hörauf vgl. Seckendorf-Hörauf, v.
Hörlbach (nw.Weißenburg) IV 958f
Hörlein, Gg (Tiefenpölz) V 184
Hörlinreuth (s.Kulmbach) IV 96
Hörmann, s.u. Maurus (A.Weißenohe)
Hösch, Mathias Gerhard VII 276
Hötzendorf (nw.Passau) III 380
Höxter (Nds.) VI 360; VII/2 716
Hof (nw.Passau) III 380
Hof an der Saale (Ofr.) II 653; III 6, 76-80, 96, 209, 221-229, 329, 332f, 336f, 389f, 393, 399f, 402-408, 444, 500-503, 681, 703f, 756f; IV 70, 79, 81, 87, 89, 102, 114, 215f, 247ff, 366, 371f, 374, 381, 385ff, 421, 449f, 470, 480, 512, 724f, 735f, 742, 758, 832, 835, 837, 902, 916-927, 953, 1049; V 58, 115, 138, 166; VI 150, 203, 315, 418; VII/2 226f, 242, 746, 748
Hof, Ulr. v. III 42, 44
- Wolfram v. (Kronach) IV 13, 17
Hofer, Fritz IV 361, 910
- Heinz IV 86
- Konr. (Strullendorf) IV 134f
- Wolf (Coburg) IV 968
Hoffer v.Lobenstein, Hans Gg VI 408

Hoffheintz (Fam.) V 23
Hoffler, Joh. (Fürth) IV 817
Hoffmann, Anna VI 36, 43, 62, 67
- Bartholomäus (Kan.Forchheim) 491
- Bastian (Pfr Seußling) V 489
- Elis. V 491; VI 62
- Friedr. III 183, 628, 702
- Gg (Zeil) VI 62
- Hans III 628; V 33; VI 62, 70, 122
- Heinz VI 122, 127f
- Jodokus (Prie.) V 471
- Joh. (Prie.) VI 126, 129, 133
- Joh. Benedikt (Kan.St.Stephan) VII 413ff,
- Kath. V 33; VI 37
- Klaus (Hallstadt) VI 37
- Konr. V 491
- Kunig. V 483
- Leonhard (Pfr Kirchehrenbach) VII/2 45
- Magnus (Kulmbach) V 32, 70
- s.u. Magnus (A.Langheim)
- Marg. V 514; VI 60, 66, 71
- Michael VI 370, 408; VII/2 333
- Nikolaus (Domvikar) V 333
- Pankraz V 33, 491
- Simon Vitus VII/2 97-101, 103, 107f, 120, 169, 187f, 190, 194, 200f, 209, 243, 264, 272, 365, 403, 434f, 443
- Stefan VI 38, 71
- Ursula VI 67, 71
- vgl. Hofmann
Hoffmeister, Gabriel VI 130
- Kath. (Forchheim) VI 64

- Ursula VI 47, 52, 57, 61
- Wolf (Bbg) V 360f
Hoffot, Hans IV 594, 601, 606
Hoffstätter (Fam.) VII/2 55
- Joh. (Nbg) VI 401
Hofheim (Ufr.) II 65, 503, 509; VI 193; VII/2 243, 368
Hofkenhoven (abgeg.;Opf.) II 332
Hofmann (Fam.) III 34; VI 74; VII/2 518
- Anna IV 275
- Berthold (Erlangen) IV 897
- Betzold III 445
- Christian (Litzendorf) IV 128
- Else IV 815
- Friedr. (Ebermannstadt) IV 84, 138
- Gg IV 630; V 306; VI 173
- Gottfried (Uetzing) III 26
- Hans IV 331, 424, 586, 789, 817, 878, 892, 961, 998; V 274, 489; VI 174
- Heinr. III 308, 403, 616, 678, 743; IV 579, 611, 817, 945
- Hermann (Weilersbach) IV 138
- Jakob (Pfr Westheim) IV 1008
- Jobst (Pfr Mainroth) IV 816f
- Kaspar V 514
- Konr. III 129, 308, 523; IV 84, 169, 215, 311; VI 230
- Kunig. III 743
- Martin (Pfr Marktzeuln) VII/2 335
- Matthäus (Pfr Trunsdorf) IV 1002
- Merklin (Ellersdorf) III 183
- Nikolaus (Kupferberg) IV 644
- Pankraz (Geisfeld) IV 630
- Peter (Kan.St.Jakob) IV 283, 610

- Sebastian (Pfr) IV 817, 862
- Thomas (Unterleinleiter) IV 789
- Ulr. IV 789
- Wolf (Nbg) IV 461, 463
- vgl. Hoffmann

Hofmann zu Grünbühl, Joh. Friedr. V 102, 117f, 120f, 123ff, 132, 135ff, 139, 159f, 165-168, 191, 193ff, 251, 263, 361
- Maria Sabine V 195f

Hofstetten (sö.Amberg) II 144, 332

Hofstetten (nö.Haßfurt) III 139, 532

Hofstetten (sö.Roth) III 181

Hofstetten (n.ident.) III 204, 267

Hofstetten, Heinr. v. II 153
- Hermann v. II 60, 67, 297, 379, 460

Hofwart, Raban IV 178

Hoger, Hermann II 511

Hohen, Hans (Wiesengiech) IV 502

Hohenaich (sö.Haßfurt) IV 317; V 339, 341; VI 517ff

Hohenberg (sw.Hof) III 111, 124, 147; IV 400; VI 150, 167

Hohenberg, v. (Fam.) III 111, 147
- s.u. Albert II. v. (B.Freising)
- Albrecht v. III 17, 239
- Burkart v. (Dh.Wbg) III 434
- Dietrich v. III 20, 56, 587, 619
- Eberhard (Dh.; Pr. Alte Kapelle/ Regensburg) III 104f, 111f, 125, 128, 144ff, 150, 153, 159f, 162f, 193, 198, 201, 234-238, 244, 282, 287, 305, 531, 559, 616, 664, 670, 754
- Elis. v. III 587
- Hugo v. III 167
- Petrus v. (Dh.Wbg) III 159

Hohenburg (s.Tölz) I 84

Hohenburg, v. (Fam.) IV 21
- Ernst v. II 138
- Friedr. v. II 138, 446
- Marg. v. VI 697
- Rüdiger v. II 513
- s.u. Sophie v. (Ä.Kitzingen)

Hoheneck (sw.Neustadt/A.) II 292, 550; IV 629ff, 830, 868, 894

Hoheneck, v. (Fam.) VI 687; VII/2 298
- Dietmar v. II 292
- Franz v. VI 712
- Hedwig v. III 541
- Joh. Adam v. VI 605
- Ramung v. II 549f
- Walter v. III 541
- Wilh. v. II 634

Hohenellern (abgeg.;Ofr.) III 375

Hohenfeld, Chr. Ph. Gg Willibald v. (Dh.) VII/2 349, 753f

Hohenfels, s.u. Albrecht v. (B.Eichstätt)
- Heinr. v. III 186, 527

Hohengerolzeck, Gangolf v. IV 546
- Walter v. IV 546

Hohengüßbach (nö.Bbg) III 572; IV 585; VI 355

Hohenhäusling (nö.Bbg) III 560

Hohenhaus, Albert v. (Dh.) III 158

Hohenheim (n.ident.) VI 99

Hohenheim, Franziska v. VII/2 560f

Hohenknoden (nö.Bayreuth) III 312, 421

Hohenlandsberg (nw.Neustadt/A.) IV 836, 843

Hohenlinden (n.Ebersberg) VII/2 699, 701

Hohenlohe, v. (Fam.) III 111, 200, 208, 232, 379; VI 140, 143, 351, 372, 549, 607; VII/2 89

- Albert v. II 513; III 194, 205, 757
- s.u. Albrecht v. (B.Wbg)
- Albrecht v. III 74; IV 87, 99, 688, 953
- Anna v. III 439
- Eberhard v. IV 838
- Elis. v. III 300
- Friedr. v. (Dh.) III 48, 53, 86, 93, 106ff, 110f, 116f, 119, 125, 127f, 130ff, 144ff, 150ff, 160, 165, 167ff, 173, 182, 188, 191-195, 200ff, 205f, 209-214, 220, 223, 225, 227, 230ff, 234, 237-240, 242f, 251, 258, 438, 568, 590, 620, 634, 649, 669, 677f, 680ff, 704, 714, 754f, 757
- Friedr. v. (Dh.Wbg) III 757
- Friedr. v. (Kan.St.Gangolf) III 160, 165, 568
- Friedr. v. (Kan.St.Jakob) III 234, 239, 568, 755
- Friedr. v. (Kan.St.Stephan) III 160, 192, 306, 529, 754f
- Gg v. IV 362, 689
- Gg Friedr. v. V 463
- Gerlach v. III 300, 310, 312, 324, 330, 379, 625
- Gottfried v. (Dh. Bbg u.Wbg) III 74, 164, 194, 237, 324, 439, 529, 650, 753f, 757
- Heinr. v. II 513; IV 953
- Heinr. v. (Dh.Wbg) III 94, 110, 194, 238f, 680
- Hermann v. I 27
- Joh. v. IV 27, 48
- Kasimir v. IV 838
- Konr. v. III 439, 703
- Kraft v. III 19, 168f, 212, 237, 247, 671f; VI 136, 263, 278
- Kuno v. I 27
- Ludwig v. (Dh.) III 60, 159, 168f, 194, 205, 212, 250f, 673
- Ludwig v. IV 838
- Ludwig Gustav v. VI 467, 480, 507
- Lutolf v. III 757
- Marg. v. III 164, 300
- Ph. v. (Dh.) IV 578, 653, 674, 771, 812, 1059
- Ulr. v. III 438

Hohenlohe-Bartenstein, v. (Fam.) VII 23, 36

Hohenlohe-Langenburg, v. (Fam.) VI 142

Hohenlohe-Schillingsfürst, v. (Fam.) VII 36, 191

- Ernst Otto v. VI 450

Hohenlohe-Weikersheim, v. (Fam.) VI 595; VII 186, 190f

Hohenmauten (Österr.) III 169f, 188, 381

Hohenmirsberg (sw.Bayreuth) II 68, 94, 276, 318, 333, 335, 483, 554; IV 783; V 498, 513; VI 86ff, 99f, 237, 257, 277, 343; VII 115; VII/2 335, 531

Hohenmirsberg, Eberhard v. II 68

Hohenpölz (ö.Bbg) I 487; II 59, 100, 333, 461, 482ff, 488, 552, 612; III 270; IV 584; VII/2 214

Hohenreuth (nö.Kulmbach) VI 546, 600

Hohensant (abgeg.;Opf.) II 53, 55, 334, 474

Hohenschambach (w.Regensburg) I 138; II 111, 141, 143, 271

Hohenschwärz (sö.Forchheim) III 94; IV 913

Hohenstadt (ö.Hersbruck) III 49, 98, 111, 127, 428, 572f; IV 112, 129, 927f

Hohenstein (sw.Coburg) III 70, 657, 673, 680

Hohenstein (n.Hersbruck) I 23; III 112, 249, 279; IV 90, 99, 845

Hohenstein, v. (Fam.) III 44, 419
- Anton Sebastian v. VII 30
- Apel v. IV 411
- Ernst v. IV 376
- Heinr. v. IV 373, 411
- Martin v. IV 391
- Ulr. v. III 23, 126, 652; IV 11

Hohenthann (abgeg.;Ofr.) IV 783

Hohentwiel (B.-W.) I 138; VI 602

Hohenzollern, v. (Fam.) I 414; II 81; III 287; VI 608
- s.u. Agnes v. (Ä.St.Klara/Hof)
- Agnes v. III 389
- Albrecht v. (Hochmeister) IV 558, 711
- s.u. Albrecht v.
- s.u. Albrecht Achilles v.
- s.u. Albrecht Alkibiades v.
- s.u. Anna v. (Ä.Himmelkron)
- Anna v. III 69, 649f
- s.u. Carl Wilh. Friedr. v. (Mgf)
- s.u. Christian v. (-)
- s.u. Christian Ernst v. (-)
- s.u. Christian Friedr. v. (-)
- Christian Wilh. v. VI 147, 334
- Elis. v. III 231, 294, 390, 392, 316, 389
- Erdmann August v. VI 418
- Friederike Caroline v. VII/2 544
- Friedr. v. II 79, 81
- s.u. Friedr. v. (Burggf v.Nbg)
- s.u. Friedr. II. v. (Kg. v.Preußen)
- s.u. Friedr. v. (Mgf)
- s.u. Friedr. Wilh. I. v. (Kg v.Preußen)
- s.u. Friedr. Wilh. II. v. (-)
- s.u. Friedr. Wilh. III. v. (-)
- s.u. Gg Albrecht v. (Mgf)
- s.u. Gg Friedr. v. (-)
- s.u. Gg Wilh. v. (-)
- Heinr. v. VII/2 226f, 230, 234, 241f, 280f
- Helena v. III 48
- s.u. Joh. v. (Burggf v.Nbg)
- Joh. v. III 145
- s.u. Karl Alexander v. (Mgf)
- Kath. v. III 389
- Konr. v. III 145
- Magdalena Sibylla v. VI 339, 431
- Marg. v. III 99, 145
- Sophie Karoline Marie v. VII/2 481, 512f

Hohndorf, Anselm v. V 183f, 197, 199ff, 231ff, 303

Hohnstet (n.ident.) III 370

Hoholt (PN) I 183

Hohperchach (n.ident.) I 289

Hohsgall, Hans (Creußen) IV 626

Holck (Fam.) VI 284

Holder, Hans IV 911
- Joh. (Hof) IV 925
Holemburger, Jörg IV 33
Holibes, Adelheid IV 235
- Hans IV 236
Holland (nl. Provinz) I 107f, 232; II 158; III 338; VI 599, 607, 613, 615, 647; VII/2 529, 662, 697, 701
Holland, Dieter v. I 232, 235
Holldrian, Hans IV 313
Hollenbach (sw.Neuburg/D.) I 156
Hollenberg (w.Pegnitz) I 23; III 417, 580; IV 27, 32f; VI 103; VII 141; VII/2 54
Holler (Fam.) VII/2 661
- Friedr. (Wbg) V 359
- Marg. (-) V 359
Hollerstetten (nw.Parsberg) II 332
Hollfeld (w.Bayreuth) I 4, 19, 143, 319, 381f; II 92, 153, 333, 469; III 50, 61, 127f, 198, 270, 273, 302, 378f, 447, 568, 573, 577, 588f, 596, 635, 757; IV 20, 23, 73, 79, 80, 83ff, 93, 109, 117, 119, 143, 180, 212f, 216f, 230, 245f, 271, 294, 300, 311, 359, 400, 438, 442, 484, 511, 583, 610, 639, 645, 655, 689, 751f, 772, 812, 823, 831, 864; V 65, 205, 228, 291, 302, 327, 411, 486f, 492ff, 506, 511, 524; VI 86, 88, 120, 201, 206, 225, 227, 231ff, 235, 237, 241, 243, 264, 277, 399, 414, 436, 525, 541, 553, 556, 582, 610, 616, 691; VII 40, 93, 113, 133, 192f; VII/2 161, 227, 230, 242, 281, 326, 357, 422, 522, 527, 529, 531, 533, 538f, 701

Hollfeld, Ebo v. II 59
- Heinr. v. II 57, 59; III 61, 64f
- Hermann v. III 298
- Joh. v. (Pfr St.Lorenz/Nbg) III 757; IV 106
- Seifried v. II 612
- Sigeboto v. II 543
Hollfelder, Michael (Scheßlitz) IV 605
- Nikolaus (Nbg) III 744f
- Ph. IV 818
Hollig, Joh. Michael (Strullendorf) VII/2 668, 670ff
- Marg. (-) VII/2 671
Hollinus (PN) II 648
Hollstadt (nö.Neustadt/S.) I 8
Holnstein (nw.Sulzbach-Rosenberg) I 500
Holnstein, v. s.u. Truchseß v.Holnstein
Holper, Matthäus (Domvikar) V 95
Holschlin, Barb. IV 876
Holstein, v. (Fam.) VI 274; VII 186, 190, 192
Holzapfel, Alexander VI 40
- Dorothea (Zeil) VI 50
Holzberg, Hans IV 899
Holzberger, Heinr. III 355, 737
Holzberndorf (nö.Scheinfeld) VI 693
Holzel (Fam.) IV 394
- Hans IV 87
Holzgerlingen (B.-W.) I 139
Holzham (s.Eggenfelden) I 145
Holzhausen (sw.Neustadt/A.) IV 630, 739
Holzhausen (nw.Schweinfurt) VI 164

Holzhausen, Anna Christina v. VI 712
Holzheim (nw.Neumarkt/Opf.) II 631
Holzheim (abgeg.;NB.) I 145
Holzheim am Forst (sw.Burglengenfeld) I 140
Holzlein (Fam.) IV 858
Holzmann, Hans VI 323
- Konr. (Hezles) III 140
- s.u. Konr. (A.Langheim)
- Maria Gertrud VII/2 641
- Otto (Konv.Michelfeld) VI 639
- Walter IV 961
Holzmühle (n.Wunsiedel) IV 1019f
Holzner (Fam.) III 268
Holzruden (Fam.) III 619
- Siegfried (Bbg) III 558
Holzschuher (Fam.Nbg) VII/2 534
- Friedr. III 15, 286, 515f
- Heinr. III 733, 737; IV 971
- Herdegen III 338, 722; IV 161f
- Hieronymus IV 714
- Joh. (Bbg) V 89, 104, 109, 116, 120, 123
- Karl III 369, 742
- Leupold III 44, 338, 733
- Magdalena (Bbg) V 495
- Pankraz (-) V 151f, 206, 335, 379, 424, 495
- Seitz III 100, 286
Homburg am Main (w.Wbg) I 79; VII/2 500
Hompesch, Joh. Wilh. v. VII/2 718, 722
Hon, Michael IV 1012

Honchtal (abgeg.;Opf.) II 629
Honings (nö.Erlangen) II 54; IV 406, 544; VI 512
Honner, Franz VII 298
Honninger, Joh. V 485
Honon (n.ident.) II 501
Honorius II. (Papst) II 55, 125, 128, 130, 157, 224f, 232, 235f, 273, 279-282, 285, 300
- III. (-) II 612, 620, 632, 649
Hontheim, v. (Fam.) VII 198
- Joh. Nikolaus v. (Weihb.Trier) VII/2 361, 464-470
Hopf, Elis. (Bbg) VI 56f
- Heinr. (-) VI 337
- Joh. VI 86, 89, 193
- Konr. III 583
- Sigrezzer (Bbg) III 586
Hopfenau (w.Dachau) VI 400
Hopfengarten, v. (Fam.) VI 705
- Friedr. v. IV 918
- Friedr. Abraham v. VII 20, 95
Hopfenhaupt, Heinz III 584
Hopfenmüller, Balthasar (Pfr Bischberg) VII/2 286, 401
Hopfenohe (sö.Pegnitz) I 157; II 66f, 133, 332; III 10, 638ff, 722; VII/2 43, 255, 337, 483, 535
Hopfenohe, Benzo v. II 67
- Bernhard v. II 66
- Volnand v. II 67
Hopfner (Fam.Höchstadt/A.) III 701, 703
- Gerhaus III 701ff
- Götz III 701ff
- Hans III 701ff

- Walter III 701ff
Hoppelein, Heinr. III 34
Horadam (Fam.) VII/2 260
Horant, Betz (Marktzeuln) III 695
- Heinz (-) III 682
Horauf, Hans III 514
Horaz (röm.Dichter) I 132, 404
Horb am Main (ö.Lichtenfels) III 533, 645f, 663, 667, 676, 678, 682; IV 327, 353, 355
Horb am Neckar (B.-W.) III 381
Horb an der Steinach (w.Kronach) II 10, 333, 483, 522, 531; VI 519
Horchler, Joh. Balthasar (Forchheim) VII 113, 251f
Horevun (Gau) I 140
Horhausen (sw.Haßfurt) I 266; III 619
Horion, Joh. (Paderborn) V 451
Horlach (s.Pegnitz) I 6
Horlacher, Heinr. (Bbg) IV 209
Horlmann, Gg (Tiefenpölz) IV 863; VI 87
Horlmus, Joh. IV 863
Hormersdorf (n.Hersbruck) II 478; III 286
Horn, Augusta Albertina v. VII/2 514
- Gustav v. VI 183, 191, 204, 213f, 216, 219, 221-225, 232, 239, 242f, 247f, 251, 303, 393
Horn, Albert (Bbg) IV 275
- Chr. VII/2 375
- Dietz IV 264
- Friedr. (Bbg) IV 275
- Gg V 480
- Joh. (Dek.St.Stephan) IV 292, 365
- Joh. (Pr.Feuchtwangen) IV 867
- Jutta IV 157
- Kilian (Dek.St.Stephan) IV 447
- Paul IV 573, 591
- Valentin (Pfr) IV 895
Hornberg (B.-W.) IV 79
Hornberg, Andreas v. (Dh.) III 409, 454-458, 507; IV 30
- Eberhard v. IV 641
Hornburg an der Ilse (Nds.) II 522
Horneburg, Adalbert v. I 347
- Konr. v. I 347
Horneck v.Weinheim (Fam.) VII 282; VII/2 264ff, 308, 513, 524
- Adam Friedr. (Dh.) VII/2 479, 543, 580, 754f
- Anton Joseph VII/2 488, 504, 522, 524, 610, 620, 674
- Franz Lothar (Dh.) VII/2 504, 619, 673, 681
- Franz Ludwig (-) VII/2 580, 619, 755
- Joh. Bernhard VI 707
- Joh. Joseph Lorenz VII/2 512
- Joh. Karl Joseph (Dh.) VII/2 112, 344, 478, 504, 532, 594, 602, 607, 615, 750, 755
- Joh. Ph. (-) VI 707, 713
- Joh. Ph. Anton (-) VI 718; VII 113, 243, 279, 281; VII/2 36, 63f, 71-75, 121-129, 133-166, 173-184, 187f, 192, 216f, 219, 225, 238ff, 244f, 247-250, 253, 266, 279, 290, 298, 305, 308, 339, 343-351, 354, 753
- Lothar Franz Ph. Wilh. (-) VI 668f, 713; VII 7, 12, 153, 173, 189f, 192, 208, 242, 245, 253, 276,

279f, 282, 310; VII/2 7, 13, 18, 27, 50, 76, 112f, 120, 136, 140, 163-169, 187f, 192f, 197, 200f, 206, 209, 216, 225, 237f, 240, 266, 347ff, 749, 752
- Maria Klara VII/2 512, 524, 550
- Maria Magdalena VII/2 550
- Maria Marg. Rosina VI 713
- Marquard VII 15, 106
- Marquard Joh. Eberhard Anton (Dh.) VI 718

Hornig, Fritz IV 47
- Heulein IV 47
- Joh. IV 47
- Joh. Melchior VI 562
- Petrus IV 74

Hornschneider, Ursula (Burgebrach) VI 37

Hornstein, v. (Fam.) VII 17; VII/2 511
- Maria Agatha v. VI 714

Hornthal (Fam.) VII/2 712
- F. L. VII/2 732, 744

Hornung, Joh. Michael VII/2 47
- Moritz (Langheim) V 4
- Peter VI 226
- Wolfgang (Kan.St.Stephan) V 273

Horren (FlN.) III 661

Horsdorf (sö.Staffelstein) IV 65, 176, 584, 637, 703, 758; V 473; VII 100

Horwida (ON) I 21

Hose, Gg IV 1055

Hosmarsdorf (ON) II 631

Hospitaliterorden III 643

Hostel, Heinr. (Selbitz) IV 998

Hostenberg, Heinr. v. II 640
- Ludwig v. II 640

Hosterhildis (PN) II 336f

Hostermann, Konr. (Bbg) III 598
- Walter (-) III 583

Hotter (Fam.) VII/2 508

Hotzel, Sebastian VI 179

Hotzlein, Klaus IV 487

Hotzler, Heinr. (Prie.) IV 868

Hotzmann, Jutta (Bbg) III 531
- Walter (-) III 531

Houzo (PN) I 359

Houzze, Werner II 544

Hovelt, Eberhard v. II 460

Hoyer, Kaspar (Lübeck) V 19

Hoyers (abgeg.;Ofr.) III 368

Hoys, Leopold VII/2 79f, 218, 237

Hub (abgeg.;Opf.) IV 493f

Hubald (B.Ostia) II 435

Huber (Fam.) VII/2 189
- Albrecht (Kasendorf) IV 683
- Hause (Memmelsdorf) IV 197
- Heinz (-) IV 197
- Martin IV 616
- Wolf (Bbg) V 230

Hubershofen () I 145

Hubert (Eb.Bremen) II 28
- (B.Lucca) II 281

Hubertusburg (Sachs.) I 86

Hubmayer, Paulus (Pfr St.Martin/Bbg) V 414, 423f, 508f

Hubner (Fam.) III 156
- Heinr. (Prie.) IV 272
- Joh. IV 971
- Matthias IV 969

- Otto IV 84
- vgl. Hübner

Huch (PN) I 380, 497

Hucker, Anna (Zeil) VI 65
- Friedr. III 198

Hübner, Anna (Neuses) VI 47
- Franz Melchior (Pfr Burgebrach) VII/2 638
- Gertraud (Schmachtenberg) VI 66
- Hans VI 62, 65f
- Joh. (Kronach) VI 447, 466
- Joh. Konr. VII 91f, 119f, 122, 140; VII/2 237
- Kath. (Schmachtenberg) VI 43
- Konr. (-) VI 59, 66
- vgl. Hubner

Hübschmann, Gerhaus III 733
- Veit (Domvikar) IV 817

Hühl (sö.Bayreuth) II 631

Hüler, Konr. IV 264

Hüll (sw.Pegnitz) IV 311, 719, 928

Hüll, Hermann v. III 621
- Konr. v. II 97
- Kulmund v. III 588

Hüls, v. (Fam.) VII/2 336

Hüls, Achaz (Dh.) V 54, 70, 101, 117f, 124, 138, 153, 160, 175, 210, 212f, 220, 233, 252
- Ernst (Rathsberg) VI 185
- Hans V 94
- Jakob (Bbg) V 17
- Michael (Neunkirchen/Br.) VI 216, 237, 253
- Susanna (Bbg) VI 61, 71
- Wolfgang V 77

Hülsen, v. VII/2 241

Hülter, Hans (Zeil) VI 38
- Kath. (-) VI 38

Hümler, Joh. Wolfgang (Pfr Jagstberg) VII/2 651

Hünecker, Barb. v. VI 132, 135

Hünerlein, Friedr. (Langheim) IV 332

Hünicke, Barb. v. V 470
- Joh. v. V 439, 446

Hüpsch, Joachim (Forchheim) V 508

Hürnheim, Heinr. v. (Dh.) III 51, 70, 103, 106, 125, 128, 130, 142, 150, 158, 160, 165

Hürnkoffen, Theobald (Bayreuth) IV 924f

Hütmann, Fritz VI 228

Hütt, Gg (Dorfprozelten) V 505

Hüttenbach (nö.Lauf/P.) II 65; III 286

Hüttenbach (nö.Kulmbach) IV 422

Hüttenbach, Engelhard v. II 65
- Eschwin v. II 65

Hüttenheim (sö.Kitzingen) II 100, 500, 567f; VI 93f, 401

Hüttenheim, Clemme v. II 577
- Engelfried v. II 577
- Gebo v. II 577
- Gernot v. II 100
- Gruner v. II 577
- Heinr. v. II 577
- Hermann v. II 577
- Poppo v. II 500
- Siboto v. II 577

Hütter, Konr. IV 961

Hüttner, Erhard (Pfr) IV 980

Hufeisen (Fam.) III 737
- Irmel III 738
- Konr. III 738
Hufen, Joh. (Pfr Ailsfeld) V 239
Hugo (PN) I 467, 496; II 103, 562
- Capet (Kg v.Frkr.) I 78
- (Hzg Francien) I 78
- (Gf) I 139
- (Mgf v.Toskana) I 48, 188, 207
- (Kard.) I 425, 445, 460, 467, 473
- (Eb.Köln) II 313
- (Eb.Lyon) I 474
- (B.Genf) I 129
- (B.Ostia) II 602
- (B.Piacenza) II 433
- (B.Wbg) I 24f
- (B.Naumburg u.Zeitz) I 63
- (A.Cluny) I 422; II 453
- (A.Farfa) I 199, 204f, 239, 258
- (Dompr.Salzburg) II 454
- (Kan.St.Stephan) III 125, 527, 537, 595
- (Prie.) III 6
- (Subdiakon) II 150
- (Bbg) III 49
Hugosohn, Gerard III 11
Hulwarden (abgeg.;Österr.) II 634
Humbert (Eb.Besançon) II 436
- (B.Palestrina) I 426, 456
- (B.Silva Candida) I 362, 385
- (B.Wbg) I 25
Humfred (Eb.Ravenna) I 352
Hummel, Elis. IV 899
- Joh. (Kan.St.Gangolf) V 448
- Kunig. IV 899

- Lorenz (Bbg) VI 35
- Marg. (-) VI 35
Hummelshausen (ON) VI 544
Hummenberg (sw.Kronach) III 666, 670; IV 194f, 356, 746
Hummendorf (s.Kronach) IV 40, 280, 328, 345, 768, 783; VI 316, 484, 710; VII/2 574f
Hundbiß v.Waltrams, Anna VI 712
- Euphrosina VI 712
Hundelshausen (nö.Gerolzhofen) VI 246, 519; VII 50
Hundertpfund, Anton (Memmingen) IV 1055
Hundfluß (n.ident.) III 277
Hundsboden (ö.Forchheim) VI 462
Hundsbruck, v. (Fam.) VII 88, 191, 193, 201
Hundshaupten (ö.Forchheim) III 428; VI 451
Hundshof (sw.Bbg) IV 263; V 393; VI 665
Hundsruck (sw.Grafenau) III 380
Hundt v.Lauterbach (Fam.) VI 704
- Anna Ursula VI 701
- Barb. V 529
Hunesberch, Friedr. v. II 72
Hunfried (Eb.Magdeburg;Pr.Wbg) I 269f, 343, 496
Hungenberg (nö.Ebermannstadt) III 641
Hunger (sw.Pegnitz) III 277, 641
Hungerberger (Fam.) III 44
- Heinz IV 243
- Konr. III 634
Hungersdorf (n.ident.) II 381, 417, 486

Hungersdorf, Adalbert v. II 381, 417
- Hartwig v. II 417
Hungerus (PN) I 28
Hunnenberg (Fam.) VII/2 378
Huno (PN) I 382, 477
- (Dh.) I 477
Hunoldt, Andres (Bbg) V 375
Hunrog (Gf) I 11
Hunt, Adelheid III 584
- Gertrus III 584
- Heinr. III 584
- Otto III 584
Huntemann, Joh. Albert (Köln) V 437f
Huntler, s.u. Veronika (Ä.Kitzingen)
Huoggi (A.Fulda) I 19f
Huosemann (B.Speyer) I 404, 445, 447, 465, 473
Huozelin, Herolt II 640
Huppendorf (ö.Bbg) II 480; IV 263
Hupper, Kunig. VI 37
Huprecht (B.Meißen) I 269
Hurnau (FlN.) II 507, 511
Hurnheim, Joh. Sebastian v. IV 530
Hurningen, Ulr. v. II 414
Hurnong (Fam.) III 482
Hurrer, Lutz III 620
Hursell, Friedr. (Langheim) IV 423
Hus, Joh. (Theol.) IV 106, 186, 203f, 215ff, 231, 236, 245, 252, 264, 336, 918; VI 24, 320
Husaren VII VII 289f
Husel, Beringer II 570
Husil (n.ident.) II 618
Huswart (PN) I 18

Hutmann, Albrecht IV 75
- Gottschalk III 720f
Hutschdorf (sw.Kulmbach) II 526, 543, 553; III 643, 651, 654, 686; IV 234, 726f, 736, 742, 928f
Hutschdorf, Hermann v. II 526, 553
- Wigger v. II 543
Hutt, Hans IV 719
Hutten, v. (Fam.) VI 698, 701, 714; VII 62, 75, 86f, 192, 196, 283; VII/2 478, 485, 582
- Adalbert Ph. v. VI 718; VII 140; VII/2 137, 140f, 163, 185, 189f, 192, 201, 270, 368f, 377, 382, 394, 434f, 442, 457, 473-476, 509, 515, 518, 525f, 582, 592, 748, 754f
- Agapitus v. IV 507
- Anna v. IV 311, 342; V 519
- Bernhard v. IV 507
- s.u. Chr. Franz v. (B.Wbg)
- Engelhard v. IV 20
- s.u. Franz Chr. v. (B.Speyer)
- Franz Ph. v. VII/2 750
- Friedr. v. VI 158
- Gg v. IV 20
- Gg Ludwig v. VI 529
- Hans v. IV 526
- Joh. v. VI 714
- Joseph Karl Gg v. VII/2 219, 261, 322, 333, 336, 340, 366, 407, 421, 473, 478, 505, 526, 570f, 582, 593, 596, 617, 619, 627ff, 631f, 637f, 640, 644-649, 665, 673, 679, 683f, 698-701, 703, 705ff, 710f, 720, 745, 749f
- Konr. v. IV 342

- Ludwig v. IV 649
- Sabina v. V 518

Huttner, Michael (Strullendorf) VII/2 672

Huttwann, Agnes III 584, 607
- Elis. III 586
- Heinr. III 586
- Konr. III 584, 607
- Kunig. III 170f
- Wilh. III 586

Hutzelmann, Hans (Forchheim) IV 727; V 19
- Joh. (-) IV 474, 490
- Michael (-) IV 727
- Peter (-) V 489
- Wolf IV 895
- Wolfgang IV 727

Huzi (PN) I 246
Hwignand, Udalschalk II 133
Hyltanus (PN) II 194
Hypolitus (Hl.) I 186f

Iban (Prior Michelfeld) IV 217
Ibele, Tobias (Rom) V 345
Iber (n.Sulzbach-Rosenberg) II 53, 474
Icco (Dh.) I 382, 478
Ichenburg, Friedr. v. II 275
Ickelheim (ö.Windsheim) I 11; IV 281; VI 141
Ickstatt (Fam.) VII 152, 193, 199; VII/2 78
Ida (PN) ˙I 344
Idungspeuger, Melchior IV 112
Iffgau (Landschaft) I 5f, 10, 17, 265, 496

Igelsdorf (n.Erlangen) VI 483
Igelsreuth (n.Kulmbach) II 133
Igensdorf (nö.Erlangen) II 64f, 477f; IV 201, 472
Igensdorf, Ebo v. II 65
Igl (Fam.) VI 343
Iglau (Mähren) V 505
Ignatius (Hl.) VI 497, 548
- (A.Niederaltaich) II/2 517, 553
Ignebrand (PN) II 396
Iko (A.Bleidenstadt) I 343
Ilaria (PN) II 516
Ilbing (PN) I 17
Ildefons (A.Weißenohe) VII 187, 195, 246
Illenschwang (ö.Dinkelsbühl) IV 733
Illertissen (s.Neu-Ulm) VII/2 175
Illesheim (sw.Windsheim) IV 633; VII/2 175
Illesheim, Konr. v. II 506, 550
Illschwang (sw.Sulzbach-Rosenberg) IV 20
Illsing, Sebastian (Bbg) IV 417, 662
Ilm (Fl.) I 141
Ilmen, Konr. v. (Pfr.Scheßlitz) III 361
Ilmenau (sö.Gerolzhofen) II 483, 522; VI 519
Ilminchoven, Wolfher v. II 146
Ilmmünster (s.Pfaffenhofen) III 9
- Propst s. Heinr.
Ilsenburg (Sa.-Anh.) I 197
Ilsing, Joh. Achilles V 99
Ilsung (Prie.) II 404
Ilsung, v. (Fam.) VII/2 257
Ilz (Fl.) III 91; VII/2 715
Imadus (B.Paderborn) I 446
Imbrico (A.Michelfeld) II 135, 148, 386

- vgl. Embrico
Imbshausen (Nds.) I 211, 249
Imer (B.Basel) III 414
Imhof (Fam.Nbg) V 134; VII/2 649
- Andreas VI 636
- Hans Hieronymus (Lonnerstadt) VI 95
- Joh. IV 1016
- Joh. Hieronymus (Vilseck) VI 477
- Konr. III 620, 742f
- Nikolaus III 742; IV 499
- Petrus (Kan.Neunkirchen/Br.) IV 91
- Regina Clara VI 477
- Ulr. VI 609
Imitz (ON) IV 560
Immecha (PN) II 67
Immedinger (Fam.) I 182, 195, 216
Immelsdorfer, Albrecht III 584, 652, 675
- Heinz III 693
- Otto (Kan.St.Gangolf) III 570f, 755
- Wolfram III 652
Immendorf (n.Hersbruck) IV 244
Immeneslahe, Otto v. II 68, 112
Immer, Joh. Balthasar (Pfr.Hausen) VII/2 415
Immikint (PN) II 290
Immo (PN) I 333, 380, 383, 486
- (A.Gorze u.Reichenau) I 114
Imola (It.) III 247
Impach, Enderlein IV 565
Imstamhaus, Friedr. III 724
Inderreutt (abgeg.;Opf.) II 332
Indersdorf (nw.Dachau) II 278

Ingelheim (Rh.-Pf.) I 19, 26, 113, 144, 152, 163, 169, 221, 233, 360; II 37; IV 58, 65
Ingelheim, v. (Fam.) VI 707; VII 23, 25; VII/2 23, 25, 29, 36
- s.u. Anselm Franz v. (Eb.Mainz)
- Franz Wolf Dietrich v. (Dh.) VI 711
- Joh. Rudolf v. (-) VI 711, 713
- Joh. Schwickart v. (-) VI 699
- Marsilius Chr. v. VI 699f
- Ph. Chr. v. (Dh.) VI 700
Ingolstadt (OB.) III 759; IV 386f, 523, 697f, 758, 1055; V 196, 488; VI 73, 117, 193, 256, 383, 670, 697; VII/2 45, 141, 210
Ingram (A.Arnoldstein) II 148
Ingram, Bruno IV 231
- Christin III 621
- Fritz III 598, 621
- Wilh. (Nbg) IV 268
Ingulph (A.Crowland) I 400f
Inn (Fl.) I 146, 155, 290, 394; II 293, 313, 416, 450; VII/2 715
Inning (w.München) I 252
Innozenz (Hl.) I 187
- II. (Papst) II 70, 73, 147, 279-282, 284f, 300-303, 310f, 313f, 317f, 371f, 375f, 380, 389, 436, 502; VI 24
- III. (-) I 295, 323ff; II 583-588, 590, 592-596, 600-604, 606, 608, 620, 644, 665; III 84
- IV. (-) III 1
- VI. (-) III 232, 243, 248, 262, 274f, 303, 305, 330, 525, 536f, 621, 747; IV 242
- VII. (-) IV 53f, 69f
- VIII. (-) IV 331, 351, 376, 378ff, 395, 404, 406, 431f; VI 24ff

- IX. (-) V 220
- X. (-) VI 380, 383, 391, 411, 413, 429, 435, 437
- XI. (-) VI 478, 488, 509, 514, 532f, 547
- XII. (-) VI 552, 568-571, 606
- XIII. (-) VI 660, 671

Innsbruck (Österr.) I 121, 245; III 28, 754; VII 219

Inruitt (n.ident.) II 332, 478

Inselkammer, Andreas (Vikar) V 150, 164
- Joh. V 380
- Thomas (Prie.) V 333
- Wolfgang V 335

Institoris, Gregorius (Nbg) IV 201
- Heinr. (Inquisitor) VI 25

Iphofen (sö.Kitzingen) I 10f, 265; II 406f; III 99, 211, 214, 297, 358, 715, 757f; IV 303, 630; VI 361; VII 29

Ippin (PN) I 18

Ips (Fl.) I 379

Ipsheim (sw.Neustadt/A.) IV 631, 739, 930; VI 32

Irene (Gem.v.Kg Philipp) I 322, 327

Irinfried (PN) II 93

Iring (PN) II 336
- (Bbg) III 245
- (Wbg) II 335, 506

Iringer (Goldschmied) IV 25

Iringesburg, Konr. v. II 378

Iringun (PN) I 106

Irland II 630

Irlich (Rhl.-Pf.) I 254; II 334

Irmbert (A.Michelsberg u.Admont) II 439-442, 447f, 454, 484

Irmburg (PN) II 560

Irmelfridesreut (n.ident.) III 102

Irmelshausen, Poppo v. II 347, 402

Irmfried (PN) II 61, 66, 93, 485, 517

Irmingard (PN) I 333, 359; II 17, 71, 292, 396, 476, 525, 533, 541, 548, 552
- (Ä.St.Theodor) II 425, 518, 522
- (Nonne St.Theodor) III 125

Irminia (Hl.) I 187

Irmintrud (PN) II 62, 560

Irnsing (sw.Kelheim) I 151

Irrenfridesgrün, Heydenreich v. III 229

Irrenfriede, Heinr. III 197

Irsee (nw.Kaufbeuren) VII/2 715

Isar (Fl.) I 84; II 493

Isbert (PN) VI 715

Iselburg, Peter (Kupferstecher) V 455; VI 82

Isenbiehl, Joh. Lorenz VII/2 431

Isenburg, v. (Fam.) II 28; VI 445, 480
- Gerlach v. II 71
- Wilh. v. (Dh.) III 238

Isinincgau (Landschaft) I 145, 155

Isis (PN) I 110

Isling (sö.Lichtenfels) I 332; II 99, 277, 291, 528, 599; III 336, 646, 649, 652ff, 662, 665, 674-678, 683f, 687, 694; IV 386, 584, 646; VI 277; VII/2 566

Isling, Ortolf v. II 599
- Walchel v. II 277
- Walter v. II 99

Ismael (Hzg v.Apulien) I 239f, 242, 253, 256, 284

Isper (Fl.) I 47

Istrien

- Markgrafen vgl. Andechs-Meranien, v.

Italien I 32, 49, 52, 54, 56, 71-74, 77ff, 89, 95, 97f, 101, 115, 175, 197ff, 205ff, 209f, 236, 239f, 242, 245, 248, 250ff, 255, 261, 263, 271, 274, 283, 302, 304, 342, 345, 348f, 352, 361, 364, 370f, 381, 390, 403, 422, 426, 445ff, 449, 453f, 456ff, 460, 463-468, 473, 479f, 484, 488, 491ff, 501; II 2, 17, 38f, 76f, 81, 117f, 120ff, 126, 273f, 281, 298, 307f, 311ff, 316, 372f, 394ff, 401, 403, 411, 420, 427, 434, 436, 438f, 449f, 453, 459, 491f, 511, 516, 537, 539, 541, 547, 559, 573, 576, 583, 594, 601, 604, 609, 628, 630, 632, 649, 653, 657, 659, 662; III 28, 218, 254f, 304, 329f, 343, 414, 497, 517; VI 432, 599; VII 90; VII/2 676, 709

- Kg s.u. Berengar

Ittling (nö.Lauf/P.) I 144, 367

Itz (Fl.) I 21f, 411f; II 103f, 495, 638; III 69, 245, 631, 689; VI 227

Itzenplitz (Fam.) VII/2 242

Ivois (Frkr.) I 263; III 498

Ivrea (It.) I 72, 198

- Mgf. s.u. Arduin

Iwan (PN) II 268ff

Izenbrunne, Heinr. v. II 275

Izenreut (abgeg.; Opf.) II 143, 420

Jacinctus (PN) II 101, 105f

- (Kard.) II 430

Jacobi, Maria (Oberweilersbach) VII/2 60

Jacobs, Joh. (Jesuit) VII/2 399

Jäck, Joachim Heinr. VII/2 382

Jäger, Hans (Zeil) VI 61

- Joh. Andreas VII 262

- Joh. Gg VII 262

- Joh. Heinr. VI 534

- Marg. (Zeil) VI 61

- Paul (Weihb.Bbg) V 48, 52, 516

Jägersburg (n.Forchheim) VI 598, 695; VII 76; VII/2 532

Järkendorf (nö.Kitzingen) VI 182

Jaffa (Israel) I 492

Jagereffeldorf (abgeg.;Ofr.) I 21

Jagstberg (B.-W.) VI 713; VII/2 4, 651

Jagsthausen (B.-W.) VII 180

Jahrsdorf, Alexander v. (Dh.) V 218f, 240, 327, 522, 525f

- Chr. v. (Marloffstein) IV 483

- Joh. Diepold v. (Dh.) V 525, 529f

- Ludwig v. V 525

- Martin v. IV 483

- Theobald v. V 520

- Veit v. IV 482

Jakenberg (n.ident.) II 111

Jakob (PN) I 320; III 43, 416, 627f

- (Hl.) I 186, 417, 429; II 52, 57, 60ff, 68, 139, 143f, 149, 388, 568; III 297, 685

- (Mgf v.Baden) IV 289

- (Kard.) III 54, 87

- (Eb.Mainz) IV 676

- v.Eltz (Eb.Trier) IV 459; V 99

- (B.Faenza) II 84
- (B.Gnesen) II 177
- (B.Vallona) III 184
- (A.Theres) I 354
- (A.Veßra) IV 320
- (Franziskaner Bbg) V 448, 508
- (- Nbg) III 143
- (Mönch Ensdorf) IV 992
- (Pr.Neunkirchen/Br.) IV 169, 279

Jakob Ernst v.Lichtenstein (Eb.Salzburg) VII 281

Jakob Maria (A.Gengenbach) VII/2 517

Jakob (Fam.) VII/2 403
- Hans IV 791, 948
- Heinz (Höchstadt/A.) III 701
- Jacoff (Pfr Lauenstein) V 956
- Konr. IV 969
- Martin VII/2 324
- Peter VI 377f, 381, 417f, 429
- Seytz (Höchstadt/A.) III 703

Jakobsreut (n.ident.) II 144

Jampert, Martin (Kan.St.Stephan) IV 362

Jan, Ulr. (Prie.) IV 922

Janius, Joh. (Nuntius) VI 533

Jarckherdorf (abgeg.;Ufr.) VI 492

Jaromir (Hzg v.Böhmen) I 70f, 103ff, 110, 115f, 173f, 190, 192, 209

Jaroslav (Herrscher Rußland) I 222

Jarus, Thomas (Bbg) V 332, 380, 448

Jaschius, Valerius II 3

Jauch, Hans IV 410

Jauwir, Nikolaus IV 54

Jaythofe (abgeg.;Ofr.) III 394

Jechlin, Hermann (Langenzenn) III 706

Jeger, Hans (Bayreuth) IV 869
- Jakob IV 876f, 1001
- Konr. IV 157, 275

Jeger v.Bertringen, Melchior V 355

Jehsen (sw.Hof) III 335, 389

Jeich, Erhard v. (Dh.) III 159
- Konr. v. III 159
- Ulr. v. (Dh.) III 159

Jena (Thür.) I 62; III 390

Jendle, Moses Abraham VII/2 315

Jeremias (PN) II 304, 322

Jerichow (Sa.-Anh.) III 353

Jerusalem (Israel) I 256, 393-396, 398, 400ff, 405f; II 20, 158, 288, 290, 298f, 325, 343, 443, 559, 604, 608, 614; III 33, 511; VI 662; VII/2 496, 501

Jettingsdorf (sw.Neumarkt/Opf.) III 286

Jetzeneck (sö.Landau) III 380

Jeuberg (ON) III 675

Joachim (A.) II 608
- (A.Roth) VI 140

Joachim Ernst v.Sachsen (Kfst) V 476
- (Mgf v.Ansbach) V 388; VI 93

Job, Nikolaus (Pottenstein) V 506, 509

Jobst (Mgf v.Mähren) III 443f

Jobst, Hans (Hallstadt) IV 633
- Marg. (Zeil) VI 47

Jodok Krum (A.Stein) IV 308
- (A.Steinach) IV 1003

Jörg (Prior St.Egidien/Nbg) IV 356

Jörg, Paul (Lauenstein) IV 657

Jöstelsberg, v. (Fam.) VI 453; VII/2 39, 308, 325
- Ph. Joh. v. VI 525, 563

- Wolfgang Ferdinand v. VI 433 Jöstlein (Fam.) III 331
- Johann(es) (PN) I 71, 204; II 299; III 131, 335, 485
- (Hl.) I 101, 109, 186f, 212, 337, 366, 417; II 52f, 86, 125, 132ff, 139, 149, 174, 182, 286, 295, 320, 388, 398, 469; III 406; VII/2 59, 438
- v.Zollern (Burggf v.Nbg) III 162, 168, 174ff, 193, 212, 214, 223, 227-231, 276, 293f, 336, 378, 437, 439, 444, 480, 491, 494, 497f, 498, 501f, 518, 668, 703
- II. - (-) III 333f, 392
- III. - (-) III 427f, 431, 503
- (Fst v.Capua) I 262
- (Hzg v.Bayern) III 379, 381
- (Kg v.Böhmen) III 112, 492
- d.Beständige v.Sachsen (Kfst) IV 391, 417, 431, 516, 563ff, 638, 645, 675, 699f, 747, 754f, 1051
- (Mgf) III 3
- (Mgf v.Brandenburg) V 11
- (Mgf v.Mähren) III 184ff
- v.d. Pfalz V 388
- (Patricius Rom) I 200, 204, 349ff, 492
- III. (Papst) I 187
- XVII. (-) I 200
- XVIII. (-) I 120f, 123, 128, 150, 160, 200, 334, 357, 363
- XIX. (-) I 271, 349
- XXII. (-) III 74, 82f, 85, 87, 89f, 92, 107, 110, 120, 142, 247, 609, 681, 754f; VI 23
- XXIII. (Gegenpapst) IV 55f, 102
- (Kard.) I 311; II 46, 80; III 88
- (Patriarch v.Alexandrien) III 332
- (Patriarch v.Aquileja) I 130f, 185, 187
- (Eb.Lyon) II 107
- II. (Eb.Mainz) III 339, 518; IV 4
- Schweickart (-) V 327, 342, 464, 476
- v.Wallenrod (Eb.Riga) IV 54, 56, 71, 105, 163
- IV. (Eb.Salerno) I 352
- (Eb.Trier) IV 1049; V 261
- (B.) III 184, 257, 287, 297, 690, 744
- (B.Augsburg) IV 322
- (B.Bbg) III 63, 74, 82ff, 107, 110, 581, 755; VI 125
- (B.Brixen) III 313
- Ambundis (B.Chur; Generalvikar Bbg) III 447, 458, 744f, 753; IV 10, 12, 26, 54, 109
- v.Heideck (B.Eichstätt) IV 7, 9, 12, 16, 19, 21, 48ff, 56-64, 97, 105, 126, 142f, 146, 152, 155, 160, 178, 188, 289, 306ff, 1042
- v.Leuchtenberg (-) III 212, 273, 276ff, 280f, 288, 312, 324, 327, 356f, 369, 371ff, 379, 381, 403, 495, 498, 580, 691, 708
- v.Güttingen (B.Freising) III 86, 239
- (B.Kammin) III 433
- (B.Konstanz) III 262
- (B.Laibach) V 194
- (B.Leitomischl) III 251, 747
- (B.Lucca) I 263
- (B.Natura) V 211, 215, 269, 348f
- (B.Naumburg) IV 241
- (B.Ostia) II 280, 298
- (B.Olmütz) III 251
- (B.Porto) I 473

- (B.Prag) III 206, 313f, 330, 342, 349, 387, 410, 576
- II. v.Streitberg (B.Regensburg) IV 35, 38, 64, 170f, 187, 203, 511f, 866
- (B.Speyer) II 28
- (B.Straßburg) III 747
- (B.Tusculum) II 107
- I. v.Egloffstein (B.Wbg) IV 7, 25, 28, 49ff, 54f, 70, 87, 89, 101, 103, 105, 107, 149, 173, 177, 188, 190, 203, 206, 211, 222f, 237
- III. v.Grumbach (-) IV 290, 292, 302, 308, 363f
- (-) IV 882; VI 474
- v.Büren (-) IV 35, 49, 57, 95, 128, 186, 1043
- (Weihb.Bbg) IV 274, 287, 310, 312, 325, 1043
- (A.Asbach) III 361; IV 231, 315, 396
- (A.Banz) IV 462, 478, 701; V 60f, 139, 161
- (A.Bildhausen) V 3
- (A.Cîteaux) IV 91
- (A.Ebrach) IV 713
- Dressel (-) VI 94, 138
- (A.Ensdorf) II 144; IV 331, 960f
- Amberger (-) IV 423
- (A.Heilsbronn) IV 776
- I. v.Wirsberg (A.Langheim) III 396, 624, 692f, 756
- II. Münzer (-) III 399, 456ff, 697f, 756
- III. v.Trieb (-) IV 283ff, 325, 332, 344, 406, 423, 481, 547, 597, 653f, 781, 803
- VI. Buckling (-) V 228, 236, 269, 297, 344
- (A.Michelsberg) V 269, 343
- Fuchs (-) IV 205, 207f, 238, 256, 286f, 462
- III. Helm (-) I 140
- V. Müller (-) V 228; VI 9
- (A.Monte Cassino) I 256
- (A.Münsterschwarzach) V 69; VI 19
- (A.Niederaltaich) IV 24, 422
- (A.St.Egidien/Nbg) II 469; IV 344, 400
- Grasser (A.Prüfening) IV 351
- Kopp (-) IV 325
- Stadler (-) V 297
- (A.Reichenbach) IV 20
- (A.St.Paul/Lavanttal) IV 347
- (A.Schuttern) IV 227, 345, 422, 442, 468; V 297
- (A.Speinshart) IV 744; VI 98
- (A.Stein) IV 422; V 297
- Martin (-) IV 422, 468
- Nüsperlein (-) IV 804f
- (A.Theres) IV 272, 309, 352, 463, 805; V 17, 68, 116
- (A.Veßra) IV 211, 484
- (A.Viktring) IV 347
- (Dek.St.Gumbert/Ansbach) A 223
- (Diakon Venedig) I 71
- (Dh.) III 89, 369, 383, 409, 534, 547, 641
- (Kan.St.Gangolf) III 567
- (Kan.St.Jakob) III 50, 56, 68, 606f, 654
- (Kan.St.Stephan/Mainz) IV 225
- (Kaplan Henneberg) III 22
- (Karmelit) VI 240
- (Levite) III 194

- (Mönch Banz) VI 441
- (Mönch Brumbach) IV 281
- (Mönch Ebrach) V 3
- (Mönch Marienweiher) III 644
- (Mönch Maulbronn) IV 230
- (Mönch Michelsberg) III 621
- (Pfr Banz) II 639
- (Pfr Bretfeld) IV 327, 332f
- (Pfr Buttenheim) III 315, 538, 563
- (Pfr Dörrnwasserlos) III 716
- (Pfr Gesees) III 41
- (Pfr Hof)
- (Pfr Kulmbach) III 374
- (Pfr Mürsbach) III 716
- (Pfr St.Lorenz/Nbg) IV 35, 111
- (Pfr Pretzfeld) III 541
- (Pfr Rattelsdorf) III 714f
- (Pfr Röckingen) IV 223
- (Pfr Wachenrod) IV 139
- (Prie.) II 243; III 77f, 619, 681
- (Prior Augustiner/Kulmbach) IV 56
- (Prior Große Karthause) III 386
- (Generalprior der Karmeliten) IV 623
- (Pr.Griffen) IV 335
- (Pr.Neunkirchen/Br.) IV 346
- (Pr.Vysehrad) III 119
- (Breslau) III 329
- (Dachsbach) III 166, 267, 457, 529
- (Eibelstadt) III 51
- (Lehrer St.Stephan) III 534
- (Rattelsdorf) III 716
- (Schenk) II 640
Johann (Fam.) IV 45
- Anselm (Frankfurt/M.) IV 45

- Friedr. (Pfr Strullendorf) VII/2 53
- Hermann (Prie.) III 749
- Ph. (Nbg) III 725
Johann Albrecht (Eb.Magdeburg) IV 978
Johann Anton v.Krumau (Hzg) VI 302
- v.Freiberg (B.Eichstätt) VII 17, 176, 281; VII/2 30, 37, 39
- v.Zehmen (-) VII/2 376, 408, 589f
Johann Baptist (Nuntius) V 382
Johann Casimir (Hzg v.Sachs.-Coburg) VI 13, 92, 140, 188, 258, 277, 285, 305
- (Amberg) VI 98
Johann Caspar (DO-Administrator) VI 302
Johann Christoph v.Westerstetten (B.Eichstätt) V 402; VI 297
Johann Ernst v.Sachsen (Hzg) IV 786; VI 431
Johann Franz (B.Konstanz) VI 715
Johann Friedrich v.Sachsen (Hzg) IV 771, 786, 799, 825, 829, 943; V 38, 55, 61
- v.Württemberg (Hzg) V 354f, 388
- v.Zollern (Mgf v.Brandenbg-Ansbach) VI 464
- v.Schwalbach (A.Fulda) V 334, 355
Johann Friedrich Karl v.Ostein (Eb.Mainz) VII/2 15, 50f, 220f, 262
Johann Georg Fuchs v.Dornheim (B.Bbg) VI 21, 135, 156, 252, 273, 277, 285, 293, 295, 297, 299, 302, 339, 698
- v.Heberstein (B.Regensburg) VI 446

- v.Zollern (Mgf v.Brandenbg) V 463; VI 208, 216, 224, 233, 241, 248, 255, 277, 302
- I. v.Sachsen (Kfst) V 389; VI 431
- II. - (-) VI 431
- IV. - (-) VI 531

Johann Georg Heinrich (A.Niederaltaich) VI 176

Johann Gottfried v.Aschhausen (B.Bbg u.Wbg) V 323, 344, 364-482, 522, 525, 528; VI 20, 29, 33, 381f, 407, 444, 710; VII 151; VII/2 460

- v.Guttenberg (B.Wbg) VI 516, 522, 534, 537, 551, 567, 592, 600f, 606, 609f, 625, 645, 651, 712, 716

Johann Konrad v.Gemmingen (B.Eichstätt) V 261, 401

Johann Ludwig (A.Gengenbach) V 161, 228, 297

Johann Martin v.Eyb (B.Eichstätt) VII/2 5

Johann Melchior (Weihb.Wbg) VI 431, 440f

Johann Nepomuk Pitius (A.Langheim) VII/2 487, 500, 546, 606

Johann Otto (B.Augsburg) V 275

Johann Philipp v. Schönborn (Eb. Mainz, B.Wbg) VI 365, 376, 380 436, 441, 443, 445, 577, 659, 714; VII 154

- v.Gebsattel (B.Bbg) V 234, 277, 280-363, 379, 516, 523; VI 121

Johann Philipp Anton v.Frankenstein (B.Bbg) VII 284; VII/2 1-105, 132, 153, 264, 505

Johann Philipp Franz v.Schönborn (B.Wbg) VI 659, 711

Johann Theodor v. Wittelsbach (Kard.; B.Freising u.Regensburg) VII 281; VII/2 286

Johann Wilhelm v.Sachsen (Hzg) V 38, 60f

Johanna v.Wittelsbach (Hzgin v.Bayern-Holland) III 337

Johannesberg (FlN.) II 563

Johannishof (w.Bbg) III 552, 581

Johannisthal (sw.Kronach) VII/2 553

Jonas (Fam.) V 8

Joner, Erhard (Hof) IV 875

Joquet, Simon VI 502, 512

Jordan (Fam.) III 560

Jorg s.u. Georg

Joseph I. von Habsburg (Ks.) VI 619, 631f, 635f; VII 202

- II. - (-) VII/2 302, 321, 327f, 337, 341f, 353ff, 359, 363, 400f, 421, 436, 470, 496, 507, 510, 514ff, 546, 567, 602f

- v.Hessen-Darmstadt (B.Augsburg) VII 27, 224, 226, 281, 284

- v.Lamberg (B.Passau) VII 264

- (Pater) VII 66

- (Frankfurt/M.) V 5f

Joseph Clemens v.Wittelsbach (Eb. Köln, B.Freising u.Regensburg) VI 574

Joseph Maria (Eb.Cosanza, päpstl. Legat) VI 435

- v.Thun (B.Gurk) VII/2 69

Josepha (Kaiserin) VII/2 507

Josseler, Arnold (Kulmbach) IV 949

Jourdan (Fam.) VII/2 663, 666, 668-672

Juchesen, Gottfried v. II 403

- Heinr. v. II 403
Judas (Hl.) III 305
Judas, Gg (Kan.St.Gangolf) V 488
Jude, Alheit (Bbg) III 546, 548
- Hans III 546, 548
- Heinz III 560
- Konr. II 542
- Marquard II 612, 618
- Sigeboto II 517
Judenburg (Österr.) III 8, 17; IV 115; VI 300
Judendorf (abgeg.;Ofr.) II 410; III 661; IV 115
Judinta (PN) II 483
Judith (PN) II 68, 90, 98, 489
- (Hzgin v.Bayern) I 69, 78
- (Hzgin v.Polen) I 485f; II 12, 14
Jülich (NRW) VII/2 715
Jürgen (Bbg) III 597
Jüterbog (Brandenbg) I 116; VI 114
Juhellus (B.Dôle) I 442
Julian (Kard.) IV 232, 240
Juliana (Hl.) I 187
Julitta (Hl.) I 417
Julius II. (Papst) IV 451, 500, 512, 924
- III. (-) IV 847, 851; V 18
- (Eb.Athen) VII/2 560
- Echter v.Mespelbrunn (B.Wbg) V 110, 140, 157, 165, 168, 215f, 242, 251, 261, 276, 301, 324, 338, 340, 352, 354, 362, 367ff, 452, 510
Julius Franz v. Sachsen-Lauenburg (Hzg) VI 418, 430f
Julius Heinr. v.Sachs. (Hzg) VI 431
- v.Sachs.-Lauenburg (-) VI 418, 431
Juncker (Fam.) V 182
- Gg (Lichtenfels) IV 283
- Jobst (Bbg) IV 470
- Otto (Waldenfels) IV 34
Jung, Eckarius IV 410
- Konr. (Bbg) III 597, 600
- Lorenz (Baunach) IV 646
Jungenhofen (nö.Höchstadt/A.) II 54, 535; III 53, 183, 217; VI 204
Jungenhofen, Bertrada v. II 535
- Ekkerich v. II 536, 542, 548
- Heinr. v. II 536, 542
Jungmann, Konr. III 527
Junius, Anna Maria (Nonne Hl.Grab) VI 57, 527
- Joh. (Bbg) VI 52, 56f
- Veronica (-) VI 56f
Junkersdorf (n.Haßfurt) VI 519
Justinian (byz.Ks.) II 428
Justus (Hl.) I 187
- (Frankfurt/M.) VI 433
Jutta (PN) II 476, 542, 568, 571f, 606; III 584f
- (Ä.Sonnefeld) III 656, 756
Juvenianus (Hl.) I 186

K s.u. **C**

Labant (FlN.) IV 167
Labendorf (n.ident.) IV 888
Laber, Hadmar v. III 9
- Werner v. II 544
Laborans (Kard.) II 341
Lach (nw.Höchstadt/A.) II 614; IV 356; VI 444
Lachauer, Hans (Unterleinleiter) IV 789
Lachmüller (Fam.) VII/2 648
Lackritz, Heinr. III 631
Lacunavara (ON) I 101
Ladenigk, Simon (Pr.Griffen) V 70
Ladislaus (Kg v.Böhmen) IV 1022f
- (Hzg v.Böhmen) II 176, 213, 215, 225
Lälius (Bbg) VI 352, 397
- Maria Marg. VI 603
Ländersdorf (n.ident.) II 54
Längenau (ö.Selb) IV IV 996
Läppleinsdorf (abgeg.;Ofr.) VII/2 670
Läsar, Abraham VII/2 343
Lafera, Joh. de (Procurator) IV 321f
Lage (PN) I 380
Lager, Kath. (Bbg) VI 61, 70
Lagersfeld (abgeg.;Ofr.) I 21
Lago, Joh. (Rom) V 453
Lahm (nö.Kronach) II 401; III 123; IV 617; VII/2 554
Lahm (sö.Lichtenfels) II 525; III 271, 673, 687; IV 246, 742; V 32, 488
Lahm im Itzgrund (w.Staffelstein) I 21; II 642
Lahm, Petrissa v. II 401

- Sterker v. II 642
Lahner (Fam.) VII 212
Lahngau (Landschaft) I 163, 226
Laibach (Slowenien) V 194
Laibarös (ö.Bbg) III 375, 574
Laidesruint, Marquard v. II 486
Laiger, Sebastian (Pfr Büchenbach) V 455
Laimbach (nw.Bbg) IV 346, 444
Laine, v. s.u. Sayn, v.
Laineck (nö.Bayreuth) III 394; IV 124, 881; VI 701
Laineck, Arnold v. III 335
- Christian Erdmann v. VI 542
- Christina Sophia v. VI 541
- Chr. v. IV 977
- Dorothea v. IV 425
- Gg Wolf v. VI 118
- Hans v. IV 552, 556, 558, 563, 597, 615f, 625, 638, 642, 682, 685, 891
- Hans Gilg v. V 99, 104, 520
- Heinr. v. III 662
- Jakob v. (Dh.) V 522
- Konr. v. III 294, 335
- Ludwig v. IV 491, 881
- Paulus Jakob v. (Dh.) V 520
Laipersdorf (n.Lauf/P.) III 286
Lambach (nw.Traunstein) I 481
Lamberg, Joh. Maximilian v. VI 386
- s.u. Joseph v. (B.Passau)
Lambert (PN) I 248
- (Hl.) I 77, 187, 293, 417
- (B.Konstanz) I 52, 61, 115, 120, 128, 233

- v.Hersfeld (Chronist) I 358, 366, 371f, 386, 393, 401f, 406f, 417, 421, 423f, 427, 429, 433ff, 438, 441, 443, 448, 456
- vgl. Lampert

Lamboy (Fam.) VI 350

Lambrecht (Fam.) VII/2 631

- Dietrich (Ebersberg) III 283, 357, 434
- Eitel III 283
- Fritz (Bbg)540
- Götz (Zabelstein) III 283, 324, 346
- Hans (Bbg) VI 41, 43, 48
- Lemple III 437
- Martha VI 540
- Rüdiger (Michelsberg) IV 206ff

Lammermann (Fam.) VI 49, 76, 109ff

Lammersheim, Joh. Jakob v. V 526

- Joh. Kaspar v. (Dh.) V 357, 384, 396, 526; VI 8, 130, 379, 699
- Kath. Renata v. VI 379

Lampadius, Jakob VI 387

Lamparter, Joh. IV 552, 558

Lampert v.Brunn (B.Bbg) III 264, 342ff, 347, 349ff, 360ff, 370ff, 385ff, 412ff, 426, 468-473, 481ff, 494ff, 507, 517, 565ff, 572, 575, 577, 580, 626-630, 641, 693f, 696, 716, 724, 726, 729, 740, 744, 752f, 758, 760; IV 11f, 17, 20, 22, 30, 34, 38, 41, 77ff, 93, 95, 118f, 121, 165, 177, 225, 238ff, 273, 297, 332, 335, 444, 452; VII/2 81, 259

- (B.Speyer) III 329
- (A.Michelsberg) III 475; IV 91, 106, 114, 205-208

- (Prie.) I 411, 477
- vgl. Lambert

Lancelo (PN) II 69

Lanckareut, Michel (Pfr Kulmbach) IV 962

Landau (Rh.-Pf.) II 400

Landau, Hans Jakob IV 824

Landeck (n.ident.) VI 703, 708

Landegardis (PN) II 448

Landgraf, Heinr. II 621

Lando (PN) I 182

Landorfer, Joh. (Strullendorf) IV 134

- Sebastian (Kemmern) VI 608

Landsberg (FlN.) III 311

Landsberg am Lech (OB.) III 425; V 8, 12f, 24, 35, 55; VI 147, 702

Landsberger, Anna (Pegnitz) III 635

Landschad v.Steinach (Fam.) VI 700, 709

- Blankart V 43
- Marg. V 1
- Sybilla V 43

Landschreiber, Chr. (Pfr Gesees) IV 912, 948

Landshut (NB.) I 139, 146; III 489, 759; IV 340; V 52, 261; VI 28, 256

Landskron, Cuffrid v. IV 46

Landswer, Konr. Wolf v. III 348

Landulf (B.Turin) I 259

- (Kan.St.Stephan) III 11

Lane, Herold v. II 496

Lanfrank (Kard.) V 320, 377, 425

Lang (Fam.) III 572, 698

- Albert (Kupferberg) III 660
- s.u. Andreas (A.Michelsberg)

- Anna III 144; V 500
- Appollonia V 500
- Bernold II 485
- Chr. (Bbg) V 333
- Eberhard III 144; V 500
- Franz (Stadtsteinach) V 483
- Friedr. (Dh.) II 533
- Gg V 205, 310, 324, 332f, 448, 483
- Hans (Stadtsteinach) V 483
- Heinr. III 258; V 483
- Herdegen (Forchheim) III 699
- Jakob (Knetzgau) VI 43
- Joh. V 500; VII 39; VII/2 412
- Joh. Gg (Pfr Drügendorf) VII/2 411, 421
- Joseph (Domvikar) VII/2 706
- Kunig. V 500
- Marg. V 500
- Michael (Pfr Lichtenfels) V 241, 499
- Pankraz (Bbg) V 311; VI 48
- Tuto II 97
- Ulr. (Dh.) II 57, 61, 69, 72, 145, 277, 292
- Wolfgang (Stadtsteinach) V 500
- vgl. Lange

Langdorf (n.ident.) III 380

Lange Meile (FlN.) VII 47

Lange, Friedr. (Bbg) IV 275
- Gg (-) IV 538
- Hans IV 706
- Heinr. (Pfr) IV 198, 889
- Joh. (Pfr Neustadt/A.) IV 395, 981
- Konr. (Lohe) IV 940
- Leonhard IV 777
- Martin (Pfr) IV 344, 900f
- Paul IV 609

Langehose, Sebald (Kulmleins) IV 346

Langeln (Sa.-Anh.) I 53, 55

Langen, v. (Fam.) VII 62
- Anna Philippina v. VII 62
- Damian Joseph v. VII/2 261
- Franz Maximilian v. VII/2 261

Langena (n.ident.) I 474

Langenacker (abgeg.;Ofr.) III 421; IV 87

Langenau (n.Kronach) IV 587, 657, 958

Langenbach (sö.Hof) III 502

Langenbach (abgeg.;Ofr.) IV 199

Langenbeck, Heinr. (Lüneburg) VI 387

Langenberg, Eberhard v. III 224
- Friedr. v. III 224

Langenbrim (abgeg.;Ofr.) IV 159f

Langenbruck (abgeg.;Opf.) IV 34

Langenburg, v. (Fam.) VI 278, 467, 480

Langenfeld (nw.Neustadt/A.) III 112; IV 884

Langenhart (sö.Deggendorf) II 478

Langenkatzbach (sö.Dingolfing) I 146

Langenloh (nö.Ebermannstadt) IV 425

Langenmantel, Hans (Augsburg) IV 504

Bad Langensalza (Thür.) I 141, 223

Langenschwalbach (Hess.) VI 445, 704; VII 174

Langensendelbach (nö.Erlangen) I 375; II 54, 153; III 34, 159, 165, 445; VI 122; VII/2 548

Langenstadt (s.Kulmbach) II 613, 636; III 253

Langenstadt, Otto v. III 303

Langensteinach (sw.Uffenheim) IV 739, 953

Langenthal (abgeg.;Ofr.) III 272

Langenzenn (w.Fürth) I 154, 159, 333, 359; III 172, 295, 334, 336, 370, 392, 394, 428, 462, 507, 705-708, 711, 746; IV 91, 102, 298, 368; VII/2 212

Langenzersdorf (Österr.) I 62

Langheim (heute: Klosterlangheim; sö.Lichtenfels) I 323, 325, 487; II 6, 135, 286, 290ff, 318, 332, 350, 369, 386, 400, 410, 425, 463-466, 483, 513, 517, 524-531, 577, 595, 597ff, 607, 613f, 635ff, 655; III 2, 43, 69f, 79, 124, 195, 212, 242, 259, 262, 272, 274, 287, 293f, 301, 304f, 307, 334, 354, 356, 358, 360, 362, 366-370, 380, 397ff, 454, 456ff, 487, 504f, 518, 521, 534, 618, 623f, 643-647, 650, 654f, 660ff, 665, 668f, 671ff, 677ff, 684f, 689f, 693, 696f, 755f; IV 37, 39, 68f, 91, 198, 230f, 234, 242, 247, 282ff, 325, 332, 406, 415f, 423, 432, 462f, 465, 481, 489, 502, 514, 547, 584, 594, 614, 653, 689, 708, 727, 737, 745, 763, 803, 811, 848f, 895, 936, 950, 952, 999; V 3f, 6, 17, 32, 40, 70, 100, 104, 108, 116, 126, 130, 132, 161, 176, 212, 302, 337, 343, 388, 447; VI 22, 109, 116, 160, 164, 176, 188, 228, 291, 297, 329, 414f, 417, 438, 441, 443, 456, 473f, 482, 498, 501, 519, 547, 551, 553, 556, 562, 568, 573, 584, 683, 685; VII 41, 102-107, 211, 236, 253ff, 257; VII/2 52f, 98, 118, 134, 189, 237, 242, 264, 377, 381ff, 435, 609f, 632, 683, 686, 724, 734

- A. s.u. Adam; Alberich; Candidus; Emmeram; Erasmus; Friedr.; Heilmann; Heinr.; Joh.; Joh. Nepomuk; Konr.; Ludwig; Magnus; Malachias; Martin; Nikolaus; Petrus; Raboto; Stephan; Thomas; Wilh.; Wolfram

Langheim, Arnold v. I 487

- Heinr. v. II 517
- Maria Kath. v. VI 491
- Wigger v. I 487

Langheimer, Heinz (Bbg) III 540f

- Mechthild (-) III 540f
- vgl. Lauben

Langmann, Konr. (Trockau) IV 960f

Lankendorf (ö.Bayreuth) III 41, 45; VI 232

Lankenreuth (sö.Bayreuth) IV 626, 889, 914; VI 700, 703

Lankenreuth, Anna v. V 524

- Appollonia v. V 518
- Friedr. v. III 333
- Hans v. III 333; IV 945, 949
- Hans Gg v. V 521
- Joh. Chr. v. (Dh.) V 523
- Joh. Heinr. (-) V 117f, 131, 162, 165, 169f, 177, 205, 207, 282, 497, 516f, 522, 524
- Sigmund v. V 517
- Valentin Ph. v. (Dh.) V 521, 523

Lanloch (abgeg.;NB.) II 111
Lanstal, Gg v. IV 418
Lantershofen (Rh.-Pf.) I 230
Lantfrid (PN) I 360
Lanthieri, v. (Fam.) VII 45f, 50, 90, 179; VII/2 17, 37, 78f, 89, 289, 409
Lantz, Matthias (Lauenstein) IV 956
Lantzendörfer, Gg IV 273
Lanus, Ulr. (Bbg) V 4
Lanzenberg (n.Altötting) I 145
Lanzendorf (sö.Kulmbach) I 15; III 691; IV 736, 742, 954; VI 150
Lanzendorf (sw.Schwabach) III 731
Lanzenreuth (sw.Freyung) III 380
Laroche, Abel Servient v. VI 386
La Rosée, v. (Fam.) VII/2 609
Lasberg, v. (Fam.) VII 191
Lasberger, Hans III 313
Lasso, Orlando di (Musiker) V 202
Latz, Mottla (Kronach) VI 312
Laub (nö.Oberviechtach) VI 611, 673
Laube (abgeg.;Mfr.) IV 1002
Lauben, Heinr. III 535
- Mechthild III 535
- vgl. Langheimer
Laubendorf (n.Bbg) II 475, 646; III 523; IV 585
Laubendorf (w.Fürth) IV 162
Laubersreuth (sw.Hof) III 389
Laubichauer, Heinz IV 87
Laubmayer (Fam.) VII/2 14
Laucken (Ä.Himmelkron) IV 67, 101
Lauden, Andreas (Leutershausen) IV 740

- Dietrich v. III 212
Laudenbach, Friedr. v. II 508f
Laudengrund (abgeg.;Ofr.) VI 546
Lauenhain (nö.Kronach) IV 587, 624, 656, 963
Lauenstein (n.Kronach) I 5; II 635; III 334, 496; IV 5, 657, 912, 956, 958
Lauenstein, Dietrich v. II 488
- Heinr. v. II 635
Lauer (Fam.) VII/2 360
- Albert III 412
- Chr. (Wbg) VI 110
- Euchar Ferdinand Karl VII/2 327
- Friedr. III 412
- Heinr. (Bbg) III 52
- Joh. (Prie.) VI 86
- Michael IV 855
Lauf (ö.Höchstadt/A.) II 54; IV 166, 270
Lauf an der Pegnitz (Mfr.) I 157; III 95, 112, 249, 295, 343, 489, 724, 751; IV 106, 122f, 303, 466, 829, 845; VI 158, 237, 252f, 618; VII/2 212
Lauffen (n.ident.) I 89
Lauffenholz, Elena v. V 517
- Friedr. v. III 738, 742, 744
- Gg v. IV 658, 750
- Hans v. IV 658
- Kaspar v. IV 658
- Michael v. IV 509, 658
- Ulr. v. III 112, 205, 529, 681
- Wilh. v. IV 658
Lauffer, Konr. (Bbg) IV 592
Laurentius (Hl.) I 66, 94, 109, 165f, 186, 191, 296, 314, 337; II 135f, 149, 265

- vgl. Lorenz
Laurentius, Joh. VI 531
- Matthias (Prie.) IV 1028
Lausanne (CH) I 129
- B. s.u. Burkhard; Heinr.
Lausitz (Landschaft) I 56, 59, 64, 83, 89, 102, 105, 110, 117, 174, 197, 212f, 222
- Mgf s.u. Dieter; Gero; Heinr.
Lautensack, Daniel (Pottenstein) V 439
- Paul IV 541, 673
Lauter (Fl.) III 197
Lauter (nw.Bbg) V 473
Lauter, v. (Fam.) VI 670
- Albrecht v. II 499, 571
- Arnold v. II 571
- Germunda v. II 571
- Gumbert v. II 499
- Hermann v. III 194
- Konr. v. II 384, 527
- Marquard v. II 385f
- s.u. Petrus v. (A.Langheim)
- Poppo v. II 640
Lauterbach (abgeg.;Ofr.) III 368, 647
Lauterbach (n.Selb) III 394; IV 939
Lauterbach, v. (Fam.) VII 122
Lauterhofen (nö.Neumarkt/Opf.) I 8
Lautern, Heinr. v. (Pfr Heideck) III 724
Lavagna, v. (Fam.) II 633
Lavant (Österr.) II 397, 517, 539; III 6, 32; IV 347; VI 617; VII/2 67, 110
- B. s.u. Franz Kaspar v.Stadion
Lavello, Balduin v. III 721f

Lavend (n.ident.) II 334
Lavend, Otto v. II 517
Laxenburg (Österr.) I 70; VI 493, 507, 650; VII 293; VII/2 127
Lay, Erhard (Zeil) VI 47
Layen, Kath. v.d. V 529
- Maria Barb. v.d. V 706
Layenbach, Jakob (Burgbernheim) IV 893
Laymer, Anna (Zeil) VI 43
Lazarus (Hl.) I 279
- (B.Botrontinensis) III 287, 690
Lazen, Eberhard v. II 644
- Poppo v. II 644
L'eau, v. (Fam.) VII/2 310
Lebbin (Mbg-Vp.) II 205f, 214, 217
Lebenprugg, Wilh. (Kan.St.Stephan) V 492
Lebental (abgeg.;Ofr.) IV 159f
Leberger, Friedr. (Wunsiedel) IV 1021, 1028
Leberhorst, Heinr. (Kronach) V 485
Lebsing, Alheit v. III 705
- Hermann v. III 705
Lebus (Brandenbg)
- B. s.u. Chr.
Lebusa (Sachs.) I 184, 191
Lech (Fl.) II 271, 313
Lechfeld (Landschaft) I 52
Lechfeld, v. VII 144
Lechner (Fam.) VI 234
- Gg Liborius Sebastian VI 551
- Heinr. (Kan.St.Stephan) IV 27
- Konr. (Adelsdorf) VII/2 410
- Matthäus VI 517

- Paul V 369; VI 134, 540
Lechsgemünd, Diepold v. II 487, 565, 570
Leckuchner, Hans (Bayreuth) IV 881
Lederer, Christian VI 526
- Elis. IV 20
- Franz (Nbg) V 334
- Joh. (Forchheim) V 515
- Konr. (Pottenstein) IV 20, 27
- Lucey IV 20
- Marg. V 488
- Ulr. (Weidenberg) IV 1005
Ledergerw (Jesuit) VII/2 322
Leesten (sö.Bbg) II 57, 484, 522; III 66, 375, 378; IV 568
Lefevre (Fam.) VII/2 666
Legnano (It.) II 492
Lehen (sö.Bayreuth) II 64, 477f
Lehendorf, Albert v. II 547
Lehener, Hans (Dornbach) V 4
Lehenmüller, s.u. Emmerich (A.Arnoldstein)
Lehenthal (n.Kulmbach) IV 736, 832; V 107
Lehnbach, v. (Fam.) VII/2 682
Lehrberg (nw.Ansbach) I 20; IV 739
Lehsten (sw.Hof) IV 587; VI 251
Leib, Kilian (Prior Rebdorf) IV 714
Leibchel (Brandenbg) I 102
Leibes, Franz (Wbg) VII/2 640
Leibnitz (Fl.) I 70
Leibniz, Gottfried Wilh. v. (Philosoph) I 297
Leichendorf (w.Fürth) II 631
Leicht, Elis. V 493
- Hans IV 285
- Hermann (Frankenthal) IV 285
- Joh. (Domvikar) VI 455
- Kath. (Bbg) IV 140
- Konr. (Kan.St.Jakob) III 565
- Lieb IV 285
- Paulus (Kronach) VI 319
Leider (Stadtt.Aschaffenburg) VII 136, 276; VII/2 21, 35
Leidhold, Joh. (Rom) IV 873
Leienfels (sw.Pegnitz) I 23; III 328, 370, 396; IV 442f, 612, 622, 794; V 139; VI 126, 185, 201, 236, 254, 341, 379, 536
Leihen, v.d. (Fam.) VI 710
Leimbach, Hermann v. (Dh.) II 530ff, 548, 553
- Jutta (Bbg) III 570, 597f
- Konr. (-) III 570, 597f
Leimburg (abgeg.;Ofr.) IV 72, 295f
Leimersberg (sö.Ebermannstadt) VI 126
Leimershof (nö.Bbg) VII 87
Leimgruben (FlN.) III 645
Leimitz (ö.Hof) III 223, 227; IV 89, 385
Leinburg (sö.Lauf/P.) II 631
Leine (Fl.) I 211, 223
Leiner, Heinr. IV 137
- Simon (Karmelit) IV 863
Leinheim (sö.Günzburg) III 1
Leinhoß, Elis. (Zeil) VI 50
- Konr. (-) VI 62
- Kunig. (-) VI 43
- Leonhard (-) VI 43
Leiningen, v. (Fam.) III 497; IV 114

- s.u. Berthold v. (B.Bbg)
- Eberhard v. II 402, 630
- s.u. Embricho v. (B.Wbg)
- Engelhard v. IV 824
- Gotebert v. II 402
- Helfrich v. II 402

Leipold, Kaspar (Wbg) VI 139

Leippe (Sachs.) VI 469

Leipzig (Sachs.) I 216f, 252, 321; IV 249; VI 147f, 161, 282, 287f, 390, 664; VII/2 130, 243, 285, 673, 742

Leise, Jutta (Bbg) IV 192
- Konr. (-) IV 192

Leisgang, Joh. (Strullendorf) V 484

Leiskau (n.ident.) II 575

Leiß, Christina (Bayreuth) IV 878
- Hans (-) IV 878

Leist (Fam.) VII/2 511

Leister, Nikolaus (Nbg) IV 125
- Seitz (-) IV 122

Leiten (s.Eggenfelden) I 145

Leiterbach, Liutfrid v. II 277
- Poppo v. II 106, 494, 498

Leitgeber (Fam.) III 532
- Hermann IV 881

Leitha (Fl.) I 155

Leitner, Eberlein (Engelhartsberg) IV 152
- Fritz IV 235
- Ulr. (Wunsiedel) IV 1019

Leitomischl (Tschechien)
- B. s.u. Joh.

Leitsch (nö.Kronach) IV 195

Leitsch, Hans IV 628

Leitzkau (Sa.-Anh.) I 110, 221

Leivuoz (n.ident.) II 629

Lelau (abgeg.;Ofr.) III 674, 683

Lelitz (abgeg.;Ofr.) IV 295, 875

Lell (Fam.) III 745

Lembach (sö.Haßfurt) III 383, 500

Lemlein, Gottfried III 499
- Hans (Bbg) IV 196
- Heinz III 499
- Irmgard (Nbg) III 734

Lempenmühle (n.Höchstadt/A.) III 700

Lempertshausen, Ramuold v. II 422

Lemtein, Joh. (Tiefenstürmig) III 562

Lencker, Chr. (Nbg) IV 1027
- Joh. (Pfr Burgkunstadt) IV 864
- Marg. (Hallstadt) VI 37
- Nikolaus (Nbg) IV 1005

Lengenfeld (n.ident.) III 44

Lengenfeld, Rutlant v. II 146

Lengenfelder, Hans (Pegnitz) IV 984
- Joh. (Pfr Hausen) VI 257

Lengfeld (ö.Kelheim) II 142

Lengfurt (w.Wbg) II 472

Lenkersheim (sw.Neustadt/A.) II 586; IV 631, 739, 958

Leno (It.) II 431

Lenta (It.) I 256

Lentersheim, Chr. v. IV 731
- Friedr. v. IV 914
- Kraft v. IV 74
- Ulr. v. IV 886, 905, 1060
- Veit v. IV 492
- Wilh. v. IV 875f, 878, 896, 912
- Wolf Chr. v. V 146

Lentschein, Kunig. (Rattelsdorf) III 631
- Peter (-) III 631
Lenzburg, Ulr. v. II 414
Leo I. (Papst) I 259
- VIII. (-) I 160
- IX. (-) I 122, 353, 361-366, 369, 425, 442
- X. (-) IV 498ff, 502f, 536
- XI. (-) V 329
- (Kard.) I 257f, 272, 296, 303, 305, 351, 364; II 107, 602
- (Eb.) I 199f, 203
- (B.;päpstl.Legat) I 93
- (B.Vercelli) I 72, 206f, 248, 259
- (Kan.St.Jakob) III 552ff
- (Kulmbach) III 672
Leonberg (B.-W.) II 9
Leone, Joh. de (Pfr Altenbanz) III 758
Leonhard (Hl.) II 53, 134, 334, 388
- (B.Lavant) VI 379
- (A.Ebrach) V 70, 161
- (A.Münchaurach) IV 990
- (Michelfeld) III 38
Leonis, Laurentius (Selb) IV 997
Leonmüller, s.u. Sebastian (A.Arnoldstein)
Leonrod, v. (Fam.) VI 704
- Albrecht v. IV 753
- Anna Regina v. V 529; VI 708
- Franz Adam v. (Dh.) VI 415, 427, 701, 704
- Gg v. IV 753
- Hans v. IV 418
- Hans Gg v. (Dh.) IV 1064

- Joh. Egolph v. VI 701
- Karl v. IV 753
- s.u. Magdalena v. (Ä.Kitzingen)
- Marg. v. IV 522
- Ph. v. V 36
- Sebastian v. IV 787
- Ulr. v. III 580
- Wilh. IV 418, 753
Leopold I. (Ks.) VI 336, 446, 452, 470, 472, 480, 490f, 514, 532, 547, 563, 571f, 608, 613, 619, 623, 644; VII 301; VII/2 157, 298
- II. (-) VII/2 605, 607, 611, 614, 617f, 692, 756
- IV. (Hzg v.Österr.) II 316, 374
- V. (-) II 536f, 547
- VI. (-) II 620, 630, 633f
- (-) III 89, 170, 313, 324, 362ff, 381, 411, 413, 416, 492
- (Erzhzg v.Österr.) V 386, 395; VI 11
- (Mgf v.Steiermark) II 146f
- I. v.Gründlach (B.Bbg) III 3ff, 8, 16, 32, 131f, 579, 646
- II. v.Egloffstein (-) III 5, 71, 81f, 90ff, 94, 101ff, 125, 128, 144-149, 154ff, 159f, 168, 170ff, 178, 185ff, 191f, 527, 552f, 555, 587f, 610, 615f, 663, 669f, 673f, 753f, 757; VII/2 67
- III. v.Bebenburg (-) II 522, 563, 598, 610; III 229, 246ff, 251, 253f, 258ff, 262, 265ff, 279, 281-284, 297, 303, 308, 317f, 355, 456, 535, 559, 570, 595ff, 635, 638, 685-688, 690f, 696, 720, 734, 735ff, 739, 747; IV 109, 121, 148, 179, 347

- (B.Helenopel) VII 299, 302
- (B.Passau) V 330
- (A.Michelfeld) I 308, 325
- (Dh.) III 193, 198, 234
- (Kan.St.Gangolf) III 33ff, 109, 129, 140, 755
- (Pfr Neunkirchen/Br.) III 33ff, 140
- (Erlangen) III 699
- (Griffen) II 492

Leopold Wilh. v.Habsburg (Eb. Magdeburg u. B. Halberstadt) V 532; VI 18f, 137, 334, 360f, 369, 377f, 394, 700

Leopoldskirchen (Österr.) VII/2 264

Leoprechting, Wolff Chr. v. (Rothenberg) VI 286

Lepanto (Griechenland) V 84

Leppelsdorf (nw.Bbg) III 195, 197; VI 517

Lerchenfeld, v. (Fam.) VI 158
- Anna Maria v. VI 100
- Chr. v. VI 158

Lerchsberg (FlN.) III 718

Lermann, Wilh. (Landshut) IV 874

Lerr, Konr. (Kan.St.Gangolf) III 600

Lesane (n.ident.) II 312

Leschinger, Joh. (Pfr Röttenbach) VI 96

Lesczynski, s.u. Stanislaus (Kg. v. Polen)

Leslaeus, Joh. V 120

Lessau (sö.Bayreuth) II 612

Lessinger, Gg IV 762

Leßlein, Stephan VI 501

Leßner, Joh. Friedr. (Pfr Königsfeld) VII/2 310

Letschmann, Joh. (Pfr Bayreuth) IV 102

Letten (s.Lauf/P.) III 286

Lettenreuth (nö.Lichtenfels) III 695; VI 83, 170, 441; VII/2 344, 553

Leu, Hans (Bbg) III 594

Leuber, Joh. VI 387

Leuburg, Heinr. (Pfr St.Sebald/Nbg) IV 281

Leucardis (PN) II 578

Leuchau (sö.Kulmbach) III 666

Leuchnitz, v. s.u. Arnstein, v.

Leuchs (Fam.) VII 96

Leuchtenbeck, Marg. IV 425

Leuchtenberg (sö.Weiden) II 138, 146, 174f, 214, 514, 618; III 215, 281, 291, 296, 330, 384; VII/2 211

Leuchtenberg, Albrecht v. III 498
- Diepold v. II 514
- Elis. v. III 174
- s.u. Friedr. v. (A.Ebrach)
- s.u. Friedr. v. (A.Langheim)
- Gebhard v. II 138, 146, 175, 618
- Gg v. IV 629
- Gg Ludwig v. V 320
- Heinr. v. II 531
- s.u. Joh. v. (B.Eichstätt)
- Joh. v. IV 88, 175
- Kunig. v. III 76
- Sygöst v. III 381
- Ulr. v. III 9, 39, 46, 66, 76, 80, 94, 112f, 138, 174f, 212, 273, 276ff, 288, 312, 688

Leuckheim, Melchior (Frensdorf) VI 225

Leudegarius (Hl.) I 187
Leupold s.u. Leopold
Leupold, Hans (Pödeldorf) III 550f
- Heinz (Wernsdorf) IV 169
- Heinz Hans (Pödeldorf) III 550f
- Joh. (Bayreuth) IV 722
- Sigismund (Pfr Naila) V 725
- Ulr. (Büchenbach) III 640
- Walter III 198
Leupoldsgrün (sw.Hof) III 221; IV 386, 736
Leupoldstein (sw.Pegnitz) II 47, 118, 563; III 418, 496; IV 5, 311, 443; VI 165
Leupoldstein, Eberwin v. II 563
- Egilolf v. II 563
Leups (n.Pegnitz) II 496; III 45f, 115, 657, 684; IV 33, 79, 91, 99, 345, 949, 961; VI 153
Leute (Fam.) IV 27, 40
- Konr. (Hof) III 223
Leutenbach (ö.Forchheim) II 10, 47, 67, 98, 112, 152, 276f, 532, 541, 561, 577; IV 173, 458, 708, 901; VII 286; VII/2 307
Leutenbach, Adelheid v. II 577
- Engelhard v. II 47
- Friedr. v. II 67, 94, 98, 112, 152f, 276f, 378, 383, 413, 419, 421, 446, 464
- Judith v. II 10, 99
- Otto v. II 98, 277, 378, 383, 413, 421, 424, 446, 452, 500f, 532f, 541, 547, 550, 554, 561f, 577, 582, 584, 616
- Poppo v. III 285
Leutenberg (abgeg.;Ofr.) III 368; IV 471, 477; VI 192

Leutendorf (sw.Kronach) II 554; III 270, 303; IV 264
Leutendorf (abgeg.;NB.) III 380
Leutendorf, Ortolf v. II 637
Leuterbach (Fl.) VII/2 27
Leutershausen (w.Ansbach) I 27; III 94; IV 740, 939
Leutershausen (w.Neustadt/S.) III 2
Leutershausen, v. s.u. Schenk v.Leutershausen
Leuticien (Landschaft) II 166, 233, 238
Leutiger, Heinr. (Ebing) III 716
- Hermann (-) III 714, 716
Leutkirch (B.-W.) VII/2 715
Leutoldt, Heinz (Bayreuth) IV 876
- Otto (-) IV 871
Leuttershof (ON) V 28
Leutzdorf (ö.Ebermannstadt) VI 257
Leutzmann v.Stein, Albert III 9
Leuzendorf (nw.Ebern) II 640
Leuzenhof (abgeg.;Opf.) IV 334, 945
Levi, Benedikt (Fürth) VII/2 315
Levita, s.u. Udo (A.Michelsberg)
Lew, Hans (Bbg) III 594
Leya (abgeg.;Nds.) I 196
Leyden, v. (Fam.) VII/2 725, 731
Leyen, v.d. (Fam.) VI 707, 710f; VII/2 232, 590
- Damian Friedr. Ph. v.d. (Dh.) VII/2 751
- Damian Hartart v.d. (Dompr.Trier) VI 437
- Franz Erwein Karl Kaspar v.d. (Dh.) VII/2 232, 373f, 479, 515f, 552, 577, 595, 616, 645, 649, 691, 707, 713, 751, 754f

- Hermann v.d. IV 411
Leyerer, Friedr. IV 275
Leygeber (Bbg) VII/2 190, 585, 605
Leyhendecher, Matthias (Speyer) VI 47
Leymer, Hans (-) VI 47
- Klara (Zeil) VI 46f
Leyschmidt, Joh. V 485
Leysengang (Fam.) III 718
Leyster, Heinr. (Notar) III 715
Libarte (Fam.) III 54
Liben, Konr. (Domvikar) IV 325
Libentius (Eb.Bremen) I 63, 108, 195
Liberator (Hl.) I 254, 256f
Libstenberg (abgeg.;Ofr.) IV 125
Lichomierzicz, Hilarius v. (Prag) III 280
Lichta (Thür.) I 144
Lichtenau (sö.Ansbach) VII 77
Lichtenauer (Fam) V 48f; VI 287, 292, 341
- Friedr. (Weilhb.Bbg) V 48f, 51, 72, 80, 95, 516
Lichtenberg (nw.Hof) IV 142, 385, 683, 736
Lichtenberg, v. (Fam.) III 125
- Gg v. IV 197, 1013f
- Hermann v. III 45
- Konr. III 1013
Lichtenegg (w.Sulzbach-Rosenberg) III 249, 344
Lichtenfels (Ofr.) I 16, 137, 318; II 375-379, 438, 497, 540, 555, 598f, 618, 636, 643; III 21, 123, 202, 268, 273, 292, 315, 336, 348, 361, 379, 384, 395, 420, 462f, 487, 521f, 525, 536, 543, 580f, 645, 649f, 653-656, 660f, 664, 676ff, 684, 692, 695f, 719; IV 8, 20, 22, 36, 108, 117f, 176, 199, 212, 214, 272f, 283, 324, 331, 342, 345, 347, 353, 397, 400, 402, 405, 420, 438, 458, 463, 472, 478f, 516, 518, 584, 590, 594f, 598f, 604, 614, 622, 646, 654, 724, 753, 771f, 802, 832f, 849, 1044; V 3, 65, 70, 241, 302f, 341, 375, 379, 388, 395, 464, 499f, 503; VI 13f, 58, 73, 83, 92, 116, 180, 186, 192, 199, 206f, 211, 226-229, 235, 242, 248, 252, 254ff, 267, 274, 276f, 287f, 291, 332, 348, 356, 394, 397, 403, 417, 440, 456, 463, 466, 489, 496ff, 525, 563, 578, 584f, 606, 663, 685, 693; VII 41, 67, 100ff, 104, 254, 269, 291f; VII/2 38, 41, 52, 57, 84, 132, 215, 225, 328, 356, 382, 553, 566f, 668, 673

Lichtenfels, Degenhard v. II 497
- Erkenbert v. II 525
- Friedr. v. II 598f, 624, 636, 639, 644
- Heidenreich v. II 554f, 598f, 624
- Heinr. v. II 624
- Poppo v. II 618
Lichtenfelser (Fam.) VI 285
- Joh. (Domvikar) V 397
- Jonas (Pfr Weismain) IV 863
Lichtenhayn, Heinr. v. (Weimar) IV 904
Lichtenstein (n.Ebern) II 641; III 343, 675, 677
Lichtenstein, v. (Fam.) III 380, 500; VI 701, 703, 706, 708; VII/2 490, 609

- Albrecht v. (Dh.) III 348, 610, 649, 651, 688; IV 241, 274
- Andreas v. IV 890
- Apel v. III 69f, 192, 238, 394, 651, 658, 660, 671ff, 675, 677, 680, 686; IV 178, 202, 274
- Barb. v. V 520
- Clotildis v. III 660
- Cordula v. V 322
- Dietmar v. II 634
- Dietrich v. III 644, 688
- Eberhart v. IV 265
- Elis. v. (Nonne St.Theodor) IV 744
- Erhard v. (Wbg) V 322, 372, 524, 527
- Ernst Wilh. v. VI 180
- Ewald v. IV 418
- Felicitas Christina v. III 54, 672
- Gg v. IV 18, 27, 173, 358
- Hans v. III 133, 516, 577f, 603, 633, 672; IV 10, 13, 16, 18, 28ff, 44, 49, 78, 92, 444, 522, 896
- Heinr. v. III 420, 631, 688
- s.u. Jakob Ernst v. (Eb.Salzburg)
- Joh. (Dh.Wbg) IV 550
- Joh. Konr. v. VI 395
- Jutta v. III 649, 651
- Karl v. II 641 III 54, 650, 660, 671f, 677
- Kaspar v. IV 186
- Kath. v. III 693; V 518
- Lorenz v. IV 747
- s.u. Magdalena v. (Ä.St.Theodor)
- Martin v. (Dompr.) IV 57, 64, 66, 109, 112, 114, 167f, 170, 178, 181f, 185f, 190, 192, 198f, 202, 206, 208, 210, 215, 220, 241, 247, 250, 254, 257f, 260, 263, 265, 273, 283, 291, 888, 1042; V 309; VII/2 170f
- Matthias v. IV 108, 110, 165, 174, 178, 203, 210, 217, 225, 238, 240, 247, 263, 265
- Michael v. (Dh.) IV 1066; V 13, 47f, 62, 76, 516, 520
- Offney III 671f
- Otto v. III 136, 487, 689, 693; IV 354, 412, 422
- Peter v. IV 265
- Ph. v. V 520, 524
- Tegeno v. II 614, 641
- Teyne v. III 54, 69, 192, 643, 650f, 672, 688
- Ulr. v. II 634
- Ursula v. V 518
- Valentin v. IV 557
- Veit Ulr. v. (Dh.) V 520, 524
- Volland v. (-) III 238
- vgl. Liechtenstein, v.

Lichtensteiner, Elis. VI 49
- Kunig. (Bbg) VI 49
- Maigel (-) VI 63

Lichtental (B.-W.) VII/2 716
Lichtenwald (Österr.) IV 382
Lichtersterne, Albert v. II 614
Lidbach, Fritz v. IV 453, 663
- Gottschalk v. IV 411

Lieb, Hans (Ützing) V 503
- Jakob (Burgebrach) V 213

Liebenau (abgeg.;Ofr.) IV 101, 320, 783
Liebenauer, Gundloch III 92

Liebenstadt (s.Roth) II 64, 477f
Liebenstein, v. s.u. Schenk v. Liebenstein
Liebermann (Fam.) III 220
Liebhard (Fam.) III 526
- Gerhaus (Schweinfurt) III 132
- Paulus (Kan.St.Gangolf) III 132
Lieblein (Fam.) IV 152
Liebler, Kilian (Pfr Burgbernheim) IV 893
Liebmann, Heinr. (Lützelsdorf) III 542, 545
- Jutta (-) III 542, 545
Liebold (Fam.) III 756
Liebolf (PN) II 335
Liebsberger, Gottfried (Kan.St.Stephan) III 470
- Heinr. (-) III 538, 547
Liechtenstein, v. (Fam.) VII/2 583
- vgl. Lichtenstein, v.
Liehental (n.ident.) IV 722
Lieman (PN) II 290
Liemar (PN) II 57f
- (Eb.Bremen) I 427f, 431f, 456, 463, 467, 471, 473, 491; II 20, 22f
Lienberg, Hans v. III 88
Lienz (Österr.) III 155
Lierheim, Hartwig v. II 396
- Rupprecht v. II 396
Liguori, Alfons Maria v. (Ordensgründer) VII/2 400
Ligurien (it.Landschaft) I 239
Lilius, Aloys V 158
- Anton V 158
Limbach (sö.Haßfurt) VII/2 437f
Limbach (n.Höchstadt/A.) II 54, 138, 474, 569; III 71, 301; IV 783

Limbach (Fam.) III 59
- Engelbert v. II 275
- Konr. (Bbg) III 585
Limberg (n.Traunstein) III 380
Limburg an der Lahn (Hess.) VI 404
Limburg, s.u. Heinr. v. (Hzg v.Niederlothringen)
Limmer, Gallus Ignaz VII/2 340, 384, 514, 522, 525, 572, 586, 603, 606, 621, 633, 639, 721, 727
- s.u. Malachias (A.Langheim)
Limmersdorf (sw.Kulmbach) III 372, 643, 651, 661, 684, 709; IV 96, 396, 736, 742, 810, 935; V 65
Limpurg, v. s.u. Schenk v.Limpurg
Limpurg-Styrum, s.u. August v. (B.Speyer)
Lincher, Konr. IV 876
Lincingen, Dietmar v. II 275
Lindach (ö.Bbg) II 47, 505; III 645
Lindach, Dietbert v. II 505
Lindau (Stadtt.Passau) III 380
Lindbach (Fl.) I 408
Lindelbach (sö.Wbg) IV 201
Linden (s.Neustadt/A.) IV 959
Linden, v. (Fam.) VII/2 617, 663
Lindenberg (sw.Kulmbach) II 382; III 329; IV 17, 97, 192, 270, 426, 560, 622, 657, 931f
Lindenberg, Joh. (Nbg) IV 111
- Magdalena IV 657
Lindenfels, v. (Fam.) VI 611
- Rusina Maria v. VI 708
Lindenhardt (n.Pegnitz) I 16; II 145, 609f; IV 99f, 354, 627, 724, 734, 736, 960ff

Lindenloh (nö.Schwandorf) I 82; II 505, 522, 561
Linder, Joh. (Prie.) VII/2 713
- Stephan (Volsbach) V 23
Lindloe, Thimon v. VI 156, 170, 176ff, 186, 198
Lindner (Fam.) VII/2 598f
Linhart (Fam.) IV 427; V 104
Linigl, Joh. (Staffelstein) VI 241
Link, Adelheid (Nbg) III 745
- Hans (Kitzingen) IV 649
- Hermann III 716
- Marg. V 486
Linnach, Heinr. v. (Kan.Stift Haug) III 660
Linnthaler, F. VI 211
Lins, Erhard (Zeil) VI 77
- Konr. (Diakon) IV 724
Lintach (nö.Amberg) I 144
Lintha (n.ident.) I 117
Linthard, Hans v. (Anhausen) IV 588
Lintner, Heinz IV 961
- Joh. IV 385, 921ff, 975, 987
Linz (Österr.) III 306; VI 257f, 281, 293f, 296, 299f, 386, 490f, 514; VII/2 219
Linz, Joh. (Vikar) VI 508
Liphart (Fam.) IV 143
- Hans (Bbg) IV 808
Lipolf, Otto III 62
Lipoli, Domenico (Kaufmann) VII 124
Lippe, v. (Fam.) VII 97
Lipperich, Oswald (Bbg) VII 298
Lippert, Andreas (Bechhofen) VI 89, 181, 203

Liramer, Jakob (Nbg) III 720
Lisberg (w.Bbg) I 18; II 637; III 264, 328, 496; V 233; VI 622, 628, 649
Lisberg, v. (Fam.) III 265, 496
- Albrecht v. IV 334
- Braunwart v. III 539
- Eberhard v. III 539
- Elis. v. III 583
- Fabian v. IV 518, 520, 522
- Friedr. v. (Dh.) III 310, 496, 583, 589; IV 49
- Gertrud v. III 645
- Gottfried v. III 469
- Gunther v. III 550f
- Hartung v. (Dh.) III 238
- Heinr. v. III 131f, 169, 171, 213, 264, 529, 531, 538, 543, 567, 586, 591ff, 610f, 681
- Hermann v. III 238, 265, 271, 583; IV 296f
- Joh. v. (Dh.) III 238, 328
- Konr. v. III 126, 146, 162, 264f, 529, 583, 590, 604, 611, 646, 681, 754
- Ludwig v. (Dh.) III 604
- Michael v. IV 297
- Oswald v. IV 357, 396
- Ulr. v. III 496
- Wilh. (Kan.St.Jakob) III 496; IV 180
Liselanus (PN) VI 282
Lisen, Ulr. II 567
Lissa (Polen) II 177
List, Friedr. V 452
Listenberg (ö.Kulmbach) IV 69, 951

Litauen I 176

Litifredus (B.Novara) II 274

Litzendorf (ö.Bbg) I 318; II 94, 153, 296, 484, 522; III 202, 375, 551, 677; IV 127f, 131ff, 135, 196, 420; V 239; VI 654; VII/2 227, 286

Litzendorf, Otgoz v. II 94, 97ff, 153, 315

- Rupert v. II 548

Litzlstein u.Veldenz, Joh. v. V 120

Liubernus (PN) II 288

Liubrodicigau (Landschaft) I 151

Liuchense (n.ident.) II 153

Liuderich (B.Wbg) I 13, 25

Liudolf (PN) I 31, 214; II 312

- (Hzg v.Schwaben) I 182

- (Eb.Magdeburg) II 585f

- (Eb.Trier) I 120, 128, 130, 163

- (B.Augsburg) I 53

Liutbrecht (PN) I 413; II 103

- (Eb.Mainz) I 19

- (Burggf Magdeburg) I 329, 331

Liutfrid (Mönch Michelsberg) II 9f

Liutgard (PN) I 54, 56, 76, 78, 108, 208f; II 296, 560

Liutger (PN) I 64, 94, 497

- (A.Reinsdorf) II 148

Liutizen (Volksstamm) I 80, 110f, 116, 169, 179f, 193, 212, 222f, 232; II 215, 236f, 555

Liuto (PN) II 62

Liutpold (PN) I 380; II 104, 319, 348, 508, 539, 543, 562, 595, 629

- (Eb.Mainz) I 333, 335, 358ff, 362, 364ff, 493, 497

- v.Babenberg (Mgf Österr.) I 32, 73, 82, 212, 499; II 72

- III. (-) II 36, 132

- (Diakon) I 308, 325

- (Dh.) II 576, 607, 623, 625, 629, 634, 648, 664

- (Dompr.) II 392, 400, 403, 421, 464, 525

- (Kan.St.Jakob) II 58

- (Kan.St.Stephan) II 378, 392, 400, 403, 406f, 413, 421f, 425, 444, 446, 461, 464, 525

- (Mönch Michelsberg) II 143

- (Prie.) II 60, 68, 70, 141, 294, 315, 375, 386, 484

Liutwin (PN) II 70, 534, 537

- (Kan.Wbg) II 335

Liuzo (PN) I 498; II 66

- (B.Brandenbg) I 343

- (Dh.) I 382, 413, 436, 486, 494

Livilni (Polen) I 116

Livland VI 431

Lizgau (n.ident.) VI 373

Lizzana (It.) I 206

Lobdeburg, Hartmann v. II 584

- Hermann v. (Dh.) II 543, 584

- Konr. v. II 584

- Otto v. II 566

Lobdengau (Landschaft) I 183

Lobensteig (ö.Pegnitz) III 278; IV 33, 99

Lobenstein (Thür.) III 2; IV 30, 421, 587, 624, 656, 955-958; V 485; VI 153, 408, 485; VII/2 242

Lobensteiner, Friedr. (Eschenbach) III 198

Lobkowitz, v. (Fam.) VI 18, 400; VII 90, 104, 265
- Adalbert v. VI 18
- Ferdinand v. VI 563
- Wenzel v. VI 302
Loblein, Leonhard (Zeyern) VI 34
Lobsing (nö.Ingolstadt) II 64
Locate Triulzi (It.) I 100
Loch (nö.Hersbruck) III 285
Loch (Fam.) II 522
- Gg (Giech) VII 286
Lochau (w.Bayreuth) III 575
Lochau, Konr. v. III 221
Lochcatario, Dietrich II 512
Loche, Eberhard v. II 538
- Gotebold v. II 561
Lochhausen, Amelbrecht v. II 378
Lochingen, Chr. Ph. v. VI 424, 700, 704
Lochinger v.Argshofen (Fam.) IV 658, 802, 1004
- Ph. IV 483, 546, 636
- Ph. Chr. VI 368, 380, 383, 704
Lochner, Anna Maria VI 551
- Barb. VI 517
- Heinr. (Kan.St.Jakob) III 557, 560, 564, 569
- Heinr. (Kan.St.Stephan) IV 31, 178
- Heinr. III 570; IV 83, 425f, 912
- Helena s.u. Ermreich
- Joh. (Forchheim) IV 386
- Joh. (Pfr St.Sebald/Nbg) IV 367
- Konr. III 570
- Mechthild III 560
- Pankraz IV 425, 658, 743, 746, 806

- Ulr. (Bbg) IV 66
- s.u. Werner (A.Michelfeld)
Lochner v.Hüttenbach (Fam.) VII/2 489, 630, 650, 744
- Charlotta Franziska VII/2 521
- Karl VII/2 500, 561f, 620
Lockowitz u.Hassenstein zum Hassenstein, Heinr. v. V 38
- Maximilian v. V 38
Lodenzen (FlN.) III 644
Loder, Gg Gottfried VII/2 130
- Leonhard (Fürth) VII/2 129f
- Ulr. (Neustadt/A.) IV 979
Lodi (It.) II 435, 449f
Lodig, Joh. (Prie.) IV 205
Lodner (Fam.) III 568
Lodron, Kath. v. VI 434
Löbel, Albert (Wunsiedel) IV 1022
- Barb. IV 1021, 1023
- Chr. IV 1024
- Fritz IV 1021f
- Joh. IV 1021ff
- Sebastian (Pfr) V 349, 505f; VI 125
Löbelein (Fam.) VI 595
Löcker, Anton (Wolfsberg) V 193
Löffelholz (Fam.Nbg) IV 133; VII/2 406
- Burkard V 128, 196
- Chr. Friedr. VII/2 406
- Eberhard III 602
- Friedr. IV 128
- Fritz (Bbg) VII/2 406
- Hans Wilh. Paul VII/2 406
- Joh. IV 333, 874

- Martin III 602
- Sigmund Friedr. Wilh. VII/2 406
- Thomas IV 419
- Wilh. IV 993

Löffler (Fam.) III 326
- Andreas Franz Xaver (Pfr Lichtenfels) VII/2 52
- Heinr. (Stettfeld) III 527
- Konr. IV 657; V 508

Löhlitz (nö.Ebermannstadt) III 392; VI 188; VII/2 326

Löhr, v. (Fam.) VII 88f
- Andreas VI 178
- Joh. (Pfr Kulmbach) IV 864
- Oswald VII 110

Lömlein, Joh. (Prie.) III 458

Löner, Kaspar (Kulmbach) IV 733, 926
- Nikolaus (Moschendorf) IV 385
- Ulr. (Kaltenthal) IV 424

Löniß, Wolf (Würgau) IV 84

Lösau (nw.Kulmbach) III 295

Lösch, Burkard III 378
- Joh. (Amberg) VI 110

Lösch v.Hilkberthausen, Joh. Adolph VI 395

Löser, Franz Ignaz (Bbg) VII/2 420, 526, 634, 665, 675

Löß, Caecilia (Ingolstadt) V 196, 488
- Gg V 488
- Joh. (Pfr Bbg) V 487
- Kath. (Bbg) V 488

Lößlein, Balthasar (Dominikaner) VI 218

Löwen, v. (Fam.) I 194
- Lambert v. I 215

Löwenstein, v. (Fam.) VI 324; VII 25, 68, 199, 248f; VII/2 700, 738
- Gg v. (Dh.) IV 64, 171, 181, 185, 201, 221, 226, 238, 252-255, 263, 266, 268, 342, 1043
- Gottfried v. II 649
- Ludwig v. V 338
- Rudolf v. (Dh.Wbg) III 580

Löwinger, Michael VII 269

Loffeld (sö.Staffelstein) IV 65, 176, 637, 703; VI 118

Logantesbah (n.ident.) I 21

Lohausen, v. (Fam.) VII 25, 68
- Wilh. v. VI 290, 292f, 325

Lohe (Stadtt.Nbg) IV 940

Lohel, Martin (Bbg) IV 816, 858

Loher, Joh. (Langheim) IV 332

Lohmüller, Heinr. (Pfr Hallstadt) VI 132, 179

Lohndorf (ö.Bbg) III 372; IV 131ff, 430, 447, 641; V 65, 408; VII/2 161, 227, 395

Lohndorf, Anselm v. V 128

Lohner, Heinr. (Pottenstein) III 705

Lohnmüller (Fam.) VI 456, 467

Lohr (s.Rothenburg o.T.) IV 366

Lohr am Main (Ufr.) VII/2 477

Lohr, Martin IV 403

Loin (abgeg.;Ofr.) IV 99

Loisach (Fl.) I 84

Loizenkirchen (s.Dingolfing) I 145

Lokenis, Konr. v. III 608

Lombardei (Landschaft) I 79, 98ff, 125, 198f, 205-208, 230, 237, 239f, 252, 258, 283, 384, 390, 432, 448f, 454, 464f, 474, 479ff;

II 42, 49, 60, 124, 187, 273f, 281, 306, 438, 450, 455, 468, 470f, 491, 544, 658, 662; III 247, 349f, 496; IV 68

Lommatzsch (Sachs.) I 86

Lommegau (Landschaft) I 184

Lommel (Fam.) VII/2 189

Lonecker, Heinz (Ludwigschorgast) IV 86

Loneis, Albrecht (Berneck) IV 886

- Heinz IV 34; V 33

Lonnerstadt (sw.Höchstadt/A.) I 15, 17, 20, 121f; II 335, 542f; III 428, 710; IV 369, 453, 792, 794; V 215; VI 89, 94f, 115, 165, 204f, 477, 518, 520

Lonnerstadt, Bertrada v. II 542

- Fritz III 703
- Konr. v. II 543; IV 21, 294
- Moritz IV 294

Loosing (nw.Passau) III 380

Looz, Arnulf v. I 164

Lopp (sw.Kulmbach) VII/2 581, 602

Lorain, Leopold VII/2 612

Lorber (Fam.) IV 94; VI 329

- Hans Kaspar (Bbg) V 246, 262
- Hans Pankraz (-) VI 383
- Heinr. (Pfr Teuschnitz) VI 396
- Jobst (Bbg) V 61, 75, 80, 101, 115, 123f, 133, 142
- Jodok (-) V 109
- Joh. Ph. (-) VI 223
- Klaus (-) IV 5, 196
- Lamprecht (-) IV 330
- Michel IV 408, 415, 430, 440, 459, 467f; V 343
- Nikolaus (Bbg) VI 372, 405
- Pankraz (-) V 7, 17, 22
- Ph. (-) VI 134
- Veronika (-) VI 383f

Lorber v.Störchen (Fam.) VII/2 472

- Joh Ignaz VII/2 428, 457, 552, 617

Lorch (Hess.) I 29; II 147, 273, 408, 456, 536; III 117

Lorenz v.Bibra (B.Wbg) IV 344, 355, 372, 411, 431f, 441, 448, 459, 461, 464, 472ff, 495ff, 503, 704, 982

- (B.Gurk) IV 347

Lorenz, Andreas (Pfr Volsbach) V 333, 511

- Hans (Gesees) IV 627
- Hertnid (Domvikar) III 144

Lorenzreuth (sö.Wunsiedel) IV 1040

Loreto (It.) I 437

Loritello, Robert v. I 432

Lorsch (Hess.) I 59f, 74, 113, 165, 188, 192, 211, 225, 270, 336, 441; II 139; VI 695

- A. s.u. Erminold; Gerold; Poppo; Reginbert

Lortz, Hermann (Zentbechhofen) III 183

Losau (sö.Kronach) III 270; IV 87, 386, 425, 722, 724, 742, 784, 918, 922, 945, 1016; VI 399

Losengraben, Friedr. (Nbg) III 720f

Loskand, Franz Wilh. VII/2 189-192, 269

Loß, Kath. (Nbg) V 431f

- Peter (-) V 429, 431f

Lossengraber, s.u. Nikolaus (A.Langheim)

Loterbeck, Heinr. III 733

Lothar III. v.Süpplingenburg (Ks.) I 175; II 55, 60, 70ff, 94, 98, 104f, 131, 139, 141, 157f, 217, 223-226, 232f, 235f, 239, 249, 251, 260, 270f, 273f, 276ff, 280-285, 289, 292, 294ff, 300f, 303-315, 372, 374, 415, 457, 463

Lothar Franz v. Schönborn (Eb. Mainz; B.Bbg) VI 547, 550, 565ff, 569ff, 574ff, 579, 581-586, 588, 590, 592-595, 597ff, 601-604, 606f, 614, 618f, 622, 624, 626, 628, 630f, 633, 635, 637ff, 642, 650, 652, 655, 658-661, 665, 679, 681f, 684, 687-691, 706, 710f, 715; VII 3, 38, 69, 73, 95, 107ff, 116f, 140, 152, 212, 214, 261; VII/2 4, 6, 17, 50, 54, 91ff, 103, 272f, 360

Lothringen I 30, 53, 60, 66f, 74-78, 84, 99, 113f, 169f, 184, 191, 193f, 215, 221, 223f, 231, 234ff, 252, 263, 265f, 283, 362, 369, 387, 451, 476; II 28, 38, 44, 50, 108, 126, 218, 233, 274, 300, 451, 455; III 355, 728; VI 158, 169, 171, 335; VII 91, 186

Lothringen, Beatrix v. I 78
- s.u. Franz I. Stephan v. (Ks.)
- s.u. Giselbert v. (Hzg)
- s.u. Gottfried v. (-)
- Heinr. v. I 215
- Karl v. VII/2 211
- Renata s.u. Wittelsbach, v.

Lotter, Chr. (Kulmbach) IV 727
- Joh. (Fürth) VII/2 712

Louis Philippe (Hzg v.Chartres) VII/2 662

Low v.Steinheit VI 710

Loysen, Heinr. (Strullendorf) IV 134

Loyson (Jesuit) VI 595

Lubenhausen, Engelhard v. II 290
- Walter v. II 290, 336

Lubichendorf (n.ident.) I 21

Lubrant (PN) II 489

Lubuneg, Heinr. v. III 747

Lucan (Dichter) I 91

Lucano (Fam.) VII/2 81, 167, 541f

Lucas, Erhard IV 522
- Hans (Oberhaid) IV IV 495
- Joh. IV 552, 558

Lucca (It.) I 258; II 454; III 330, 338, 727
- B. s.u. Anselm; Hubert; Joh.

Lucera (It.) III 409

Luchau, v. (Fam.) IV 376; VI 611
- Alexander (Wunsiedel) IV 880, 1037
- Anna v. V 99, 520
- Friedr. v. IV 920
- Gg Ludwig v. VI 250
- Hans v. IV 419
- Heinz v. IV 644
- Jobst v. IV 418
- Melchior v. (Dh.) V 524, 526
- Sigmund Alexander v. V 524
- Wolf Sigmund v. VI 250
- vgl. Lüchau, v.

Luchayer v.Leibelsgrün, Friedr. VI 230

Luchese (n.ident.) I 17

Luchsberg, Heinr. v. III 32

Luchsenbruck (n.ident.) III 280

Lucia (Hl.) I 187; II 398; III 236

Lucidus (Kard.) IV 32, 55
Lucius II. (Papst) II 380
- III. (-) II 340, 512, 523, 539f, 544
Lucius, Berardin (Rom) V 265
Luckau (Brandenbg) I 190
Lucus (Kard.) III 87
Lud, Heinr. v. I 412
Ludbach, Pibosz zu IV 72
Ludeger (PN) II 641
Luden (Österr.) II 397, 661
Luden, Adelheid v. II 508f, 511
- Agnes v. II 508f
- Gottfried v. II 508
- Heinr. v. II 505, 508
- Konr. v. II 508
- Marquard II 505, 508
- Otto v. II 508
Ludwag (nö.Bbg) III 375, 377; IV 81, 84, 810; V 64; VII 192
Ludwig (PN) I 120, 128; II 69, 71, 73, 98, 139, 312, 336, 378, 553f, 592
- der Fromme (Ks.) I 11ff, 29, 245
- der Deutsche (Kg) I 13
- das Kind (-) I 20, 23, 26, 31
- IV. der Bayer v.Wittelsbach (Ks.) III 39, 41, 44-47, 74, 82f, 89f, 92-99, 110f, 117, 120, 122, 142, 146, 149, 152, 155, 168f, 177, 182, 192, 200, 204-209, 213, 220f, 231f, 240, 247, 316, 618, 634, 664f, 671, 677, 754; IV 242
- I. v.Wittelsbach (Kg v.Bayern) VII/2 670, 672
- IV. (Kg v.Frankreich) I 78
- VI. (-) II 217, 301
- VII. (-) II 399, 451
- XIV. (-) VI 391; VII 166
- XV. (-) VII 72, 90, 202, 205; VII/2 404
- XVI. (-) VII/2 662
- (Kg v.Ungarn) III 290f
- I. der Kelheimer v.Wittelsbach (Hzg v.Bayern) II 543f, 628, 650
- II. der Strenge v.Wittelsbach (-) III 23, 36, 45, 89, 518
- der Friedfertige v.Wittelsbach (Kfst v.d.Pfalz) VI 98
- (Landgf v.Hessen) V 455, 464; VI 116
- (Landgf v.Thüringen) II 30, 110, 633, 659
- (Mgf v.Brandenburg) III 209, 231
- v.Württemberg (Gf) IV 289
- (Gf) II 72
- v.Meißen (Eb.Mainz; B.Bbg) III 315ff, 329f, 339ff, 342, 387, 402, 540, 562, 571, 640, 692f, 749; IV 79, 81, 111, 129, 148, 179, 199, 275
- (A.Aldersbach) II 602
- Fuchs (A.Langheim) V 4, 68, 70, 236
- Dietz (A.Michelsberg) VII 222, 229, 248; VII/2 118
- (Pr.Mainz) II 442f
Ludwig Wilh. (Mgf v.Baden-Baden) VI 605
Ludwig, Albrecht (Bbg) III 594
- Fritz (Langenzenn) III 705
Ludwigsburg (B.-W.) VII 86f, 154
Ludwigschorgast (ö.Kulmbach) III 328, 374, 379, 713; IV 75f, 86, 341, 654f, 823; V 65, 249; VI 263; VII 40; VII/2 564

Ludwigsstadt (nw.Kronach) I 1; III 336; IV 587, 624, 656, 957f, 962-966; VI 151, 251

Lübeck (Schl.-H.) III 342, 753; V 17; VI 387

- B. s.u. Konr.

Lübschütz (Sachs.) I 106

Lüchau, Albrecht v. VI 228

- Friedr. Ludwig v. VII 46-49, 89, 124, 191, 269; VII/2 273

- Nikolaus v. III 199

- vgl. Luchau, v.

Lüdinghausen, v. (Fam.) VI 207, 210, 212, 233

Lüglas (sw.Pegnitz) VI 86

Lüglein (FlN.) III 731

Lülsfeld (sw.Gerolzhofen) I 266

Lüneburg (Nds.) I 182; II 658

Lüninck, Ferdinand v. (Corvey) VII/2 655

Lüschendorf (abgeg.;Ofr.) IV 9, 272

Lüschnitz, v. (Fam.) VII 118

- Adam Gerhard v. VI 636

- Albrecht Gerhard v. (Bbg) V 266, 446, 458; VI 114, 151, 157, 168, 225, 229

- Alexander Gerhard Sigmund v. VI 696f

- Gerhard v. (Kupferberg) V 160

- Heinr. Bernhard v. VI 90, 178

Lüschwitz (Schlesien) II 575; VI 114

Lüst, Heinr. (Kan.St.Stephan) III 548ff

Lüttich (Belgien) I 41, 44, 77, 107, 113, 163, 181, 184, 250, 284, 404, 409; II 28, 44, 50, 121f, 126, 218, 300f, 559; III 415, 728; VI 356, 488; VII/2 154, 286, 405f, 606, 659

- B. s.u. Adalbold; Balderich; Durandus; Franz Anton; Godeschalk; Heinr.; Stephan; Valcherus; Wolbodo

Lüttichhausen (Fam.) VI 200

Lützelau (abgeg.;Ofr.) I 21; II 501

Lützelau, Gunzelin v. II 502

- Hartmann v. II 497

Lützelebern (Stadtt.Ebern) II 496; IV 430

Lützelsdorf (sö.Ebermannstadt) III 285, 535, 542, 548; IV 147; VI 249, 564

Lützen (Sachs.) VI 281, 287

Lützenreuth (nö.Bayreuth) III 310, 713; IV 783, 909

Lützgehen (FlN.) III 284

Luft, Hans (Erlangen) IV 897

Luge (n.ident.) III 380

Lugeshoven (abgeg.;Ufr.) II 478

Lugo, de (Kard.) VI 379

Luhe (s.Weiden) III 314

Lukas (Hl.) III 613

- (Pr.Griffen) V 139, 168

Lullebach (abgeg.;Ufr.) II 402

Luna (It.) I 239

Luna, Petrus de III 286

Lund (Schweden)

- Eb. s.u. Eskil

Lund, Friedr. (Langenzenn) III 336

Lunéville (Frankr.) VII/2 699, 703f, 708ff, 714, 717

Lungau (Österr.) I 70, 88; II 486f

Lunger, Kaspar (Bbg) IV 909

Lunkenbein, Hans IV 618, 963
Lunschariberg (Österr.) VII/2 64, 152
Luntz (Fam.) III 291
- Gg (Strullendorf) VII 53
- Joh. (Bbg) V 486
Luochart (PN) II 461
Luoge, Brunlin v. III 8
Luokenveld (n.ident.) II 640
Lupence marcha (Landschaft) I 226
Lupi, Nikolaus IV 1028
Lupold s.u. Leopold; Liutpold
Luringa (abgeg.;Ofr.) II 465
Lurtz, Joh. Gg Franz (Kan.St.Jakob) VII 182, 273, 291ff; VII/2 42, 44, 54, 185, 232, 277
- Konr. (Neundorf) III 686
Luschendorf (abgeg.;Ofr.) III 270
Lusmer, Martin (Forchheim) IV 898
Lustalter, Franz (Staffelstein) V 471
Lustenauer, Barb. (Bbg) VI 58
Lutfrideshausen (ON) I 228
Luther, Martin (Reformator) IV 530ff, 537, 669f, 676f, 679, 747
Lutolt (Dh.Breslau) III 84
Lutter am Barenberg (Nds.) II 313; VI 117, 706
Lutwin (PN) II 534
Lutz, Götz III 125
- Heinr. (Pottenstein) IV 295
- Joh. (Domvikar) III 459; IV 211
Luvergowe (ON) I 347
Luxemburg I 49, 50f, 61, 96, 108, 120, 128, 163f, 166-170, 188, 190f, 193f, 210, 215f, 221, 230, 234, 238, 244, 286f, 289, 298, 300, 304, 306, 341, 347, 469; II 71; III 355, 414, 435, 498; VI 514, 707; VII/2 605, 662
Luxemburg, v. (Fam.) III 200, 204, 206, 249, 430, 517
- Adalbert v. I 130, 163f, 167, 215f
- Arnold v. II 71
- s.u. Balduin v. (Eb.Trier)
- Friedr. v. I 238
- Hedwig v. I 50f
- s.u. Heinr. v. (Hzg v.Bayern)
- Kunig. v. I 50
- Otgiva v. I 118
- Rupert v. II 71
- Siegfried v. I 49ff
Luzenbuche (abgeg.;Opf.) II 133, 388, 538
Luzern (CH) VII 230
Luzmann (Bbg) II 547
Luzo (Prie.) I 122
Lyderen (n.ident.) II 402
Lymez, Ekkart VII/2 V
Lyon (Frankr.) III 1
- Eb. s.u. Burkhard; Hugo

Maas (Fl.) I 117, 163, 184, 232, 234f, 263f
Maastricht (NL) I 74, 77
Macarata, Joh. Firmanus v. V 19
Macchiavelli, Nikolaus VI 471, 533
Mach, Gg (Prie.) IV 724
Macharius, Joh. (Franziskaner Bbg) II 3
Machowitz, Erhart v. IV 75
- Sigmund v. IV 535
Machtschönfeld (Fam.) VI 63

Mack (Fam.) VII/2 737

Mackeldey, Gottfried Bernhard VII/2 519

Mackenzell, Berthold v. II 528

Mackerstorff (abgeg.;Opf.) IV 981

Mader, Gg Chr. (Baumeister) VII 126

Madler, Joseph Clemens VII/2 258, 311, 313-317, 320f, 391, 412, 418

Madpigor, Coloman (Ratibor) VII/2 19

Madrutius, Alibrand (Bbg) V 234

- Karl (Kard.) V 398f

- Ludwig (-) V 87, 98, 110, 112f, 124, 134-137, 153, 156, 159, 197, 206, 208, 210f, 241, 255, 266, 284, 292, 295, 376

Mähren (Markgrafschaft) I 222; II 123, 131, 166f, 225f, 587; VI 449; VII 306; VII/2 186, 236

- Mgf s.u. Heinr.; Jobst; Joh.; Karl

Mähren, Ulr. v. II 131

Mährenhüll (nö.Bbg) II 153; III 644; VII 106

Märtin, Hans (Scharfrichter) VI 48

Maganus (PN) I 84; II 309

- (Gf i.Chelsgau) I 69

Magdala (Thür.) I 19

Magdalena (Kgin Ungarn) V 208

- v.Leonrod (Ä.Kitzingen) IV 333, 340

- v.Lichtenstein (Ä.St.Theodor) IV 522

Magdeburg (Sa.-Anh.) I 29, 34f, 42, 56, 79f, 90-96, 102, 106, 109f, 112, 116, 162, 166, 168, 172, 174f, 188ff, 192, 195, 212, 215, 219-222, 237, 250, 252, 270, 293, 329, 331, 343, 347, 361, 409, 418, 472; II 114, 122, 157, 233f, 260, 301, 411, 432, 584, 634; III 238, 273, 275, 305, 313, 340, 689, 691; VI 136, 146ff, 157, 244, 315, 334, 359; VII/2 231, 243

- Burggf s.u. Burkhard; Joh.; Luitbert

- Eb. s.u. Adalbert; Engelhard; Gerhard; Gero; Giselbert; Hartwig; Heinr.; Hunfried; Joh. Albrecht; Konr.; Leopold Wilh.; Liudolf; Walthard

- Klöster u. Stifte

- - Kl. Bergen I 91, 96, 109

- - - Ä. s. Alsker; Ricdag

Maginard (Subdiakon) I 362

Maginhelm (Archidiakon) II 539

Maglern (Österr.) VII/2 66

Magnus (Hl.) I 186; II 389

- (Hzg v.Sachs.) II 28, 37

- Hofmann (A.Langheim) IV 848; V 108, 139, 161, 236

- (Chronist) II 467

- (Dh.) I 360

- (Mönch Michelsberg) III 610

- (Prie.) I 477

Maguéllonne, Ludwig v. IV 172

Mahelvelt (abgeg.;Ufr.) II 402

Mahenkorn, Heinr. (Pferdsfeld) III 67

Mahler, Anna (Bbg) VI 55

- Bartholomäus (-) VI 55

- Hans (Kronach) VI 248

- Hans Konr. (-) VI 314

- Maria Susanna (Bbg) VI 55, 67, 72

Mahr (Fam.) VII 58; VII/2 90

- Konr. IV 264
- Maria Rosina (Bbg) VI 66, 71
- Martha (Bbg) VI 63, 67
- Martin (Pfr) IV 863, 973

Maidbronn (n.Wbg) VI 140

Maidburg (Fam.) IV 257

Maienblum, Hans (Prie.) V 72

Maiental, Burkhart v. III 428f
- Fritz v. IV 6
- Gg v. IV 930
- Hans v. IV 6, 81, 868
- Hilpolt v. (Landrichter) III 429, 484f
- Konr. v. (Nbg) III 246
- Lorenz v. IV 930
- Wilh. v. III 429, 746; IV 73, 76, 81, 83

Maier, Chr. IV 685; V 486
- Heinr. IV 585, 594f, 604, 614, 753, 903
- Hieronymus (Kan.St.Stephan) V 486f
- Jakob Leo (Bbg) V 141, 145
- Joh. IV 553, 815, 935; V 36
- Joh. Bernhard (Weihb.Wbg) VI 714, 716; VII 70
- Konr. III 111; IV 295
- Matthias (Kan.St.Gangolf) IV 698
- Michael (Pfr Regnitzlosau) IV 724, 987
- Otto (Pfr Kasendorf) IV 895, 933ff
- Pankraz IV 591
- Sebastian (Pfr Marktredwitz) IV 987, 997
- Thomas IV 1004
- Ulla VI 87

- Wilh. (Scheßlitz) V 29
- vgl. Mayer; Meier; Meyer

Mailach (sw.Höchstadt/A.) II 570, 579; III 749f, 759; IV 72, 783; VI 183, 477

Mailand (It.) I 100, 107, 207, 258, 352; II 124, 273f, 430, 433, 436, 439, 448ff, 453, 492, 652; III 497, 723; VI 614, 647; VII/2 33
- Eb. s.u. Aribert; Arnulf; Branquinus; Diepold

Mailand, Markus v. (Franziskaner) II 652

Main (Fl.) I 1, 3, 5, 12ff, 17f, 20ff, 32, 79, 121f, 124, 136f, 144, 185, 209, 229, 265f, 287, 373, 410ff, 439, 469, 495; II 103f, 409, 417, 472, 495, 507, 526, 636; III 115, 357, 384, 491, 500, 622, 626, 653, 661, 664, 693; VI 214, 519, 521, 579; VII 102, 269; VII/2 486, 498

Mainberg (ö.Schweinfurt) III 215, 242, 263, 488; IV 638; V 28, 329; VI 451, 714

Mainberg, Wiger v. III 242

Mainbernheim (sö.Kitzingen) IV 634

Maineck (w.Kulmbach) III 85, 115f, 379, 469, 697; IV 58, 97, 354, 653, 823; V 65, 379; VI 128, 411, 663; VII 6, 40; VII/2 14, 25, 52, 218, 327

Mainfeldgau I 154; IV 394

Maingau I 62, 271, 318

Mainklein (ö.Lichtenfels) III 657, 659, 674, 676, 679, 682, 697

Mainleiten (FlN.) III 622

Mainleus (w.Kulmbach) III 115, 698; V 466

Mainroth (w.Kulmbach) I 19; II 318, 333; IV 58, 817, 864; V 65; VI 176, 398, 401, 523; VII/2 566

Mainroth, Gundeloch v. II 402, 418f, 487, 500f

Mainsondheim, Alheid v. III 52

Mainz (Rh.-Pf.) I 1, 8f, 59f, 67, 101f, 116f, 120f, 124f, 140f, 143f, 155f, 163, 170, 173, 182f, 193f, 231, 237, 246, 262f, 266f, 286f, 289, 293, 335f, 341-345, 361-365, 368, 375, 404, 406f, 415f, 418-421, 423, 433, 443, 451f, 464f, 467, 471, 473, 475, 497, 500; II 8, 20-25, 33, 36ff, 42f, 49, 80f, 109f, 115f, 121f, 125f, 128, 223f, 295, 301, 307, 315, 372, 394f, 398f, 417, 442f, 449, 453, 460, 500, 538, 547, 575, 583ff, 587, 590, 603f, 606, 641, 656, 658; III 1, 41, 89, 146, 159, 169, 206f, 211, 247, 250f, 276, 283, 316, 327, 330, 336, 339f, 342, 346, 359, 371, 387, 399f, 404, 410, 414, 426, 429f, 454, 459, 511, 513, 578, 624, 633, 671, 696, 725, 729, 757; IV 51, 188; V 87, 257, 285; VI 20, 146, 159, 168, 177, 251, 294, 302, 343ff, 360, 368, 379, 400, 404, 415, 429f, 436f, 440f, 452, 457, 463, 494, 513, 566, 569f, 575, 577, 579ff, 584, 586, 588, 590f, 594-597, 599, 605, 608ff, 612, 615-619, 623, 626f, 632-635, 646f, 652, 654, 666f, 671, 673, 681-684, 686f, 690-697; VII 3, 62, 70, 72, 74, 86, 88, 98, 108, 138ff, 145, 176, 183, 189, 264, 272, 276, 281, 304; VII/2 5ff, 10, 12, 31, 50f, 56, 104, 109, 114, 169, 190, 192, 221, 223, 235f, 259, 262, 267, 273, 285, 297, 323, 343, 359, 367f, 375, 378, 387f, 390f, 397, 407, 420, 423, 425, 427, 477f, 513, 558, 561, 567, 571, 587ff, 602, 615ff, 620, 622, 630, 636, 643f, 646, 655, 660, 662, 704

- Eb. s.u. Adalbert; Adolf; Anselm Franz; Anselm Kasimir; Aribo; Arnold; Bardo; Berthold; Christian; Daniel; Dieter; Emmerich Joseph; Erchanbald; Friedr. Karl Joseph; Gerlach; Heinr.; Jakob; Joh.; Joh. Friedr. Karl; Joh. Ph.; Karl Theodor, Konr.; Liutbrecht; Liutpold; Lothar Franz; Ludwig; Matthias; Ph. Karl; Ruthard; Siegfried; Uriel; Wezilo; Willigis; Wolfgang

- Weihb. s.u. Haunold; Heimes; Nebel; Paulus; Stark

Maispach (sw.Eggenfelden) I 145

Maißenpuhel, Andres (Wolfsberg) V 192

Maißl, Barb. (Magd) V 514

- Marg. (-) V 514

Maitre, Heinr. (Wbg) VII/2 444

Makarius (Hl.) I 187

Makenberg (abgeg.;NB.) II 111

Malachias Limmer (A.Langheim) VII 150f; VII/2 118, 381ff

- (A.St.Egidien/Nbg) II 63

Malagola, Karl III 247, 756

Malaspina, Horatius v. (Nuntius) V 121f, 125, 133

Malborghetto (It.) V 2, 20, 251; VII/2 64f

Malborghetto (Fam.) IV 333

Maler, Hartund II 624

- Joh. Chr. (Kan.St.Stephan) VI 78

- Konr. II 62
- Michael III 336
- Susanna (Bbg) VI 78
- Veit III 336

Malkes, Dietrich v. II 641

Mallersdorf (sw.Straubing) I 153; II 139, 274, 295, 318
- A. s.u. Ebo

Malmedy (Belgien) I 409

Malmsbach (ö.Nbg) III 95, 98

Mamming (ö.Dingolfing) I 145

Mammolo (It.) II 78

Mandegeburen, Volnand v. II 512

Mandelkow (Polen) III 608, 615

Mandelsloh, v. (Fam.) VI 405, 407, 702, 706; VII/2 503
- Ernst v. V 35, 55

Manderscheid-Blanckenheim, v. (Fam.) VII 19

Mandlau (s.Bayreuth) V 228; VI 152

Manegold (B.Passau) II 597
- (B.Würzburg) III 710
- (Gf i.Thurgau) I 87
- (Kan.St.Jakob) II 490f, 535, 542, 548f, 568-572, 578ff
- (Mönch Michelsberg) III 606

Mang (Fam.) VII/2 46

Manger, Chr. (Jäger) VII/2 375

Mangersreuth (s.Kulmbach) III 295; IV 736, 966-970

Mangold vgl. Manegold

Mangolding (sö.Regensburg) II 374

Mangolt, Konr. III 725, 749

Mann, Gg (Bayreuth) IV 683

Manndorf (sw.Bbg) III 50, 632; IV 508; VI 206, 628

Manneowa (n.ident.) I 408

Mannheim (B.-W.) VII 73, 97, 281; VII/2 387, 403, 581, 677

Mannhof (Stadtt.Fürth) IV 784

Mannhofer (Fam.) IV 80

Mannholz (nö.Weißenburg) IV 130

Mannlich, Christian (Maler) VII/2 400

Mannsdorf (sw.Neumarkt/Opf.) I 142

Mannsgereuth (s.Kulmbach) IV 38, 228, 264, 280; VI 201, 441; VII/2 215

Manntz, Joh. (Pottenstein) IV 881

Mansfeld, v. (Fam.) VI 116
- Albrecht v. IV 656
- Burkhard v. III 18
- Ernst v. V 460, 463f, 467f
- Hoier v. II 114; IV 587, 656, 958, 964f
- Volrad v. IV 825f

Manso (A.Monte Cassino) I 256

Manteuffel, Heinr. VI 166, 328

Mantlach (sö.Neumarkt/Opf.) I 95; IV 808

Manto (PN) I 12

Mantua (It.) I 252, 358
- B. s.u. Hildolf

Mantus, Franziskus (Kard.) IV 321, 330, 104

Manua (n.ident.) II 64

Manuel (Ks.v.Byzanz) II 399

Marahward (PN) I 197

Maraschis s.u. Bartholomäus (B.Città di Castello)

Marbach (B.-W.) I 165

Marburg (Hess.) II 659, 661; VI 479
Marburg, Konr. v. II 659
Marcellian (Hl.) I 417
Marcellius, Heinr. (Jesuit) VI 416f, 421, 428
Marcellus (Hl.) III 305
March (Fl.) I 395
Marching, Gg (Neunkirchen/Br.) VI 134
Marcholf (PN) II 89
Marcius (PN) I 466
Marcius, Melchior IV 744
Marck, Walter (Höchstadt/A.) III 703
Marckardt, Konr. IV 447
- Otto IV 84
- Ulr. III 575
Marcloff (Fam.) VII/2 577
Marcus, Adalbert Friedr. (Bbg) VII/2 507, 509, 512, 522, 576, 587, 597, 620f, 629, 634, 710
Maressottus (Kard.) VI 556
Marg, Kunig. (Staffelstein) V 495
Margaretha (Hl.) I 187, 310; II 66; III 610
- (Ä.St.Theodor) III 365, 580, 756
- v.Rennhofen (Ä.Birkenfeld) IV 1003
- Uebelein (Ä.Frauenthal) IV 953
- v.Himmelkron (Ä.Kitzingen) IV 318
- Schenk v.Erbach (-) IV 244
- Truchseß v.Pommersfelden (-) IV 422
- (Burggfin v.Nbg) III 94, 175, 652
- (Verwandte v.B.Suidger) I 347
- (Bbg) II 535

Marggrabe, Konr. IV 76
Marggraff (Dominikaner Nbg) III 43
- Anna (Bbg) VI 44, 61
- Barb. (-) VI 44, 50, 60f, 64
- Martin (-) VI 64
Margrethausen (B.-W.) VII/2 716
Marholt (PN) I 330
Marholt v.Öslau, Konr. II 499
Maria (Hl.) I 187, 277, 417; II 52, 139, 141, 145, 286, 290f, 295f, 314, 334, 338, 400; III 305, 364, 650, 712f, 747
- (Gem.Ks.Philipps) II 594, 601
- (Hzgin v.Bayern) V 532
- (Mgfin v.Brandenbg-Bayreuth) VI 172
Maria Amalia (Kfstin v.Bayern) VII 202
Maria Anna (Hzgin v.Bayern) V 532
- (Kfstin v.Bayern) VI 418; VII/2 43
Mariaburghausen (s.Haßfurt) I 18, 266; III 42
Maria Cäcilia Ulrich (Ä.St.Clara/Bbg) VII/2 261
Maria Einsiedeln s. u. Einsiedeln
Maria Kulm (Tschechien) VI 662
Maria Limbach s.u. Limbach
Maria Ludovica (Gem.Leopolds II.) VII/2 614
Mariamne (Fam.) VI 342
Marian Eder (A.Michelfeld) VII 113, 187, 193, 195, 220; VII/2 413, 487, 530
- Busch (A.Niederaltaich) VII 193
- Scotus (Chronist) I 393f, 400
Mariasaal (Österr.) III 425

Mariastein (Österr.) I 477; II 416

Maria Theresia (Erzhzgin v.Österr.) VII 43, 204, 262f, 266, 272, 284, 299, 306; VII/2 33f, 68f, 71-75, 121-125, 128f, 132, 136, 138, 142, 146f, 150-153, 173-177, 181ff, 186f, 198f, 202f, 211, 216f, 219, 233, 245-249, 253f, 298, 320, 328, 401, 507

Mariazell (Österr.) VI 662

Marienroth (n.Kronach) III 368

Marienweiher (nö.Kulmbach) II 530, 613; III 336, 618, 644, 648, 662, 668; IV 333; VI 112, 598, 662; VII 122; VII/2 227, 437, 556

Marinis, Carolus de (päpstl.Protonotar) VI 551

Marinus Contareno (B.Vicenza) IV 1020

Marinus, Thomas (Dominikaner) V 438

Marisch (ON) I 50; III 170

Marisfeld (Thür.) III 499f

Marius, Joh. (Pfr Emtmannsberg) IV 897

Mark (Thür.) II 499

Markersreuth (s.Hof) II 83; III 269

Markneukirchen (Sachs.) III 222

Markt, Berengar v. II 57

- Gerhard v. III 608

- Konr. v. II 485

- Suidger v. II 100

Marktbergel (s.Windsheim) I 12, III 99; IV 734, 736, 742, 885f, 922

Markt Bibart (nw.Neustadt/A.) IV 631; VI 173

Marktbreit (sö.Wbg) III 649, VI 158

Markt Einersheim (nw.Scheinfeld) III 300

Markt Erlbach (sö.Neustadt/A.) II 292; III 428, 710ff; IV 178, 625, 628ff, 741, 959, 970f

Marktgraitz (nö.Lichtenfels) I 161, 412; II 103f, 232, 549; III 203, 302, 304, 379, 383, 656, 665; IV 96, 212, 214, 235, 264f, 345, 358, 481, 585, 646; V 215f, 296, 303, 306, 376, 378, 388, 408, 450, 465; VI 13f, 83, 85, 115, 199, 441, 655f, 669; VII 178, 234; VII/2 255, 335, 344, 607

Marktleugast (nö.Kulmbach) I 17; III 79, 124, 380, 664f, 677, 681, 684; IV 400, 639, 646, 654, 783, 823; VI 111, 126f, 150ff, 263; VII 40; VII/2 227

Marktredwitz (sö.Wunsiedel) IV 986f, 1022

Marktrodach (ö.Kronach) III 296; IV 333

Marktschorgast (ö.Kulmbach) I 136; II 53, 59, 474, 530, 534; III 93, 96, 166, 177, 184f, 269, 272, 311f, 315, 336, 379, 421, 553, 555f, 648, 668, 713; IV 24, 86, 74f, 79, 81, 86, 92, 120, 205, 227, 335, 639, 646, 654f, 737, 783, 908f, 1010; V 484, 486; VI 183, 235, 263, 285, 681; VII 40; VII/ 2 54, 86, 227, 242, 564, 668

Marktzeuln (ö.Lichtenfels) I 414; III 654, 682, 695; IV 38, 96, 149, 214, 235, 264f, 355, 358, 462, 481, 560, 584f, 646, 662; V 216, 294, 296, 303, 306, 326, 376, 378, 388, 449, 465; VI 12-15, 21, 59, 83-86, 89, 110f, 115, 119, 128, 199, 211, 214, 225, 261, 396,

645, 693; VII/2 81, 223, 236, 335, 344

Markus (Hl.) I 325, 417

- (Archidiakon) I 308, 325

Marlesreuth (w.Hof) IV 386

Marloffstein (nw.Erlangen) III 164, 197, 284, 379, 446; IV 18, 110, 446, 483, 518, 753, 785, 898; VI 132, 163, 185, 191, 197, 361, 413, 580, 643, 651; VII 182; VII/2 186, 542, 547, 712

Marmels, Eberhard v. II 513, 581

Marmori, Nicolo (Forchheim) VI 208

Marner, Eberlein (Offenhausen) III 138

Maroldsweisach (nw.Ebern) III 268; VI 544

Marpburc (PN) I 17

Marquard (PN) I 380; II 47, 58, 64, 95, 336, 460, 473, 485, 516, 519f, 534, 542f, 570, 572f, 586, 593, 642, 646

- v.Berg (B.Augsburg) IV 1064; V 13, 21, 25, 27, 34, 45, 54f, 59, 62, 76-80, 123ff, 142-149, 153, 156, 159, 169, 176, 206, 323, 330, 393, 516, 524

- v.Randeck (-) III 152f, 156ff, 169, 173, 184, 188, 191f, 198, 206f, 232, 304, 413, 555, 588, 673, 747, 753, 757

- Schenk v.Castell (B.Eichstätt) VI 370, 426, 440, 711

- (A.Corvey) II 2

- (A.Fulda) II 293, 396, 414, 505

- (A.Michelfeld) II 133

- v. Rathsberg (-) III 633ff, 637, 755

- (A.Mönchsdeggingen) II 396

- (Dh.) II 112, 550, 561, 563ff, 577, 588f, 592, 598, 605ff, 609-613, 615, 619, 621-624, 629f, 636, 638, 646

- (Kan.St.Gangolf) III 165

- (Kan.Regensburg) II 112

- (Mönch Banz) II 640

- (Mönch Michelsberg) II 339, 556

- (Pfr Altenbanz) II 638, 641

- (Pr.Gnesen) II 100

- der Böhme II 542

- der Schotte II 614

Marquard Sebastian Schenk v.Stauffenberg (B.Bbg) VI 493, 498, 502, 508f, 511-516, 522-526, 528, 531-535, 537, 540-549, 551f, 556, 559ff, 565, 569, 572f, 593, 600f, 668, 704, 711; VII 21; VII/2 5, 100, 143, 288, 352, 460

Marquardt (Fam.) III 741, 757

- Joh. (Pfr) V 513

- Seifried (Pfr) IV 991

- Walther IV 275

Mars, Konr. (Tennenlohe) III 752

Marschalk (Fam.) III 380, 500

- Adam Friedr. Gottlob VI 576

- Albert III 645

- Amalia (Bbg) VI 72

- Dietz III 268, 271, 292, 308, 313, 324, 329, 344, 346f, 374, 419, 443, 536, 688

- Eckenbert III 645

- s.u. Friedr. (A.Langheim)

- Friedr. III 271, 420, 568, 675, 687f

- Gg III 443; VI 72

- Gertraud III 568

- Hans (Pfr Ebensfeld) III 596f
- Heinr. (Dh.) III 401, 462, 468f, 493, 506f, 514, 524
- Heinr. (Vogt) III 268, 270, 293, 347, 420, 507, 676, 688
- Joh. III 268, 271, 420, 639
- Karl III 499f
- Konr. III 443
- Kunig. III 676
- Lena (Bbg) VI 72
- Maria Sophia VII 133, 140
- Martin (Bbg) VI 72
- Peter (Dh.) III 462, 483
- Seifrid III 645
- Sittich III 499f
- Ulr. II 634
- Wolfram III 271, 406, 462

Marschalk zu Arnstein, Arnolt III 584
- Friedr. III 584
- Ulr. III 584

Marschalk v.Dietersdorf, Gundeloch III 596, 644, 670

Marschalk v.Ebneth (Fam.) VII 12, 17; VII/2 325, 445
- Adam Alexander VI 85
- Chr. IV 658
- Chr. Wilh. VI 84
- s.u. Gg (B.Bbg)
- Gg (Bbg) V 68, 118, 129, 140
- Gg Chr. VI 128, 564, 579, 624
- Gg Sebastian VI 579, 624
- Hans Eytel VI 128, 279, 398
- Hans Hieronymus VI 128, 423
- Klaus IV 392, 425

- Sigmund (Dh.Bbg u.Wbg) V 520, 523
- Veit Ulr. (Dh.) V 200, 292, 355, 357f, 361, 444, 518, 524; VI 128
- Wolf Chr. V 518, 520

Marschalk v.Feulendorf, Hans III 587
- Heinr. III 587
- Sophie III 587

Marschalk v.Kunstadt, Adelheid III 645, 647, 650
- Agnes III 650, 660
- Eberhard III 645, 647, 650
- Felix III 676
- Friedr. III 596, 645, 647, 650, 660
- Gertrud III 645
- Gundeloch (Dh.) III 51, 81, 103, 128, 130, 202, 324, 607, 625, 644f, 647, 650f, 660, 665, 710
- Heinr. (Langheim) III 647
- Hermann III 676
- Karl III 499f
- Suffey III 676
- Theoderich III 710
- Wolfram III 645, 647, 650, 660, 676

Marschalk v.Lichtenfels (Fam.) III 676
- Adelheid III 676
- Agnes III 676
- Fritz III 384, 394, 676
- Gundeloch III 6, 596, 676
- Joh. III 676

Marschalk v.Ostheim, Augusta Albertina VII/2 514
- Barb. V 1; VI 581
- Chr. VI 581

- Chr. Ernst VII/2 506
- Dietrich Ernst VII/2 526, 560
- Friedr. Aegidius VII/2 525f
- Heinr. August VII/2 472, 526, 547, 562, 691
- Joh. Friedr. VII/2 193
- vgl. Ostheim, v.

Marschalk v.Redwitz, Joh. IV 328, 332, 406
- Konr. IV 355
- Martin IV 36, 347, 354, 392f, 398, 410, 412, 418, 427, 429, 543

Marschorein, Kunig. (Ützing) III 626

Marsico (It.) V 19
- B. s.u. Nikolaus

Marsilius (Vierzehnheiligen) IV 423
- v.Padua (Theol.) III 142

Marsleben u.Hornburg, Konr. v. I 346f

Marstaller, Joh. III 66, 510, 548; IV 57

Marstetten, Berthold III 122

Marterstecken, Christian (Weitramsdorf) III 685
- Konr. (-) III 685

Martha (PN) II 323

Martin (Hl.) I 7, 118, 186, 230, 393f; II 52, 69, 91, 93, 444, 448, 460, 462
- V. (Papst) IV 31, 105f, 114, 170ff, 181, 187ff, 203, 218f, 222, 245, 952
- (Eb.) III 297
- v.Eyb (B.Bbg) V 127, 129-150, 516, 520; VII/2 5
- v.Schaumberg (B.Eichstätt) V 110, 133, 153, 205, 219, 236, 307, 327f, 332, 389, 405, 517, 524, 526, 528f
- Karulus (B.Seckau) V 194
- (A.St.Egidien/Nbg) II 631
- Wolf (A.Langheim) VI 683
- Seylich (A.Michelsberg) IV 744
- (A.Prüfening) VII/2 517
- (A.St.Mang) VI 712
- Geiger (A.Stein) IV 805; V 69, 119
- (Domvikar) VII 242
- (Kan.Neunkirchen/Br.) IV 483
- (Prie.) IV 90
- (Simonshofen) III 286

Martin (Fam.) III 136, 699; VII/2 99, 587
- s.u. Joh. (A.Stein)
- Joh. VII/2 90, 120
- Konr. IV 993
- Ph. Joseph (Wbg) VII/2 393

Martini, Chr. David Anton VII/2 731
- Friedr. (Freiburg) VI 41

Martius, Joh. (Domprediger) V 79

Marturio (It.) I 258

Martzin, v. (Fam.) VI 324

Marx (Fam.) IV 56
- Israel VI 678, 696
- Martin (Mistelgau) IV 725
- Michael (Forchheim) IV 749, 755
- Salomon (Bbg) VI 594, 596, 600, 623, 645f, 651, 663f, 678, 693f, 696

Marxgrün (w.Hof) IV 142

Masbach, v. (Fam.) IV 4
- Albrecht v. III 589, 666f

- Barb. v. IV 90
- Eberhard v. III 710
- Fritz v. III 390
- Wilh. v. III 273

Masering (n.Passau) III 380

Masiono, Tassano (Jesuit) V 451

Massa (It.) II 434

Maßach, Joh. (Kan.St.Stephan) III 524

Maßbach (ö.Kissingen) IV 507; VI 164

Massenbach (ON) I 408

Massenhausen, v. (Fam.) IV 178
- Joh. v. (Dh.) III 159
- Ortlieb v. III 159

Maßfeld (Thür.) II 287

Massoni, Allessandro VI 169f

Maternus (Hl.) I 417

Mathilde (PN) I 344f; II 290, 396, 452, 489, 520, 535, 560, 621
- (Gem.Ks.Heinr.V.) II 109, 131, 218
- (Gem.Hzg Ezzo) I 344
- v.Canossa (Mgfin) I 455, 464, 467, 479, 488; II 38, 76, 115, 307, 434, 539, 545
- (Ä.Edelstetten) II 515
- (Ä.Essen) I 79, 182
- v.Andechs (Ä.Kitzingen) II 575, 600, 606, 658f, 664
- (Enkelin d.Adelbero) II 560
- (Bbg) II 535
- (Nonne Gernrode) I 208

Matholf (PN) II 290

Matloch, Heinr. (Ebrach) VI 135

Matthäus (Hl.) I 324; II 53, 295, 381
- (Kard.) V 267
- (B.Albano) II 280, 301

Matthias (Hl.) I 417; III 613
- (Ks.) V 394, 397, 403f, 460; VI 407
- Corvinus (Kg.v.Böhmen u.Ungarn) IV 347, 357, 409; V 390; VII 19
- (Eb.Mainz) III 755
- (A.Niederaltaich) IV 803

Mattigau (Landschaft) I 139, 151

Mattighofen (Österr.) I 139; III 8

Mattis, Hans (Ludwigsstadt) IV 963

Mattphil (PN) VI 699

Matzlesberg (s.Weiden) II 83

Maubeuge (Frkr.) VII/2 621

Mauchenheim, Hartmann Wilh. v. (Dh.) VII/2 365
- Joh. Ph. v. (-) VI 716; VII 13, 80, 135, 279, 282
- Joh. Ph. Chr. Franz Ignatz Cajetan v. (-) VII/2 12, 27, 30, 76, 105f, 137, 140f, 163-167, 185, 187f, 192, 203, 222, 304, 329, 354, 365ff, 748, 750, 752f
- Konstantin Adolf v. VII/2 510
- Ph. v. VII/2 329
- Ph. Franz Ignaz Cajetan v. (Dh.) VII 80, 135
- Reinhard Ph. Anton v. VI 672, 716

Mauer, Hermann (Bbg) III 582
- Konr. IV 30

Mauerberg, Heinr. v. III 757

Mauerhaupt, Matthias (Kan.St.Gangolf) IV 858

Maul (Wien) VI 640
- Gg (Bbg) V 252, 300, 312, 328, 334, 340, 360, 378, 424

- Magdalena V 378
Maulbronn (B.-W.) II 566; IV 230
- A. s.u. Albert
Mauntz, Fritz IV 471
- Jeronimus (Pottenstein) IV 471
Maurer, Albrecht (Steinbach) IV 86
- Anna (Bbg) III 571, 574
- Hans (Nbg) III 736
- Martin (Pfr Mistelgau) IV 973
- Otto (Weißenohe) III 200
Mauritius (Hl.) I 95, 116, 174, 178, 186f, 212, 271
- (A.Langheim) VI 414
- (A.St.Egidien/Nbg) IV 148
Mauroceno, Francesco (Vicenza) IV 1020
- Jeronimo (Venedig) IV 1021
- Marco (-) IV 1021
Maurus Hörmann (A.Weißenohe) VII/2 487, 532f, 548f
Mausbach, Gg Daniel v. (Bbg) V 212
Mauschendorf (n.Bbg) IV 346, 444
Mausgesees (ö.Erlangen) II 478
Mausheim (sö.Parsberg) II 111
Maut (Österr.) III 188
Mautner, Ulr. (Kan.St.Gangolf) IV 579, 701, 706
Maximilian I. v. Habsburg (Ks.) IV 356, 384, 409f, 412f, 417f, 439, 447, 451, 455, 458, 463f, 466-500, 506ff
- II. v.Habsburg (-) V 10, 54, 69; VII/2 170
- I. v.Wittelsbach (Kfst v.Bayern) V 352, 391, 398, 451, 459, 461, 463, 467, 474, 476; VI 11, 51, 101, 104, 113, 136, 145, 150, 156, 158, 169, 171, 177, 193, 200, 204, 208, 210, 216f, 234, 237, 258, 261, 274, 276f, 279ff, 283f, 286, 293, 303, 368, 388, 418
- II. Emanuel v.Wittelsbach (-) VI 477, 529, 539f, 578, 613; VII 202
- III. Joseph v.Wittelsbach (-) VII 268, 281; VII/2 45, 54, 78, 384f, 410, 423, 483, 714f, 717-748
- v.Habsburg (Erzhzg v. Österreich) V 249, 386, 398, 451
- (Jesuit) VII 36
Maximilian Franz v.Habsburg (Eb.Köln) VII/2 505, 589f, 719
Maximilian Friedrich v.Königseck-Rothenfels (Eb. Köln) VII/2 464
Maximilian Heinrich v.Wittelsbach (Eb.Köln) VI 426
Maximinus (Hl.) I 186f
- (Langheim) II 528
May, Joh. Chr. VII 137
Mayberger, Hans (Trunstadt) VI 537
Mayenblum, Hans (Kan.St.Jakob) V 98
Mayer (Fam.) III 745; VII/2 78, 209-215, 218, 226-230, 233f 632, 734
- Abraham VI 596; VII 109f
- Barb. VII/2 324
- Caspar (Kan.St.Stephan) IV 482
- Dorothea (Waischenfeld) V 494
- Fritz (Lichtenfels) V 3
- Gabriel (Bbg) VII 58
- Gg (Rothenberg) VII/2 431f
- Hans III 738
- Heinr. (Waischenfeld) V 484
- Heinr. Hieronymus (Wbg) VII/2 324

- Joh. Baptist (Rothenberg) VII/2 431f, 550
- Joh. Rudolph VI 257, 268, 313
- Kunig. (Bbg) VI 40
- Leo (-) V 237, 292
- Martin VII/2 299, 311, 544
- Paulus (Bbg) VI 679
- Peter (Hollfeld) VI 231, 243
- Sebald (Dillingen) V 95f
- Sebastian V 483f; VI 49
- Türk VI 314
- vgl. Maier; Meier; Meyer

Maysel, Joh. Chr. (Bbg) VII 56

Maystetter (Bbg) VI 451, 512, 607

Mazele (PN) I 330

Mazelin (PN) I 330, 333, 383, 459, 487, 498; II 56, 65, 99, 277, 382, 481
- (Gf) I 205

Mazo (B.Verden) II 28, 46

Méan, s.u. Franz Anton v. (B.Lüttich)

Meaux (Frkr.) VII/2 705

Mecheln (Belgien) I 164

Mechenried (n.Haßfurt) VI 444

Mecher, Gangolf IV 399, 426
- Gg IV 345, 399
- Konr. IV 110
- Magdalena IV 426
- Marg. IV 346

Mechthild (Ä.St.Theodor) III 67f, 756
- (Ä.Edelstetten) II 515
- (Bbg) III 529

Meck, Klaus IV 410
- Paul (Salzburg) IV 1028

Meckenlohe (nö.Roth) II 631

Meckenloher, Ulr. (Spital a.Pyhrn) IV 30f

Mecklenburg II 397; III 744; V 75; VII/2 663

Medardus (Hl.) I 187

Medbach (ö.Höchstadt/A.) I 20, 408; II 615; VI 204

Medel, Jakob (Pfr Mainbernheim) IV 634

Medensdorfer, Christine (Bbg) III 566
- Dieter II 61
- Fritz III 566
- Hans IV 641

Medici, Alexander v. V 329

Medlinger, Joh. (Kan.Ansbach) IV 366, 940

Medlitz (n.Bbg) III 615, 621, 625, 631f, 664, 671; VI 519, 522; VII/2 240

Meedensdorf (nö.Bbg) II 54, 61, 474, 548f; III 552; IV 568

Meeder (nw.Coburg) II 607, 642

Meel, Sebastian Wilh. (Wbg) VI 387

Meersburg am Bodensee (B.-W.) VII 154, 158

Megengardus (PN) II 71

Megenhalm (Archidiakon) II 539

Megenloch (PN) II 376

Meggau, v. (Fam.) VI 19

Meghelieshof (ON) III 651

Megina (PN) I 18

Meginfeld, Adalbert v. II 277
- Hartung v. II 277
- Ludwig v. II 277

Megingaud (Eb.Trier) I 163f, 186, 215

Megingoz (PN) I 497; II 98, 100, 103, 275, 443, 492, 500

- (B.Eichstätt) I 128f, 158, 280f
- (B.Merseburg) II 313
- (B.Wbg) I 12, 17, 25
- (Dh.) I 477; II 112
- (Richter) I 383

Meginherus (Eb.Trier) II 301

Meginolt (PN) I 498

Meginrad (PN) II 554

Megintach (PN) I 330

- (Dh.) II 68f
- (Pfr) II 153

Meginward (PN) II 390

- (B.Freising) I 467
- vgl. Meinward

Mehler, J. VII/2 222f, 295

Mehlmeister (Fam.) II 543

- Anna III 573
- Anshelm III 579
- Fritz III 585
- Heinr. (Bbg) II 648
- Hermann (-) III 573
- Joh. III 545
- Konr. III 146, 619; IV 13, 135
- Ulr. (Bbg) III 15, 24, 28, 146, 254, 534, 588

Mehrerau (Österr.) VII 225

Meichsner, Wolfgang IV 928

- Wolfgang IV 410

Meidorfer, Konr. III 102

Meiduch (abgeg.;Ofr.) V 65

Meier, Sebastian (Pfr Marktschorgast) V 486

- vgl. Maier; Mayer; Meyer

Meierhof (ON) III 389; IV 246

Meiersberg (w.Fürth) II 631

Mein, Kaspar (Dek.St.Gangolf) IV 757

- Kaspar (Pfr Scheßlitz) IV 815, 817

Meinger (PN) I 478

Meinhard (PN) I 359, 382; II 70, 98, 473, 483, 554; III 724

- (B.Prag) II 100, 176, 215, 298f, 301, 307
- I. (B.Wbg) I 235, 246, 265f, 336, 341f, 496
- II. (-) I 391, 402-405, 413, 432, 436, 457, 473, 475f, 494, 501; II 11, 34
- (A.Reichenau) I 421
- (Dh.) II 68, 141, 143, 294, 406
- (Gf Kärnten) I 380
- (Pfr Etzelskirchen) II 96

Meinher (B.Osnabrück) I 269

Meiningen (Thür.) I 19, 121, 128; III 348, 497; V 28; VI 285, 561; VII/2 704

- vgl. Sachsen-Meiningen

Meinlein, Kunig. III 642

Meinolt (PN) II 290

Meinward (PN) II 473f, 476f

- (Kan.St.Stephan) III 92, 526

Meinwerk (B.Paderborn) I 113, 165, 174, 182, 195f, 198, 211, 216, 237, 242f, 262, 272, 276ff, 342, 344f

Meisa, Eberhard v. II 383, 513, 581

- Megenhard v. II 378

Meißen (Sachs.) I 64, 83, 86, 93, 172f, 214ff, 220, 222ff, 451; II 505; III 54, 313f, 330f, 341, 350, 410; VII/2 284, 383
- B. s.u. Eido, Eilward, Huprecht, Dieter
Meißen, v. (Fam.) III 227, 253, 283, 312, 316, 327, 340, 347f, 357, 379, 427, 440f, 492, 501, 518, 692, 749; V 11, 316, 389
- Balthasar v. III 283, 316, 327, 347, 371, 379, 390, 488
- Dietrich v. II 587
- Ekkehard v. I 52, 54, 56ff, 63f, 82, 86, 171, 196, 208, 219, 231, 269, 371, 476
- Elisabeth v. III 294, 337390, 392
- Friedr. v. III 21, 283, 324, 327, 330, 347, 371, 390; V 316, 389
- Friedr. der Ernsthafte v. III 316, 347, 499
- Gunzelin v. I 56, 64, 86, 95, 105, 171f, 223, 371
- Heinr. v. II 655; V 57
- Hermann v. I 58, 63, 86, 116f, 171-174, 196, 211, 215f, 231
- s.u. Ludwig v. (Eb.Mainz; B.Bbg)
- Otto v. II 523
- Rikdag v. I 171
- Swanehilde v. I 56, 58, 209
- s.u. Wilh. v.
- vgl. Sachsen, v.
Meißner, Fritz IV 599
- Gg Joh. (Bbg) VII 289
- Hans (Kulmbach) IV 727
- Joh. (-) IV 722
- Vitus (Wbg) IV 812

Meister, Eberhard III 70
- Konr. III 70
Melan, Franzisco VI 235
Melber, Gangolf (Bbg) IV 94
- Heinz (-) IV 94
- Jobst (-) IV 330
- Joh. (Seehof) IV 846
- Konr. (Bbg) III 587
- Kunig. (-) III 587, 595
- Marg. IV 275
Melchior Klesel (Eb.Wien) V 389
- Zobel v.Giebelstadt (B.Wbg) IV 823f, 839, 841ff, 847; V 9f, 21, 24, 108
- (A.Gengenbach) IV 771
- (Zeil) VI 60, 64
Melchior (Fam.) V 44
- Andreas IV 856f
Melchior Otto Voit v.Saltzburg (B. Bbg) VI 367-370, 376, 379, 381, 383f, 392f, 396, 399, 406f, 413, 416, 418-421, 430, 433, 553, 689, 698; VII/2 287
Melding, Konr. v. II 528
- Rudolf v. IV 904
Melegnano (It.) II 433
Melfi (It.) I 479; II 313, 633
Melhornes (ON) II 402
Melhos, Elis. VI 68
Melk (Österr.) II 304
Melkendorf (ö.Bbg) II 335; III 199, 551; IV 131f, 196, 198, 246, 276, 742, 791, 796, 971f, 1011
Melkendorf (s.Coburg) III 623
Melkendorf (w.Kulmbach) III 198f, 336, 661

Mellingen (CH) VII 213, 230, 251

Mellini (Kard.) VII/2 114

Mellrichstadt (n.Schweinfurt) I 458; III 497; VI 714; VII/2 533

Melly (Fam.) VII/2 318

Melon, Franz (Kronach) VI 259, 261, 273

Melpach (ON) II 631

Membach, Iggelhart v. I 360

- Sizo v. I 360

Membrechtsdorf (ON) III 380

Memleben an der Unstrut (Sa.-Anh.) I 74, 209, 225

Memmelsdorf (nö.Bbg) II 10, 60, 62, 92, 97, 99, 106, 153, 277, 315, 382, 384, 390f, 401, 410, 483f, 522, 537, 542, 550, 574, 607, 613, 620; III 61, 65, 129, 146, 273, 379; IV 117, 127f, 132f, 135, 157, 167, 169, 197f, 401, 568, 570, 575, 585, 622, 641, 803, 849; V 65, 143, 165, 262, 394, 410, 447; VI 37, 39, 43, 197, 203, 326, 347, 393, 541, 559, 630; VII 42, 242; VII/2 97, 99, 242, 514, 539, 551

Memmelsdorf (nö.Ebern) II 498, 640f; III 610, 686

Memmelsdorf, Christina v. II 391, 425, 474

- Eberhard v. II 498, 638, 640f

- Erlwin v. II 638, 640ff

- Gundeloch v. (Dh.) I 308, 325; II 112, 482, 501, 514, 532f, 536f, 542f, 550, 553, 563ff, 568, 577-580, 582, 588ff, 592-595, 598, 605, 607, 609-613, 619, 621f, 634

- Hartmann v. II 613, 620

- Heinr. v. II 390

- Judita v. II 106, 494

- Jutta v. II 594

- Konr. v. II 60, 99, 101, 141, 145, 277, 315, 378, 380, 382f, 386, 390ff, 396, 401ff, 413, 415, 421, 425, 444, 446, 461, 464, 474

- Pillung v. II 62, 73, 92, 95, 97, 106, 153, 288, 290, 315, 335, 384f, 401, 410, 414, 424, 446, 494, 496, 503

- Pippin v. II 106, 494

- Ratloch v. II 378, 413, 418f, 422, 424f, 446, 452, 454, 461, 464, 484

- Ulr. v. II 516, 529, 536f, 542, 550, 552f

Memmingen (Schw.) III 356; IV 1055; VI 256; VII/2 715

Menchau (sö.Kulmbach) II 529, 562, 612; III 581f, 589, 599, 648, 651, 658, 666; IV 96, 276, 396, 810; V 64f

Menchau, Arnold v. II 529, 612

Mendel (Fam.) IV 198

- Bernhard III 742

- Chr. (Dh.Eichstätt) IV 372

- Joh. (Subdiakon) IV 859

- Kath. III 750

- Konr. (Nbg) III 388

- Marquard (-) III 385-388

Menegenhusen, Udalschalk v. II 418

Mengel, Joh. (Bbg) V 332

Mengersdorf (w.Bayreuth) III 640; IV 294f, 736, 767, 877, 972; V 320, 324, 441; VI 97, 325, 708; VII 117, 148, 150

Mengersdorf, Anna v. V 212, 524

- Apollonia v. V 209, 212
- Barb. v. V 211f
- Christein v. III 640
- s. Ernst v. (B.Bbg)
- Gg v. IV 418f, 890
- Joachim v. V 67, 183, 185
- Joh. Ernst v. (Dh.) V 450, 471, 527; VI 9, 130
- Marg. v. V 67
- Otto v. III 640; IV 659, 767
- Otto Erhard v. V 73, 105, 151, 185, 518
- Otto Sebastian v. V 450; VI 60
- Pankraz v. V 105, 160, 185, 196, 210, 212, 528
- Scholastica v. V 212

Mengersreuth (ö.Bbg) III 390; IV 742, 943

Mengersreuth, Albert v. III 267, 389, 668
- Dietz v. III 658
- Friedr. v. III 334, 668
- Hans v. III 337, 501; IV 100
- Heinr. v. III 334
- Helwig v. III 668, 683
- Hermann v. III 267, 344
- Konr. v. III 334
- Matthias v. IV 33
- Otto v. III 270

Mengos, Burckard (Blaufelden) IV 867

Mennenheim (abgeg.;Mfr.) II 522

Mennlein, Hermann IV 294
- Marquart (Bbg) IV 145
- Paulus (Nbg) III 736

Menshengen, v. (Fam.) VII/2 219

- Henricus (Jesuit) VII 277

Mentzel (Fam.) III 714
- Erhard (Pfr) IV 722

Menzingen, Steffan v. IV 589, 642

Meranien, v. s.u. Andechs-Meranien

Merbirn (PN) II 543

Merboto (PN) II 142, 333, 543, 647
- (Pfr Eltmann) II 529

Merboto, Adelheid III 449
- Hans III 60, 372, 449
- Heinr. III 523
- Helmbrich III 449, 523
- Wiceman II 499

Merburghausen, Konr. v. III 616

Merck, Marg. (Iglau) V 505

Merckart, Leonhard IV 630

Merckel, Hieronymus (Prüfening) V 69
- Leonhard VI 399
- Martin (Kirchehrenbach) VI 125

Merckenranfft, Plewer IV 86

Mercurius, Everad (Jesuit) V 93

Mercy (Fam.) VI 249, 358, 361; VII/2 747

Merder, Adelheid (Bbg) III 592, 594f

Merdingen (B.-W.) II 420

Merdl, Konr. IV 945

Mere, Thomas v. d. IV 102

Bad Mergentheim (B.-W.) III 413, 416f, 430f, 439, 441, 443, 490, 720; IV 48, 57, 289; V 21; VI 7, 149; VII 80; VII/2 505

Merian, Joh. Matthäus v. 599
- Matthäus VI 421, 433

Mering (s.Augsburg) I 252

Meringer, Gerung (Münchberg) IV 87
- Konr. (Selbitz) IV 998
- Wolf (Nbg) V 183
Merkel, Gg (Unterschwarzach) VI 108
- Heinz IV 236
- Joh. Kaspar (Pfr Schlicht) VII/2 537
- Kath. (Schmachtenberg) VI 43
- Kunig. (Zeil) VI 43
Merkendorf (w.Staffelstein) I 21; II 483, 522; IV 128, 738; VI 393, 560
Merkent (B.-W.) II 654
Merkershausen (s.Königshofen/Gr.) III 650; IV 425; VI 188
Merkershausen, Konr. v. II 642
Merkingen, Dietrich v. (Kan.Herrieden) III 732
Merklein (Fam.) III 55f, 270, 540, 585f
- Andreas (Kronach) VI 314
- Beheim IV 27
- Elis. III 56
- Eyse III 586
- Hans IV 235; VI 150
- Hedel III 586
- Konr. IV 21, 30, 121, 161, 479, 910; VI 43
- Paul (Bbg) VI 50, 68
Merklin, v. (Fam.) VII 71
Merlein, Andreas (Aisch) VI 89
Merode, v. (Fam.) VI 200, 203, 243
Merrel, Afra (Zeil) VI 50
- Paul (-) VI 43
Merseburg (Sa.-Anh.) I 35ff, 39f, 63-66, 83, 89f, 93-96, 99, 102, 106, 108, 112f, 119, 141, 146, 151, 162, 165f, 168, 171-176, 183, 190-193, 195ff, 208, 210ff, 214f, 218, 220, 223f, 229, 237, 250, 252, 262, 284, 296, 312ff, 408, 468, 485; II 233, 235, 239, 271, 295, 308, 575; III 400
- A. s.u. Heimo; Volcmar
- B. s.u. Bruno; Dietmar; Eberhard; Ethelger; Heinr.; Megingoz; Michael; Wigbert
Merseburg, Bio v. I 171
- Esiko I 63, 106
Mertein, Hans (Teuchitz) IV 444
- Hiltprant (Steinberg) IV 23
Mertha, Gg (Wannbach) IV 810
- Hans (-) IV 810
Merthen, Heinz IV 265
Mertloch, Heinr. (Bbg) VI 135, 223, 245, 277, 293, 300, 330, 337, 349, 574
- Heinr. (Ebrach) VI 135
- Joh. Heinr. VI 451, 456f, 465, 498
- Nikolaus VI 330
Mertsee (n.Eggenfelden) I 145
Mertz, v. (Fam.) VII/2 86
- Erhardt IV 209
- Felicitas (Vilseck) V 4
- Gg IV 396
- Joh. (Pfr) IV 111
- Juliana IV 658
- Lorenz (Vilseck) V 4
- Melchior IV 785
- Susanna (Bbg) VI 61, 71
Mertzbacher, Weltzo (Ebing) III 716
Merwede (NL) I 232

Merx (Fam.) IV 56; VII/2 711
- Joh. Kaspar VII72 567
Merz, Ernst V 466
- Ulr. (Neuses) III 271
Merzbach (s.Neustadt/A.) I 21; VI 697; VII/2 611
Merzbach, Hugo v. II 639f
- Konr. v. II 639
- Rüdiger v. II 640
Meschenbach (s.Coburg) IV 787
Meseritz (Brandenbg) I 111; II 312
Mesmes, Claudius v. VI 386
Mespelbrunn, v. s.u. Echter v. Mespelbrunn
Meßberg (abgeg.;Ofr.) II 144; IV 479; VI 579
Messenfeld (w.Staffelstein) I 21; II 818; III 671
Messerer, Klaus (Unterleinleiter) IV 789
Messerschmidt, Franz VII 298
- Hans VII/2 85, 209
Messina (It.) II 583, 620; VII/2 542
Meßing, Barb. (Bbg) VI 61, 63
Messingschlager, Friedr. (Pfr Muggendorf) IV 683
Mesthausen (Thür.) IV 560
- vgl. Westhausen
Mether, Rupert (Hopfenach) III 638
Meticher, Friedr. III 704
- Heinr. III 704
Metsch, v. (Fam.) VI 707
- Anna v. V 526
- Petzold (Kupferberg) IV 86
Metten (w.Deggendorf) I 44; II 7; III 635

- s. A. Albert
Metternich, v. (Fam.) VI 161, 709
- Clemens Wenzeslaus v. VII/2 603
- Joh. Bernard v. VI 395
- Joh. Reinhard v. (Dh.) V 529
- Reinhard v. (Dh.Mainz) VI 146
Metz (Frkr.) I 169, 191, 193f, 266, 471, 485; II 49, 304; VI 490; VII/2 705
- B. s. Adalbert; Dieter
Metz, Alexander (Pegnitz) IV 831
- Ursula V 395
Metzel, Balthasar (Kronach) VI 314
- Joh. (Höchstadt/A.) VI 178
Metzelßdorf (abgeg.;Ofr.) IV 360
Metzger (Fam.) VII/2 19
- Stöltzlein (Kronach) VI 312
Metzler, Gg V 401
- Michael (Pfr Neustadt/Kulm) IV 981
- Wolf IV 641
Metzlersreuth (nö.Bayreuth) II 335; IV 80, 521, 783, 908
Metzner (PN) III 256
Meuer, Agnes III 585
- Friedr. (Kan.St.Stephan) III 133, 526-529, 617f
- Gundloch III 61, 146, 213, 583, 585, 591, 594
- Heinr. III 60f, 581
- Konr. III 585
- Kunig. III 617
Meuerlein, Joh. (Pfr) III 735f; IV 96
Meulersgereuth (abgeg.;Mfr.) V 57
Meun, Peter IV 594f

Meurich, Konr. (Nbg) III 737
Meuschel, Gg (Theres) V 70, 116
Meuschlitz (w.Bayreuth) IV 294ff, 480, 881
Meuschlitzer, Joh. (Kronach) V 484
Meusel, Adelheid III 576
- Andreas (Bbg) VI 227
- Friedr. (Nbg) IV 1027
- Gg (Rom) VI 462f
- Hans V 444; VI 100
- Heinr. III 576
- Klaus (Kronach) VI 314
- Konr. IV 85
- Otto IV 423
Meuteler, Hermann (Bbg) III 130
- Ottilia (-) III 130
Meyer (Fam.) III 369; VI 114
- Friedr. (Kan.St.Stephan) III 526, 532f
- Gg VI 226f
- Kunig. VI 72
- Schlamm (Fürth) VII 6
- Sebastian (Bbg) VI 213, 223
- Willibald VII 13
- vgl. Maier; Mayer; Meier
Meygosreuter, Hans IV 888
Meyhen (abgeg.;Ofr.) IV 70
Meyl, Joh. IV 263
Meysenfanger, Andreas (Pfr) IV 954
Meza (Fam.) III 651
Mezela (PN) II 462
Michael (Hl.) I 187, 224, 226f, 229f, 339, 353f, 488f, 495, 497f; II 21, 37, 62, 82f, 87ff, 91-100, 151, 320, 345, 349, 382-385; III 305; VI 314, 324
- (Eb.Salzburg) V 9, 12, 25
- (B.Merseburg) V 9
- (A.Bildhausen) V 161
- (A.Prüfening) IV 743
- (A.St.Stephan/Wbg) V 69
- (Prior Michelsberg) IV 320
Michel, Götz III 569
- Hans Kaspar VI 153
Michelau (n.Lichtenfels) II 502, 587; III 123, 664, 690; IV 264, 646; VI 83, 85, 169, 199, 441; VII 100, 165
Michelau, Konr. v. II 502
Michelbach (sw.Neumarkt/Opf.) III 25, 739, 741, 743f; IV 222, 740
Micheldorf (n.Bayreuth) III 312
Michelfeld (sö.Pegnitz) I 308, 325, 367; II 54, 132-135, 148f, 174f, 213f, 317, 332, 341, 369, 386-389, 404f, 413, 440f, 443, 463f, 469, 479, 501, 537f, 560-565, 644f; III 5, 10, 27, 38ff, 102f, 133, 138f, 341, 604f, 633ff, 641, 643; IV 24, 33, 44, 114, 217, 226, 281, 309, 336ff, 345, 393, 423f, 433, 469, 484, 514, 541, 630, 744, 770, 805, 984; VI 17, 98ff, 103, 106f, 447, 455ff, 475f, 500, 553, 556, 635, 638f; VII 40, 108, 218; VII/2 16, 337, 435, 534-537
- A. s.u. Adalbert; Ägidius; Arnold; Bartholomäus; Benedikt; Francho; Friedr.; Gosbert; Hartung; Hartwig; Heinr.; Imbrico; Konr.; Leopold; Marian; Marquard; Neustetter; Nikolaus; Quirin; Raban; Theoderich; Volnand; Werner
Michelsberg s.u. Bamberg; Kirchen, Klöster u.Stifte

Migazzi, Chr. v. VII/2 6f
Migger (PN) II 137
Milch (Fam.) VI 38
Milchling, v. s.u. Schutzbar v.Milchling
Milde (Fl.) I 171
Milein, Marckhart v. IV 1041
Miletin (Tschechien) II 176, 214
Milevsko (Tschechien) II 635
Millinus, Joh. Garcia (Kard.) V 351, 377, 416f, 422, 425, 450
Millstatt (Österr.) II 377
- A. s.u. Heinr.
Milo (B.Padua) I 467
- (Prie.) II 71
Miltitz (Sachs.) III 422, 507, 510, 754; VI 702
Miltitz, Apel v. IV 209
- Eucharius (Pfr Kitzingen) IV 244
- Hans v. IV 496
- Joh. v. (Dh.) III 507; IV 64, 171, 181, 209, 263
- Ortolf v. V 68
- Otto v. (Dh.) III 21, 24, 27f, 78, 406, 422, 445, 447f, 460, 462f, 468, 471, 473ff, 481, 483f, 490, 507, 510, 524, 549, 551, 556, 576, 605f, 631, 754; IV 4, 8, 19, 21, 30, 49, 52-57, 64, 52, 74, 89, 92, 94, 105, 127, 133, 135, 170f, 173, 175, 181, 184f, 263, 273f, 1042
Milz (Thür.) I 16
Milzener (Volksstamm) I 89, 95, 105, 174
Mimitz, Joh. Veit (Kronach) V 511
Mincio (It.) II 430

Minden (NRW) I 79, 165; VI 117, 136; VII/2 38, 52f, 626
- B . s.u. Alberich; Dieter; Eilbert; Gottschalk; Ramward; Siegbert; Witilo
Minderlein, Joh. (Marktzeuln) VI 13
Minegehusen, Hugo v. II 275
- Wilh. v. II 277
Minne, Heinr. III 139
Minneberg (abgeg.;Ofr.) III 213
Minner, Anna (Sulzbach) IV 420
- Gertraud (Bbg) III 547
- Otto III 584, 675
Minnerlein, Kunig. (Forchheim) III 583
- Weigant (-) III 583
Minucci (Fam.) VII/2 746
Mirendorf (abgeg.;Ofr.) I 21
Miriquidui (Fln.) I 102
Miroslaus (PN) II 299
Mirsberg (w.Ebermannstadt) IV 817; V 383; VI 86
Mirschfelden, v. (Fam.) VI 445
Mischelbach (n.Weißenburg) II 8
Misko (PN) I 180, 195f, 209f, 213ff, 222, 231, 498
- (Kan.Ansbach) II 336
Mißbach, Hans (Selb) IV 997
Mißlareut (Sachs.) IV 386, 725, 736, 922, 943, 972
Mistelbach (sw.Bayreuth) III 231; IV 736, 869, 912, 972f
Mistelbach, Barb. v. V 519
- s.u. Dorothea v. (Ä.St.Theodor)
- Eberhard v. II 61
- Friedr. v. II 8, 94, 564, 581, 584

- Heinr. v. (Michelfeld) III 40, 95
- Otto v. II 8f
- Wolfram v. III 40, 95

Mistelbeck, Heinr. III 144

Mistelfeld (s.Lichtenfels) I 137; II 375, 377; III 676; V 236; VII/2 383, 566

Mistelgau (sw.Bayreuth) IV 627, 723ff, 736, 873, 972f

Mistelreut (abgeg.;Ofr.) IV 722, 725, 742

Mistendorf (sö.Bbg) I 319; II 59, 61, 294, 383f, 386, 618f; III 274, 575; IV 163, 222, 398, 482, 604, 808

Mistendorf, Ebo v. II 383f
- Folcnant v. II 59, 61, 294
- Hartung v. II 294, 386
- Hartwig v. II 384
- Wolfram v. II 59, 61, 383f, 442

Mistizlav (Fürst) I 232

Mistmannsgesees (abgeg.;Ofr.) IV 71

Mitfilger, Friedr. (Scheinfeld) II 577
- Konr. II 577

Mitlacher, Joh. Konr. (Pfr Lahm) VII/2 554

Mittelau (abgeg.;Ofr.) III 696; IV 584

Mittelberg (ö.Kronach) IV 75

Mitteldorf (nö.Erlangen) II 477f

Mitteldorf, Ulr. v. II 65
- Wezilo v. II 65

Mittelehrenbach (sö.Forchheim) IV 43, 400, 605, 780

Mittelhembach (ö.Schwabach) IV 993

Mittelmembach (w.Erlangen) I 360; II 483, 522; III 181

Mittelrüsselbach (sö.Forchheim) I 144, 367; II 61, 65, 133; III 286

Mitterrohrenstadt (n.Neumarkt/Opf.) II 631

Mittersbach, Eva VI 397

Mittlerweilersbach (nö.Forchheim) I 137; 374; II 54, 61f, 474, 570; III 285, 563f; IV 138, 523f; VI 181, 674; VII/2 45, 58ff, 77, 86, 237, 532

Mitwitz (w.Kronach) I 5; III 618; IV 40, 334; V 19, 21; VI 166, 219, 259, 290, 338f, 398; VII/2 366, 565

Mizlaus (Hzg Gützkow) II 245ff

M´miuris, Heinr. v. III 42

Mochbitz, Sigmund v. IV 644

Mocheler, Konr. (Hof) III 79, 223

Mockersdorf (sö.Bayreuth) IV 736, 1009

Model (Fam.) VII/2 88
- Hans (Pommersfelden) IV 320
- Ulr. (Kan.St.Stephan) III 536, 541ff, 601

Modena (It.) I 72f, 79, 98, 101; II 546; VII/2 701
- B. s.u. Herbert

Modensbach, Joh. Juliana v. VII 140

Moderach, Joh. Heinr. VI 575

Modesta (Hl.) I 187

Modestus (Hl.) I 187

Modling (abgeg.;NB.) III 380

Modlitz (sw.Hof) IV 264, 317

Modsch, Anna V 489
- Barb. V 490

- Eva V 490
- Marg. V 489f

Modschiedel (sw.Kulmbach) III 400f, 669; IV 84, 425, 783, 929; V 64f, 176, 407; VII/2 214, 566

Modschiedel, Albert v. III 655
- Balthasar v. IV 307
- Eberhard v. III 655
- Friedr. v. III 42, 585
- Heinr. v. III 42
- Hermann v. III 655
- Otto v. III 655, 661
- Ph. (Michelfeld) VI 99

Modschiedler (Fam.) IV 138; VI 85
- Agnes (Nonne St.Theodor) IV 353
- Adelheid (Zirkendorf) III 635
- Anna (-) III 635
- Christina (Nonne St.Theodor) IV 353
- Felicitas (Zirkendorf) III 635
- Friedr. III 71, 501, 731; V 486
- Gangolf (Leubs) IV 79
- Gg (Unterailsfeld) III 421
- Gerhaus IV 141
- Heinr. III 260; IV 33
- Hermann (Ebermannstadt) IV 45, 174
- Joh. (Waischenfeld) III 270
- Konr. III 718
- Marg. (Zirkendorf) III 635
- Peter (Ebermannstadt) IV 45, 174
- Stefan IV 618, 658
- Ulr. IV 87

Möchs (ö.Forchheim) IV 328; VI 126, 551

Möckhern (Sa.-Anh.) VI 148

Mödingen (nw.Dillingen) III 287

Mödling, Kuno v. II 275, 448

Mögeldorf (Stadtt.Nbg) I 366; IV 560; VII/2 212

Möhrendorf (n.Erlangen) I 137, 374; IV 76, 80f, 83, 367, 549, 731, 738; VI 582, 680

Möhrenreuth (nö.Kulmbach) IV 246, 426

Möhrlein, Ferdinand (Jesuit) VII/2 399, 561
- Joh. Ph. VII/2 358

Mölckner, Joh. (Generalvikar) VI 438, 440, 460, 475, 498; VII/2 445

Mölk, v. (Fam.) VII/2 648

Mölkner (Prie.) VI 417

Möll, Hans (Steinbach) VI 122

Möller (Fam.) VII/2 585
- Joh. Heinr. (-) VI 543

Mömlingen (s.Aschaffenburg) VI 647

Mömpelgard, Ludwig v. II 29

Mönch, Christin (Sachsendorf) III 132
- Konr. (-) III 132

Mönchau (FlN.) III 683, 687, 689

Mönchberg (FlN.) III 636f

Mönchkröttendorf (sö.Lichtenfels) IV 194, 354, 742

Mönchröden (ö.Coburg) II 296; III 525, 694
- A. s.u. Heinrich; Poppo

Mönchsambach (sw.Bbg) I 20

Mönchsdeggingen (sö.Nördlingen) I 139, 152, 161; II 334, 396; VI 530, 576

- A. s.u. Marquard
Mönchstockheim (sö.Schweinfurt) II 54, 286, 502, 505ff
Mörfelden (Hess.) I 151, 208
Möring, Hans V 484
- Kath. V 359
- Klaus (Hilpershausen) V 484
- Leo (Weismain) V 359
- Lorenz IV 708; V 484
- Oswald V 484
Mörlach (ö.Hilpoltstein) VI 477
Mörlbach (w.Windsheim) IV 739
Mörlin, Walpurga V 490ff
Möschler, Wigeleis III 405
Mösinger, s.u. Stephan (A.Langheim)
Mötzel, Marg. (Zell) VI 58
Mötzing, Altmann v. II 275
- Bernhard v. II 418, 448
- Sigemar v. II 275
- vgl. Mozengin
Mogen, Gallus (Prie.) IV 535, 706, 818
Moggast (sö.Ebermannstadt) II 640, 643; III 16, 56; V 455; VI 85, 88, 120, 165, 606; VII/2 533
Mohr, Andreas (Bbg) VI 49, 70
- Elis. (Scheinfeld) VI 65
- Oswald (Ansbach) VII/2 419
Mohrhaupt, Christina (Bbg) VI 45
- Martin (-) VI 50
Mohrhof (sö.Höchstadt/A.) III 71; IV 783
Mohs (abgeg.;Sa.-Anh.) I 169
Moinosgada (n.ident.) I 2
Molibrunnen (abgeg.;B.-W.) III 1

Molinäus, Karl VI 471, 533
Molitor (Fam.) VII/2 310, 417, 442f, 558, 580
- Adam (Prof.) VII/2 696
- Friedr. (Pfr Hallerndorf) VII/2 432
- Gg (Hopfenohe) VI 106
- Gg Friedr. Benedikt (Dek.Kronach) VII/2 554-557, 565f
- J. Gerard (Missionar) VII 302
- Joh. (Prie.) VII/2 46
- Joh. Konr. VI 603
- Joh. Leonhard (Pfr Litzendorf) VII/2 286
- Joh. Richard (Bbg) VII 155, 157, 159ff, 171, 173ff, 179, 184, 237, 240
- Valerius (A.Banz)
- vgl. Müller
Moller, Martin (Kupferberg) IV 34
Molsberg (Rh.-Pf.) VI 480
Molsberg, v. (Fam.) VI 480
Monch, Heinr. (Bbg) III 558
- Jutta (-) III 558
- Konr. (Forchheim) IV 490
Monck, Joh. VII/2 478
Mone, Friedr. (Kan.St.Stephan) III 51
Monersperg (abgeg.;Ufr.) III 192
Monheim (nö.Donauwörth) V 24
Monk, Joh. Ferd. v. d. VII/2 123
Mons (Belgien) IV 846
Monster, Engelhart v. IV 507
- Valentin v. IV 554
- vgl. Münster
Mont Cenis (It.) I 453; II 491
Montag, s.u. Eugen (A.Ebrach)

Monte Bardone (It.) II 76
Montebello (It.) II 491
Monte Cassino (It.) I 204, 254, 256ff, 260, 262, 270, 303f, 351f, 364, 369, 470, 475; II 313, 518
- A. s. Atenulf; Desiderius; Friedr.; Joh.; Manso; Theobald; Wibald
Monteculi, v. (Fam.) VI 376
Montel (n.ident.) II 568
Montfort, Eva v. V 521
- Heinr. v. III 381
- Joh. v. V 194
Montgelas, Maximilian v. VII/2 718
Montmartin, v. (Fam.) VII 268
Montrichier, Joh. v. (Obrist) VI 158
Monza (It.) II 273
Moorsleben, v. (Fam.) I 91
- Amulrad v. I 347
- Konr. v. (Kan.Magdeburg) I 346f
- s.u. Suidger
Moosburg, Konr. v. II 544
Moosham (sw.Kehlheim) II 143
Morandus, Michael (Pfr Obertrubach) VI 125
Morbach (sö.Neustadt/A.) I 21
Morch, M. Joh. (Pottenstein) VI 87
Morder, Chr. (Ipsheim) IV 930
- Konr. III 743f
Moreau (Fam.) VII/2 662, 672, 697, 699, 702
Morelles, Cosmas (Köln) V 437
Moren, Bernhart IV 507
- Hans v. (Pfr) IV 1001
- Simon IV 507
Morezini (Gau) I 116
Morgenhaubt, Hans (Bbg) VI 40, 46

Moritz (Eb.Braga) s.u. Mauritius
- v.Sachsen-Zeitz (Hzg) VI 431
- v.Sachsen (Kfst) IV 821, 826, 829f
Moritz, Joh. Anton (Bildhauer) VII 133
Moriz (Volksstamm) II 235
Mormann, David (Kronach) VI 248
Moroni (Kard.) V 111
Morsbach (abgeg.;Ofr.) II 287, 502, 506, 511
Morsbrunn (n.Hersbruck) II 61; III 286
Morschey, v. (Dh.Osnabrück) VII/2 710
Morschhäuser, Michael (Kan.St.Jakob) VI 398
Morschreuth (sö.Ebermannstadt) I 16; III 323, 560
Morstatt, Friedr. (Pfr Burgbernheim) IV 893
- Wigand v. (Domvikar) III 459
Mortier (Fam.) VII/2 748
Morung, Theoderich (Dh.Freising) IV 374-382, 386, 460f, 482, 512, 922f
Mosart, Konr. (Pfr Thuisbrunn) IV 999
Mosbach, v. (Fam.) III 544
- Eberhard v. III 643
- Ph. v. IV 507
Moschendorf (ö.Ebermannstadt) IV 808
Moschendorf (s.Hof) IV 385
Mosel (Fl.) I 50, 59f, 62, 74, 107, 117
Mosenberg (sö.Lichtenfels) III 548, 709

Moser (Fam.) III 751; VII 76; VII/2 215
- Sigmund VI 280
Moseten (n.ident.) II 64, 477
Mosiginus, Mathias (Bbg) V 360, 384
Mosperger, Mathias IV 382
Mosse (Dinkelsbühl) IV 19
- (Waischenfeld) III 43
Mossler, Heinr. IV 905
- Wigiläus (Gattendorf) IV 905
Mostviel (ö.Forchheim) III 298; IV 517; VI 121
Mosus, Dietmar v. II 392
Motmann, Heinr. (Rom) VI 9, 11, 300
Motschenbach (w.Kulmbach) VI 176; VII/2 52
Motschenbach, Pankraz (Kan.St.Stephan) V 184, 220f, 223, 230, 234, 240, 246, 263f, 270, 273, 280f, 287f, 290-293, 297ff, 307, 343, 387
- Pankraz (München) VI 72
Motter, Peter IV 201, 869
Mottes, Kaspar (Lauenstein) IV 956
Mottmann, Heinr. Cornelius V 114
Motz v.Spiegelfeld, Joh. VI 349
Mousson (Frkr.) II 125
Mousson, Reginolt v. II 108
Mouzon an der Maas (NL) I 263
Moxstadt, Weigand v. III 524
Mozelt, Joh. (Strullendorf) VII/2 668
Mozengin, Bernard II 448
Muck, Martin (Bbg) IV 591, 637
Mucken (Jesuit) VI 535

Müchel, Heinr. v. (Pfr Amlingstadt) III 36, 51, 105, 125, 145, 150, 152, 157, 159, 239, 606
- Joh. v. (Dh.) III 4f, 13, 15f, 21, 27, 49, 56
Mücheln (Sa.-Anh.) II 62, 85, 232, 244, 277, 334, 389, 462, 519, 536, 543, 584, 598, 648; III 18; IV 117
Mücheln, Adalbert v. II 277, 390, 584
- Anno v. II 390, 584
- Bucco v. II 390
- Engelhard v. II 62
- Ernst v. II 277
- Friedr. v. (Dh.) II 519, 536, 566, 621, 648
- Heinr. v. (Dh.) II 462, 468, 514, 532f, 543, 566f, 572, 582, 590, 598; III 36, 51, 105, 125, 145, 150, 152, 157, 159, 239, 606
- Isenhart v. II 390
- Joh. v. (Kan.St.Jakob) III 4f, 13, 15f, 21, 27, 49, 755
Müfort, Elis. v. III 218
Mügeln (Sachs.) I 86
Mühl, Albert v. d. III 155, 671
- Gg v. d. (Mönch Michelsberg) IV 205, 208
- Konr. v. d. III 422
- Vincenz v. d. (Bbg) IV 225, 281
Mühlau (FlN.) III 646
Mühlbach (It.) III 155
Mühlbach (abgeg.;Ufr.) VI 492
Mühlberg an der Elbe (Sachs.) VI 473, 531
Mühldorf (ö.Pegnitz) II 144, 332; III 277

Mühldorf am Inn (OB.) III 96; VII/2 715

Mühldorfer, Utz IV 410

Mühlendorf (sw.Bbg) IV 317; VI 478f, 622f

Mühlfeld (nö.Mellrichstadt) II 402

Mühlham (sw.Vilshofen) III 356

Mühlhausen (n.Höchstadt/A.) I 15, 121f; III 328, 330, 583; IV 783; V 14f; VII/2 230

Mühlhausen (Thür.) I 20, 112, 115, 223, 238, 458; II 310, 583; III 440; VII/2 715

Mühlhausen (n.ident.) VI 89, 205, 282, 289, 595; VII 187

Mühlhausen, Bonaventura IV 741

- Hermann v. (Kan.St.Gangolf) III 127

Mühlhausen-Stedernburg (Kl.) I 115

Mühlheim (sw.Eichstätt) II 112, 275, 277, 486

Mühlheim, Adelram v. II 277

- s.u. Konr. v. (A.Gengenbach)
- Friedr. v. II 486
- Mazilo v. II 112, 275

Mühlnheimerebach (FlN.) II 535

Mühlvatter, s.u. Gg (A.Michelsberg)

Mülhanns (Fam.) V 22

Mülhauser, Nikolaus (Pfr Gefell) IV 361f, 364f

Mülich, Gabriel (Zwernitz) VI 256

- Konr. (Forchheim) V 7

Müll, Andreas (Pfr Thuisbrunn) IV 725

- Barb. IV 1034

Müller (Fam.) VII/2 222

- Albrecht (Pfr Hallstadt) IV 817
- Alexander (Pfr Mirsberg) V 449
- Alexius (Pfr Schwarzenbach/W.) IV 995
- Alheid (Weismain) IV 145
- Andreas VII 110, 124
- Anna Elis. VII/2 318
- Anna Maria (Zeil) VI 40, 49
- Balthasar (Prediger) IV 818
- Bernhard (Friesen) IV 807
- Chr. V 22; VII/2 258, 277, 286, 333, 400ff, 416, 562f
- Eberhart (Weismain) IV 145
- Erhard III 542, 545; IV 594; V 307, 470
- Firel (Frensdorf) III 308
- Friedr. IV 86, 447, 577, 593, 898; VII/2 672
- Gg IV 481, 698; V 375; VI 145, 243; VII/2 375
- Gustav Adolph VI 599
- Hans IV 80, 295, 319, 541, 591, 606, 789; V 449
- Hans Gg VI 595
- Hans Kobman (Bbg) V 263
- Heinr. (Pfr) IV 883, 895, 999
- Heinz IV 264, 541; V 64
- Hermann III 506, 742; IV 85
- Jakob IV 358
- Jutta III 542, 545
- s.u. Joh. (A.Michelsberg)
- Joh. IV 547, 862, 971, 998; VI 500
- Joh. (Pfr) IV 722, 815
- Joh. Kaspar (Bbg) VII 233
- Judith VI 11

- Karl IV 411
- Klaus (Lichtenfels) IV 614
- Konr. III 574; IV 279, 394, 611, 940; VI 38
- Konr. Adam (Marktzeuln) VI 13
- Kunig. III 574
- Lorenz (Pfr Litzendorf) IV 803
- Marg. (Strullendorf) IV 643
- Martin IV 744, 791, 798, 824, 835, 842, 844, 884; V 488
- Merboto II 543
- Michael VI 13f
- Osanna (Arnstein) V 495
- Peter (Strullendorf) VII/2 670
- Peter Adam (Schwürbitz) VI 13
- Sebastian (Bbg) V 73f
- Veit (Pfr Schwarzach) IV 356
- Walther (Arnstein) IV 84
- Werner Gg VII/2 318
- Wilh. IV 875
- vgl. Molitor

Müller v.Thurndorf (Fam.) VII/2 537f

Müllich, Leonhard (Forchheim) V 515

Mülstein, Friedr. (Forchheim) IV 135

Mültzer, Elis. (Burgebrach) VI 37
- Maigl (-) VI 37

Mümlein, Heinz (Hürlbach) IV 958

Mümling-Grumbach (Hess.) VI 615

Münch, Dorothea V 107
- Gg (Kulmbach) IV 684
- Hans V 107

Münch v.Rinach, Lorenz VI 234, 246

Münchaurach (w.Erlangen) II 135, 137f, 318, 454; III 445, 607; IV 367, 622, 713, 837, 895, 900, 990
- A. s.u. Berengar; Heinr.; Konr.; Leonhard

Münchberg (sw.Hof) II 612; III 79f, 96, 225, 315, 393, 397, 400, 408; IV 11, 86f, 90, 98, 103, 117, 163, 558, 626, 684, 724, 731, 734, 737, 742, 974f; VII 215; VII/2 242, 281

Münchberg, Hans v. IV 141
- Hildebrand v. II 612
- Joh. v. IV 357

Münchberger (Bbg) III 533
- Gertraud (-) III 554, 558, 611, 615
- Ulr. (-) III 611

München (OB.) I 134, 180, 284, 293, 310, 477, 486, 501f; II 6, 430; III 1, 46, 96f, 169, 182, 231, 520, 595, 759; V 366; VI 170f, 173, 175, 200, 246, 256, 274, 356, 368, 418, 477, 529, 556, 645, 663f, 666; VII 140, 266, 281; VII/2 78f, 86, 384f, 614, 699, 740f
- s.u. Nymphenburg

Münchendorf (abgeg.;Ofr.) III 570

Münchenreuth (n.Hof) III 78; IV 386, 902

Münchhausen, Hilmar v. IV 844

Münchsmünster (ö.Ingolstadt) II 139, 294f, 318, 334, 372, 374, 394, 593
- A. s.u. Richard

Münchsteinach (n.Neustadt/A.) III 99; IV 788

Münnerstadt (nö.Kissingen) V 459; VI 164f, 714

Münster (NRW) I 129, 208, 219, 237, 346, 452; II 46f, 110, 120, 126; III 274; V 455; VI 376f, 380, 385f, 390-393, 404f, 494, 558, 716; VII/2 262, 279, 655, 716
- B. s.u. Burkhard; Ekbert; Friedr.; Friedr. Christian; Hermann; Siegfried; Suidger
- Weihb. s.u. Droste, v.

Münster (CH) III 373f

Münster, v. (Fam.) VII/2 105, 562, 571, 638
- Engelhart v. (Zabelstein) IV 478
- Erhart v. V 443
- Eva v. V 202
- Ferdinand Heinr. v. VII/2 571
- Franz Karl v. (Dh.) VII/2 595, 700, 755
- Friedr. Anton v. VII/2 571
- Friedr. Wilderich Joh. Baptist v. (Dh.) VII/2 757
- Hans Chr. v. VI 622, 628, 649
- Hans Eiring v. VI 176
- Hans Erich v. VI 191, 224, 285, 401
- Hans Ernst v. VI 404
- Hans Konr. v. VI 188
- Joh. Ludwig v. VI 404
- Joseph Franz Karl v. VII/2 571
- Karl Ph. Ignatz v. VII/2 571
- Maria Amalia v. VI 710
- Michael IV 759

Münsterberg (Schlesien) III 491
- Hzg s.u. Bolko

Münster Pilsen (Kl.) VII/2 363

Münsterschwarzach (ö.Wbg) I 27, 79, 319, 343, 439, 495, 497; II 127, 342, 346, 459f, 591; IV 594; V 215, 395; VI 262, 345, 441; VII 193; VII/2 242
- A. s.u. Benedikt; Ekbert; Gottfried; Gumbert; Joh.; Wolfher
- vgl. Schwarzach

Münsteuer (Österr.) I 477; II 406, 415f

Müntzmeister, Agnes (Bbg) III 599
- Franz (-) III 550, 568
- Friedr. IV 93, 128, 204, 899
- Günther (Kan.St.Gangolf) III 569, 591
- Günther IV 93, 180
- Hans IV 204
- Heinr. III 444; IV 92, 127, 180, 202, 235, 245
- Hunde IV 204
- Konr. II 636; III 318, 427, 538, 570ff, 597, 599f, 602, 629, 655, 657, 661
- Kunig. (Bbg) III 550, 568
- Reimar (Coburg) III 15, 585, 655, 657, 661

Münzer (Bbg) IV 574; VII 27
- Albrecht (-) III 696; IV 66
- Barb. (-) IV 525
- Gottfried (-) IV 525
- Hans IV 706
- Heinr. III 533, 560
- s.u. Joh. (A.Langheim)
- Joh. (Stettin) III 608
- Liebhard III 57
- Marg. (Bbg) III 533, 588
- Reymar (-) III 57, 539
- Wolfram III 588

Mürmelbrun (abgeg.;Ofr.) IV 142

Mürmelsbaum (abgeg.;Ofr.) IV 142

Mürring, Gerhart IV 903

Mürsbach (n.Bbg) I 17; II 449, 616; III 69, 610, 628, 716; VI 179, 290, 519; VII 43

Mürsbach, Degeno v. II 449

Müslein, Heinr. (Nbg) III 739f

Müßing, Barb. (Zeil) VI 43

Muffel (Fam.Nbg) V 74; VI 263
- Christine IV 808
- Friedr. VI 399
- Hans Chr. VI 149, 151, 157, 168, 216, 225, 231f, 234f, 237, 241, 243, 260, 263, 267, 274f, 285, 287, 304, 307f, 316, 320
- Jakob IV 279
- Joh. Friedr. VII/2 309, 334, 349, 365, 411, 506
- Joh. Wolf VI 661
- Martin IV 726, 999
- Nikolaus III 741; IV 279, 901f
- Steffen IV 658, 713
- Ursula IV 717
- Wolf VI 540

Muffelger, Fritz III 204, 267
- Konr. II 511
- Lutz (Scheinfeld) III 310
- Reinolt II 511

Mufflinger, Hans (Oberscheinfeld) IV 399
- Marg. IV 453

Mugenhofer, Joh. (Naumburg) IV 390f

Muggenbach (sw.Coburg) III 671

Muggendorf (nö.Ebermannstadt) II 59, 68ff, 90f, 93f, 99f, 134f, 141, 145, 277, 315, 376, 380, 382-385, 388f, 391, 473; III 41; IV 38, 143, 480, 491, 683f, 724, 731, 737, 784ff, 789, 830, 973f; VI 257, 573

Muggendorf, Starker v. II 59, 68ff, 90f, 93f, 99f, 134f, 141, 145, 277, 315, 376, 380, 382-385, 388f, 391, 473

Muhlich (abgeg.;Ofr.) III 242

Muhrmann, Arnold V 388

Mulde (Fl.) I 106, 191, 223

Mulffer, Ambrosius (Wunsiedel) IV 1024

Mulingen, Heinr. v. III 143

Mulk, Jacob v. d. (Vik.St.Jakob) V 31

Mullndorf, Friedr. (Bbg) III 622f

Mulsberg (n.ident.) I 74

Mulzer, Ignaz (Jesuit) VII/2 391
- Joh. Bartholomäus VII 105, 201, 227, 264, 268, 280; VII/2 64, 121, 126, 146, 148, 151, 154f, 157f, 161, 163, 165, 229, 274f, 436

Mummer, Jutta (Bbg) III 573

Mumpfer, Ursula VI 67

Mumprodt v.Spiegelberg, Maria Amalia VI 708

Munch, Breunlein III 566
- Gg IV 685
- Konr. III 594

Mundbrot, Gualbert VI 274

Munderdorf, Joachim v. (Pottenstein) VI 99

Mundrich (PN) II 336

Munersberg (abgeg.;Ofr.) III 562; IV 11, 137, 244

Munkendorf (n.ident.) III 610, 613

Munna (Frkr.) I 221, 231

Munnebach (n.ident.) II 142

Munsch, Joh. Valentin (Staffelstein) VII 8

Muntzel, Hans (Gundelsdorf) IV 617

Munzingen (nö.Nördlingen) II 524

Muoisch, Heinr. II 560

Muozili (n.ident.) II 557

Mupperg (ö.Coburg) I 411f; II 104, 495, 499, 638

Murach, v. (Fam.) IV 1049
- Erkenbert v. II 485
- Hans Gottfried v. (Bbg) VI 150, 158, 282

Murbach (Frkr.) I 266; II 400

Murer, Heinr. (Pottenstein) III 705
- Peter (-) III 705

Murgel, Joh. (Dh.Konstanz) IV 805

Murharts (abgeg.;Ofr.) IV 356

Murhaupt, Matthias (Pfr Staffelstein) V 72

Murlein, Heinz (Kulmbach) IV 970

Murmann, Andreas (Kronach) VI 323
- Balthasar (-) IV 617
- Heinr. (-) VI 320
- Joh. (Dek.St.Gangolf) V 265, 345, 364, 378, 385, 415; VI 9, 104f, 155, 297, 329, 396, 411
- Kath. V 379
- Lorenz (Kronach) VI 323

Murr, Matthias IV 860

Murrhardt (B.-W.) I 27, 79

Murring, Heinr. v. III 221, 223f

Mus (Fam.) VII 292f

Muscantius, Franciscus V 155, 197

Muschner, Barb. IV 1016
- Hans IV 1016

Muschwitz (Fl.) I 6

Muselin, Ulr. (Dh.) II 396, 408

Musell, Wolfgang (Wunsiedel) IV 733, 997

Musinan, Dominikus VII 298

Mussen (s.Münchberg) III 99

Muthmannsreuth (sw.Bayreuth) IV 82, 295, 354

Mutschele, Franz Martin (Bildhauer) VII/2 376, 501, 580
- Joh. Gg (-) VII 9

Muzel, Ailbert II 615
- Hermann (Burgkunstadt) III 670

Mylau, Eberhard v. III 79; IV 903

Mylins, v. (Fam.) VII/2 561

Myllaus (Nbg) III 739

Myricius, Gg (Pfr Gesees) IV 724

Mythart, Heinr. (Augsburg) IV 57f

Naab (Fl.) III 314

Nabburg (Opf.) I 151, 374; III 41; IV 215, 605; VI 98; VII 211

Nabor (Hl.) I 187

Nachgebauer (Fam.) III 682

Nackendorf (n.Höchstadt/A.) III 34, 700ff

Nackendorf, Giselher v. III 700

Näglein, Barb. V 507
- Marg. V 508

Nagel (sw.Kronach) III 650; IV 38

Nagel, Albrecht (Hollfeld) IV 294

- Barb. (-) V 507
- Gg (Kan.St.Jakob) IV 861
- Gg (Pfr Schönfeld) V 493
- Hans IV 868; V 94, 512
- Marg. (Hollfeld) V 507f

Nagel v.Dürenstein (Fam.) VI 701, 704f, 707

Nagelsberg (B.-W.) III 394; VII 283

Nagengast (Fam.) IV 394

- Matthias (Bbg) V 55

Nagold (B.-W.) I 139

Nahe (Fl.) I 360

Naila (Ofr.) III 223, 228, 337, 444; IV 74, 78, 193, 385, 619, 736, 976

Nainsdorf (ö.Höchstadt/A) II 64, 461, 477, 623

Naisa (ö.Bbg) III 548; IV 131, 265, 437, 499; VII/2 602, 615f

Nakel (ON) I 168

Namegastes (n.ident.) II 133, 332

Namsreuth (nw. Sulzbach-Rosenberg) VII 28

Namur (Belgien) I 194; II 539; VII/2 82

Nankendorf (nö.Ebermannstadt) II 94, 334, 469; III 3f, 50, 235f, 466, 517; IV 10f, 27, 40, 152; VI 87; VII 150; VII/2 531, 538

Nankendorf, Pero v. II 67f, 94

Nannelin (PN) I 497

Nantheri (PN) I 497

Napenburg, Hans Michael v. VI 251

Naper, Peter IV 1032

Napoleon I. Bonaparte (frz.Ks.) VII 309; VII/2 676, 708, 711, 737, 744, 746f

Napf, Walter (Forchheim) IV 318

Narbonne (Frkr.) I 460

- Eb. s.u. Guifred

Nardo, Fabius v. (Nuntius) VI 392

Narni (It.) I 155

Narr, Hans (Pfr Hirschberg) IV 916

Nasche, Berthold v. II 414

Naß, Heinz IV 419

- Joh. (Pfr Plech) VI 90

Nassach, Joh. (Dh.; Kan.St.Jakob; Kan.St.Stephan) III 427, 447, 478f, 485, 548-551, 580, 758; IV 13, 22, 119, 127f, 132, 144, 151, 156ff, 166, 168, 192, 263

Nassal, Kaspar (Pfr Altenkunstadt) VII 60

Nassau (Hess.) VII/2 737

Nassau, v. (Fam.) VI 373; VII 14; VII/2 341, 501

- s.u. Adolf v. (Eb.Mainz)
- Emecho v. III 159
- Franz Bernhard v. (Dh.Wbg) VI 404, 433
- Heinr. v. III 107, 334
- Hermann Otto v. VI 379, 404, 433, 435ff, 444f
- Joh. Ludwig v. VI 380, 404
- Kath. v. V 529
- Marg. v. III 334
- Ph. v. III 497

Nassau-Saarbrücken (Fürstentum) VII/2 341

Nassau-Siegen, Amalia Magdalena v. VI 433

- Emanuel v. VII 14
- Joh. v. VI 433

Nassau-Usingen, Friedr. August v. VII/2 501

Nassauer, Martin IV 313

Nathan (PN) VII 142
- (Nbg) III 43

Natschker, Fritz (Dormitz) VI 122

Nattermüller, Gg (Bbg) VII/2 186

Naudorf (n.ident.) III 556

Nauheim, Ebo v. I 383

Naumburg (Sa.-Anh.) I 93, 119; II 588, 663; III 225, 305, 336, 341, 350, 399f, 639, 718, 753f; VI 524
- B. s.u. Dietrich; Ebo; Engelhard; Gerhard; Heinr.; Hildeward; Hugo; Joh.; Udo; Wichmann; Witticho

Nausea, s.u. Friedr. (B.Wien)

Navarra (Spanien) III 727

Neapel (It.) I 254; II 559; VI 614, 647; VII 91

Neapoleon (Kard.) III 87

Nebel, Chr. (Weihb.Mainz) VII/2 9ff, 15, 51, 116f

Nebensdorfer, Hermann III 677

Neckar (Fl.) I 89

Neckarsulm (B.-W.) IV 586, 632; VII 272

Nedamir (PN) II 194, 196, 199

Nedensdorf (nw.Staffelstein) I 19, 21; II 106, 494; III 70; IV 343, 976, 1011; VII 16, 101f

Neff, Friedr. IV 193
- Götz III 526
- Joh. (Roßtal) IV 990
- Jutta III 526
- Konr. IV 134

Negelein (Fam.) III 557

Neidau (Österr.) V 166, 195

Neideck (nö.Ebermannstadt) III 44, 213, 215f, 267f, 272, 282, 284, 379, 624, 685, 687; IV 77, 117, 443, 463, 785, 823; VI 413, 536; VII 47

Neideck, Engelhard v. III 493

Neidecker (Fam.) V 468; VI 53, 612
- Andreas (Pfr Lichtenfels) V 379
- Anna (Bbg) VI 58, 375
- Eduard (Mönch Kaisheim) VI 375
- Gg V 190; VI 58, 374
- Heinr. IV 815
- Hyacinth VI 375
- Joh. (Kan.St.Stephan) IV 858; V 3
- Joh. V 19, 70, 78, 95, 109, 119, 488ff, 492, 494
- Karl VI 53
- Lukas IV 806; V 29
- Markus (Pfr Kulmbach) IV 806
- Moritz IV 727, 815; V 25
- Otto (Kan.St.Stephan) V 496
- Pankraz (Weismain) V 261
- Paul (Generalvikar; Kan.St.Gangolf) IV 671, 673f, 707, 727f, 744, 758, 769, 779f, 795, 797f, 806, 820, 849, 851, 861f; V 26, 28, 42, 62, 485-490, 492
- Wolfgang (Pfr Isling) IV 865
- vgl. Neudecker

Neidenstein (nö.Ebermannstadt) IV 211, 480, 610, 743

Neidhard, Joh. (Pfr Kirchahorn) IV 470

Neidhardswinden (sö.Neustadt/A.) I 20

Neidhart (PN) I 20

- v.Thüngen (B.Bbg) V 153, 208, 213f, 218-279, 312, 473, 487, 516, 519, 525; VI 87, 126

Neidhartshausen (Hess.) II 297

Neidstein (nw.Sulzbach-Rosenberg) III 112, 209, 249, 343

Neiffer, Maria Barb. VII/2 109

Neiße (Polen) I 110

Neitberg, Jobst v. IV 445

- Konr. v. IV 416

Nekkenbach (abgeg.;Ofr.) III 286

Neldener, Heinr. III 173

Nellenburg, Eberhard v. I 424

Nelson (brit.Admiral) VII/2 737

Neminger, Anastasia V 309

- Barb. V 106
- Hans V 106, 309f, 322, 330
- Kath. V 309
- Leonhard V 309
- Moritz V 309
- Ursula V 309

Nemmersdorf (nö.Bayreuth) I 6, 16, 19; II 378, 490, 493, 566; III 76, 175, 390; IV 315, 430, 737, 742, 953, 976ff

Nemmersdorf, Friedr. v. II 378

Nemschenreuth (s.Pegnitz) IV 424, 631

Nemsdorf (sw.Nbg) II 631

Nencer (Dh.) I 383, 477

Nenntmannsreuth (nö.Bayreuth) IV 886

Nentschau (ö.Hof) III 222

Nentwic (PN) II 496

Nenzenheim (sö.Kitzingen) IV 299, 630

Nepomuk (Tschechien) II 286

Neresheim (B.-W.) II 293

- A. s.u. Ortlieb

Nereus (Hl.) I 187; II 431

Nerlein, Gertrud III 574

- Werner III 574

Neslein (PN) III 286

Neßlbach (sö.Deggendorf) II 650

Nesselbach, Heinr. III 737

Nestelrodt, v. (Fam.) VI 366

Nester, Hans (Pfr Berg) IV 880, 886

- Nikolaus (Pfr) IV 886, 998

Nestfall, Joh. Gg VII/2 444

Nethe (Fl.) I 164

Nethiner (Pruzzenfürst) I 181

Netter, Joseph Jakob (Fürth) VII/2 341, 409

Netze (Fl.) II 181

Neubauer (Fam.) III 504

- Bezold (Etzelskirchen) III 258
- Hans (Lüglas) VI 86
- Heinr. III 291; IV 166
- Hermann (Bbg) IV 314
- Joh. Gg (Pfr Zeyern) VII/2 556

Neubeck (Fam.) IV 425

- Hermann IV 275

Neuberg (Tschechien) IV 383

Neuberg, v. (Fam.) VII/2 121

- Else v. (Nonne St.Klara/Hof) III 408

Neuberger, Wolf (Bbg) V 381

Neubessingen (nö.Karlstadt/M.) I 142

Neubeumen, Konr. III 612
Neubig, Jobst V 23
- Joh. V 266, 494
- Michael V 22
Neubrunn (ö.Haßfurt) II 475; IV 278
Neubrunn, Heinr. v. II 625
- Kuno v. II 629f
- Ludwig v. II 622f
- Swiker v. II 625
Neuburg am Inn (s.Passau) VII/2 715
Neuburg an der Donau (OB.) I 35, 54, 69, 115, 138, 166, 199; II 63, 419; VI 426, 433; VII/2 175, 184
Neuburg, Magdalena V 522
Neuburger, Gerhaus (Ebermannstadt) III 541
- Hermann (-) III 541
Neuchâtel (CH) VII/2 737
Neuckeln, Joh. (Langheim) V 4, 70
Neuckhardt, Joh. (Pfr Mengersdorf) IV 890
Neuckheim, Andreas (Zeil) VI 65
- Eberhard (Bayreuth) IV 877
- Marg. (Zeil) VI 71
Neudecker (Fam.) VI 67, 72
- Anna (Bbg) VI 46, 65
- Friedr. III 268
- Gg (Bbg) V 244; VI 44f, 49, 52, 57, 59
- Hans (Hollfeld) V 493
- Hans Chr. (Ingolstadt) VI 73
- Joh. (Bbg) V 109
- Magdalena (-) VI 70f
- Rappo III 268
- Ulr. Sebastian (Dek.St.Stephan) VI 497
- Ursula VI 67
- vgl. Neidecker
Neudorf (n.ident.) IV 587
Neudorf (ö.Bbg) III 372, 375, 394
Neudorf (n.Ebermannstadt) III 132; IV 491, 584, 784, 786, 789, 973; VI 573
Neudorf (sö.Lichtenfels) II 636; III 272, 400, 584, 589, 595f, 598, 665, 685; IV 96; V 64f; VII 85
Neudorf (sw.Pegnitz) VI 126
Neudorf (w.Pegnitz) III 46; IV 33, 99f; VII 40
Neudrossenfeld (nw.Bayreuth) I 15, 19; III 666; IV 198, 721f, 736, 742, 895
Neuenbauer, Eberhard (Ebermannstadt) IV 394
Neuenbürg (sö.Höchstadt/A.) III 428f
Neuenburger, Anna (Ebermannstadt) III 541
- Matthias III 207
- Otto (Ebermannstadt) III 541
Neuendettelsau (ö.Ansbach) IV 738
Neuendorfer (Fam.) IV 118, 573
- Nikolaus IV 57, 59
Neueneck, Rudolph v. VI 698
Neuengrün (nö.Kronach) IV 34
Neuenhaid (n.ident.) II 90
Neuenhausen, Ottilie Sophia v. VI 154
Neuenmühle (nw.Hof) VI 546, 600
Neuenreuth (nw.Bayreuth) III 315; IV 71, 80
Neuenreuth (sö.Bayreuth) II 64
Neuenreuth (w.Kulmbach) III 320, 368, 668

Neuenreuth (sw.Tirschenreuth) II 64

Neuensdorf, v. s.u. Truchseß v.Neuensdorf

Neuensee (nö.Lichtenfels) I 21; III 604; VI 83, 441; VII/2 344

Neuensorg (sö.Coburg) II 501f; VII/2 215

Neufang (nö.Kronach) IV 616f; V 407f; VI 120; VII/2 555

Neufang (ö.Kulmbach) III 271; IV 71, 73, 1010; VI 157

Neufang (abgeg.;Ofr.) VII/2 172

Neuff, Franz (Jesuit) VII/2 399

Neufville, Peter (Frankfurt/M.) VI 540

Neugattendorf (ö.Hof) VI 399

Neugebauer (Fam.) III 244, 735

- Eberlein III 596

Neuhaus (B.-W.) III 439

Neuhaus (s.Bbg) III 68, 92; VI 181; VII 39, 141, 259

Neuhaus (n.Ebermannstadt) III 236, 271, 379, 383f, 420, 584; IV 9, 770, 772; V 407; VI 287; VII/2 326, 357

Neuhaus (sö.Höchstadt/A.) II 522; IV 346, 807

Neuhaus an der Pegnitz (nö.Hersbruck) III 13f, 113f, 141, 201, 378, 475ff, 479f; IV 327, 341f, 345f, 399, 420, 439, 495f, 610; V 56; VI 86, 88, 90f, 99, 457; VII 141; VII/2 533-536, 746

- vgl. Veldenstein

Neuhaus im Pustertal (It.) III 155

Neuhausen, v. (Fam.) VI 698

- Barb. Crescentia v. VI 715

- Marg. Susanna v. VI 706, 709

Neuenhauser, Hans (Pfr Ickelheim) IV 1008

Neuhof (w.Lichtenfels) II 658; IV 598

Neuhof (ö.Pegnitz) II 54; III 217, 278; IV 33, 99

Neuhof an der Zenn (s.Neustadt/A.) III 428; IV 380, 629, 999

Neuhofen, Jörg v. IV 411

- Joh. Gg v. VI 526

Neuhoff, Joh. Gottfried VII 144

Neukenroth (n.Kronach) III 146, 618; IV 180, 471, 662, 752; V 302, 326, 406, 408, 410, 500f; VI 118f, 193f, 272; VII/2 326, 415, 555

Neukirchen am Inn (s.Passau) III 380

Neukirchen vgl. Neunkirchen

Neukum (Fam.) III 613, 618

- Albrecht (Pfr Seußling) IV 243

Neulint (FlN.) III 146

Neumann, Balthasar (Baumeister) VI 592; VII 7ff, 26, 56f, 109, 111, 115, 126, 153, 200, 249f, 253, 255-258, 268f, 295f; VII/2 80

- Franz Ignaz Michael (Obrist) VII/2 80, 378, 416ff, 422, 459, 551ff, 557

Neumaring (abgeg.;Opf.) III 380

Neumarkt (Österr.) II 658

Neumarkt in der Oberpfalz (Opf.) III 47, 425f, 733; IV 76, 197; VI 98, 158, 234f, 286; VII/2 666

Neumeister, Dorothea (Baunach) VI 67

- Joh. (Subdiakon) IV 672f

- Joh. Gg (Vizekanzler Kärnten) VI 457, 465
Neumühle (n.ident.) II 144
Neumühle (nw.Kronach) III 303
Neumüller, Joseph Gabriel VII/2 589
Neumünster s.u. Wbg; Kirchen, Klöster u.stifte
Neunburg vorm Wald (ö.Schwandorf) I 151f; II 96; IV 1049; VII 45; VI 611
Neunburg, Berthold v. II 275, 382, 443
- Heinr. v. (Kan.Wbg) II 96, 513, 581
- Hugo v. (Kan.St.Stephan) III 525
- Walter v. II 446
Neundorf (sw.Coburg) III 671, 677, 686
Neundorf (nw.Kronach) IV 194, 334, 518; VI 50; VII/2 381
Neuneck, v. (Fam.) VI 14
- Anna v. V 517
- Heinr. v. (Dh.) V 477
- Joh. Heinr. v. (-) V 475, 477, 529
- Joh. Kaspar v. V 529
- Melchior v. (DO-Ritter) IV 434
- Rudolf v. (Dh.) V 529
Neuner, Fritz IV 565
- Jobst (Ailsfeld) V 22
- Joh. Wilh. (Schnaittach) VII/2 549
Neunhof (n.Lauf/P.) III 140
Neunhof (Stadtt.Nbg) III 97f, 175, 215, 735; IV 940; VII/2 357
Neunkirchen am Brand (ö.Erlangen) I 8, 319; II 6, 478; III 25, 27, 33ff, 71, 103, 129, 133, 140, 209, 299f, 445ff, 633, 714, 718f, 755; IV 12, 18, 35, 41-44, 117, 201, 234, 250, 269, 279f, 318, 324, 343f, 346, 352, 415, 442, 609, 611, 622, 745, 802, 805, 869, 897, 901f; V 14f, 67, 74, 225, 228, 289, 391; VI 96, 99, 117, 121f, 153, 158, 163, 185, 191, 193, 197, 201, 216, 234, 237, 253, 361, 369, 679; VII 292; VII/2 186, 213f, 416, 431, 547-551, 701
- Pr. s.u. Albert; Albrecht; Augustin; Engelhard; Erhard; Friedr.; Gottfried; Martin; Stark; Strobel; Ulr.; Wilh.; Wolf
Neunkirchen am Main (sö.Bayreuth) III 400, 662; IV 736, 872; VI 163
Neunkirchen am Sand (nö.Lauf/P.) II 645, 663; III 181, 286, 379; IV 117, 122; V 27, 174, 508; VI 96; VII/2 43, 431
Neunkirchen, Friedr. v. (Pr.Griffenthal) IV 779
Neuötting (nö.Altötting) I 290; VII 17
Neupfort, Leonhard IV 869
Neuschloß (ON) VI 469
Neuses (n.ident.) II 111, 582, 612; III 286, 666, 676; VI 86, 206
Neuses (sw.Ebermannstadt) III 270f, 274, 564; VI 86, 263
Neuses (nw.Forchheim) II 70; IV 505; V 394, 473; VI 277; VII/2 562
Neuses (s.Kronach) II 582, 612; IV 325; VI 47, 316, 323
Neuses (ö.Lichtenfels) I 21; III 533, 582, 662f, 687, 697; IV 96, 328, 355, 646; VI 41, 83
Neuses (ö.Schwabach) II 631

Neuses (abgeg.;Mfr.) IV 900

Neuses (abgeg.;Ofr.) II 133; III 618, 635; IV 222, 267, 317, 444; VI 206, 355, 518; VII 28

Neuses am Berg (n.Kitzingen) IV 340

Neuses am Sand (s.Gerolzhofen) VI 132

Neuses an den Eichen (sw.Coburg) I 21; II 495, 497; III 660, 671

Neuses, Hermann v. II 497
- Konr. v. II 292, 528
- Lupold v. II 562
- Poppo v. II 58
- Siboto v. II 562
- Wolfher v. II 58

Neuseßer, Konr. (Wernsdorf) IV 226
- Otto III 98

Neusles (sö.Forchheim) III 94; IV 913

Neusorg (nw.Tirschenreuth) VI 401

Neuß (NRW) I 249, 263

Neustadt (Österr.) II 662; III 313; IV 189

Neustadt am Kulm (n.Eschenbach/Opf.) III 223; IV 102, 734, 736, 836, 981f; VI 275

Neustadt am Main (s.Lohr/M.) I 27, 79; II 417

Neustadt an der Aisch (Mfr.) I 6, 11; III 94, 212, 295, 334, 371, 379, 394, 406, 412, 425, 428f, 440, 489, 499, 608, 702f, 737; IV 299, 366, 368, 373, 383, 492, 552, 628-635, 642, 664, 741, 785, 830, 837, 979ff; VI 115, 208f, 241, 248, 256, 287, 421; VII 76, 80; VII/2 282

Neustadt bei Coburg (nö.Coburg) VI 257, 575

Bad Neustadt an der Saale (Ufr.) III 2, 497, 750

Neustadt, Berthold v. II 612
- Konr. v. (Kan.St.Jakob) III 564
- Walter v. III 65f

Neustädtlein am Forst (w.Bayreuth) IV 875

Neustein, Maria Theresia Constantia v. VII 15

Neuster, Friedr. (Domvikar) III 459

Neustetter (Fam.) III 376ff; VII 218
- (A.Michelfeld) VI 107
- Albrecht IV 294, 333
- Chr. (Bbg) V 29, 132f, 336
- Erasmus (Dh.Bbg u.Wbg) V 79, 212, 218f, 336, 517, 525
- Friedr. III 372, 377f, 575; IV 11, 77, 294
- Gg V 327, 334, 336, 393, 396, 439, 455, 526ff, 531; VI 9, 132f, 698, 700
- Hermann (Pfr Oberhöchstädt) IV 982
- Joh. III 528; IV 69, 80f, 257
- Joh. Chr. (Dh.) V 282, 293, 299, 318, 336, 357, 365, 376, 407, 428, 474, 516, 522; VI 96, 295, 300, 343, 345, 365, 379, 405, 407, 702
- Karl V 293, 439; VI 196, 218
- Konr. III 377f; IV 80
- Martha V 133
- Martin III 310
- Sebastian V 212, 270, 336, 517, 522

Neuviller (Frkr.) III 343

Neuwirt, Gerhaus (Nbg) IV 161

Neuzirkendorf (w.Eschenbach/Opf.) III 637, 641; IV 114, 541; VI 100, 107, 109

Neve, Elis. (Wbg) III 606

- Herold (-) III 606

New York (USA) VII/2 498

Ney (Fam.) VII/2 746

Nezemuisclen (PN) I 112

Nicaea (heute: Iznik; Türkei) I 259; II 33

Nickenwol, Nikolaus IV 385

Nickl, Marg. VI 193

Niclaus, Fritz (Bbg) IV 573

Nicolai, Albrecht IV 761

- Joh. (Pfr Walsdorf) IV 541

- Matthias (Baiersdorf) VI 195

Nidda (Hess.) VI 445

Niderbach, Hans (Frankfurt/M.) IV 388

Nidgoz (PN) I 18

Nidpruck, Kaspar v. IV 845

Nidung (PN) II 581

Nieder... vgl. Unter..

Niederaltaich (sö.Deggendorf) I 45, 48, 62, 109, 112, 168, 173, 183, 261f, 358, 370, 374, 385, 394, 407, 421; II 146, 295, 394, 411-414, 417, 437, 650; III 203; IV 24, 231, 272, 320, 342, 356, 422, 441f, 523, 802f; V 161, 228; VI 170, 176, 257; VII 193; VII/2 517, 533

- A. s.u. Albert; Augustinus; Bernhard; Erhard; Erkenbert; Friedr.; Hermann; Ignatius; Joh.; Joh. Gg Heinr.; Kaspar; Kilian; Marian; Matthias; Paul; Petrus; Quirin; Uolezla; Wolfgang

Niederau (sw.Staffelstein) III 627; IV 65, 402

Niederbronn (Frkr.) III 343

Niederdorfelden (Hess.) VI 711

Niederfellendorf (nö.Ebermannstadt) II 152; IV 491, 731, 737, 784, 786, 939, 973, 1002

Niederfüllbach (s.Coburg) I 21f; II 96, 106, 291, 382, 386, 496; IV 614; VII/2 418

Niederham (nö.Pfarrkirchen) III 380

Niederklobikau (Sa.-Anh.) I 228

Niederlande VI 469, 613, 646; VII 247; VII/2 33, 479, 498, 620, 662

Niederlindach (nw.Erlangen) III 71, 147

Niederlothringen I 53, 74-77, 113, 169, 193f, 215, 221, 234ff, 263, 266, 451; II 44, 50, 126, 218, 274, 455, 594, 600

- Hzg s.u. Gottfried; Gozelo; Heinr.; Karl

- vgl. Lothringen v.

Niedermünster s.u. Regensburg

Niedermünster, Ulr. v. (Kan.St.Stephan) II 629

Niedermurach (sw. Oberviechtach) IV 1049; VI 611

Niedernberg (s.Aschaffenburg) II 402; VII 136, 276; VII/2 21, 35

Niederndobrach (nw.Kulmbach) III 689

Niederndorf (n.ident.) III 682

Niederndorf (w.Bbg) II 594; VI 518, 520f; VII/2 479

Niederndorf (sw.Erlangen) II 64; IV 441, 486; VI 179, 188

Niederndorf (Österr.) II 661

Niedernhof (sö.Pegnitz) III 641; IV 739

Nieder-Ohmen (Hess.) I 141

Niederroning, Gerold v. II 275

- Konr. v. II 275

Niedersachsen I 9; III 354; VI 287; VII 302

Niederviehbach (sw.Dingolfing) II 50, 333; III 380

Niederwerth (Rh.-Pf.) VI 204

Niederwerrn (nw.Schweinfurt) VI 628; VII/2 571, 595

Niedgau (Hess.) I 229

Nieff, Gerwig v. IV 954

Nienburg an der Saale (Sa.-Anh.) I 80, 102, 109, 214, 224, 270, 415; II 309

Nieser, Andreas (Dek.St.Gangolf) VII/2 32, 274-277, 388, 423, 428, 604

- Nikolaus (Prie.) VII/2 274-277

Niesten (sö.Lichtenfels) II 272, 382, 419, 501; III 266, 379, 406, 420, 501, 584, 595f, 598; IV 96, 127, 399, 622, 655, 823; V 65, 161, 302; VI 176, 351, 385, 441, 526; VII 104

Niesten, Diepold v. II 599

- Friedr. v. II 501, 526, 529, 555

- Otto v. II 382, 400, 419, 424, 452, 501, 526, 529

Niethammer, Friedr. Immanuel (Wbg) VII/2 731

Nievergalt, Hans (Creußen) IV 943

Nigrin (Venedig) III 84

Nikolaus (PN) IV 571

- (Hl.) I 187, 417; II 52f, 286, 334, 554; III 297

- II. (Papst) I 372, 383ff, 390, 433, 447, 466

- IV. (-) III 332, 754f

- V. (-) IV 258, 262, 268, 271, 281, 287, 292, 310, 933; V 396f

- (Kard.;B.Ostia) III 4, 727; IV 262, 281

- (B.Lunopolensis) III 690

- (B.Marsicio) V 19

- (Weihb.Wbg) IV 103f

- (A.Ebrach) IV 423

- (A.Langheim) IV 37, 56, 106, 114, 198, 204, 232, 895, 950

- Eber (-) VI 112

- Lossengraber (-) III 504f, 696f, 756

- (A.Michelfeld) III 635-640, 755

- (A.Waldsassen) IV 1023

- (Augustiner Nbg) III 143

- (Benediktiner Nbg) III 578

- (Domvikar) III 49

- (Franziskaner Hof) IV 248

- (Kan.St.Gangolf) III 17, 25, 59, 68, 75, 266, 470f, 607, 648, 654; IV 57

- (Kan.St.Jakob) III 53, 606

- (Kan.St.Stephan) III 35, 56f, 63

- (Konv.Banz) III 366

- (Pfr Baunach) III 590

- (Pfr Kirchehrenbach) III 542

- (Pfr Tschirn) IV 108

- (Prie.) IV 70

- (Prie.Hof) IV 571

- (Prie.Prag) III 349

- (Provinzial d.Augustiner) IV 69

- (Vikar Wbg) III 648
- (Olmütz) III 84; IV 571

Nilson, Bartel VI 401

Nîmes (Frkr.) II 83

Nimfa (It.) II 435

Nimptsch (Schlesien) I 222; II 177, 214

Nimwegen (NL) I 67, 79, 113, 184, 231ff, 250, 334; II 218; VI 493f, 539

Nippenburg, Hans v. VI 190
- Joh. Michael v. VI 190, 199, 600

Nirardus Schlimbach (A.Bildhausen) VII/2 500, 575f, 603

Nisani (Sachs.) I 102

Nisler, Joh. Thomas (Staffelstein) VII/2 20, 311, 361, 412
- Thomas (-) VII 256

Nitschke, v. (Fam.) VII/2 424-427, 524, 583
- Antoinette v. VII/2 426
- Franz v. VII/2 426f
- Gg v. VII/2 427f
- Heinr. Joseph v. (Weihb.Bbg) VII/2 15, 44, 50f, 53f, 56, 108, 113, 116ff, 134, 197, 201f, 204-208, 230ff, 275ff, 305, 366, 369, 381, 383, 387f, 390, 413, 415f, 424-430, 448, 451, 457, 749
- Joh. Gg v. VII/2 390
- Maria Anna v. s.u. Dithmar v. Schmittweiler

Nitschky (Fam.) VI 647

Nittenau (sö.Schwandorf) I 139f; II 141, 143f, 418, 487, 574, 576; III 9; IV 215

Nittenau, Tagino v. II 485

Nizo (PN) II 98

Nocera (It.) III 414

Nockel, Andreas (Kan.St.Gangolf) VI 695

Nöchling (Österr.) I 47

Nördling (sö.Donauwörth) III 725

Nördlingen (Schw.) II 626; III 96, 98, 558; VI 154, 195, 208, 212, 217, 234, 325, 331f, 614; VII/2 715

Nördlingen, Berengar v. II 396
- Konr. v. II 396

Nonantola (It.) I 79

Noncello (It.) I 151

Nonnenmühle (sw.Höchstadt/A.) II 579; IV 783

Nonnosus (Hl.) III 608

Nopel, Otto (Pfr Stadtsteinach) IV 326, 401

Nopelein, Adelheid III 601
- Fritz III 601

Noppo (PN) I 380

Norbert (Eb.Magdeburg) II 147, 233-236, 279, 281, 285, 305
- (B.Chur) I 467, 472f

Nordeck (nö.Kulmbach) I 330; II 401, 403, 421, 438, 540, 639, 645, 648; III 292, 379, 404; IV 204, 398f, 412, 622, 655

Nordeck, Heinr. v. (Dh.) II 621, 639, 645f, 648
- Rupprecht v. II 538
- Ulr. v. II 612

Nordelbinger (Volksstamm) I 26

Nordenberg (nö.Rothenburg/T.) IV 50

Nordgau I 5, 9, 23, 32, 69, 83, 86, 88, 95, 138, 140, 142, 144, 151-154, 157ff, 161, 334f, 368, 374f, 408, 459; II 45, 47
- Gf s.u. Berengar; Berthold; Diepold; Heinr.; Otto
Nordgaul, Elis. III 546
- Heinz III 546
Nordhalben (nö.Kronach) II 421, 438, 540; III 229f, 268, 384, 394, 420; V 71, 228, 408, 446; IV 28ff, 421f, 495, 519f, 655; VI 273, 324, 498; VII 10, 41, 270, 298; VII/2 226, 233, 242, 555, 611f, 715
Nordhausen (Thür.) II 2, 30ff, 274; VII 154; VII/2 715
Nordheim (n.Kitzingen) II 392, 508; IV 340
Nordheim (Sachs.) I 243
Nordheim, Benno v. I 58
- Heinr. v. I 485; II 29, 403
- Otto v. I 387, 444, 470; II 29
- Siegfried v. I 58, 82, 87
Noricum (röm.Provinz) I 465
Normannen I 29, 35, 240, 256, 400, 460, 462, 470; II 123, 573
Nortenberg, v. (Fam.) III 52, 86, 274
- Leupold v. III 274
Norwegen III 727; VI 334
Nostitz, v. (Fam.) VI 492; VII 69; VII/2 153f
Nothafft (Fam.) VI 703
- Heinr. IV 215
- Wilh. IV 825
Nothafft v.Hohenberg (Fam.) VI 706
Nothafft v.Thierstein, Albrecht III 277, 693

- Joh. IV 1017f
- Peter IV 1018f
Nothafft v.Wernberg, Albrecht IV 1019
- Hans IV 412, 492
- Heinr. V 69
- Heymeran IV 263
- Joh. Heinr. VI 372
Notker (B.Lüttich) I 52, 66f, 77, 107f, 113, 120, 128, 164
Notlich, Hermann (Dh.) II 454
Notz, Hermann III 572
Novara (It.) I 206; II 274
- B. s.u. Litifredus; Petrus
Nuding, Chr. (Hallstadt) V 406
- Gg (Fürth) V 292, 376
Nüchtern, Stephan (Marktzeuln) V 499
Nüdlingen (nö.Kissingen) II 137
Nüdlingen, Folcnant v. II 402
Nürnberg (Mfr.) I 157, 159f, 318, 366f, 375, 418, 426, 442, 444, 484, 488, 500; II 35f, 65, 138, 271, 273, 278, 283f, 293, 366f, 370, 373f, 381, 393, 396f, 420, 452f, 458, 477f, 489, 514, 522, 536, 545, 547, 550, 553, 566, 579, 585f, 594f, 597, 602, 604, 619f, 626f, 630, 632, 646, 655f, 658, 665; III 9, 12f, 22, 25f, 33, 39f, 43, 45-48, 86f, 95f, 98ff, 111ff, 120, 122f, 140, 142, 149, 168f, 173, 175, 181f, 193, 205-208, 211f, 219, 221, 232f, 246, 249f, 254-257, 259, 261, 264, 273f, 276, 279, 286-289, 292, 295f, 311, 316f, 329f, 333f, 337f, 340, 349-353, 356f, 359, 364, 369f, 372, 375f, 378, 380f, 384-

388, 392, 395, 405, 408, 410-414, 417, 423-431, 433, 435f, 440, 443f, 469, 475, 480, 485, 489, 491f, 494-501, 507, 515, 519, 521, 539, 544, 558, 578, 580f, 586, 618, 634, 652, 665, 668, 677, 681, 687ff, 699, 703, 705, 719-722, 724-742, 744-753, 755, 757-760; IV 4, 7, 10, 28, 50-53, 55, 63, 66, 76f, 79ff, 97, 100f, 104ff, 108, 110, 112, 114ff, 125, 129f, 139, 161f, 178, 187f, 200, 203f, 214, 216ff, 230f, 250, 257, 259f, 281, 291, 297f, 303, 306ff, 323, 335, 342, 366, 389, 393, 407f, 431f, 453, 457, 466f, 473, 484, 500ff, 504f, 538, 547f, 553, 556, 579, 581, 621, 631, 663, 671, 674, 677-680, 682, 685-689, 714-720, 758, 761f, 791-795, 798, 822-826, 829, 839ff, 843, 845, 1047f, 1053; V 5, 8-11, 13, 20, 24f, 56, 65, 67, 88, 118, 139, 334f, 388, 442, 447, 454, 468; VI 20, 95, 133, 136, 138, 142ff, 149, 155ff, 163, 169, 173ff, 177, 181, 183, 186, 194, 197f, 201, 208, 210, 220, 234, 244, 257, 263, 274, 276f, 279-282, 285, 287f, 336f, 341f, 350, 358, 363f, 370ff, 376ff, 390, 392f, 395, 399-402, 408, 425, 432f, 449, 454, 456, 477, 493, 514ff, 518, 542, 547, 551, 554, 580, 587, 599, 604, 608, 616, 628, 636, 651, 658, 668, 675; VII 20, 33, 38, 45, 53, 72, 91, 114, 135, 199, 204, 213, 239; VII/2 16, 34, 55, 58, 106, 135, 170, 187f, 204, 209-214, 219f, 226, 264, 273, 281, 283, 291, 309f, 314f, 318, 320, 345, 376, 392, 394f, 406, 477, 490, 503, 510, 543, 546, 548, 589, 605, 613f, 617, 633, 648, 663, 678, 701, 703, 732, 737, 744, 746

- Burggrafen I 15; II 138, 396, 452, 454, 458, 487, 514, 536, 631; III 12, 19, 29, 36, 47, 94ff, 163, 208, 211, 213f, 219, 223, 231, 243, 248, 264, 283, 288, 293f, 311f, 327, 333-336, 347, 384, 388, 403, 405, 412, 425ff, 431, 437, 440f, 443, 494f, 500-503, 594, 668

- Heilig-Geist-Spital III 173, 177-180, 182; V 389

- Kirchen u.Klöster

- - Augustiner IV 715

- - Deutscher Orden II 619, 632, 656, 665

- - Dominikaner III 43, 47, 520; IV 226

- - Franziskaner II 652, 665; III 100, 745; IV 715

- - Karmeliten III 143, 715f

- - Karthause III 385-388, 745, 751, 760; IV 111, 212, 333, 341, 716

- - Moritzkapelle III 47, 730, 751, 760

- - St. Egidien I 159; II 4, 6, 63, 393, 469, 630f, 665; III 48, 70, 177, 338, 364, 578, 751, 755; IV 107, 148, 200, 272, 344, 356, 400, 432, 715, 717f, 933

- - - A. s.u. Carus; Donald; Firmian; Friedr.; Gg; Heinr.; Joh.; Malachias; Martin; Mauritius; Ph.; Wilh.; Wolfgang

- - St. Jakob II 604; III 385, 760; VI 394ff

- - St. Jobst III 750

- - St. Katharina III 47, 275, 497, 750f; IV 343, 715, 993

- - St. Klara III 47, 170, 334, 385, 751; IV 336, 343, 715, 717f; V 92

- - St. Lorenz III 25f, 176f, 336, 380, 484, 727, 730-747, 750, 760; IV 12, 26, 111, 117, 190, 214, 300, 386, 431, 438, 461, 500, 502, 674, 715; V 389; VI 336

- - St. Sebald I 159f, 367, 417f; III 13, 25, 30, 47, 86, 104, 142, 177f, 181f, 246, 257, 288f, 336, 380, 484, 505, 510, 520, 719-730, 750f, 760; IV 7, 26, 114, 117, 129f, 148, 300, 367, 386, 432, 438, 461, 500, 502, 674, 715, 719; VI 337

- - Unsere Liebe Frau III 219, 256f, 425, 746, 748, 752f, 760

- Reichswald III 275, 338

- Sandmühle III 181

Nürnberg, Berthold v. (Kan.St.Jakob) III 558, 756f

- Friedr. v. III 756

- Heinr. v. II 511, 757

- Hermann v. (Dh.) III 128

- Konr. v. III 635

- Siegfried v. III 757

- Ulr. v. (Dh.) III 25f, 58, 83, 125, 137, 554

Nürnberger, Heinr. IV 72, 980

- Konr. IV 502

Nüsperlein, s.u. Joh. (A.Stein)

Nützel (Fam.Nbg) VII/2 396

- Kaspar IV 714

- Kunig. IV 161

- Peter III 732f, 739, 749

- Wolf Jakob VII/2 220

Nuffen (CH) I 87

Nurn (nö.Kronach) III 270; IV 475, 617

Nuslinch, Andreas (Bbg) V 263

Nuß, Konr. (Hallstadt) IV 594

Nußbach (B.-W.) I 139

Nußbach, Marquard v. II 418

Nußberg (Österr.) II 582

Nußkern, Konr. (Wbg) III 403

Nußmann, Eberlein (Wunsiedel) IV 72

Nußpaum, Hans (Bbg) IV 571

Nyffen, Berthold v. III 122

Nyhte, Ekko (Wbg) III 717

Nyker (PN) II 535

Nymphenburg (Stadtt.München) VII 202

Nynheym, Ebo v. II 112

Obbach (nw.Schweinfurt) II 137

Obenander, Chr. (Pfr Forchheim) IV 864

Oberailsfeld (nw.Pegnitz) IV 76, 296, 425, 488, 746; V 22; VII/2 502, 531

- s.a. Ailsfeld; Unter-

Oberalbach (ö.Neustadt/A.) IV 353

Oberaltaich s.u. Altaich

Oberambach (nw.Neustadt/A.) VI 93

Oberau (n.ident.) II 287

Oberau (w.Staffelstein) III 553

Oberaufseß (n.Ebermannstadt) III 92; VII/2 381

Oberbronn (Frkr.) III 343

Oberbrunn (sw.Staffelstein) III 165, 632; VI 181; VII 275; VII/2 26, 45

Oberdachsbach (sw.Neustadt/A.) IV 894

Oberdachstetten (nw.Ansbach) II 65, 277, 292, 449, 511, 514

Oberdorf (B.-W.) II 146

Oberdornlach (nw.Kulmbach) IV 475

Oberehrenbach (sö.Forchheim) V 65; IV 780

Obereichstätt (w.Eichstätt) IV 416

Obereisbach (n.Eggenfelden) I 145

Obereisenheim (nö.Wbg) II 505, 649; III 548

Oberellbach (nw.Pfarrkirchen) I 145

Oberelldorf (sw.Coburg) III 650, 671

Oberelsbach (nw.Neustadt/S.) IV 245

Oberembrugge (n.ident.) II 493

Obereschlbach (w.Pfarrkirchen) I 145

Obereßfeld (sö.Königshofen/Gr.) I 10f

Obereuerheim (sö.Schweinfurt) IV 298

Obereuerheim, Adalbert v. II 460, 566

- Hartmut v. II 410
- Helwig v. II 460

Oberfeldbrecht (s.Neustadt/A.) II 54

Oberfellendorf (nö.Ebermannstadt) II 152; III 42, 311; IV 491, 731, 784, 786, 789, 1002

Oberferrieden (sö.Nbg) II 631

Obergrasensee (sw.Pfarrkirchen) I 145

Obergreuth (s.Bbg) III 271; IV 270, 400

Obergünzkofen (sö.Dingolfing) I 145

Oberhaid (nw.Bbg) I 16, 20; II 54, 57f, 398, 474f, 482, 664; III 529, 532f, 593, 617, 619; IV 130f, 316f, 415, 495f; V 343, 473; VI 189, 243, 281, 393, 518ff, 618

Oberhaidelbach (sö.Lauf/P.) II 631

Oberharnsbach (sw.Bbg) III 616; VI 518, 520

Oberheckenhofen (sö.Roth) III 743

Oberhöchstädt (sw.Höchstadt/A.) II 62; III 163, 167, 263, 362, 382, 405f; IV 39, 368, 372f, 622, 655, 738, 982; VI 158, 174, 183, 659; VII 43

Oberhöchstädt, Heinr. v. II 62

Oberhohenried (n.Haßfurt) II 447; VI 444

Oberickelsheim (nw.Uffenheim) IV 738

Oberkamp, Heinr. v. VII/2 19f, 56, 86, 95, 100, 106, 121, 126, 132, 163, 165, 184, 186, 193, 294, 435, 479

- Joseph Ph. v. VII/2 614, 663, 680

Oberkodach (Stadtt.Kulmbach) III 661; IV 198

Oberköst (sw.Bbg) IV 383

Oberkotzau (s.Hof) III 223ff, 335; IV 983

Oberkrumbach (n.Hersbruck) I 144, 367; III 97

Oberküps (sö.Staffelstein) III 652; IV 402; VI 441

Oberlangenroth (ö.Kulmbach) I 487; IV 76; V 65

Oberlangenstadt (sw.Kronach) III 682; IV 38, 40, 194f, 327; VII/2 215, 553

Oberlauringen (nö.Schweinfurt) III 443

Oberlauter (n.Coburg) II 386, 499, 640; III 600; V 216

Oberleinleiter (nw.Ebermannstadt) IV 444, 463, 784, 899, 973

Oberleiterbach (nö.Bbg) I 17, 228; II 623; III 69, 607; IV 402; V 303; VI 441; VII 287

Oberlender, Gg (Burgbernheim) V 467

Oberleugast s.u. Marktleugast

Oberlindelbach (sö.Forchheim) I 374; VII/2 406

Obermanndorf (n.Bbg) IV 39

Obermelsendorf (nw.Höchstadt/A.) VI 517

Obermembach (w.Erlangen) I 360; II 522, 483; III 181

Obermerzbach (nw.Staffelstein) III 644, 671

Obermünster s.u. Regensburg

Obermurach (sw.Oberviechtach) IV 1049; VI 611

Obernbibert (n.Ansbach) IV 178

Oberndorf (n.Erlangen) IV 83

Oberndorf (nö.Kelheim) II 142, 544, 601

Oberndorf (n.Kulmbach) III 357; IV 196, 475

Oberndorf (nö.Lauf/P.) IV 270; VII 246

Oberndorf (Österr.) II 661

Oberndorf, Albrecht v. III 670; IV 193f, 999

- Kath. v. III 679
- Kunig. v. III 679

- Marg. v. III 679
- Otto v. III 679; IV 194
- Ulr. v. III 675, 679

Oberndorfer, Heinr. (Michelfeld) IV 336

- Konr. (Auerbach) IV 488, 494
- Michel (-) IV 337
- Wilh. (Michelfeld) VI 99

Obernesselbach (w.Neustadt/A.) IV 739, 978

Oberneuses (sw.Bbg) VII/2 479

Oberngehör (n.ident.) IV 147

Oberngrub (nw.Ebermannstadt) III 291f; IV 222, 444

Obernitz, Hans v. IV 29

- Leutold v. III 229

Obernsees (w.Bayreuth) III 404f; IV 72, 78, 294, 725, 736, 869, 947, 983; VI 708

Obernsesser, Heinr. (Michelfeld) IV 337

Obernzenn (sw.Neustadt/A.) III 749; VI 141

Oberoberndorf (nö.Bbg) II 292; III 62, 64; VII/2 445

Oberölschnitz (sö.Bayreuth) III 94; IV 736

Ober-Ohmen (Hess.) I 141

Oberösterreich I 139; II 286; VI 388, 494, 553

Oberpferdt (sw.Hof) III 224

Oberpfaffenhofen (nw.Starnberg) II 523

Oberpfalz I 1, 4, 88, 140, 478; II 214; VI 170f, 203, 250, 252, 275f, 279, 328, 350, 388, 434, 446f, 475, 477, 611, 617; VII 45,

203f; VII/2 90, 211, 336, 360, 384f, 423, 534-537, 549, 609
Oberpleichfeld (nö.Wbg) I 11, 475; II 73, 127, 289f
Oberpöllitz (ö.Kulmbach) IV 86, 270, 354, 783
Oberpreuschwitz (w.Bayreuth) II 378; IV 872
Oberreichenbach (w.Erlangen) II 96, 658; IV 441
Oberreichenbach (sw.Fürth) II 45
Oberreuth (nö.Lichtenfels) III 308
Oberrimbach (B.-W.) I 347
Oberrodach (nö.Kronach) III 296, 661; IV 198, 333
Oberrohrenstadt (n.Neumarkt/Opf.) II 631
Oberroning, Gerold v. II 275
Oberrüsselbach (n.Lauf/P.) I 144, 367; II 65, 133; IV 117, 705
Oberscheinfeld (nw.Neustadt/A.) IV 317, 399, 401f, 425, 823; V 165, 264, 395, 402; VI 64, 93, 173, 188, 193, 205, 518, 645, 659
Oberschlauersbach (nö.Ansbach) II 54, 62, 100, 151, 153, 474
Oberschleichach (sö.Haßfurt) III 590
Oberschöllenbach (ö.Erlangen) III 35
Oberschopfheim (B.-W.) III 442
Oberschwappach (s.Haßfurt) VI 519
Oberschwarzach (sö.Gerolzhofen) VI 181; VII 72, 94, 201; VII/2 513, 595, 620
Oberschwarzach (sö.Bayreuth) VII/2 56
Obersdorf (ö.Lichtenfels) III 687
Obersfeld (abgeg.;Ofr.) VI 337f

Obersiemau (s.Coburg) III 123, 689, 691; IV 787
Oberspechtrain (s.Dingolfing) I 145
Oberspiesheim (sö.Schweinfurt) II 504
Obersteben (nw.Hof) IV 142
Oberstein, Anna Barb. v. VI 709
- Maria Marg. v. VI 707
Obersteinbach (nw.Neustadt/A.) IV 882
Oberstenfeld (B.-W.) VII/2 716
Obertinsbach (s.Dingolfing) I 145
Obertriebel (Sachs.) IV 445
Obertrubach (sw.Pegnitz) I 6, 15, 137, 374, 383; II 54, 393, 474, 477, 645; IV 342, 443, 613, 794; VI 87f, 120, 125f, 550f; VII 115; VII/2 531
Oberulsenbach (sö.Neustadt/A.) IV 971
Oberviehbach (sw.Dingolfing) V 236
Oberwaldbach (sö.Günzburg) IV 507
Oberwallenstadt (ö.Lichtenfels) II 377, 379; III 647, 692; IV 65, 118, 284, 289, 355; VI 466
Oberweilersbach (nö.Forchheim) I 137, 374; II 54, 61f, 474, 570; III 285, 335, 564; IV 138, 523f, 622; VI 674; VII/2 45, 58ff, 77, 86, 237, 532
Oberweiling (sö.Neumarkt/Opf.) I 69
Oberweimar, Chr. v. (Banz) IV 699f
Oberzaubach (nö.Kulmbach) III 267, 311; IV 85
Oberzaunsbach (ö.Forchheim) II 562; III 139; IV 784, 794, 915
Oberzell (nw.Wbg) V 618; VI 140

Obhausen (Sa.-Anh.) I 106
Obilia (PN) II 452
Obizo (PN) I 207
Oblfing (sö.Deggendorf) III 380
Obra (Fl.) I 111
Obrasus, Friedr. (Lichtenfels) III 645
- Gertrud (-) III 645
- Günther (-) III 645
- Heidenreich (-) III 645
- Heinr. (-) III 645
- Hermann (-) III 645, 649
- Konr. (-) III 645
- Kunig. (-) III 645
Obristfeld (sw.Kronach) III 618, 653, 663, 676, 692; IV 264; VI 398
Obristfeld, Gundeloch v. I 487; II 91, 96, 101, 137
Occimiano (It.) II 433
Ocgoz (PN) II 66, 69f, 90, 92
Och, Joh. (Prie.) IV 441
Ochs, Eberhard III 545
- Friedr. IV 137
- Hans III 718; IV 144
- Hans (Unterwinterbach) VI 95
- Heinr. III 270, 328, 540; IV 945f
- Herdegen, III 576
- Joh. III 328, 406, 480, 491, 562, 625, 631, 718
- Jutta III 540
- Konr. IV 317
- Kunig. III 562, 625
- Marg. III 718; V 518
- Peter IV 256, 297
- Theoderich III 569
- Wolfgang IV 958

Ochs zu Gunzendorf, Achaz IV 657f, 663
- Anna IV 604; V 68
- Chr. IV 780, 807, 851; V 68
- Gg Pankraz V 14, 67f
- Gertraud V 68
- Hans IV 789, 1038f
- Heinz IV 934
- Peter IV 524, 657, 767, 989
- Sebastian (Dek.St.Stephan) V 68
- Sigmund (Banz) V 68
- Wilh. V 68
Ochsenfurt (sw.Kitzingen) I 20, 143, 469; II 100, 297; III 606, 612, 614, 617, 619, 622, 632; IV 588, 630, 1051; VI 209, 500, 519, 612; VII 184; VII/2 335, 497
Ochsenfurt, Konr. v. III 478
Ochsengarten (nö.Kulmbach) VI 546, 600
Ochsenhausen (B.-W.) VI 714f
Ochsner, Heinr. (Ebrach) III 4
Ochwein, Egidius (Nbg) IV 720
Ocinus (Prie.) I 359
Ockel, Caspar (Domvikar) IV 584, 769
Ocrea, Joh. (Konstanz) III 85
Octavius (Kard.) II 434-437
- Piccolomini (Hzg Amalfi) VI 393
Oda (PN) I 231
Odelnkirchen, Engelbrecht v. IV 411
Odenheim (B.-W.) II 450; VII 247; VII/2 582, 716
Odenwald (Landschaft) I 2, 188, 192; VII 33
Odenwelder, Jecklin V 55

Oder (Fl.) I 111, 213, 222; II 193, 205f, 258

Odilo (bair.Hzg) I 8; II 146

- (A.Cluny) I 88, 109, 115, 199, 260, 307, 352

Odolvalski (Fam.) VI 415

Odwein, Egidius (Nbg) IV 720

Öbster, Konr. (Hersbruck) IV 244

Öd, Eberhard (Wernsdorf) IV 346

- Ursula (-) IV 346

Oeden, v. s.u. Capler v.Oeden

Oedenberger, Paul (Kan.St.Stephan) III 539

Ödenburg (Ungarn) I 399; VII/2 256

Ödhof (n.Lauf/P.) II 478; III 746

Oegg, Joh. Anton (Wbg) VII/2 636

Oeheim, Alheit III 577

- Konr. III 577

Oehler, Marg. VI 45

- Sebastian VI 178

Öhninger, Joh. Ph. (Wbg) VII/2 210, 320

Öhringen (B.-W.) VI 142, 144; VII/2 716

Öhrlein, Joh. (Jesuit) VII/2 398

Oeler, Konr. (Wernsbach) III 739

Ölhafen (Fam.Nbg) VII 114

- Tobias VI 175

Oelmann, Matheus (Pfr Kasendorf) IV 865

Oelschnitz (nö.Kulmbach) III 225, 389

Oelsnitz (Sachs.) III 400

Oelsnitz, Konr. v. (Kan.St.Stephan) III 125, 528f, 531, 650

- Nikolaus v. (Langheim) III 505

Oerl, Eberhard III 32

Örtel, Abraham Jakob v. (Hofkammerrat) VII/2 309f

- Joh. (Pfr Grafengehaig) VI 127

- Joh. (Weißenbrunn) VI 179

- Ludwig (Lützeldorf) III 285

Örthlein, Joh. Friedr. VII 212

Oertle, Joh. (Forchheim) V 127, 427

Örtlein, Cügel III 127

- Heinr. III 127, 194

- Konr. III 594

Oerttel, Joh. VI 219

Örtter, Ottilia (Zeil) VI 50

Örttlein, Wolfgang (Dek.St.Stephan) V 385, 409, 445, 447f, 451, 457, 474, 480, 515

Örttner, Einhardt (Zeil) VI 38, 43

Oeslau (nö.Coburg) IV 421, 618

Österreich I 29, 32, 47, 62, 70, 73, 82f, 139, 155, 159, 183, 208, 213f, 222, 236, 371, 391, 499; II 6, 36, 286, 316, 323, 374, 420, 427, 457, 473, 486, 536f, 547, 558, 587, 603, 620, 628ff, 633ff, 655, 662, 664; III 29, 89, 137, 148, 218, 231, 306, 309, 381, 468, 484f; VI 387, 405, 460, 465f, 486, 515, 526, 552, 608, 617, 624, 635, 662, 683, 686; VII 62, 71, 196, 202, 204, 221, 248f, 263, 266, 303; VII/2 46, 134, 136ff, 152, 155-159, 166, 178, 211, 248, 280, 282, 298, 369, 605, 615, 661f, 666, 670, 676, 682, 702f, 708f, 715, 737, 740

Österreich (Habsburg), v. (Fam.) III 188; VII/2 64, 67ff, 75, 136, 140, 142, 149, 154, 165, 173, 180f, 184, 224, 244f, 347

- s.u. Adalbert v.
- Albert v. V 297
- Albrecht v. III 89, 134f, 137, 170, 188, 203, 208, 240, 242, 291, 313, 324, 360, 362, 364, 381; IV 175, 287ff, 303
- Anna v. V 532
- Christine v. VII/2 572
- Eleonore Magdalena Theresia v. VI 636
- Elis. Christine v. VI 626; VII 18, 37, 93, 186
- Ernst v. IV 112, 175, 189
- s.u. Ferdinand v.
- Ferdinand Karl v. VI 386
- s.u. Friedr. v.
- Friedr. v. II 655, 660f; III 36, 96f, 170; IV 235, 287
- s.u. Heinr. v.
- Joh. v. VII/2 699
- s.u. Karl v.
- Konstanze v. II 655
- s.u. Leopold v.
- s.u. Leopold Wilh. v.
- s.u. Liutpold v.
- s.u. Maximilian v.
- s.u. Maximilian Franz v.
- Otto v. III 89, 170
- Philipp Lothar Joseph v. VII/2 337, 341f
- s.u. Rudolf v.
- s.u. Wilh. v.

Oesterreicher (Fam.) VII/2 675
- Albrecht III 390
- Joh. (Prie.) VII/2 727
- Joh. Conr. VII/2 132, 251, 580f, 623
- Nikolaus III 390
- Stefan (Wörth) IV 416

Oetacher (PN) III 17

Öttershausen (s.Schweinfurt) II 549

Oettingen (nö.Nördligen) I 347, 367; II 620, 645; III 99, 208, 339, 426, 696; V 24; VI 530, 662; VII/2 273, 325, 338

Oettingen, Friedr. v. III 491f, 497, 695; IV 87
- Friedr. v. (Dh.Eichstätt u.Wbg) III 757
- Joachim v. IV 551, 565
- Konr. v. III 19, 646
- Ludwig v. II 620; III 99, 646, 695; IV 56, 552
- Martin v. IV 552
- Siegfried v. (Dh.) II 563, 580, 598, 605, 607, 609ff, 613, 615, 619, 624f, 637, 645, 648
- Wilh. v. V 525
- Wolfgang v. (Dh.) IV 552; V 525; VI 530

Oettingen-Baldern, v. (Fam.) VII 51, 189, 201f, 253, 266; VII/2 374
- Franz Ludwig Lothar v. VII/2 374
- Ph. Carl v. VII/2 374

Oettingen-Spielberg, v. (Fam.) VII 25
- Alois v. VII 75, 95

Oettingen-Wallerstein, v. (Fam.) VII 95; VII/2 532
- Albert v. (Kan.St.Stephan) III 198, 534
- Albrecht v. III 681

Oettlein, Wolfgang VI 8, 12, 14f, 21, 58f, 84ff, 89, 111, 119, 128

Ötzing (nw.Passau) II 486

Ofanto (Fl.) I 240

Offenbach (Hess.) I 233; V 161

Offenbach, Ebernand v. III 222

Offenhausen (s.Hersbruck) II 332; III 102, 110, 138, 156

Oggoz (PN) II 56

Ogilbeus, s.u. Wilh. (A.St.Egidien/Nbg)

Oh (sö.Deggendorf) III 380

Ohese, Alman IV 889

Ohlmüller, Joseph (Domprediger) VII/2 496

Ohre (Fl.) I 169

Oker (Fl.) I 57

Okoz (n.ident.) II 610

Olaf (Kg v.Schweden) I 176

Oldenburg (Nds.) VII/2 716

Oldenburg (S.-H.)

- B. s.u. Bernhard; Reinolt

Olderich (B.Trient) I 115

Olgiatus, Bernhard V 47

Olivia, Joh. Paulus (Rom) VI 428

Olman, Fabianus (Pfr Kirchenlamitz) IV 863

- Joh. (Pfr Hausen) IV 863

Olmütz (Tschechien) III 84, 120, 251, 349; V 304; VII/2 236, 665

- Bischöfe s.u. Franz; Heinr.; Joh.

Olnhausen, Joh. Ernst v. VII/2 327

Oltsch, M. Jakob (Rothenkirchen) VI 119f, 272, 313, 373

Olvenstide (Sa.-Anh.) I 91

Omandt, Gg (Pfr Hirschberg) IV 906

Onelsbach, Joh. (Kan.Stift Haug/Wbg) III 248, 260

- Joh. (Schreiber) III 596

- Ulr. (Kan.St.Gangolf) III 458, 577

Onsel, Konr. (Nbg) III 725

Onsorg, Konr. (Regensburg) IV 1022

Opfer, Joh. (Steinwiesen) V 407

Opfermann, Chr. Jakob (Prie.) VII 302

Opilio (Fam.) VI 363

- Nikolaus (Kan.St.Gangolf) IV 533

- Wolfgang (Untertrubach) VI 126

Oppeln (Polen) III 251

Oppenheim (Rh.-Pf.) I 165, 170, 452, 475; II 660; III 47, 211, 356

Oppenheimer, Moses Michael (Wbg) VII/2 440

Oppenroth (s.Hof) III 357; IV 90, 562

Opping (n.Simbach) I 145

Bad Orb (Hess.) III 101

Orb, Stephanie v. VI 705

Oring, Joh. Agricola (Pfr Untertrubach) VI 126

Orla (Fl.) I 5; II 531

Orlamünde, v. (Fam.) I 331, 347; II 375, 520f, 527, 584; III 229, 293, 312, 379, 658; IV 114, 199, 247

- s.u. Agnes v. (Ä.Himmelkron)

- Anna v. IV 248f

- Helena v. IV 247ff

- Hermann v. II 497f, 527; III 80, 659

- s.u. Kunig. v. (Ä.Großgründlach)

- Leukart v. III 516f

- Otto v. (Dh.) III 5, 8, 15, 54, 62, 76, 93, 145, 174ff, 334, 337, 587,

589, 647, 658ff, 666, 668, 671f; IV 11, 69
- Podika v. III 176
- Poppo v. I 331
- Siegfried v. II 527, 584
- Siegmund v. IV 248f
- Ulr. v. II 108
- Wilh. v. I 62, 89, 331f; II 89, 141, 170, 219, 332; III 516f; IV 32

Orléans, Heinr. v. VI 386

Ortel, Karl (Nbg) IV 484
- Ulr. (Wunsiedel) IV 1020

Ortenau (Landschaft) I 138f, 146, 170, 334; II 146, 632, 651; III 442
- Gfen s.u. Berthold; Hessinus

Ortenberg, Hermann (Rom) V 420ff

Ortenburg (sw.Passau) III 135, 729

Ortenburg, Albrecht v. III 135
- Christian v. VI 529
- Gottfried v. II 581
- Heinr. v. II 581, 661
- Hermann v. II 521, 634; III 135
- Meinhard v. III 135
- Otto v. III 17, 135
- Raboto v. II 488

Orthonis, Joh. (Kaplan) III 316

Ortlesbrunn (sö.Pegnitz) II 133, 332; III 639

Ortlieb (PN) II 517
- (A.Neresheim) II 293

Ortlieb, Anna III 742
- Anton III 742
- Friedr. (Nbg) III 748, 752
- Hans (-) III 731

- Heinr. (-) III 43
- Jakob III 748

Ortmansperg (abgeg.;Ofr.) III 390

Ortolf (PN) II 485, 519, 528
- (Eb.Salzburg) III 290
- (Kan.St.Jakob) II 571

Ortolff, Joh. (Pfr Berneck u.Trebgast) IV 1000

Ortwin (PN) II 275
- (A.St.Peter/Erfurt) IV 206

Ortzhover, Konr. (Neunkirchen/Br.) III 563; IV 12

Orvieto (It.) III 332, 484, 566

Osanna (PN) III 502

Oschersleben (Sa.-Anh.) I 174

Osiander, Andreas (Prediger St.Lorenz/Nbg) IV 712, 714f, 719
- vgl. Oxiander

Osima (Nonne St.Theodor) III 125

Osnabrück (Nds.) I 65; II 46; III 341, 754; VI 302, 376f, 386f, 389, 391; VII 19; VII/2 333, 655, 710, 716
- B. s.u. Benno; Dietmar; Franz Wilh.; Gottschalk; Meinher; Wotilolf
- Weihb. s.u. Gruben

Ossa, Wolf Rudolf v. VI 148, 169f

Oßburg, Jakob v. V 35

Osseck (sö.Hof) III 407f

Ossenschenklein, Gerhaus (Höchstadt/A.) III 700ff

Osserich (ö.Kulmbach) IV 71, 1010

Ossiach (Österr.) II 488
- A. s.u. Berthold

Oßla (Thür.) VI 151

Oßwald, Adam (Zeil) VI 43
- Hans (-) VI 64
Ossuna, de (Fam.) VI 18
Ostein, v. (Fam.) VI 550, 621, 657, 671, 686, 703, 708, 711, 715f; VII 17, 76, 140, 186-189; VII/2 VII/2 170, 420
- Anna Maria v. VI 712
- Carl Ludwig Joh. Eckbert v. (Dh.) VI 712; VII 12, 17, 20, 23, 28, 36ff, 61, 79f, 310
- Franz Gottfried Carl v. (-) VI 711f
- Franz Gottfried Joh. Friedr. v. VI 712
- Heinr. Carl v. VII/2 420
- Joh. Franz Carl v. (Dh.) VI 503, 568, 609, 717; VII/2 420
- Joh. Franz Sebastian v. VI 712
- Joh. Franz Wolfgang Damian v. (Dh.) VII/2 20f, 30, 420, 750f
- s.u. Joh. Friedr. Karl v. (Eb.Mainz)
- Ludwig Carl v. VI 609
Osterhofen (sö.Deggendorf) II 111, 141, 147f, 334, 417, 479, 521, 547, 574, 582f, 590, 592, 649; III 351ff, 356f; IV 117, 175
Osterhofen, Arnold v. II 294
- Berengar v. II 486
- Dietrich v. II 418
- Eberhard v. II 486
- Giselher v. II 547
- Gotebold v. II 59, 64, 68, 72, 99f, 106, 178, 275, 277, 294, 413, 418f, 454, 486, 488, 521
- Gozwin v. II 418, 454, 486, 488, 521, 547
- Hartlieb v. II 294
- Heinr. v. II 486
- Konr. II 486
- Megengoz v. II 486, 547
- Offo v. II 521
- Otto v. II 275, 486
- Rudolf v. II 64, 68, 72, 99f, 106, 141, 178, 275, 277, 294, 380, 383, 386, 521, 547
- Rüdiger v. II 486, 521, 547
- Ulr. v. II 486, 547
- Wernhart v. II 486
Ostermaier, Neidhart (Bbg) V 276
Ostermann, Augustin (Tennenlohe) IV 977
Ostermieting (Österr.) I 289
Osterndorf (nw.Pfarrkirchen) II 416
Osternohe (nö.Lauf/P.) III 428; IV 367, 558, 738, 983f
Osternohe, Konr. v. II 478
- Poppo v. II 416
- Reginold v. II 581
Ostfranken I 4, 6-11, 23, 25, 29, 59f, 81, 83, 96, 101, 119, 188, 197, 224, 233f, 331, 377, 405, 409, 414, 418, 420, 463, 469, 489, 496; II 50, 116, 136, 220, 397, 409, 590, 594; III 193
- Hzg s.u. Ernst
Osthausen (sö.Wbg) II 333
Ostheim (n.Haßfurt) II 96, 101, 385
Ostheim (Hess.) I 151; IV 117, 396f
Ostheim, Eberhard v. III 348
- Frowin v. II 402
- Heinr. v. II 402
- Markhart v. III 21
-vgl. Marschalk v.Ostheim

Ostia (It.) I 471f, 474, 476
- B. s.u. Gerald; Hubald; Hugo; Joh.; Lambert; Leo; Nikolaus; Petrus Damiani

Ostmark, Bayerische vgl. Österreich

Ostmark, Sächsische I 56, 80, 83, 171, 415

Oswald (PN) III 156; IV 71f, 237
- (Hl.) I 187; III 364

Oswalt, Lorenz (Zeil) IV 579

Otaker (Mgf Steiermark) II 147, 414ff

Otbert (B.Lüttich) II 28, 44
- (A.Weissenohe) II 64

Otbertiner (Fam.) I 205

Otelingen, Regenold v. II 378, 394, 400, 402f, 413f, 419, 446, 494
- Wolfher v. II 394, 476

Otgoz (PN) I 498; II 496

Othinkerd (B.Ribe) I 108

Othloh (PN) I 41, 202

Othmar (PN) II 69
- (Hl.) I 187

Othrik (Magdeburg) I 94

Othwin (B.Hildesheim) I 41

Otilia (PN) II 396

Otnant (PN) I 368f, 374, 376, 378, 407; II 57ff, 69, 97, 99, 379, 517
- (Dh.) II 112, 636
- (Banz) II 640, 644

Otranto (It.) I 254; II 633

Ott (Fam.) III 131, 226, 642, 677
- Ambrosius VI 60
- Bartholomäus IV 681f
- Joh. IV 634

- Joh. (Bbg) VII/2 89f, 159, 210, 220, 251
- Joh. (Kronach) VII/2 340
- Joh. (Pfr Neustadt/A.) IV 634, 981
- Joh. Gg (Staffelstein) VI 501
- Konr. (-) VI 32
- Marg. VI 60
- Nicolaus V 488

Ottelmann, Joh. (Mistelgau) IV 973

Ottelmannshausen (nö.Königshofen/Gr.) I 377, 409

Ottenberg (sw.Pegnitz) II 133, 332; III 138; IV 311; VII/2 52

Ottendorf (nö.Kronach) IV 656, 963

Ottendorfer, Heinr. (Langheim) V 32

Ottengrün (sw.Hof) IV 989

Ottenhain (FlN.) III 691

Ottenhausen (nö.Schweinfurt) II 549; III 619, 662

Ottenhausen, Heinr. v. III 619
- Kunig. v. III 619

Ottenheim (B.-W.) III 442

Ottenhof (sw.Pegnitz) VI 90f, 100; VII/2 667

Ottenhofen (sw.Windsheim) IV 893

Ottenhofen, Heinz v. III 620

Ottens, Gg Adam VI 92

Ottensoos (ö.Lauf/P.) I 500

Otterer, Paulus IV 895

Otterlein, Heinr. (Bbg) IV 192

Ottersee, Niclas (Pfr) III 30

Ottheinrich v.Wittelsbach (Kfst v.d.Pfalz) IV 741, 775f, 841; V 24; VI 98

Ottig, Wolf v. VI 465

Ottilie (Ä.Sonnefeld) III 202

Ottinger, Konr. (Oberleinleiter) IV 973

Ottnant, Anna IV 11
- Christian IV 11
- Ilse IV 11

Otto (PN) I 413, 422; II 8f, 60, 69, 72f, 95, 137, 142, 288, 290, 379, 462, 465, 481, 485, 488, 517, 519, 547, 550, 578, 581f, 605, 617, 635
- I. (Ks.) I 26, 31f, 36, 40, 50, 54, 76, 78, 89, 113, 129, 160, 182, 245f, 331, 409f
- II. (-) I 20, 23, 32, 40, 42f, 48, 130, 370, 429
- III. (-) I 11, 26ff, 32, 42f, 46-50, 52-57, 62, 65, 72, 77, 89, 91, 93, 108, 127, 135, 141, 148, 175, 180, 200f
- IV. (-) II 583, 586ff, 590, 594, 597, 600-605, 626
- (Kard., B.Augsburg) IV 848, 852; V 9, 24, 38, 46ff, 51
- I. der Heilige (B.Bbg) I 367, 485, 500f; II 1-28, 32-36, 38-57, 59ff, 63-72, 74ff, 79-94, 96-105, 108-112, 115-118, 122f, 125, 127f, 130-159, 163-166, 169-286, 290-350, 369, 386ff, 391, 393, 407, 418, 420, 454, 459, 485, 493, 517, 537, 551f, 555-558, 567, 575, 581, 629; III 1, 106, 117, 137f, 608f, 613, 616, 628, 634, 664, 721; VI 553f, 556, 638; VII/2 322, 505
- II. v. Andechs-Meranien (-) II 338ff, 343, 454, 482, 486f, 489f, 492f, 494, 500f, 515-526, 528-553, 555, 558-567, 569, 571, 573ff, 577, 589, 629, 663
- (B.Eichstätt) II 342f
- I. (B.Freising) I 314; II 72, 318, 407, 412, 414, 426, 429
- II. (-) II 544
- (B.Halberstadt) II 157, 300, 309f
- (B.Konstanz) I 427, 445, 448, 452, 473
- (B.Regensburg) I 385, 394, 445, 448; II 15
- (B.Terdona) I 467
- I. (B.Wbg) II 628
- II. v. Wolfskehl (-) III 168, 179, 182, 193, 246, 615, 617f, 625, 669, 671, 710, 717
- (Hzg v.Baiern) I 387, 389, 444, 470; II 29, 659, 662
- (Hzg v.Böhmen) II 343
- (Hzg v.Braunschweig) III 340
- (Hzg v.Kärnten) I 43, 54f, 60, 68, 73, 76, 78, 80, 107
- (Hzg v.Mähren) II 225f
- VII. (Hzg v.Meranien) II 595, 597-600, 603f, 608, 611-615, 620, 624, 627f, 635-638, 643, 648, 653-656
- IX. (-) II 653, 655
- (Hzg v.Niederlothringen) I 53, 194
- (Hzg v.Österr. u.Steiermark) III 137, 170
- (Hzg v.Pommern) III 604
- (Hzg v.Sachs.) I 28
- v.Schweinfurt (Hzg v.Schwaben) I 32, 85f, 344f, 360, 387, 487f, 497, 499; II 17, 30, 63
- (Mgf) I 85; III 343
- v.Orloch (-) II 72
- v.Pavia (-) I 260

- (div.Gfen) I 73, 246, 266, 268, 496; II 500; III 238
- (Gf i.d.Champagne) I 265
- (Gf i.Grabfeld) I 70, 121
- (Gf i.Iringerisgowe) I 157
- (Gf i.Kelsgau) I 151
- (Gf i.Nordgau) I 335; II 45, 47f
- (Gf i.d.Wetterau) I 152
- (div.Geistliche) I 195, 422; III 567
- (A.Banz) VI 473
- Roppelt (-) VII/2 614, 617, 637, 664
- (A.Ebrach) III 334, 366, 685, 691, 756
- Fuchs (A.Michelsberg) III 352, 360, 367, 373, 376, 580, 622-629, 631, 692, 716, 755
- (A.Prüfening) VII 29
- (A.Stein) II 148
- (Dh.) I 317; II 112, 294, 462, 482, 550, 563ff, 568
- (Dompropst Wbg) II 69, 72, 95, 224f, 287, 290, 335, 385, 392, 503, 649
- (Kan.Ansbach) II 336
- (Kan.St.Gangolf) II 543
- (Kan.St.Jakob) II 62; III 553ff, 557
- (päpstl.Legat) II 638, 659
- (Mönch Banz) II 644
- (Mönch Michelsberg) II 336f, 616ff
- (Pfr) III 397
- (Pfr Forchheim) III 725, 728
- (Pfr Hersbruck) II 480f, 541, 646
- (Pfr Obereisenheim) II 649
- (Bbg) II 570
- (Notar Bbg) III 56, 66

- a.d.Markte II 485
- (Regensburg) II 494
Otto, Hermann (Bbg) IV 225
- Markus (Straßburg) VI 387
- Tobias (Pfr Obernsees) IV 983
Ottobeuren (sö.Memmingen) I 293; VII/2 715
- Abt s.u. Gregor
Ottschneider, Hans (Gesees) IV 912
- Jakob IV 896
Ottwin (PN) II 534
Oucinus (Dh.) I 333
Oudinot (Fam.) VII/2 748
Ouhenrichesdorf, Adalbert v. II 275
Ouschendorf (abgeg.;Ufr.) II 639
Ow, v. (Fam.) VI 715
- Maria Barb. v. VI 714
Owenshoven (n.ident.) II 309
Oxenstierna, Axel (schwed.Kanzler) VI 328, 386, 401
Oxiander, Matthias (Bbg) V 120, 126, 128, 132f, 143, 181, 202
- Tobias V 246
- vgl. Osiander
Oynshausen, Raban v. V 291
Oze (Pfr Staffelstein) I 382, 477
Ozzelen, Iring v. II 644
- Konr. Marhold v. II 499
- Rudolf v. II 644

P s.u. **B**

Quaden, Arnold (Lüttich) V 110
- Dido V 452
Quatsch (Fam.) IV 571
Quedlinburg (Sa.-Anh.) I 11, 27, 37f, 40, 47, 80, 83f, 106, 116, 185-208, 211, 220, 223, 237, 240, 250ff, 261, 272f, 284, 304, 472, 476, 480, 502; II 31, 277, 315; III 353; VI 531; VII/2 715
- Ä. s.u. Adelheid; Emnilde
Querenbach (sw.Hof) III 389
Querfurt (Sa.-Anh.) I 106, 175-181, 219; II 160; III 17f, 434; IV 329
Querfurt, Brun v. I 175-181; II 160; IV 431
- Gebhard v. I 219; II 350
Querhammer, Kaspar (Hall) IV 781
Quesnoy, v. (Fam.) VII/2 134
- Marg. v. VII 140
Quiex, v. (Fam.) VII/2 255
Quirin (A.Michelfeld u.Niederaltaich) IV 744; V 228; VI 98
Quitzau, Dietrich v. IV 844

Raab (Fam.) VI 284, 287, 292
- Albert (Prie.) IV 997, 1036
- Joh. IV 1028, 1031
- Joh. Michael (Domvikar) VII/2 646
- Karl Joseph v. VII 196, 200f, 227, 248, 266f, 283, 306
- Konr. (Kan.St.Gangolf) III 533, 576ff
- Marg. (Zeil) VI 50
- Ulr. (Kan.St.Gangolf) III 533; IV 549

Raban (B.Eichstätt) III 327, 330
- (B.Speyer) IV 55, 58
- (A.Michelfeld) III 38ff, 755
Rabe, Konr. (Bbg) III 557, 576f
Rabenau, Karl v. VII/2 645, 660
Rabeneck (nw.Pegnitz) III 216, 282, 293; IV 19, 151, 746; V 22f, 459, 478; VI 600; VII/2 348
Rabeneck, Friedr. Paul v. VI 148
- Konr. v. III 2
Rabenecker, Albrecht (Bbg) III 564
- Braunward III 68
- Gunther (Bbg) III 564
- Hans III 564; V 94
- Heinr. (Bbg) III 564
- Klara III 564
Rabenold, Hermann III 361
Rabensburg, Heinr. v. II 579, 581
Rabenstein (nw.Pegnitz) II 561; III 214, 274, 282; IV 11, 67, 426, 612, 623, 746; VI 148; VII 236, 280, 293
Rabenstein, v. (Fam.) II 598; VI 209, 217, 458, 601, 699
- Adrianus v. IV 1038
- Albert v. III 393
- Alexander v. (Dh.) IV 468, 473, 483, 546, 628
- Anastasia v. VI 374
- Andreas v. IV 346, 450
- Anna Elis. v. VI 374
- Augustinus v. IV 721f, 1012
- Balthasar v. IV 1039; V 294, 308f, 330, 446; VI 117
- Christian Friedr. v. VI 654f, 668
- Chr. v. (Dh.) IV 1035

- Daniel v. V 67, 496f, 525
- Dorothea v. III 698
- Eberhard v. (Dh.) IV 388, 403ff, 408, 412, 422, 487
- Eschwin v. II 561
- Friedr. v. IV 429
- Gg Werner v. V 275, 336, 446, 497
- Hans v. III 391, 393; IV 88, 385, 475, 506, 637, 658, 721
- Hans Chr. v. VI 399
- Hans Dietrich v. V 446; VI 256
- Hartung v. III 698; IV 899
- Heinr. v. (Kan.St.Jakob) IV 205, 254, 311, 322, 426
- Hektor v. V 67, 99, 105, 139, 185, 189, 496f
- Hermann v. III 44, 293; IV 870
- Hintzigo v. IV 506
- Jakob v. IV 272, 516, 1012
- Jörg v. IV 214, 221, 272
- Joh. v. (Michelsberg) IV 205, 208
- Kaspar v. IV 505, 507
- Konr. v. III 272; IV 477, 915
- Lorenz v. IV 250, 870
- Matthias v. IV 870
- Michael v. (Dh.) V 231, 526
- Nikolaus v. IV 1012
- Oswald v. IV 450
- Otto v. III 293
- Pankraz v. (Dh.) IV 1064; V 67, 73, 116, 130, 180, 185, 196, 231, 496f, 519ff, 524
- Peter v. IV 450, 470
- Peter Joh. Albrecht v. VII/2 13, 17, 20, 35, 40, 90-94, 100, 112, 296, 329, 433
- Ph. Daniel v. (Dh.) V 525
- Rudolf v. III 563
- Sebastian v. IV 506
- Thomas v. IV 250, 296, 869f
- Veit v. IV 1012
- Veronica v. V 517
- Veronica Ursula v. VI 374
- Winhard v. (Dh.) IV 322, 351
- Wolff v. V 185
- Wolff Wilh. v. V 336; VI 196
- Wolfgang v. IV 470, 658, 806, 1012; V 196

Rabinoldus (PN) II 97

Raboto (PN) I 153, 412, 498; II 70, 485, 492, 534f, 606
- (A.Heilsbronn) II 293, 396, 425
- (A.Langheim) I 323, 325; II 528, 530f, 599
- (Dh.) I 477; II 112

Rabs, Konr. v. II 505

Rabus, Joh. Friedr. Chr. VII/2 143, 148, 151, 154, 179, 184, 219

Rachenberg (abgeg.;Ofr.) I 21

Rack, Gg (Pfr Creußen) IV 863
- Pankraz (Lichtenfels) IV 595

Rackersberg (nw.Pegnitz) II 133, 332; III 124; IV 20; VI 237

Radecker, Hans (Naila) IV 976

Radenzgau (Landschaft) I 5f, 9ff, 13f, 19, 23f, 62, 80, 119-122, 128, 136ff, 143, 157, 159, 161, 226, 265, 334f, 369, 374, 407, 414; II 8, 47, 71, 378
- Gf s.u. Adalbert; Heinr.; Kraft

Radicofani (It.) I 100

Radkersburg (Österr.) III 290

Radolfzell (B.-W.) IV 804
Radolus (PN) II 71
Radtmarsfelden, Gebeno v. II 448
Radulf (Hzg v.Thür.) I 4f, 10, 640
- (Gf) I 12
- (Rom) IV 173
Raduningen (n.ident.) III 380
Raelok, Konr. (Kulmbach) IV 949
Räß, Karl (Pfr Nbg) IV 715
Rätien (röm.Provinz) I 2
Ragnulf (Hl.) I 187
Ragthes, Konr. v. II 138
Rahab (PN) II 242
Rahwin (PN) II 275
Raigeln, Gg (Leutershausen) IV 740
Raimund (B.Brecsia) II 431
- (B.Cartinensis) III 184
Raimund Anton v.Strasoldo (B.Eichstätt) VII/2 29, 478
Rain am Lech (sö.Donauwörth) VI 256
Rainald (Kard.) IV 173
- v.Dassel (Eb.Köln) II 429ff, 438, 453ff, 458, 466f
- (B.Como) I 264
- (B.Pavia) I 259
Rainberg (Österr.) II 406
Raindorf (nw.Fürth) III 705; VII 206
Rainer (Kard.) I 490
- v.Spoleto (Hzg Tuscien) I 205, 260
- (Rom) II 46
Rainstein, Gg v. (Pfr Neustadt/A.) IV 980
Raitenau, s.u. Wolf Dietrich v. (Eb. Salzburg)

Raitenhaslach (s.Burghausen) II 597; III 424
- A. s.u. Berthold
Rambach (sw.Bbg) I 375
Rambach (s.Roth) II 64, 477f
Ramendorf (n.ident.) II 291
Ramirius (Fam.) VI 284, 287
Ramnolf (PN) I 18
Rampausch, Heinr. (Pfr Creußen) IV 69f, 952
- Hermann (Weismain) IV 145
- Joh. (Hollfeld) IV 213
Rampertshof (nö.Lauf/P.) III 286
Rampertus (B.Verdun) I 343
Rampolt, Joh. (Ebing) III 715
Ramsenthal (n.Bayreuth) III 285
Ramsperger, Joh. Gg (Mainz) VII/2 117
Ramsteiner (Fam.) III 425
Ramsthal (s.Kissingen) II 137
Ramung (PN) II 565, 640
Ramung (Fam.) III 60, 296
- Andreas IV 112
- Konr. IV 91
Ramward (B.Minden) I 63
Ramwold (Gf) I 496, 498
- (A.St.Emmeram/Regensburg) I 42, 44ff, 48
Rand, Heinr. (Dh.) III 341, 754
Randeck, Eberhard v. (Dh.) III 158
- s.u. Marquard v. (B.Augsburg)
Randersacker (Stadtt.Wbg) III 27, 618
Randersacker, Helwig v. III 27
Randingen (n.ident.) II 9

Randolt (PN) II 642

Rangau (Landschaft) I 5f, 9-12, 27f, 141, 154; II 437f
- Gf s.u. Adelhard; Albuin

Rangen (sö.Forchheim) II 478; III 98, 286

Ranis (Thür.) II 566; IV 69

Ranis, v. (Fam.) II 532
- Gundeloch v. II 531
- Konr. v. II 566
- Siegeboto v. (Dh.) II 561, 563ff, 572, 577f, 580, 582, 588f, 592f, 598, 607, 609, 615, 621

Rannungen (sö.Kissingen) VI 164

Ranshofen (Österr.) I 45, 289, 293

Rantzau, v. (Fam.) VII 248
- Christian v. VI 431, 441

Ranung, Joh. (Pfr Erbendorf) III 641

Ranzenthal (w.Pegnitz) III 277

Rapedius, Petrus (Kan.St.Jakob) V 205

Raphael (B.) III 184, 287, 690

Rapho (PN) I 243

Rapot, Konr. (Nbg) III 734

Rappe, Friedr. II 618
- Heinr. II 618, 622

Rappetenreuth (nö.Kulmbach) III 285

Rappoltstein (Frkr.) VI 579

Rappoltengrün (nö.Kronach) III 368; IV 151

Rappoltsweiler (Frkr.) IV 47

Rapps, Hans (Zeuln) VI 693
- Wilh. (Prie.) IV 457

Rasau (Fam.) VII/2 702

Rasch (sö.Nbg) III 279; IV 245

Rasch (Fam.) VII/2 674, 678, 687
- Berthold v. II 414
- Kolo v. II 488, 634
- Rudolf v. II 634; III 3
- Ulr. (Diakon) IV 816, 860

Rasmus, Stefan IV 502

Raspe (Fam.) III 364
- Burkard (Gründlach) III 175

Rastatt (B.-W.) VI 647; VII/2 677, 679, 682, 709

Rastenhauer, Konr. IV 1011
- Peter IV 1010

Ratgeben, Konr. III 455

Rathardsau (n.ident.) II 143

Rathisen, Pillung v. II 464

Rathloff, Joh. (Bbg) VII 143, 168, 174f, 183, 185

Rathsberg (n.Erlangen) III 102, 139f, 659; IV 898; VI 185; VII/2 335f, 343

Rathsberg, Bertrada v. II 639
- Caecilie v. IV 395
- Friedr. v. III 639, 659
- Jakob IV 395
- Kath. v. IV 81, 89
- Konr. v. III 139f; IV 81, 89
- Liupold v. II 554, 639, 641f
- Marquard v. II 498, 525, 554, 639, 641f; III 139
- s.u. Marquard v. (A.Michelfeld)
- Matthias v. III 102, 139
- Otto v. II 641
- Wigger v. II 554

Ratlac (PN) II 137

Ratlein, Fritz III 569

- Konr. III 569
Ratler, Heinz (Pottenstein) IV 295
- Joh. (-) IV 808
- Ulr. (-) IV 243, 331
Ratlitsch (Fam.) VI 316, 320
Ratloch (PN) I 487, 498; II 52, 56f, 62, 65ff, 69, 90f, 93, 96, 99, 101, 137; II 335, 378
- (Pfr Hallstadt) II 422
Ratloch, Konr. III 294; IV 69, 125, 951
Ratmüller, Heinz IV 243
Rato (A.Michelsberg) I 224ff, 230, 495
Ratolf (PN) II 73, 441
Rattelsdorf (n.Bbg) I 5, 17, 225-228, 319; II 101, 445, 449, 554, 572, 617f, 622-625, 642, 658; III 220, 603, 614f, 618, 620, 622, 625, 627, 631f, 714ff; IV 317, 415; V 215, 231; VI 180ff, 184, 290, 440, 575; VII 30, 42, 223, 266
Rattelsdorf, Adalbert v. II 618, 624
- Eberhard v. II 617f, 623, 625
- Gottfried v. II 554, 618, 624
- Hildebrand v. II 572
- Jachintin v. II 101
- Konr. v. III 220
- Otto v. II 618, 624, 642
Rattishen, Iring v. II 464
Ratto (Prüfening) II 142, 332
Ratz, Agatha V 520
Ratzeburg (Schl.-H.) VI 136
Ratzke (Fam.) III 642
Ratzko, Nikolaus (Prie.) IV 35
Rau v.Holzhausen (Fam.) VI 703, 706

- Joh. Rudolf VII 96
- Ottilia V 525
Rauber, Leonhard (Pfleger Kärnten) IV 478
Raubersried (sö.Nbg) III 632
Rauch, Dietrich (Zentbechhofen) III 183
Rauchdorn, Heinr. V 55
Rauenberg (nö.Ebermannstadt) IV 491
Raueneck (nw.Ebern) III 644; VI 163, 198, 417
Raueneck, v. (Fam.) VI 92
- Fritz v. IV 332
- Gg v. IV 372, 374
- Heinr. v. III 420, 456, 516, 695; IV 418
Rauenstein (ON) IV 495
Rauenstein, Konr. v. IV 360
Rauh, Barb. V 508
- Chr. V 100, 120, 133, 135, 176, 260
- Hans (Bbg) V 508
- Heinr. (Pfr Schwarzenbach) IV 724
- Konr. (Pfr Bayreuth) IV 873
- Peter (Weihb.Bbg) IV 1043; V 19, 516
- Wolf IV 612
Rauhenberg (sw.Hof) I 330
Rauher Kulm (Berg sw.Kemnath) I 88; II 133
Raume, Heinz (Seinsheim) III 620
Rauming, Angelika (Schmeilsdorf) VI 128
- Hans (-) VI 128
Raumüller, Hans (Zeil) VI 43
Rauniern, Friedr. Gottlieb v. VI 529

Raus, Konr. (Ützing) III 374

Rausch, Albert (Pfr Thurnau) III 662, 665

- Friedr. (-) III 662, 665, 667
- Friedr. v. III 708f
- Hans (Radeck) IV 399
- Hermann (Pfr Thurnau) III 651, 661

Rauschauff (Fam.) IV 137

Rauschensteig (n.Wunsiedel) IV 1018, 1020

Rauschner (Fam.) III 628; VI 441

- Andreas Friedr. (Pfr Kronach) VII/2 52
- Eberhard III 653
- Gg IV 398
- Hans IV 319, 356, 426; VI 441
- Heinr. III 326, 329, 588f, 596, 599; IV 192, 270, 283, 930
- Joachim IV 657
- Konr. IV 192, 930
- Martin IV 319
- Nikolaus IV 97
- Otto III 584; IV 192, 270, 319, 426, 930
- Ulr. IV 70

Rausengrüner, Heinr. (Wunsiedel) IV 1020

Rauter, Vitus (Pfr Goldkronach) VI 121

Ravenna (It.) I 166, 199f, 203, 206, 253; II 160, 492f, 634, 653; III 411

- Eb. s.u. Adalbert; Arnold; Friedr.; Guido; Guibert; Herbert; Humfred; Pileus; Walter

Ravensburg (B.-W.) III 426; VI 715; VII/2 715

Ravenstein (NL) VII/2 715

Raydenbach, Chr. Friedr. v. VI 307ff

Rayffer, Joh. (Pfr Helmbrechts) IV 725

Razzo (PN) I 335; II 58, 60, 72, 142, 332, 485

Reate (It.) II 651, 653

Rebdorf (Stadtt.Eichstätt) II 435

- Prior s.u. Leib

Rebdorf, Heinr. v. (Chronist) III 220, 223, 233

Reberlein, Konr. (Pfr) IV 864

Rebestock, Friedr. v. III 654

- Kuno v. III 654

Rebhahn, Otto VI 193f

Rebinsleyde (FlN.) III 675

Rebule, Hans IV 641

Rebwitz, Heinr. v. (Eichstätt) IV 372

Rech, Heinr. (Marloffstein) III 3, 140

Rechberg, v. (Fam.) VI 493, 699f, 702

- Anna v. V 529; VI 697, 705
- Friedr. v. III 88
- Gg v. IV 564, 641
- Magdalena v. IV 425; V 529
- Otto v. II 487
- Ulr. v. (Dh.) IV 1059

Rechling, Maria Anna (IBMV) VII 135

Reck, v. (Fam.) VII/2 31, 56

- Dietrich III 534
- Hans III 534
- Hermann IV 211, 899, 927
- Jutta III 534
- Kunig. III 534

- Otto III 534
- Ulr. (Kersbach) III 392

Reckenberg (ö.Hersbruck) II 54

Reckendorf (nw.Bbg) I 21; III 54, 480, 632; IV 317f, 444, 620; V 262; VI 202f, 206; VII/2 405f

Reckendorf (ö.Bbg) IV 491, 973

Rector (Fam.) VI 53

Redarier (slaw.Volksstamm) I 80

Redeben (Österr.) VI 464

Reder, Konr. (Nbg) III 143

Rederich, v. (Fam.) VII/2 620

Reding (Dh.Magdeburg) I 189, 215

Reding v.Biberegg, Joseph VII/2 355, 506, 547, 561f, 603

Redlein (Fam.) IV 126

Redler, Marg. (Bbg) VI 46

Rednitz (Fl.) I 1, 5f, 8, 12ff, 28, 33, 62, 121f, 128, 136f, 333, 359, 408; II 334, 482; III 216, 405, 466, 474, 557, 621

Redwitz (nö.Lichtenfels) III 102, 378, 380, 664, 689; IV 36, 96, 224, 264, 328, 334, 354f, 462; VI 83, 107, 116, 196, 235, 243, 325, 338, 390, 522, 527f, 701, 703; VII/2 101, 552f, 565f, 582

Redwitz, v. (Fam.) VI 338; VII/2 229

- Achaz v. IV 408
- Adam v. IV 180
- Adam Ph. Ernst v. VII/2 169, 172, 188f, 230, 554, 556f, 579, 585
- Albert v. (Dh.) V 518
- Albrecht v. IV 255, 359
- Alexander v. IV 494, 524, 615, 623, 657; V 189, 519
- Andreas v. III 501
- Anna v. III 674, 682, 693; IV 328, 615, 863
- Anna Maria v. VI 335
- Apel v. III 383
- Arnold v. III 393, 686; IV 224
- Augusta v. VII/2 551
- Balthasar v. IV 475, 657f; V 38
- Benedikt v. VII/2 443, 507
- Bernhard v. (Dh.) VII/2 551
- Berthold v. IV 524, 658, 772
- Christian Ludwig Anton v. VII/2 103, 230f, 658, 689f
- Christiana v. III 653, 658, 663, 689f
- Chr. v. IV 328, 605, 608, 621, 623, 634, 636, 641, 652, 658, 744, 765, 772; V 39
- Chr. Hannibal v. VI 328
- Chr. Heinr. v. VII/2 441
- Daniel v. (Dh.) IV 499, 504, 529, 535, 543, 545ff, 653, 671, 692, 694f, 709, 754, 761, 765; V 6
- Dietrich v. III 123, 199, 238, 296, 662, 674, 682, 688f; IV 740; V 38
- Dorothea v. IV 510, 658
- Eberhard v. III 70, 383, 653, 662, 664; IV 149
- Elis. v. III 653, 658, 689f; IV 208
- Emmeran v. IV 574, 576, 658, 765f, 772, 807
- Emmeran Ernst v. VI 85
- Ernst v. IV 658
- Franz Karl v. (Dh.) VII/2 265, 487, 496, 554, 685, 698, 707, 711, 752, 757
- Franz Ludwig Karl v. (-) VII/2 665, 675, 685, 756

- Friedr. v. III 393, 406, 409, 422, 457, 689; IV 475, 563, 658, 661, 692, 752, 765, 767f, 773; V 1
- Friedr. v. (Dh.) IV 196, 241, 247, 259, 274, 296, 311, 322, 372, 405, 412, 462, 538, 1063
- Friedr. v. (Michelsberg) IV 205, 207f
- Friedr. Anton Gg Wilh. v. (Dh.) VII/2 496, 543, 554, 632, 645, 649, 754
- Friedr. Weigand v. V 440
- Gabriel v. IV 766
- Gg Chr. v. VI 510, 528, 563, 586
- Gg Dietrich v. VI 452
- Gg Friedr. v. VI 528
- Gg Reinhard v. VI 338, 484
- Gertraud v. III 668; V 517
- Hans Gg v. VI 129
- Hans Wilh. v. VI 478
- Hedwig v. III 653, 658, 689f
- Heinr. v. III 253f, 502, 690f; IV 186, 194ff, 280, 285, 367, 418, 475, 543f, 623, 658, 661, 972; V 191
- Heinr. v. (Dh.) III 71, 86, 105
- Heinr. Gerhard v. VI 338
- Iring v. III 6, 13, 70, 102, 146, 162, 203, 296, 347, 374, 378, 405, 409, 434, 462, 478f, 487, 574, 581, 602, 648, 653, 657f, 660ff, 664, 669, 673, 681f, 686, 689f, 692; IV 594-597, 748
- Irmengard v. III 657
- Joachim v. V 39, 99
- Joh. v. III 123, 663f, 667f, 688f, 691; IV 68, 108, 195; V 36, 38
- Joh. v. (Dh.) IV 405; V 95, 141, 160, 166, 497, 517, 524
- Joh. Chr. v. VI 563, 586
- Joh. Gottfried v. VII 12, 89, 98, 199
- Joh. Heinr. v. V 202
- Joh. Ulr. v. VI 563, 586
- Karl Alexander v. VI 338
- Karl Franz v. VII/2 506, 551
- Karl Friedr. v. (Dh.) VII/2 366, 380, 402, 545, 554, 556, 751
- Karoline v. VII/2 551
- Kasimir v. VII/2 551
- Kaspar v. IV 597
- Kath. v. V 45, 518
- Klaus v. IV 16, 40, 194, 196, 219, 393, 429
- Konr. v. III 412f, 691, 695; IV 67
- Konr. v. (Dh.) IV 274, 322
- Letz v. IV 325, 334, 350, 425
- Ludwig Bernhard Wilh. Joh. Joseph v. VII/2 343, 377, 380, 402, 435, 522, 532, 551, 750, 755
- Magdalena v. V 39, 446
- Marg. v. IV 615, 967; V 446
- Martin Sebastian v. (Dh.) V 209, 519
- Moritz v. IV 327, 345
- Otto v. IV 597
- Paul v. IV 250
- Peter v. IV 315, 327, 396, 559, 658, 954
- Ph. Anton v. VII/2 441
- Sabina Barb. v. VI 586
- Sebastian v. (Dh.) V 522
- Sigmund v. V 39
- Sophie v. III 203

- Teyno v. III 412f
- Thomas v. IV 658, 772
- Ulr. v. III 653, 662
- Utz v. IV 597
- Valentin v. V 517, 520
- Veit v. IV 398; VI 284
- s.u. Weigand v. (B.Bbg)
- Wilh. v. (Dh.) IV 209, 247, 254, 257, 259, 273f, 283; V 38
- Willibald v. (-) IV 522, 528, 653, 658, 675, 696, 699, 702, 704, 707, 760, 765f, 769, 771, 812; V 480
- Wolf Chr. v. IV 767f, 801; V 33, 38
- Wolfgang Heinr. v. (Dh.) V 148f, 153, 227, 240, 276, 312, 319, 328, 357f, 361, 386, 389, 396, 447, 511, 520, 529
- Wolfram v. (-) III 15, 70, 102, 123, 203, 238, 374, 383, 391, 420, 648, 653, 657f, 662, 664, 668, 676, 687; IV 250, 467, 498, 531, 543
- Wolfram v. III 689f, 693; IV 623, 765, 772
- vgl. Marschalk v.Redwitz

Redwitzer, Bernher IV 1017
- Thomas (Wunsiedel) IV 1033f

Regel (Fam.) III 115

Regelmener (Fam.) IV 43

Regelo (Pfr Velden) II 134, 388

Regelsbach (nw.Schwabach) IV 720, 740

Regemar (B.Passau) II 147, 275, 334

Regen (Fl.) I 87; II 36, 48, 374, 487, 574

Regenald (B.Belluno) I 467

Regenfuß, v. (Fam.) VII/2 230
- Fritz (Wannbach) IV 810
- Hans (-) IV 810
- Hermann (Forchheim) III 538

Regenger (B.Vercelli) I 467

Regengrim (PN) II 335

Regenpeilstein (sw.Cham) II 48

Regensberg (sö.Forchheim) III 71, 266; IV 472, 603, 779; V 442; VI 185, 198, 387

Regensburg (Opf.) I 8, 16, 29, 40, 42, 44-47, 60, 62, 68, 70, 96, 114f, 139f, 164, 166f, 168, 234, 280, 334, 347, 374f, 394, 426, 475, 483, 488; II 15ff, 28f, 31, 35f, 43ff, 47, 49f, 68, 70, 74, 98, 111f, 125, 127, 131f, 134, 139-142, 145, 224f, 271, 274f, 278, 304, 309, 316f, 332, 337, 374, 379, 394, 397, 400f, 411f, 420, 439f, 448, 458f, 486ff, 522, 539, 543, 545, 547, 551, 566, 601, 627ff, 638, 650; III 17, 45, 110f, 120, 138, 172, 257f, 274f, 287, 380, 424, 426, 431, 440, 641, 721f, 725, 754; IV 687, 690f, 768, 797, 845, 987, 1055; V 8, 10, 99, 184, 372, 405, 428, 475f; VI 104f, 143, 146, 160, 257, 285, 317, 324, 330, 338, 359f, 369, 419f, 424, 426, 430f, 434, 447, 449f, 455, 465, 509, 514, 539, 557f, 561, 563, 574, 605, 674, 697; VII 29, 41, 61, 88f, 194, 246, 263, 293; VII/2 45, 60, 88, 100, 132, 219, 258, 262, 353, 411, 435f, 476f, 546, 703, 709f, 714, 720, 729f

- Bischöfe I 59, 73; II 141, 144ff, 275, 592; III 17, 248, 294, 441, 754; VI 254
- - s.u. Albert; Franz Wilh.; Friedr.; Gebhard; Gg; Hartwig; Heinr.; Joh.; Joh. Gg; Joh. Theodor; Joseph Clemens; Konr.; Otto; Ph.; Rupert; Siegmund Friedr.; Ulr.; Wolfgang
- - Weihb. s.u. Gottfried; Schmidt
- Burggrafen I 385; II 46ff, 112, 132, 275, 374, 414, 494
- Klöster u.Stifte
- - Alte Kapelle I 47, 69, 93, 95, 141, 373; II 17, 34, 64, 68, 70f, 95, 100, 141f, 145, 294, 297, 332f, 373, 375, 382f, 386, 389, 391, 406, 607, 621, 623, 625, 630, 636f, 648; III 119, 305, 461, 509, 722, 754; IV 35, 117; VII/2 3, 162, 504, 615
- - - Pr. s.u. Hohenberg, v.; Wörth, v.
- - Jesuitenkirche V 475
- - Niedermünster I 44, 60, 107; II 16f, 274, 480
- - - Ä. s.u. Eilika; Richiza; Uta
- - Obermünster I 44, 173; II 393
- - - Ä. s.u. Hemma
- - Prühl I 186; II 141
- - - A. s.u. Gg
- - St. Emmeram I 42, 44ff, 48, 167, 202, 250, 498; II 141, 333, 342; III 93, 275
- - - A. s.u. Berengar; Ramwold; Reginhard; Ulr.
- - St. Florian II 225
- - St. Jakob (Schottenkloster) II 46, 393, 631
- - - A. s.u. Carus
- - St. Johannes III 275
- - St. Peter (Domstift) I 44, 426; II 17, 111f, 146, 274f, 380, 629; III 110, 172; VII 89; VII/2 286, 571

Regensburg, Gottfried v. II 449, 544
- Konr. v. II 61
- Otto v. II 132, 414
- Ulr. v. (Prie.Nbg) III 725

Regenstauf (n.Regensburg) VI 360

Regenstein, Joh. IV 985

Reger, Hans (Hof) IV 920
- Ulr. (Pottenstein) IV 295

Reggio-Emilia (It.) I 72; II 546

Regil (PN) I 122, 380; II 496
- (Kan.St.Jakob) II 56-62, 70, 73

Regina v.Bellheim (Ä.St.Klara/Bbg) VI 373, 384

Reginar (Gf Hennegau) I 234

Reginbert (PN) I 498; II 73, 496
- (Prie.) I 413; II 66, 69f
- (A.Lorsch) I 336

Reginboto (PN) I 383, 413f, 481, 498f; II 59, 66ff, 91f, 94, 99, 104, 112, 139, 297, 315, 332
- (Dh.) I 413
- (Stammbach) III 79
- (Wbg) II 335

Reginhard (PN) I 122, 226, 380, 487; II 60, 71, 73, 95f, 288ff, 488, 490, 492, 542
- (A.St.Emmeram/Regensburg) II 333
- (Kan.St.Jakob) II 490f, 535, 542, 548f, 568ff

Reginhowe, Burkhard v. II 631

Regino (A.Prüm) I 25, 29f

Reginolt (PN) I 381; II 69, 103, 463, 481

- (Kan.St.Jakob) II 476, 535, 548f, 569

- (Kan.Regensburg) II 112

Reginswindis (Hl.) I 89

Regis, Joh. Franz VI 498; VII 95

Regnitz (Fl.) III 80, 420, 526, 530, 539, 544, 585; VI 598, 656; VII 294, 296; VII/2 26, 230, 507, 540ff, 552, 740

Regnitzlosau (ö.Hof) III 76, 222, 226; IV 724, 736, 987

Regoli, Bartholomaeus (Rom) VII/2 657

Regus, Gertrud (Bbg) III 602

- Hans (Zeil) VI 62

- Otto (Bbg) III 602

- Rosina (Zeil) VI 58, 62

Rehau (sö.Hof) I 6; IV 736f, 987ff

Rehau, Heinz Albrecht v. IV 385

Rehdorffer, Elis. (Fürth) IV 428

Rehm, Adam (Bbg) VI 41

- Barb. VI 67, 72

- Martin VI 134

Rehwin (PN) II 517, 520

Reibel, Konr. (Pfr Kupferberg) IV 1011

Reibelt, Apollonia VI 665

- Joh. Ph. Chr. (-) VII/2 546

- Konr. Franz (Wbg) VI 665

Reibersdorf, Ratold v. II 544

Reiblein, Nikolaus (Gößweinstein) VI 341, 384, 460

Reibold, Konr. (Nbg) III 720ff

- Stephan VI 364f

Reich (Fam.) IV 130

- Alhard (Amberg) III 139

- Balthasar (Michelsberg) VI 68

- Heinr. (Stettin) III 608

- Joh. (Pfr Staffelstein) VI 679; VII/2 221, 225

- Joh. (Prior Langheim) IV 332

- Marg. (Zeil) VI 49, 68

- Petrus (Münchberg) IV 976

- Reimar (Bbg) III 68

- Sebastian (Zeil) VI 48f

Reichard (B.Wbg) IV 953

Reichardsroth (sw.Uffenheim) IV 953

Reichart, Heinz (Wildensorg) IV 643

Reichel (Fam.) IV 84

Reichelsberg (abgeg.;Ofr.) IV 784

Reichelsberg (w.Uffenheim) III 437f; VI 580, 583, 682; VII/2 369

Reichenau (B.-W.) I 37, 61, 114, 198, 203f, 366, 421f; II 11, 144; VII/2 716

- A. s.u. Berno; Bruno; Immo; Meinhard; Petrus; Rupert; Werner

Reichenau, s.u. Wilh. v. (B.Eichstätt)

Reichenbach (nw.Kronach) II 531; III 368, 516

Reichenbach (ö.Kronach) IV 151, 333, 479

Reichenbach (sö.Pegnitz) III 138

Reichenbach (sö.Schwandorf) IV 20, 469

- A. s.u. Joh.

Reichenbach, Christian (Mainz) IV 225

- Joh. Gg VI 612
- Nikolaus v. (Straßburg) III 442

Reichenberg, Werner v. I 477

Reichendorf, Hartlieb v. II 277

Reicheneck (sö.Hersbruck) III 38, 250, 499; IV 5, 267, 466, 845

Reichenfels (Österr.) II 633; III 29, 71, 381; III 117; V 17

Bad Reichenhall (OB.) I 139, 289; II 141, 521

Reichenschwand (w.Hersbruck) II 631; III 640; V 27

Reichenstein (nö.Oberviechtach) III 277; VI 611

Reichenstein, v. (Fam.) VII 50
- Heinr. v. IV 411

Reichenweiher (Frkr.) VII 50

Reichersberg (Österr.) I 477; II 293, 406, 415f, 450, 456f, 459, 468, 470, 472, 595
- Pr. s.u. Gerhoh

Reichersberg, Gg v. (Mainz) VI 386

Reichersdorf (s.Landau) I 145

Reichinger, Friedr. (Michelfeld) III 635

Reichmannsdorf (sw.Bbg) VI 521; VII 9

Reichmannsdorf, Gerhard v. II 94

Reichold, Stephan (Obertrubach) V 506

Reichpott, Konr. III 725

Reichtze, Joh. (Pfr Baudenbach) IV 882

Reider, Martin (Bbg) VII 274, 279, 281; VII/2 3, 5, 100, 107f, 112, 121, 126, 135, 160-163, 172, 188, 194, 200ff, 231, 233, 240, 250, 262, 290, 305, 310, 343, 351, 354, 360, 365, 368, 375, 387, 390, 419, 445, 472, 476, 518, 526, 558, 579, 593, 627f, 647f

Reifenberg (nö.Forchheim) I 375; II 393, 424, 493, 529f, 536, 540, 553, 617; III 75, 284, 379, 419; IV 45, 327, 400, 483, 848

Reifenberg, v. (Fam.) VI 715
- Appollonia v. VI 706
- Eberhard v. II 493, 529ff, 536, 538, 550, 552f
- Reginolt v. II 394, 415, 424, 452, 454, 493, 496, 529ff, 538, 550, 552
- Reinhard v. II 536
- Ulr. v. II 415, 617

Reiff, Dietrich VI 270
- Heinz IV 940
- Oswald V 228

Reifnitz (Österr.) III 29

Reigenbach, Gg (Nbg) V 153

Reihnheinz (Nbg) III 100, 182

Reimalein, Hermann (Forchheim) III 590

Reimann (Fam.) III 199
- Adelheid (Bbg) III 529
- Fritz (-) III 529

Reimar (PN) II 631
- (Kan.St.Stephan) III 531ff, 535, 537ff

Reimar (Fam.) III 59, 636, 661
- Heinr. III 548

Reimbertus (Dh.) II 57, 68, 70

Reimbot (Fam.) III 138

Reimer (Fam.) IV 367

Reimlsberger, Ulr. (Kan.St.Jakob) III 558

Reims (Frkr.) I 67, 107, 184, 361, 404; II 113, 124f, 301ff, 399, 494; III 498, 723

Reims, Hermann v. I 404

Rein (Österr.) II 286, 394, 661

- A. s.u. Gerlach

Rein (Fam.) III 138

- Gg (Altenkunstadt) IV 864

Reinach, v. (Dh.) VII/2 16, 30, 615

- Franz Theobald v. (-) VI 442, 457, 461, 485, 702

- Joh. Anton Karl v. (-) VII/2 265, 751f

- Konr. Erasmus Sigismund Hesso v. (Dh.Wbg) VII 143, 150

Reinarsdorf (abgeg.;Ofr.) III 695

Reinbach, Joh. v. (Regensburg) III 721f

Reinbeck, Helgerus VI 434

Reinbern (B.Colberg) I 103, 195

Reinbold (Gf) II 443

Reindl (Fam.) VII/2 684

Reinersdorf (nw.Erlangen) III 662; IV 788; VII/2 212f, 215

Reinersreuth (sw.Hof) III 326

Reinhard (B.Halberstadt) II 114, 157

- (B.Wbg) II 512f, 526, 528f, 539

- (Dh.) II 532f, 563, 574

- (Dh.Wbg) II 512

- (Pr.Neumünster/Wbg) II 449, 507f

Reinhard, Albrecht IV 164

- Fritz IV 154, 882

- Jobst IV 939

Reinhardsbrunn (Thür.) II 659; IV 115

Reinhardshofen (nö.Neustadt/A.) IV 369, 989

Reinhausen (n.Regensburg) I 140

Reinholdt, Otto V 94, 109, 116, 132, 153, 160, 165f, 168, 181f, 196, 210

Reinlein, Wolfgang V 485, 487

- s.u. Wolfgang (A.Michelsberg)

Reinolt (PN) II 133, 511, 515, 578

- (B.Oldenburg) I 342f

- (Dh.) II 582

- (Pr.St.Theodor) II 582

Reinolt, Heinr. (Kan.St.Stephan) III 527, 534, 539

- Heinr. (Utstatt) III 217

- Ulr. (Kan.St.Stephan) III 530, 532

Reinpot, Günther (Pottenstein) IV 27

- Konr. (Engelsberg) V 24

Reinsberger, Hermann IV 333

Reinsdorf (Sa.-Anh.) II 131, 146, 148f, 232, 318

- A. s.u. Liutger

Reinschmid, Fritz (Scharfrichter) VI 48

Reinstein, Heinr. v. (Dh.Wbg) III 399, 686

- Peter v. IV 88

Reintal (FlN.) II 583

Reinwalt, Hans (Pfr Steben) IV 976

Reipertsgesee (sw.Pegnitz) I 15

Reis, Gg (Strullendorf) VII/2 668, 670

- Joh. (Pfr Marktgraitz) VII/2 255, 335

Reisach (sö.Pegnitz) II 132f, 332, 393, 564; VI 102f

395

Reisach, Adalbert v. II 560
- Berthold v. II 560, 564
- Heinr. v. II 560
- Merboto v. II 560
Reisbach, Konr. v. II 418
Reisberg (Österr.) IV 109
Reischa, Joh. v. III 329
Reischach (nö.Altötting) I 145; VI 700
Reiselberg (ON) II 111
Reisensburg, Ulr. v. III 1
Reiser, Hans III 514f; IV 142
Reisinger, Konr. (Bbg) IV 214
Reisnitz (n.ident.) III 421
Reißig, Heinr. (Kronach) VI 48
Reit (sw.Dingolfing) I 145; II 111
Reit, Gg VI 210
Reitenbach, Heinr. (Prie.) III 224
Reiter (Fam.) III 110, 601
- Konr. (Nbg) IV 485
- Markus (Hallstadt) IV 607
Reiterer, Heinz III 698
Reitsch (n.Kronach) II 526, 577; III 368; IV 208, 617; V 408; VII/2 326
Reitschmidt, Hans IV 609
Reitzendorf (abgeg.;Ofr.) II 384, 526, 577; III 146, 368, 618, 676; IV 9, 214, 783, 945; VI 668
Reitzenstein (nw.Hof) IV 736
Reitzenstein, v. (Fam.) II 330f; VI 665; VII 93, 122; VII/2 212, 505, 513, 521, 601
- Aegidius v. IV 920
- Charlotte Friederike v. VII/2 521
- Erhard v. IV 920

- Friedr. v. IV 995
- Gg v. IV 450, 995
- Hans v. IV 450, 477, 914, 922
- Hans Heinr. v. IV 998
- Heinr. v. III 226; IV 72, 918
- Hermann v. III 199, 222
- Jeronimus v. IV 332, 406, 503, 1043
- Jobst Heinr. v. V 462
- Joseph Heinr. v. VII/2 418
- Joh. v. (Pfr Berg) IV 885
- Karl v. IV 920
- Karl Chlodwig v. I 331
- Konr. v. III 80, 221f
- Simon v. IV 639
- Thomas v. IV 450
- Wolf v. IV 658
Reitzer (Fam.) VII 171, 177
- Adam (Jesuit) VII/2 399
Reitzner, Konr. IV 86
Reixingen (n.ident.) VI 583
Reizendorf (sw.Bayreuth) III 285, 368; IV 9, 295f, 510, 783, 945; VII/2 86
Remal, Ullinus IV 157
Remda, Otto v. II 499f
- Volker v. II 106, 499
Remigeruß, Kath. VI 67
Remigio (Fam.) V 298
Remigius (Hl.) I 187
- (Wbg) VI 73
Remlingen (w.Wbg) III 759
Remolt, Veit (Pfr Buchau) V 243
Rempisch, Klaus (Lichtenfels) IV 599
Rempte, Gg v. (Pfr Neustadt/Kulm) IV 981

Renazzi, Ercole (Rom) VII/2 114, 204
Renck, Joh. (Pfr Hollfeld) IV 122
Renholding (nw.Passau) III 380
Renker, Joh. (Pfr St.Lorenz/Nbg) IV 35, 110, 122
Rennenreut (ON) II 332
Renner, Dorl VI 38
- Gg (Michelfeld) IV 484
- Joh. IV 744
- Konr. III 572
- Kunig. (Bbg) III 589
- Michael (-) V 502
- Nikolaus (Pfr) IV 1008
- Walter (Bbg) III 589
- Wolfgang (Hohenmirsberg) VI 86
Rennes (Frkr.) VII/2 660
- B. s.u. Barreau de Girac
Rennesberg (n.ident.) III 270; VI 261
Rennhofen, Konr. v. III 357
- Lamprecht v. IV 317
- s.u. Marg. v. (Ä.Birkenfeld)
Rennlein, Eva VI 62
- Pankraz VI 62
Renthanner, Hans (Plankstetten) III 744
Rentweinsdorf (s.Ebern) III 671; IV 278; VII/2 473, 496
Repenhart (Gf) II 335
Rephun, Gg III 133
- Hans VI 151; VII 286
- Hermann (Ebersdorf) IV 657
Rescali, Karl Franz VI 426

Resch (Fam.) IV 209
- Albert IV 153f
- Fritz IV 1001
- Heinr. IV 153f
Reß, Joh. Gg VII/2 612
Retefoi (Fam.) I 343
Retharius (B.Paderborn) I 58, 63, 108, 113, 128, 165
Reting (Fam.) III 223
- Hans (Gattendorf) IV 902
- Nikolaus (Hof) IV 921
- Ulr. (Pfr) IV 89
Retsch, Wolf (Königsfeld) VI 544
Rettberg, v. (Fam.) III 760
Rettern (nö.Forchheim) III 24, 541, 545
Rettwitz (Thür.) II 584
Retzstadt (n.Wbg) I 20
Reull, Joh. Heinr. VII/2 354, 395
Reundorf (s.Bbg) II 484, 522; III 145, 506; IV 142, 518, 607; V 444; VI 203, 518, 520; VII/2 327, 331ff
Reurieth (Thür.) III 500, 632
Reusch, Hermann III 601
- Liebhard (Nbg) III 721
- Sebastian (Bbg) V 515; VI 374, 460
Reuschel, Gg Chr. (Bayreuth) VI 401, 408
Reuschen (abgeg.;Ofr.) III 394
Reuschner, Rufus III 659
Reuß, v. (Fam.) I 1; III 379; VI 324; VII 19, 270; VII/2 355, 555, 638
- (Erlangen) III 698
- Adam VI 426

- Albrecht (Bbg) IV 760
- Barb. (Gößweinstein) V 343, 431
- Erhard (Bbg) IV 571
- Fritz (Steinbach) IV 86
- Gg (Gößweinstein) IV 612
- Heinr. (Bbg) V 28
- Joh. IV 724; V 94, 190, 262, 343; VI 40, 417, 455, 475, 498, 517, 529, 531, 549
- Joh. (Kan.St.Stephan) V 70
- Michael IV 571
- Peter (Gößweinstein) V 415, 420, 430f
- Wolf (-) VI 165, 236

Reußenberg (n.Karlstadt/M.) IV 506f

Reuter (Fam.) VII/2 97
- Chr. V 440, 502; VI 66f, 72
- Elis. (Zeil) VI 43
- Gg IV 724f; V 300, 440, 502f
- Hans IV 560, 585; V 7
- Heinr. (Nbg) III 742
- Karl (Prof.) VII/2 399, 556, 561, 572, 603
- Kunig. (Bbg) VI 61, 66, 72
- Matthäus IV 785, 800, 839, 844; V 3, 6, 17, 25, 29, 34, 39f, 492
- Valtin IV 560
- Wernlein IV 419

Reuth (ö.Ansbach) IV 738

Reuth (nö.Bayreuth) III 504, 661

Reuth (ö.Forchheim) I 374; II 532, 577, 609, 611, 619, 622, 625; III 23, 109, 141, 271, 379, 511, 555, 562, 566; IV 40, 137, 147, 437, 447, 499; V 4f; VI 117, 277; VII 169; VII/2 14, 60, 189, 562f, 602, 615f

Reuth (s.Kronach) IV 280, 328

Reuth (sw.Kulmbach) III 666; IV 96f, 198

Reuth (ö.Lichtenfels) III 303, 653, 659, 665, 667, 674, 676, 683, 695; IV 23, 192

Reuth (abgeg.;Ofr.) II 447, 449, 614, 625; IV 83

Reuth (n.ident.) II 152; VI 628, 653

Reuth, Friedr. v. II 533
- Hartmann v. II 577
- Heinr. v. II 480, 532, 577, 609f, 615, 619, 622f
- Herdein v. II 609f, 625
- Konr. v. II 577

Reuther (Fam.) VII 176
- Melchior Friedr. (Eremit Staffelberg) VII/2 334

Reuthlas (sw.Hof) III 408

Reuthlos (ö.Bbg) III 618; VI 618

Reutlingen (B.-W.) I 139; III 282

Reutlingen, Hugo v. III 206

Reutsch, Fritz III 743

Reuttersweg, Wolf (Bbg) VI 45

Rex, v. (Fam.) VII 96

Reyhelms (abgeg.;Ofr.) III 285

Reyz, Albert v. II 631

Rezat (Fl.) I 9, 22

Rhafer, Klaus (Steinbach) VI 67

Rhein (Fl.) I 5, 50, 59ff, 67, 79, 113, 119, 124, 135, 138, 142, 169, 173, 183, 185, 194, 208, 219, 234, 237, 247, 250, 263, 266, 286, 363, 452f, 475, 488; II 28f, 35, 44, 50, 110, 114, 118, 121f, 130, 276, 300f, 303f, 311, 315, 370, 417, 423, 442, 457, 584, 590; III

122, 149, 209, 218, 354, 429, 431, 433, 443, 492, 497f; VI 340, 392, 479, 493f, 539, 546, 552, 602, 605, 608, 645f, 673; VII 67, 71f, 90, 204, 272; VII/2 33, 235, 337, 498, 558, 662, 672, 676f, 699, 708f, 714

Rheineck (Rhl.-Pf.) IV 65; VI 411

Rheineck, Arnold v. II 335

- Kraft v. II 335

- Rupprecht v. II 335

Rheinfeld, Jeremias (Kronach) VI 259

Rheinfelden (B.-W.) VII/2 405

Rheinhold, Wolfgang (Pfr Bernstein) IV 1040

Rheinischer Städtebund III 429

Rheinländer, Cölestin (Michelsberg) VII 222

Rheinlein, Karl Sigmund (Ützing) VII 86

Rheinmann, Hadrian (Pfr Arzberg) IV 863f

- Joh. (-) IV 863f

Rhens (Rhl.-Pf.) III 204

Rhön (Landschaft) VI 662; VII 187

Rhône (Fl.) I 124, 234

Rhyger, Leonhard (Pfr Mistelgau) IV 863, 973

Ribaldus (PN) I 101

Ribe (Dänemark) I 108

Riberg, Wilh. (Velberg) IV 558

Ribert (Gf) I 229

Ricbert (PN) I 12; II 152

- (B.Verdun) I 445

- (Gf) I 57, 64

Riccius, Johannes Dominikus V 345, 349

Ricdag (A.Bergen) I 109

- (A.St.Johann/Magdeburg) I 34

Richalm (Wbg) II 73, 95, 290, 335, 503

Richard (PN) I 412; II 19, 288, 489

- (B.Albano) II 33, 37

- (B.Bisaccia) III 287, 690

- (B.Natura) III 287

- (B.Ossory) III 184

- (B.Sevastopol) III 184

- (B.Verdun) II 108

- (A.Fulda) I 246, 266, 336, 343

- (A.Münchsmünster) II 295

- (A.Verdun) I 184, 263

Richarda (PN) I 498

Richart, Konr. (Kan.St.Gangolf) IV 202

Richel v.Neitlingen, Bartholomäus VI 155, 370

Richenza (Kgin) I 429

Richintal (abgeg.;Ufr.) II 137

Richiza (PN) II 332, 462, 489, 631

- (Ksin) II 71, 276, 280, 282f, 295, 306, 308f, 311, 313, 315f

- (Ä.Niedermünster/Regensburg) II 274

Richmannus (Weihb.Bbg) III 691, 756

Richolf (PN) II 87, 335, 504, 640

- (B.Triest) I 129f, 224

- (Dompr.Wbg) II 449

- (Kan.Wbg) II 290, 410, 464f, 503, 505-509, 512

Richter, Albert (Bbg) VI 65

- Andreas (Leupoldsgrün) IV 998

- Eberhard II 581

- Engelhard (Plech) VI 90
- Friedr. II 581; III 534, 590; VI 540
- Günther (Aurach) III 563
- Heinr. (Wbg) II 464f
- Hermann (Bbg) III 534
- Jeut (-) III 534
- Konr. III 590

Richwin (PN) II 392, 474, 504
- (Gf) I 139
- (Pr.Osterhofen) II 147
- (Lindach) II 47

Rickert, Joh. Anton Gg (Pfr Strullendorf) VII/2 553

Riebling, Gg (Schauernheim) IV 992

Ried, Hermann (Sulzbach) III 572
- Richolf v. II 507

Riedel, v. (Fam.) VII/2 333, 620

Rieden, Reginger v. II 416

Riedenburg (nw.Kelheim) II 48

Riedenburg, Otto v. II 46ff, 112, 132, 275, 374, 414
- Raboto v. II 275

Rieder (Fam.) VI 14
- Andreas (Spital a.Pyhrn) VI 526
- Sigmund (-) IV 410

Riedern, Eberhard v. (Dh.Wbg) III 182

Riedesel (Fam.) VI 704; VII 98; VII/2 281
- Agnes V 519
- Ursula (Burgellern) V 182

Riedfeld (Stadtt.Neustadt/A.) I 11; IV 713

Riedfeld, Eberhard v. II 631
- Hermann v. II 452

- Konr. v. II 276, 396
- Reginhard v. II 452

Riedheim, v. (Fam.) VI 701
- Albrecht Egolph v. VI 705
- Franz v. (Dh.) VI 705f
- Gg Albrecht v. (-) VI 706
- Gg Friedr. v. VI 706
- Joh. Sebastian v. (Dh.) VI 703, 705
- Karl v. (-) VII/2 376
- Petrus v. III 721

Riedheller (Fam.) VII/2 220

Riediger, Joh. (Bbg) IV 459f

Riedt, v. (Fam.) VII/2 473, 475f
- Egenolph v. V 525
- Jobst v. (Dh.) V 525, 527

Riegel (B.-W.) I 101

Riegel, Klara (Zeil) VI 43
- Marg. (-) VI 58
- Maria Pankraz (Bbg) VI 288
- Michael (-) V 6, 17

Riegelstein (sw.Pegnitz) IV 422; VI 17

Rieger, Bonaventura (Franziskaner) VII/2 484f, 636

Riegler, Klaus (Baunach) IV 613

Riemenschneider, Joh. (Pfr Sachsgrün) IV 725, 906
- Nikolaus (Wbg) IV 365
- Tilman (Bildschnitzer) IV 428, 528, 541

Riemer, Eberlein III 743

Rieneck, v. (Fam.) II 335; III 208, 379, 427; IV 28; VI 20
- Albert v. (Dh.Wbg) III 159
- Eberhard v. IV 3

- Grete v. IV 3
- Joh. v. (Dh.) III 4
- Joh. Emmerich v. VI 701
- Ludwig v. II 417
- Mene v. IV 3
- Ph. v. IV 688
- vgl. Voit v.Rieneck

Ries (Landschaft) I 139, 152; II 334, 347, 396; VI 331

Ries, Friedr. (Ützing) III 626
- Hermann III 599
- Konr. III 42
- Melchior (Bbg) VII 298

Riesa (Sachs.) I 102

Riesenburg, Borso v. III 316, 330, 339, 350

Rieser, Hermann (Garnstadt) III 674
- Michael (Bbg) V 298

Rieter, Hans IV 90

Riethmüller, Matthias IV 591

Rifridus (PN) II 139

Riga (Lettland)
- Eb. s.u. Joh.

Rijeka (Kroatien) VII/2 67, 143

Rijswijk (NL.) VI 593, 607

Rilint (PN) I 139; II 61, 70, 290

Rimbach (s.Neustadt/A.) IV 959

Rimbach, Dietrich v. II 287
- Joh. (Dh.) III 640

Rimini (It.) I 203

Rimlas (nö.Bayreuth) III 312

Rimpar (n.Wbg) II 534f; VI 680; VII/2 16

Rimpar, Heinr. v. (Kan.St.Jakob) II 490f, 534f

Rimstein, Heinr. v. II 644

Rimunt (PN) II 104
- (A.Michelsberg) II 618

Rinda im Breisgau (B.-W.) I 102

Rindsmaul, Heinr. III 141
- Hermann II 579
- Lupold II 623, 625, 629, 648, 664

Rindt, Barb. (Zeil) VI 45, 47
- Heinz (Aisch) IV 165
- Kilian (Zeil) VI 45
- Kunig. (-) VI 50
- Marg. (-) VI 45

Rindtfues, Hans IV 541, 670

Rindthül, Günther (Domvikar) III 459
- Volpert (-) III 459

Rineck v.Gaubickelheim (Fam.) VI 700, 702

Ringau (sw.Bayreuth) IV 295

Ringelheim (Nds.) I 251

Ringer, Gangolf (Kan.St.Stephan) IV 258
- Joh. Gg (Kan.St.Gangolf) VI 396, 460, 549
- Konr. IV 917
- Peter (Kan.St.Jakob) V 458, 515; VI 9, 131, 297, 396

Ringl, Kath. (Bbg) VI 35

Rinkam, Gebeno v. II 418

Rinnestich (FlN.) II 499

Rinter, Peter (Stopfenheim) IV 999

Rintphate (FlN.) II 535

Riparohus, Andreas V 110

Ripel, Hans Lorenz (Zeil) VI 62, 65
- Marg. (-) VI 62, 65

Risembach, Heinr. (Pfr Forchheim) IV 13
Ritershausen (Fam.) VI 156
Ritrunter, Balthasar IV 629
Ritschky, v. (Fam.) VII 282f
Ritter, Fritz III 600
- Gg (Neustadt/A.) IV 981
- Heinr. III 601
- Joh. IV 981
- Joh. Ph. VII/2 664, 727
- Kath. III 601
- Konr. III 724; IV 193
- Konr. (Dh.) II 624
- Konstantin Ph. Anton v. (-) VII/2 698, 757
- Kunig. III 600
- Ph. (Kronach) IV 617f
Ritterich, Eugen v. VII/2 712
Rittershusius, Gg (Kulmbach) VI 159
- Ludwig (Nbg) VI 122
Rittmeyer, Michael (Strullendorf) VII/2 672
Ritzel (Fam.) VII/2 326
Riwinesreut (abgeg.;Opf.) II 111
Rizeman (PN) II 489
Rixendorf, Eberhard v. II 621
Robert II. (Kg v.Frankreich) I 113, 118, 263-266, 268
- (B.Devay) III 287, 297, 690
- (Hzg v.Apulien) I 432
- (Gf v.Flandern) II 28, 50
Roboreto (Ägypten) II 491
Rochaimer, Jobst IV 538
Rochlitz (Sachs.) I 171

Rochlitz, Agnes v. II 665
Rochus (Hl.) VI 324
Rock, Jobst (Notar) IV 991
Rockenbach, Heinr. (Bbg) V 481
- Joh. (Kan.St.Stephan) IV 546, 548, 744
Rockerfing (n.Passau) III 380
Rockerlein, Gg (Neuses) IV 900
Rodach (Fl.) I 5, 22, 136, 330; II 401; III 229, 384; VI 317
Rodach (nw.Coburg) II 276, 296f, 318
Rodach, Wolfram v. II 422, 527, 531
Rode (n.ident.) II 528, 538; III 466; IV 65, 341; VI 411
Rode, Irmingard v. II 525
- Konr. v. II 525
- Marquard v. II 515, 525
- Rafold v. II 525
Rodeck (sw.Hof) I 330; III 379, 422; IV 34, 85, 399, 654f
Rodeck, Albert v. III 123, 646, 652
- Apel v. III 672, 677
- Felicia v. III 672
- Konr. v. III 221, 223
- Ulr. v. II 638
- Yeske v. III 228
Rodenburc (n.ident.) I 321
Rodenhausen, v. (Fam.) VI 707
- Heinr. v. II 462
- Hermann v. (Dh.) II 454, 482, 488f, 500, 515ff, 519f, 529, 533f, 542
Rodenstein, Berthold (Dh.) IV 57
Roder, Chr. (Prie.) IV 862
- Erhard IV 1030
- Fritz IV 881

- Hans IV 29, 85, 938, 1030
- Heinz IV 30

Roderberg (FlN.) III 412f

Roderden (abgeg.;Opf.) II 332

Rodermoltungen (n.ident.) II 332

Rodesgrün (w.Hof) III 221

Rodewin (PN) I 497

Rodheim (nw.Uffenheim) I 226ff, 495f; II 98, 658; III 606f, 610, 612, 614, 617ff

Roding (sw.Cham) I 88

Rodler, Nikolaus VI 35

Rodmann, Berthold (Obernhöchstädt) III 167, 263

Rodner, Ulr. III 724

Rodolf, Joh. (Pfr Diespeck) IV 865

Rodt-Busmannshausen, s.u. Franz Konr. v. (B.Konstanz)

- Marquard Eusebius v. (Dh.) VII/2 27, 31, 76, 87f, 98, 112, 121, 135, 137, 163, 165f, 168, 172, 185, 238, 357, 751
- Ursula v. VI 697

Rodulf (PN) II 392

Röbersdorf (s.Bbg) II 54, 564, 588; III 72, 125, 143f, 756; IV 607; VI 512; VII/2 571

Röbersdorf, s.u. Adelheid v. (Ä.St. Theodor)

- Poppo v. II 526, 530, 564, 567, 577, 588
- Walter v. II 567

Röckingen (sw.Gunzenhausen) IV 223

Rödel, Hans (Mirsberg) V 383

Rödelsee (ö.Kitzingen) III 205, 283

Röder (Fam.) III 171; VII/2 300, 311, 529

Rödgen (Hess.) I 226

Rödlas (sö.Forchheim) III 300, 445; IV 42f

Rödlas, Heinr. v. II 68

Rödlein (FlN.) III 533

Rögner, Joh. VI 84

Röhl v.Frickenhausen, Florina VI 714

Röhm, Kath. VI 42f, 46

Röhrach (nw.Erlangen) III 71

Röhrig (w.Kulmbach) V 65

Römer, Barb. (Bbg) V 212

- Jakob (-) V 106, 211f
- Ursula (-) V 106

Römhild (Thür.) VI 285, 376, 561; VII 191; VII/2 243

Römhild, Konr. v. (Wbg) III 381

Rön, Dietrich v. d. IV 410

Rönneburg, Sophia v. VI 712

Rösch (Fam.) VII/2 650

- Chr. (Pfr Pegnitz) IV 725
- Wolfgang Franz Adam VII 146; VII/2 56

Röschlaub, Christian (Prof.) VII/2 400

Röslau (n.Wunsiedel) IV 734, 736

Rößlein, Kaspar (Forchheim) VI 65

Rößler, Friedr. (Wunsiedel) IV 1027

- Jakob (-) IV 1026, 1035
- Joh. (-) IV 1035

Rößner, Dietrich (Prie.) IV 235

Röstel, Konr. (Prie.) III 753

Röthenbach (Fl.) II 499

Röthenbach an der Pegnitz (ö.Nbg) III 286; V 442

Röthenbach bei St. Wolfgang (sö. Nbg) II 631; III 737f

Röttenbach (n.ident.) II 64, 477f, 522; III 380

Röttenbach (nw.Erlangen) III 252; IV 331, 344, 606f; VI 89, 246, 563; VII 187; VII/2 39, 308, 325

Röttenbach, Helmbert v. II 544

Röttingen (sw.Wbg) I 143; II 89, 333; VII 87, 270; VII/2 237, 305, 338

Rötz (nw.Cham) VI 256

Roger (Kg v.Sizilien) II 313, 318

Roggenbach, Jobst Heinr. VI 171, 183

Roggenburg (sö.Neu-Ulm) VII/2 715

Rohenhostete (n.ident.) I 20

Rohenhostete, Heinr. v. II 68, 97, 294

- Marquard v. II 294

Rohingus (A.Fulda) I 352

Rohleder, Hermann (Pretzfeld) III 564

Roho (PN) I 496; II 133

Rohr (sö.Kelheim) II 524

Rohr (sö.Kulmbach) III 683; IV 276

Rohr, Heinr. III 721

Rohrbach (sö.Coburg) I 21

Rohrbach (Fam.) VI 222; VII 28, 168; VII/2 608

- Anastasia VI 708

- Franz VII/2 544

- Franz Ignaz VII/2 295

- Gg IV 815; V 58, 70

- Gg (Kan.St.Stephan) V 98, 101

- Gg Konr. (Kan.St.Gangolf) VII/2 48

- Jakob VII/2 213, 238

- Joh. V 106

- Joh. Gg (Bbg) VI 502, 574, 611, 697

- Joh. Jakob VII/2 229, 238, 266, 271, 278, 309f, 324, 333ff, 339ff, 343, 345f, 352, 358, 360, 364, 506, 526f, 696

- Maria Josepha VII/2 324

- Ulr. III 539

Rohrersreuth (n.Bayreuth) IV 783

Rohrmühle (ON) III 653

Rohsbach, François (Erlangen) VII 132

Roland (B.Treviso) I 460, 467

- (Dh.) II 607, 610, 613, 619, 634

Roland, Ursula (Bbg) VI 38

Roldner, Ulr. (Pegnitz) IV 984

Rom (It.) I 8, 27f, 46f, 49, 52, 120, 124, 128f, 135, 147, 151, 198, 200f, 203-206, 239f, 258, 263, 267f, 270, 273f, 308, 311, 315f, 323f, 327, 340f, 348-352, 354f, 358, 361, 363f, 369, 383ff, 390, 392, 400, 416, 421, 424-427, 431ff, 435-439, 441, 445, 447-451, 454, 456ff, 461-464, 466ff, 470, 472, 474, 479f, 488, 490ff, 501; II 2, 5, 26f, 33, 35, 38f, 41, 50, 72, 74-80, 107, 111, 113ff, 118ff, 124, 126, 129, 150, 155ff, 159, 165, 174, 215, 219, 223, 225, 240, 252, 256, 273f, 279-283, 298, 300, 306f, 313, 317f, 340ff, 370ff, 380, 415, 426, 428, 431, 434f, 466, 470, 473, 478, 516-520, 540, 551, 557, 559,

585-588, 592, 595, 598, 603, 608, 630, 634, 644; III 4ff, 99, 137, 170, 233, 255, 288, 291, 329f, 340f, 386, 411, 415f, 441, 446, 454, 456, 472, 502, 505, 510, 513, 520, 629, 681, 696, 723f, 726, 728ff; V 209, 265, 400, 403; VI 117, 302, 344f, 369, 371, 373, 378ff, 383, 404, 407, 411, 424, 428ff, 435, 437ff, 445, 447, 462f, 467, 485f, 488, 490, 506, 509, 512f, 532f, 535, 547, 551, 556, 570f, 580, 587, 620, 630, 637, 662, 691, 693, 695, 697; VII 3f, 55, 68, 132, 160, 182, 197f, 213, 217, 219-224, 226ff, 242, 245, 252, 264, 282ff, 308f; VII/2 1, 5ff, 10-13, 50f, 58, 114f, 156, 204, 208, 217f, 222, 252, 274ff, 393, 397, 400, 409f, 415, 429f, 477, 481, 653-656, 692ff, 711

- Kardinäle s.u. Aimerich; Albani; Albert; Aldobrandini; Altemps; Altieri; Angelis; Anton; Aquirre; Archinto; Barberini; Bellarmin; Bernhard; Bernhard Gustav; Bertrand; Bonnisius; Bona; Bono; Branda; Braschi-Onesti; Campegius; Carafa; Cesarini; Chr. Ludwig; Commendone; Como; Konon; Consalvi; Cosmas; Cynthius; Dieter; Dietwein; Erskine; Eybo; Farnese; Franz; Galhard; Gerhard; Giraud; Gordonio; Gregor; Guido; Heinr.; Herzan v.Harras; Hessen, v.; Hugo; Jacinctus; Jakob; Joh.; Joh. Theodor; Julian; Laborans; Lanfrank; Leo; Lucidus; Lucus; Lugo; Madrutius; Mantus; Maressottus; Matthäus; Mellini; Millinus; Moroni; Neapoleon; Nikolaus; Octavius; Otto; Pallavicini; Pallota; Passionei; Peretto; Petrus; Pileus; Pius; Rainald; Rainer; Rospiliosus; Ruffo; Saxo; Sforza; Spada; Spinola; Spoletanus; Sylvanius Antonius; Wilh.; Zelada

- Kirchen

- - S. Anastasia III 630

- - S. Angelo II 279

- - S. Clemente I 490

- - S. Giorgio in Velabro III 87

- - S. Maria Maggiore VI 391, 445, 469, 532, 569, 630, 632

- - S. Peter V 9, 18, 49, 154; VI 681

- Päpste s.u. Agapit; Alexander; Anaklet; Benedikt; Bonifatius; Caius; Calixtus; Clemens; Coelestin; Damasus; Eugen; Gelasius; Gregor; Hadrian; Honorius; Innozenz; Joh.; Julius; Leo; Lucius; Martin; Nikolaus; Paschalis; Paul; Pius; Sergius; Silvester; Sixtus; Stephan; Urban; Viktor

Romagna (it.Landschaft) I 52, 199, 470; II 39ff

Romaniten (Kleinasien) I 395

Romansthal (ö.Staffelstein) III 572; IV 65, 176, 280, 637; VII 100

Romansthaler, Mechthild (Ützing) III 626

Romanus (PN) I 271

- (Hl.) I 187

- Knauer (A.Michelsberg) VI 460, 474f, 548

- (A.Prüfening) VII 51

Romanzow, v. (Fam.) VII/2 546, 581, 585, 589, 609, 681

Romrode, s.u. Hermann (A.Michelsberg)

Romuald (Hl.) I 175, 353; II 160
Ronahe (n.ident.) II 145
Ronberg, Ernst v. III 18
- Ulr. v. III 18
Ronersmin, Marg. V 498
Ronkalische Felder (It.) II 76, 306, 415, 430, 433
Ronnseyder, Bethold IV 410
Roppach (n.ident.) III 360, 414
Roppelt (Fam.) VII 270; VII/2 39, 90, 151, 154f, 158
- Franz Friedr. VII/2 573
- Joh. (Banz) VII/2 617
- J. G. VII/2 80, 419, 511, 544, 553
- Joh. Joseph Adam (Jesuit) VII/2 399, 522
- s.u. Otto (A.Banz)
Roppode (n.ident.) II 492
Roraff, Hans (Langheim) IV 597
- Simon (Bbg) V 426f
Rorein (n.ident.) III 501
Rorer (Fam.) III 540; IV 722
- Bernhard IV 383
- Engelhard IV 1020
- Erhart IV 1020
- Hans IV 1029, 1034
- Kaspar IV 1029
Roricus (PN) II 71
Rorleder (Fam.) V 483
Roschlaub (nö.Bbg) III 375, 662
Rosen, Martin (Bbg) IV 509
- Reicholt v. VI 262
Rosenau (nö.Coburg) VI 704
Rosenau, Anna v. V 517

- Berthold v. V 75
- Chr. v. IV 657
- Eckarius v. IV 511, 518, 526, 653, 689, 692
- Gg v. IV 657
- Heinz v. IV 480, 752
- Joachim v. IV 657; V 19, 21
- Magdalena v. V 527; VI 704
- Martin v. (Dh.) IV 1062
- Martin v. V 68
- Oswald v. IV 334
- Sigmund v. IV 520
- Silvester v. (Dh.) IV 600, 1060, 1062
- s.u. Ursula v. (Ä.St.Theodor)
Rosenbach (ö.Erlangen) III 71, 165, 446; IV 549, 755
Rosenbach, v. (Fam.) VII/2 314
- Anton Konr. Ph. v. VI 716
- Franz Rudolph v. VI 707
- Friedr. Karl Anton v. (Dh.) VII/2 192, 750f
- Joh. Hartmann (Wbg) VI 362, 420, 458, 707
- Joh. Ph. Friedr. Hartmann Franz v. (Dh.) VII 311; VII/2 750
- Karl Ignaz Werner Adolph Xaver v. VI 680, 716, 719
- Magdalena v. V 517
- Maria Esther v. VI 716
- Ph. Ludwig v. (Dh.) VI 568, 632, 658, 707, 717
Rosenberg (n.Ansbach) IV 552
Rosenberg, v. (Fam.) VI 432, 706, 710

- Erasmus v. IV 418
- Franz v. VI 505
- Friedr. v. IV 160
- Gg v. IV 416
- Hans Thomas v. IV 564, 777
- Konr. v. IV 551
- Kunig. v. V 529
- Leonhard v. IV 1004
- Ursula v. V 518, 520
- Zeisolf v. IV 558

Rosenberger, Andreas (Baumeister) IV 706
- Emmerich (Domvikar) V 492
- Felicitas V 492
- Heinr. (Pfr Staffelstein) IV 283f
- Markus IV 1051f

Rosenbühl (FlN.) III 607

Rosendorf (abgeg.;Ofr.) IV 14

Rosenfeld, v. (Fam.) VII/2 225, 227f, 233f, 264

Rosengardt, Joh. Gg VII 128

Rosenkranz (Fam.) III 98
- Alexander (Forchheim) V 331

Rosenschön (Fam.) V 190; VI 125
- Joh. (Prie.) V 506
- Marg. (Nbg) V 506

Rosenthaler, Chr. (Nbg) IV 1058

Rosenzweig, Jakob (Prie.) IV 1023
- Joh. VII 56
- Joh. Friedr. VI 663; VII/2 106

Roslav (FlN.) III 280

Rospiliosus (Kard.) VI 430

Roß, Andreas (Zeil) VI 40
- Gg (-) VI 45
- Jakob VII/2 391, 460

- Lorenz IV 564
- Marg. (Zeil) VI 45
- Nikolaus VII/2 460

Rossach (s.Coburg) I 21; III 660, 671, 673, 686

Rossach, Ulr. v. II 106, 494f

Roßbach (nw.Neustadt/A.) III 406; IV 882

Roßbach (Österr.) II 415f

Roßbach (Sa.-Anh.) VII/2 220

Roßbeck (Fam.) III 737

Roßbrunn (w.Wbg) IV 990f

Roßdorf am Berg (nö.Bbg) V 65; VI 618, 653; VII/2 137

Roßdorf am Forst (sö.Bbg) II 54, 297, 473f, 548; III 52, 375; IV 317; VII 205f; VII/2 323

Roßdorf, Gottfried v. II 297

Roßendorf (w.Fürth) II 631; III 392, 706ff

Rossener, Konr. (Kulmbach) IV 949

Rosser (Fam.) IV 324

Roßfeld (nw.Coburg) II 642

Roßhaupt (FlN.) II 143f, 332, 418

Roßhirt (Fam.) VII/2 473
- s.u. Wilh. (A.Ebrach)

Roßlach (nö.Kronach) IV 386, 617

Roßlaub, Hans (Scheßlitz) IV 605
- Marg. (Staffelstein) V 447

Roßler, Hans (Pfr Marktredwitz) IV 986, 1032

Roßner, Chr. (Bayreuth) IV 831
- Hans (Bbg) IV 571
- Heinr. (Weidenberg) IV 722, 725

Roßstadt (sö.Haßfurt) III 56, 529, 550f; IV 316, 641; VI 519

Roßtal (sw.Fürth) I 161, 359; II 272, 549; III 99, 380, 404, 406, 428; IV 117, 300, 438, 740, 990; VII/2 212

Roßtal, Irmfried v. II 66

- Karl v. II 277

Roßteuscher, Albrecht III 569, 572f, 595

- Jutta III 569, 572f, 595

Roßwag, Albero v. II 649

Roßwinkel (FlN.) III 667

Rost, s.u. Cajetan (A.Michelsberg)

- Fritz (Staffelstein) IV 160
- Gabriel (Bbg) V 108, 128, 130, 147
- Joh. III 410
- Joh. Burkard (Fürth) VII/2 409, 665
- Raphael V 150

Rot am See (B.-W.) III 246

Rota, Joh. v. (Kan.St.Stephan) III 541, 544, 547f, 574, 623, 639

Rotel, Heinr. (Kupferberg) IV 120

Rotenberg (abgeg.;Ofr.) VII/2 326

Rotenberg, Fritz (Bbg) III 583

- Joh. (Domvikar) III 459

Rotenbühel (FlN.) III 718

Rotenhan (n.Ebern) I 137

Rotenhan, v. (Fam.) III 245, 380, 500, 533, 629; VI 91, 213, 279, 290, 419, 524, 564, 669, 681, 701; VII/2 57, 80, 302f, 391, 473, 496, 503, 512, 514, 529, 536, 570, 611f, 661

- Adam Hermann v. VI 163, 167, 249
- s.u. Alexander v. (A.Banz)
- s.u. Anton v. (B.Bbg)
- Anton v. (Kan.St.Stephan) IV 397f
- Brigitta v. IV 524
- s.u. Chr. v. (B.Lebus)
- Dietrich v. II 642
- Elis. v. IV 243, 444
- Ernst Friedr. v. VI 170
- Eustachius v. IV 418
- Friedr. v. VII/2 509
- Friedr. Karl v. VII/2 472f
- Gg v. IV 399, 418, 425, 444; VII 14, 19, 75, 93, 97, 112f, 276
- Gg Wolf v. (Dh.) VI 413, 509, 529, 531, 697, 706, 709
- Hans v. IV 224, 241, 253, 256, 261f, 278, 304ff, 397f, 564, 651, 657, 692, 745, 747, 773
- Hans Gg v. V 202; VI 92, 172, 423
- Hans Sigmund v. VI 261
- Hans Wilh. v. VI 261
- Heinr. v. II 625
- Heinr. Hartmann v. (Dh.) VI 680, 709; VII 36, 134f, 140, 154, 193, 310f
- Heinr. Karl Wilh. v. VII/2 636, 640f
- Hermann v. II 642; III 604
- Joachim v. (Dh.) V 182, 200, 212, 519, 524
- Joachim Ignaz v. VI 628, 715; VII 70
- Jobst v. IV 312
- Jodok v. IV 333
- Joh. Friedr. v. VII/2 193
- Joh. Ludwig v. (Dh.) V 95, 521
- Karl Joh. Alexander v. VII/2 95, 195, 228-231, 261, 265, 272, 281, 283f, 323, 391, 485
- Karl Joh. Alexander v. (Dh.) VI 719; VII 310

- Kaspar v. IV 564
- Lothar Franz v. (Dh.) VI 685; VII 140, 310; VII/2 27, 90, 107, 140, 164f, 219, 302-305, 348, 750, 753
- Lothar Franz Wilh. v. (-) VI 660, 715; VII 94, 310
- Ludwig v. (Dh.) III 52, 54, 103, 126, 146, 152f, 157, 159, 604
- Ludwig v. II 625, 642; III 304, 310, 348, 630
- Lutz v. IV 39, 278, 346, 444, 804
- Maria Elis. v. VI 715
- Markus v. IV 243, 256f, 262, 278, 312, 318
- Marquard v. VI 660f; VII 63, 69f
- Martin v. IV 524, 745, 747
- Matthias v. IV 274, 278, 398
- Melchior v. IV 727
- Nikolaus v. (Dh.) III 757
- Ph. Reinhard Wolf v. VI 576
- Sebastian v. IV 529, 564, 588, 745, 747, 764
- Sebastian v. (Dh.) V 95, 185, 519
- Sigismund v. VII/2 645, 647, 691
- Sophia v. III 604
- Suffein v. III 675
- Veit v. IV 204, 215, 221, 224, 226, 244, 253, 278, 444
- Veit Ulr. v. V 212; VI 697
- Wilh. v. V 249f
- Wolf v. V 519
- Wolf Sebastian v. VI 261
- Wolfram v. II 639, 642, 651; III 213, 244, 529f, 592, 604, 673, 675
- Wolfram v. (Dh.) IV 244, 257, 259, 272, 388, 1042; V 501

Rotenstein (sö.Bbg) I 19; III 212, 214, 266, 282, 627; IV 784

Rotenstein, Anna Kath. v. VI 711
- Berthold v. (Dh.) III 507, 758
- Friedr. v. III 233f, 266, 560, 569f, 597
- Heinr. v. IV 147
- Heinr. v. (Kan.St.Gangolf) III 49, 54, 129ff
- Joh. v. III 192
- Konr. v. III 541
- Konr. v. (Kan.St.Stephan) III 527, 530ff, 534, 536, 554, 669, 670
- Marg. III 541
- Otto III 399f, 572, 661, 697; IV 141
- Walter III 541

Roth (n.ident.) IV 168

Roth (B.-W.) VI 140
- A. s.u. Joachim

Roth (Mfr.) I 161; II 336, 549; III 428, 738; IV 60, 149, 305

Roth (sö.Lichtenfels) I 21; II 291, 318, 515, 525, 637; III 116, 412, 474, 658f, 674, 683, 687; IV 246

Roth am Forst (sö.Coburg) II 527; IV 426

Roth, v. (Fam.) VI 700; VII 182; VII/2 283
- Adelheit III 567, 569
- Albert III 567, 569
- Barb. (Bbg) VI 61, 65
- Burkard II 611, 638
- Dietrich II 619
- Ekkehard II 506

- Elis. IV 870f
- Franz Chr. Joseph v. VI 715
- Friedr. II 642; IV 137, 875, 879, 907
- Hans IV 612, 907f, 1006; VI 58, 61, 94
- Heinr. II 543; IV 789, 907
- Hermann (Dh.) II 400, 408, 422, 444
- Ignaz Fidelis v. (Dh.) VI 714f
- Joh. (Prie.) III 458, 697; IV 101f, 757, 903; V 495f, 498
- Joh. Michael (Pfr Neunkirchen) VII/2 415, 431
- Karl II 638
- Konr. III 635; IV 483, 870f
- Konr. (Dh.) II 67
- Libst III 567, 569
- Marg. IV 870f; VI 59
- Maria Theresia v. VI 715; VII 182f
- Marquard Gg Friedr. Eusebius v. (Dh.) VI 715; VII 44, 66, 79, 102, 142, 178, 180-184, 195, 200f, 209f, 221f, 240, 244, 277, 311
- Martha (Bbg) VI 61, 66, 72
- Martin (Pfr Melkendorf) IV 198
- Oswald IV 870f
- Otto III 661f
- Rudolf Dietrich v. VI 714
- Ulman IV 907
- Ulr. III 635; IV 138, 907f

Rothau (nw.Passau) III 380

Rothbach (n.ident.) III 287

Rothen, Adelheid v. III 644f
- Leopold v. III 644f

Rothenberg (sw.Coburg) III 671

Rothenberg (nö.Lauf/P.) III 25, 167, 278f, 287, 289, 317, 350, 640, 689, 752; IV 88, 263, 504; VI 106, 286, 400, 616; VII/2 431f, 549f

Rothenberg, Hezilo v. II 378

Rothenbruck (nö.Hersbruck) IV 34, 341, 495, 549

Rothenbuch, Burkhard v. II 516

Rothenbühl (nö.Ebermannstadt) III 298; V 364; VII/2 86

Rothenbühl, Kaspar v. IV 785

Rothenburg an der Saale (Sachs.) I 189

Rothenburg ob der Tauber (Mfr.) II 335, 378, 384, 407, 452, 457, 463, 468, 505, 508, 513f, 536; III 169, 193, 212, 247, 255; 267, 273, 330, 338, 354, 378, 380, 416, 423, 430f, 436, 495, 722; IV 28, 50, 57, 70, 188, 297f, 492, 571, 589, 642f, 664, 688, 825, 829, 835, 838, 843, 1053; V 36; VI 148, 154, 208, 282, 341, 351, 370ff, 416; VII 73; VII/2 283, 490, 715, 722, 731

Rothenburg, Arnold v. II 407, 452, 505, 508
- Eberlein v. III 143
- Ekbert v. II 335
- Erimbert v. II 384
- Friedr. v. II 378, 408, 451f, 456f, 463, 468, 503f, 506, 508, 512, 514
- Gebhard v. II 378
- Hezilo v. II 378
- Leonhard v. IV 633
- Tagino v. II 378

Rothenfels (s.Lohr/M.) III 671f

Rothenkirchen (n.Kronach) II 501, 531; III 320, 328, 704; IV 111; V 397, 511; VI 118ff, 166, 272, 313, 373, 398, 584; VII 41; VII/2 555f

Rothensand (sö.Bbg) I 20; II 54, 480; III 301, 532f, 540, 545; IV 263; VI 204

Rothenstadt, Eberhard v. (Dh.) II 454

Rotheul (Thür.) III 676

Rothmain (n.ident.) I 17

Rothmannsthal (sö.Lichtenfels) III 661; IV 70, 437, 499; V 65, 514; VI 397; VII/2 495, 649

Rothwind (w.Kulmbach) I 17, 19; V 65; VI 672

Roticher, Ulr. (Pfr Gesees) IV 235

Rotina, Hermann v. II 65

Rotkele, Joh. (Creußen) IV 944

Rotouge, Heinr. II 640

Rotpaum, Franz (Konradsreuth) IV 940

Rottach, Karl v. II 297
- Wolfram v. I 320

Rottelsdorf (nw.Kronach) III 647, 682

Rottesel, Fritz (Unterleinleiter) IV 789

Rottenbuch, Konr. v. II 309
- Nizo v. II 275, 309

Rottenburg (B.-W.) III 207, 381

Rottendorf (ö.Wbg) VI 609

Rottendorf (Österr.) VII/2 67

Rottendorf (abgeg.;Mfr.) IV 783, 788

Rottendorf, Hartlieb v. II 381
- Hertnid v. II 479, 483, 486f, 492

Rottenmann (sw.Deggendorf) II 486

Rottenmann (Österr.) I 358; III 381; IV 319, 347; V 251

Rottenmünster (B.-W.) VII/2 716

Rottgau (Landschaft) I 117, 145

Rottlauf (Scheßlitz) VII/2 711

Rottorph (n.ident.) I 19

Rottschütz, Chr. (Bbg) V 175

Rotwein, Hans (Pfr Bbg) IV 533

Roubo (Dh.) I 333

Rouda (n.ident.) I 330

Roudinch (Domizellar) II 112

Rouker (Dh.) I 284, 333, 494; II 67

Routwig (PN) II 96, 290, 335, 385, 402

Rovereto (It.) I 206

Roverius, Heinr. (Cambrai) V 110, 134, 147ff

Rubein, Konr. (Domvikar) III 459
- Liebhard (-) III 459

Rubland, Konr. IV 193

Rublatein, Jeute (Bbg) III 600

Rucanen (Volksstamm) II 252f

Ruchard, Konr. (Pfr Hollfeld) IV 213

Ruchdorn, Heinr. (Bbg) V 62

Ruchedorf (abgeg.;Opf.) II 133

Ruchow (Mbg-Vp.) II 312

Ruckdeschel, Otto (Zedlitz) IV 906

Rude, Gg IV 444
- Konr. (Dh.) V 517
- Wolfgang (-) V 517

Rudel, Martin (Augsburg) VI 442

Rudelein, Rüdiger (Uttenreuth) III 197

Rudelgast (Fam.) VII/2 221

Ruden (Österr.) II 661

Rudendorf (sw.Ebern) IV 747; V 449, 455

Rudenshofen (sö.Neumarkt/Opf.) II 111

Rudental (abgeg.;Ofr.) II 442, 553ff; III 611, 618, 676, 686, 692f

Ruder, Emanuel VI 309

- Hartmann (Gemünden) III 657

Rudinger, Joh. (Eichstätt) IV 516, 535

Rudlein, Joh. (Rattelsdorf) III 618

Rudner, Konr. (Schrotzendorf) III 138

Rudolf (PN) I 498; II 52, 56f, 59-62, 90, 112, 145, 329f, 337, 473, 523, 547, 549

- v.Schwaben (Kg) I 457f, 460-463, 467f

- II. (Ks.) V 112, 122, 131, 138, 155, 160, 213, 221, 227, 236, 240f, 272, 286, 358, 368, 390; VI 140

- (Hzg v.Baiern) III 52, 111f, 209, 212, 249, 251, 634

- III. (Kg v.Burgund) I 78, 113, 217f, 231, 234

- v.Schwerin (Hzg v.Mecklenburg) III 744

- IV. v.Österr. (Erzhzg) III 290f, 313, 364

- v.Sachsen (Hzg) III 248, 251, 747

- (B.Halberstadt) II 311, 313, 389

- v.Frankenstein (B.Speyer) VII/2 5

- (B.Schleswig) I 343

- (B.Wbg) I 25f, 29f

- v.Scherenberg (-) IV 315f, 363, 365f, 371, 378, 866, 1002

- (A.Bleidenstadt) I 336

- (A.Schüttern) IV 771

- (Dh.) II 112

- Glaber (Cluny) I 264, 307, 349

- (Kan.St.Jakob) II 52, 56, 62, 475

- (Kan.Wbg) II 465

- (Pfr Altenkunstadt) III 675

- (Pfr Nbg) III 748

- (Gf i.Niddagau) I 141

Rudolf, Hans (Birkach) V 23

Rudolfstein (n.ident.) III 223

Rudolstadt (Thür.) III 647, 671f; IV 69; VII/2 567

Rudolt, Heinr. III 724

Rudolzhofen (nw.Windsheim) IV 738

Rudusch, Paul (Eger) V 1027

Rüblanden (ö.Lauf/P.) II 54

Rüble, Hans (Ludwigsstadt) IV 963

Rübler (Fam.) III 136

Rüchersbühl (FlN.) III 236

Rücker, Adelhilt (Volkach) III 548

- Friedr. VII 56

- Wolfgang VII/2 36

Rüdel (Fam.) IV 80; VII/2 219

- Andreas (Jesuit) VII 270

- Nikolaus IV 998

Rüden, Eberhard IV 588, 824

Rüdenhausen (nö.Kitzingen) IV 630

Rüdenhausen, v. vgl. Castell-Rüdenhausen, v.

Rüdesheim (Hess.) II 143

Rüdiger (PN) I 408, 497; II 59-62, 289f, 335, 452, 460, 476, 488f, 501, 517, 520f, 542, 548, 642ff, 648; IV 94

- (Eb.Magdeburg) II 131, 157
- (B.Cambrai) II 536
- (B.Chiemsee) II 634
- (B.Wbg) II 127, 131, 224f
- (A.Prüfening) II 532
- (A.Theres) IV 245, 309
- (Kan.St.Jakob) II 477, 605
- (Kan.St.Stephan) II 634
- (Pfr Altenkunstadt) II 663
- (Prior Michelfeld) II 645
- (Prior Michelsberg) IV 205
- (Nbg) III 748f

Rüdiger (Fam.) III 446
- Konr. (Bbg) III 198, 560
- Kunig. III 560
- Maria Salome V 160
- Otto IV 101

Rüdisbronn (sw.Neustadt/A.) II 138

Rüdt v.Collenberg (Fam.) VI 698
- Marg. V 519
- Wolfgang (Dh.) V 95, 219, 270, 378, 496, 517, 522, 525, 528

Ruef, Joh. IV 588

Rügamer, Paul (Bbg) VI 58

Rügen (Insel Mbg-Vp.) II 166, 252, 254, 268

Rüger, Erhardt IV 643
- Heinr. (Pfr Lauffen) IV 423, 521
- Hermann IV 423

Rügersgrün (nw.Wunsiedel) IV 1018, 1020f, 1029f

Rügheim (n.Haßfurt) V 39

Rügheim, Albert v. (Dh.) II 637
- Hartung (Erlangen) IV 72
- Wezilo v. II 402

Rügland (n.Ansbach) IV 308

Rügshof (sw.Königshofen/Gr.) I 11

Rügshofen (nö.Gerolzhofen) II 504

Rünagel (Fam.) V 14
- Joh. VI 563
- Paulus (Forchheim) VI 142

Ründler, Nikolaus IV 966

Rüssenbach (nö.Forchheim) I 408; II 54, 60; III 562, 570; IV 137, 143, 784, 828; V 383, 449; VI 86, 246; VII/2 288

Rüssenbach, Adelheid v. III 537
- Balduin v. II 61, 65, 133
- Dietrich v. IV 82, 897
- Eberhard v. (Kan.St.Stephan) III 537
- Ernst v. IV 849
- Gg v. IV 481, 541, 657, 663, 983
- Hans v. IV 334
- Heinr. v. III 640; IV 986
- Jobst v. (Dh.) IV 1061
- Kaspar v. (Dh.) IV 780, 1061
- Konr. v. III 374, 537; IV 657, 745
- Kunig. v. V 520
- Marg. v. IV 846
- Otto v. III 704
- Sebastian v. V 99, 119
- Sigmund v. (Dh.) IV 798, 854, 961, 1062
- Ulr. v. III 517, 616; IV 10, 22
- Utz v. IV 480, 651, 657, 663, 745; V 119
- Weltz v. IV 84
- Woffo v. II 65

Rüßlein, Heinr. (Ützing) III 626

Rütsch, Leonhard (Zeil) VI 47

Rüttinger, Konr. (Bbg) VII/2 622, 713

Rützenreuth (nö.Kulmbach) VI 546, 600

Ruffo, Thomas (Kard.) VII/2 9

Rugendorf (n.Kulmbach) III 297; IV 204, 326, 990; VI 126, 182, 235, 396, 399, 401; VII/2 335

Ruger, Hans IV 928

- Otto V 67

Rugritt (Fam.) III 620

Ruhr (Fl.) I 66

Ruiger, Gg (Ebensfeld) VI 127

Ruland (Dh.) II 646

Rumburg (ON) IV 552

Rumelfels (n.ident.) IV 73, 76

Rumerskirchen, Joh. Bernhard v. VII/2 558

Rummel (Fam.) VII 186

- Hans (Nbg) IV 399; VI 477
- Joh. Gg VII/2 367
- Michael (Pfr Stübach) IV 223

Rummersricht (nw.Sulzbach-Rosenberg) II 97, 442

Rumolt (PN) II 103, 462, 640ff

Rumolt, Joh. (Ebing) III 716

Rumper, Konr. (Amberg) V 120

Rumpf, Dietrich IV 411

- Joh. (Pfr Schauenstein) IV 991
- Wolfgang V 281

Rumpler, Barb. IV 897

- Ewald IV 897
- Franz (Forchheim) VII/2 414f
- Lorenz (Prie.) V 490

Rumrod, Chr. Albert v. (Dh.) VI 703f

- Hans v. VI 703
- Hermann v. (Michelsberg) IV 206ff

Rundendorf (abgeg.;Ofr.) II 410

Ruodewicus (PN) I 498; II 103

Ruodoldus (PN) II 418

Ruothwindehausen (n.ident.) II 402

Rupert (PN) I 180; II 64, 112, 288, 335, 414, 459f

- (Hl.) I 187
- (B.Bbg) I 439ff, 444f, 448, 451f, 456-459, 463, 467ff, 471, 473, 476f, 479, 482-489, 492f, 497f, 502; II 8f, 11, 20, 50, 55, 83, 480
- (B.Regensburg) IV 423
- (B.Wbg) II 35f
- (A. Michelsberg, Gengenbach u. Reichenau) I 421f, 495
- (Gf Donaugau) I 107, 139ff, 153

Rupert, Anna (Kronach) V 508

- Erasmus (Bbg) V 508

Rupertenmühl (n.ident.) III 661

Rupp (Fam.) VI 245f

- Konr. III 695
- Ursula (Zeil) VI 40

Ruppach (nw.Ebern) VI 519

Ruppel, Gg V 4

Ruppert (Fam.) III 60

Ruppmannsberg, Heinr. v. II 663

Rupprecht (PN) I 380, 412, 496; II 68, 95, 103, 335

- I. v.Wittelsbach (Kfst v.d.Pfalz) III 212, 249ff, 326, 330, 371, 379, 381, 391, 425f, 429, 431f, 757
- II. - (-) III 249ff, 330, 371, 379, 381, 432, 441, 443, 489, 495, 498, 518

- III. - (Kg;-) III 371, 426, 444; IV 3-6, 25, 28, 32, 43f, 48-51, 54-58, 60, 74, 88, 93, 97, 242, 257
- (Hzg v.Liegnitz) III 376

Rupprecht, Anna V 489f
- Barb. V 489f
- Chr. (Berneck) IV 977
- Eberhard V 489f
- Fritz (Nbg) III 257
- Gg III 257; V 489f, 508
- Gertraud V 489f
- Hans IV 914; V 489f
- Heinr. V 489f
- Kath. V 489f
- Marg. V 489f
- Nikolaus V 489f
- Sebastian VI 374

Rupprechtsdorf (abgeg.;NB.) III 380

Rupprechtshausen (nö.Wbg) II 482

Rupprechtstegen (nö.Hersbruck) III 276

Rupprechtstein (nw.Sulzbach-Rosenberg) III 425

Rurer, Joh. (Pfr Helmbrechts) IV 915

Ruschener (Fam.) III 610
- Albert (Pfr Thurnau) III 666
- Otto III 666f

Ruß, Joh. (Pfr) III 399f

Rußgang (FlN.) III 670

Russinger, Barb. (Hallstadt) VI 72

Rußland I 44, 175-178, 195, 197, 220, 222, 231, 479; II 166, 168; VII 72, 90; VII/2 211, 280, 546, 581, 714, 717
- Zarin s.u. Elisabeth

Rußwurm, Bero II 524

- Konr. IV 84, 336

Rust (Fam.) VI 456

Rusticus (Hl.) I 186

Rutger (Pfr Emskirchen) III 607

Ruthard (PN) I 382, 477, 497; II 335
- (Eb.Mainz) I 476, 482, 485, 488; II 23, 26, 31, 33-36, 42f, 49, 74
- (B.Konstanz) I 225, 229, 233, 246, 252, 261

Ruthenien (heute: Ukraine) II 167, 177, 245, 268f

Ruthenus, Pankratius (Pfr) IV 865
- Wolfgang (-) IV 864

Ruthmannsweiler (nö.Neustadt/A.) I 265

Rutinze (Fl.) II 502

Rutthardsmühle (abgeg.;Sachs.) IV 906, 943

Ruzelin (PN) II 418
- (Dh.;Pr.Alte Kapelle/Regensburg) II 34, 55, 65, 67-72, 90, 95, 100, 137, 141, 145, 294, 297, 375, 382f, 386, 389, 391f, 480

Rygella, Lampertus (Pfr Mistelreuth) IV 725

Ryodhois (A.Ellwangen) I 246

Saadrupt (Frkr.) VII/2 704

Saal an der Saale (ö.Neustadt/S.) I 19

Saalach, Ulr. v. II 293

Saalburg (Thür.) II 468; III 77, 79, 225; IV 30; VII/2 242
-Ä. s.u. Adelheid

Saalburg, v. (Fam.) II 485; V 459
- Hartmann v. III 77, 79

- Manus v. IV 903
- Udalschalk v. II 468

Saale (Fränk.S.;Fl.) I 8, 24, 27; II 2, 45; III 224

Saale (Thür.S.;Fl.) I 2, 5f, 58, 80, 89, 102, 171, 189, 415

Saalegau (Landschaft) I 27, 407

Saalfeld (Thür.) I 429; II 566; III 305, 372, 675; IV 417, 587; VI 211, 253, 274, 360; VII/2 695, 701, 703f, 706f

Saalfeld, Heinr. v. (Kan.St.Jakob) III 185, 555f

Saarbrücken (Saarland) I 170; VII/2 605

Saarburg, v. (Fam.) I 50; II 131

Saargau (Landschaft) I 49

Saaß (sw.Schwandorf) III 641

Saaz (Tschechien) I 37, 103; III 338; VII/2 226, 235f

Sabellianer (Sekte) II 119

Sabina (It.) I 199; II 280, 469
- B. s.u. Kuno

Saccarellus, Honoratus (Rom) VI 424, 428f, 437

Sachs (Fam.) III 42
- Fritz IV 369
- Joh. (Münchaurach) IV 990
- Konr. III 683
- Simon (Nbg) VI 210

Sachsen I 1, 4f, 9, 12, 26, 29, 34, 36, 43, 54, 56, 59, 62f, 65, 67, 79ff, 83, 87, 89f, 96, 101, 107, 119, 141, 162, 165, 168, 170, 173f, 182, 188, 190ff, 194, 199, 208, 218, 221, 223, 231, 235-238, 251f, 273, 282, 312, 331, 343, 346, 415f, 423f, 438, 442-445, 451, 457f, 463, 468-472, 476, 478f, 484f, 488, 496; II 28-31, 35, 37f, 49, 55, 79, 85, 108, 112, 114f, 120, 126, 130, 152, 158, 166, 194, 198, 217, 223, 226, 232f, 248, 271f, 274, 276f, 280, 296, 304, 308, 311, 313, 315f, 324, 329, 347, 370, 373f, 376, 378, 389, 406f, 414, 417, 427, 429f, 434, 455, 458, 464, 468f, 471f, 504f, 520, 522, 575, 584, 587, 594, 597; III 54, 747; VI 136f, 146, 148, 154, 159, 161, 175, 194, 199, 201, 219, 224, 229, 274, 284, 288, 294, 332ff, 340, 359, 473, 494, 531, 539, 558, 604, 623; VII 20, 95f, 98, 189, 195, 199, 202, 204; VII/2 187, 211, 226, 235, 241, 244, 280ff, 355, 512, 514, 612, 662f

Sachsen, s.u. Albrecht v. (B.Passau)
- s.u. Albrecht d.Beherzte v. (Hzg)
- Amalia Augusta v. VII/2 355
- Anna v. IV 365
- Anton Clemens Theodor v. VII/2 512
- s.u. August v. (Kfst)
- Balthasar v. IV 8
- s.u. Bernhard v.
- Christine Elis. v. VI 431
- s.u. Clemens Wenzeslaus v. (Eb. Trier)
- Dieter v. I 170f, 231
- Dorothea Maria v. VI 431
- s.u. Ernst v. (Hzg)
- s.u. Friedr. v. (Kfst)
- s.u. Friedr. August v. (Kfst)
- s.u. Friedr. Christian v. (-)

- s.u. Friedr. Wilh. v.
- s.u. Gg v. (Hzg)
- Heinr. v. IV 428, 681, 787, 830, 832ff, 836, 839, 903, 1041; V 10
- s.u. Joachim Ernst v. (Kfst)
- s.u. Johann d.Beständige v. (-)
- s.u. Joh. Ernst v. (Hzg)
- s.u. Joh. Friedr. v. (-)
- s.u. Joh. Gg v. (Kfst)
- s.u. Joh. Wilh. v. (Hzg)
- Konr. v. II 505
- Konstantin Friedr. August v. VII 204
- Kunig. v. VII/2 363
- Magdalena Sibylla s.u. Brandenburg-Bayreuth, v.
- s.u. Magnus v. (Hzg)
- Maria Antonia v. VII/2 43
- Maria Carolina Antonia v. VII/2 512
- s.u. Moritz v. (Kfst)
- s.u. Wilh. v. (Hzg)
- vgl. Wettiner

Sachsen-Anhalt I 96, 143; II 374, 390, 520; VII 29, 51

Sachsen-Coburg (Hzgtum) VII/2 188, 213, 220, 435, 500, 557, 615, 617, 662

Sachsen-Coburg, Ernst Friedr. v. VII/2 699, 719

- Franz v. VII/2 567
- Franz Josias v. VII 16, 50, 73, 77; VII/2 84, 204, 383
- Joh. Casimir v. VI 13, 192, 201, 285
- Ludwig v. VII/2 567

Sachsen-Gotha (Hzgtum) VI 558, 604, 654, 657, 665, 667; VII/2 490, 607

Sachsen-Gotha, s.u. Ernst I. d.Fromme v. (Hzg)

- Friedr. v. VII 266

Sachsen-Hildburghausen (Hzgtum) VII 89, 95, 199; VII/2 42, 213, 215f, 220, 606

Sachsen-Hildburghausen, s.u. Ernst Friedr. v. (Hzg)

- s.u. Friedr. v. (-)
- Joseph August v. VII/2 220

Sachsen-Lauenburg, s.u. Franz Julius v. (Hzg)

- s.u. Julius Heinr. v. (Hzg)

Sachsen-Meiningen, v. (Fam.) VII/2 500

- s.u. Anton Ulr. v. (Hzg)
- s.u. Bernhard v. (-)
- s.u. Gg v. (-)

Sachsen-Plauen, Heinr. v. IV 29

Sachsen-Weimar (Hzgtum) VII 254; VII/2 525, 560, 719

Sachsen-Weimar, s.u. Bernhard v. (Hzg)

- Eleonore Dorothea v. VI 431
- Friedr. v. VI 430
- s.u. Karl August v.

Sachsenburg (Sa.-Anh.) III 395

Sachsendorf (w.Bayreuth) I 4; III 50, 132f, 146; IV 610; VI 196, 345, 379, 578, 618, 643, 651; VII/2 326

Sachsendorf (nö.Forchheim) I 4; VI 341

Sachsendorf (n.Landshut) II 47

Sachsendorf (abgeg.;Ofr.) II 465, 528, 614
Sachsendorf, Adalbert v. II 47
Sachsenhausen (Hess.) VI 707
Sachsenhausen, Stefan v. (Zwernitz) III 334; IV 81, 291
Sachsenmühle (nö.Forchheim) I 4
Sachsenreuth (abgeg.;Ofr.) IV 783
Sachsgrün (Sachs.) I 4; IV 724f, 734, 736, 863, 905f, 991; VI 399
Sack (Fam.) III 229
- Friedr. (Litzendorf) IV 132
- Hans III 221, 229; IV 391, 1042
- Heinr. III 223
- Kaspar IV 390, 394, 972, 1042
- Konr. III 224, 229, 393
- Konr. Otto III 724
- Nikolaus IV 445, 675, 906, 1042
- Ulr. III 79, 221, 224, 229; IV 264, 445, 1041
Sackauer, Andreas (Prie.) IV 427, 510
Sackenreuth (Stadtt.Kulmbach) III 668, 672
Sadska (Tschechien) II 176, 214
Säben (It.) I 96
Sächsenheim (s.Wbg) II 385
Säckel, Eberhard II 640, 642f
Sälhartesdorf (ON) II 133
Saffenreuther, Joh. (Strullendorf) VII/2 670
Saffer, Konr. IV 445
- Otto III 291
Sager, Joh. (Prie.) IV 1028
Saher, Joh. v. IV 877
Sahso (PN) I 498; II 547

- (Kan.St.Jakob) II 52, 57f, 475
Sainte Menehoult (Frkr.) VII/2 705
Sainte Ruffine (Frkr.) I 315; II 308, 315ff, 380, 387
Saint Gilles (Frkr.) II 83
Saint Ghislain (Belgien) I 233
Saint Trond s.u. Sint Truiden
Salaberg (Österr.) III 485f; V 325
Salem (B.-W.) II 565, 597, 599; III 258; VII/2 716
- A. s.u. Eberhard
Salemberg (Österr.) IV 117; V 102
Salenbery, v. (Fam.) VII 202f, 205, 250
Salerno (It.) I 352, 470, 474; II 313
- Eb. s.u. Joh.
Salerno, Waimar v. I 254, 256
Salier (Fam.) I 223, 232, 238, 283, 479; II 44, 116, 225
Saligezchint, Heinr. (Freising) II 544
Salis, Hans Wolf v. VI 180, 184f, 187, 189f, 193, 195, 200f, 203, 206, 210, 212, 233, 246, 257, 336
Saller (Jesuit) V 477
Salm, v. (Fam.) VII/2 281
- Heinr. v. III 414, 435
Salmann (Fam.) II 96; III 506
- Friedr. III 545
Salmsdorf (s.Ebern) IV 747
Salomo (PN) II 623, 641; IV 565
- (Kg v.Ungarn) II 15
Saltzmann (Fam.) III 204
- Bongratz V 10
- Joh. Nepomuk (Trockau) VII 178
Salver, Joh. (Wbg) VI 647
Salvet, Joh. (Mangersreuth) IV 966

Salwiz (ON) III 335

Salz (s.Neustadt/S.) I 8f, 11, 26f, 70; III 500, 631ff

Salza, Hermann v. (DO-Meister) II 659

Salzach (Fl.) I 290

Salzburg (Österr.) I 26, 44, 46, 59, 70, 88, 114, 139, 243, 245, 293, 479; II 36, 141, 311, 399, 416, 430, 454, 459; III 5ff, 29f; V 12, 166; VI 155, 176, 258, 297; VII 62, 139, 214; VII/2 50, 67, 110, 137, 514, 577, 702

- Erzbischöfe I 59, 208, 242; II 120, 224, 308, 419, 454, 472, 484, 558f, 596f, 603, 630, 663; III 87, 89, 137, 290f, 313f, 363f, 415, 426; VII 219, 255, 263; VII/2 67, 137, 577, 702, 714

- - s.u. Adalbert; Balduin; Eberhard; Ernst; Friedr.; Gebhard; Gerold; Günther; Hartwig; Heinr.; Hieronymus; Jakob Ernst; Konr.; Michael; Ortloff; Pilgrim; Thiemo; Wolf Dietrich

Salzburg, Otto v. III 500, 631f

- Peter v. III 500, 633

Salza (Fl.) I 171

Salzheinlein (PN) III 156

Bad Salzungen (Thür.) I 20, 409; III 348

Sam, Berthold (Bischofsberg) III 557

- Jutta (-) III 557
- Veit IV 789

Sambach (n.Höchstadt/A.) I 20; II 550; III 66, 205, 616; IV 783; V 132, 442, 499; VI 204, 354f, 440; VII 88; VII/2 398

Sambach (Fam.) III 220, 601

- Agnes III 610f
- Braunward III 611, 626
- Friedr. v. II 550
- Heinr. (Bbg) III 610f, 626; IV 157
- Hermann (-) III 254
- Konr. III 611

Sambre (Fl.) I 184

Samersheim, Hilbrand v. (Dh.) III 639

Sammenheim (s.Gunzenhausen) II 68

Samo (slaw.Fürst) I 4

Samuel (Bbg) III 194

Sand (abgeg.;Ofr.) II 98, 101, 614; III 2, 91

Sand am Main (sö.Haßfurt) III 434; IV 9, 316f, 585; V 216, 251, 341

Sande, Eberhard v. III 69, 643

- Eckehard v. III 643
- Fritz v. IV 918
- Karl v. III 651

Sander, Gerhaus (Ebermannstadt) III 570, 591

- Ulr. (-) III 570, 591

Sandizell, v. (Fam.) VI 698, 713; VII/2 496

- Martha v. VI 708

Sandrachsdorf, Gottfried v. II 506

- Herold v. II 506
- Richolf v. II 73, 410, 506

Sandrart, Joachim v. (Maler) VI 413

San Germano (It.) II 632, 653

Sang, Eucharius (Weihb.Wbg) V 372, 385

Sankt Blasien (B.-W.) I 49

- A. s.u. Eberhard

- s.u. Bernold v. (Chronist)
Sankt Gallen (CH) I 101, 252, 258, 261; II 587; VII 225
- Äbte s.u. Burkhard; Heinr.; Theobald
Sankt Georgen (Österr.) III 155
Sankt Gertraud (Österr.) VII/2 67, 127
Sankt Gilgen (Österr.) III 619, 632
Sankt Gotthard (CH) II 76
Sankt Helena (sö.Bayreuth) IV 731, 896; VI 106
Sankt Hermachor (Österr.) VII/2 66
Sankt Hippolyt (Frkr.) I 88
Sankt Ingbrecht, v. (Fam.) VI 700
Sankt Lamprecht (Österr.) II 110
Sankt Leonhard (Österr.) III 17, 28f, 32, 88, 148, 188, 331, 362, 750; IV 109, 117, 175, 356; V 2; VII/2 66f, 127
Sankt Leonhard, Volker v. III 188
Sankt Lorenz (ON) II 374
Sankt Mang
- A. s.u. Martin
Sankt Margareth (Österr.) VII/2 127
Sankt Martin (Österr.) III 457; VII/2 66, 731
Sankt Paul im Lavanttal (Österr.) I 466; II 517, 539, 582, 633; III 242; IV 347; VII/2 67
Sankt Peter (Österr.) III 6
Sankt Salvator am Berge Amiato (It.) I 100
Sankt Severin (n.ident.) III 404
Sankt Symphorian (n.ident.) I 74f, 77
Sankt Thomas (Rh.-Pf.) VII/2 309

Sankt Veit (Österr.) II 397, 492; III 29f, 410
Sankt Veit, Adolf v. III 30
San Pietro in Cielo d'Oro (It.) I 100
San Savino (It.) I 100
Sanspareil (sw.Kulmbach) II 500, 612f, 635, 663; III 99, 372, 575, 588; IV 72f, 89f, 103, 294, 307, 731, 737, 831, 1013f; VI 243, 250, 256f; VII/2 213
Santa Lucia (It.) III 88
Santbach, Heinr. III 146
Santhner, Hermann (Höchstadt/A.) IV 1019
Santiago de Compostela (Spanien) I 429
Santien, v. (Fam.) VII 96
San Vincenzo (It.) I 204
Saône (Fl.) II 450
Sarazenen I 239, 400; II 519, 573, 608
Sarburg, Joh. v. (Kan.St.Jakob) III 650
Sardinien I 239; VI 647; VII 90, 204; VII/2 33, 512, 662
Sarhof (Fam.) VII/2 436
Sarming (Fl.) I 47
Sartorius (Fam.) VII 158, 179
- Andreas (Domvikar) V 484
- Joh. (Kan.St.Gangolf) VI 686
- Joh. Gg VI 562
- Kaspar V 368; VI 15, 110, 225
- Paul (Fürth) V 470
- Ulr. (Bbg) V 499
Sarvia, Joh. Thomas de VI 408
Sarwärt (PN) III 698

Sassanfahrt (sö.Bbg) I 4; II 60, 68; IV 153; VI 181, 401, 501; VII/2 325, 510, 515

Sassanfahrt, Folcnant v. II 68
- Gunzo v. II 68
- Wolfram v. II 60

Saße (Fam.) III 445

Sassenberg (NRW) VI 558

Sassendorf (n.Bbg) I 4; III 572, 594

Sassenhofen, Konr. v. III 324

Sasser, Otto (Bbg) IV 193

Sasso (Kan.Regensburg) II 112

Satoler (Fam.) III 44

Sattelberger, Joh. Ph. (Bbg) VII/2 185, 432

Sattler, Erhard (Bbg) IV 578
- Friedr. Gg (Nbg) V 178
- Hans (Bbg) III 291
- Kunig. (-) III 291
- Werner (Oberhaslach) IV 162

Sattling (sö.Deggendorf) I 145

Saturninus (Hl.) I 187

Sauer (Fam.) VI 561; VII/2 46, 520, 601
- Anna IV 641
- Gallus (Pfr Bischberg) VII/2 408
- Hans IV 860
- Heinr. III 548
- Joh. (Pfr Zeil) VI 193
- Joh. Gg (Domprediger) VII/2 650
- Joh. Gg (Pfr Erlangen) VII 132
- Konr. (Lengerhof) IV 603
- Konr. (Pfr St.Sebald/Nbg) III 721-726
- Leonhard VI 225
- Marg. (Wirsberg) V 513
- Moritz IV 641
- Ulr. III 548

Sauerheim (s.Höchstadt/A.) III 181

Sauermann, Konr. (Gefrees) IV 906
- Nikolaus (Bayreuth) IV 875

Sauerzapf, Sebastian (München) V 366

Saugendorf (sw.Bayreuth) IV 151f

Saulus (PN) II 198

Saum (Fam.) III 44

Saupäu, Dietrich IV 903

Sauß, Wolf (Stadtsteinach) IV 619

Save (Fl.) I 70

Savoyen III 218; VI 583, 613

Savoyen, Amadeus v. III 414
- Bona v. III 414
- Eugen v. (Feldherr) VII 18, 90

Saxo (Kard.) II 128
- Joh. III 747

Saydawer, Konr. III 138

Sayler, Hans (Bbg) IV 419, 577, 600, 603, 624
- Joh. (Heilsbronn) IV 361, 371

Sayn, v. (Fam.) II 533; III 1
- Adalbert v. II 70
- Eberhard v. II 533
- Heinr. v. II 533

Sayn-Altenkirchen (Gfschaft) VII/2 716

Sayn-Wittgenstein, Carolina v. VII/2 581
- Joh. v. VI 387

Sbempo (PN) II 646

Scaiola, Hieronymus (Oberscheinfeld) VI 64, 93

Scamhobeht, Berthold v. II 275
- Richwin v. II 275
Scauphus, Konr. III 11
Sczazflieso, Heinr. (Kan.Regensburg) II 309
Scergo, Hartrad II 534
- Hugo II 534
Sczezzelin, Hermann II 618
Schabdach, Hans (Kainach) IV 742
- Joh. (Pfr Hetzelsdorf) IV 915
Schabel, Joh. (Pfr Kulmbach) IV 864
Schachen (Österr.) III 4
Schackenthal (Sa.-Anh.) I 153
Schackstedt (Sa.-Anh.) I 153
Schad, Anna (Zeil) VI 46
- Christian VII 46
- Eberhard (Domvikar) IV 353
- Fritz IV 353
- Hans IV 353; VI 46
- Heinr. (Buch) III 530
- Konr. (Regensburg) IV 353, 1023
- Pankraz (Bbg) V 496
Schade, Friedr. (Staffelstein) IV 160
- Joh. V 252
Schadeberg, Hermann (Lübeck) III 342
Schaderfleck (n.ident.) III 286
Schadersberg (n.Kemnath) II 478
Schadt v.Mittelbieberach, Elis. VI 712
Schädl, Barb. (Bbg) VI 36
Schäfer, Barb. (Bbg) VI 45, 60
- Bartholomäus VI 110, 177, 280, 285
- Gg VII/2 504

- Klaus (Steinbach) VI 60
- Konr. (Bbg) VI 45
- Kunig. (-) VI 45
Schäffner, Gg Andreas Cajetan (Wbg) VII/2 324
- Regina Theresia VII/2 324
Schäflohe (nw.Amberg) II 145
Schäfstall, Barb. v. IV 354, 396
- Hans v. IV 354, 396, 399
- Ulr. v. III 632
Schäftersheim (B.-W.) VI 140, 142, 144f
Schäftlarn (s.München) I 46; II 132, 143
Schärding (Österr.) I 394
Schätz, v. (Fam.) VII/2 113
Schätzlein, Leonhard (Pfr Schauerheim) IV 992
Schaff, Joh. (Pfr Arzberg) IV 866
Schaffenhöfer (Fam.) VI 537
Schaffer, Hans (Betzenstein) VI 342
Schaffgotsch, v. (B.Breslau) VII 244
Schaffhausen (CH) I 138, 499; VII/2 716
Schafhausen (B.-W.) II 9
Schaflohe (ON) II 145
Schaflutz, Hausa (Bbg) III 190
Schafstädt, Hermann v. III 18
- Joh. v. (Prie.) III 77f
Schaftnach (s.Nbg) IV 162
Schaiblein, Gg (Pfr Staffelstein) V 323
- Joh. (Kan.St.Jakob) V 139
Schaidenweg (FlN.) II 582
Schaken, Apel III 125
- Hermann III 125

Schala (Fam..) II 29
- Ulr. v. IV 147
Schalchen (Österr.) IV 117
Schalck, Nikolaus Franz VII/2 194, 267, 341
Schalkau (Thür.) II 644; VI 228f
Schalkau, Konr. v. II 644; IV 616
Schalkhausen, Konr. v. II 511
- Richiza v. II 511
- Wolfram v. II 452, 511
Schalksburg (abgeg.;NRW) I 238
Schall, Heinz III 519
Schallenberg, v. (Fam.) VII 27
Schaller, Hans (Unterleinleiter) IV 789
Schalweisen, Gerhaus (Bbg) III 574
Schambach, Gotebold v. II 275
- Heinr. v. II 68
- Konr. v. II 486, 488
Schamel, Gg (Mistelgau) IV 627
- Nikolaus (Bayreuth) IV 682, 875
Schamelsberg (FlN.) III 14
Schammelhofer, Erhard (Bbg) III 593
Schammelsdorf (ö.Bbg) III 304, 548, 568; IV 131
Schammelsdorf, Joh. v. III 586
Schammelsdorfer, Erhard (Bbg) III 536, 597
- Felicitas (-) III 536
- Fritz (-) III 536, 597
- Hans (-) III 536
- Seitz (-) III 536
Schammendorf (sö.Lichtenfels) III 663, 665, 687; IV 646; V 65
Schamoni (Fam.) VII/2 421

Schand, Anna (Zeil) VI 49
Schank, Joh. (Dek.St.Gangolf) IV 205, 213, 217, 225, 244f, 276, 286
Schannat (Fam.) VII 152
Schappler (Fam.) III 55
Scharbach (abgeg.;Ofr.) IV 385
Scharfenberg, Konr. v. II 526
Scharfenstein, v. (Fam.) VI 203, 317
Scharnagel (Fam.) VII/2 528f
- Joh. (Wunsiedel) IV 997, 1024, 1037
Scharnhorst (Fam.) VII/2 262
Scharnlos, Hans IV 411
Scharpf (Fam.) VI 574
- Joh. IV 474, 575, 590, 653, 691, 745
- Veit IV 555
Scharpff, v. (Fam.) VII 66f
Scharrer, Adam Julius VI 87
- Heinr. (Dressendorf) III 223
- Joh. (Wbg) V 504f
- Julius V 504
- Sebastian V 504
- Wolfgang (Pfr Pottenstein) V 504
Schart, Fritz IV 1001
- Marg. IV 1001
Schartfeld, Sigeboto v. II 504
Scharz, Konr. (Nbg) III 720
Schatzgeyer, Kaspar (Landshut) IV 717
Schatzmeister, L. III 1
Schau, Joh. (Kan.St.Stephan) III 537f, 540-546
- Konr. (-) III 541-546
Schauck, Heinr. III 525

- Ulr. III 525
Schauenstein (w.Hof) III 294, 333, 393f, 397, 400; IV 85, 90, 101, 103, 117, 163, 724, 731, 734, 737, 742, 991; VI 151, 153, 168, 219, 229f, 288
Schauenstein, v. (Fam.) VI 178
- Adam Fabricius v. (Pfr Obernsees) IV 983
Schauer (Fam.) III 326; VII/2 579, 632, 665, 680, 698, 707, 734
- Joh. (Notar) III 244f, 595
Schauerheim (w.Neustadt/A.) II 577; IV 741, 991
Schaum, Hermann (Jesuit) VII/2 266f, 279
Schaumberg (Thür.) I 329; II 599, 613f; III 264, 309; VI 445
Schaumberg, v. (Fam.) II 64; III 110, 264, 488, 500; VI 91, 149, 243, 703, 705, 708, 710; VII/2 215, 643, 682
- Adam v. IV 318, 430
- Adam Karl v. (Dh.) VII 72 303, 339, 343, 753
- Andreas v. IV 272
- Anna v. IV 425
- Anna Maria v. VI 705
- Apel v. III 394
- Barb. v. IV 657; V 519
- Bernhard v. IV 252, 255, 441, 478, 564, 659, 753f, 773
- Chr. v. IV 459, 485, 511, 515
- Eberhard v. III 21, 643; IV 202, 300, 302, 305, 307
- Elis. v. IV 398, 524
- Friedr. v. (Dh.) IV 405, 412, 447
- Friedr. v. III 272, 757; IV 521, 524
- s.u. Gg v. (B.Bbg)
- Gg v. IV 194, 319, 322, 351, 405, 412, 418, 425, 441, 445, 467-470, 478, 482, 499, 523, 583, 609, 614f, 617, 624, 644, 692
- Gg Dietrich v. VI 92
- Gg Sebastian v. VI 127
- Gg Wolf v. V 356; VI 182, 190
- Gertraud v. (Priorin St.Theodor) IV 522
- H. v. II 408f
- Hans v. III 403, 444
- Hans Dietrich v. VI 116
- Hans Gg v. VI 586
- Hans Ludwig v. V 517
- Hans Otto v. VI 164f
- Hans Paul v. V 58, 115, 138, 166
- Heinr. v. II 50, 64, 277, 333, 599, 613f, 624, 635, 637f, 643f, 648; III 70, 253f, 272f, 309f, 347f, 500, 643, 646, 663, 688; IV 9, 13, 29f, 38f, 91, 99, 301, 307, 311, 316, 318, 332, 389f, 521, 524, 646, 657, 659, 755
- Heinr. v. (Dh.Worms) IV 798
- Joh. v. (Dh.) IV 357
- Joh. v. (Pfr Bayreuth) IV 872f, 937, 1061
- Joh. v. IV 175, 389, 423, 425, 453, 472, 475, 481, 482, 511, 515f, 659, 696, 848
- Joh. Ernst v. VI 510
- Joh. Gg v. VI 510
- Joh. Paul v. V 166
- Joh. Ph. Anton v. (Dh) VII/2 402, 412, 435, 473, 478f, 487, 495, 578, 582, 593, 596f, 607, 621-625, 627, 645-649, 665, 675,

679-682, 687, 703-707, 749, 751, 754, 757
- Karl v. III 348, 501; IV 175, 410, 418, 526, 599, 641, 657
- Karl Dietrich v. (Dh.) VII/2 551, 646, 755
- Karl Franz v. (-) VII/2 265, 303, 339, 396, 506f, 752
- Karl Friedr. v. VII/2 98, 326, 521, 705
- Karl Theodor Joseph v. (Dh.) VII/2 665, 756
- Kasimir v. VI 116
- Klaus v. IV 272, 390
- Konr. v. IV 333
- Leonhard v. IV 194
- Lorenz v. IV 547
- Lutold v. III 757
- Magdalena v. V 517
- Marg. v. (Nonne St.Theodor) IV 522
- Marg. v. IV 615; VI 701
- s.u. Martin v. (B.Eichstätt)
- Martin v. (Dh.) IV 511, 659, 1066
- Michael v. IV 70, 251, 255
- Michael Moritz v. (Dh.) V 369, 526, 529
- Otto v. IV 194, 524
- Paul v. IV 521, 524, 604, 659
- Peter v. (Dh.) IV 425
- Peter v. IV 184, 194, 307, 316
- Ph. v. IV 444f
- Ph. Albrecht v. VI 164
- Ph. Otto v. (Dh.) VII/2 519
- Poske v. III 176
- Sigmund Jakob v. VI 150

- Silvester v. IV 410, 482, 550, 588
- Ulr. v. III 272, 309
- Veit v. IV 313, 318, 326, 390, 394, 425
- Wernhart v. III 272
- Wilh. v. IV 73, 428, 452, 472,505, 507, 659, 773
- Wolff v. IV 285, 426, 470, 475, 547, 604, 623, 651, 659, 692, 753, 791, 831, 970; V 10
- Wolfram v. II 277

Schaumburg, v. vgl. Schaumberg, v.

Schaupp, Hans Kaspar (Lichtenfels) VI 83

Schayb, Sebastian IV 564

Schaz, Nikolaus (Pfr Hof) IV 926

Schedel, Hempel IV 560

Schederndorf (nö.Bbg) III 599; IV 84; V 65; VII/2 214

Schedner, Albrecht (Wunsiedel) IV 1020
- Fritz (-) IV 1020, 1022

Scheeben, v. (Fam.) VI 666

Scheeher, Wolff (Fürth) VI 452

Scheelhaas, v. (Fam.) VII 96f

Scheerln, Michael (Wbg) VI 139

Schefer (Jesuit) VII/2 355

Scheffer, Andreas IV 425
- Fritz IV 785
- Konr. IV 961

Scheffner, Agnes (Nbg) III 747
- Christian (Wbg) VI 551

Schefpecken, Leonhard IV 845

Schefstaal (FlN.) IV 317

Scheibe, Heinr. (Lichtenfels) III 522
- Otto (Banz) III 522

Scheiblein, Hans (Neustadt/A.) IV 979
Scheidungen, Dietrich v. II 541
Scheinfeld (nw.Neustadt/A.) I 16; II 89, 407, 483, 511, 577; III 20, 166, 266f, 310, 379, 422; IV 21, 117, 559, 632; VI 173, 401
Scheinfeld, Adelheid v. II 483
- Friedr. v. II 89, 577
- Hermann v. II 511
- Judinta v. II 483
- Konr. v. II 483, 511
- Rupert v. II 407
Scheirich, Kaspar (Pfr) IV 863
Scheiring, Otto (Teuschnitz) III 132
Schelde (Fl.) I 113, 117
Schele, Fritz (Burgkunstadt) IV 596
- Hans IV 618
Schelhart, Walter (Scheßlitz) III 523
Schell (Fam.) VII 195; VII/2 699
Schellarth, v. (Fam.) VII 27
Schelldorf (ö.Eichstätt) III 722
Schellein, Joh. Kilian (Bbg) VII 298
Schellenbauer, Gg (Forchheim) VI 14, 181, 185, 217f, 256, 286, 290
- Walburga (-) VI 185
Schellenberg (sö.Forchheim) I 375; II 474, 478, 645; III 33, 286, 379, 732; IV 18, 75, 343, 400, 404, 515 655, 785; V 67; VI 361
Schellenberg, Heinr. v. (Dh.) III 4, 6
- Hermann v. II 478, 579
- Otnand v. (Dh.) II 623, 625, 629, 626, 645, 648
Schellenberger, Augustin (Bbg) VII/2 429, 522, 571, 581, 597, 620, 642, 731

Scheller (Fam.) VII 134
- Michael (Horb) IV 605
Schellhorn, Heinz (Teuschnitz) IV 618
- Wolfgang (Wbg) VI 300
Schempuhler, Kaspar (Michelfeld) IV 744
Schenckel (Fam.) VII/2 483
- Konr. (Stubechen) III 622
Schendel, s.u. Ulr. (A.Prüfening)
Schenk (Fam.) I 191, 246, 381; II 109, 417, 456, 485-488, 492, 501, 516, 527, 529-531, 533, 550, 552, 564, 588, 607, 619, 637, 640, 642f; VI 297, 512, 617, 657, 670; VII 89, 95
- Adam V 129
- Adam Ulr. (Höchstadt/A.) V 119
- Adelhun II 527
- Anne IV 945
- Betz III 273
- Friedr. III 642f, 649
- Gottfried III 642f, 697
- Günther IV 411
- Hans (Bbg) IV 22
- Hans IV 411
- Heinr. II 588; III 502, 746
- Joh. II 640
- Joh. Adam (Amberg) VI 110
- Konr. IV 100, 953
- Kunig. (Auffenhausen) III 649
- M. Stephan (Pfr Lahm) VI 396
- Nikolaus III 79, 363; IV 903
- Otto III 273
- Werner II 607, 619
- Wiglas IV 178

- Wolfram II 637
Schenk v.Eberbach, Eberhard IV 688
Schenk v.Erbach, Joh. (Dh.) III 238, 580
- Konr. IV 244
- s.u. Marg. (Ä.Kitzingen)
Schenk v.Geyern (Fam.) VI 713
- Eberhard III 668
- Heinr. III 668
- Marg. Ursula VI 704, 708
- Otto III 668
- Weigeles IV 203
Schenk v.Leutershausen, Heinr. III 502, 746; IV 68
Schenk v.Liebenstein, Agnes IV 30
- Hermann IV 46
- Joh. IV 30, 46
Schenk v.Limpurg (Fam.) I 319; II 54; VI 373, 580
- Albrecht (Dh.) IV 578, 653, 771, 1064; V 55, 77, 88, 520
- Christian Otto VII 250
- Chr. IV 388, 468f, 489
- Engelbert II 275
- Erasmus (Dh.) IV 653, 697, 708, 803f
- Friedr. IV 27, 48, 57, 60, 70, 89, 418, 456, 483, 506, 523, 527; V 461
- s.u. Gg (B.Bbg)
- Gg (Dh.Wbg) IV 186, 208, 215, 220, 225, 244, 250, 252, 254, 262, 439, 445, 447, 451, 456ff, 688, 1003, 1042
- Gg Eberhard VI 530
- s.u. Gottfried (B.Wbg)
- Joh. IV 456; V 95

- Karl IV 563, 843
- Konr. (Dh.) IV 461
- Otto IV 357
- Ph. (Dh.) IV IV 798, 1061
- Vollrath VI 530, 580
- Wilh. (Dh.) IV 274, 311, 322, 333, 340, 417, 456, 498f, 1002
Schenk v.Reicheneck (Fam.) III 110f; IV 159, 267
- Agnes III 111
- Beatrix III 9, 110f, 639
- Eberhard IV 3
- Grete IV 3
- Heinr. III 110f, 113, 133-136, 148
- Konr. III 110f, 250
- Ludwig III 111, 201f, 639, 732
- Mayr III 41
- Mene IV 3
- Ulr. III 110f, 250, 639
- Walter III 9, 110f, 639
- s.u. Werntho
- Wirnto III 111
Schenk v.Schenkenstein, Adam IV 971
- Anne IV 545, 945
- Gg IV 74, 545
- Sebastian IV 971
Schenk v.Schipf, Konr. II 536
Schenk v.Schletten, Heinr. II 609f, 615, 618f, 622, 640, 643, 651
Schenk v.Schmidtsberg (Fam.) VI 701
Schenk v.Schweinsberg (Fam.) VI 697f, 700
Schenk v.Siemau (Fam.) III 687; VI 709

- Alheid III 687f
- Hermann III 687f
- Konr. IV 100
- Otto III 683, 687
- Thiemo II 502

Schenk v.Stauffenberg (Fam.) VI 131, 133, 442, 535, 545, 591, 608, 703, 706, 713; VII/2 5, 31, 94, 97, 101, 133, 139, 167, 195, 217, 511, 614

- Albrecht V 521
- Bernhard V 529
- Franz Ignaz VI 545
- Gottfried Maximilian VI 545, 572ff
- Joh. V 527
- Joh. Albrecht VI 575
- Joh. Franz VI 545; VII/2 434, 443, 457, 487-491, 494, 509, 521f, 528f, 533, 600, 608, 610, 614, 631, 638f, 641, 687
- Joh. Friedr. VI 545
- Joh. Jakob (Dh.) VI 295, 300f, 699
- Joh. Ph. (-) V 529; VI 545, 572f, 697
- Joh. Ph. Karl (-) VII/2 664, 688, 755
- Joh. Sebastian (-) V 527; VI 333, 356, 362, 367, 374, 382, 414, 690, 700
- Joh. Sigmund VI 704
- Joh. Werner VI 545
- Joh. Wilh. VI 545, 564
- Kath. Sophia VI 708
- Maria Josepha Elis. s.u. Eyb, v.
- Marie Luise VII/2 521f
- s.u. Marquard Sebastian (B.Bbg)
- Maximilian Albrecht (Dh.) VI 697, 699
- Ph. Karl VII/2 509, 607, 614, 663
- Sebastian (Dh.) V 297, 302, 307, 386, 396, 445, 474, 521, 527; VI 9, 697f
- Sebastian Carl Chr. VII/2 103
- Theresia Franziska v. s.u. Stadion, v.
- Wilh. v. IV 32; VI 697

Schenmüch, Wilh. (Langheim) V 70

Scheplitz, Hans (Pfr) IV 981

Scherenberg, s.u. Rudolf v. (B.Wbg)

Scherenus, Heinr. (Jesuit) V 392, 450f

Scherer, Konr. (Leupoldstein) IV 443
- Leonhard (Wolfsberg) VI 332
- Michael (Zeil) VI 77

Schergenhube (ON) I 151

Schering (Fam.) III 540

Scherling, Joh. (Pfr) IV 725

Scherman (Fam.) III 540
- Heinz IV 36

Scherneck (s.Coburg) II 640; III 69, 643, 649, 687; IV 702

Scherneck, Eberhard v. II 640

Scherphe, Bertold (Iffelstat) III 562
- Jutta (-) III 562

Schersteti (ON) I 153

Schertel, Heinr. (Wunsiedel) IV 1032
- Sebastian V 37, 119

Schertlein (Fam.) III 625

Scheruch, Stefan (Kan.Ansbach) IV 366

Schesla (ON) I 29

Scheßlitz (nö.Bbg) I 15, 18, 382; II 489, 653; III 13f, 60, 62, 64, 75, 143, 145f, 336, 372f, 375ff, 395, 456, 475f, 517, 522-525, 560, 655, 757; IV 22, 27, 40f, 72, 78, 80ff, 84, 88, 93, 107, 117, 149, 167, 192, 199, 212, 216, 250, 273, 318, 398, 401f, 430, 439, 458, 502, 545, 575, 605f, 646, 652, 654, 662, 725, 802, 817, 1044; V 29, 65, 233, 264, 302, 327, 397, 411, 450, 486, 514, 523; VI 86, 180, 197, 200f, 203, 257, 276, 280, 304, 326, 342, 348, 375, 383f, 440, 553, 556, 608, 683; VII 41f, 186, 192f; VII/2 12, 45, 57, 214, 237, 242, 259, 281, 356, 377, 382, 539, 596, 675, 685, 711, 738

Scheßlitz, Albrecht v. III 675
- Arnold v. I 382
- Erbo v. II 489
- Friedr. v. III 690, 693
- Hedwig v. III 62
- Heinr. v. III 143
- Joh. v. (Domvikar) III 757; IV 145
- Kath. v. III 652
- Konr. v. IV 241
- Otto v. III 652, 675, 688, 690

Schetzel, Konr. (Bayreuth) IV 237

Schetzlein (Fam.) III 620

Scheu, Hans Wolf (Bbg) V 298, 512
- Joh. Wolfgang (Dh.) V 415f, 420f, 457

Scheubel, Joh. Joseph VI 599; VII 153f, 214, 298; VII/2 267, 459

Scheublein, Joh. (Kan.St.Gangolf) V 232

Scheuering (Fam.) VII/2 219

Scheuerl (Fam.) VII/2 210

Scheuerlin (Fam.) IV 715f

Scheufelshof (ON) IV 129

Scheuhen, Stefan (Kan.Ansbach) IV 970

Scheunerman, Hennugio (Bbg) V 357

Scheurer, Ph. VII/2 375

Scheuring, Burkart IV 573, 576

Scheurl, Chr. (Nbg) IV 714

Scheurnstoß, Hans v. IV 411

Schezzelin, Heinr. II 639; III 652
- Helmbrich II 642

Schick (Fam.) VII/2 382
- Friedr. (Bbg) IV 232
- Gg IV 564
- Hans IV 565
- Marg. (Bayreuth) IV 878

Schickhardt, Dorothea VI 67

Schidenitsch, Gregor v. VI 465

Schieber, Jutta III 59
- Konr. III 59

Schierstätt (Fam.) VII/2 546

Schierstein (Hess.) I 226, 228, 497

Schiffel, Chr. IV 791

Schiffmann, Friedr. (Lichtenfels) III 521
- Joh. (Strullendorf) VII/2 701

Schildesche (ON) I 109

Schiller, Adelheid (Bbg) III 530
- Fabian (Pfr Schwarzenbach) IV 724
- Fritz (Unterleinleiter) IV 331
- Hermann (Bbg) III 548
- Joh. (Pfr) IV 985
- Kath. IV 331

- Konr. (Kan.St.Stephan) III 550; IV 144
- Schilling, Adam V 105, 128, 162
- Hans IV 264, 606
- Hermann IV 102
- Schillingsfürst (w.Ansbach) II 496, 638, 648
- Schillingsfürst, Hermann v. (Dh.) II 496, 638, 648
- Schilt, Franz (Wbg) VI 458
- Schilter (Fam.) III 223f
- Schilthelm, Matthäus VI 378
- Schimmel, Benedictus VI 541
- Schimmelpfennig, Joh. IV 281
- Schimmendorf (nw.Kulmbach) IV 785
- Schinstab, Ulr. III 742
- Schintler, Heinr. (Pfr) IV 1008
- Schinttel, Joh. V 3
- Schipphe, Walther II 414
- Schirmer, Martin (Altenkunstadt) VII 60
- Sebald (Nbg) IV 836f
- Schirms (ON) I 15
- Schirnaidel (n.Forchheim) III 274; IV 20; VII/2 295
- Schirnchin, H. v. (Kan.Zeitz) III 78
- Schirnding (nö.Wunsiedel) IV 737
- Schirnding, Balthasar v. IV 1034
- Chr. v. (Dh.) IV 671, 673f, 1036, 1038, 1040
- Gg v. IV 1034
- Heinr. v. IV 880, 997, 1035f, 1040
- Jobst v. (-) IV 1030, 1040
- Jodok v. IV 1027
- Moritz v. IV 1038ff
- Nikolaus v. IV 1024, 1040
- Ph. v. IV 1040
- Wilh. v. IV 1024
- Wolf v. IV 1038f
- Schirndorf (nw.Regensburg) II 111
- Schirner, Friedr. (Memmelsdorf) IV 198
- Schirnsdorf (nw.Höchstadt/A.) III 702; IV 783
- Schirradorf (sw.Kulmbach) IV 228
- Schitzeler (Fam.) III 197
- Schkeuditz (Sa.-Anh.) I 96
- Schlackenreuth (nö.Kulmbach) VI 546, 600
- Schlackenwerth (Tschechien) VI 431
- Schladerer, Wolf Otto (Maineck) V 379
- Schlägl (Österr.) II 635
- Schlag, Hans vom (Leinleiter) IV 899
- Schlaginhauff (Pfr Berolzheim) IV 872
- Kaspar (Pfr Erlangen) IV 901
- Schlaifhausen (sö.Forchheim) III 382; IV 272; V 507
- Schlainhauffen, Joh. (Bbg) V 178
- Schlammersdorf (nw.Forchheim) II 449, 662, 646; III 621; VI 107f, 501
- Schlammersdorf (nw.Eschenbach/Opf.) II 646
- Schlammersdorf, v. (Fam.) VI 149, 153f, 208
- Anna Kath. v. VII 47
- Balthasar Jacob v. V 463
- Hans Peter v. VI 400
- Siegfried Chr. Ludwig v. VII/2 326, 515

Schlammersdorfer (Fam.) III 639
- Friedr. III 139
- Konr. III 140
- Marquard (Pfr Erbendorf) III 641
- Michael (Pfr) IV 484
Schlandorffer, Kunig. (Bbg) IV 301
Schlangenbad (Hess.) VI 690, 693
Schlapan, Konr. III 320
- Otto (Staffelstein) IV 160
Schlappenreuth (nö.Bbg) III 603; V 65; VII/2 710
Schlauch, Barb. (Bbg) VI 78
- Bernhard (-) VI 78
- Klaus (Geisfeld) IV 609
Schlauersbach (ö.Ansbach) II 54, 62, 100, 151, 153, 474
Schlauersbach, Barb. (Abtswind) V 80
- Ursula (Nbg) IV 681f
Schlayer, v. (Fam.) VI 697
Schledoris, Konr. II 478
Schleerieth (sw.Schweinfurt) II 443f
Schlegel (nw.Hof) III 221
Schlegel, Hans (Pfr) IV 923, 993
- Jakob (Pfr Thuisbrunn) IV 725
- Joh. (Pfr Fischbach) V 383
- Konr. (Pfr) III 724
Schlegeleingereut (FlN) III 553
Schlegelius, Joh. (Pfr Schnabelwaid) IV 993
Schlegler (Fam.) III 441, 490
- Albrecht III 389
- Chr. (Kleinziegenfeld) IV 90
- Hans III 389
Schleh, Konr. III 705; IV 85

Schlehlein (Fam.) VI 686; VII/2 323f, 597, 700-705
- Joh. Heinr. VI 575
- Joh. Kaspar VI 560, 588, 607
Schleich, Barb. (Bbg) VI 49
Schleicher, Gg (Pfr) IV 990
Schleichershof (sw.Pegnitz) III 388, 538, 560
Schleichershof, Gebolf II 564
- Konr. II 560
- Sigboto II 564
- Wolfram II 564
Schleifenhan (s.Coburg) II 641
Schleinhof (sö.Forchheim) II 54; III 33, 35
Schleinlein, Hans IV 614
Schleiz (Thür.) VII/2 355
Schlemmer, Elis. IV 854
- Fritz (Stöckach) IV 201
- Konr. (Pfr Wirsberg) IV 1012
Schlender (Fam.) VII/2 334
Schlenk (Fam.) III 592
- Hans IV 410
- Konr. (Nbg) IV 578
Schlenne, Otto v. II 486
Schlenth (Fam.) III 199
Schlesien I 174, 214, 222; II 589, 591; III 491; VII 89, 204; VII/2 211, 277f, 280
- Hzg s.u. Bolko; Hedwig; Heinr.
Schleswig (S.-H.)
- B. s.u. Ekkehard; Rudolf
Schlett, Anna Marg. v. VI 698
- Chr. Wilh. v. VI 699
- Ph. Joh. Gg v. (Dh.) VI 698

Schletten, Babo v. II 610, 640, 643
- Engelhard v. II 379
- Heinr. v. (Dh.) II 526, 531
- Helmrich v. II 489, 501, 525, 529f, 532, 550, 552ff, 561ff, 565, 574, 582, 594
- Hermann v. (Michelsberg) II 616
- Otto v. II 379, 386, 390, 401, 468, 489, 492, 495f, 501f, 520, 525, 529f, 532, 547, 550, 552f, 561ff, 565f, 571, 574, 576, 582, 589f, 592ff, 598f, 609, 642
- Rupprecht v. II 94

Schletz, Friedr. v. VI 177, 217, 252, 254f, 257, 261f, 273, 280, 287, 290, 292f, 297, 303, 305f, 331, 342
- Veit V 484

Schletzer, Joh. (Kan.St.Gangolf) IV 230

Schleunitz, v. (Fam.) V 199

Schleupner (Fam.) V 444
- Dominicus (Nbg) IV 715f

Schleusingen (Thür.) III 125; VI 163f; VII/2 284

Schleyer (Fam.) VI 700, 708
- Anna (Strullendorf) IV 135
- Otto (-) IV 134

Schlicht (n.Amberg) II 143, 145; III 729; IV 117; VI 17, 109; VII/2 382, 537

Schlicht, Joh. Gg (Pfr Pretzfeld) VII 288; VII/2 44

Schlichter, Joh. (Ansbach) IV 362

Schlick, v. (Fam.) VI 326; VII/2 328
- Heinr. (Eger) IV 204, 214
- Joachim v. IV 844, 865; V 10f

- Joseph Heinr. v. VII/2 589, 595, 609, 616, 644, 646ff, 664, 690f, 695, 711
- Nikolaus (Wunsiedel) IV 1020
- Wenzel IV 1030

Schliederer v.Lachen (Fam.) VI 707
- Joh. V 530
- Julius (Dh.) V 530

Schlierbach (Österr.) I 114; III 248; VI 515f
- A. s.u. Benedikt

Schlierbach (abgeg.;Ofr.) I 137, 374

Schlimbach, s.u. Nirardus (A.Bildhausen)

Schlinding (sw.Grafenau) III 380

Schlipfing, Raboto v. II 275

Schlirstadt (ON) II 649

Schlopp (nö.Kulmbach) I 157; III 420; VI 92, 127, 545f, 600

Schloßberg, v. (Fam.) VII/2 747

Schloth, Franz (Bildhauer) VII 110, 214

Schlott, Matthias (Weismain) VI 227

Schlottermühle (ON) II 475

Schlüchtern (Hess.) I 27, 79

Schlüsselau (s.Bbg) II 54; III 41ff, 53, 65f, 126, 168, 177, 182ff, 200, 215, 217f, 245f, 249, 259, 300ff, 311, 321f, 345, 750, 756; IV 166, 355, 415, 603, 607, 620, 745, 828, 846, 849, 891; V 14f, 106, 225, 229, 322, 410; VI 74, 181, 189, 209, 354, 382, 440; VII 43, 201, 205; VII/2 415, 417, 571
- Ä. s.u. Anna; Brigitta; Elis.; Kath.

Schlüsselberg (sw.Bbg) II 625, 630, 644; IV 11

Schlüsselberg, v. (Fam.) I 377; III 27, 215, 217f, 282, 671, 682
- Adelheid v. III 41
- s.u. Anna v. (Ä.Schlüsselau)
- Eberhard v. II 625, 630, 644, 652; III 218
- Elis. v. III 41f
- Gottfried v. III 25, 41f, 44, 50, 55, 65f, 72, 86, 218, 282, 760
- Gozwin I 478
- Jutta v. III 46
- Konr. v. III 9, 23, 36, 43-46, 50, 56, 74f, 80, 100f, 129, 182, 193, 205, 213-218, 245, 259, 322, 527ff, 533, 583, 612, 615, 649, 651, 653, 657, 659, 663, 665; IV 11, 414; VII 107
- Kunig. v. III 41
- Leukardis v. III 218, 322
- Ulr. v. (Dh.; Kan.St.Stephan) III 6, 25f, 42, 54ff, 62f, 66, 74, 754ff
- Walrabin v. III 42

Schlüsselfeld (sw.Bbg) III 214, 281, 284, 379, 437; IV 369; V 381; VI 74, 187, 202, 207ff, 283; VII 25, 99, 202; VII/2 230

Schlüsselfelder, Chr. (Generalvikar) V 148, 151f, 241, 289, 319, 326, 496, 501, 503
- Joh. IV 842
- Thomas V 94

Schlüssenberg, Wolfram v. III 54

Schlumckerer, Joh. IV 535, 696

Schlunck, Elis. (Steinbach) VI 60, 67
- Hans (-) VI 60, 67

Schluncker, Joh. (Domvikar) IV 925
- Maria V 323

- Ph. (Bbg) V 157

Schlunckerer, Chr. (Bbg) V 108, 151

Schmachtenberg (sö.Haßfurt) IV 606, 622, 656; V 378; VI 30, 43, 59, 62, 66f, 82, 166, 251, 377, 417, 573, 650f, 659; VII 43; VII/2 358

Schmähingen, Herbrand v. III 143

Schmaldörfer, Albert III 662

Schmalenbach (nw.Ansbach) IV 98

Schmalkalden (Thür.) II 51, 272, 652; III 125, 681; IV 754, 762, 769f, 782; VI 115, 353, 692

Schmalnohe (nw.Sulzbach-Rosenberg) II 134, 388, 468, 560f

Schmalnohe, Karl v. II 134
- Otto v. II 388, 468, 561

Schmaltz, Wolf Albrecht (Domvikar) V 456

Schmalzeshube (ON) III 605

Schmaus (Fam.) IV 1020
- Hans (Wunsiedel) IV 1019
- Konr. (Wirsberg) IV 1012

Schmeheim, Theino v. III 649

Schmeilsdorf (w.Kulmbach) III 505, 689, 695; IV 309, 785, 835, 839; V 65

Schmeltzing (Fam.) VI 59
- Dietrich III 598
- Eberlein (Neuendorf) III 584, 598
- Gg IV 713, 879
- Joh. VI 43, 209, 236f, 253, 257, 275f
- Leonhard (Bayreuth) IV 879
- Veit (Staffelstein) IV 567

Schmerldorf (ö.Bbg) III 539; IV 94; V 65

Schmiehen (n.ident.) II 524

Schmidl, Andreas (Redwitz) IV 1032

- Gg (Pfr) IV 997
- Paul (Dh.Regensburg) IV 1032, 1035

Schmidlkofen (ö.Dingolfing) I 145

Schmidsohn, Heinr. III 398

Schmidt (Fam.) VI 322; VII/2 179ff, 216, 254, 349, 611

- Adam (Bbg) VII/2 526, 686, 692, 706
- Adelheid III 394, 698
- Agnes (Bbg) VI 46, 72
- Albert (-) VI 43
- Amalia (Schmachtenberg) VI 65
- Andreas V 51f; VI 65, 68
- Anna (Bbg) VI 47, 49f, 67
- Anton VI 88, 152, 397; VII/2 307, 380
- Anton Ferdinand (Pfr Rothenkirchen) VII/2 556
- Antonette v. VII/2 426
- Bernhard (Strullendorf) IV 702
- Berthold III 2
- Chr. V 502; VI 67, 165
- Clemens Leonhard VII 58, 60
- Dorothea (Zeil) VI 43
- Elis. V 495
- Erhart (Wernsdorf) IV 169
- Franz Joseph v. (Weihb. Regensburg) VII/2 54
- Fritz III 367, 542, 736; IV 152, 600, 1000, 1031
- Gg (Bbg) VI 61
- Gilg IV 698, 1029
- Gustav III 74, 87, 223, 225, 247, 275, 305, 536
- Hans IV 684, 928, 989, 1040; V 244; VI 37, 46, 65, 206, 523
- Hans Nicolai (Pfr Pettstadt) V 902
- Heinr. III 542; IV 47, 84, 610, 618, 750, 982, 1001
- Hemperlein (Bbg) IV 698
- Hermann IV 264
- Jakob IV 698; V 335
- Joh. Adolf VII/2 106
- Joh. Gg VII/2 550, 731
- Joh. Laurentius VI 70
- Jutta (Demantsfürth) III 736
- Kath. V 483; VI 41, 46
- Klaus (Wernsdorf) IV 585
- Konr. III 626, 698, 736; IV 85, 606; V 490
- Leonhard (Pfr Bbg) V 333
- Lorenz (Seukendorf) IV 643
- Ludwig Friedr. Chr. VII/2 663
- Marg. III 626, 737f; IV 989; VI 65, 67, 71; VII/2 63
- Martha (Bbg) VI 37, 50, 61
- Martin (Pr.Neunkirchen/Br.) IV 423
- Matthias (Pfr Lonnerstadt) VI 94
- Michael IV 726, 928
- Moritz (Bbg) V 509
- Nikolaus IV 126; V 485
- Otto (Herrnsdorf) III 542
- Pankraz V 495
- Pesold III 737f
- Peter IV 702; V 22
- Petz IV 264
- Simon (Bbg) V 486
- Stefan IV 1017; V 506
- Sybilla (Kronach) VI 33f

- Thomas (Bbg) IV 420
- Ulr. III 183; IV 1029
- Veltin (Bbg) VI 65, 71
- Waltz (Herrnsdorf) III 542

Schmidt v.Wellenstein, Anna Krescentia VI 712

Schmidthammer, Kath. (Bbg) VI 49f
- Pankraz (-) VI 61, 72
- Sebastian Ulr. (Bbg) V 162, 322, 330f

Schmidtheim, Moritz (Wiesenthau) V 440

Schmidtsberg, v. (Fam.) VI 699

Schmieder, Berthold III 598
- Kunig. III 598

Schmirndorf, Friedr. v. III 539

Schmist (Fam.) VII/2 349

Schmitt s.u. Schmidt

Schmittlein (Fam.) VII/2 437
- Anna Elis. (Fritzlar) VII/2 365
- Joh. (Bbg) VII/2 409, 422f, 428, 509, 528, 530, 535, 545, 547, 550, 555, 559, 565f, 570, 605f

Schmittstattner, Sebastian (Freising) VII/2 324

Schmitz, Ignatius (Bbg) VII/2 396f, 399

Schmitzer, Fritz IV 591

Schmöger (Fam.) VII/2 226

Schmölz (sw.Kronach) III 296, 303, 664; IV 615, 623; VI 179, 337ff, 398; VII/2 496, 556, 565f

Schmölz, Konr. v. II 532

Schmötzer, Alexander (Prie.) VII/2 736

Schmon, Konr. v. III 18

Schmuckenhofer, Albrecht (Nbg) III 737, 739

Schmucker, Adam (Pfr Marktredwitz) IV 987
- Jakob (Pfr) IV 991

Schmutzer, Konr. (Bbg) III 458

Schnab, Michael (Hollfeld) V 241

Schnabel, Berthold (Coburg) III 661
- David (Pfr Neuenstadt) IV 865
- Gottfried (Coburg) III 661
- Joh. (Pfr Selb) IV 733, 863, 865, 905, 991, 997
- Nikolaus (Kulmbach) IV 69, 90, 125, 951

Schnabelwaid (s.Bayreuth) IV 737, 831, 992f; VI 107f; VII 122f

Schnaberich, Hans (Steinwiesen) VI 30

Schnackenmühle (ON) IV 783

Schnackenwerth (sw.Schweinfurt) I 226ff; VI 444

Schnäbelin (Fam.) VI 607, 691

Schnaid (nw.Forchheim) II 617; III 65, 168, 182, 301f; IV 126, 169, 545; V 74, 275; VI 181, 204; VII/2 411, 421

Schnaid, v. (Fam.) VII/2 435f, 476
- Albert v. III 301
- Albrecht v. (Wernsdorf) III 538
- Elis. (Bbg) IV 193
- Friedr. v. III 13, 15, 32, 62, 302, 531, 569, 620, 647f
- Heinr. Joseph v. (Kan.St.Gangolf) VII/2 389
- Joh. v. (Dh.) III 398
- Joh. (Bbg) IV 193
- Kath. v. (Wernsdorf) III 542, 620

- Konr. v. III 594
- Otto v. III 24f, 50, 63, 68, 75, 126, 607
- Petrusch v. III 538

Schnaittach (nö.Lauf/P.) I 144, 367; III 181, 543; IV 88, 446; VI 107, 237; VII/2 43, 197, 549f

Schnappauf, Anna Kath. VII/2 60ff
- Anna Theresia VII/2 60
- Gg (Pfr) IV 864
- Gg Joachim VII/2 60ff
- Joh. IV 561; VII/2 60
- Kunig. VII/2 60
- Maria Augustina VII/2 60
- Maria Barb. VII/2 60-63

Schnappen (Kan.St.Jakob) VII 168

Schnatz, Joh. Werner (Weihb.Bbg) VI 405, 579, 619ff, 642, 660, 695, 713, 715f; VII 158; VII/2 47, 391

Schneber, Elis. (Bbg) V 502

Schnebes (nö.Kulmbach) VI 230

Schneblin v.Landeck (Fam.) VI 700

Schneckenhof (nö.Erlangen) III 141

Schneckenlohe (sw.Kronach) IV 327

Schneeberg (nö.Bbg) III 375

Schneeberger, Berthold (Nbg) III 733

Schneeweiß, Claudius VI 332

Schneidawind (Fam.) VII/2 724
- Joh. (Pfr Kirchenlamitz) IV 724
- Stephan (Dek.St.Stephan) IV 441, 461, 483, 653, 743, 924f
- Ulr. (Bayreuth) IV 881

Schneider, Albrecht (Wirsberg) IV 1011f
- Andreas IV 1039; V 22
- Apel (Weidhausen) IV 264
- Bartholomäus VI 628
- Bertholt (Forchheim) IV 272
- Blasius (Bbg) IV 573
- Brechtel (Betzenstein) IV 20
- Chr. (Bbg) IV 605
- Dorothea (Bbg) VI 61
- Eberhard (Fischbach) III 684
- Friedr. III 450; IV 643, 969
- Fuchs (Ebermannstadt) IV 611
- Gg IV 607; VI 64
- Gerhaus (Fischbach) III 684
- Hans IV 86, 264, 643, 969, 1012; VI 58
- Heinz IV 27; V 22
- Hermann III 506; IV 115, 961
- Joh. (Pfr Teuschnitz) V 288
- Konr. III 743; IV 1015
- Madgalena (Bbg) VI 43
- Mercklein (Wernsdorf) IV 169
- Otto III 285f; IV 145
- Peter (Pottenstein) IV 27
- Ulr. III 285, 308

Schneiderbanger, Konr. VII/2 726f

Schnelhard (PN) I 496

Schnell (Fam.) VI 679
- Konr. (Pfr Birk) IV 889

Schneller, Friedr. VII/2 44, 320f, 340, 367

Schnepf, Eberhard III 198
- Lorenz V 2

Schnepfenbach (nö.Wbg) IV 340

Schnepfenreuth (Stadtt.Nbg) II 64, 522

Schnerrer, Konr. (Waischenfeld) IV 488

Schnetzer, Gg Bonifaz (Prie.) VII/2 335, 344

- Joh. Gg (Pfr Staffelstein) VI 679

Schney (Fl.) I 21; II 502

Schney (n.Lichtenfels) I 21; II 502; III 419; IV 275, 324f, 343, 345, 452, 614, 703, 758; V 465; VI 199, 229, 254, 398; VII 101f; VII/2 610

Schniegling (Stadtt.Nbg) II 477; III 100

Schniegling, Berthold v. II 477

Schnitzer, Matthias Salomon (Neustadt/A.) VII 80

Schnöd, Ulr. III 738, 743

Schnüpfferling, Gg (Neuses) VI 86

Schnuger, Jobst (Pfr Illesheim) IV 1008

Schnupp, Joh. (Scheßlitz) V 513f

Schober (Fam.) III 156

- Gg (Lindenhardt) IV 354
- Hans IV 424
- Heinr. (Ebing) III 716
- Konr. (Bbg) IV 420

Schobert, David (Dek.) IV 890

- Gg IV 607
- Sigmund Friedr. (Strullendorf) VII/2 553

Schockler, Heinr. IV 924

Schoder (Fam.) VII 279

- Konr. (Nbg) III 724

Schöderlein, Adelheid (Bbg) III 547

- Hermann (-) III 547

Schöffelius, Thomas (Pfr Kautendorf) IV 936

Schöllnach (sö.Deggendorf) III 380

Schön, Konr. (Kan.St.Jakob) III 457, 473, 485

Schönaich (nw.Scheinfeld) III 267

Schönanger (ON) III 642

Schönau (ON) I 21

Schönau, v. (Fam.) VI 702f

- Elster v. VI 707
- Luitpold v. II 401
- Marquard v. II 401

Schönbach (sö.Haßfurt) III 230, 310, 589; VI 519f

Schönbeck (Fam.) VI 607

Schönberg (sö.Lauf/P.) III 428

Schönberg, v. (Fam.) VI 705

- Poppo v. II 297
- Ulr. v. II 333, 486

Schönberger (Fam.) VI 132

Schönborn (Österr.) VII 4, 9, 26, 62

Schönborn, v. (Fam.) VI 364, 491ff, 580, 642, 655, 682, 688; VII 116, 153, 293, 303ff; VII/2 67, 91, 93, 153, 296, 325, 330, 334, 348, 369, 373f, 396, 421, 433, 505, 569, 640, 682

- Anna Charlotte Maria v. VI 712
- Anna Phlippina v. VI 717
- Anselm Franz v. VII 304f
- Berhardine v. VII 95, 97f
- s.u. Damian Hugo v. (B.Konstanz u.Speyer)
- Eleonore v. VII/2 67
- Eugen Erwein v. VII 304f; VII/2 327, 329ff, 373f, 421, 423, 433f
- Eva Theresia Philippina v. VII/2 374
- Franz Erwein v. VI 627, 650

- s.u. Franz Gg v. (Kfst v.Trier)
- Franz Gg v. (Dh.) VI 707
- Franz Joseph v. VI 717; VII/2 273f, 374
- Franz Lothar v. (Dh.) VII 304f, 710
- Friedr. Carl Gg v. VI 659; VII 19
- s.u. Friedr. Karl v. (Reichsvizekanzler, B.Bbg u.Wbg)
- Gg v. VI 711
- Geschway v. VII 73, 75, 88, 305
- Joh. v. VII 251
- Joh. Erwein v. VI 583
- s.u. Joh. Ph. v. (Eb.Mainz; B.Wbg)
- Joh. Ph. v. (Malteserritter) VI 583
- s.u. Joh. Ph. Franz v. (B.Wbg)
- Johanna v. VII 50, 73, 75, 88f; VII/2 374
- Joseph Franz Bonaventura Kilian v. (Dh.) VII 50, 88f, 95, 97f, 310
- s.u. Lothar Franz (Eb.Mainz; B.Bbg)
- Maria Clara v. VI 711
- Maria Sophia v. VII 116
- Maria Ursula v. VI 707
- Marquard Wilh. v. (Dpr.) VI 653, 656, 671, 684, 689, 711, 717; VII 5ff, 12, 14, 16f, 23ff, 29, 36, 79, 95, 98, 135, 144, 160, 173, 205, 209f; VII/2 4, 27, 31, 36, 38, 98, 107f, 111, 121, 164, 166, 171f, 185-188, 193, 197, 200f, 221, 224, 270, 301, 303f, 309, 322, 329, 335, 339f, 348, 354, 360f, 364f, 369-377, 390, 407f, 441, 748, 751
- Melchior Friedr. v. (Dh.) VI 580, 583, 615, 623, 627, 711; VII 116, 282, 310
- Melchior Friedr. Karl v. (Dh.) VII/2 134, 751
- Melchior Otto v. VI 693
- Ph. Erwein v. VI 706
- Rudolf Franz Erwein v. VI 491; VII 8ff, 16, 23, 49f, 188, 191f, 195f, 236, 280, 282, 305ff; VII/2 13, 17, 19, 40, 90-93, 153, 274
- Theresia v. VII 50, 73, 75, 88f, 91
- Wilh. v. (Dh.) VI 652, 654, 669

Schönbrunn (sw.Lichtenfels und sw.Bbg) I 21; II 106, 499; III 165, 271, 379, 616, 686; IV 176, 223, 317, 400, 480, 604, 622, 736, 745; V 339, 444; VI 36, 166, 181, 628, 645, 659; VII 43, 100, 102, 245; VII/2 120, 230, 393, 479

Schönbrunn, Arnold v. II 106
- Bruno v. II 378
- Eberhard v. II 378, 511
- Gerhard v. II 497
- Heinr. v. II 511
- Joh. Martin v. VII/2 120
- Otto v. II 106, 494, 497, 529ff, 625, 638, 640, 642ff
- Poppo v. II 94, 106, 153, 378, 494f
- Tute v. III 80
- Volker v. II 106

Schönburg, v. (Fam.) VI 704, 707
- Caroline v. VII/2 581, 602
- Joh. Eberhard v. VI 161, 275, 279

Schöndorf, v. (Fam.) VI 421
- Rudolph v. (Lichtenfels) VI 417

Schöneck (Sachs.) IV 564

Schönenbrunn (sw.Wunsiedel) III 80; IV 736

Schöner, Friedr. (Scheßlitz) III 655
- Joh. (Bbg) V 439
- Joh. (Weihb.Bbg) VI 118, 133, 162, 222, 245, 297, 324, 330, 374, 414
- Joh. (Pfr Pretzfeld) VI 90
Schönfeld (nö.Ebermannstadt) I 330; II 67, 277, 378, 391, 478; III 446f, 716; IV 76, 79, 294, 549, 583, 1000f; V 336, 406, 493; VI 88, 196, 525; VII 93; VII/2 326, 357, 428, 531
Schönfeld (nö.Pegnitz) II 133; IV 33, 99; VII 108
Schönfeld, v. (Fam.) VII/2 18, 168
- Adeloth v. I 330, 333f
- Bruno v. II 277, 378, 391
- Chr. Heinr. v. VI 643
- Eberhard v. II 277, 378
- Poppo v. II 67f, 133
Schönfelder, Joh. (Bbg) V 151
- Joh. (Kan.St.Gangolf) V 495
- s.u. Petrus (A.Langheim)
Schönfritz (Fam.) IV 423
Schönhanß, Apollonia (Bbg) VI 71
- Deinhart (-) VI 71
Schönherr, Gerhaus (Bbg) III 633
- Konr. (-) III 633
Schönhofen, v. (Fam.) s.u. Dittrich v.Schönhofen
Schönleben, Friedr. (Generalvikar) IV 441, 873, 936
Schönlein, Gg (Bbg) VI 66
- Joh. Theodor (-) VII 298
Schönlind (sö.Amberg) II 468
Schönlohe (FlN.) IV 794
Schönsee (nö.Schwandorf) VI 611

Schönsreuth (w.Lichtenfels) I 21; II 501f, 638, 640; IV 343; VII 102
Schönsreuth, Hermann v. II 640
Schöntal (B.-W.) IV 469; VI 144; VII 86; VII/2 716
Schönwald (w.Hof) IV 783
Schöppach (ON) III 21
Schöps (Thür.) II 464
Schördorf, v. (Fam.) VI 421
Schörlein (Fam.) III 543
Schörner, Joh. (Strullendorf) VII/2 670
Schörpfer, Konr. (Kitzingen) IV 738
Schöttl, Elis. (Forchheim) V 494
- Hans V 494
- Sebastian (Pfr Vogelsbach) V 494
Schoffel, Nikolaus (Gefrees) IV 908
Scholl, Bartholmäus (Hersbruck) IV 446
- Friedr. (Geiganz) III 34
- Heinr. III 34, 714
- Hermann (Nbg) III 734ff
- Kaspar (Stuttgart) IV 1055
- Konr. (Geiganz) III 34
- Kunig. (Nbg) III 734ff
- Leupolt III 713f
- Marg. III 713
- Simon (Bbg) IV 578
- Stefan (Marloffstein) IV 446
- Ulr. (Gesees) IV 889
Scholz (FlN.) III 664
Schomall (B.-W.) IV 586
Schonach (B.-W.) VI 257
Schondorf, Lukas (Pfr Wonsees) IV 278, 934, 966, 1015f
Schondra (nw.Kissingen) II 137

Schonenstein, Hermann II 661
Schoner (Fam.) IV 718
- Gg (Nbg) V 20
- Joh. (Weihb.Bbg) V 265, 267, 311, 314, 316, 318-321, 336f, 342-348, 350f, 366f, 376, 384, 412-415, 420-432, 477, 509, 517
- Jost V 20
- Jutta IV 951
- Konr. (Kulmbach) IV 951
Schongau (OB.). III 425; VII/2 290
Schonhover, Sebastian (Bildhauer) III 257, 760
Schonnenburg, Gg v. V 119
Schonsteter, Heinr. (Pfr Wunsiedel) IV 1025ff
Schonungen (ö.Schweinfurt) II 522, 566; IV 429
Schopf, Erhart (Pfr) IV 445
- Gg (Burgkunstadt) VI 85
Schopper (Fam.) III 44
- Christian (Lauf/P.) IV 124
- Friedr. (Nbg) III 720f
- Heinr. III 737
- Michael V 331
- Peter (Bbg) III 501
- Wolfgang (Kan.St.Stephan) V 480
Schorgast, Otto v. II 635
Schorkendorf (sw.Coburg) III 659, 671
Schorn, Hermann (Zentbechhofen) III 183
- Veit (Schmachtenberg) VI 46
Schornweisach (n.Neustadt/A.) III 405; IV 783, 788, 992; VII/2 574
Schorr, Dorothea (Schmachtenberg) VI 47

Schossaritz (nö.Gräfenberg) II 478; IV 613
Schott (Fam.) VII/2 375
- Anna III 664
- Dorothea (Forchheim) V 489
- Engelhard III 666
- Friedr. IV 158
- Hans IV 614, 659, 663, 771
- Heinr. II 642; III 69; IV 147
- Hieronymus V 245
- Joh. (Kan.St.Stephan) VII/2 409, 416, 511, 556, 561, 617, 628, 651, 654, 659
- Konr. III 455; IV 87, 400, 504, 556ff, 561, 610, 639, 683
- Lambert (Hof) IV 927
- Ludwig III 69, 654
- Lutz IV 283
- Marg. III 664
- Marianus II 393
- Marquard II 614
- Moritz IV 383
- Osanna III 664
- Paulus (Forchheim) V 489
- Ph. IV 810
- Wolf IV 86f
Schottenau (Stadtt.Wbg) III 655
Schottenhammer (w.Hof) VII/2 574
Schottland II 46, 393, 630f; VI 614
Schramm (Fam.) VI 41, 51
- Dominikus (Michelsberg) VII/2 512
- Gg VI 188
- Heinz (Geisfeld) IV 6ß9
- Joh. (Bbg) VI 54
- Michael VI 230

Schrantzer (Fam.) V 168
Schrappach (sw.Bbg) II 512
Schraub (Fam.) VI 45
Schrauß, Nikolaus (Pfr) IV 864
Schrecksmaul, Nikolaus IV 410
Schreiber, Albert (Kan.St.Stephan) III 64
- Hans (Ludwigsstadt) IV 963
- Heinr. III 76, 199, 682
- Heinr. (Kan.St.Jakob) III 555
- Heinr. (Kan.St.Stephan) III 529
- Joh. (Kan.St.Jakob) III 75
- Konr. III 294; IV 963
- Nikolaus (Kan.St.Gangolf) III 75
- Seibot (Forchheim) III 566
- Ulr. (Kan.St.Jakob) III 555
Schreidt, Ulr. (Kulmbach) IV 948
Schreiner, Ulr. (Kulmbach) IV 1003
Schremmig, Heinz IV 609
Schrendner, Joh. (Pfr Egloffstein) VI 121
Schrenker (Fam.) III 570
Schrenz (Sa.-Anh.) I 191
Schrepfer, Abraham (Pfr) V 441, 444, 454
- Kunig. VI 33f
Schreyer (Fam.) VII 171
- Anna Maria VII/2 600
Schrimpf, Kunig. (Unterleinleiter) IV 789
Schrobenhausen, Diepold v. II 544
- Ulr. v. II 544
Schröffel (Fam.) VII 287
Schrötel (Fam.) VI 109
- Chr. (Bbg) VI 50, 72
- Gg (Hallstadt) VI 36

- Kath. VI 72
- Kunig. VI 72
Schröter, Heinr. III 743
- Konr. (Nbg) IV 717
Schroll (Fam.) III 32
Schroter, Friedr. (Pfr) IV 982
Schrotsdorf (ö.Nbg) III 138, 156
Schrott, Albrecht (Streublingen) IV 196
- Gerhaus (-) IV 196
Schrottenbach, v. (Fam.) VI 652; VII 9, 50; VII/2 38
- Emmerich Joseph v. (Dh.) VII/2 685, 756
- Franz Ludwig v. (-) VII/2 706, 755
- Otto Ph. v. VI 691
- Wolfgang Ph. v. VI 456, 463, 489f, 494, 498f, 501, 504, 510, 517, 529ff, 547, 627, 653, 663
Schrüfer, Albert (Domvikar) IV 57
- Gangolf V 23
- Heinr. (Bbg) IV 275
Schubart, Hermann (Pettstadt) IV 270
- Kath. (Bbg) V 324
- Konr. (Pfr Frensdorf) IV 421
- Lorenz (Seußling) V 346
- Wolf (Nordhalben) IV 520
Schubel, Pola (Nbg) IV 578
Schubert (Fam.) VI 563; VII 110; VII/2 56, 126, 155, 165, 326, 407f, 435, 585, 643
- Benno (Bbg) VII/2 730
- Ernst (Generalvikar) VI 574, 579, 621
- Joh. Gg (Fürth) VII/2 106, 172

- Joh. Werner (Pfr Giech) VII 286
- Konr. (Bbg) IV 232
- Michael Heinr. (Kan.St.Gangolf) VII/2 389, 520, 597, 605f, 647, 691, 707, 721, 744
- Ortlein IV 86
- Otto IV 294f

Schuchwurt, Eberhart (Bbg) III 57

Schüll, Joachim Leonhard (Wbg) VII/2 35

Schünnemann (Fam.) V 310

Schuerrer, Konr. IV 612

Schürstab, Erhard (Nbg) IV 104
- Leo (-) IV 795f
- Leupold (-) III 338, 732, 738, 749

Schüstel, Gottfried (Ützing) III 309

Schütensame, Hans (Bayreuth) IV 881

Schütfels, Herdegen (Eger) IV 974

Schütlein, Hans (Nankendorf) IV 152

Schütz (Jesuit) VII 93, 97, 113, 253
- Albert (Bbg) III 757
- Albrecht (-) III 554
- Andreas (-) VI 227, 241, 306
- Dorothea IV 604
- Eberhard III 669; IV 901
- Friedr. III 266; VI 227, 241, 309
- Gottfried (Emskirchen) IV 628
- Hermann (Marloffstein) IV 17
- Hieronymus V 328, 402, 457; VI 195, 222
- Jakob VI 144; VII/2 42, 141
- Joh. IV 238, 240, 322; V 488
- Karl (Marloffstein) IV 410, 685
- Kaspar (Kirchehrenbach) VII 53
- Konr. III 40f, 198, 271, 600, 725
- Krafft (Marloffstein) IV 446
- Leupold III 560
- Lorenz (Bayreuth) IV 871
- Otto (Niesten) III 266
- Pongratz (Königsfeld) IV 472
- Sebastian (Uttenreuth) IV 446
- Walter III 560

Schütz v.Holzhausen (Fam.) VI 711; VII/2 89

Schütz v.Laineck, Arnold III 335
- Heinr. III 662
- Konr. III 294, 391

Schuhmann, v. (Fam.) VII/2 495, 679
- Anna Maria (Gößweinstein) VII/2 413
- Barthel (Schlüsselfeld) IV 845
- Friedr. VII/2 413
- Hans IV 810
- Hans Martin (Bbg) VI 541
- Joh. (Stadelhofen) VI 87
- Joh. Gg v. VI 584
- Ulr. III 551
- Wilh. (Kpl.Staffelstein) IV 159

Schuhtel, Heinr. (Ützing) III 626

Schuhwart, Adelheit (Rosenbach) III 570
- Hermann (-) III 570

Schulburten, Michael (Demantsfürth) IV 102

Schuler (Fam.) III 662, 751; VII/2 725
- Chr. (Schweinfurt) V 356, 359
- Daniel V 294
- Gg Andreas V 294
- Hans Ph. V 294

- Jakob V 294
- Marg. V 294, 308, 360
- Ph. (Schweinfurt) V 356
- Wolf Chr. V 294

Schulmeister, Hermann (Bbg) III 560

Schulmühle (ON) IV 491

Schulpforta (Sa.-Anh.) II 584, 655, 661
- A. s.u. Winemar

Schulterlin, Adelheid (Hollfeld) III 127
- Hermann (-) III 127

Schultheiß (Fam.) III 138; VII 176f; VII/2 654
- Alexander V 52
- Anna IV 871, 882
- Eberhard III 506
- Friedr. III 15, 57, 70; IV 316, 502
- Gg (Staffelstein) IV 283
- Gottfried II 550
- Hans III 632; IV 593, 606, 882, 984
- Heinr. III 603; IV 899
- Hermann (-) III 602
- Jakob (Bbg) III 59
- Joh. IV 276, 319; VI 157, 175
- Kath. III 603
- Konr. (Höchstadt/A.) III 703
- Marquard (Wbg) III 457
- Theoderich (Iphofen) III 715

Schulz, Joh. Gg VII 166
- Stephan (Theres) VII/2 329
- Tobias VII/2 318, 320, 343

Schumacher, Anna Dorothea (Bbg) VI 542
- Joh. (-) VI 542

Schumm, Erhard (Bbg) VII/2 623, 675
- Joh. Albert (Wien) VII 44, 66
- Konr. (Bbg) III 54

Schunder, Andreas VII/2 375

Schupf (sö.Hersbruck) II 54, 144; III 111

Schupferling, Gg IV 810
- Hans IV 810; V 383
- Veit IV 810

Schupffisch, Hermann (Bbg) III 544
- Kunig. (-) III 544

Schuppen, Heinr. VI 296

Schurger, Marquard (Bbg) III 656
- Walburga (-) III 656

Schurrich, Rumold II 597, 614

Schuß, Martin (Kirchenlamitz) IV 938

Schußbach (sö.Windsheim) II 293

Schuster, Alois VII/2 698f, 711
- Apel III 701
- Hans (Bbg) VI 67
- Heinr. (Hersbruck) IV 129
- Kaspar IV 1032
- Konr. (Wunkendorf) III 307

Schustlein (Fam.) III 624

Schutfeld, Herdein (Hof) III 223, 226, 228

Schutfell, Adelheid (Kulmbach) IV 920
- Gg (-) IV 920

Schuttern (B.-W.) I 138, 146, 170, 334; II 148; III 442; IV 227f, 345, 422, 442, 467f, 521, 546, 771, 805; V 3, 69, 161, 228, 297; VII 51; VII/2 517, 584

- A. s.u. Franz; Friedr.; Joh.; Konr.; Stephan; Thomas

Schuttmuss, Konr. (Forchheim) III 599

Schutzbar (Fam.) VI 505, 697f, 705, 708, 715; VII/2 241

- Anna Kath. VI 700
- Anna Marg. VI 543
- Anna Maria VII 213
- Eberhard IV 411
- Ernst VI 716
- Franz Gg Heinr. (Dh.) VI 716; VII 24, 79, 142, 235, 240f, 243, 245, 277, 282, 311; VII/2 30, 750
- Gg Wilh. Casimir (-) VI 568, 572, 581, 586, 632, 710f, 715
- Hermann Wilh. V 406
- Joh. Ernst (Dh.) VI 710f
- Maria Amalia VI 716
- Ph. Marquard VI 505, 535
- Ph. Reinhard Eberhard (Dh.) VI 710
- Wilh. Gg (-) VI 710

Schuwurt, Albert (Bbg) III 554

- Kunig. (-) III 562

Schwaan, Peter (Jesuit) VII/2 399, 409

Schwab (Fam.) III 614

- Adelheid (Bbg) III 597
- Ägidius IV 1030
- Dietrich III 543
- Gg IV 551, 564
- Gottfried III 543
- Hans IV 540, 1030
- Heinr. III 597; IV 469
- Kilian V 164
- Michael (Pfr Hollfeld) V 498
- Nikolaus IV 1030

Schwabach (Fl.) I 6, 62, 154, 157, 408; III 140, 286, 428, 698; VI 201

Schwabach (Mfr.) II 277, 512, 514, 586, 602, 619; III 719, 737f, 751; IV 454, 762, 993, 1044; VI 164, 185, 187; VII/2 210, 212

Schwabach, Berthold v. II 277

- Konr. v. (Prie.Nbg) III 143, 725, 737f, 749
- Peter v. III 725

Schwaben I 9, 32, 42f, 54f, 59, 61, 74, 78, 83, 87, 89, 101, 119, 183, 197, 212, 238, 252, 273, 360, 367, 387, 404, 457f, 463, 469, 478, 480, 483f, 497, 499; II 8, 11, 15, 24, 28, 31, 46, 79, 117f, 222f, 274, 308, 313f, 373, 395f, 408f, 420, 456, 468, 487, 514, 528, 546, 551, 583; III 218, 295, 334, 339, 350, 412, 436; VI 360, 538f, 552, 605, 608; VII 71; VII/2 143, 175, 226, 503, 702

- Hzg s.u. Babenberg, v.; Burkhard; Friedr.; Hadewig

Schwaben, Gg v. IV 484

- Gisela v. I 78, 183, 212, 238, 293, 309, 334f
- Joh. v. III 19
- Konr. v. II 514

Schwabenberg (abgeg.;Ofr.) III 677

Schwabengau (Landschaft) I 143, 153

Schwabthal (sö.Staffelstein) II 385; III 374, 523f

Schwäbischer Bund III 359, 416, 424-427, 430

Schwärzdorf (nw.Kronach) II 402, 422; III 273, 326, 334, 518

Schwager (Fam.) V 6

Schwaig (ö.Ingolstadt) II 294

Schwaig, Hans (Selb) IV 997

Schwaiger, Joh. III 93

Schwaigersried (ON) II 133, 145, 332

Schwaighofen (ON) II 54

Schwalb, Joh. V 430

Schwalbach, s.u. Joh. Friedr. v. (A. Fulda)

- Ph. Jakob v. V 99

Schwalbenholz (ö.Lichtenfels) III 668

Schwammaus, Siegfried (Bbg) III 535

- Wolflein (-) III 547

Schwan, Burghart III 499

Schwanberg (ö.Kitzingen) III 96

Schwanberg, v. (Fam.) IV 255

- Burian v. IV 410

Schwand (nö.Kulmbach) II 383; III 421; IV 993f

Schwanfeld (s.Schweinfurt) II 288

Schwanhäußer, Eustachius IV 817, 860f

- Hans (-) IV 569f

Schwaningen, Konr. v. III 58

Schwansdorf (abgeg.;Ofr.) III 658

Schwartenberg, Chr. v. IV 495, 701, 764

Schwarz (Fam.) VII/2 96f, 189, 508

- Barb. (Bbg) VI 40, 77

- Bertrada II 452

- Chr. (Bbg) VI 150

- Diemut II 452

- Eberhard II 386, 452

- Friedr. (Bruck) IV 892

- Gg (Ziegelanger) IV 648

- Gertrud II 452

- Hans IV 591, 978; VI 76ff

- Heinr. III 64, 757

- Ildefons (Banz) VII/2 617

- Konr. IV 758, 904

- Ottilie (Bbg) VII/2 446

- Peter IV 618; VI 90

- Vältin (Kan.St.Stephan) V 330

- Wilh. (Köditz) IV 939

Schwarzach (Fl.) I 6, 266; II 646

Schwarzach (Stadt-, Münster-;ö.Kitzingen) I 266; II 504; III 336, 342, 347, 458, 645, 652, 695, 697f; IV 84, 246, 356, 731, 742, 785; V 65, 116, 467; VI 128

- vgl. Münster-; Stadt-

Schwarzach (B.-W.) VII/2 716

Schwarzach, Albertus v. II 346

- Apel v. I 487; III 695

- Bern v. I 487

- Hartwig v. II 460

- Herold v. II 460

Schwarzacher (Fam.) III 326

Schwarzbach, Chr. Jakob Böheim v. VI 542

Schwarzburg, v. (Fam.) III 359, 371f, 379, 427, 691; VI 608

- Balthasar v. IV 471, 955, 964

- s.u. Friedr. v. (Eb.Köln)

- s.u. Gerhard v. (B.Naumburg u. Wbg)

- Günther v. III 209, 211, 216f, 255, 372, 438f; IV 69

- Hans Günther v. (Dh.) IV 1064
- Heinr. v. II 500; III 305, 371f, 691, 756; IV 85
- Joh. v. III 217, 346, 379, 439
- Otto v. (Dh.) III 15, 36, 49, 57, 654, 753f
- Reicheza v. III 216ff

Schwarzconz, Jakob VI 42, 45f, 51, 54, 56, 59, 64, 66, 72, 75f, 78, 257, 293

Schwarzenau (ö.Wbg.) VI 492; VII/2 85, 628

Schwarzenbach (sw.Höchstadt/A.) I 408; IV 107, 559, 632; VI 173, 210

Schwarzenbach am Wald (w.Hof) I 330; IV 386, 724, 742, 922, 995; VI 118

Schwarzenbach an der Saale (s.Hof) III 76, 226, 502; IV 374, 736, 742, 995; VI 542

Schwarzenbach, Albert v. IV 917

Schwarzenberg (nö.Cham) II 478

Schwarzenberg, v. (Fam.) IV 559, 632; VI 93, 173f, 188, 376, 401, 492, 702
- Berthold v. II 443
- Chr. v. IV 495, 701, 764
- Erkinger v. (Dh.) IV 883, 980
- Friedr. v. IV 91f, 632, 776; V 518
- Gg Ludwig v. VI 93
- Hans v. VI 27
- Joh. v. IV 441, 458f, 462, 478, 483, 491f, 506, 523, 526, 540, 589, 597, 671f, 675, 688, 712, 717
- Joh. Gerwig v. (Dh.) V 97, 521, 527
- Michael v. IV 302, 384
- Paul v. (Dh.) IV 578, 653, 671, 692, 1058
- Sebastian v. V 97, 521
- Sigmund v. IV 384, 401, 418, 890, 986, 1024

Schwarzenfeld (n.Schwandorf) I 151

Schwarzenreuth (s.Wunsiedel) IV 1006

Schwarzhuber, Andreas (Niederaltaich) IV 441

Schwarzmann (Fam.) VI 67
- Bezold (Hirschaid) IV 153f
- Kunig. (Bbg) VI 45
- Pankraz (-) VI 38, 70

Schwebelein (FlN.) III 668

Schwebheim (sw.Windsheim) IV 739, 893

Schweblein, Seyfried (Bbg) III 595

Schweden I 176, 180; II 156; III 727, 744; VI 117, 160, 164, 166, 168f, 179f, 188, 190, 192ff, 196f, 199, 202ff, 206, 209, 212f, 218-221, 223, 225, 227f, 234, 238-243, 245f, 248-252, 254ff, 260f, 263, 267, 274, 276ff, 280, 282-288, 290, 299, 303, 307, 310, 315, 317, 325f, 328f, 341, 362, 376f, 380, 385ff, 391, 393f, 402, 415, 426, 428, 539, 613, 623; VII 49, 94, 96; VII/2 280, 539, 719
- Kg s.u. Christine; Friedr.; Gustav; Olaf
- s.u. Brigitta v. (Hl.)

Schweher (Fam.) IV 684

Schweickart, Anna V 519
- s.u. Joh. (Eb.Mainz)

Schweidnitz (Polen) I 184; VII/2 280

Schweiger (Fam.) VI 698

- Hans IV 12
- Joh. (Pfr Bischofsgrün) IV 890

Schweinacher, Konr. III 527

Schweinachgau (ö.Deggendorf) I 112

Schweinau (Stadtt.Nbg) IV 784; VI 664

Schweinbach (s.Bbg) II 54; VI 204

Schweiner, Anna (Zeil) VI 65
- Hans (-) VI 65

Schweinfurt (Ufr.) I 18, 31, 87, 215, 224, 360; II 509, 653; III 132, 193, 283, 358, 367, 383, 416, 431, 436, 495, 714; IV 56, 317, 405, 465, 638, 688, 825, 829, 834f, 838; VI 143, 148, 161, 163, 167, 177, 184, 193, 207f, 239, 248, 251, 256, 262, 285, 287, 331f, 340, 351, 358, 361f, 373, 376f, 401, 493, 514; VII/2 34, 488, 677, 715, 722, 731

Schweinfurt, Heinr. v. I 32, 37, 57, 64f, 71, 80-85, 87f, 94f, 105f, 171, 215, 224, 344
- Judith v. I 487f; II 63
- s.u. Otto v. (Hzg v.Schwaben)
- Wirnto v. I 360

Schweinfurter, Gg (Bbg) IV 470
- Hans (Kan.St.Stephan) V 98
- Hieronymus (-) V 220, 252f, 273, 343, 491
- Jakob (-) V 108
- Joh. IV 52, 108, 221

Schweinlein, Heinr. (Bbg) III 570f, 601
- Kunig. (-) III 570f, 601

Schweinsberg (abgeg.;Ofr.) II 291, 410

Schweinsdorf (ö.Ebern) III 678, 683

Schweinshaupt, v. (Fam.) III 147
- Albert v. (Dh.) III 236, 238, 559, 757
- Andreas v. III 300
- Apel v. (Dh.) III 688
- Leupold v. (Dh.) III 81, 105f, 143ff, 147f, 157, 159, 162, 165, 188, 191, 193, 195, 198, 201, 234f, 530, 533f, 593, 670
- Paul v. III 444, 501
- Peter v. IV 347
- Reicholf v. III 268, 285, 688

Schweinshaupten (nö.Hofheim) IV 507

Schweinshut (abgeg.;Thür.) II 802; III 2

Schweinstock (FlN.) III 674f

Schweinthal (ö.Forchheim) I 374; III 298, 300, 538, 612; V 474

Schweisdorf (nö.Bbg) II 572, 642; III 375, 523

Schweisdorf, Adelheid v. III 612
- Elis. v. III 612
- Hedwig v. III 612
- Heinr. v. (Prie.) III 60, 606f, 610, 612, 614, 617, 619
- Merbodo v. II 642
- Poppo v. II 572
- Wolprand v. II 642

Schweisdorfer, Simon (Michelsberg) IV 44

Schweiz III 83, 218, 242; VI 613, 647, 662; VII 50, 264; VII/2 697, 708

Schweizer (Fam.) II 492; III 639
- Ullmann (Fürth) VII/2 171

- Wilh. (Pfr Langensteinach) IV 954
Schwelm (NRW) II 116
Schwemmlein (Fam.) VII/2 255
Schwend (nö.Neumarkt/Opf.) II 111
Schwendner, Jobst VII/2 504
Schweningen, Albert v. (Kan.St.Stephan) III 526
- Albrecht v. (Domvikar) III 54
- Seyfried v. (-) III 54
Schwenz, Heinr v. (Prie.) III 535
Schwerin (Mbg-Vp.) III 744
Schwermlein (Fam.) III 97
Schwertfeger, Elis. (Bbg) III 581
- Heinr. (-) III 449, 581
- Seyfrid (-) III 581
Schwertmacher, Andreas IV 671, 727
- Heinr. (Pfr Weismain) IV 727, 805
- Pankraz (Weismain) V 262
Schwertner, Rupert (Spital a.Pyhrn) IV 803; V 21
Schwertzel v. Willingenhausen (Fam.) VI 704
Schwerzer, Karl (Bbg) IV 593, 605
Schwerzlein, Jakob (Staffelstein) VI 11
Schwesendorf (ö.Hof) III 222
Schwesner (Fam.) VII/2 54, 340
- Michael VII 110
Schweyer, Kaspar (Pfr Rehau) IV 989
Schweygereß, Martin IV 522
Schwimbach (sö.Roth) III 181
Schwind, Apel IV 149
- Heinr. (Kan.St.Stephan) IV 35, 40, 52, 120, 122, 146, 149, 155, 193, 202

Schwindelt, Hedewig (Bbg) III 567
- Walter (-) III 567
Schwingen (s.Hof) III 502; IV 450
Schwingen (s.Kulmbach) III 294; IV 78
Schwinger (Fam.) VII/2 318
Schwingerlein, Jonathan (Nbg) VI 74
Schwinn, Anna (Zeil) VI 65
- Hans (-) VI 65, 71
Schwirsnitzer, Konr. IV 974
Schwornberg (FlN.) III 541
Schwürbitz (nö.Lichtenfels) I 5; III 146, 695f; IV 327, 355, 585; V 65, 440, 468; VI 83, 132, 169, 441, 655f, 679; VII 135; VII/2 27, 223, 344
Schwürz (s.Bayreuth) IV 79
Schyreln v.Reuth, Esaias (Villach) V 345
Scinriut (PN) II 592
Scowenberg, Hermann v. II 494
Scranvelt, Fritz v. III 43
Scuhz (ON) II 584
Sebald (Hl.) I 159f, 367, 417f
- Bamberger (A.Heilsbronn) IV 512, 897
Sebald (Fam.) VII/2 512, 528
- Hertel IV 961
- Oswald (Pfr Berneck) IV 887
Sebastian (Hl.) VI 324
- Leonmüller (A.Arnoldstein) VI 17
- Sinttersberger (A.Ensdorf) IV 525
Sebec (n.ident.) I 320
Seberg (FlN.) II 132, 389, 469
Seberin, s.u. Brigitta (Ä.Schlüsselau)

Sebers, Nikolaus (Bbg) V 181
Seburga (PN) I 19; II 560
Sechell, de (Fam.) VII 203
Seckau (Österr.) V 268; VII/2 655
- B. s.u. Martin
Seckel, Isaak VI 596, 623
Seckendorf (w.Fürth) III 383
Seckendorf, v. (Fam.) III 162, 377, 380; VI 194, 217, 300f, 699; VII 90, 196, 201; VII/2 234, 604, 612, 614, 617
- Agnes v. III 162
- Albrecht v. IV 208
- Anna v. V 331, 518
- Apel v. III 746; IV 418, 492
- Arnold v. III 162, 219, 276, 747ff; IV 6, 74, 178, 202, 215, 980
- s.u. Barb. v. (Ä.Sulz)
- Bernhard Wilh. v. VI 185
- Berthold v. II 474
- Burkhard v. III 39, 162ff, 214, 263f, 283, 406, 421, 616, 705f; IV 74, 79, 91, 884
- Christian Friedr. v. VII 77f, 90, 93, 124, 140, 186, 195, 201, 268
- Chr. v. (Dh.) IV 528, 577, 653, 702, 808, 814, 861f
- Eberhard Chr. v. (-) V 531; VI 244ff, 295, 298f, 368, 383, 424, 701
- Eberhard Valentin v. (-) VI 701
- Elena v. III 746
- Emmeran v. (Dh.) IV 855f, 860
- Erenfried v. III 391; IV 101, 103
- Ernst v. III 263, 421, 703
- Florian v. IV 802
- Friedr. v. III 163, 205, 283, 377, 652, 668, 882
- Friedr. Karl v. VII/2 510, 513, 521, 543, 633, 648
- Gg v. IV 882, 894
- Gg Friedr. v. VI 256, 274
- Gg Ph. v. VI 701
- Hans Chr. v. VI 141
- Hans Wilh. v. VI 706
- Heinolt v. III 163, 266, 271
- Heinr. v. III 126, 162, 724; IV 979f
- Heinr. Wilh. v. (Dh.) VI 706
- Jakob v. IV 57
- Joachim v. V 146
- Joachim Chr. v. V 342
- Joachim Konr. v. (Dh.) VI 379, 428f, 457, 461, 702
- Joh. v. III 406, 633; IV 73, 87, 273, 418, 424, 481, 492, 507, 528, 540, 604, 649, 755, 895, 1003, 1005
- Joh. v. (Dh.) III 392, 462, 507, 705ff; IV 21, 57, 138
- Joh. Friedr. v. V 331
- Joh. Gottfried v. (Dh.) V 95, 103, 149, 193, 219, 276, 319, 331, 502, 511, 520, 523, 525, 527
- Joh. Ph. (-) IV 708, 842, 1061; V 3, 6, 32, 76, 519
- Joh. Werner v. V 138
- Karl v. (Dh.) IV 323, 405f, 412f, 421, 437, 440f, 445, 447, 451, 1042
- s.u. Kaspar v. (B.Eichstätt)
- Kaspar v. IV 766
- Kath. v. III 535
- Konr. v. III 263, 283, 347, 383, 703

- Konr. v. (Mönch Michelsberg) III 607
- Kunig. v. V 331
- Lamprecht v. IV 346f
- Leupold v. (Kan.St.Stephan) III 395, 535, 541
- Lorenz v. V 520, 522
- Magdalena v. V 331
- Marg. v. IV 967
- Maria v. V 332
- Martin v. (Dh.) V 527, 530f; VI 9, 293, 295ff, 303, 329, 332f, 367, 374, 382, 406, 421, 424-427, 446, 698, 705
- Melchior v. IV 418
- Pankraz v. IV 882
- Parzival v. IV 418
- Paul v. IV 39
- Peter v. IV 894
- Rochius v. IV 651, 659
- Rosina v. V 331
- Sebastian v. IV 489, 551, 871, 967, 986
- Sixtus v. IV 444, 453
- Weigand v. (Dh.) IV 671
- Weipert (-) IV 405, 460f, 487, 498, 503, 532, 539, 600, 653, 674, 699
- Wilh. v. III 492, 753
- Wolf v. V 531
- Wolf Balthasar v. (Dh.) V 527; VI 9, 11, 82, 174, 211, 244, 280, 293, 296, 303, 330, 332f, 367, 383f, 417, 424, 426, 428, 699, 701f, 704, 706
- Wolf Chr. v. VI 421
- Wundel v. IV 605
- Wunibald v. IV 856

Seckendorf-Aberdar, v. (Fam.) III 164, 406; IV 507
- Konr. v. III 372, 377
Seckendorf-Hörauf, v. (Fam.) III 169
- Burkhard v. III 212, 214f
- Hans v. IV 48
- Joh. v. (Dh.) III 392, 395, 448, 462, 467, 471, 474, 507, 707
Secusia (It.) III 239
Seczkop, Walter III 2
Sedelmayer, Friedr. Otto (Prie.) VII/2 255
See (n.ident.) I 111, 116; II 134
See (nw.Amberg) II 134
See (sw.Burglengenfeld) I 116
See (ö.Kulmbach) III 325, 390
See (sö.Parsberg) I 111
Seebach (Fl.) I 6
Seebach (Österr.) III 272
Seebach, Tyle v. IV 903
Seeberg (Tschechien) IV 416
Seeberg, Dietrich v. IV 400
- Hermann v. IV 411
Seedorf (B.-W.) I 139; III 329
Seefried, v. (Fam.) VII/2 560, 580
- Dorothea Elis. Sophie Friederike v. VII/2 293, 295
- Wilh. Chr. Friedr. v. VII/2 293, 295, 334f
Seehof (ö.Bbg) VI 283, 560, 565, 595, 608, 610, 622, 690ff, 694ff; VII 23, 36f, 42, 42, 51, 75f, 81, 87, 89, 98, 138, 186, 188, 191ff, 197, 200f, 223, 247, 265, 268f; VII/2 15, 18, 40, 50, 57, 69, 72, 76, 84, 95, 97, 230, 238, 274, 277, 288, 297, 301, 351, 367, 379,

383, 409, 419, 424, 462, 451, 481, 488, 490, 503, 517, 557, 576, 585, 591, 605, 622, 629, 654, 660, 735

Seehofen, Amelbrecht v. II 275
- Werner v. II 275
Seel, Anna V 448
Seelach (nw.Regensburg) II 111
Seelend, Dorothea (Stadtsteinach) V 500
Seelig (nö.Ebermannstadt) IV 784
Seelmann (Fam.) VII/2 622
- Andreas (Kan.St.Gangolf) VII/2 274, 377, 385-389
- Heinr. (Staffelstein) VII/2 361
- Konr. (Bbg) III 54
Seenheim (sö.Uffenheim) I 20; II 509; IV 738
Seeon (nw.Traunstein) I 48
- A. s.u. Adalbert
Seereuter, Ambros IV 416
Seesen (Nds.) I 192
Segelbauer, Maria V 502f
Seger (Fam.) III 520
- Joh. (Prie.) IV 723, 1006f
- Marg. (Bbg) III 544, 576
- Ulr. (Münchberg) IV 878
Segni (It.) II 119, 401, 405, 411, 503, 588, 606
- B. s.u. Bruno
Segrisser, Braun III 551, 598
- Kath. (Bbg) III 598
Seibelsdorf (ö.Kronach) III 647, 671, 686; IV 14, 75, 85, 312, 440, 730, 733, 737; V 485; VI 89, 270
Seibot (PN) II 609
- der Wilde (Hetzles) III 140

Seibot, Gertrud (Eibelstadt) III 591
- Heinz IV 307, 374
Seichenrut (ON) II 478
Seidel (Fam.) III 139
- Hans VI 49, 85
- Hermann III 139
- Joh. (Pfr Walsdorf) V 73
- Matthäus (Pfr Lauenstein) IV 958
Seidenhausen (abgeg.;Ufr.) II 101, 483, 522
Seidler, Helena (Bbg) VI 50, 67
Seidwitz (nö.Pegnitz) III 94; IV 626, 943; VI 704
Seifersreuth (sw.Grafenau) II 145
Seifersreuth (nö.Kulmbach) VI 600
Seifersreuth, Dietrich v. II 485
- Hartmann v. II 485
- Herdegen v. II 485
- Hermann v. II 485
Seiffert (Fam.) VI 679
- Hans Adam VII 269
Seifried (PN) II 560, 582
- (Bbg) II 607, 609f, 618, 634, 664; III 569f
- (A.Michelsberg) III 645
- (Dh.) II 275, 547; III 199
- (Kan.St.Gangolf) II 598, 607, 609ff, 613, 615, 624f, 648
- (Kan.St.Stephan) II 4f, 25, 35, 56, 59, 88, 134, 153, 165ff, 173f, 180, 195f, 200, 204, 237, 292, 383, 385f, 389, 474ff, 480, 605, 622
- (Pfr Weismain) III 652
Seifried, Konr. III 694
Seigast (abgeg.;Opf.) II 144

Seigendorf (s.Bbg) III 24f, 119, 155, 581, 589, 596, 598; IV 153, 610, 643, 861; VI 524; VII 295

Seigendorf, Arnold v. I 383, 487

Seiler, Hans (Bbg) IV 573, 689, 692

Seinsheim (sö.Kitzingen) II 446; III 618, 620; VI 401

Seinsheim, v. (Fam.) III 294, 378, 380; VI 492, 563, 652; VII 73, 194, 293; VII/2 289-294, 396, 439f, 563, 725

- s.u. Adam Friedr. v. (B.Bbg u.Wbg)
- Anna Philippina v. VII 17
- Anselm v. IV 507
- Eberhard (Dh.) III 757
- Eispertus v. II 446
- Ekkelin v. III 618, 620
- Erkinger v. III 169, 214f; IV 198, 418
- Friedr. v. III 378; VI 717
- Gg Ludwig v. IV 824, 842; V 21, 57
- Gottfried v. IV 21, 470, 484
- Hans v. IV 809
- Hildebrand v. (Dh.) III 238, 353
- Joseph Franz Maria v. VII/2 78, 289-294, 307, 438ff
- Kath. Marg. v. VI 561, 563, 572f
- Konr. v. III 255, 283
- Marg. v. V 520
- Maximilian v. VII/2 438-441
- Maximilian Franz v. VII 17
- Maximilian Franz Maria v. VI 627, 717; VII 17
- Michael v. IV 380
- Ph. Karl Michael v. (Dh.) VII 135, 311; VII/2 32, 750

- Wilh. Karl v. VII 247

Seitz (Fam.) III 554, 598; VII/2 97, 297, 352, 595

- Anton Nikolaus (Wbg) VII 191, 200, 223, 226, 231f, 252, 267, 280, 283f; VII/2 8, 12ff
- Apollonia (Zeil) VI 37
- Burkhart (Wbg) IV 382
- Hans (Pfr) VI 942f
- Ignaz VII/2 168, 186, 209, 218, 266, 334, 341, 352, 358, 361
- Joh. Chr. Ignaz VII/2 194f, 337
- Joh. Gg (Wiesentheid) VII 109
- Ulr. (Lindenhardt) IV 354
- Ursula Maria VII/2 641

Seitzenhof (ON) VI 206

Selb (Ofr.) I 6; IV 722f, 734, 737, 863, 995ff

Selbitz (w.Hof) III 336, 394, 624; IV 193, 237, 386, 724f, 736, 742, 863, 922, 997f

Selbitz, Hans v. IV 505-508; V 24

- Ursula v. V 66
- Valtin v. V 66

Selden, Thomas (Augsburg) V 142

Seldeneck, Friedr. v. III 330

- Ph. v. IV 388, 964

Selehofen, Ernst v. II 443

- Helferich v. II 443
- Hermann v. II 443

Seleukia (antike Stadt in Mesopotamien) II 558

Selguli (Gau) I 117

Seligenporten (w. Neumarkt/Opf.) IV 469

Seligenstadt (nö.Wbg) II 333

Seligenstadt (Hess.) I 62, 266f, 336ff
Seligenstadt (abgeg.;Ofr.) III 368
Seligenstadt, Mathilde v. II 67
- Otto v. II 67
Seligmann, Israel (Heidingsfeld) VII 272
Selinda (PN) II 335
Seling, Andreas (Mainroth) VI 398
Selkenfelde (ON) II 157
Sell, Joseph Melchior (Langheim) VII 105f
- Nikolaus (Kan.St.Jakob) IV 1003
Sellari, Camille Ph. (Rom) VII/2 6-11, 13, 51
Sellinger, Stephan (Bbg) VII 298
Selmann, Adelheid (Bbg) III 584
- Albrecht (-) III 584
- Melchior (Scheßlitz) V 29
Selpach, Weigand v. IV 411
Seltendorf (Thür.) II 644
Selz (Frkr.) I 67, 218f
Semann, Kunig. III 625
Semler, Eberhart (Forchheim) III 583
- Friedr. III 24
- Heinr. (Forchheim) III 590f
- Jutta (-) III 583
Semlin (Serbien) VII 186
Sempach (CH) III 416
Sendberg (FlN.) III 550
Sendelbach (Fl.) VII/2 406
Sendelbach (s.Ebern) II 646; III 480; IV 204
- s.a. Klein-, Langen-
Sendelbach, Hans IV 264
Sendelbeck (Fam.) IV 626f

- Gg (Bayreuth) IV 666, 877
Sendelsbach (Fl.) VII/2 406
Senesius (Hl.) I 187
Senft, Eberhard (Kan.St.Jakob) IV 483
- Hans IV 1012
- Heinz (Wirsberg) IV 1011f
- Joh. (Kan.St.Jakob) IV 909, 972
- Joh. IV 398, 416, 442
Senft v.Sullburg (Fam.) VI 700, 702
Senftenberg (sö.Bbg) II 406; III 41f, 214, 270, 281ff, 328, 379, 382, 437, 561; IV 344, 355, 372, 399, 411, 516, 610, 622; V 54, 67; VI 211, 691
Sengenberg, Konr. (Pfr Thurndorf) IV 722
Senger, Andreas (Döringstadt) VI 206
- Simon (Bbg) VI 127
Sennfeld (sö.Schweinfurt) VII/2 715
Sennfeld, Anselm v. II 508
Sensburg (Fam.) VII/2 436
Sentinabach (ON) I 18
Serbelloni (Fam.) VII/2 243
Serbich, Konr. III 612
Serenthan, Ciprian v. IV 459
Sergius IV. (Papst) I 150, 200
Serkendorf (s.Lichtenfels) III 645
Serlbach (ö.Forchheim) I 374; III 126, 526, 532f
Serlein, Seifried (Kan.St.Stephan) III 547
Sermineto, Otto v. III 11
Servatius (Hl.) I 77, 84
Servatius, Theodor (Pfr Poppendorf) VI 99

Sesselmann (B.Lebus) IV 361
- Friedr. (Pfr Cadolzburg) IV 67, 177
Sessenreuth (ö.Kulmbach) II 56
Seßlach (sw.Coburg) I 17ff, 318; II 464; III 348, 497, 622, 664, 671f, 675, 686, 697, 717; IV 198, 258, 842; VI 163, 191f, 194, 242, 443, 622, 716; VII/2 215
- Schloß Geiersberg III 69, 651, 660, 671f, 677
Seten, Gerhaus (Forchheim) III 587
- Heinr. (-) III 587
Settler, Gundeloch (Bbg) III 561
Seubelsdorf (s.Lichtenfels) II 105, 377, 638; III 671; IV 547, 585, 730ff, 864; VII 100
Seubelsdorf, v. (Fam.) VI 698, 703
- Adalbert v. II 105
- Hermann v. III 668
- Konr. v. III 668
Seubersdorf (nö.Ansbach) IV 894
Seubersdorf (sw.Kulmbach) V 65
Seubert, Heinr. (Prof.) VII/2 400
Seubetenreuth (n.Kulmbach) II 383; IV 479
Seubetz, Anna (Hohenmirsberg) V 513
Seuboldt, Hans (Hallstadt) VI 70
- Joh. (Nbg) IV 720
- Kaspar (Hirschaid) VI 58
Seuchter, Konr. (Kan.St.Jakob) III 399
Seuckenroth, Friedr. v. III 668
- Hermann v. III 668
Seuferdorfer, Ewald (Bbg) IV 593f
Seuffert, Joh. Michael (Wbg) VII/2 636, 660, 663, 703ff

Seufrid, Fritz (Goßmannsreuth) IV 969
- Heinz (-) IV 969
Seugast (nö.Sulzbach-Rosenberg) II 144
Seukendorf, Berthold v. II 474
Seulbitz (ö.Bayreuth) I 335; II 152
Seulohe (sö.Amberg) II 332
Seum, Engelmund (Bbg) III 48, 131
- Heinr. (-) III 48, 131
Seunecke, Konr. II 634
Seur, Kath. (Bbg) VI 46, 67
Seurheym, Heinz (Erlangen) IV 899
Seußen (w.Wunsiedel) IV 1039
Seussenreuth (ON) IV 71, 1010
Seußling (nw.Forchheim) I 15, 136, 142; II 484; III 41, 67, 300f, 540; IV 36, 166, 243, 518, 607; V 346ff, 413, 416, 419, 424, 429, 431, 439, 444, 458, 477, 489; VI 501, 524f; VII/2 295
Seusslitz (Sachs.) III 316, 337, 408
Severin (Hl.) I 187
Severus (Hl.) I 187
- (B.Prag) I 348
Sevria (It.) I 207
Seybot (Fam.) III 58
- Elis. III 539
- Kath. III 539
Seybotendorf (n.ident.) IV 922
Seybrecht, Fritz (Lichtenfels) III 692
Seydmann, Ulr. (Selb) IV 734, 997
Seyfried, Konr. (Kan.St.Gangolf) III 569f
Seyler, Hans (Pfr) IV 817
- Walther (Nedensdorf) III 70

Seylich, s.u. Martin (A.Michelsberg)
Seynel (Fam.) IV 18
Sezella, Hugo v. II 464
Sezlar, Hermann (Bbg) III 609
Sforza, Francesco (Kard.) V 223
- Guido Ascanius (-) V 19
Sibenik (Kroatien) III 690
Sibico (B.Speyer) I 361
Siboto (PN) II 58, 71f, 103, 277, 312, 378, 482, 485, 517, 527, 548, 647
- (Thurnau) III 57
Sicco (PN) II 335
Sichel, Elis. (Bbg) VI 63
Sichenloh (FlN.) III 392
Sicherdorf, Leonhard v. V 7
Sichling, Hans IV 174
Sickenreuth (nö.Bayreuth) II 448
Sickershausen (sö.Kitzingen) IV 630
Sickingen, v. (Fam.) VI 365, 703, 707, 715
- Franz v. IV 526, 550f
- Franz Damian v. (Dh.) VII/2 756
- Franz Ferdinand v. VI 708f
- Franz Peter v. (Dh.) VI 632, 657, 669, 671, 687, 709, 712, 714; VII 133, 310
- Franz Xaver v. (-) VII/2 57
- Friedr. Edmund v. (-) VI 508f, 558, 582, 709, 711
- Friedr. Joh. Gg v. (-) VI 610, 658, 692, 708, 713, 715, 717
- Gottfried v. II 275
- Joh. Ferdinand Joseph v. VI 605
- Joh. Franz Xaver Fidelis v. (Dh.) VII 310; VII/2 136, 140, 163-166, 192, 258f
- s.u. Kasimir Anton v. (B.Konstanz)
- Marg. v. V 528; VI 700
- Maria Wilh. Joseph Xaver v. (Dh.) VII/2 756
- Maximilian Joseph v. (Dh.) VII/2 582, 707, 755
- Wilh. Joh. Friedr. v. VII/2 203, 265, 581, 622, 624, 751f, 755
Sidelbach (abgeg.;Mfr.) II 631
Siebenburger, Chr. V 192
Siebeneich, Hartmann v. II 414
Siebenhaar, Konr. (Notar) IV 1028
Siebenhüner (Fam.) VI 312
- Gertraud (Kronach) VI 50
- Kunig. (-) VI 48, 61
Siebenlinden (ON) II 64
Siebenwurst, Hans (Fronhof) IV 794
- Joh. Leonhard (Notar) VII/2 607, 622
- Konr. (Steinbach) VI 122
Siebner, Gg (Baunach) IV 607
Siebold (Prof.Wbg) VII/2 508, 634
Siechenhofen (abgeg.;Ofr.) III 312; IV 909, 991
Siedamsdorf (sö.Lichtenfels) III 648, 687, 708; V 65
Sieg (Fl.) VII/2 672
Siegbert (PN) I 496; II 382
- (B.Minden) I 261, 343
- v.Gembloux (Chronist) II 128, 300
Siegburg (NRW) VII/2 365, 391
Siegel, Friedr. (Pfr) IV 579, 972
- Joh. (Pfr Hersbruck) IV 915
- Joseph Gottfried (Burgwindheim) VII/2 665
Siegenburg, Altmann v. II 275, 309, 414

Siegenhofen (w.Schwandorf) II 144, 332

Siegersdorf (nö.Lauf/P.) III 97

Siegfried (PN) I 139, 152, 224, 227f, 343f, 360, 497; II 61, 67, 290, 456, 474, 489, 497, 499f, 509, 543, 550, 605, 629, 634, 640f, 643f, 664
- I. (Eb.Mainz) I 372, 389, 393f, 414ff, 418f, 421ff, 427f, 430ff, 435, 437, 440-443, 445, 448ff, 452, 457
- II. (-) II 587, 590, 604, 607, 652, 658, 660
- III. v.Eppenstein (-) III 1
- I. (B.Augsburg) I 52-55, 96, 114
- II. (-) I 472f
- I. (B.Cammin) II 555ff
- (B.Münster) I 36, 188, 261, 343
- (B.Parma) I 79, 100
- (B.Speyer) II 312
- (B.Wbg) II 293, 398, 459, 503, 506f, 512f
- (A.Hersfeld) II 545f
- (Kan.St.Stephan) II 579, 605, 607, 611, 622, 634
- (Kan.Stift Haug/Wbg) II 505, 507, 513
- (Kan.Neumünster/Wbg) II 95, 287, 290, 385, 392, 503
- (Kpl.) III 199
- (Kpl.Wbg) II 449
- (Pfalzgf) II 37, 73, 108, 515
- (Pfr Kulmbach) III 79
- (Pfr Mellendorf) III 661

Sieghard (PN) II 29, 72, 309, 548
- (Patriarch Aquileja) I 452
- (A.Fulda) I 19

Siegmund s.u. Sigismund

Siegmund Friedrich v.Fugger (B.Regensburg) V 46ff, 330

Siegritz (nö.Ebermannstadt) III 585

Siegritz (w.Tirschenreuth) IV 359, 480, 491, 784, 789, 973

Siegritzau (sö.Forchheim) II 133, 322, 624

Siegritzberg (nö.Ebermannstadt) III 270

Siemau, v. s.u. Schenk v.Siemau

Siena (It.) I 258; II 518; IV 378-381; V 95, 120

Sigarsdorf (abgeg.;Ofr.) III 694

Sigela (PN) I 335

Sigeln (abgeg.;Ofr.) III 33ff

Sigeloh (PN) I 382, 477, 496; II 460, 489, 508, 513
- (Wbg) II 410, 464f, 505-509, 512f, 566

Sigelohestein (ON) II 522

Sigendenberge (ON) II 487

Sigereichs (ON) III 39

Siget (Österr.) V 2

Sigewin (Eb.Köln) I 468, 471
- (A.Aura) III 625

Sigibald (PN) I 18, 496

Sigismund (Hl.) I 187, 313; VII/2 339
- v.Luxemburg (Ks.) III 387, 492, 500; IV 3, 54, 98, 104ff, 112, 114, 171, 173, 176, 187f, 217ff, 227, 231f, 239f, 242, 1020
- (B.Wbg) IV 1045

Sigizo (A.Einsiedeln) I 336

Sigl (n.Sulzbach-Rosenberg) II 143, 145

Siglitzhof (nö.Hersbruck) VI 194
Sigmansbrun (ON) IV 11, 429
Sigmaringen, s.u. Albert I. v. (B.Freising)
Silber, Hans IV 539, 818f
- Lorenz IV 967
Silberbach, Nikolaus (Gottfriedsreuth) III 227
Silberhorn, Hans Chr. (Jesuit Ingolstadt) V 196
Silberschlag, Kunig. (Bbg) III 591
Silchmüller, Joh. Chr. (Bayreuth) VII 120
Silva Libertina (n.ident.) II 559
Silvester (Hl.) I 186, 417; II 52
- II. (Papst) I 37, 175, 181, 200
- III. (-) I 348ff
- (Mönch) II 345
Silvius (Eb.Arles) II 436
Simdegadene, Hertnid II 338, 484
Simel, Agnes III 577
- Heinr. III 577
Simeon (Hl.) I 187; II 71
Simmelbuch (abgeg.;Ofr.) IV 875
Simmelsdorf (nö.Lauf/P.) II 478; III 286, 635
Simmersdorf (n.Höchstadt/A.) III 583
Simmershofen (w.Uffenheim) II 385
Simon (PN) I 419
- (Hzg) II 130
- (Maßbrunn) III 286
Simon (Fam.) VI 222; VII/2 575
- Hans IV 292, 338
Simonshofen (n.Lauf/P.) II 631; III 181, 286

Sinai (Ägypten) VI 662
Sindlbach (n.Neumarkt/Opf.) II 522
Sindlbach, Tuto v. II 65
Sindlingen (Hess.) I 229
Singer, Gabriel (Bbg) VI 48
Sinron, Eucharius (Banz) VI 252
Sint, Fritz IV 993
Sinttersberger, s.u. Sebastian (A.Ensdorf)
- Sebastian (Lindenhardt) IV 724
Sint Truiden (Belgien) I 194
Sintzendorf, v. (Fam.) VI 493; VII 244
Sintzenhofer, Gg (Regensburg) IV 462
Sinzenhof (s.Amberg) II 144, 335
Sinzing (w.Regensburg) II 629
Sirgenstein, v. (Fam.) VI 601
- Franz Joh. Anton v. (Weihb. Konstanz) VII 30
- Ursula v. VI 715
Sirma (It.) I 362
Sitne (slaw.Provinz) II 312
Sitten (CH) I 418f
- B. s.u. Ermenfried
Sittenbach (Fl.) I 408
Sittenberg (n.Passau) III 380
Sittenloch (FlN.) II 142
Sittich (Slowenien) II 635
Sittich (B.Konstanz) V 153
Sittig, Andreas (Bbg) V 488
- Friedr. (Pfr Wunsiedel) IV 1040f
Sitzinger, Lukas (Nbg) V 2, 36
Siukinriut (abgeg.;Opf.) I 152
Sixtus (Hl.) II 318, 372

- IV. (Papst) IV 312, 322, 336f, 339, 343, 347, 349, 365, 377, 386, 491, 500; VII 164
- V. (-) V 182f, 197f, 204, 208, 267, 391

Sizilien II 313, 318, 434, 436, 466, 544, 573, 583, 586, 605, 608, 627, 644; VI 614; VII 91
- Kg s.u. Heinr. VI. (Ks); Heinr. (VII.) (Kg); Konstanze; Roger

Skara (Schweden) I 195

Skirnnegeshov (ON) II 478

Slavier, Konr. II 643

Slawen I 2ff, 7, 9f, 13-18, 20, 22, 26, 29, 33, 35, 52, 56, 65, 80, 83, 89, 112, 119, 127, 132, 136, 151, 169, 209, 250, 273, 281, 313f, 358, 381f, 502; II 5, 14, 70, 101, 166, 178, 269, 312, 397, 556; III 616

Slawendorf, Dietrich v. II 68
- Ezzo v. II 68
- Gotebold v. II 378, 421

Slegasto (Heilsbronn) III 711

Slicher, Gertrud II 621
- Heinr. II 565, 594, 607, 609-611, 615
- Hermann II 390, 396, 408, 413, 419, 448, 477, 494, 536f, 563, 565
- Markus II 590
- Marquard II 526, 537, 563, 565, 576, 592, 594, 598, 605, 609-612, 615ff, 619, 621f
- Sophia II 615
- Otto II 521, 610, 622
- Ulr. (Dh.) II 414, 502, 529, 531, 564f, 561, 616

- vgl. Aisch, v.

Sluehre (FlN) II 141

Smalineck, Konr. v. III 1

Smidegademe, Hartnid v. II 383, 484

Sobernheim, Matthias v. IV 58

Sobislaus (Hzg v.Böhmen) II 215, 226, 271 278, 298f, 303

Soden, v. (Fam.) VII/2 603, 614, 655, 663

Sodenberg (w.Hammelburg) IV 383

Söflingen (B.-W.) VII/2 715

Söllitz (s.Weiden) IV 354

Söllner (Fam.) VI 363
- Elias (Kronach) VI 179

Sömmern (Thür.) I 28

Soeste, Konr. v. IV 54

Solar (sö.Hilpoltstein) III 745f

Solbert, Dittrich (Pfr Berg) IV 724, 886

Solden, Ph. v. IV 376

Soldner, Joh. (Forchheim) V 216

Solemmann (Fam.) VII/2 209

Solingen (NRW) I 207f

Sollenberg (ö.Forchheim) II 64, 477, 478; V 459

Solms, v. (Fam.) V 460
- s.u. Arnold v. (B.Bbg)
- Friedr. v. VI 93
- Heinr. Wilh. v. VI 196f
- Joh. v. IV 562
- Marquard v. (Dh.) III 198
- Ph. Reinhard v. VI 164, 194, 201, 220, 239
- Reinhart v. IV 824
- Sophia v. VI 93

Solnitz (Tschechien) IV 354

Solz (Thür.) I 141
Sommer (Fam.) VII/2 336
- s.u. Wolfgang (A.St.Egidien/Nbg)
Sommerach (nw.Kitzingen) II 460; IV 340
Sommerau (abgeg.;Opf.) II 133, 332, 460; III 638
Sommereschenburg (Nds.) II 30
Sommersdorf (s.Ansbach) IV 335
Sommersdorf, Kadolt v. II 418
Sonderhofen (nw.Uffenheim) I 11, 143; II 143
Sondershausen (Sachs.) III 372
Sondinger, Heinr. VII/2 675, 712, 727
Sonneberg (Thür.) II 599; IV 587; VI 194
Sonneberg, Andreas v. IV 458
- Arnold v. (Dh.) II 647
- Eberhard v. II 613, 638, 643
- Heinr. v. II 599, 613f, 624, 637f, 643
- Kunemund v. II 643
- Richza v. II 637
- Wolfram v. II 290
Sonnefeld (sö.Coburg) III 202, 604, 656, 756; IV 772, 872; VI 140; VII/2 500
- Agnes; Jutta; Ottilie
Sonnenburg, v. (Fam.) VII/2 535f
Sontheim (B.-W.) I 61, 139
Sophen, Ulr. (Hallstadt) IV 157
Sophie (PN) I 344; II 515
- (Hzgin v.Polen) I 485; II 12-16, 18
- (Mgfin) II 653
- (-) VI 93

- (Burggfin v.Nbg) III 230, 312, 327
- (Gfin) II 615; III 282
- (Ä.Gandersheim u.Essen) I 57, 65f, 172, 182, 185, 192, 251, 344
- (Ä.Kitzingen) II 407
- v.Hohenberg (-) IV 21
Sophonius (Hl.) I 324
- (Patriarch Jerusalem) I 400
Sopron vgl. Ödenburg
Sorau (Gau Brandenbg) I 117
Sorben (Volksstamm) I 3ff, 29; II 36
Soßwein, Adelheid (Niederngrub) III 547
- Konr. (-) III 547
Soubise, v. (Fam.) VII/2 234
Soult (Fam.) VII/2 746
Soumerschiuella (n.ident.) II 448
Sovana (It.)
- B. s.u. Alamannus
Spada (Kard.) VI 569
Späth (Fam.) III 580
- Dietrich IV 656
- Fritz (Hollfeld) IV 85
- Gg IV 824
- Joh. IV 307, 362, 970
- Konr. (Kaltental) IV 424
- Michael (Bbg) V 311, 319, 503
Späth v.Faimingen, Heinr. III 30
Späth v.Zwiefalten (Fam.) VI 690
- Joh. Ph. VI 248, 151
Spagne, de (Fam.) VI 180, 187, 189f, 192, 195, 201f, 204f, 208ff, 212, 216f, 237, 248, 284, 287
Spalt (sw.Roth) II 293; III 85; IV 913, 999; V 127; VII/2 15, 57, 376

Spalt, Konr. v. II 309

Spangenberg, Joh. v. (Domvikar) III 321

- Joh. v. (Kan.St.Jakob) III 564

Spanien I 446; II 44, 122, 159, 449; VI 294, 382, 408, 539, 610, 613f, 626, 643, 645; VII 90f, 202, 204; VII/2 397, 662, 741

Spannagel, Walter (Trunstadt) III 537

Sparano (It.) I 207

Spardorf (nö.Erlangen) III 627, 698; IV 43, 400, 519, 549, 898; V 57

Spardorf, Siboto v. III 141

Sparneck (sö.Münchberg) I 6; III 79; IV 386; IV 562, 734, 736, 978

Sparneck v. (Fam.) III 380; VI 415, 427

- Arnold v. (Dh.) III 493, 507, 714; IV 39f, 73, 937, 971
- Chr. v. IV 383, 557f
- Chr. Ph. v. IV 791, 978
- Daniel v. V 446
- Friedr. v. IV 34, 38, 889f, 914
- Gg v. IV 400, 557, 989
- Götz v. IV 558, 562
- Hans v. III 389, 394, 445, 493; IV 85, 91, 100, 109, 163, 178, 307, 326, 335, 337, 557, 937, 974, 1016, 1019
- Heinr. v. III 80
- Joh. v. (Dh.) III 238
- Konr. v. III 79; IV 903
- Martin v. IV 914
- Otto v. (Langheim) III 79
- Poppo v. III 79
- Rüdiger v. II 614; III 225, 230, 238, 266; IV 974

- Sebastian v. IV 557f, 644
- Vitus v. (Pfr Cadolzburg) IV 1016
- Wolf v. IV 558

Sparnrauff, Konr. (Zeil) III 636

Sparr v. Greiffenberg, Franz (Kan. Neumünster/Wbg) VI 277

Sparrendorfer, Petrus (Weißenohe) III 200

Sparwasser (Kan.St.Gangolf) V 180

Spasano (It.) I 207

Spaur, v. (Fam.) VII/2 301

Spechner (Fam.) VI 100

Specht, Jakob (Forchheim) V 489, 491f

Specht v. Bubenheim, Joh. Gg (Dh.) VI 517

Spechteshart (FlN.) I 2, 30, 88

Speciosa (Hl.) I 187

Speckfeld (sö.Kitzingen) III 1, 529; IV 27, 506; VI 530

Speckfeld, Burkhard v. II 615

- Krafto v. (Dh.Wbg) III 158

Speckhaus, Heinr. (Birkenfeld) IV 47

Speckheim (n.Gunzenhausen) IV 140

Speckmann, v. (Fam.) VII 184

Spee (Fam.) VI 18

Speichersdorfer Holz (FlN.) I 88

Speinshart (n.Eschenbach/Opf.) IV 469, 514, 744; VI 98f; VII/2 537, 553

- A. s.u. Joh.

Speinshart, Adeloulc v. II 277

Speiser, Fritz (Wingersdorf) IV 154

Spelt, Wolf IV 600

Spemger, Bartholomäus (Augsburg) IV 507

Spengler, Hans (Wirsberg) IV 1012
- Kath. IV 570
- Lazarus (Nbg) IV 536, 672, 712, 714ff, 719
- Matthias (Generalvikar) IV 184
Sperber, Gg (Weismain) VI 63, 149f, 225
Sperbers (ON) IV 20
Speth, v. (Fam.) VI 244; VII/2 660f, 665
- Heinr. v. (Dh.; Pfr St.Lorenz/Nbg) III 16, 26, 30, 35, 57, 59, 62, 125, 155, 621, 648, 754; IV 190
- Ph. Dietrich v. (Dh.) V 521
Spetlingshammer (ON) III 394
Speyer (Rh.-Pf.) I 67, 84, 112, 165, 242, 293, 352, 361, 394, 404, 418f, 445, 447, 452f, 465, 468, 473, 475f, 481, 488, 500; II 18f, 28, 36, 44, 50, 74ff, 79, 81, 116, 121, 127, 130, 219, 222, 271, 274, 276, 311, 371, 396, 401, 586, 601, 606, 627, 652; III 46, 168, 207, 209f, 249, 259, 264, 329, 340, 343, 417, 426, 431, 472, 753; IV 55, 58, 695, 761, 798; V 84, 460; VI 41, 52, 139, 417, 452, 470, 480, 482, 498, 506, 520, 606, 615, 625, 671, 686, 715; VII 23ff, 27, 47, 73ff, 92, 94, 153, 198, 207, 225-228, 247, 253, 281, 303, 305ff; VII/2 5, 205, 224f, 232, 255, 301, 374, 385-389, 485, 662, 716
- B. s.u. Adolf; Arnold; August; Bruno; Damian Hugo; Franz Chr.; Gebhard; Günter; Heinr.; Huosemann; Joh.; Konr.; Lampert; Ph. Chr.; Raban; Rudolf; Sibico; Siegfried; Walter

- Weihb. s.u. Beywegh; Buckel
Spiegel, v. (Fam.) VI 704
Spielberg, Dietbert v. II 504
Spieler (Fam.) VII/2 570
Spieresdorf (ON) II 478
Spies (sw.Pegnitz) I 23; III 276, 495f; IV 5, 731
Spies, Albrecht IV 295
- Berthold II 562
- Christina IV 945
- Chr. IV 883
- Dietrich III 704
- Heinr. II 550; III 114
- Joh. IV 275; VI 68
- Konr. IV 648
- Martha (Bbg) VI 38, 40
- Matthias IV 945
- Peter Götz IV 419
Spiesberg (sö.Lichtenfels) III 678, 683, 687, 691
Spiller v. Mitterberg, Anna Sophia Susanna VI 576
Spiltarn (n.ident.) III 380
Spindler (Fam.) VI 23
- Joh. V 508
Spinola (Fam.) V 464
- (Kard.) V 221, 223, 294; VI 462, 692
Spital am Pyhrn (Österr.) II 147, 558f, 583, 634; III 88, 137, 324, 415; IV 30ff, 83, 189, 221f, 427, 520, 745, 803; V 21, 70; VI 109, 258, 293-297, 299, 332, 526f, 553; VII/2 125
Spittal an der Drau (Österr.) V 2, 54
Spitzberg (nö.Kulmbach) I 330

Spitzeichen (ö.Kulmbach) III 230; IV 198
Spitzelberg (nw.Bbg) III 527, 530
Spitzendorf (n.Passau) III 380
Spitzenlaufer (Fam.) III 199
Spitzenpfeil, Konr. (Kan.St.Stephan) III 542
Spix, Joh. (Bbg) VII/2 618
Split (Kroatien) II 620
Splügen (CH) I 101
Spörlein, Barb. (Zeil) VI 44
- Eberlein III 519
- Heinr. (Forchheim) III 519
Spohr, Joh. August v. (Quedlinburg) VI 531
Spoletanus, Bernhard (Kard.) IV 318
Spoleto (It.) I 155f, 205; II 584
Sponheim (Rh.-Pf.) II 36
Sponheim, Gottfried v. II 71
- Joh. v. III 441
- M. v. II 370
Sponsayl, Konr. (Oberfellendorf) IV 789
Sporcken (Fam.) VI 351
Sporen, Konr. v. II 402
- Otto v. II 402
Sporer (Fam.) IV 162
- Franz (Bbg) IV 571
- Joh. (Pfr Hersbruck) IV 915
- Lutz (Bbg) III 555
Sporlein, Fritz IV 84
- Otto IV 84
Spree (Fl.) I 105, 110
Sprenger, Jakobus VI 25
- Wilh. (Pfr St.Lorenz/Nbg) III 745; IV 12, 35

Springinklee, Joh. (Prie.) IV 1028
Stab (Fam.) VI 361
Stablo (Belgien) I 268, 280, 409; II 313, 505
- A. s.u. Poppo; Wibald
Stacco (PN) I 496
Stackendorf (sö.Bbg) III 270, 718; VI 524; VII/2 292, 295
Stackendorf, Friedr. Joh. v. V 347
Stackpach (Fam.) III 550f
Stade (Nds.) I 34f, 182
Stade, Hildegard v. I 182
- Kunig. v. I 34
- Liutger v. I 182
Stadel (sw.Mühldorf/I.). I 290
Stadel (nw.Staffelstein) I 21; II 498
Stadela (n.ident.) II 144
Stadelhofen (sö.Lichtenfels) III 375; IV 11, 77, 80, 84; VI 85; VII/2 214, 531
Stadelhofen (w.Pegnitz) I 16, 319
Stadelmann (Fam.) III 271
- Andreas IV 618
- Eberlein (Scheßlitz) III 523
Stadeln (Stadtt.Fürth) IV 156, 784
Stadeln, Heinr. v. II 644
- Helmwig v. II 68
- Hermann v. II 640
- Herold v. II 644
- Hildebrand v. II 643f
- Poppo v. II 495, 497f
Stadelschwarzach (s.Gerolzhofen) I 266
Staden, Udo v. II 28
Stader, Joh. Michael (Bbg) VII 298

Stadion, v. (Fam.) VI 624, 640, 700, 703; VII/2 505, 558f, 579, 593
- Anna Maria v. VI 710; VII/2 109
- Anselm Chr. Gottfried v. (Dh.) VI 711, 717
- Emmerich Joseph Ph. v. (-) VII/2 511, 685, 754, 757
- Franz v. VII/2 190, 223
- Franz Chr. v. (Dh.) VI 717
- s.u. Franz Kaspar v. (B.Lavant)
- s.u. Franz Konr. v. (B.Bbg)
- Friedr. v. VII 74; VII/2 190, 223
- Friedr. v. (Dh.) V 528
- Friedr. Karl Joseph v. (-) VII/2 602, 707, 755, 757
- Friedr. Lothar v. VII/2 679, 682
- Gg Friedr. v. (Dh.) V 531
- Gg Heinr. v. (-) VI 416, 461, 509, 514, 560, 566f, 632, 656, 703, 716; VII 139
- Gg Wilh. v. V 142
- Hans Ulr. v. (Dh.) V 518, 527
- Joh. Chr. v. V 527; VI 700
- Joh. Gg v. (Dh.) V 147, 241, 251, 267, 272, 342, 518, 522, 527f
- Joh. Gg Joseph Nepomuk v. (-) VII/2 366
- Joh. Ph. v. VI 605, 617, 693, 710; VII/2 109, 190, 223
- Joh. Ph. Karl v. (Dh.) VII 311; VII/2 232, 263f, 367f, 495, 552, 558f, 578, 602, 627, 632, 639, 645, 649, 678, 690, 698ff, 755
- Joh. Ulr. v. (-) V 521
- Konr. v. (-) V 27
- Lothar Franz v. (-) VI 717
- Lothar Gg Joseph Franz v. (-) VII 144; VII/2 27, 76, 112, 114, 131f, 140, 164ff, 172, 185, 189f, 192, 202, 257, 269, 304, 358, 366-369, 375, 748, 750f, 753f
- Marg. v. VI 697
- Rudolph v. (Dh.) V 531; VI 158, 295, 298, 365, 368, 383, 385, 393, 405f, 413ff, 690, 703
- Theresia Franziska v. VII/2 190ff, 223, 314

Stadler, Franz Joseph v. VII/2 35
- Heinr. (Barthelmesaurach) III 733
- s.u. Joh. (A.Prüfening)

Stadtamhof (Stadtt.Regensburg) I 140

Stadtlauringen (nö.Schweinfurt) III 443; VI 289

Stadtlohn (NRW) VI 116, 336

Stadtschreiber, Konr. (Kan.St.Jakob) III 633

Stadtschwarzach (nö.Kitzingen) IV 838
- vgl. Schwarzach

Stadtsteinach (nö.Kulmbach) I 157, 330; II 401; III 198, 267, 272, 286, 336, 379, 421f, 501, 525f, 649; IV 3, 23f, 26, 73, 75, 78, 85, 87, 92, 117, 313, 329, 392, 399, 401, 412, 438, 453, 514, 590, 619, 639, 644f, 647, 654f, 661, 713, 783, 785, 832, 836, 883f, 913, 1003; V 70f, 264, 461, 500; VI 115, 126f, 151, 153, 164, 166, 168, 183, 187, 204, 218, 225, 234f, 241, 261, 263, 287, 305, 315, 598, 644, 660; VII 40; VII/2 53, 57, 215, 227, 242, 382, 423, 457, 564ff

Staffel, Elis. v. V 529

Staffelbach (nw.Bbg) III 357, 382, 527, 529f; V 449; VI 172, 195, 518, 520

Staffelbeck, Adelheid (Bbg) III 554
- Heinr. (-) III 554

Staffelberg (sö.Staffelstein) VI 414, 434, 543; VII/2 136, 334, 580

Staffelstein (Ofr.) I 15, 18, 21, 137, 331, 382, 477; II 71f, 457, 463, 598, 638; III 108, 190, 276, 336, 339, 379, 462f, 508, 547, 660, 686, 694ff; IV 38, 58, 60, 63, 65, 117, 142, 159ff, 176, 186, 199, 274, 279, 283f, 413, 455, 545, 579, 584, 590, 594, 597ff, 601, 646, 699, 702f, 750, 753, 815, 833, 859, 1044; V 182, 243, 270, 285, 307, 323, 341, 365, 374, 376, 397, 404, 419, 423f, 443f, 457, 466, 473, 511; VI 30, 83, 130, 134, 162, 199, 212, 226f, 229, 235, 241f, 254, 259, 261, 276f, 291, 331f, 349, 356, 360, 381, 412f, 434, 440, 446, 466, 482, 497, 501, 547, 579, 587, 606, 615, 643ff, 653, 663f, 674, 679, 683; VII 8, 41, 44, 53, 67, 79, 100, 119, 134f, 164, 167, 169, 179, 206, 232, 235, 242, 246, 256, 264; VII/2 3f, 19f, 26f, 40, 57, 82, 87, 111, 134, 168f, 215, 218, 220-225, 236f, 242, 258, 268, 270, 297, 306f, 311, 352, 354ff, 361, 380, 390, 396, 407, 412, 567, 583, 606, 622f, 649, 679, 696, 699f

Staffelstein, Herbert v. II 598f
- Otto v. I 382, 477; II 642
- Winther v. II 642

Stahl (Fam.) VI 50, 59
- Balthasar (Zeil) VI 39
- Bernardus (Michelfeld) VI 500
- Christoph VII 298
- Friedr. (Bbg) IV 193
- Hans VI 67, 214
- Hermann (Bbg) III 555
- Jakob (Bbg) V 189, 244
- Joh. IV 863; VI 253
- Joh. Ph. VII/2 168
- Jutta (Bbg) III 555
- Kilian V 110
- Kunig. (Bbg) III 555
- Magdalena (Zeil) VI 39
- Mechthild (Bbg) III 57f
- Ulr. (Pfr Weidenberg) IV 725, 1005
- Ursula (Zeil) VI 39
- Wolfram (Bbg) III 57f

Stahleck, Gertrud v. II 423f, 441, 481f, 484, 522f
- Hermann v. II 137f, 287, 290f, 296, 423, 505

Stahler, Heinr. V 106
- Kilian V 493
- Ursula V 106

Staib, Melchior (Steinbach) VI 49

Staire, Eberhard v. II 59

Stallbaum (ö.Hersbruck) II 412

Stallham (n.Passau) III 380

Stallmeister, Hermann II 563
- Sigebreht II 382

Stalmann (Fam.) VI 147

Stalpp (Fam.) VII/2 42

Stammbach (nö.Kulmbach) III 79; IV 73, 75, 80, 86, 269, 360, 907, 998; VI 287

Stammbach, Judita v. II 98

Stammberg (abgeg.;Ofr.) III 58, 60, 526
Stammler, Peter IV 591
- Stefan V 190
Stampff, Heinz (Engelsberg) V 23
- Weltz IV 420
Stanekendorf (n.ident.) I 21
Stang (Fam.) V 22, 75; VI 549
- Michael Norbert (Prie.) VII/2 549
Stangenberger, Gg (Kan.St.Jakob) IV 862
- Gg Sigmund (Bbg) V 384
- Hans Gg (Domvikar) V 380
- Hieronymus V 164, 263, 274
Stanislaus Lesczynski (Kg v.Polen) VII 72, 90f
Stankendorf (abgeg.;Ofr.) I 21; II 622; III 628
Stapf (Fam.) VII/2 416
- Franz (Pfr Pettstadt) VII/2 742
Stappel, Friedr. Heinr. Christian v. VII/2 33f
Stappenbach (sw.Bbg) III 609; IV 585; V 29; VII/2 393
Starchandus (PN) II 70
Starenberg, Hans v. IV 409
- Heinr. II 634
- Reichart v. V 334
Stark, Erhart (Bbg) IV 487
- Heinr. III 738
- Konr. III 553
- Matthias (Weihb.Mainz) VI 609, 712
- Wolfgang (Prie.) IV 743, 954
Starkenburg (Rh.-Pf.) I 208
Starkenschwind (nö.Bbg) IV 40, 437, 499; V 65; VII 141, 175; VII/2 558

Starker (PN) I 383, 413f, 496f; II 59, 68ff, 90-94, 99f, 104f, 134ff, 141, 145, 277, 315, 376f, 380, 382-385, 388f, 391, 473, 642
Starkertshofen, Adalbert v. II 277
Starkmann (Fam.) VII/2 375
Starkolff (Fam.) III 506
Startz, Kunig. (Zeil) VI 44
- Markus (-) VI 62
Stater, Fritz (Grub) IV 445
Stattbach (abgeg.;Mfr.) II 144
Statthalter, Ekkehard I 236, 240
Staub, Anna (Steinbach) VI 45, 48
- Melchior (-) VI 45, 48, 50
Staudacher, v. (Fam.) VII 46
Stauden, Heinz (Bbg) IV 696
Staudigl, Andreas (Pfr Thierstein) IV 724
- Heinr. (Oberngrub) III 291
Staudner, Peter (Wbg) IV 1052
Staudt, Jakob (Bbg) VI 49, 72
- Marg. (-) VI 58
Stauf, Hans IV 100
Staufen (Hohenstaufen), v. (Fam.) I 469; II 9, 15, 158, 225, 271, 273, 276, 278, 283, 285, 287, 296, 299, 304, 308, 310, 315, 373, 408, 419, 558, 575, 583, 588, 590f, 594, 599, 601f, 606, 626, 665; III 276
- Otto v. II 487
Staufer (Fam.) IV 99f
- Hans (Kronach) VI 311
Stay, Benedict VII/2 466f, 470
Bad Steben (nw.Hof) III 337; IV 142, 385, 683, 736, 742, 976
Stechendorf (nö.Ebermannstadt) III 50, 566; IV 419, 743

Stechendorfer, Otto (Bbg) III 561
Stechentumbach (ON) VII/2 86
Stechmar, Joh. Sebastian v. VI 280
Steckelberg, Hermann v. (Dh.) II 536, 543, 548
Steckenbühl (abgeg.;Ofr.) VI 275
Steckenbühl (FlN.) III 25; IV 33
Stecker, Friedr. (Selbitz) IV 997
Steffel, Fritz (Wunsiedel) IV 1021
Stegaurach (sw.Bbg) I 1, 16, 33; III 52, 534, 537f, 563, 565, 618, 676; VI 37, 623; VII 259; VII/2 15, 328
Steger, Fritz IV 969
- Hans (Lanzenreuth) IV 969
- Martin (-) IV 969
Steglitz (abgeg.;Ofr.) I 412; II 104f, 487, 638
Stegnech (abgeg.;Ofr.) III 659
Stegner, Albert III 659, 663
- Elis. III 659, 663
- Ergenpreit III 663
- Joh. (Pfr) IV 864, 1017
- Kaspar (-) IV 724, 864, 1017
- Marg. III 663
- Wölflein III 663
Steidl, Melchior VI 636
Steiermark I 44, 183, 238, 245, 343, 368; II 146f, 286, 414ff, 559, 587, 629, 633, 658, 660, 662; III 6, 88, 117; VI 662
- Mgf s.u. Adalbert; Leopold; Otaker
Steigerwald (Landschaft) I 1f, 6; II 504ff; VI 165, 493, 524, 622, 672
- (Ritterkanton) VII 133; VII/2 273, 324f, 336, 510, 648, 663, 691

Steigner, Franz VII/2 600
Stein (n.ident.) III 425
Stein (nö.Bayreuth) III 166, 242, 266, 394; IV 783
Stein am Rhein (CH) I 129, 138; II 148, 654; III 207, 381; IV 308, 422, 468, 804f; V 69, 119, 297; VI 528, 574, 600, 602; VII 30, 187; VII/2 516
- A. s.u. Andreas; David; Franz; Jodok; Joh.; Konr.; Martin; Otto
Stein, v. (Fam.) III 500, 743; VI 699f; VII 86, 95
- Agnes v. V 518
- Albert Ph. v. (Dh.) IV 1063
- Andreas v. V 518
- Barb. v. VI 697
- Burkhard v. II 544
- Chr. v. (Dh.) IV 494, 1063f; V 518f, 522
- Degeno v. II 527f, 597, 613f
- Diepold v. (Dh.) V 67, 518
- Eberhard v. II 61, 134, 146, 381, 388, 401, 413, 462
- Engelhard v. II 498f
- Erdmann v. VI 542; VII 16, 81, 113, 153
- Erkenbert v. II 459
- Fritz v. IV 28
- Gebhard v. II 61
- Gertrud v. (Engelthal) III 103
- Gottfried v. (Dh.) V 67, 162, 219, 256, 291, 302, 312, 518, 523, 525ff
- Gregor v. (-) IV 862, 1064
- Hans Konr. v. (-) V 67, 109, 521f
- Hartmut v. II 597, 613f

- Heinr. v. II 468, 513, 562, 597, 614, 663; III 56, 326; IV 28
- Hermann v. II 452; III 650
- Hermann v. (Dh.; Pfr St.Sebald/ Nbg) III 104, 142f, 145, 177f
- Hildebrand v. II 527f, 597, 613
- Hildebrand v. (Dh.) V 519
- Leopold v. II 105f
- Marg. v. V 67
- Marquard v. II 597, 614
- Marquard v. (Dh.) IV 493, 497, 501, 550, 590, 652, 694, 703, 775, 779, 814, 824, 850, 1042, 1058; V 27, 48, 67, 518, 521f
- Merboto v. II 528
- Otto v. II 528
- Ph. v. (Dh.) IV 379, 411; V 521, 526f
- Ph. Friedr. v. V 67
- Ph. Heinr. v. (Dh.) V 526
- Poppo v. II 52
- Rupert v. II 133
- Seyfried v. V 212f
- Sophia Charlotte Juliana Wilh. v. VII/2 521
- Thomas v. (Dh.Wbg) IV 457, 465
- Ulr. v. II 414
- Wigger v. II 146, 578

Stein v.Altenstein (Fam.) VI 698; VII 69; VII/2 577, 680
- Anna V 519
- Chr. Adam (Dh.) IV 1063; V 73, 79, 518f
- Ernst Ludwig VII 16, 186
- Hans Dietrich V 464; VI 115
- Hans Wilh. (Dh.) V 518
- Helmbold II 640
- Joh. IV 1061
- Joh. Kasimir VI 544
- Kaspar IV 462
- Klaus IV 462, 887
- Sabina V 522
- Sifrid III 530, 675
- Ursula V 511, 519
- Wilh. V 55

Stein v.Neidenberg, Veit V 511

Stein v.Ostheim, Hertnid (Dh.) IV 303f, 311ff, 318, 322, 330, 339, 350, 361-365, 372, 374, 379, 386, 388, 402-405, 415, 426, 434, 888, 902
- Joh. (-) IV 378f, 405, 469, 802
- Ph. (-) IV 379

Stein v.Reichenstein (Fam.) VI 700

Steina, Adalbert v. II 62, 97, 99, 153, 294
- Siegbert v. II 509, 527

Steinach (Fl.) I 5, 22, 136, 330; II 382, 499

Steinach (FlN.) III 674

Steinach (sö.Deggendorf) III 380

Steinach (Stadtt.Fürth) III 286; VII/2 357

Steinach (nö.Rothenburg o.T.) I 20; VI 142

Steinach an der Saale (sw.Neustadt/S.) II 402

Steinach an der Steinach (w.Kronach) II 401

Steinach vgl. Stadtsteinach

Steinach, Adalbert v. II 62, 97, 99, 153, 294
- Adam v. IV 890

- Berthold v. IV 189
- Elis. v. V 408
- Gunzelin v. II 418
- Siegbert v. II 509
- Warmund v. II 402

Steinamwasser (sö.Pegnitz) II 53, 133, 560; III 277; IV 341

Steinamwasser, Sigeboto v. II 388

Steinau (Fam.) VI 327

Steinau-Steinrück, v. (Fam.) VI 548, 701f
- Agatha v. V 517
- Balthasar v. IV 507
- Elis. v. V 519
- Reinhard v. IV 505, 507

Steinbach (abgeg.;Ofr.) III 618; IV 75, 86, 400, 783

Steinbach (n.ident.) IV 98

Steinbach (sö.Forchheim) I 375; II 54; III 598; VI 122, 153

Steinbach (sö.Haßfurt) III 129, 171, 576, 602f, 615; IV 316; VI 209, 444, 517

Steinbach (sw.Tirschenreuth) V 165

Steinbach am Wald (nö.Kronach) II 531, 635; III 271, 368, 380, 516; IV 142, 657, 998; VI 30, 49, 58, 61f, 65, 72, 190

Steinbach, Dietrich v. III 517
- Engelhart Wilh. v. VI 219
- Fritz v. III 544
- Heinr. v. (Domprediger) IV 280f, 310f
- Matthias v. IV 417

Steinbeck (Fam.) III 301f
- Gertrud (Wernsdorf) III 538, 563
- Hans (-) III 538, 563
- Hermann (-) III 573; IV 128, 169

Steinberg (n.ident.) III 420

Steinberg (nö.Kronach) II 612, 624, 636, 638, 640, 648; III 123, 270, 273, 293, 379, 384, 673; IV 23, 196, 807; V 406; VII/2 554

Steinberg, Gotelind v. II 461
- Hennung v. III 270
- Pippin v. II 461
- Ulr. v. II 640

Steinbruck, Egilolf v. II 275
- Hans (Unterwinterbach) VI 95
- Heinz (Höchstadt/A.) III 700f

Steinburger, Leonhard (Illschwang) IV 20

Steinbutz (abgeg.;Ofr.) III 651

Steinenbrücken (FlN.) III 284

Steinenhausen (Stadtt.Kulmbach) VII/2 338

Steinensittenbach (n.Hersbruck) III 286, 739

Steiner (Fam.) VI 35ff, 549
- Apel (Lichtenfels) III 684
- Hans (Wolfsberg) VI 290
- Hermann III 741, 743
- Joh. Maximus (Bbg) V 331f; VI 33, 54
- Konr. III 114
- Kunig. (Lichtenfels) III 684
- Maria VI 72
- Peter (Pfr) IV 1009
- Ulr. (Bbg) III 527, 532

Steinersdorf (nw.Ansbach) IV 739

Steinfeld (nö.Bbg) I 4,7; II 137; III 14, 375, 664; IV 84, 174, 234, 263, 524; V 65; VI 88; VII/2 214, 531

Steinfeld, Fritz IV 84
- Heinz IV 84
- Jeremias (Kronach) VI 314
- Konr. (Zeil) III 268
Steinfurt (sw.Roth) III 698
Steinhauser, Bernhard (Pfr) IV 724
- Chr. IV 997, 1036, 1038
Steinheim (ö.Neu-Ulm) VI 584
Steinheim (Hess.) VI 692, 696, 706
Steinheim, Dietrich Veit v. (Eger) VI 313
Steinheimer, Paulus (Marktzeuln) VI 13
Steinheit, Low v. VI 710
Steini (n.ident.) I 277
Steiningloh (n.Amberg) II 144, 332
Steinkallenfels, Maria Elis. v. VI 705
Steinl, Konr. (Pfr Lam) IV 1011
Steinlein, Kaspar Joseph VII/2 580, 601, 607, 614, 625, 631, 642, 654, 659, 674, 678, 687, 692, 697f, 706, 712, 724
Steinlerein (FlN.) IV 137
Steinlinger (Fam.) III 167
- Barb. IV 265
- Chr. IV 751
- Erhart (Vilseck) IV 324
- Hartnant IV 751
- Joh. IV 265
- Konr. III 167
- Ludwig III 154, 167, 188, 191, 531
Steinmetz, Eberhard (Neuzirkendorf) III 637
- Eberlin III 660
- Eisentraut III 529
- Gebhard (Bbg) III 591

- Gertrud (-) III 591
- Hans (-) IV 706
- Heinr. (Zimmern) III 86
- Marg. (Bbg) V 491
- Merklein III 529
- Winther III 660
Steinmüller, Michael (Kronach) VI 267, 319
- Sigmund (Bbg) VII 160
Steinreuter, Hans IV 555f
- Sebastian IV 556
Steinrieser, Valentin (Spital a.Pyhrn) IV 510, 744
Steinrück s.u. Steinau-Steinrück
Steinsdorf (sw.Bbg) III 228; VI 518, 521f
Steinwiesen (nö.Kronach) III 270, 384; IV 195, 475, 617f, 832; V 102, 407f, 410; VI 30, 34, 96; VII/2 242, 556
Steinz (n.ident.) II 485
Steivelbeck, Gertraud (Bbg) III 555
- Ludwig (-) III 555
Stemmasgrün (nö.Wunsiedel) IV 1029f
Stemmenreuth (nö.Pegnitz) III 278; IV 33, 99
Stempfermühle (ö. Ebermannstadt) VII 110
Stenartius, Petrus (Pfr Aschaffenburg) V 453
Steng (Fam.) V 23
Stengel (Fam.) III 661, 682
- Friedr. IV 390, 495
- Gertraud (Zeil) VI 63
- Klaus (-) VI 63
- Simon (Jesuit) VI 498

- Stephan v. VII/2 732, 734, 743
- Wolf IV 617
Stenglein (Fam.) IV 137; VII/2 495, 536, 724
- Joh. (Tiefenlesau) VII/2 244
- Joseph (Prof.) VII/2 400
- Marg. (Steinbach) V 337
- Max (Augsburg) V 20, 25
- Melchior Ignaz VII/2 552, 621, 629, 650, 654, 724
Stenz, Dorothea (Bbg) V 491
Stephan (PN) I 234, 243; II 81; VI 683
- (Hl.) I 146, 169, 187, 242, 247, 348, 354, 417, 419; II 52, 116, 334, 373
- IX. (Papst) I 362-365, 369, 372, 383
- II. (Eb.Vienne) II 436
- I. v.Ungarn (Kg;Hl.) I 49, 95, 176, 185, 222, 315; III 114f
- II. v.Wittelsbach (Hzg v.Bayern) III 169, 359, 379, 381, 426, 430, 441, 443, 489, 518
- (A.Gengenbach) III 442
- Mösinger (A.Langheim) VII 35, 68f, 102f, 105ff, 193, 200f, 254-258
- (A.Lüttich) I 250
- (A.Schuttern) V 3
Stephan, Heinz (Schederndorf) IV 84
Stephansberg (nö.Kitzingen) IV 630
Steppach (n.Höchstadt/A.) I 20; II 144, 519, 550, 611, 623; III 66
Steppach, Heinr. v. II 623, 637
- Konr. v. II 519, 550, 611, 619, 622f, 637

- Wolfram v. II 61, 96, 99, 292
Stepper, Berthold (Bbg) III 602f
Stepperger, Hans IV 6
Sterckolfus (PN) II 66
Sterfrideshusen, Poppo v. II 403
Sterlin (PN) II 637
Sternberg (sw.Königshofen/Gr.) VI 701; VII/2 338
Sternberg, v. (Fam.) III 88
- Agatha Barb. v. VI 701
- Albrecht v. IV 554
- Anna Felicitas v. V 524
- Dietz v. III 500
- Friedr. v. III 419
- Gottschalk v. III 685
- Hans v. IV 530, 564
- s.u. Heinr. v. (B.Bbg)
- Hermann v. III 268
- Joh. v. III 88
- Kaspar v. III 457
- Wilh. v. III 499
Sternegger, Simon (Wolfsberg) V 117
Sternhals (Fam.) III 594
- Agnes III 595
- Erasmus IV 258
- Joh. (Domvikar) V 482
- Jutta III 595
- Konr. III 595
Sterpersdorf (s.Höchstadt/A.) III 703; V 215; VI 173, 202, 477, 520
Sterpersdorf, Heinr. v. II 510
Sterzer, Konr. (Scheßlitz) III 523
- Heinr. (Bbg) III 572
- Sebastian (-) VI 167

Stetbach (ON) IV 783

Stethendorf, Otto v. III 635

Stettberg (ö.Rothenburg o.T.) IV 939

Stetten (w.Lichtenfels) I 21; II 106, 494, 497; III 561; IV 328, 343; VI 474; VII 102

Stetten, Eberhard v. II 106, 494
- Gottfried v. VII/2 241
- Hermann v. II 497

Stettenberg (n.Nbg) III 428

Stettfeld (sö.Haßfurt) I 17, 318; II 522; III 527, 529, 587; IV 316f; VI 517f

Stettfelder, Hans IV 702

Stettin (Polen) II 168, 193f, 196-206, 212, 214, 217, 226, 228ff, 251, 254-262, 264, 266ff, 555ff; III 258, 444, 604, 608, 611, 615f, 619, 744; IV 91

Steube, Konr. (Ebensfeld) III 629
- Otto II 618

Steudel, Joh. (Kulmbach) IV 721

Steudlein, Hans (Hochstadt) IV 596f

Steven, Konr. II 67

Steyr (Österr.) II 146f, 559, 633; III 17, 32, 134, 137, 169f, 324, 363, 381, 486; V 166; VII/2 702

Steyßlingen (ON) IV 488

Sthe (ON) I 16

Sticher (Fam.) VI 135

Stickel (Österr.) III 272

Stiebar (Fam.) III 492, 738; VI 85, 191, 205
- Albrecht IV 396
- Andreas (Dh.) IV 1062
- Anna V 517
- Anselm IV 480, 660

- Aßmus IV 480
- Balthasar IV 490, 660
- Barb. V 519
- Bartholomäus IV 604, 660, 745
- Daniel (Dh.) IV 1064
- Dorothea IV 480
- Ebold IV 410; V 16
- Erhard IV 126, 603, 611, 660, 748
- Gg (Dh.) IV 462, 469, 478, 484f, 501, 529, 1042
- Heinr. (-) IV 1065
- Heinr. III 662; IV 490
- Jakob IV 419, 443, 463, 472, 476f
- Joachim Pankraz VI 213, 223
- Joh. (Generalvikar) IV 961
- Kath. IV 659
- Konr. (Dh.) III 507; IV 11, 57, 96, 127, 144, 151f, 263
- Konr. III 23, 43, 56, 326, 344, 347, 534, 692
- Marg. IV 480
- Martin (Dh.) IV 1066
- Osanna (Nonne Kitzingen) IV 522
- Wolf V 440
- Wolf Andreas V 404

Stiebar v.Buttenheim (Fam.) IV 416, 442, 452; VII/2 19, 172, 271, 288-295, 352f
- Albrecht IV 398, 411; V 223
- Andreas IV 660, 766
- Augusta VII/2 293, 295
- Dorothea Elis. Sophia Friederike VII/2 293, 295
- Erhard III 491, 516
- Friedr. (Dh.) III 462, 467, 470, 483, 493, 746; IV 12, 22, 40, 49, 55,

57, 62, 64, 74, 93, 95, 142ff, 151, 153ff, 168
- Friedr. (Kan.St.Gangolf) III 458, 507, 755
- Friedr. (Prie.Nbg) IV 458, 462, 467, 470, 483, 493, 507, 540, 746, 755
- Friedr. III 534; IV 265, 344, 1042f
- Gg V 81
- Gg Chr. Wilh. VII/2 273
- Gg Pankraz VI 450
- Hans Chr. VI 135, 165, 170, 181, 183, 280
- Hans Joachim IV 810; V 57f
- Hans Veit VI 115, 185, 187
- Joachim Ludwig VI 523f
- Joh. III 491; IV 660
- Joh. Adam VII/2 288
- Joh. Gg Wilh. VII/2 264, 272f, 288-293
- Martin IV 766
- Pankraz V 182, 205, 213, 261, 383, 440
- Paul IV 416, 442, 452
- Sebastian IV 660, 670, 689, 766f, 773
- Wolf IV 651, 660
- Wolf Chr. VI 135

Stiebar zu Pretzfeld (Fam.) VI 234; VII 112
- Chr. VI 151
- Gg Sebastian V 393, 468
- Sebastian VI 97

Stiebar zu Rabeneck, Alexander IV 660, 746
- Andreas V 22ff
- Chr. IV 517, 660, 746, 851; V 3, 24, 29

- Heinr. IV 418, 423, 443, 459
- Hermann IV 19, 22, 73f, 153f, 174
- Joh. IV 18f, 22, 37, 52, 57, 73f, 126, 142, 153, 166

Stiebarlimbach (nw.Forchheim) VII/2 411, 417

Stieber, Friedr. (Wunsiedel) IV 1019

Stiebner, Friedr. III 374
- Konr. III 374

Stiefenberg (nw.Bbg) III 14, 197, 351, 373, 375f, 378, 475f, 479f, 549f; IV 317, 444, 508, 613, 622; VI 354, 518f, 521

Stieffel, Andreas (Höchstadt/A.) VI 241

Stiegler (Fam.) VII/2 42
- Heinz III 577
- Kunig. III 577
- Ulr. IV 292

Stierbaum (sw.Neumarkt/Opf.) II 631

Stierberg (sw.Pegnitz) I 23; II 561, 574, 609, 613, 619f, 637; III 41, 277; IV 20, 176, 466, 845

Stierberg, Otnant v. (Dh.) II 533, 561, 563, 565
- Poppo v. II 561, 574, 609, 613, 619f, 637

Stimff, Gg (Unterleinleiter) IV 789

Stingelheim, v. (Fam.) VII/2 98, 253

Stinzendorf (w.Fürth) III 708

Stirne, Erkenbert v. II 275, 309

Stirner, Hans (Marktzeuln) VI 13

Stirzel (Fam.) VI 663

Stobersreuth (s.Hof) III 502

Stochen (ON) III 42

Stockau (ö.Bayreuth) III 394

Stockel, Konr. (Creußen) IV 47

Stockenroth (sw.Hof) IV 978; VI 168

Stocker, Hans (Ludwigsstadt) IV 963

Stockheim (n.Kronach) III 487; IV 9; VI 166, 257, 272, 325, 350f; VII/2 326

Stockle, Hans (Hirschaid) IV 817

Stockstadt (w.Aschaffenburg) I 271

Stöchig (abgeg.;Ofr.) II 54

Stöckach (nw.Lauf/P.) I 374; II 54, 509, 612; III 285f, 445, 718; IV 201, 398, 452, 719, 872; V 57, 75; VI 120; VII/2 548, 550

Stöcker (Fam.) VII/2 633

Stöckey (Thür.) II 274, 295

Stöckl, Blasius (Nbg) IV 716

Stöcklein, Hieronymus (Hohenlandsberg) IV 836, 979

Stöhr (Fam.) III 201
- Dietrich III 383
- Eberlein (Erlangen) III 696
- Friedr. III 201, 255; IV 327
- Gebhard III 188
- Gg IV 472, 481
- Hans IV 409
- Heinr. III 238
- Hermann II 642
- Hieronymus (Generalvikar) V 79, 92, 95-98, 101, 110-115, 120
- Konr. (Dh.; Pfr St.Lorenz/Nbg) III 353, 383, 388, 639, 740
- Michael (Michelsberg) VII 222
- Rupprecht III 188, 201
- Ulr. II 613
- Ulr. (Dh.) III 238
- Walban III 201, 252
- Wolf IV 560

Stöltzlein, Hans (Kronach) VI 319

Stöntsch, Heinr. v. III 229

Stör v.Störneberg (Fam.) VI 703

Störnhof (nö.Ebermannstadt) IV 491, 784, 786, 789

Störnstein (nö.Neustadt/W.) III 114, VI 540

Stoignew (PN) I 210f

Stoizen, Adalbert v. II 47

Stolberg (Sa.-Anh.) I 133

Stolberg, Heinr. v. I 487
- Konr. v. II 514
- Ludwig v. V 338
- Rüdiger v. (Dh.) II 579, 607, 609, 615, 638, 640, 645

Stolberg-Gedern, Gustav Adolf v. VII/2 223, 234, 280, 284

Stoll, Franz (Maler) VII/2 391
- Konr. IV 34

Stollberg (sö.Gerolzhofen) I 6; II 505; III 405, 629; IV 630

Stollberg, Walter (Bbg) III 535

Stolz (Fam.) VII/2 6f
- Elis. VI 58, 64
- Engelhard VI 47, 62
- Erhard VI 78
- Gertraud VI 47, 58, 62
- Hans VI 58, 64
- Juliana VI 78
- Jutta (Bbg) III 528
- Marquard (-) III 528

Stolzenberg (ON) III 719

Stolzenroth (n.Höchstadt/A.) III 166, 703; IV 783

Stolzenroth, Anna v. III 395
- Eberhard v. III 583
- Hans v. III 395
- Heinr. v. III 395, 583, 589
- Peter v. III 395
- Wolfgang (Erlangen) IV 419, 446, 450, 891f, 901

Stopfenheim (nw.Weißenburg) IV 999

Stoppani (Nuntius) VII 230, 268f

Storcesbrunnen, Otto v. II 68

Storch, Fritz IV 560
- Wolfgang (Pfr) IV 817

Storg (Fam.) VI 408

Storlein, Burckart (Kan.St.Jakob) II 609

Storn, Dietrich III 268
- Gravinlibu III 271
- Hermann III 277
- Rupert III 268
- Thomas IV 706
- Walbram III 271

Stoß, Andreas (Karmelit Nbg) IV 715, 718
- Veit (Bildhauer) IV 715; V 391

Stosser, Andreas (Michelsberg) IV 205-208, 233

Stoy (Fam.) II 585

Sträublingen (abgeg.;Ofr.) IV 65, 196

Strahlenfels (nö.Lauf/P.) I 23; III 279; IV 311

Strahlenfels, Heinr. v. III 277, 279
- Jörg v. III 640

Stralsund (Mbg-Vp.) VI 252; VII/2 496

Strantz, Heinr. III 584, 663

Stranzendorf (Österr.) VII 304

Strasista (Slowenien) I 70

Strasoldo, s.u. Raimund Anton v. (B:Eichstätt)

Straßberg, Ekkehard v. II 566
- Heinr. v. II 566, 614

Straßburg an der Gurk (Österr.) II 521

Straßburg (Frkr.) I 59ff, 67f, 81, 89, 101f, 146, 170, 217, 234, 237, 242, 266, 352, 452; II 62, 81, 125, 146, 218, 244, 283, 301, 312, 495f, 599; III 206, 305, 342ff, 355, 373, 387, 410, 442, 446, 496, 747; IV 422, 546; V 2f, 388, 519; VI 27, 142, 379, 434, 553; VII 136, 203; VII/2 704, 716
- B. s.u. Albrecht; Bruno; Erasmus; Gebhard; Herard; Joh.; Kuno; Werner; Wilh.

Straßburg, Ammeister v. III 498f
- Hartwig v. II 390

Straßfried (Österr.) III 28, 30, 381; V 2; VII/2 66, 127

Straßgiech (nö.Bbg) III 254, 375; V 65; VI 518

Straub (Fam.) VII/2 260f, 267, 269, 316f
- Jeremias VII 7-11, 279; VII/2 31, 95, 97
- Joh. VII/2 14, 333, 338, 345f, 349

Straubing (NB.) II 649; VI 222, 652; VII/2 571

Strauf (Thür.) II 597, 613f, 642

Strauf, Gelbfrid v. II 642
- Helbold v. II 464

- Poppo v. II 613
- Rumold v. II 464, 597, 614
- vgl. Breitenbach, v.

Strauß, Martin (Pfr Lauenstein) IV 958

Strebenstein (FlN.) IV 341

Strebensdorfer, Lorenz (Pfr Schwarzenbach/S.) IV 995

Streber, Else (Nbg) IV 24

Streblein, Marquard (Pfr) IV 211f

Strechau (Österr.) V 167

Strehla (Sachs.) I 64f, 86, 171, 174, 214

Streichenreuth (nö.Kulmbach) II 152; IV 246, 426, 618

Streicher, Jobst IV 630

Streit (sw.Bayreuth) VII/2 491

Streit, v. (Fam.) VII/2 35

Streitau (n.Bayreuth) III 166; IV 563, 783

Streitberg (nö.Ebermannstadt) II 70, 92, 562, 572, 629; III 214ff, 281f, 310, 379, 419, 421; IV 77, 414, 417f, 488f, 491f, 557f, 626, 731, 737, 784ff, 789, 830, 837; V 376; VI 121, 154, 156, 257; VII 92; VII/2 512, 575

Streitberg, v. (Fam.) III 213, 254, 377, 380; VI 710, 716
- Adelheid v. III 161
- Agnes v. III 132
- Albrecht v. III 627
- Anna v. IV 346, 879
- Balthasar v. IV 790
- Bernhard v. II 488
- Bertha v. II 488
- Berthold v. III 6, 65, 162, 252
- Chr. Sigmund v. VI 601
- Dietrich v. V 116, 140, 407; VI 399
- Eberhard v. III 310, 378f, 421, 493; IV 38, 417
- Engelhard v. IV 256, 263, 297
- Erasmus v. IV 294, 660, 790
- Ernst Joachim v. V 13, 20, 24, 40, 47, 55, 66
- Felix v. IV 346
- Friedr. v. II 462, 469, 496, 572; III 68, 132, 162, 238, 254, 310, 376f, 419, 569, 585, 681, 687f, 732
- Gabriel v. IV 490, 546, 609, 643, 648, 660, 749f, 789
- Gg v. IV 418f, 491, 518, 660, 692, 760, 880, 973
- Heinr. v. II 424, 469, 488, 496, 629f, 634; III 161f, 302, 325, 344, 561, 585, 650, 688
- Heinr. v. (Dh.) IV 209, 241, 254, 257ff, 263, 414, 1043
- Helene v. III 627
- Hermann v. III 627; IV 251, 255f
- s.u. Joh. v. (B.Regensburg)
- Joh. v. III 161f; IV 346, 899
- Joh. Wilh. v. VI 545, 575
- Julius v. VI 171, 188, 196, 206, 252
- Karl v. VI 280
- Kath. v. III 732
- Konr. v. III 161f, 216, 310, 688; IV 317, 554
- Kunig. v. IV 346
- Leonhard v. IV 414
- Lorenz v. IV 790
- Magdalena v. III 561
- Maria Rosina v. VI 710

- Otegebe v. II 488
- Otto v. (Dh.) III 234, 238, 688, 757
- Paul v. (-) IV 714, 1063; V 518f
- Peter v. IV 475
- Petrissa v. II 572
- Ph. v. (Dh.) IV 1063
- Raymar v. (-) IV 528, 545, 653, 660, 671, 674, 692, 697, 763, 769, 772, 775, 779f, 788f, 811, 1042, 1059
- Reymar v. III 420, 732
- Rochus v. IV 637, 790
- Ruprecht v. IV 414
- Sibylla Susanna v. VI 557
- Sophia v. VI 602
- Suffey v. III 161
- Ulr. v. III 65, 67f, 581, 589, 596, 671
- Veit Hektor v. V 464f; VI 114
- Walter v. (Dh.) III 238
- Walter v. II 70, 92, 99, 469, 562; III 124, 156, 161f, 252, 270, 581, 596, 689
- Wilh. v. III 627
- Wolf v. IV 545, 660, 789

Streitberger, Joh. (Generalsuperintendent) V 444

Streitbühl, Karl v. II 66

Streng (Fam.) VI 383

Stresenhofen (ON) II 144

Stressenweg (FlN.) III 114f

Strety, Friedr. (Wunsiedel) IV 1040

Stretz, Kath. (Bbg) VI 58

Streu (n.Neustadt/S.) I 144

Streunberg (ON) III 687

Streuzel, Anna (Bbg) III 599

Stribl, Markus (Bbg) IV 1051f, 1055

Striegel (Fam.) VII 110, 115
- Klaus V 495
- Konr. (Prie.) IV 460, 724, 912

Striegnitz, Joh. Heinr. (Pfr Höchstadt/ A.) VII 287

Strimpf, Hans V 488

Strobel, Albert III 445
- Albrecht (Marloffstein) IV 519
- Anna (Uttenreuth) III 718
- Balthasar (Pfr Weißenstadt) IV 725
- Friedr. II 562; III 627
- Gertrud II 719
- Heinr. (Marloffstein) III 284
- Hermann (Pr.Neunkirchen/Br.) III 284, 299, 755
- Joh. Michael (Erlangen) VII 132
- Konr. III 714; IV 961
- Kunig. (Spardorf) III 627
- Leopold (Marloffstein) III 140, 445
- Marg. (Uttenreuth) III 718
- Nikolaus IV 590
- Ulr. (Uttenreuth) III 197, 714, 718f

Strölau, Pankraz (Bbg) V 233

Strölein (Fam.) III 645; IV 45
- Hans (Nabburg) IV 605
- Konr. (Weißenbrunn) IV 560

Strössendorf (ö.Lichtenfels) II 525; III 668f, 681f, 687; IV 38f, 118, 326f, 614, 623; VI 84, 398, 545, 586; VII/2 705

Stromberg s.u. Faust v.Stromberg

Stromer (Fam.Nbg) III 181, 387
- Agnes IV 130
- Andreas III 750
- Bartholomäus III 732

- Heinr. (Kan.St.Stephan) III 532
- Konr. III 175, 515; IV 52
- Marg. IV 130
- Peter III 393, 732f, 736, 741, 750, 752; V 276
- Ulmann III 219, 496
- Ulr. III 369, 746; IV 129f

Strübel, Hans (Strullendorf) VII 53

Strüffer, Albert (Pfr St.Martin) III 457

Strüpf, Peter VII 298; VII/2 85

Strüth (s.Wbg) II 89, 509

Strützel, Joh. (Bbg) V 433

Strullendorf (sö.Bbg) II 83; III 25; IV 13, 22, 133ff, 143, 146, 156, 235, 265, 309, 604, 609, 643, 702, 808; V 420, 484; VI 180, 264, 276, 326, 679; VII 53, 193; VII/2 54, 553, 629, 661, 667-672, 701

Strullendorfer, Friedr. (Hallstadt) III 64

Strumphart, Albrecht II 536f, 549, 572, 605

Struppen (ON) VII/2 236

Stubenberg, v. (Fam.) III 6f, 17, 30
- Elis. v. III 7
- Friedr. v. III 7f, 17, 29ff
- Gg v. V 193
- Heinr. v. III 7
- Ulr. v. III 6

Stubenrauch (Fam.) IV 571; VII 176; VII/2 489
- Hans III 695
- Matthäus (Pottenstein) V 498
- Otto IV 264

Stubental (FlN.) III 666

Stubenvoll, Ägidius (Pfr Helmbrechts) IV 724, 915

Stublang (sö.Staffelstein) III 395, 543, 644; V 375, 482

Stublang, Heinr. (Kemmern) III 615

Stublein, Marquard (Pfr) IV 197

Stublinger, Augustin (Kulmbach) IV 734
- Joh. (Pfr Bayreuth) IV 371, 872
- Lorenz IV 872

Stubwege, Konr. (Iffelstadt) III 553

Stuchgras (FlN.) II 499

Stuchs, Albrecht II 615
- Heinr. II 606, 615
- Konr. II 392; III 68, 609
- Sibertus II 605

Studene, Friedr. v. II 58

Stübach (n.Neustadt/A.) IV 741

Stübig (s.Lichtenfels) II 447; III 375, 395, 612-615, 618f, 622, 629; IV 267; V 408; VI 630; VII 85f

Stübig (Fam.) III 215
- Agnes III 685
- Albert Michael V 514
- Heinr. III 75, 634; IV 11
- Otto III 242, 272, 307, 569, 634, 685, 687

Stübner, Hans Veit (Buttenheim) VI 401

Stüchsen, Stefan (Erlangen) IV 897

Stücht (n.Ebermannstadt) VI 573

Stückbrunn (w.Bbg) V 119

Stürmer (Fam.) III 622; IV 76; VII/2 735
- Heinr. II 516, 623; III 560
- Joh. (Rom) VI 112

- Konr. v. II 640
- Otto (Schönfeld) IV 294
- Paulus (-) VI 112
- Sebastian (-) IV 660

Stürmig (nö.Forchheim) III 24

Stürmig, Heinr. v. II 516

Stützersdorf (nw.Passau) III 380

Stuhlweißenburg s.u. Székesfehérvàr

Stulln (n.Schwandorf) II 479, 483, 522

Stumm, Gregor (Banz) VII 30

Stumpf, Andreas IV 617
- Erhard (Pfr Gößweinstein) V 241, 498
- Heinr. (Bbg) II 648

Stuntz, Joh. (Amberg) VI 106

Stupan v.Ehrenstein, Anton Maria VII/2 245, 249

Stupano, Luca (Wien) VI 110, 413

Sturgentz (ON) III 160, 176, 190, 637

Sturl, Hermann II 625

Sturm, Albrecht II 69
- Heinz (Michelau) IV 264
- Joh. Friedr. VI 431
- Stephan (Bbg) V 142, 182

Sturmfelder, v. (Fam.) VII/2 38
- Eva IV 659

Sturmi (A.Fulda) I 9, 285; II 318

Sturzing, Bernhard V 332

Stuttgart (B.-W.) VII 96

Stutz, Konr. (Dh.) II 637, 648
- Konr. (Iffelstadt) III 562

Stutzmann. Friedr. III 716

Stuverwein, Marg. IV 991f

Styber, Swinko (Prag) III 257

Stylangrün (ON) III 228

Styrum, v. (Fam.) VII 72f, 96

Sualafeld (Gau) I 9, 115; II 9

Sudeten (Landschaft) I 222

Sügfil, Heinr. (Forchheim) V 506

Sülchengau (Landschaft) I 139

Sülzlein (Fam.) III 8, 194

Sün, Friedr. (Rattelsdorf) III 614

Sünching (sö.Regensburg) VI 561; VII/2 437

Sünder, Joh. Balthasar (Kronach) VI 332, 374

Sündermahler (Fam.) VII 264f
- Friedr. Christian (Staffelstein) VII 179
- Friedr. Jakob VII 41, 179

Sündermannbuch (FlN.) VII/2 184

Sündersbühl (Stadtt.Nbg) IV 794; VII/2 38, 220, 334, 396

Süner, Konr. III 139

Sünheinz (Fam.) III 694

Süß (Fam.) VII 298
- Hans IV 601

Süßmann, Moses VII 27, 142
- Otto IV 626

Sugmaun (Fam.) III 60

Suhl (Thür.) VII/2 226, 233f

Suidger (PN) I 347, 360, 411, 497; II 62, 73, 325
- (B.Bbg) s.u. Clemens II. (Papst)
- (B.Münster) I 108, 129

Sulfleisch, Hans (Schönbrunn) III 686

Sulz s.u. Kloster Sulz

Sulz, v. (Fam.) VI 239

- Heidenrich (Dh.) II 584
- Hermann v. II 659

Sulzbach, August v. VI 433
- Berengar v. II 9, 11, 23, 30, 46-49, 66, 74, 79, 81, 110, 127, 130-133, 222, 418, 467
- Gebhard v. II 72, 152, 289, 316, 387f, 414, 418, 448, 477, 486f, 561
- Friedr. v. III 722
- Hedwig v. VI 433
- Konr. v. (Pfr Nbg) III 724
- Wirnto v. II 485

Sulzbach-Rosenberg (Opf.) II 53, 79, 388, 448, 485ff; III 112, 249, 252, 257ff, 275, 277, 280f, 317, 339, 343, 425, 429, 572f, 634-637, 685, 691; IV 34, 106, 111f, 341, 420; VI 186, 433; VII 28, 145, 179; VII/2 40, 45, 55, 536
- Pfalzgf vgl. Christian Alexander Friedr.; Christian August

Sulzbürg (s.Neumarkt/Opf.) III 425; VI 531

Sulzburg (B.-W.) I 102

Sulzdorf (s.Wbg) III 247

Sulzheim (sö.Schweinfurt) II 286f, 504ff

Sulzthal (sw.Kissingen) II 98

Sumerlang, Konr. III 198

Summer (Fam.) III 560
- Andreas (Pilgramsreuth) IV 985
- Otto (Kan.St.Jakob) II 554
- Wenzel (Kan.Ansbach) IV 886, 923

Summerane (ON) II 661

Summerhauer, Ulr. (Kulmbach) III 447

Sundelbach, Tuto v. II 65

Sunder Gerhaus (Ebermannstadt) III 570, 743
- Ulr. (-) III 570, 743

Sundgau (Landschaft) I 102

Suneman (PN) II 515, 605

Sunlin (PN) II 629

Sunßen (ON) IV 469

Superville, Daniel de (Bayreuth) VII 130ff

Suprarivum (It.) I 101

Suprel (Fam.) III 110

Surau (Österr.) III 756

Surtorius, v. (Fam.) VII 95

Susa, v. (Fam.) I 72
- Konr. v. (Dh.) II 536, 543, 568, 577, 589

Susler, Eberhard (Bbg) III 535

Sutor, Heinr. III 198
- Joh. IV 741
- Ulr. (Poppenreuth) III 530

Sutri (It.) I 350f, 424ff, 432, 440, 448, 463; II 40, 77
- B. s.u. Bonitho

Suttner, Anna (Bbg) III 543
- Dietrich (-) III 543
- Hartung (-) III 528
- Heinr. (-) III 583
- Wolfgang (Schirnding) IV 1040

Sutzel, Martin IV 507

Swantibor (Hzg v.Stettin) III 444

Swatopluk (PN) I 195, 220

Swibodo (PN) II 95, 139, 287, 500

Swinar, Borsiwoy v. (Auerbach) III 417, 433, 436, 440f, 443; IV 33f

Sygrozzer, Braun III 549

Sylvius (Eb.Arles) II 436

Sylvanius Antonius (Kard.) V 320
Symachus (Hl.) II 156
Syrien I 400; VII/2 367
Székesfehérvàr (Ungarn) I 399

T s.u. D

Ubeler, Heinr. (Schlüsselau) III 183
Udalfridus (B.Eichstätt) I 23
Udalschalk (PN) II 133, 485
- (B.Augsburg) I 323, 325; II 587
- (Gf) I 290
- (Gf i.Nordgau) I 95
Udalschalk, Wignand II 133
Udenhausen (Rh.-Pf.) IV 46
Udenheim (Hess.) III 431
Udine (It.) II 654
Udinhard (FlN.) I 88
Udo (PN) I 487, 498; II 60, 69, 93, 488
- (Eb.Trier) I 418, 445, 448, 450, 452, 454, 464
- (B.Asti) I 467
- (B.Hildesheim) I 473; II 28, 32
- (B.Naumburg) II 455
- Levita (A.Michelsberg) I 495
- (Mgf v.Staden) II 28
- (Gf) I 140
Übelein, Fritz III 594
- Hans III 577
- Heinr. (Generalvikar) IV 258, 286
- Heinr. (Kan.Brixen) IV 869f
- Joh. (Pr.St.Maria/Brixen) IV 281

- Joh. (Kan.St.Jakob) IV 1016
- s.u. Marg. (Ä.Frauental)
- Ottilia (Staffelstein) V 444
Übeleisen, Franz Martin (Griffen) V 169
Übelhar, Konr. II 562
Übellohe (FlN.) V 4
Überhaug (FlN.) III 506
Überlingen (B.-W.) III 1
Üchtelhausen (nö.Schweinfurt) II 566
Ühleinshof (sö.Ebermannstadt) III 323
Ühlfeld (sw.Höchstadt/A.) II 58, 67, 549f, 579; IV 72, 367, 369, 373, 731, 738, 785, 788, 1002; VI 174, 183, 204f
Ühlfeld, Dietmar v. II 549f
- Eberhard v. II 58
- Otto v. II 67
Ülein, Hawes III 548
Üler, Hermann (Dietersdorf) IV 43
Üngershausen (s.Wbg) III 606
Ützdorf (ö.Bayreuth) III 94; IV 1006
Ützing (sö.Staffelstein) I 15; II 153, 384ff, 418, 447, 613, 637; III 309, 374, 401f, 448f, 483, 605, 610, 626, 628, 644; IV 65, 160, 176, 354; V 375, 500, 503; VI 169, 629; VII 85f, 106; VII/2 567
Ützing, Hildebold v. II 418
- Ludwig v. II 385
Ufer, Gundeloch am II 638
- Hartmut am II 638
- Heinr. am II 638
- Marquard am II 638

Uffenheim (Mfr.) II 376; III 403; IV 635, 738, 1002; V 146; VI 154, 401, 640

Uffenheim, Gebeno v. II 96, 376

Ugovizza (It.) VII/2 64

Ukraine s.u. Ruthenien

Ulbectius, Wolfgang (Schwabach) V 406

Ulemillerus, Andreas (Bbg) V 138

Ullein (Fam.) III 136; IV 569
- Hans (Effelter) IV 618
- Hempel IV 617
- Lorenz (Kronach) IV 594f, 597, 616f

Ullersdorf (Tschechien) IV 903

Ullersdorf, Erhart v. IV 903
- Günter v. IV 903
- Hans v. IV 903

Ullheimer (Fam.) VII/2 561, 663

Ullmann, Moyses Wolf (Fürth) VI 663, 674

Ullstadt (nw.Neustadt/A.) IV 68; VI 644; VII/2 18, 38, 45, 50, 77, 83, 104

Ullstadt, Götz v. IV 68

Ulm (B.-W.) I 139, 238, 452, 457f, 484; II 308, 348, 650; III 1, 122, 207, 249, 351, 423ff, 430, 436; V 388; VI 390, 608; VII/2 715, 737

Ulm, v. (Dh.Eichstätt) VII/2 478
- Hans v. (Kan.St.Stephan) IV 467

Ulmer, Nikolaus (Nbg) IV 995

Ulrich (PN) I 382f, 459, 486f, 497; II 56ff, 60, 64-68, 70f, 73, 89, 91f, 100, 104, 112, 137, 141, 153, 277, 290, 294, 309, 315, 335, 390, 394, 401, 414, 424, 485, 501, 534, 543, 548, 569, 606, 629, 646
- (Hl.) I 53, 187
- (Hzg v.Böhmen) I 70f, 190, 193, 209ff, 213f, 222
- (Hzg v.Mähren) II 131
- (Gf i.Spechtrein) I 145
- v.Württemberg (Hzg) III 381; IV 289, 525f, 529
- I. (B.Chur) I 61, 115, 120, 128, 246
- II. (-) II 49
- III. (-) III 208
- (B.Eichstätt) I 23, 445, 485
- (B.Halberstadt) II 417
- (B.Konstanz) II 46, 79, 81, 120, 130, 222
- (B.Padua) I 462
- (B.Passau) I 481; II 122, 140
- (B.Regensburg) II 36
- (B.Trient) I 115
- (B.Verden) IV 54f
- (A.Asbach) III 203
- (A.Fulda) II 222
- (A.Michelsberg) II 616f; III 66, 183, 259, 604f; IV 344
- Wochner (A.Mönchröden) IV 269
- (A.Plankstetten) III 744
- Schendel (A.Prüfening) IV 744
- (A.St.Emmeram/Regensburg) II 141
- (A.Wülzburg) III 634
- (Domdek.Bbg; ebenso hier: Codex Udalrici) I 38, 226, 229, 245, 289, 292, 294, 297, 332, 346, 369, 372, 375, 378f, 382f, 389, 392f, 402, 404, 410, 415, 418, 420, 428, 430, 442, 445, 447,

451, 453, 457, 464f, 468, 471, 473f, 482, 484f, 488-491, 493; II 1, 27, 30, 32-36, 41ff, 49f, 59, 66-70, 74-79, 89f, 111f, 114-118, 120-125, 127f, 141, 143, 147, 153, 217, 219, 222, 224f, 273f, 276-284, 294, 298, 300f, 304, 307, 309f, 312, 315, 375, 378, 382f, 385f, 388-392, 396, 398, 400, 403, 406f, 413, 421, 424f, 444f, 459, 461-464, 482f, 489, 494, 501, 510, 517, 519, 526, 531, 537ff, 542, 547, 564f, 580
- (Domdek.Wbg) II 335, 449
- (Kan.St.Gangolf) II 571
- (Kan.St.Jakob) II 4, 56, 58, 60, 62, 87, 159, 164, 171ff, 226, 233, 241ff, 247f, 249ff, 259, 475f; III 25, 58, 83, 125, 554
- (Kaplan Nbg) III 748
- (Kaplan Plassenburg) III 672
- (Kaplan Weismain) III 675
- (Mönch Michelsberg) III 633
- (Pfr Büchenbach) IV 44
- (Pfr Gößweinstein) III 673
- (Pfr Hallstadt) II 468f
- (Pfr Hollfeld) III 198
- (Pfr Seubelsdorf) II 638
- (Pfr Velden) II 388
- (Pfr Weißenohe) IV 243
- (Pr.Chiemsee) II 454
- (Pr.Hl.Kreuz Augsburg) II 656
- (Pr.Neunkirchen/Br.) IV 201
- (Prior -) III 446
- (Aschachwinkel) II 334
Ulrich (Fam.) VI 73
- Gg (Bbg) V 25, 54
- Hans IV 560, 789

- Heinr. III 553f, 556
- Kunig. (Bbg) III 554, 556
- Maria VI 71
- s.u. Maria Cäcilia (Ä.St.Clara/Bbg)
- Maria Kunig. (Bbg) VI 79
Ulrichsuhn, Heinr. (Güßbach) III 129
Ulsenbach (sw.Fürth) II 97f, 443, 446f, 529
Ulsenbach, Ekkehard v. II 98, 443, 447
- Hartnid v. (Dh.) II 97, 446, 529, 533, 589, 592f, 598, 607, 637, 640, 645, 648
Ulsendorf (ON) II 479
Ulsenheim (nw.Windsheim) I 498; II 89; IV 738
Ulsenheim, Altun v. I 498
- Arnold v. II 89
Ult..., v. II 592
Ultsch, Hans (Pfr Bindlach) IV 888
- Joh. (Kronach) IV 194f, 342
Umbert (B.Palestrina) I 456
- (Subdiak.) I 456
- vgl. Humbert
Umbrien (Landschaft) I 352
Umbscher, Hans Chr. VI 280
Ummersberg (sw.Staffelstein) I 21, 497
Ummerstadt (Thür.) IV 560
Ummerstadt, Herkward v. (Lichtenfels) III 654
Umpredi (n.ident.) I 19
Unbereit (Fam.) III 303
- Albert (Pfr Ochsenfurt) III 617
- Otto IV 264
Unfinden (nö.Haßfurt) II 65

Unfinden, Engelhard v. II 65
- Sicco v. II 65
Ungarischer Berg (It.) I 73
Ungarn I 29, 45, 113, 129, 187, 362, 377, 391, 395, 399, 444, 484; II 50, 114, 166f, 305, 600, 605, 608, 610, 615, 627f, 637; III 332; VI 330, 336, 342, 449, 486, 514, 530; VII 204, 306; VII/2 15, 33, 256, 319f, 324
- Kg s.u. Andreas; Bela; Ferdinand; Ludwig; Magdalena; Maria; Maria Theresia; Matthias; Salomo; Stephan
Ungefurishausen (n.ident.) II 99
Ungelter, Breunlein (Bbg) III 536
- Hermann III 126, 184
Unger, Wolfram (Hirschaid) IV 153f
Ungerheim (ON) II 631
Ungleich, Thomas IV 1039
Ungnad, v. (Fam.) III 237; VII/2 67
- Konr. v. III 32, 88, 149
- Ludw. v. V 167
- Otto v. II 582, 661; III 32, 71, 88
- Ulr. v. (Dh.) III 9, 59, 238, 607
- Wolfing v. III 149, 238
- Wolfram II 661, 663
Unkofen, Konr. v. II 275, 309
Unnersdorf (nw.Staffelstein) I 21; II 643; VII 102
Unnersdorf, Rabinoldus v. II 106, 139, 494, 497
- Siegfried v. II 497
Unrat, Berthold III 167
Unruhe, Jakob (Pfr Schornweisach) IV 992
Unßling, Peter IV 614

Unstrut (Fl.) I 4, 58, 89, 438; II 131
Unterailsfeld (nö.Ebermannstadt) III 421; IV 745
- vgl. Ailsfeld; Ober-
Unteraurach (sw.Bbg) VII 66, 142, 169
Unterbrunn (sw.Staffelstein) III 622, 632; VI 181
Unterdornlach (nw.Kulmbach) III 683, 686
Untereichenbach (ö.Ansbach) IV 366
Untereisenheim (nö.Wbg) II 505
Unterellbach (nw.Eggenfelden) I 145
Unterelldorf (sw.Coburg) III 650, 671
Unterelsbach (nw.Neustadt/S.) IV 245
Untereschlbach (nö.Altötting) I 145
Untereßfeld (sö.Königshofen/Gr.) I 10f
Untereuerheim (sö.Schweinfurt) II 460; IV 298; VI 584
Unterfarrnbach (nw.Fürth) IV 429; VII/2 260
Unterfeldbrecht (n.Ansbach) II 54
Unterföhring (nö.München) II 430
Unterfrankenohe (abgeg.;Opf.) III 139f, 637f
Untergrasensee (sö.Pfarrkirchen) I 145
Untergreuth (sw.Bbg) IV 128
Untergünzkofen (ö.Dingolfing) I 145
Unterhaid (nw.Bbg) III 56, 528f, 628f; IV 131, 274, 278, 316, 495f; V 341; VI 243, 518f; VII/2 256
Unterhaidelbach (sö.Lauf/P.) II 631

Unterheckenhofen (s.Roth) III 743
Unterhohenried (n.Haßfurt) II 447
Unterholzen, Egilolf v. II 486
Unterickelsheim (nw.Uffenheim) IV 739
Unteriglbach (s.Vilshofen) I 145
Unterkodach (Stadtt.Kulmbach) III 505; IV 198, 950
Unterköst (sw.Bbg) II 617; IV 783
Unterkonnersreuth (nw.Bayreuth) II 648
Unterkotzau (nw.Hof) III 223ff, 335
Unterkrumbach (n.Hersbruck) III 750
Unterküps (sö.Staffelstein) III 695; IV 402; VI 441
Unterlaimbach (sö.Scheinfeld) IV 1003
Unterlangenroth (ö.Kulmbach) I 487; IV 76; V 65
Unterlangenstadt (nö.Lichtenfels) IV 38, 194, 328, 355; VII/2 553, 579
Unterlauter (n.Coburg) II 386, 499, 640; III 600; V 216
Unterleinleiter (n.Ebermannstadt) IV 331, 463, 611, 786, 788f, 899; VI 280, 573; VII 44, 46ff, 60; VII/2 309
Unterleiterbach (n.Bbg) I 17, 228; II 623; III 69; VII/2 421
Unterlindelbach (nö.Erlangen) I 374
Unterloch (ON) II 145
Untermelsendorf (nw.Höchstadt/A.) VI 517
Untermembach (nw.Erlangen) I 360; II 483, 522; III 181; V 468
Untermichelbach (ö.Dinkelsbühl) IV 739

Unternbibert (n.Ansbach) IV 178
Unternesselbach (w.Neustadt/A.) IV 739, 741, 978
Unterneuses (sw.Bbg) VI 444, 478, 628
Unterneuses (sw.Staffelstein) I 21; II 69, 622; IV 94, 176, 402
Unteroberndorf (n.Bbg) IV 128, 265; V 65; VI 618, 675
Unterölschnitz (sö.Bayreuth) III 94
Unterpfaffenhofen (w.München) II 523
Unterpferdt (sw.Hof) III 224
Unterpleichfeld (nö.Wbg) I 11, 475; II 73, 127, 289f
Unterpöllitz (ö.Kulmbach) III 272; IV 86, 270, 354, 783
Unterpreuschwitz (w.Bayreuth) II 378; IV 872
Unterrohrenstadt (n.Neumarkt/Opf.) II 631
Unterrodach (ö.Kronach) III 296; IV 195f; VI 268, 284, 528
Unterrüsselbach (ö.Erlangen) I 144, 367; II 65, 133; III 285; IV 117, 705
Unterschlauersbach (nö.Ansbach) II 54, 62, 100, 151, 153, 474
Unterschleichach (sö.Haßfurt) III 590; VI 519, 521
Unterschöllenbach (ö.Erlangen) III 35
Unterschwappach (sw.Haßfurt) VI 519
Unterschwarzach (sö.Bayreuth) VII/2 56
Untersiemau (s.Coburg) III 689, 691; IV 787

Unterspechtrain (sw.Dingolfing) I 145

Unterspiesheim (s.Schweinfurt) II 504

Untersteinach (nö.Kulmbach) III 230f, 303, 328, 336; IV 56, 75, 85f, 246, 277, 344, 352, 736, 742, 933, 1003f; VI 484; VII/2 335

Untersteinbach (n.Höchstadt/A.) V 341

Untertheres (sw.Haßfurt) VI 519

Untertinsbach (s.Dingolfing) I 145

Untertriebel (Thür.) IV 445

Untertrubach (sö.Forchheim) I 6, 15, 137, 374, 383; II 54, 393, 474, 477, 645; IV 342, 613, 794; VI 87f, 126, 185, 550f; VII 115; VII/2 531

Unterwallenstadtt (n.Lichtenfels) II 377, 379; III 581, 647, 692; IV 284, 289, 355

Unterweilersbach (nö.Forchheim) I 137, 374; II 54, 61f, 474, 570; III 285, 564f, 626; IV 138, 192, 523f; V 514; VII/2 45, 58ff, 77, 86, 532

Unterweißenbach (sw.Selb) III 394

Unterwindsberg (n.Lauf/P.) II 478

Unterzaubach (n.Kulmbach) III 267, 311; IV 85

Unterzaunsbach (ö.Forchheim) II 562; III 139, 639, 642; IV 784, 794

Unterzell (w.Wbg) VI 140

Untzen, Joh. (Generalvikar) IV 44

Unwan (Eb.Bremen) I 195, 251

Uolezla (A.Niederaltaich) II 417

Upplade (NRW) I 219

Urach (B.-W.) VII/2 526

Urbach (Thür.) I 20

Urban I. (Papst) I 187; II 384; III 235

- II. (-) I 471f, 474, 476, 478-481, 484f, 490, 492; II 17, 107
- III. (-) II 340, 544ff, 560
- V. (-) III 303, 305, 307, 311, 314, 316, 329f, 332, 639
- VI. (-) III 340, 371, 386, 402, 407, 409, 411, 413ff, 441, 521, 566, 629, 723ff; IV 124
- VII. (-) V 208
- VIII. (-) VI 9, 11, 112, 137, 142, 146, 301, 344f, 362, 369, 380, 404
- (B.Passau) V 161
- (Spital a.Pyhrn) IV 427

Urbino (It.) V 399

Urfersheim (s.Windsheim) IV 739

Urff (Fam.) VII/2 241

Uriel (Eb.Mainz) IV 676

Urmitz (Rh.-Pf.) I 154; II 533; VI 658, 666

Uroldesteine, Burkhard v. II 379

Ursberg (sö.Günzburg) VII/2 715

Urso (Patriarch v.Grado) I 206

Urspring (sö.Ebermannstadt) III 535, 626

Ursula v.Rosenau (Ä.St.Theodor) IV 744, 803

Urtelenhoven (n.ident.) II 64, 477

Uschatsch (Rußland) II 179f, 214f

Uschertsgrün (sö.Naila) III 394

Uschlberg (w.Schwandorf) II 145f

Uschlberg, Friedr. v. II 146

Usedom (Ostseeinsel) II 211, 231f, 237ff, 241, 245, 250f, 254, 262

Usemer, Braunwart (Bbg) III 561, 590
- Elis. (-) III 561, 590
- Friedr. (-) III 561, 590
- Friedr. IV 311
- Konr. (Bbg) III 561, 590
Usler (Fam.) VI 331
Usmarin, Christina (Bbg) III 672
Ussickau, Marg. v. V 517
Usti (Tschechien) I 169
Uta (Bernheim) I 27
- (Ä.Kaufungen) I 289, 291
- (Ä.Niedermünster/Regensburg) I 69, 107
Utelsdorf (abgeg.;Ufr.) III 662
Utrecht (NL) I 40, 67, 107, 113, 181f, 235, 263, 284, 451; II 74, 218; III 261, 722; VI 647
- B. s.u. Adalbold; Andreas; Ansfried; Benno; Burkhard; Gotebold; Konr.; Wilh.
Uttenheim, Barb. Susanna v. V 527
Uttenhofen (ö.Uffenheim) IV 738
Uttenhofen, v. (Fam.) VII/2 747
- Gertrud v. III 223f
- Heinr. v. III 224; V 193, 213
- Joh. v. III 223f
- Kath. v. III 224
- Klaus v. IV 264
Uttenreuth (ö.Erlangen) III 165, 195, 197, 718; IV 211, 367, 549, 685, 713, 738, 868, 978; VI 201
Uttenreuther, Fritz (Rosenbach) III 446
Uttinger, Ruprecht (Amberg) IV 494
Uttstadt (w.Forchheim) II 54; III 217; IV 166, 369

Utz, Gg (Kirchehrenbach) VII 53
- Konr. (Baunach) III 171
- Ph. Anton VII/2 62
- Ph. Valentin VII/2 62
Utzmannsbach (nö.Lauf/P.) III 285
Utzmemmingen (B.-W.) IV 1004
Uzern (Volksstamm) I 395

V s.u. F

Waaß, Joh. (Waischenfeld) V 513
Wachau, Ulr. v. III 341
- Winrich v. III 341
Wachbach (B.-W.) I 347
Wachenhausen, Ekkehard v. II 443
Wachenroth (nw.Höchstadt/A.) I 15, 20, 121f, 265; II 98, 614, 663; III 162ff, 264, 380, 421, 705; IV 21, 117, 138f, 520, 607, 622, 655, 783, 823; V 14, 358; VI 158, 174, 197, 207, 209, 278, 444, 659; VII 43; VII/2 230, 491
Wachenroth, Ekkehard v. II 98, 452
- Hermann v. II 579
- Ludwig v. II 579
Wachsmuth (Fam.) VI 307f
Wachter (Fam.) VII/2 213
Wachtler, Pankraz (Pfr) IV 890f
Wadendorf (sw.Bayreuth) VII/2 326
Wäbel (Fam.) VI 340
Wächsenberg, Heinr. v. (Dh.) II 597
Wagekke (abgeg.;Mfr.) II 615
Wagen zu Wagensberg (Fam.) VII/2 70

- Balthasar V 195f
Wagenhauer, Jakobus (Kan.Neumünster/Wbg) VI 110
Wagenknecht, Albrecht (Bbg) III 573
Wagner (Fam.) III 34, 617, 704; VII/2 557, 577, 663
- Adelheid (Großweiglareuth) III 335
- Albrecht III 705; IV 742; V 495
- Berta (Bbg) III 573
- Berthold II 573
- Burkhart II 573
- Erasmus (Staffelstein) V 446
- Erhard IV 895, 909
- Fritz III 578
- Gg (Pegnitz) IV 433
- Heinr. (Großweiglareuth) III 335
- Hermann (Bbg) III 573
- Joh. IV 720, 725, 884, 998; V 95; VII/2 668, 670
- Konr. III 568, 666, 752; IV 610
- Liborius (Pfr Altenmünster) VI 289
- Michael (Strullendorf) VII/2 672
- Nikolaus IV 1032
- Osterhild III 578
- Otto (Hollfeld) III 128
- Paul VI 363, 416f
- Peter IV 562
- s.u. Thomas (A.Langheim)
- Ulr. (Hopfenohe) III 638f, 725
Wagrier (Volksstamm) I 208, 232, 342; II 303
Wahl (nö.Kulmbach) VI 546, 600
Wahl (Fam.) VI 246
- Joachim Christian v. d. VI 336, 356, 361, 373
Wahren (Sachs.) I 95

Wahsmut (PN) II 488, 543
Waidach (sw.Pegnitz) III 46, 65, 100, 215, 262, 548; IV 109, 212, 236, 794; VI 599; VII 5
Waiganz (sw.Pegnitz) I 15; III 277
Wais, Adam V 35
Waischenfeld (sw.Bayreuth) I 318; II 90, 381, 398, 416, 487, 517, 524, 530, 552f, 564, 577; III 43ff, 47, 215f, 270, 281f, 378f, 523; IV 9, 11, 22, 75, 82, 142f, 179, 275, 295, 325, 333f, 354, 400, 425, 487f, 510, 611, 639, 645, 823, 834, 849, 862; V 139, 275, 291, 415, 494, 512f; VI 21, 71, 88, 171, 188, 213, 216, 231ff, 236f, 241, 250, 276, 278f, 285, 379, 399, 458, 497, 510, 541, 598f, 610; VII 110; VII/2 13, 53f, 326, 340, 404, 538
Waischenfeld, Konr. v. II 90f, 381, 398, 419
- Ulr. v. II 416, 452, 454, 487, 517, 524, 530, 532ff, 543, 549f, 552f, 561f, 564, 577, 582, 609f
- Wirnto v. II 90
Waisenberg (Österr.) III 29
Waizenbach (nw.Hammelburg) VI 166
Waizendorf (s.Bbg) II 54, 61; VII 66, 142, 169, 259; VII/2 434
Waizendorf (sö.Kulmbach) III 651, 696
Waizenhofen, v. (Fam.) VI 278
Wal... (Dh.) II 647
Walah (PN) I 18
Walbeck (Sa.-Anh.) I 34f, 37, 56, 80, 87, 105, 107, 168, 170, 196, 208ff, 215, 231, 237, 250f

Walbeck, Berthold v. I 231
- Eila v. I 80, 87, 215
- Friedr. v. I 169
- Heinr. v. I 105
- Lothar v. I 35, 56f, 63, 80
- Siegfried v. I 34
- Werner v. I 37, 56, 168, 170, 196, 208f

Walber (n.ident.) II 335

Walberg (Fam.) VI 399

Walberngrün (nö.Kulmbach) IV 1029f, 1034

Walbrun (Dh.Eichstätt) II 293

Walburga (Hl.;Ä.Eichstätt) I 187, 367, 417; II 57, 448

Walch, Friedr. (Bbg) III 578, 591ff
- Osterhild (-) III 578, 591ff
- Thomas (Rom) VI 112

Walcher (B.Cambrai) II 28

Walchern (n.ident.) II 118, 184

Walchsing, Werner v. II 276

Walchun (A.Ensdorf) II 143,148
- (Kan.Ansbach) II 336

Wald (nö.Regensburg) I 140

Waldbuch (ö.Kronach) IV 89

Walde, Konr. v. II 629; III 355
- Rudolf v. II 629

Waldeck (ö.Kemnath) III 112; IV 1049

Waldeck (Hess.) II 400, 414; VII/2 38, 53, 498

Waldeck, v. (Fam.) VI 510, 578
- Christian Ludwig v. VI 530
- Gebhard v. II 175, 400, 414
- Gg Friedr. v. VI 494, 539
- Karl August Friedr. v. VII 50

- Marquard v. II 378, 400, 414

Waldemar (Kg v.Dänemark) II 600

Walden (Fam.) VI 110, 396

Walden- vgl. Wallen-

Waldenser III 142

Waldenstein (Österr.) III 88; VI 161, 464, 504f, 507; VII/2 67

Walder, Joh. (Bbg) IV 167

Walderbach (sw.Cham) II 144; IV 469
- A. s.u. Gg

Walderich (PN) I 496

Waldershof (sw.Marktredwitz) VI 154

Waldesel, Joh. (Weidengrün) IV 998

Waldmann, Joh. Stephan (Vilseck) VI 110, 396

Waldmannshofen (B.-W.) II 453; IV 552

Waldner, Dietrich IV 697
- Gg IV 697
- Joh. (Bbg) III 524; IV 225
- Sebastian IV 697

Waldo (PN) II 153, 370

Waldolf (PN) II 58, 60, 68, 289, 384

Waldrich (PN) II 416

Waldsassen (n.Tirschenreuth) I 28, 143; II 566, 590, 616, 630, 640; III 144, 221, 223, 225ff, 681, 703f; IV 65, 234, 469, 644, 721, 917, 974, 1018, 1034, 1041; VI 154; VII 265; VII/2 715
- A. s.u. Heinr.; Konr.; Valentin

Waldschwind (s.Haßfurt) II 505f, 512f; VII 50, 81, 188

Waldsee, Eberhard v. III 248, 306
- Friedr. v. III 240ff

- Ulr. v. III 17, 134, 136, 240ff
Waldstein (sö.Münchberg) II 335; III 79, 230; IV 557f, 562, 978
Waldstein, Getto v. II 525, 577
- Kunig. v. II 598
Waldstromer, Hans (Nbg) III 387
- Heinr. (-) III 387
- Jakob (-) III 387
- Konr. (-) III 733f
- Peter (-) III 733
Waldwenden (Volksstamm) I 14
Walgrave (Fam.) VII 15
Walho (A.Corvey) I 211
Walkenried (Nds.) II 608
Walkersbrunn (sö.Forchheim) I 154; II 54; III 285, 300
Walkershöfe (nw.Weißenburg) IV 958
Wallburg (Ruine b.Eltmann; sö.Haßfurt) III 589; V 473; VI 517
Wallburg, Konr. v. III 588, 591
- Kristein v. III 591
Walldorf (Thür.) I 121
Walldürn (B.- W.) VI 662
Wallenfels (nö.Kronach) III 379, 660, 673; IV 34, 214, 236, 272, 616, 832; VII 41; VII/2 170, 556
Wallenfels, v. (Fam.) III 101; VI 150, 153, 562, 586, 604, 607, 617, 632, 642, 699, 714; VII 20, 112f, 140; VII/2 148, 392, 423, 607
- Albert v. III 199, 271, 421, 671, 678; IV 319, 967
- Balthasar v. IV 90, 98, 398, 445, 452f, 511, 732, 972
- Barb. v. III 292; V 519
- Carl Sigmund v. VI 693
- Caspar v. IV 90, 98, 332, 398, 470, 479, 972
- Chr. v. IV 332, 557, 623, 968
- Chr. Jakob v. VI 156
- Chr. Solden v. IV 932
- Eberhard v. III 267, 269, 421; IV 68, 753
- Elis. v. III 308, 693
- Erdmann Ulr. v. VI 459
- Erhard v. III 326
- Ernst v. IV 972, 976
- Euphrosina v. V 517, 519
- Eyd v. III 696
- Ferdinand Maximilian v. (Dh.) VII/2 607, 617, 710, 756
- Friedr. v. III 267, 272, 666; IV 332, 647, 660
- Gg v. IV 647, 968
- Hans v. III 242, 267, 292f, 335f, 377, 421, 671, 695f; IV 89, 211, 234, 319, 565, 647, 660, 683, 685, 737, 753, 907, 920, 932; V 58
- Hans Sebastian v. VI 150, 204
- Heinr. v. III 167, 267, 272, 308, 339, 421, 664ff, 671, 678, 681f, 686, 688, 692ff; IV 332
- Joh. v. (Dh.) III 336, 402ff, 448, 525f, 629f
- Joh. Chr. v. VI 701
- Joh. Wolfgang v. (Dh.) VI 568
- Kilian v. IV 360
- Konr. Erdmann v. VI 658
- Marg. v. IV 332
- Martin v. III 501; IV 68, 98
- Reiwin v. III 93, 101, 652, 660, 664ff, 678

- Rudolph Caspar v. (Dh.) VI 417f, 424, 446, 461, 464, 701, 705, 708
- Sebastian v. IV 412, 909, 967, 972
- Sibilla v. V 520
- Ulr. v. III 501, 630; IV 34
- Urban v. III 658
- Ursula v. (Nonne St.Theodor) IV 744
- Wilwolt v. IV 660
- Wolfgang v. (Dh.) IV 706, 1060

Wallenrod, v. (Fam.) III 713; VI 681
- Agnes v. IV 163
- Albert v. III 310, 622, 713; IV 907
- Anne v. IV 9
- Arnold v. III 166, 313, 406, 422, 668; IV 71
- Gg v. IV 889
- Hans v. IV 58, 91, 993
- Heinr. v. III 199, 269, 311, 313, 421, 713
- Helena v. V 518
- s.u. Joh. v. (Eb.Riga)
- Klara v. III 312
- Konr. v. III 199, 269, 272; IV 101
- Matthias v. V 58
- Otto v. III 269, 421, 658, 660, 667; IV 75, 907
- Peter v. IV 552, 558, 666, 682
- Sebastian v. IV 400
- Sigmund v. V 144
- Ulr. v. III 269, 312f
- Veit v. IV 360, 400, 886f
- Wilh. Heinr. v. IV 993
- Wolf v. IV 887

Wallenstein, Albrecht v. (General; Hzg v.Friedland) VI 116, 135f, 145f, 169, 251, 274, 277f, 283f, 287, 296, 316

Wallersberg (sö.Lichtenfels) III 663, 665, 672; V 65

Wallersberg (Österr.) V 442

Wallersdorf, Berengar v. II 547

Wallerstein, v. s.u. Oettingen-Wallerstein, v.

Walles (Fam.) VII/2 375

Wallesau (sö.Roth) IV 139f

Wallhausen (Rh.-Pf.) I 94; II 546

Wallmersbach (n.Rothenburg o.T.) IV 387, 783, 739, 787f, 953, 1004

Walpersdorf (sö.Schwabach) III 719

Walpertshofen (nö.Dachau) VI 715

Walpot v.Bassenheim, Maria Anna Antonie VI 713

Walpot v.Zwernitz (Fam.) II 153, 612f, 635
- Adelold I 477, 486f; II 65, 92, 289, 315, 378, 402f, 413f, 496
- Friedr. II 378, 413, 419, 424, 452, 500f, 610ff, 624f, 635, 663
- Immo I 383, 486
- Reginboto I 499
- Reginold I 381
- Ulr. II 92, 378, 416, 419, 424, 452, 454, 468, 534, 561f, 582
- Walpoto II 153

Walpoto (PN) II 416
- (B.Lüttich) I 235, 242, 250, 284

Walpronn, Mainhard v. (Nbg) IV 824

Walraban (PN) II 58, 61
- v.Gärtenroth (B.Zeitz) II 314f

Walrabe, Gg (Forchheim) IV 446

Walschleben (Thür.) I 112

Walsdorf (sw.Bbg) V 73f, 225, 231, 288, 302; VI 622

Walsdorf, Poppo v. III 694

Waltemberg (abgeg.;NB.) III 380

Waltendorf, Dietrich v. II 112

Walter (PN) I 128; II 66, 71, 81, 103, 392, 456, 461, 476, 489, 504f, 541, 543, 582, 588, 592, 614f, 618, 621; III 222, 480, 554, 645

- (Eb.Ravenna) II 281f, 284
- (B.Augsburg) II 307
- (B.Eichstätt) I 242, 246, 252
- (B.Speyer) I 77, 120, 128, 165, 201, 246
- (B.Verona) I 362
- (Weihb.Bbg) III 296, 519, 613, 625, 756; IV 352
- (A.Michelsberg) III 154, 184, 191, 19, 202, 553, 614-619, 680, 755
- (Pfr Marktgraitz) III 665
- (Pfr Neunkirchen/S.) II 645
- (Pfr St.Lorenz/Nbg) III 734-737
- (Pr.Langheim) IV 282
- (Pr.Osterhofen) II 547
- (Michelfeld) IV 336
- (Nbg) III 731f

Walter, Dominicus Hellwig (Kan.St. Stephan) VII 155, 231

- Hans IV 84, 879
- Joh. (Domvikar) III 459
- Kilian IV 553
- Mechthild (Forchheim) V 515

Walterdorf, Franz Ph. Wilderich v. VII/2 753f

- Friedr. Chr. Nepomuk Wilderich v. (Dh.) VII/2 364, 380, 408, 478f, 484, 499, 594, 602, 630, 632, 639, 643, 645, 691, 696, 699f, 703, 751, 754f

- Joh. Ph. v. VI 480, 482
- Maria Philippina v. VI 709
- Wilderich v. (Dh.Mainz) VI 437

Waltersdorf (nö.Straubing) III 380

Waltersdorf (Österr.) IV 115

Waltesrut (n.ident.) II 478

Walthard (Eb.Magdeburg) I 90f, 93, 173, 189-192, 347

Waltman (PN) II 58, 61, 489

Waltpreth (PN) II 73

Waltzer, Eberlein IV 779

- Hans IV 779

Walwen (Volksstamm) II 600

Wambold, v. (Fam.) VII/2 487, 489, 617

Wamboldt v. Umstadt, s.u. Anselm Kasimir (Eb. Mainz)

- Friedr. VI 707
- Joh. Ph. (Dh.) VI 707

Wammeyser (Fam.) II 536

Wandereisen, Hans (Nbg) IV 718

Wanfried (Hess.) I 228

Wangel (Fam.) VI 340

Wangen (B.-W.) VII/2 715

Wangen, Degelin v. VI 703

Wangenheim, Fritz v. III 348

Wann, Hans IV 1019f

- Joh. IV 1025
- Kath. IV 1025
- Marg. IV 1025
- Nikolaus IV 1025
- Sigmund (Eger) IV 734, 1023, 1025f, 1030

Wannbach (nö.Forchheim) II 68, 100, 469; IV 211, 794, 809f; VI 150, 249, 573; VII/2 291-294, 396

Wannbach, Dietrich v. III 318, 334, 635

- Eberhard v. III 541, 570
- Eberhard v. (Dh.Lebus) IV 333
- Gg v. IV 285, 333; V 58
- Gg Ulr. v. (Dh.) V 520, 522
- Hans v. IV 296, 333f
- Hartwig v. II 562
- Heinr. v. III 42; IV 660
- Konr. v. III 641; IV 82, 283, 287, 336, 949
- Liborius v. IV 834
- Marg. v. III 570
- Otto v. II 480, 537f, 562f; III 334
- Pucco v. II 68
- Walter v. II 469

Wannberg (sw.Pegnitz) III 42; IV 783; VI 86, 647; VII 141; VII/2 260, 269, 309

Wanner, Heinr. (Nbg) III 742

Wannsdorf (ON) IV 295

War, Konr. IV 614

Warcelaus (PN) II 555f

Warmensteinach (nö.Bayreuth) VI 617, 657

Warmund (PN) II 290
- (B.Konstanz) I 342
- (Prie.) II 638

Warner, Heinr. (Nbg) III 742
- Ulr. III 742

Warngau (nw.Miesbach) I 168

Warrinich (ON) II 557

Warsberg, v. (Fam.) VI 707
- Magdalena v. VI 702

Warta (abgeg.;Ufr.) II 137

Wartburg (Thür.) II 659

Wartenberg (abgeg.;Ofr.) I 23; III 379; IV 20, 295, 460, 806

Wartenberg, Adelheid v. II 382
- Aribo v. II 277
- s.u. Franz Wilh. v. (B.Regensburg u.Osnabrück)
- Friedr. v. II 277, 378, 561
- Hartwig v. II 277
- Wezilo v. II 277

Wartenburg, Niz v. (Amberg) VII 39

Wartenfels (sö.Kronach) IV 89, 333, 479, 623, 647; V 459, 483; VI 151, 396, 403, 579; VII 40, 60; VII/2 39, 242, 556, 611f

Wartensleben, v. (Fam.) VI 604

Warth, Rudolf v. II 277; III 287, 296

Wartha (Schlesien) II 176

Warthausen (B-W.) VII/2 607

Wartleiten (nö.Forchheim) IV 491, 784

Warza, Eribo v. II 392
- Helmrich v. (Dh.) II 277, 392, 461
- Konr. v. II 392

Warzfelden (nö.Ansbach) IV 740

Wasen, Friedr. v. III 681

Wasmer, v. (Fam.) VII/2 557

Waß, Joh. (Oberailsfeld) VI 86

Wassenberg (n.ident.) II 438

Wasserberndorf (nw.Höchstadt/A.) VI 693

Wasserburg am Inn (OB.) II 630

Wasserburg, Dieter v. II 536, 544

- Konr. v. II 630
Wasserknoden (ö.Kulmbach) III 166, 421f; IV 623, 783; VI 658
Wassermann, Anna (Steinbach) VI 71
- Barthel (-) VI 71
- Gg (Kan.St.Stephan) IV 468, 981
- Paulus IV 990
Wassertrüdingen (sw.Gunzenhausen) III 99
Waßmüller (Fam.) VI 310
Wasungen (Thür.) I 321; III 21
Wasungen, Berthold v. III 21
Wattendorf (sö.Staffelstein) III 375, 623, 687, 695; IV 272, 610; V 65, 119; VII 102, 104, 106
Watwin (PN) II 648
Watzdorf, Hans v. III 271
- Kath. Sabina v. VI 628
- Kath. Sophia v. VII 28
- Vollrath Karl v. VI 627
Watzendorf (sw.Coburg) I 21; III 643f, 651, 657, 659, 671, 698
Watzendorf, Judith v. II 106, 494
- Konr. v. II 106, 494
Waw, v. (Dh.Worms) VII/2 478
Wayher, Anna (Zeil) VI 36
- Paul (-) VI 36
- vgl. Weier
Weber (Fam.) VII 49; VII/2 220
- Bartholomäus (Kan.St.Jakob) V 31
- Chr. IV 577, 627
- Elis. (Seinsheim) III 620
- Fritz III 132; V 22
- Gg (Pfr Obertrubach) VI 550
- Hans IV 796, 810, 999

- Heinr. IV 346, 614, 868; VII 69; VII/2 397
- Hermann (Baiersdorf) IV 73
- Joh. Baptist (österr.Vizekanzler) V 124
- Joh. Gg (Kersbach) VII/2 213
- Klaus V 449
- Konr. III 525
- Konr. (Prie.) V 488; VII/2 286, 333
- Marg. VI 44f, 68
- Nikolaus V 383
- Paulus IV 136
- Peter (Weismain) VI 308
- Peter Sebastian (Schlüsselau) VII/2 530f
- Sigfrid II 67
Wecelisreutt (ON) II 83
Wechingen, Albrecht v. III 486
- Berthold v. III 486
- Leupold v. III 486
- Reinhard v. III 486
Wechmar, v. (Fam.) VII/2 524f
Wechsler, Burkhart II 640, 642
Wechterswinkel (n.Neustadt/S.) II 423
Wechtler, Heinr. (Niederndorf) VI 521
Wecker, Joh. Gg (Pfr Herrnsdorf) VI 676
Weckerle, Joh. Lorenz (Eichstätt) VII/2 375f
Weckesser, Franz Joseph (Jesuit) VII/2 399, 402f
Wedel, Pankraz (Strullendorf) VII/2 668f
- Veit v. VI 202
Weebertheich, Barb. (Zeil) VI 46

- Konr. (-) VI 46
Wegbeck (Fam.) VII/2 611
Wegel, Heinz (Westheim) IV 1008
Wegerburg (n.ident.) VI 682
Wegner, Hans (Herzogenaurach) IV 749
Wehnlein, Fritz IV 610
Wehr, Agnes (Burgbernheim) VI 32
Wehrn, Amalia v. VI 135
Wehrl, Thomas (Pfr Eggolsheim) VII/2 398ff
Weibler, Ulr. (Wbg) III 169
Weichendorf (nö.Bbg) II 10, 58, 83, 99f, 333, 483, 525; III 676; IV 541, 568
Weichendorf, Hermann v. II 100
- Konr. v. II 58
- Sigeboto v. II 68
Weichenwasserlos (sö.Staffelstein) I 7, 17f, 226, 331; II 83, 553, 623; III 336, 375, 608, 623f, 716; IV 1044; V 485, 513; VII 85, 106
Weichenwasserlos, Konr. v. (Kan.St. Stephan) III 544, 623
Weichs, Joh. Franz v. (Dh.) VI 373, 698
- Joh. Wiglius v. VI 698
Weichselberger, Friedr. (Pfr) IV 725
Weichselburg, Albrecht v. II 635
- Sophia v. II 634f
Weick (Fam.) IV 450
Weickenbach (Fl.) II 499
Weickenreuth (nö.Kulmbach) IV 360, 1018
Weickenried, v. (Fam.) VII/2 134
Weicker, Hans (Höchstadt/A.) V 215, 302

- Heinr. III 578
- Konr. III 573f
- Oswald IV 471
- Ulr. IV 334
Weickersberg (ON) III 660
Weickersdorf (sw.Höchstadt/A.) IV 783
Weickersreuter, Hans (Heilsbronn) IV 960
Weida, v. (Fam.) III 2, 78ff, 221f, 225ff, 229, 704
- Heinr. d. Ä. v. III 78ff, 221ff, 225-229, 332f, 336, 379, 402, 681, 703; IV 902
- Heinr. d. J. v. III 77-80, 221, 223, 226ff, 333, 336, 402, 703
- Kath. v. III 80, 408
Weidach (n.ident.) II 501; III 660
Weidacher, Hans (Pfr Oberkotzau) IV 983
Weidbach (n.ident.) II 691
Weidech (FlN.) III 692
Weidelwangermühle (sö.Pegnitz) III 139
Weiden (Opf.) III 360
Weiden (sö.Lichtenfels) II 59, 68, 137, 500, 566, 570; III 319f, 400f, 417, 424, 468, 583, 589, 596, 667, 669, 674, 683; IV 67f, 204, 218, 328, 482, 1049; V 65, 468; VI 85
Weiden, Eberhard v. II 496, 609
- Gottfried v. II 513f, 566
- Heinr. v. II 91, 137, 417, 424, 468, 487, 500, 566, 570
- Rüdiger v. II 59, 68
Weidenberg (ö.Bayreuth) III 390, 400; IV 627, 723, 725, 736, 1005

Weidenberg, Albrecht v. (Kan.Ansbach) IV 223
- Arnold v. (Nbg) III 721
- Friedr. v. III 198, 658, 660, 662
- Hans v. III 356
- Hermann v. III 356, 683, 689
- Konr. v. III 215, 280f, 660, 689, 709
- Otnant v. II 463

Weidenbühl (ö.Erlangen) I 375

Weidendorf (sw.Höchstadt/A.) VI 202

Weidenhüll (sw.Pegnitz) IV 342, 443, 794; VI 343

Weiden Kapplen (FlN.) III 661

Weidenloh (w.Pegnitz) I 16; II 133, 332; IV 311, 426, 443; VI 186

Weidens (sw.Kronach) III 682; IV 524

Weidensees (sw.Pegnitz) II 463, 564; III 138, 704; IV 337ff, 393f, 433

Weidensees, Ortulf v. II 564

Weidesgrün (w.Hof) III 394

Weidhausen (nö.Lichtenfels) III 303; IV 264, 771f; V 467; VI 158, 235

Weidig (n.ident.) VI 186

Weidingen, Marg. v. V 518, 521

Weidlwang (s.Pegnitz) II 133, 332; III 139, 641

Weidmannsgsees (nw.Pegnitz) IV 11, 426; VI 237

Weidner, Alexander (Kan.St.Gangolf) V 408
- Fritz (Schwabtal) III 374
- Heinr. (Nbg) IV 1027
- Heinz (Kronach) IV 195
- Joh. (Pfr Kautendorf) IV 864

Weidnitz (ö.Lichtenfels) II 525, 598, 636; III 667, 674, 678, 683f, 693; IV 38, 151, 195, 326f, 355, 390; V 65; VI 586

Weidnitz, Mechthild v. II 636
- Rudolf v. II 525, 532, 598f, 636

Weier, Anna v. V 518
- Apollonia v. V 517
- Erhart v. IV 966
- Günther v. IV 877
- Hans v. IV 875f, 878, 969
- Heinz v. IV 1000
- Lukas v. IV 876
- Ludwig v. IV 303, 315
- Marg. v. IV 877
- Nikolaus v. IV 877, 896, 977
- Wolf v. IV 496

Weigand v.Redwitz (B.Bbg) IV 467, 470, 473, 478f, 481, 484, 491f, 498, 543-866, 873; V 2f, 17f, 25, 38, 163, 189
- (A.Theres) II 4, 51, 55, 87, 138, 148, 271f, 293
- (Kan.St.Jakob) III 558

Weigandt (Fam.) VII 245
- Barb. VII/2 324
- Franz Konr. (Karlstadt) VII/2 324
- Joachim Ignaz VII/2 324
- Joh. (Pfr Grafengehaig) VI 127
- Joh. Ph. (Kan.Aschaffenburg) VII/2 324
- Joseph Chr. VII/2 324
- Kath. Lioba VII/2 324
- Maria Josepha VII/2 324
- Maria Theresia VII/2 324

- Nikolaus (Gefell) IV 903
Weigantz, Else IV 359
- Hans IV 359
Weiganz (sw.Pegnitz) I 15
Weigel (Fam.Nbg) III 35, 47
- Agnes III 743
- Anna III 737
- Christine (Priorin Großgründlach) III 385
- Elis. III 737
- Gerhaus III 743
- Hans III 737
- Heinr. III 737
- Konr. III 743
- Kunig. (Zeil) VI 46
- Marg. (Burgebrach) VI 37
- Offemyn (Vorra) III 250
- Pygnot III 737
Weigelshof (Stadtt.Nbg) III 388
Weigelshofen (nö.Forchheim) I 137, 374; II 69; III 594; VI 223; VII/2 295
Weigelshofen, Berengar v. II 483
- Bertrada v. II 516
- Otto v. II 516
Weigenheim (nw.Windsheim) I 265; VI 401
Weigenheim, Heinz (Seinsheim) III 620
- Ph. (Kpl.) IV 953
Weiger, Heinr. (Schönfeld) VI 85
- Joh. (Hollfeld) VI 231
Weigersdorf (n.Eichstätt) III 285
Weigert, Max (Weismain) VI 307
Weiglareuth (s.Bayreuth) IV 124, 943

Weiglein, Hans (Bbg) IV 592
- Heinr. (Lavant) IV 167
- Stefan (Bbg) IV 600
Weiher (ö.Erlangen) IV 549, 868
Weiher (sw.Kulmbach) I 381; IV 359, 400, 425, 610, 622, 806; VII 40, 80, 254, 310
Weiher (ö.Hersbruck) III 111
Weihl, Michael (Rottendorf) VI 609
Weikersdorf (s.Kelheim) III 380
Weikersheim (B.-W.) III 99
Weikersheim, Albert v. II 514
- Heinr. v. II 456, 514; IV 953
- Konr. v. II 456, 514; IV 953
- Volmar v. III 442
Weilach, Joh. Wilh. (Speyer) VII/2 58
Weilburg (Hess.) I 68
Weilenbach am Inn (Österr.) I 155f, 160, 246, 332, 358f, 500
Weiler (Österr.) VI 297
Weiler (Schönbornsches Gut) VI 682; VII/2 309
Weiler, v. (Fam.) VII/2 638
- Albert (Senis) V 430
- Dietrich v. IV 586
- Gg v. (Dh.) VI 699
- Marg. v. VI 699
- Marquard v. II 649
Weilersbach, Berchtold v. III 285
- Dietrich v. II 62
- Heinr. v. II 570
- Siegfried v. II 62
- Ulr. v. III 285
Weilheim (ö.Nördlingen) I 53
Weilheimer, Friedr. (Rom) VI 112
- Wilh. (Regensburg) V 430

Weiling (sw.Straubing) I 151
Weimar (Thür.) IV 391, 904; VI 18, 340
Weimar, Poppo v. I 331
- Ulr. v. II 108
- Walter v. II 498
- Wilh. v. I 62, 89, 141, 170, 219, 331f
Weingarten (ö.Lichtenfels) I 21; II 495, 500
Weingarten (Fam.) VI 405
- Heinr. v. II 643
Weingarts (sö.Forchheim) III 71, 271, 445; IV 472, 840
Weingartsgreuth (nw.Höchstadt/A.) II 54; VI 197, 246, 579; VII 77f, 140
Weingartsreuth, v. (Fam.) VI 207
Weingel, Thomas (Domprediger) IV 403
Weinheim, Joh. IV 56
Weinmann, Anna (Zeil) VI 62
- Gg (Schmachtenberg) VI 64
- Hans (Zeil) VI 58, 62
- Jakob (-) VI 62
- Kath. (-) VI 58, 62
- Klaus (Bbg) IV 591
- Marg. (Schmachtenberg) VI 64
- Sebastian (Marktzeuln) VI 15
Weinrauch (Bbg) VII/2 585
Weinreich, - Heinz IV 86f
- Joh. (Pfr Losau) IV 722
- Kaspar (Kulmbach) IV 682f
Weinsberg (B.-W.) IV 303, 586
Weinsberg, Engelhard v. II 456, 513
- Konr. v. II 521; III 208; IV 48

- Ph. v. IV 388
Weinschließer, Joh. (Ebrach) V 3
Weinschnabel, Heinz (Plech) IV 986
Weinschröter, Hermann (Nbg) III 749
Weinstock, Kuno II 560
Weinzierl (Fam.) VI 673
Weipelsdorf (Fam.) VII 137
Weisching (nw.Passau) III 380
Weischols, Jakob v. IV 33
Weischumrat (Fam.) III 244
Weise, Fritz IV 1013
- Johann (Nbg) III 742ff
- Nikolaus (Bbg) III 545
- Otto (-) IV 487
Weisenbronn (nw.Ansbach) II 631
Weisendorf (s.Höchstadt/A.) III 321; VI 166, 478, 542, 670; VII 62; VII/2 261f, 558
Weisendorf, Eberhard v. II 89
- Liudolf v. I 487; II 89
Weisenegger (Fam.) III 88, 136
Weisenfeld, Rudolf VII/2 631
Weisenfels (Österr.) VII/2 66
Weismain (sö.Lichtenfels) I 7, 17, 332; II 526; III 336, 379, 399f, 406, 579, 584, 616, 618, 644, 649, 652, 655, 659, 661-665, 673-676, 679, 681f, 687, 692f, 696f; IV 38, 75, 77f, 84f, 97, 117, 127, 140f, 145, 178f, 193, 250, 269, 312, 398f, 402, 440, 462, 511, 584, 590, 594, 596f, 599, 618, 639, 645f, 655, 783, 805f, 826, 831, 833, 863; V 17, 21, 65, 183, 261, 410, 468, 863f; VI 34, 41, 83, 134, 149, 156, 176, 180,

206, 219, 223, 225ff, 232, 235, 241, 248, 254, 257, 261f, 279, 286, 291, 299, 304f, 307ff, 316, 332, 350, 360, 379, 394, 396, 414, 523, 526, 584, 692ff; VII 40, 105, 186, 298; VII/2 57, 213ff, 327, 401, 425, 553, 558, 566

Weismain, Joh. Conr. (Notar) III 399, 458f, 578, 633, 696

Weismann, Hans (Bbg) V 244

Weiß (Fam.) III 325; VII 8

- Adam (Pfr Crailsheim) IV 741
- Arnold (Gößweinstein) VII 109, 112
- Hans IV 520, 617f
- Hans Gg (Amberg) VI 224
- Heinr. II 507, 512, 581; VI 206
- Heinr. (Kan.St.Gangolf) IV 579, 969
- Helnwig II 581
- Klaus (Bbg) IV 66
- Konr. IV 264
- Marg. (Bbg) VI 61
- Paulus (Kronach) IV 689
- Poppo II 52, 59
- Rotwich II 96, 290, 385
- Sebald (Bbg) IV 857
- Sebastian IV 724, 864
- Ulr. (Dh.) II 408, 446
- Ulr. III 738
- Ver Christein (-) III 738

Weiß v.Oberau, Max V 471

Weiß v.Stein, Poppo II 52, 59

Weißbayer (Fam.) III 171, 555, 618

- Albert III 55
- Elsbeth III 621
- Hans III 621
- Konr. III 59

Weißberg, Hans v. (Eichstätt) IV 764

Weißdorf (sw.Hof) III 226, 335, 400; IV 91, 326, 562, 731, 736, 914, 975

Weißdorf, Albrecht v. III 392

- Hans v. III 335, 392
- Heinr. v. III 228, 704; IV 72
- Joh. v. III 221, 223, 228, 679, 681, 704
- Konr. v. III 226, 228, 337, 402ff; IV 974, 1041

Weißenbach (n.ident.) III 563

Weißenbach (nö.Kulmbach) IV 74f, 80, 783, 1010

Weißenbach (nö.Lauf/P.) III 279

Weißenberger, Ulr. (Auerbach) III 642

Weißenbrunn (sö.Kronach) III 393, 682, 689; VI 179, 219, 231, 235, 284f, 316, 324, 337, 339, 398

Weißenbrunn (nw.Kulmbach) IV 108, 328, 738, 767f, 801; VI 92

Weißenbrunn (sö.Lauf/P.) II 631

Weißenbrunn am Forst (s.Coburg) IV 787

Weißenbrunn, Herold v. II 524

Weißenburg im Elsaß (Frkr.) VII 247; VII/2 386, 662

Weißenburg in Bayern (Mfr.) III 97, 216, 255, 330, 423f, 431, 436, 495, 498, 500; IV 28, 77, 178, 188, 689, 825; V 13; VI 193, 196, 373; VII/2 715

Weißenburg, Friedr. v. (Kan.St.Gangolf) III 133

- Friedr. v. (Kan.St.Stephan) III 547

- Gottfried v. III 725
- Heinr. v. (Kan.St.Jakob) III 554, 556f
- Hinaczko v. III 436, 440
- Seyfried v. (Kan.St.Gangolf) III 127, 567f, 572

Weißendorf (abgeg.;Ofr.) III 46, 100

Weißeneck (Österr.) III 240; V 2, 167; VII/2 67, 127

Weißeneck, Arnold v. III 32

Weißenohe (nö.Erlangen) I 319, 383; II 63ff, 477f, 644; III 5, 200. 445, 755; IV 114, 242f, 433, 441, 466, 469f, 483f, 514, 545, 713, 770; VI 17, 98, 103, 106f, 153, 447, 475f, 500, 553, 556; VII 187, 195, 246; VII/2 435, 532f, 548ff

- A. s.u. Achatius; Bartholomäus; Benedikt; Ekkehard; Eucharius; Gozmar; Ildefons; Konr.; Maurus; Otbert

Weißenohe, Erbo v. I 383; II 63, 477; VI 553

- Hadimuot v. II 63, 477
- Willa v. II 63, 477; VI 553

Weissensee, Abraham Theoderich v. (Pfr Schwarzenbach/W.) IV 995

Weißenstadt (nw.Wunsiedel) III 225, 390, 697; IV 626, 722, 724f, 737, 1005-1008, 1017; VI 230

Weißenthaler, Joh. (Speinshart) VI 99

Weißgerber, Marg. IV 682
- Seitz (Bbg) III 576
- Vela (-) III 576

Weißig (n.ident.) VI 473, 531

Weißkopf, Bartholomäus (Lichtenfels) IV 614

Weißla (ON) IV 351

Weißlenreuth (sw.Hof) III 226

Weißmann, Balthasar (Auerbach) V 4
- Michael (-) V 4
- Weltz IV 84

Weißmantel, Gg (Lichtenfels) VI 417
- Joh. (Bbg) V 429

Weißmeurer, Fritz (Bbg) III 601

Weißner, Andreas (Prie.) IV 814

Weißpart (Fam.) VI 288

Weißschuster, Albert IV 193

Weiterndorf (nö.Ansbach) II 292f

Weitersdorf (sw.Fürth) II 636; III 737; IV 35

Weitershausen, v. (Fam.) VII/2 60
- Ernst Damian v. VI 523, 531

Weitolshofer, Heinr. (Bbg) III 587

Weitpretsreuth (abgeg.;Ofr.) III 662

Weitramsdorf (w.Coburg) III 685, 694

Weix, v. (Fam.) VI 703

Welbhausen (s.Uffenheim) I 226ff, 496; II 98, 591, 617; IV 738

Welckers (ON) III 674

Welckner, Anna (Wbg) V 164

Welden, v. (Fam.) VII 247; VII/2 617

Welder, Heinr. IV 58

Weldisch, Hans (Bbg) IV 471

Weleslabs (Dh.Prag) III 206

Welf IV. (Hzg v.Bayern) I 456, 469, 471, 475, 484, 488
- V. (-) I 479; II 24, 39, 275
- VI. (-) II 373, 414

Welfen (Fam.) II 276, 373, 394, 420, 583, 594
Welfesholz (FlN.) II 114
Welff, Elise (Forchheim) IV 682
Welgansberg (FlN.) III 156
Welitsch (n.Kronach) III 293, 683; VI 119, 193
Welkendorf (nö.Ebermannstadt) II 494, 501; IV 77, 84, 96, 119, 641; V 65, 294; VI 616; VII/2 327
Welkyrsrode (abgeg.;Ofr.) III 667
Wellers, Balthasar (Langheim) VI 228
Wellerstadt (n.Erlangen) I 137, 374
Wellerstadt, Joh. (Pfr Wiedersberg) IV 905
Wellingrund (abgeg.;Ofr.) III 667, 683
Wellmersdorf (ö.Coburg) III 69
Wellucken (nö.Erlangen) II 133, 332, 538; III 634
Welpho (Gf) I 246
Wels (Österr.) II 596; III 240, 248; VI 258
Welsch (Dachsbach) VII/2 574f
- Hans (Bbg) IV 471
- Joh. Joseph (Unterleinleiter) VII/2 309
- Konr. (Pottenstein) IV 879ff, 889
- Maximilian v. (Baumeister) VII 26
Welschenkahl (nw.Bayreuth) I 19; IV 96, 810; V 64f
Welscher, Susanna (Neukenroth) V 501
Welsendorf (n.ident.) II 522
Welser (Fam.) V 446
- Chr. V 110, 113

- Mathes V 110
- Sebastian (Nbg) IV 1055
Weltenburg (sw.Kelheim) II 7
Weltmann, Hans (Bbg) IV 573; V 500
Weltz, Amalie (Zeil) VI 49
- Hans V 75
- Kath. (Zeil) VI 39, 49
- Marg. (-) VI 49, 68
Wendel, Gg (Pfr Michelfeld) VI 100
Wendelmunda (PN) II 173, 253, 641
Wendelstein (sö.Nbg) VII/2 310
Wendelstein, Andreas (Konstanz) V 119
- Franz III 744
Wenden (Nds.) VII/2 715
Wengmayr, Burckhart (Domvikar) IV 817
Wenig, Albrecht v. III 236, 362
- Konr. III 115
- Reinhard v. III 362
Weniger (Fam.) VII/2 244
Wenigrötz (ö.Schwandorf) I 152
Wenkers (abgeg.;Ofr.) III 683
Wenkheim (sö.Neustadt/S.) II 503
Wenkheim, Fritz v. III 324
- Heinz v. III 488
- Hilprand v. (Michelsberg) IV 208
- Joh. v. III 169
- Merboto v. II 402
- Richolf v. III 38
- Tagino v. II 402
Wennerich, Joh. (Münchberg) IV 975
Wenßkau (ON) IV 295
Wentzel, Elis. (Zeil) VI 59

- Heinr. (Bbg) VI 69, 72
- Helena (-) VI 50
- Regina (-) VI 69

Wenygel, Hans (Hirschberg) IV 916

Wenyng, Nicklas (Pfr Krebes) IV 942f

Wenzel (Hl.) I 187; III 747; VII/2 339
- (Kg) III 83, 279, 288, 327, 337, 340, 348, 350, 352, 354, 358ff, 370f, 378, 387, 394, 411, 413f, 416f, 423, 430f, 432, 433, 435-441, 443f, 475, 479, 487, 489, 491f, 494, 496, 498f, 501, 516, 518, 580, 641, 752; IV 3f, 33, 50, 54, 78, 90, 99f, 124, 385, 995
- (Propst St.Sebald/Nbg) III 721
- (Ellenbogen) IV 531

Wepf, Heinr. (Ebing) III 716

Weppersdorf (ö.Höchstadt/A.) III 322; IV 144

Wer, Joh. (Kan.St.Stephan) IV 579

Weraltesheim (ON) I 18

Werben an der Elbe (Sa.-Anh.) I 112, 251

Werberg (n.ident.) II 335

Werburghausen, Konr. v. (Kan. St. Stephan) III 156, 616

Werck, Konr. IV 139

Werckum, v. (Fam.) VII 42

Werde (FlN.) III 268

Werde (ON) I 477

Werdeck (B.-W.) III 250f

Werden an der Ruhr (NRW) I 66, 211, 221; VI 136; VII/2 715
- A. s.u. Hethenrich

Werdenau, v. (Fam.) VI 698, 704, 716
- Anna Brigitta v. VI 705, 709
- Anna Magdalena v. VI 708
- Anna Maria v. V 446; VI 380, 704
- Elis. v. VII 70
- Joh. Gottfried v. V 453
- Konr. v. V 402, 478
- Konr. Wilh. v. (Dh.) VI 461, 465, 690
- Maria Elis. v. VII 70
- Ph. Daniel v. VI 699
- Veit Gottfried v. (Dh.) VI 362, 458, 699
- Veit Wolf v. VII 70

Werdenberg-Sargans, Hartmann v. (Dh.) III 222

Werdenstein (abgeg.;Opf.) III 112

Werdenstein, v. (Fam.) VI 680
- Joh. Eustach Anton Maria v. (Dh.) VII 145f, 150f, 173, 178, 182, 240, 245, 265, 275, 277, 279, 281; VII/2 27, 32f, 43, 57, 76, 95, 121, 126, 135, 137, 140, 158f, 165, 167, 184, 225-232, 238ff, 243f, 250, 252ff, 256, 264f, 268f, 281, 284, 286, 296, 298, 301, 303, 339, 397, 749-752
- Franz Ignaz Albert v. (-) VI 718; VII/2 303
- Joh. Anton Maria (-) VI 718
- Joseph Albert (-) VI 717

Werder, Friedr. (Bbg) III 618

Werenhart (PN) I 380, 498

Werich, v. (Fam.) IV 507

Werinlin (PN) III 41

Werinolt (PN) I 18

Werla, v. (Fam.) I 219, 237

Werna (n.ident.) II 137

Wernant (PN) II 625
Wernau, Elis. v. VII 70
- Joh. Gottfried v. V 453
- s.u. Konr. Wilh. v. (B.Wbg)
- Maria Elis. v. VII 70
- Veit Wolf v. VII 70
- vgl. Aschhausen-Wernau, v.
Wernberg (Österr.) II 633
Wernberghausen, Rupert v. II 529
Wernburg (PN) II 69
Werneck (sw.Schweinfurt) VII 107, 125, 241, 253, 264, 271, 278, 289f, 293; VII/2 216, 222, 249, 253, 267, 278, 304, 312, 345, 401, 486, 491, 503, 507
Werner (PN) II 112, 336, 443, 461, 478, 502, 551f, 560, 592, 613, 644; III 146
- (Eb.Magdeburg) I 443
- (Eb.Trier) III 498
- (B.Bobbio) I 467
- (B.Polock) I 313
- I. (B.Straßburg) I 42, 60, 68, 77, 115, 120, 128, 198, 336, 342ff
- II. (-) I 418, 427, 432, 443, 445, 458
- Lochner (A.Michelfeld) IV 337, 345, 350, 393f, 423
- (A.Reichenau) I 114
- (Pr.Stift Haug/Wbg) II 581
- (Pr.St.Johannisberg) II 449
- (Gf Nagalgau) I 139
- (Pfr Kirchenehrenbach) II 58, 134, 172, 388, 469
- (Pfr Pretzfeld) II 392f
- (Kpl.Großgarnstadt) III 655

Werner (Fam.) VII 117; VII/2 241
- Andreas (Pfr Adelsdorf) VII/2 410
- Balthasar V 496f
- Barb. V 496
- Brunwart (Bbg) III 529, 533
- Eckhard (Kronach) VI 315
- Gg IV 935; V 262
- Günter III 533
- Hans IV 391; V 214, 496f
- Helene V 496
- Jakob (Bbg) III 533
- Joh. (Domvikar) IV 579, 584; VI 8, 132
- Kath. V 496
- Kunig. (Bbg) III 533
- Marg. V 496
- Michael V 496
- Peter (Wolfsberg) IV 109
- Sebastian (Oberzell) V 169
- Wolfgang (Domvikar) IV 859
Werners, Anna V 497
Wernhart (PN) II 488, 612; III 2
Wernhartsberg (abgeg.;NB.) III 380
Wernhd (PN) IV 392
Wernheim (abgeg.;NB) III 380
Wernigerode (Sa.-Anh.) I 133
Wernlein, Hans (Kan.St.Gangolf) IV 702
Wernsbach (sö.Ansbach) III 731, 739; IV 739
Wernsberg (ON) I 15; VI 141
Wernsdorf (sö.Bbg) II 56, 67, 73, 99, 461; III 188, 427, 538, 541f, 549, 551, 563, 572f, 620; IV 22, 117, 128, 168f, 214, 226, 334, 346, 399, 600, 622; VI 274; VII 89; VII/2 295

Wernsdorf, Arnold v. II 565
- Diepold v. II 56ff, 67ff, 73, 93, 99, 424
- Konr. v. II 57
- Wicher v. II 565, 576, 578

Wernstein (w.Kulmbach) III 396; IV 309, 742; VI 262

Wernthing (abgeg.;NB.) III 380

Werntho Schenk v.Reicheneck (B.Bbg) III 64, 70, 107, 108-113, 120, 137, 146, 148, 177, 186, 525, 527, 552, 584, 612, 664, 667, 682, 731

Werra (Fl.) I 321; II 296

Werrlein (Fam.) VII/2 634

Werrn, Egeno v. II 100
- Gerbirdis v. II 100

Werrolt, Hans (Pegnitz) IV 627

Werth (FlN.) III 690, 692, 695f

Werth, Joh. v. VI 326

Wertheim (B.-W.) I 170, 319; IV 47; V 338

Wertheim, v. (Fam.) II 614; III 208, 312, 379, 491; VI 139, 142
- s.u. Albrecht v. (B.Bbg)
- Albrecht v. (Dh.) IV 259f, 269, 274, 304, 311, 313, 321, 1042
- Dietrich v. V 339
- Eberhard v. (Dh.) III 330; IV 3, 21, 45, 64, 98, 171, 222, 1043
- Friedr. v. (-) IV 3, 1043
- Gg v. IV 588, 688
- Gerhard v. II 494
- Joh. v. III 208, 351, 379, 403, 410, 431, 439, 442, 487, 491; 631; IV 3-7, 21, 28, 32, 45ff, 50, 74, 77, 87, 98, 105, 113, 116, 174, 202

- Ludwig v. (DO-Komtur) IV 22, 74, 77
- Ludwig v. (Dh.) IV 238, 269, 1043
- Michael v. IV 45, 104, 418, 458, 838
- Poppo v. II 513f
- Rudolf v. III 97, 212, 238
- Thomas v. (Dh.) IV 109f, 171, 174, 180f, 212f, 227, 238
- Wolfram v. II 376f, 410, 504, 506f

Werthemann, Karl (Nbg) V 308

Werunsky (Fam.) III 218f

Werzzin, Heinr. (Frensdorf) IV 158

Weschenfelder (Fam.) VI 152
- Kath. V 496

Wesel (NRW) III 417; VII/2 737

Wesel, Eberhard IV 410

Wesenbek, Matthäus (Jurist) VI 387

Wesenhoven (n.ident.) II 421

Weser (Fl.) I 106, 238, 247, 468; II 520

Wesselreut (ON) IV 163

Wessenberg, Susanna v. VI 708

West, Peter (Ebermannstadt) IV 490

Westergau (Landschaft) I 223, 228

Westerheim, v. (Fam.) VII 188

Westernach, v. (Fam.) VI 704
- Barb. v. V 529
- Erhard v. V 70
- Hans Chr. v. V 528
- Heinr. Eustachius v. V 528; VI 697
- Joh. Eustachius v. VI 7
- Maria v. V 529
- Maria Eva v. V 525

Westerstetten, v. (Fam.) VI 715
- s.u. Joh. Chr. v. (B.Eichstätt)

- Maria Barb. v. VI 714
Westerwald (Landschaft) VI 479, 494
Westfalen (Landschaft) I 237f, 249; II 110, 520; III 354; VI 168, 539, 605, 608; VII 75; VII/2 31, 56
Westfalen, v. (Fam.) VI 700
- Joh. v. III 685f
Westhausen, Frowin v. II 497
- Gozwin v. II 554
- Heinr. v. II 554
- Manegold v. II 402, 497
- Ortwin v. II 402
- Ulr. v. II 554
Westheim (sö.Wbg) IV 9, 316, 739, 1008; VI 519
Westheim, Hartwig v. II 402
Wettenhausen (sö.Günzburg) VII/2 715
Wettenhofen, Gottfried v. II 477
Wetterau (Landschaft) I 30, 151f, 226, 228, 496; III 497; VI 387
Wettiner (Fam.) I 168-171, 231; II 591, 665
- Dedi I. v. I 168-171
- Dedi II. v. I 415
- Dietrich v. I 170f, 231
- vgl. Sachsen, v.
Wettringen (nö.Schweinfurt) I 16; II 503
Wetze, Heinr. Rudolf v. (Waldsassen) IV 987, 1040
Wetzel (Fam.) VII/2 616
- Franz Konr. VII/2 501
- Hans (Bbg) V 481f
Wetzendorf (sw.Lauf/P.) IV 393
Wetzendorf (Stadtt.Nbg) III 48

Wetzlar (Hess.) II 660; IV 362, 364f; VI 630, 665, 678; VII 5f, 17, 41, 44, 46ff, 101, 105, 160-164, 167f, 170-174, 176, 184f, 196, 199, 204ff, 210, 227, 234f, 237f, 242, 246f, 275f, 279, 283, 308; VII/2 36f, 57, 79, 88f, 94, 121, 301, 310, 333, 353f, 359, 379, 394, 411, 630, 663
Wetzmannsdorfer (PN) III 286
Weybiler (Wbg) III 607
Weydech (FlN.) III 523, 594
Weydelreut (FlN.) IV 943
Weyding, Konr. (Hohenstadt) IV 129
Weyer (sö.Schweinfurt) II 509; IV 316
Weyer (Fam.) VI 126f, 151, 163, 451, 538, 553; VII 242; VII/2 348, 539
Weyerlein, Hans (Pfr Münchberg) IV 986
Weyermann (Fam.) VII/2 221, 237, 579
- Gg Friedr. Thaddaeus (Kan.St.Stephan) VII/2 381, 396, 403, 419, 559, 603, 623, 732, 734, 743
- Sebastian VII 298
Weyersburg (FlN.) VII 304
Weyfer (Dh.) VI 315
Weyh, Joh. (Pottenstein) VI 100
Weyhenmerting (ON) III 454
Weyher, Anna (Steinbach) VI 72
- Dorle (Zeil) VI 50
- Kath. (Steinbach) VI 58, 62
- Kilian (-) VI 62, 72
- Kunig. (Zeil) VI 38
- Paul (-) VI 50
Weyka (Fam.) IV 320

Weyler, v. (Fam.) VI 703, 707
- Jobst Ph. v. V 530
- Marg. v. VI 700f
- Maria Justina v. VI 708
- Maria Martha v. VI 714
- Wolf Eberhard v. (Dh.) V 530; VI 697f, 700f

Weyles (Fam.) III 689

Weymer, Heinr. (Bbg) III 197

Weyscholfs, Nikolaus v. III 393

Weyser, Joh. Michael VII/2 262

Weyspriach, Burkart v. IV 112

Weyten, Hans (Buch) IV 943

Wezela (PN) II 475

Wezelisreutt (n.ident.) II 83

Wezilo (PN) I 359, 380; II 52, 56-62, 64, 89, 335, 348, 402, 441, 449, 473f
- (Eb.Mainz) I 471ff, 476

Wiba (PN) II 73

Wibald (A.Monte Cassino u.Stablo) II 313

Wibelsberg (abgeg.;Ofr.) III 126

Wibert (PN) I 384; II 72

Wiboroda (Hl.) I 352

Wice, Otto v. III 149

Wiceman (PN) II 106, 499

Wicfridus (PN) II 293

Wicfridesdorf, Ulr. v. II 419

Wich (Fam.) VI 127
- Andreas (Marktleugast) VI 150

Wichen, Nikolaus VI 230

Wichmann (PN) I 496; II 133, 508, 561
- (Eb.Magdeburg;B.Naumburg) II 411
- (Dh.) II 65ff, 112
- (Dh.Wbg) II 95, 290, 410
- (Gf) I 53, 194, 209, 219, 231

Wichsenstein (sö.Ebermannstadt) I 15; II 91, 94, 98f, 144, 332, 382f; III 16, 101, 156, 322f; IV 92f; VI 85, 88, 120, 165, 341, 606; VII 108, 114; VII/2 288, 530

Wichsenstein, v. (Fam.) III 16, 101, 323, 378, 491
- Anna v. III 589
- Eberhard v. II 91, 94, 98ff, 297, 383
- Elis. v. III 626
- Engelhardt v. IV 331, 429
- Fritz v. III 93
- Gg v. V 70, 116ff, 192, 270
- Gottfried v. III 238
- Hans v. III 491; IV 45, 92
- Hartung v. IV 45
- Heinr. v. III 156, 688
- Hermann v. III 395, 462, 491; IV 22, 92f
- Jörg v. V 328
- Konr. v. (Dh.) III 322, 541, 626f
- Konr. v. III 16, 93, 188, 238, 589, 600,688
- Leupold v. III 56
- Otto v. I 15; III 491, 626; IV 256
- Paul v. IV 463, 622, 627, 660, 767, 880
- Poppo v. III 101, 681
- Seybot v. III 378; IV 92
- Siboto v. (Dh.) III 158, 238, 321, 627f, 640, 688, 757

Wicilinus (B.Osnabrück) I 246
- (Prie.) I 333

Wicilo (PN) I 360

Wick (Fam.) III 636

Wickendorf (n.Kronach) III 368

Wickenreuth (s.Kulmbach) II 100, 315

Widder (Fam.) VII/2 739

Widemann, Michael V 95

Widemar (PN) II 528

Widendorf (abgeg.;Ofr.) II 410

Widenmaier, Matthäus V 61, 63, 71

Widenmann (Fam.) III 286

Widera, Konr. v. (Dh.Meißen) III 330

Widmann, Barb. V 489

- Eberhard (Bayreuth) IV 869
- Gg (Subdiakon) IV 816
- Pankraz (Pfr Hallerdorf) V 489
- Simon (Bbg) V 6f, 37, 62
- Ulr. IV 143

Wiebau, Pierre François VII 124

Wiebelsheim (w.Windsheim) II 97; IV 1008f

Wieder, Michael V 72f

Wiedersberg (Sachs.) III 76, 222, 679; IV 386, 724f, 734, 736, 742, 905, 922, 1008

Wiedmann, Joh. Wenzel v. VII/2 53, 106, 108, 186, 188f, 199, 201, 243, 252f, 263, 268, 278, 298

Wiedt (n.ident.) VI 355

Wiedt, v. (Fam.) VII 161

Wieland (Fam.) III 624

- Joh. III 361

Wiemann, Heinr. III 677

- Joh. IV 58

Wien (Österr.) II 457, 551, 655, 662ff; III 2, 169, 324, 360, 759; VI 117, 124, 135, 281, 285f, 294, 298f, 331f, 336, 338, 368, 391, 402, 413, 439, 447, 452, 463, 465, 467, 469, 480, 485f, 488, 490f, 506, 510f, 513, 534f, 547, 561, 563, 580, 587, 594, 599, 610, 613, 616-619, 630ff, 635f, 640f, 645, 650, 652, 654, 658, 665, 673, 676, 678, 683f, 686, 688, 692; VII 3f, 13, 18f, 23, 25f, 30, 35, 44, 46, 58, 61, 66ff, 77, 89, 91, 96, 160, 166, 194, 199, 207, 269, 283, 285, 299ff; VII/2 18, 28f, 34, 50, 74, 89, 121-138, 142, 147, 152f, 156f, 173-182, 209, 216f, 219, 233, 236, 239, 245, 247-251, 254f, 298, 328, 330f, 343, 349, 353f, 359, 373, 388, 390, 392, 404, 410, 436, 440, 479, 503, 515-519, 623, 643, 650, 676, 683, 711

- B. s.u. Friedr.

Wiener, Berthold (Gründlach) III 752

Wienerwald (Landschaft) I 70

Wienna, Ulr. v. III 231

Wiert, Peter (Bbg) IV 471

Wies (s.Schongau) VII/2 438

Wies, Jorg IV 884

Wiesen (sw.Staffelstein) II 485f; IV 160, 584

Wiesen, v. (Fam.) IV 65

- Hallenbert v. III 66
- Konr. v. II 644
- Otto v. IV 11

Wiesenberg (sö.Deggendorf) III 380

Wiesenbronn, Hans v. IV 969

Wiesendorf (ö.Höchstadt/A.) II 477f; VI 181

Wiesengiech (nö.Bbg) III 375; IV 84; V 65

Wiesent (Fl.) V 162; VI 536, 598; VII 47

Wiesentfels (n.Ebermannstadt) III 123, 598; IV 211, 520, 524, 610; VI 246, 336; VII/2 327, 356

Wiesentfels, Almann v. III 50
- Konr. v. III 50

Wiesenthau (ö.Forchheim) I 374; II 59, 94, 98f, 379, 381, 413, 480, 483, 487, 513, 532, 537, 610, 612, 624; III 379, 632, 731; VI 276; VII/2 431, 563

Wiesenthau, v. (Fam.) III 41, 378, 418, 699; VI 635, 639; VII/2 291, 408, 529, 638, 645, 647
- Agnes v. III 620
- Albrecht v. II 625
- Amalia v. V 517
- Barb. v. VI 709
- Bero v. II 59f, 94, 97ff, 294, 419, 481
- Braun v. III 457
- Chr. v. IV 425, 511, 556f; V 189, 213, 262, 270, 340, 364, 429, 444, 507, 510, 523
- Chr. v.(Dh.) VI 11
- Clement v. IV 490, 657, 660
- s.u. Dietrich v. (A.Michelsberg)
- Dietrich v. III 496; IV 33
- Eberhard v. II 532, 609, 615, 624f; III 284f, 542, 632, 731; IV 81
- Eckbert v. III 109, 419
- Elis. v. III 699
- Erasmus v. IV 101
- Erhart v. IV 982
- Felice v. III 284; IV 346, 426
- Friedr. v. III 139; IV 101
- Friedr. Chr. v. VI 639f
- Gg v. III 620f
- Gg v. (Dh.) V 523, 528; VI 9, 699
- Gg Wilh. v. IV 863
- Gerhaus v. III 562, 580
- Gero v. II 520
- Hans v. III 542, 548; IV 256, 297; V 492; VI 417
- Hartung v. IV 18, 43
- Heinr. v. II 537, 550, 565, 610, 613, 619, 621f; III 141, 353, 378, 418, 529
- Herdegen v. II 97, 99, 294, 379, 413, 416, 419, 468, 480f, 487, 532, 537, 550, 565, 609f, 612f, 615, 619, 621f, 624
- Herdegen v. (Dh.) III 103, 106, 757
- Herold v. II 625
- Jörg v. III 562, 580; IV 353
- Karl v. IV 346, 400, 418
- Kath. Magdalena v. VI 710
- Klaus v. III 381
- Konr. v. III 284f, 325, 599, 639f, 688
- Liutpold v. II 294, 381, 419, 448, 461, 476f, 481, 483
- Ludwig v. II 625
- Magdalena v. V 518
- Maria Ursula v. VI 714
- Marquard v. II 513
- Moritz v. IV 660, 745, 749
- Otto v. III 381, 632
- Peter v. IV 56; V 68
- Ph. v. IV 418; VI 451
- Sigmund v. (Banz) V 58
- Ulr. v. II 643; III 6, 9, 15f, 109,

620, 648, 699 IV 297
- Volland v. II 97, 294, 416, 419, 468, 480f, 487, 777; III 162, 212, 214f, 418, 563, 587, 681, 687f, 731
- Wernant v. II 625
- Wilh. v. III 271, 381f, 409, 419, 4557, 542, 564, 632; IV 459, 480, 484, 490, 494, 515, 547, 563, 651, 660, 663, 689, 692, 713, 756; V 105, 141, 182; VII 294
- Wolf Chr. v. IV 629, 762, 968, 977
- Wolf Dietrich v. IV 802; V 32, 47, 53, 55, 58, 61, 71
Wiesentheid (nö.Kitzingen) VI 95, 164, 182, 249, 491ff, 506f, 682; VII 8, 10f, 25, 35, 51, 75, 90, 109, 186, 193, 196, 201f, 269; VII/2 134, 369, 373f
Wiesentmüller, Joh. Wilh. (Kirchehrenbach) VI 614
Wießbauer, Christian VII/2 440
Wießel (Fam.) VI 178
Wießen (ON) VI 199
Wigand (n.ident.) II 406
Wigand, Joh. Adam VI 436
- Michael Karl VI 517
Wigbert (Hl.) I 187
- (PN) II 39, 61, 108, 157
- (B.Merseburg) I 35, 90, 94, 102, 106, 108, 162, 165; II 106
Wigelini, Heinr. (Dh.) III 721
Wigelinus, Konr. (Schwabach) III 719
Wigereshusen, Otto v. II 290, 508
Wigersdorf (ON) II 509
Wigger (PN) I 330, 383; II 60, 66f, 71f, 90f, 137, 289, 489, 529, 598, 647f
- (B.Verden) I 342ff
- (Dh.) II 514
- (Gf) I 20, 28
- (Fulda) II 288
- (Pfr Bindlach) II 517
Wigileus (B.Passau) IV 510
Wiglinus (Mönch Michelsberg) IV 205
Wignandesfurte (n.ident.) II 499
Wigner, Nikolaus IV 618
Wigo (B.Brandenbg) I 94, 102, 165, 189f
Wigold (B.Augsburg) I 472, 478
Wilburgstetten (sö.Dinkelsbühl) IV 1009
Wilcke (Fam.) VII 49
Wild (Fam.) III 229
- Andreas (Augsburg) IV 507
- Eberhard (Dh.) III 755
- Gg (Meuschlitz) IV 881
- Hans (Sendelbach) VI 122
- Jakob III 378
- Joh. (Dh.) III 566; IV 144
- K. VII 309
- Markus IV 629
- Otto III 229
- Ulr. (Kan.St.Stephan) III 229, 754, 754
- Werner III 229
- Wolfhard III 755
- Wolfram III 113
Wildberg (Österr.) III 443
Wildberg (ON) IV 99
Wildberg, v. (Fam.) VI 700

- Anton v. (Dh.) VI 517
- Gerwich v. II 91
- Konr. v. II 91, 402; III 644, 654
- Mangold v. III 597, 614

Wildeck, v. s.u. Echinger v.Wildeck

Wildenauer, Hans (Pfr Kulmbach) IV 728

Wildenberg (s.Kronach) III 123, 329, 379, 658, 682, 689; IV 108, 147, 275, 328, 617, 768; VI 279, 398, VII/2 86

Wildenberger, Alexander (Bbg) VI 43
- Anna Magdalena (Zeil) VI 43f
- Christina (Bbg) VI 45

Wildenfeld, v. (Fam.) VII/2 77

Wildenfels (nö.Lauf/P.) I 23; III 277, 635; IV 328, 845

Wildenfels, Dietrich v. III 277
- Friedr. v. III 277
- Heinr. v. III 277
- Otto v. III 277

Wildengrün (abgeg.;Ofr.) III 368

Wildenreuth (sw.Tirschenreuth) IV 845

Wildenroth (nw.Kulmbach) IV 354, 410, 431, 614f, 622f, 802; V 404; VI 478

Wildensew, Hans v. IV 410

Wildensorg (Stadtt.Bbg) IV 643; VII 259

Wildenstein (nö.Kulmbach) III 379, 694; IV 85, 117, 193, 619; VI 325, 545f

Wildenstein, v. (Fam.) I 330; III 9, 102, 269; VI 126, 213, 215, 219, 221, 238, 600, 611, 665, 704; VII 17, 98; VII/2 221, 441

- Adam v. IV 565, 623, 661
- Agnes v. V 530
- Albrecht v. IV 344, 400
- Alexander v. IV 328, 400
- Andreas v. IV 660
- Chr. v. IV 477, 660
- Chr. Karl v. VI 545f
- Chr. Heinr. v. VI 545f
- Dietrich v. III 139, 169, 635
- Erhard v. IV 660
- Ernst v. VI 92, 127, 179, 219, 284, 293, 338f
- Ernst Heinr. v. VI 545f
- Fritz v. IV 477; V 75
- Gabriel v. VI 349
- Gg v. IV 267f, 557, 660
- Gg Adam v. VI 546
- Gg Nikolaus v. VI 92, 151f
- Hans v. IV 477
- Hans Adam v. V 227, 265
- Hans Gg v. VI 176
- Heinr. v. III 138f, 277ff
- Jobst Gabriel v. VI 158, 171, 214, 237, 277, 280
- Joh. Heinr. v. VI 546
- Konr. v. III 444; IV 74
- Marg. Magdalena v. VI 699
- Martin v. IV 559
- Nikolaus v. IV 660
- Nithard v. IV 904
- Sigmund Konr. v. V 407
- Sigmund Lorenz v. V 439; VI 33f
- Wilh. v. IV 189, 1024
- Wolf v. IV 619, 644, 660f

Wilderbach (Fl.) I 171

Wilderich (PN) II 69
Wildfeuer, Gertraud (Bbg) III 131
- Hans (Weidensees) IV 338
- Heinr. (Bbg) III 131
Wildner, Friedr. (Kulmbach) IV 727
Wildung, Marg. III 684
- Martha V 483
- Otto III 684
Wilhelm (PN) II 57, 71, 95, 112, 145, 275, 496, 552
- IV. v. Wittelsbach (Hzg v. Bayern) IV 490, 523, 644
- V. v.Wittelsbach (-) IV 775f; V 153, 159, 161, 168, 213, 221f, 224, 261, 330
- (Hzg v.Braunschweig) IV 834
- v.Habsburg (Erzhzg v. Österreich) IV 175
- v.Sachsen (Hzg) IV 8, 49, 104, 291, 305, 307f, 361f, 364, 374, 389, 663, 903, 1046; V 464f
- v.Sachsen-Weimar (-) VI 116, 192, 240, 291, 309, 313, 430f
- v.Hessen-Kassel (Landgf) VII 49, 96, 136, 191
- (Mgf v.Meißen, Landgf v.Thür.) III 316, 327, 347, 371, 379, 390, 487, 492ff, 500, 518
- (Gf) I 20, 400
- (Kard.) II 280, 434; III 74, 260
- (Eb.Köln) III 249, 747
- v.Champeaux (B.Châlons-sur-Marne) II 125
- (B.Eichstätt) IV 348, 350, 371f, 374
- v.Reichenau (-) VII 164
- (B.Pavia) I 432, 467
- (B.Straßburg) IV 546
- (B.Utrecht) I 394, 397, 445, 448, 451
- Roßhirt (A.Ebrach) VII/2 417, 514f
- (A.Hirsau) I 483; II 11, 285
- Krennich (A.Langheim) V 139, 161, 236
- (A.Michelsberg) III 478, 628-633, 755
- Ogilbeus (A.St.Egidien/Nbg) VI 142
- (A.Steinach) IV 884, 913, 1003
- (Dh.) II 463, 479, 482, 489, 520, 526, 529-532, 542, 549f, 561, 564f, 568, 588
- (Dh.Eichstätt) IV 55
- (Kan.Regensburg) II 112
- (Pr.Neunkirchen/Br.) III 446
- (Kämmerer) III 66, 68, 654
- (Pfr Pettstadt) III 506
Wilhelm Friedr. v.Zollern (Mgf v.Ansbach) VI 667
Wilhelm (Fam.) VII/2 508
- Jakob (Bbg) IV 593f, 601, 606
- Joh. (Kan.St.Gangolf) IV 578
- Konr. (Ebermannstadt) III 566
- Mechthild (-) III 566
Wilhering (Österr.) II 286, 414f, 597, 663; VI 296
Wilhering, Kolo v. II 394, 414
- Ulr. v. II 394, 414
Wilhermsdorf (sö.Neustadt/A.) IV 711, 741, 971; VII/2 212
Wilhermsdorf, Adalbert v. II 379
- Dietrich v. IV 970
- Eberhard v. IV 971
- Ezzo v. II 66, 68f, 92f, 96, 379, 384

- Gutt v. IV 971
- Hermann v. (Dh.) II 452, 535
- Joh. v. III 164, 711; IV 971
- Marg. v. IV 979
- Marquard v. II 424, 444, 446, 452, 454, 487, 562
- Regil v. I 487
- Reginboto v. II 93
- Stephan v. IV 971
- Tuto v. II 448
- Udo v. II 68f, 89f, 94, 99, 152, 292, 379, 384

Wiliza (ON) I 117

Will, Anna (Zeil) VI 46
- Hans (Sendelbach) VI 122
- Pankraz (Strullendorf) VII 52

Willa (PN) I 32, 188

Willanzheim (sö.Kitzingen) I 10f, 17f

Willebrand (Jesuit) VI 93

Willebrechtshausen, Hermann v. II 402

Willeburc (PN) II 516

Willekuma (PN) I 343

Willenbach, Eberhard v. II 277

Willenberg (w.Pegnitz) II 133, 314, 332; III 45f, 139

Willenberg, Alexander (Bbg) VI 71
- Veit V 492

Willenheim (ON) I 21

Willenreuth (w.Pegnitz) II 54; IV 27, 110, 210; VI 87

Willersdorf (nw.Forchheim) III 286, 322; IV 330, 585; V 323; VI 193

Willgrundt (Fam.) III 674

Willibald (PN) II 336
- (B.Eichstätt) I 9, 159

Willich, Hermann (Kan.St.Gangolf) III 129, 478, 571-574, 576ff

Willichint (PN) II 73

Willigis (Eb.Mainz) I 47, 59f, 66f, 77, 85, 89, 93, 114, 120, 125-128, 130, 132, 135, 141, 159, 163, 165, 182

Willimund (A.St.Burkard/Wbg) I 343

Williram (A.Ebersberg) I 405, 494

Willmersreuth (w.Kulmbach) III 662, 669; IV 354, 966

Willo (PN) II 336
- (A.Michelsberg) I 405f, 495

Willprechtshausen (abgeg.;Ufr.) II 402

Wilpolt (Fam.) III 742

Wiltenstein (Österr.) VII/2 153

Wiltrud (Hzgin v.Bayern) II 63

Wiltz, v. (Fam.) VI 704

Wilzeck, v. (Fam.) VII/2 73, 235

Wilzen (Volksstamm) I 4

Wimar, Walter v. II 498

Wimbirgis (PN) II 621

Wimmelbach (s.Forchheim) I 137, 374; IV 136, 272

Wimmelbacher, Heinr. III 184

Bad Wimpfen (B.-W.) II 650; VI 336

Winchester, Heinr. v. IV 204

Winckelmann, Jörg IV 834
- Wolfgang (Pfr Marktredwitz) IV 987

Winckelzan, s.u. David v. (A.Stein)

Wincklern (Öster.) VII/2 59f

Wind (s.Bbg) II 482, 522
Windberg (nö.Straubing) II 139, 295, 318, 413, 417, 437, 459, 583
- Pr. s.u. Gerhard; Konr.
Windeck, Dietrich v. (Dh.) III 238, 365, 459, 547f
- Hermann v. III 616
- Irmgard v. III 616
- Seibreth v. III 583
- Seyfried v. III 238, 757
Windelsbach (nö.Rothenburg o.T.) II 276f; IV 740
Winden (n.ident.) III 42
Windene, Rudolf v. II 59, 252
Windenlohe (FlN.) VI 216
Windheim (n.Kronach) I 5; II 531, 635; III 368, 516; IV 618; V 406, 408; VI 584; VII/2 555
Windheim, v. (Fam.) III 45; IV 316
- Abellind v. II 509
- Hermann v. II 376f, 509
- Hildebrand v. II 511
- Lukas v. II 509
- Ranung v. II 594
- Sigbert v. II 527
- Suidger v. III 45
Windisch (Fam.) III 223
- Ditel (Weidensees) IV 338
Windischengrün (sw.Hof) III 394
Windischenhaig (sw.Kulmbach) III 230, 661; IV 198
Windischenlaibach (sö. Bayreuth) VII/2 521
Windischenlewben (ON) IV 426
Windischenloch (FlN.) III 236
Windischgaillenreuth (ö.Ebermannstadt) VI 85, 203

Windischgersten (Österr.) II 147; V 54; VI 522, 526
Windischgrätz, v. (Fam.) VII 193
Windischletten (nö.Bbg) III 62, 64, 375, 378; IV 94, 149, 398; VI 348; VII/2 668
Windorf (nw.Pfarrkirchen) I 145
Windsbach (sö.Ansbach) III 405; IV 117, 297, 438, 738; VI 478
Windsbach, Burkhard v. II 276f
Bad Windsheim (Mfr.) I 10; III 97, 193, 259, 330, 380, 416, 423, 427, 431, 436, 495; IV 28, 74, 178, 188, 299, 488, 566, 629, 635, 688, 709, 720, 825, 829f, 835, 842f, 1009, 1050f; V 10, 13; VI 178, 208, 249, 282; VII/2 283, 648, 702, 715, 722
Windsheim, Heinr. v. III 721f
Windsor (GB) VI 614
Windthal (FlN.) IV 794
Winemar (A.Schulpforta) II 584
Winezgor (PN) II 277
Wingarteiba (Gau) I 12, 183
Wingersdorf (sw.Bbg) II 54; III 542, 545, 620; IV 154, 518
Winhetzer (Bbg) IV 591
Winhöring (nw.Altötting) I 155f, 160, 246, 332, 500; II 66; III 380, 468, 521, 716; IV 58, 849; V 330; VI 370, 411
Winhöring, Engelbert v. II 66
Winizo (Prie.) I 122
Winkelmann, Hans (Schönbach) VI 520
Winklarn (nö.Schwandorf) IV 508; VI 611; VII 44f
Winklarn, Hans Friedr. v. VI 103

Winkler (Fam.) VI 174
- Eberlein (Strullendorf) IV 135
- Else (Litzendorf) IV 236
- Friedr. III 198; IV 128, 132
- Gg (Nbg) IV 490
- Hans IV 34, 128, 132, 258, 1046
- Joh. VI 233, 236, 241
- Michael (Domvikar) V 151, 274, 311, 443, 496

Winkler v.Mohrenfels (Fam.) VII/2 39, 308, 390

Winne, Gottfrid II 578

Winnheimer, Linhart V 190

Winningen (Rh.-Pf.) IV 58, 65; VI 411

Winrich (PN) II 71; III 341

Winter, Anton (Bbg) VI 77, 79, 155, 159f, 203, 213f, 241, 247, 250, 286f
- Hans (-) IV 796f
- Laurentius (Wunsiedel) IV 1036

Winterbach (w.Höchstadt/A.) II 614; IV 482

Winterbauer, Konr. (Unterailsfeld) V 23

Wintermann, Eberhard (Altzirkendorf) III 636

Winterstein, Ulr. (Nbg) III 279

Winterzhofen (s.Neumarkt) IV 139

Winthaus, Konr. III 584

Winther (PN) II 290, 651

Wintringen (n.ident.) IV 65

Wintzerla, v. (Fam.) IV 199

Wintzler (Franziskaner) IV 715

Winzenberg, Hermann v. II 46, 77, 112f, 278, 505
- Kuno v. II 528

Winzer (sö.Deggendorf) II 438, 486f, 540, 650; III 91, 352, 380

Winzer, Eberhard v. II 294, 418
- Ebo v. II 486, 488, 547
- Hartlieb v. II 417f, 454, 521
- Kalhohus II 592
- Konr. v. II 547

Wipertus (PN) I 180f

Wipfelt, Christiana (Bbg) VI 60
- Leonhard (-) VI 44, 47

Wipo (Kaplan) I 275, 305, 336,

Wipoto (Kan.St.Jakob) II 52, 56, 83

Wipper (Fl.) I 171

Wirbenz (sö.Bayreuth) IV 736, 1009

Wirikind (B.Havelberg) II 233f

Wirneden (ON) VII/2 43

Wirnsreuth (FlN.) III 69, 643

Wirnto (PN) I 459, 487, 496, 498; II 72, 476
- (Kan.St.Jakob) II 477, 615
- (Pr.Regensburg) III 93, 109
- (Engelhardsberg) IV 152

Wirsberg (ö.Kulmbach) II 592; III 333, 653; IV 71, 74f, 80, 227, 298, 722, 725, 731, 735f, 783, 948, 1009-1013; V 250

Wirsberg, v. (Fam.) III 377, 691; VI 168, 484f
- Albert Eitel v. V 140, 142, 156, 160
- Albrecht v. IV 235, 440, 954, 997, 1012
- Alexander v. IV 954
- Balthasar v. IV 954
- Barb. v. V 517
- Chr. v. IV 955
- Chr. Ernst v. VI 150

- Chr. Sigmund v. V 116
- Chr. Ph. IV 955
- Eberhard v. II 592, 599, 613; III 93
- Eustachius v. V 521
- Eyring v. III 199, 691
- Franz v. (Pfr Weidenberg) IV 1005
- Friedr. v. IV 85
- s.u. Friedr. v. (B.Wbg)
- Gg v. V 35
- Gottfried v. (Dh.) IV 955; V 133, 521, 523
- Hans v. III 691; IV 705
- Hans Adam v. VI 484
- Hedwig v. III 60
- Heinr. v. I 15; III 6, 13, 60, 93, 356, 377, 393, 406, 653, 658, 691; IV 68, 85
- Hermann v. V 36
- Irmgard v. III 60
- Jakob v. IV 426, 453
- Jobst v. IV 67
- s.u. Joh. v. (A.Langheim)
- Joh. v. (Dh.Eichstätt) IV 780
- Konr. v. IV 381f, 949, 968, 1007
- Kunig. v. IV 425
- Marg. v. III 691
- Michael v. IV 383, 477, 623
- Sigmund v. IV 558, 561, 627, 834, 954f; V 36, 38
- Stefan v. IV 914
- Wolff v. IV 644

Wirsching, Franz Paul (Fürth) VII/2 16, 260

Wirsinc (PN) II 413

Wirt, Elis. III 571
- Hans IV 410
- Kaspar IV 501
- Konr. III 173, 198, 571
- Otto (Weidensees) IV 338

Wirtemberg, Konr. (Hallstadt) IV 13

Wirtschach (Stettin) II 229ff, 256f, 261f

Wirtschneider, Hans (Kronach) VI 64

Wirwinnung, Konr. (Pfr Herzogenaurach) III 633

Wisach, Adalbert v. II 91, 137
- Gottfried v. (Kan.St.Gangolf) III 133
- Herdegen v. II 59

Wisensdorf (abgeg.;Ofr.) II 477f

Wisent (PN) II 72, 519

Wisner, Fritz (Weidensees) IV 337
- Kunig. (Körbeldorf) IV 423

Wissel, Fritz (Erlangen) IV 900

Wißenroth (Fam.) VI 411

Wissersdorf (n.Altötting) I 145

Wistritz, Wursik v. III 430

Witderpf (PN) I 19

Witego (PN) II 508; III 68
- (A.Banz) II 501

Witilo (B.Minden) II 28

Witker (PN) II 65

Witose (abgeg.;Ofr.) II 314f

Wittelsbach, v. (Fam.) II 66f, 144, 438; III 208f, 231, 276, 343
- s.u. Albrecht v. (Hzg v. Bayern-Holland)
- s.u. Albrecht v. (Hzg)
- Amalie Augusta v.(Pfalz-Zweibrükken) VII/2 355

- Anna v. (Gem.Karl IV.) III 209, 255, 288
- Anna v. V 208
- Christian Alexander Ferdinand v. (Pfalz-Sulzbach) VI 433
- Christian August v. (Pfalz-Sulzbach) VI 433
- s.u. Clemens August v. (Eb.Köln)
- Elisabeth Amalie v. VI 426
- s.u. Ernst v. (Eb.Salzburg, B.Passau)
- s.u. Friedr. III. v. (Kurfürst v.d.Pfalz)
- s.u. Friedr. V. v. (-)
- Friedr. v. II 414, 438; III 327, 381, 435, 445
  IV 263, 291, 303f, 334, 459, 467, 470, 492, 495, 525, 540, 553, 644, 681, 825
- Friedr. v. (Pfalz-Zweibrücken) VII/2 219, 226, 233f, 236, 258
- Friedr. August v. (Pfalz-Neuburg) VI 274f
- Gg v. (Dh.) IV 457, 1063
- Gg v. (Hzg) IV 432, 466
- Heinr. v. IV 218
- s.u. Karl VII. Albrecht (Ks.)
- s.u. Konr. v. (Eb.Mainz u.Salzburg)
- Joh. v. IV 49, 51, 56, 99, 101, 176, 188, 200, 244f, 307
- s.u. Joh. Theodor v. (Kard.; B.Freising u.Regensburg)
- s.u. Johanna v. (Hzgin v.Bayern-Holland)
- s.u. Joseph Clemens v. (Eb.Köln)
- Ludwig v. IV 5, 28, 32, 88, 188, 218, 262, 289, 302-308, 459, 492, 556, 775f, 1053
- s.u. Ludwig IV. der Bayer v. (Ks.)
- s.u. Ludwig I. v. (Kg v.Bayern)
- s.u. Ludwig I. der Kelheimer v. (Hzg v.Bayern)
- s.u. Ludwig II. der Strenge v. (-)
- s.u. Ludwig der Friedfertige v. (Kfst v.d.Pfalz)
- s.u. Maximilian I. v. (Kfst v.Bayern)
- s.u. Maximilian II. Emanuel v. (-)
- s.u. Maximilian III. Joseph v. (-)
- s.u. Maximilian Heinr. v. (Eb.Köln)
- s.u. Otto v. (Hzg v.Baiern)
- Otto v. II 66f, 117, 130ff, 143ff, 218, 275, 307, 414, 437f, 468, 477, 521f, 543f, 600f, 649; IV 289, 337, 341, 413, 457, 460, 469, 504, 1049, 1051
- s.u. Ottheinr. v. (Kfst v.d.Pfalz)
- Ph. v. IV 304, 346, 359, 446, 454, 459f, 466ff, 775f, 1049
- Renata v. V 532
- Richard v. (Dh.) IV 1063
- Rupprecht v. IV 454, 466f
- Sigmund v. IV 307
- s.u. Stephan II. v. (Hzg v.Bayern)
- s.u. Wilh. IV. (-)
- s.u. Wilh. V. (-)
- Wilh. v. IV 468
- s.u. Wolfgang v. (Hzg v.Pfalz-Neuburg)
- s.u. Wolfgang Wilh. v. (-)

Wittem, Mathias (Pommersfelden) VI 598

Wittenberg (Sa.-Anh.) IV 535, 696, 698, 701, 706; V 90; VI 473, 531, 581

Wittenberg, Peter (Domvikar) III 459

Wittenburg, Joh. v. III 403

Wittendorf (abgeg.;Ofr.) II 291
Wittenreuth (ON) II 145, 332
Wittichenstein, Eberhard v. IV 411
Witticho v. Wolfersdorf (B. Naumburg; Dh.) III 309, 311f, 317ff, 324, 329, 339, 341, 538-541, 570ff, 625, 638f, 692, 754
Wittig (Fam.) III 49, 171
- Reimar III 572
Wittmann, Hans (Baumeister) IV 542
- Joh. Caspar (-) VI 666, 679
- Pius III 1
Witto (B.Büraburg) I 9
Wittstadt (Sa.-Anh.) VI 315
Wittstatt, v. (Fam.) VI 699
- Hans v. IV 174f
Wittstock (Sa.-Anh.) VI 315
Witzenhausen (Nds.) III 643
Witzleben, v. (Fam.) VI 706
- Augusta v. VII/2 293
- Christian v. IV 329
- Chr. v. IV 329
- Dietrich v. III 348, 350; IV 903
- Friedr. v. III 560
- Heinr. v. (Dh.Wbg) III 459, 602
- Reinwart v. IV 329
Witzleshofen (ö.Kulmbach) III 713
Witzmannsberg (sw.Coburg) I 21; II 501; V 65
Witzmannsberg (w.Kulmbach) II 636; III 347, 390, 671
Witzmannsberg (nö.Passau) III 380
Witzstat, Konr. (Wbg) IV 57
Wixen, Sebald (Igelsdorf) VI 483
Wizechint (PN) I 498

Wizelofen, Adalbert v. II 485
- Konr. v. II 485
Wizpeyer, Heinr. v. (Mönch Michelsberg) III 622
Wladimir (Großfürst) I 175ff, 220
Wladislaus II. (Kg v.Böhmen) II 469
- (Hzg v.Böhmen) II 373f
- (Hzg v.Polen) I 485f; II 14f
Wladiwoy (Hzg v.Böhmen) I 70f
Wlast (PN) II 167
Wochenthal (FlN.) III 502
Wochner, Friedr. (Langheim) IV 269
- Hans IV 269
- Joh. (Pfr Altenkunstadt) IV 269
- Konr. (Neustadt/Coburg) IV 269
- Thomas IV 269
- s.u. Ulr. (A.Mönchröden)
Wodelndorf (ON) IV 22
Wöhlwarth, v. (Fam.) VII/2 589
Wöhr (nö.Ebermannstadt) III 268, 548, 731
Wöhrd (Stadtt.Nbg) III 46, 268, 428, 505, 618; IV 121, 845; VII/2 212
Wölbattendorf (w.Hof) III 228
Wölcher, Joh. (Pfr Lonnerstadt) VI 94
Wölfel, Fritz (Sendelbach) VI 122
- Petrus (Kpl.Weismain) IV 864
Wölfersdorf, Wilh. v. III 457
Wölflein (Fam.) III 718
Wölkersdorf (nö.Eschenbach/Opf.) II 382
Wölm (nö.Forchheim) IV 491, 784
Wölsendorf (nö.Schwandorf) II 479, 483
Wölz (Österr.) III 6

Wörth am Main (nw.Miltenberg) I 226

Wörth, Gottfried v. (Pr.Alte Kapelle/ Regensburg) II 482, 533, 543, 564, 580, 582, 584, 592ff, 605, 607
- Heinr. v. II 544
- Poppo v. I 489
- Stephan v. V 451
- Ulr. v. II 629

Woffendorf (sö.Lichtenfels) III 618, 664, 669; V 65

Wogastiburg (slaw.Befestigungsanlage) I 4

Woger, Franz Valentin VII/2 20, 38, 97, 189, 306

Wohlbach (sw.Coburg) I 18, 21; II 501; III 651

Wohlmannsgesees (nö.Ebermannstadt) II 133, 332

Wohlmutshüll (ö.Ebermannstadt) II 562f; III 43, 545

Wohlmutshüll, Eberhard v. II 562f
- Gisela v. II 562

Wohnbach (Hess.) I 226

Wohner, Hans (Lichtenfels) VI 242f., 248

Wohnsdorf (sw.Bayreuth) I 19

Wohnsgehaig (sw.Bayreuth) VII/2 504

Wohnsig (sö.Lichtenfels) VII/2 405

Wohra (Hess.) I 227

Woldamer, Joh. V 38

Woldesbach (ON) III 410

Wolenbach (ON) I 20

Wolf (Fam.) III 271, 684; V 420, 423f; VII/2 696, 711
- Adelheid (Litzendorf) III 535
- Albert II 631
- Albrecht (Lichtenfels) III 361
- Andreas (Pfr Ruckendorf) IV 864
- Anna (Bbg) VI 40
- Chr. VII/2 696
- Eberhard (Weismain) IV 84
- Elis. (Bbg) VI 45
- Erhart (Scheßlitz) IV 198
- s.u. Friedr. (A.Langheim)
- Hans IV 541, 882
- Heinr. III 361, 535; IV 358
- Hermann (Bbg) III 617
- Hieronymus (Neunkirchen/Br.) VI 121
- Joh. IV 202; V 249, 289f, 293, 342f, 364, 367, 376f, 379, 391, 413ff, 422ff, 430, 476, 484, 499, 512f
- Joh. Bernhard VII/2 495, 579
- Joh. Jakob (Regensburg) VI 387
- Joseph VII 142
- Konr. III 535; IV 991; V 244
- Maria Anna VII/2 472
- Marquard (Dh.) II 482, 533
- Martin (Forchheim) V 515
- s.u. Martin (A.Langheim)
- Nathan VII 27
- Otto (Dh.) IV 64, 171, 181, 185f, 209
- Robert II 414
- Wolfram (Lichtenfels) III 677

Wolf Dietrich v.Raitenau (Eb.Salzburg) V 206

Wolfart, Joh. Daniel VII 136

Wolfdrigel (PN) I 380

Wolfelin (PN) III 644

Wolfenberg, Smylo v. III 349

Wolfersdorf (n.Kronach) III 368, 618, 690; IV 617

Wolfersdorf, Barb. v. V 528
- Friedr. III 268, 330
- Heinr. v. III 126
- Joh. III 268, 631
- Konr. III 681
- Marg. v. III 341
- Susanna v. V 160
- Wilh. III 631
- s.u. Witticho v. (B.Naumburg)

Wolfersgrün (nö.Kronach) IV 617

Wolffahrer, Gg IV 863; V 504f; VI 87
- Joh. V 494, 498, 512

Wolffsthal, v. (Fam.) VII 116

Wolfgang (Eb.Mainz) V 153, 284
- (B.Passau) V 21
- (Hl.;B.Regensburg) I 41f, 44, 92f, 202, 311, 362; II 373
- Hausen (B.Regensburg) V 372
- v.Wittelsbach (Hzg v. Pfalz-Neuburg) IV 466
- (A.Michelsberg) V 42, 68; VI 639
- Reinlein (-) IV 781, 803
- (A.Niederaltaich) IV 342
- Sommer (A.St.Egidien/Nbg) IV 716

Wolfgang Wilhelm v. Wittelsbach (Hzg v.Pfalz-Neuburg) V 439, 455; VI 302, 426

Wolfger (PN) II 112
- (Patriarch v.Aquileja) II 627
- (B.Passau) II 587

- (B.Wbg) I 11, 13, 25

Wolfgruba (n.ident.) II 511

Wolfhard (PN) I 360; II 66; III 41

Wolfhelm (A.Fulda) II 74

Wolfher (PN) I 295f, 342; II 476
- (A.Münsterschwarzach) I 343
- (Dh.) II 309
- (Michelsberg) II 440

Wolfhofmeister (Fam.) VI 11, 70

Wolfius, Joh. (Pfr) V 241

Wolfler, Braun (Bbg) III 70
- Gottfried (Ebelsfeld) III 360
- Heinr. (Bbg) III 60, 70

Wolfmar (PN) II 73, 95f, 385

Wolfram (PN) I 99, 320, 380; II 50, 67, 83f, 90, 139, 288, 290ff, 336, 396, 461, 465, 485, 488, 501, 508, 534, 569, 573, 616ff; III 27
- (B.Wbg) III 96, 552, 581, 755
- (A.Langheim) III 70, 654ff, 755
- I. (A.Michelsberg) II 4, 50, 66, 83ff, 87-91, 93, 97, 100, 102, 138, 148, 154f, 164, 445, 460
- II. (-) II 4, 7, 338-343, 484, 518, 525f, 528-531, 539, 551, 553-557, 563, 565, 580f, 589, 616f
- (Dh.) II 65, 461, 481, 580
- (Kan.St.Jakob) II 56, 475f, 571
- (Mönch Banz) III 366
- (Mönch Michelsberg) II 421
- (Pr. Neunkirchen/Br.) IV 35, 41ff, 77f, 91, 1000
- (Gf) I 347; II 95, 335

Wolfram, Hans (Köditz) IV 938
- Hermann (Oberngereuth) III 271
- Joh. (Pfr Bindlach) IV 889

- Konr. (Oberngereuth) III 271
- Nikolaus (Pfr Mistendorf) IV 808

Wolframs (ON) III 38, 638

Wolframs (sw. Eschenbach/Opf.) VII/2 326

Wolframs, Udalschalk II 560

Wolframskirchen (Mähren) III 349

Wolfratebrunnen (n.ident.) II 579

Wolfratshausen (OB.) I 84

Wolfratshausen, Heinr. v. II 304
- Otto v. II 307, 313

Wolfring, Wirnto v. II 97, 133, 146

Wolfrumb, Joh. Thomas (Forchheim) VII/2 4

Wolfsbach (s.Bayreuth) II 64

Wolfsbach (nö.Landshut) I 146

Wolfsbach (Österr.) VII/2 298

Wolfsbach, Bruno v. II 133
- Hermann v. II 402, 410, 494, 499
- Otto v. II 133
- Rapoto v. II 133
- Wignand v. II 72, 97, 133, 275

Wolfsberg (sö.Ebermannstadt) I 15; II 484, 517, 525, 533, 538, 561, 609; III 297, 379; IV 341, 613, 622, 809, 812; V 192f; VI 126, 185, 201, 254, 341, 451; VII 117

Wolfsberg (Österr.) II 517; III 28ff, 88, 94, 240, 272, 362f, 381, 451-454, 514; IV 9, 22, 30, 109, 112, 117, 175, 189, 220f, 269, 347, 427, 438, 461, 708, 777; V 2, 102, 165, 191ff, 200; VI 257f, 273f, 276-281, 286f, 290, 293, 295-301, 332, 370, 379, 415, 434, 457, 505, 526, 535, 572, 642, 693, 696; VII/2 36, 67, 73, 122-125, 127, 138, 142-148, 151-155, 158, 161, 164, 173, 244, 308

Wolfsberg, v. (Fam.) I 15; III 380
- Bruno v. II 484, 525, 538, 561, 563; III 12; IV 308
- Eberhard v. II 517, 538, 549f, 561
- Elblein v. III 17, 32
- Friedr. v. II 661
- Gotebold v. II 416
- Konr. v. II 533, 561, 563, 577, 584; III 12, 94; IV 308

Wolfsdorf (sw.Lichtenfels) III 308, 676, 693f; IV 160, 584

Wolfskehl (FlN.) III 504, 661

Wolfskehl, v. (Fam.) VI 700; VII 50, 92
- Hans Erhard v. VI 338
- Joh. Chr. v. VI 492, 709
- Joh. Wilh. v. (Dh.) VI 709
- Juliana Kath. v. VI 709
- Werner v. (Dh.Eichstätt) IV 382
- Wilh. v. (Dh.) IV 380f

Wolfsloch (ö.Lichtenfels) II 291; III 662, 687; IV 646

Wolfsmünster (nö.Lohr/M.) VI 262

Wolfstein, Albert v. (Dh.) III 159
- Albrecht v. IV 534
- Albrecht Friedr. v. VI 530
- Balthasar v. IV 559f, 656, 748
- Barb. v. IV 354
- Erasmus v. (Dh.) IV 498, 522, 528, 533, 535, 541, 546, 550, 567, 578, 584, 671, 707, 769, 889
- Gottfried v. (-) IV 590, 643f, 707, 760, 798, 1059
- Leupold v. III 159

- Stephan v. III 406
- Ulr. v. II 275

Wolfsthal, v. (Fam.) VI 88, 158, 397, 550, 564, 643, 682
- Hans Wolf v. VI 186, 192, 199, 228, 252, 397, 416, 451
- Ludwig Sigmund v. VI 650
- Ph. Gaston Wolf v. VI 451, 511, 524, 530, 545, 619, 624, 650, 655, 660

Wolfstrigel, v. (Fam.) III 294, 333, 393
- Hans v. III 393f
- Heinr. v. III 335, 421, 555, 588; IV 82, 85
- Otto v. III 394, 668
- Winezgor v. II 277

Wolgast (Mbg-Vp.) II 211, 241ff; VI 146

Wolgemut, Konr. (Nbg) III 760
- Michael (-) IV 1009

Wolhart (PN) II 71

Wolkenstein, v. (Fam.) VI 146
- Adam v. VI 395
- Hans (Nbg) IV 383
- Herand v. V 236
- Maria Kath. (Bbg) VII 135
- Paul Andreas v. VI 256

Wolldenstein, Wernher v. IV 411
- Gotfrid v. IV 411

Wolleben (PN) IV 15

Wollenschlager, Heinr. III 61, 65

Wollfahrt, Matthias (Schlüsselau) VI 189

Wollin (Ostseeinsel) II 161f, 192-196, 205ff, 210, 212, 214f, 217, 226ff, 264, 267f

Wollmersheim (Rh.-Pf.) I 112

Wollsbach (Fl.) I 146

Wolmershausen, Elis. v. V 517

Wolmirstädt (Sa.-Anh.) I 168f

Wolpersreuth (w.Kulmbach) III 652

Wolva, Marquard v. II 521

Woner, Els (Unterleinleiter) IV 789

Wonfurt (sw.Haßfurt) I 20, 226ff; III 619; VI 519

Wonneck (Rh.-Pf.) IV 36, 396f

Wonsees (sw.Kulmbach) I 16; II 65, 93, 153, 376ff, 402, 413, 421, 502, 525; III 99, 378, 405, 575, 649; IV 193, 724, 737, 953, 1013-1017; V 33, 65; VI 128, 243, 250, 257

Wonsees, Agnes III 644
- Diepold v. II 525
- Husa v. III 644
- Jutta v. III 644
- Konr. v. III 644
- Marquard v. II 93
- Sigeboto v. II 65, 93, 153, 376ff, 402, 413, 421

Wonsheim, v. (Fam.) VI 576

Wopffell, Hans (Geisfeld) IV 609
- Jakob (-) IV 609

Worms (Rh.-Pf.) I 32, 54, 59, 66, 68, 86, 107, 163, 165, 170, 192, 227, 229, 234, 270, 286, 364, 370, 373, 422, 439, 451, 453, 471f, 478, 488, 497, 500; II 49, 110, 117, 218, 405, 417, 420, 423, 514, 575, 627f, 658; III 207, 429; IV 330, 469, 477, 522f, 528, 769, 798, 838; VI 606, 682; VII 70; VII/2 520

- B. s.u. Arnold; Burkhard; Emmerich Joseph; Friedr. Karl Joseph; Hazecho; Mathias
- Reichstage I 414, 445ff; II 158, 373, 559, 573, 597

Wormser Konkordat II 128ff, 150, 155, 163, 306, 369

Wormsgeuelle (n.ident.) II 447

Wortwin (PN) II 651
- (Neumünster/Wbg) II 290, 385, 513, 581

Wossow, Joh. III 608
- Petrus III 608

Wotilolf (B.Osnabrück) I 63

Wotzelsdorf (ON) V 65

Wotzendorf (sö.Lichtenfels) VII/2 214

Wouvezesdorf (ON) I 379

Wrainingen (n.ident.) III 380

Wrangel, Carl Gustav v. VI 401, 407, 421, 446
- Hermann v. VI 433

Wratislaus (Hzg v.Böhmen) II 12, 14
- (Fürst d.Pommern) II 178ff, 190ff, 206, 235-240, 248ff, 262, 266f

Wrzaha (ON) I 408

Wülflingen (w.Haßfurt) III 609, 611, 615, 674, 683; VI 519

Wülzburg (sö.Weißenburg) II 11, 15; III 634; IV 958; VI 389
- A. s.u. Heinr.; Ulr.

Wünderlein, Gabriel (Pottenstein) V 492

Wünschendorf (nw.Pegnitz) III 270; IV 806

Wünsching, Paul (Fürth) VII 29

Würfel, Heinr. (Bbg) III 548, 575ff, 602, 696

Würgau (nö.Bbg) II 613; III 14, 375, 377, 664; IV 84, 743; VII/2 137, 539

Würmlein, Siegfried II 542f, 570

Württemberg I 61, 139, 347; II 450; III 9, 206, 346, 359, 417, 426; VI 154; VII 42, 68, 73, 96, 98; VII/2 410, 526, 560, 591, 609, 614, 662, 716, 737

Württemberg, v. (Fam.) VI 608
- s.u. Eberhard v. (Gf)
- Elis. v. III 685
- Elis. Friderike Sophie v. VII/2 560f
- s.u. Joh. Friedr. v. (Hzg)
- s.u. Karl Alexander v. (-)
- s.u. Karl Eugen v. (-)
- Karl Rudolf v. VII 96
- s.u. Ludwig v. (Gf)
- Maria Augusta v. VII 87, 96, 131f
- s.u. Ulr. v. (Hzg)

Würtzburg, v. (Fam.) VI 219, 706; VII/2 172, 565
- Anna v. V 151, 518
- Chr. v. IV 1062; V 106; VI 97, 118
- Chr. Ulr. v.(Dh.) V 511, 526, 528
- Dietrich v. IV 660, 752; V 105
- Elis. v. III 585
- Erhard v. IV 111
- Fritz v. IV 111
- Gg v. (Dh.) IV 350, 405, 660
- Gottfried III 585
- Hans v. IV 90, 101, 199
- Hans Heinr. v. V 511, 526
- Heinr. v. III 61f, 65, 585; IV 1064f; V 105

- Hieronymus v. IV 453, 660; V 45, 105, 184, 455, 471, 511, 526, 530; VI 9f, 12, 19, 96, 110, 300, 332, 345f, 367, 374, 379, 382, 406, 408f, 411, 419, 427, 474, 689f, 702f
- Joh. v. (Dh.) VII 16, 50, 66, 160, 208, 259, 277
- Joh. Joseph Heinr. Ernst v. (-) VII/2 12, 14, 138, 164, 345, 360, 366, 383, 398f, 401f, 430, 435, 439, 441, 457, 495, 504, 512, 552, 577, 586, 593, 596, 604, 645, 650, 673, 687f, 696, 750, 757
- Joh. Ph. Veit v. VII/2 326
- Joh. Veit v. (Dh.) V 148, 153, 205, 209, 212, 219, 394, 424, 497, 511, 516, 519, 525f; VI 119, 338f, 416, 442, 680, 703f, 717; VII/2 27, 39, 106f, 172, 751
- Kaspar v. (Dh.) IV 824, 856, 861, 1062; V 105
- Konr. v. III 226, 328, 692; IV 171, 209, 264, 274, 296, 310
- Lorenz (Dh.) IV 1065
- Marg. v. V 524
- Melchior v. V 106
- Oswald v. V 521
- Ph. v. III 746f
- s.u. Veit v. (B.Bbg)
- W. v. (-) VII 16, 50, 66, 160, 208, 259, 277
- Wilh. v. (-) IV 1065; V 105
- Wolf v. IV 521, 660
- Wolf Albrecht v. (Dh.) V 95, 105, 115, 118, 123, 129, 138, 140, 144f, 159f, 178, 186, 191, 193, 208, 212f, 234ff, 276f, 309, 319, 342, 375f, 393, 396f, 424, 473, 497, 506, 510, 516, 520f, 523, 528
- vgl. Würzburg, v.

Würz (Regiment) VI 608

Würzburg (Ufr.) I 7, 10-13, 15f, 23f, 26, 62, 82, 121f, 126f, 134, 158, 163, 170, 212, 217, 238, 261, 319, 323, 325, 331, 347, 355, 362, 375, 379, 382, 403, 410f, 439, 457, 475, 477f, 487, 491; II 11, 25, 35f, 69, 72ff, 76, 95, 120, 124, 126ff, 131, 137f, 224f, 271, 273, 283-287, 289, 304, 307f, 311f, 335, 343f, 374, 380, 385, 400-403, 406, 413, 417, 423, 439, 449, 451, 455ff, 460, 463ff, 468, 500, 502-509, 512ff, 520, 529, 539, 558f, 565f, 573ff, 577, 580f, 584, 594, 597, 602, 608, 619, 627, 629, 636; III 1, 3, 27, 95, 97, 132, 169, 193, 212f, 219, 239, 315, 318, 339, 359, 361-367, 370f, 373, 382f, 402f, 405, 417, 426, 434, 457, 494, 497f, 527f, 580, 606f, 614, 619, 625, 648, 650f, 653, 655, 660, 685, 706, 710, 717, 722, 755, 757; IV 68, 188, 203, 222f, 587f, 630f, 842, 1046; V 82, 285; VI 20, 95, 129, 135, 137, 143ff, 148f, 158f, 162-172, 174f, 183, 188, 191, 208, 249, 263, 300, 303, 328, 332, 343f, 347, 349, 351ff, 356, 358, 362, 364, 370, 372, 376, 378f, 385, 393, 404, 408ff, 415f, 419ff, 424, 426-431, 433-438, 440f, 443f, 446, 455, 458ff, 467, 469ff, 482, 486ff, 490ff, 498f, 501ff, 505, 508, 510, 516ff, 522, 532, 536f, 547, 549, 564ff, 569f, 578ff, 583, 587, 590f, 601, 604, 607ff, 618, 623, 634, 636, 641,

645, 647, 651, 654, 656-659, 662, 665, 668, 670, 680, 682f, 686ff, 690, 694f, 698, 700, 713f, 717; VII 4, 13f, 18, 20, 26, 28, 34, 36, 44, 46, 48f, 51f, 54, 57, 59, 61, 64, 69f, 72, 86f, 99, 117, 125, 129, 132ff, 143, 148, 150, 152, 154ff, 170, 172, 175, 179, 184, 191-194, 199f, 205, 219, 226-229, 231ff, 248, 262, 266, 274-278, 286ff, 291, 303, 306f; VII/2 47, 208f, 218f, 228f, 231, 235, 284, 286, 305f, 311, 320, 327, 334, 378, 383, 388, 393, 395f, 400f, 412, 421, 434, 436ff, 440, 444, 456f, 478, 480f, 483f, 486, 489ff, 494, 496, 501, 503, 505, 5007, 509f, 512f, 516, 522-525, 527, 532f, 539, 544, 550f, 553, 557, 560f, 563, 565, 567, 569, 576, 583, 585ff, 589-593, 595, 601f, 605, 608ff, 615f, 620, 623, 629-637, 641, 654, 663f, 672, 680, 687, 701-705, 709, 722-727, 731, 737

- Bistum u.Hochstift I 1, 9-12, 15f, 23-28, 62, 70, 82, 89, 102, 106, 119-122, 126, 128, 131f, 135, 142f, 147, 158f, 192, 209, 233, 265f, 347f, 355, 357, 363, 376, 379, 382, 410ff, 464, 472, 477; II 69, 72f, 91, 95, 102, 116, 118, 127, 131, 135, 138, 285, 287-291, 296f, 335, 385, 392, 402, 410, 437f, 449, 458, 463ff, 503-510, 512, 526, 529, 539, 553, 578-581, 596, 603, 606, 628, 636, 641, 652f; III 1, 11, 36, 69f, 89, 145, 172, 180ff, 208, 213f, 239f, 245, 282f, 295, 336, 340ff, 345f, 361, 371, 382, 412, 425-428, 434f, 437-441, 443, 455, 459, 473, 480, 484, 490, 494, 527, 544, 583, 589, 605, 610, 622, 625, 633, 648, 651, 664, 685, 712f, 715, 724, 755; V 24, 277, 338, 395, 479; VI 92, 159, 198, 302, 513; VII 3, 16, 19, 43, 66, 77, 81, 86, 94, 102, 121, 131, 149, 157, 166, 171, 178, 186, 239, 242, 247, 252, 263, 283f, 303; VII/2 35, 37, 48, 51, 87, 115, 180, 195, 198, 205ff, 215, 218, 222, 227, 229, 234, 239ff, 258, 263, 273, 291, 312, 324, 327, 330, 332f, 337f, 344, 356, 358, 366, 392f, 401, 405, 423, 437-440, 456, 460f, 492, 495, 508, 516, 531, 557, 573, 581, 590, 603f, 620, 630, 635-638, 640f, 651f, 655f, 660, 664, 666, 693, 703ff, 709, 715, 722f, 725, 742, 745

-- Bischöfe I 15, 24-27, 82, 158, 376, 410f, 472; II 102, 116, 131, 437, 449, 505, 553, 580f, 596, 603, 606, 641; III 89, 208, 213f, 239f, 342, 345, 371, 412, 425-428, 434f, 437, 440f, 443, 484, 490, 494, 544, 589, 622, 625, 651, 685, 712f, 755; VI 92, 159, 281, 297, 300, 303, 371, 375, 388

--- s.u. Adalbert; Adam Friedr.; Albrecht; Andreas; Arno; Berenwelf; Bernward; Berthold; Bruno; Burkhard; Chr. Franz; Egilward; Embricho; Emehard; Erlung; Franz; Franz Ludwig; Friedr.; Friedr. Karl; Gebhard; Gg Karl; Gerhard; Gottfried; Gozbald; Heinr.; Hermann; Herold; Hugo; Humbert; Joh.; Joh. Gottfried; Joh. Ph.; Joh. Ph. Franz; Julius; Karl Ph. Heinr.; Konr.; Konr. Wilh.; Liuderich; Lorenz; Megingoz; Meinhard; Melchior;

Otto; Peter Ph.; Ph. Adolf; Poppo; Reichard; Reinhard; Rudolf; Rüdiger; Rupert; Siegfried; Sigismund; Theoderich; Thiedo; Wolfger; Wolfram
- - Domkapitel I 122, 269; II 35, 69, 72f, 95, 124, 127, 224f, 238, 287, 290, 335, 342, 385, 392, 401, 410, 449, 464f, 503-509, 512f, 581, 584f, 641, 653, III 36f, 145, 158f, 238, 248, 260, 290, 305, 382, 401, 434, 454, 478, 493, 535, 544, 580, 591, 596f, 602, 615, 617, 619, 621, 625, 631, 650, 666, 711, 714f, 754; IV 186; V 510; VI 179, 249, 405; VII 92, 94, 131, 136, 139, 147-150, 154, 160, 170, 188, 208; VII/2 56, 110, 160f, 165, 169, 172, 184f, 191, 195, 221, 237, 259, 262, 290, 298, 303, 305, 335, 341, 374, 383, 405, 413, 417, 420, 436-440, 444, 478, 494, 581, 636, 653, 657, 752
- - Ministeriale I 410f; II 73, 95, 287-290, 335, 385, 392, 402, 410, 419, 464f, 491, 499, 503-510, 512, 580, 653
- - Weihb. s.u. Eps; Eucharius; Fahrmann; Gebsattel, v.; Joh. Melchior; Kaspar; Maier; Nikolaus; Sang
- Burggrafen I 331; II 401, 464, 508f, 512f
- Festung Marienberg I 10; II 636; III 239, 403, 710; V 82; VI 162, 488, 498, 503; VII/2 235, 615, 702
- Juden III 95, 97, 219
- Kirchen, Klöster u.Stifte I 343, 411; II 95, 287, 290, 335, 385, 392, 407, 410, 464f, 503, 580; III 38
- - St. Anna VI 491; VII/2 374, 722
- - Augustinerkloster III 606; V 105, 510
- - St. Burkard I 336, 343, 348; II 384ff; III 655; V 239; VI 211, 417, 480, 517; VII/2 306, 342, 375, 431, 581, 607, 619, 652, 722
- - - A. s.u. Heinr.; Pilgrim; Willimund
- - Dom St. Kilian II 73, 287, 335, 342, 503ff, 584f; III 648; V 510; VII 13; VII/2 172, 191, 195, 437, 439, 444
- - Franziskanerkloster III 402f; V 105, 510
- - St. Georg II 73
- - Hofkirche VII 307; VII/2 481
- - Jesuiten V 285, 335
- - St. Johann in Haug I 62; II 287, 513, 581, 614; III 131, 149, 194, 248, 260, 607, 651, 660, 675; VI 419; VII 136, 152, 191, 252; VII/2 48, 110, 114, 117, 191, 195, 393, 504, 722
- - Käppele VII/2 437
- - Kapuzinerkloster V 453
- - Stift Neumünster II 95, 287, 290, 312, 385, 392, 449, 503, 507f, 513, 579, 581, 613; III 454, 478, 666, 711; V 402; VI 344f, 365, 407; VII/2 117, 195, 722
- - - Pr. s.u. Reinhard; Siegfried; Wortwin
- - St. Salvator I 10
- - Schottenkloster IV 324, 331, 350, 363, 395, 952; VI 501
- - St. Stephan V 69; VI 473f; VII 193, 219
- - - A. s.u. Eucharius
- Priesterseminar VII/2 527, 587

- Residenz VI 188; VII/2 632
- Spitäler
- - Armenhaus VII/2 569, 635ff, 641
- - Juliusspital V 405; VI 167, 486, 658; VII 29, 207
- - St. Theoderich III 662
- Universität V 405; VI 486, 497; VII 179, 207; VII/2 115, 164, 333, 393, 444, 511, 652, 731

Würzburg, Adelhalm v. II 529
- Adelrich v. II 73, 95, 288, 290, 392
- Bodo v. II 508
- Engilbert v. II 507
- Gotebold v. II 507f
- Gottfried v. II 443f, 507f
- Heinr. v. II 529
- Herold v. II 410
- Rotwich v. II 402
- Wernhart v. II 527
- vgl. Würtzburg, v.

Wüstenbuchau (w.Kulmbach) V 65

Wüstenfelden (ö.Kitzingen) II 287

Wüstenrode, Babo v. II 614, 628, 642, 644
- Heinr. v. II 611, 614, 628, 638, 640-644, 648
- Wilh. v. III 646

Wüstenstein (nö.Ebermannstadt) III 99, 265, 392, 560; IV 460

Wüstfeld, Joh. (Dh.) III 459

Wulffen, v. (Fam.) VI 715
- Maria Dorothea v. VI 714

Wulffling, Hans (Seyssen) IV 1039

Wulfing v.Stubenberg (B.Lavant u.Bbg) III 5-11, 13ff, 27, 50, 73ff, 86, 112, 203, 253f, 475, 480, 595, 605-608, 646ff, 650-653, 657f; VI 553
- (Pfr Forchheim) III 699

Wulfreut (n.ident.) III 739f

Wulvelingen (ON) II 597, 613

Wulwacher (PN) III 44

Wulzing (n.Passau) III 380

Wunckenbach (ON) IV 74

Wunckenbach, Albrecht v. III 226

Wundenbach (ö.Kulmbach) III 312, 315; IV 74, 80, 86, 908, 991

Wunder (Fam.) VII/2 407, 420f, 570, 641
- Andreas (Hollfeld) VII/2 528-532, 537, 550
- Gg Friedr. (Student) VII/2 630
- Konr. IV 236; V 75
- Melchior (Prior Heilsbronn) IV 960

Wunemario (PN) II 332

Wunibald (Hl.;A.Heidenheim) I 159, 187; II 404
- (A.Petershausen u.Stein a.Rhein) VI 528

Wunkendorf (sö.Lichtenfels) I 19; II 153; III 272, 307, 400, 628, 685; IV 84, 440; V 65

Wunkendorf, Konr. v. III 653f

Wunsch, v. (Fam.) VII/2 226, 233f, 241

Wunsiedel (Ofr.) III 94ff, 98f, 394; IV 76, 216, 625f, 628, 664, 733-736, 880, 1017-1041, 1049; VI 164, 167; VII/2 226, 242

Wunsiedel, Adalbert v. II 449

Wunstorff (ON) IV 144f

Wurbach (n.Kulmbach) IV 333, 479

Wurffpein, Heinr. (Pr. Neunkirchen/Br.) IV 743

Wurlitz (sö.Hof) III 502
Wurm (Fam.) V 468
- Joh. (Prediger) IV 724
- Pankratz (Nördlingen) IV 419
Wurster, v. (Fam.) VII/2 664
Wurta (n.ident.) II 181
Wurtzer, Chr. VI 415
Wurz (n.Neustadt/W.) I 408
Wurzbach (Thür.) VI 151
Wurzbach (n.ident.) IV 618
Wusibu (PN) III 631
Wusten, Hans (Bbg) IV 509
Wustfeld, Joh. (Pfr Altenkunstadt) III 454, 694
Wustuben (nö.Kulmbach) VI 546, 600
Wustviel (ö.Bbg) I 266; II 502; IV 517; VI 209
Wustweißenbrunn (abgeg.;Ofr.) III 682
Wutgenau, v. (Fam.) VII 87
Wutzler, Michael (Pfr Kronach) V 409
Wyclif, John (Theol.) VI 24

Xystus (Hl.) I 186, 417

Yban (A.Weißenohe) IV 243
Ymp (n.ident.) III 44
Ypern (Belgien) VII/2 659
- B. s.u. Karl Alexander
Ysenburg, v. (Fam.) VII/2 714

Zabelstein (nö.Gerolzhofen) II 410; III 435; VI 366
Zabelstein, Albert v. (Dh.Wbg) II 641
- Ebo v. II 73
- Iring v. II 95, 288ff, 335, 410, 449, 464f, 504, 508ff
- Konr. v. II 527
- Wolfram v. II 513
Zabern (Frkr.) V 2
Zaberngau (Landschaft) I 89, 142
- Gf s.u. Adalbert
Zachmann, Joh. Richard VI 605
Zacynthius, Joh. Franciscus (Nuntius) V 42
Zadel (ON) II 557
Zähringen, v. (Fam.) II 316, 333, 632
- s.u. Bertolf v. (Hzg)
- s.u. Gebhard v. (B.Konstanz)
- Konr. v. II 333
- vgl. Baden, v.
Zäng (Wbg) VII/2 262
Zahn, Betz IV 109, 212
- Heinr. III 724; IV 937
Zamen, Apel IV 282f
- Gere IV 282
Zanckenfleck, Fritz (Bbg) III 539
- Kunig. (-) III 539
Zanderhart (FlN.) I 194
Zanner (Fam.) VI 57
- Hans IV 969
- Peter IV 969
Zantoch (Polen) II 179, 182, 214f
Zantoch, Paulicius v. II 178ff, 183f, 195f, 199ff

Zapf (Fam.) VII/2 32
- Adam (Pfr Stadtsteinach) VII/2 53
- Andreas VII/2 318, 320
- Barb. V 326
- Friedr. (Bbg) VII 110
- Peter (Strullendorf) V 484
Zapfendorf (n.Bbg) I 20, 137; III 20, 60, 112, 144, 375; IV 396, 751; V 65; VI 478; VII 11, 42, 54, 100f, 167; VII/2 213, 242, 421, 567, 660
Zar, Andreas (Wunsiedel) IV 1040
Zara (n.ident.) I 117
Zarach (Villach) III 188
Zaubach (Fl.) I 330
Zauch, Nikolaus v. III 32
Zaucher, Hans (Kupferberg) IV 86
Zauppenberg (nw.Pegnitz) IV 426
Zebislow (PN) I 103
Zech, v. (Fam.) VII 73, 96
- Konr. IV 150
Zeck, Adam V 38
- Elis. V 502
- Fritz IV 276
- Gerhaus IV 276
- Otto III 686
Zeckendorf (nö.Bbg) III 50, 372, 375, 377, 573ff; IV 346, 604, 610, 790, 806; VII 192; VII/2 295
Zeckendorf, Eberhard v. IV 806
- Konr. IV 315, 343
Zeder, Joh. Gg (Jesuit) VII/2 398f, 548, 550
Zedersitz (sw.Kulmbach) III 397; IV 103, 1013f

Zedersitz, Dietrich v. IV 1013
Zedlitz (ON) III 38
Zedtwitz (n.Hof) VI 704
Zedwitz, Chr. v. IV 832
- Chr. Heinr. v. V 22, 186, 210
- Erhart v. IV 450
- Gg v. V 349
- Heinr. v. IV 1039
- Joachim v. IV 836
- Jobst v. V 35
- Nikolaus v. IV 450
- Simon v. IV 660
- Sigmund v. IV 588
- Sittich v. IV 1024
- Ulr. v. IV 450, 466, 969
- Veit v. IV 383, 450
- Wolf Dietrich v. VI 181
Zeegendorf (sö.Bbg) II 54, 548, 552, 618f, 621; III 375; IV 222; VII 81, 205
Zeegendorf, Arnold v. II 552
- Gundeloch v, II 552
- Heinr. v. II 552
- Reinhold v. II 621
Zehender (Fam.) VII/2 331f
- Engel (Bbg) III 632
- Fritz (-) III 632
- Heinz (-) III 576
Zehentperger, Gg (Prie.) IV 973
Zehmen, s.u. Joh. Anton v. (B.Eichstätt)
Zehner (Fam.) VII/2 192
Zehnpfund, Balthasar V 488
Zehntner, Joh. (Domvikar) IV 722, 817, 862

Zehr, Dietrich III 502
- Fritz IV 264
- Joh. v. VII/2 34
Zehren (Sachs.) I 86
Zeibach (Fl.) III 216; IV 82
Zeickhorn (sö.Coburg.) I 21; IV 772, 787
Zeidelstein (FlN.) III 625
Zeidler (Fam.) VII/2 38
- Kaspar (Auerbach) VI 109
- Valentin (Michelfeld) VI 110
Zeil am Main (sö.Haßfurt) II 61, 99f, 334, 375, 563; III 129, 268, 310, 346, 358f, 371, 380, 434, 576, 589, 636f, 647; IV 52, 266, 302, 316, 336, 401, 567, 606, 614, 648; V 39, 165, 228, 251, 340; VI 30, 38f, 41, 43, 46f, 49f, 58, 60-68, 71f, 77, 163-167, 174f, 180, 183f, 190f, 193, 234f, 249, 251, 278, 286, 290, 519, 521, 576f, 579, 590, 606, 628, 638f; VII 36, 43, 49, 69f, 77, 90, 92, 185, 187f, 202, 214; VII/2 57, 85, 323, 358, 508, 638, 660
Zeil, Friedr. v. II 61
Zeilitzheim (w.Gerolzhofen) VI 524
Zeilner, Andreas Wilh. (Kronach) VI 407
Zeisenkam, Rudolf v. IV 59
Zeiß (Bbg) VII/2 734
- Ferdinand VII 222
- Sebastian IV 858
Zeitlarn (sö:Deggendorf) II 592
Zeitlofs (nw.Kissingen) IV 507
Zeitlos, Hans (Bbg) V 17, 22, 25, 34, 37, 244
- Wolfgang (Pfr) IV 863

Zeitz (Sa.-Anh.) III 77f, 81, 341, 407
- B. s.u. Heinr.; Hildward; Hugo; Walraban
Zeizenhüll (ON) II 563
Zeizmanningen (ON) II 378
Zeizolf (Gf) I 229
Zelada, Franz Xaver de (Kard.) VII/2 651, 661
Zell (sö.Münchberg) I 6; IV 736
Zell (sö.Neuburg/D.) I 115
Zell (n.ident.) VII 213
Zell am Ebersberg (sö.Haßfurt) III 418; IV 269, 316, 585; V 242, 251, 301; VI 35
Zell, Franz IV 760
Zelle, Andreas v. (Pfr) IV 1000
Zeller, Hermann IV 385
Zeltenreuth (sw. Eschenbach/Opf.) III 102, 638; IV 394
Zelter, Heinz IV 899
Zeltner v.Hohenau, Joh. Friedr. VII/2 526
Zemsch, Erhart IV 1030, 1032
- Hans VI 230
Zenck (Fam.) V 345
- Heinr. V 397, 405, 444, 506
- Joh. (Kan.St.Stephan) V 378
Zeneck (Fam.) VII 200
Zener, Niklas (Hof) IV 450
Zengel, Konr. III 689
- Thomas (Pfr Königstein) VII/2 550, 560
Zenger, Heinr. III 41, 111
Zengeröd (sö.Oberviechtach) I 152
Zenker, Erhart (Bbg) VI 34
- Joh. Rudolf (Notar) VI 575

Zenn, Konr. v. (Kulmbach) IV 246, 278, 934
- Friedr. v. III 716
- Wilh. v. III 74
- vgl. Seckendorf, v.
Zenneph, Wolf Heinr. VI 347
Zeno (Hl.) I 252
Zentbechhofen (nö.Höchstadt/A.) III 126, 183, 525, 614; VI 181, 203f; VII/2 411, 417, 421
- vgl. Bechhofen
Zentgraf, Friedr. III 183
- Heinz III 449
- Herdegen III 61
- Konr. III 588
Zenzing (sw.Cham) I 88
Zerbst (Sa.-Anh.) I 116
Zeringer, Heinr. (Bbg) IV 333
Zerreiß, Fabian VI 104
Zerren, Agnes v. III 678
- Albrecht v. III 677
- Beringer v. III 678
- Kunig. v. III 677
Zerrer, Anna (Bbg) VI 47, 72
- Friedr. IV 337
- Gg IV 968; VI 47, 50ff
- Hans IV 89, 313
- Kaspar IV 345, 393
- Marg. (Bbg) VI 50, 72
Zerzabelshof (Stadtt.Nbg) VII/2 406
Zetegast (Fl.) I 330
Zettlitz (nö.Eschenbach/Opf.) III 38
Zettlitz (ö.Lichtenfels) III 659, 664f, 674, 683, 687; IV 65, 176, 462, 637; V 465; VII/2 236f, 553

Zettlitz (s.Münchberg) III 315; IV 80, 85f, 906f
Zettmannsdorf (w.Bbg) II 509; VII/2 325
Zettmeusel, Markhart IV 948
Zeubelried (sw.Kitzingen) II 503
Zeublitz (sö.Lichtenfels) I 499; II 100; III 681, 687
Zeuheim, Gerhard II 631
Zeuler, Anna IV 285
Zeulingsheim, Apel (Bbg) III 125
Zeuln, Hermann v. III 576
- Jobst Wolf v. VI 243
- Kunig. v. III 576
Zeusner, Adam Joh. VII 10
Zeyer (Fl.) I 70
Zeyern (nö.Kronach) IV 617, 832; V 384, 406, 408, 440; VI 34, 89, 261; VII/2 555f
Zeyern, Friedr. v. III 146
- Gg v. IV 283, 301, 308, 318f, 477, 516, 660
- Hans v. IV 422, 446, 477
- Heinr. v. IV 446, 516, 615, 623, 660, 671
- Hermann v. III 20f, 112
- Klaus v. IV 516, 565, 660
- Konr. IV 236
- Martin v. IV 516
Zeyse (Fam.) III 595f
Zichorbheim (abgeg.NB.) I 146
Zickel, Joh. (Prie.) IV 922f, 926
- Konr. IV 869
Zicklein, Heinr. (Seßlach) IV 283
Ziech, Albert III 647
- Apel III 52f

- Elis. III 647
- Gottfried II 623
- Heinr. III 383, 647, 654
- Hermann III 383
Ziegelanger (sö.Haßfurt) IV 316
Ziegelanger (Fam.) VI 30
Ziegelhaußer, Heinr. III 174
Ziegelhofen (ON) IV 959
Ziegelmühle (ON) IV 24
Ziegenburg (ö.Kulmbach) IV 783; VII/2 86
Ziegendorf (ö.Ansbach) VII 298
Ziegenfeld, Albrecht v. II 592
- Friedr. v. II 592
Ziegenheim (Hess.) VI 445
Ziegenrück, Gundeloch v. II 525f
Ziegenthal (ON) IV 646
Ziegfurter, Konr. (Pottenstein) III 705
Ziegler (Fam.) VI 37, 109; VII/2 518
- Agnes V 487
- Anna III 602; VI 58
- Balthasar VI 227
- s.u. Gg (A.Michelsberg)
- Gerhaus (Zeil) VI 47
- Joh. IV 725; V 482
- Joh. Lorenz VII/2 109
- Joseph V 486f
- Konr. III 602
- Marg. VI 37f
- Martin VII 169
- Melchior IV 832, 954
- Michael (Bbg) V 495
- Pankraz VI 234
- Paulus (Memmelsdorf) VI 37

Zieher, Albrecht IV 789
- Heinr. III 606
- Philippp (Bbg) V 40
Zierberg, Otto v. VII/2 Vorw. VI
- Rüdiger v. VII/2 Vorw. VI
- Starkard v. VII/2 Vorw. VI
- Warmund v. VII/2 Vorw. VI
Zige, Konr. II 636
Zigulnigg (Fam.) VII/2 64, 180
Zilfelder, Karl (Pfr Teuschnitz) VI 119
Zilgendorf (nw.Staffelstein) II 640, 642
Zilgendorf, Sifrid v. II 642
Ziling, Nikolaus (Bbg) IV 92, 111, 209
Zimken, Jakob (Viereth) VI 520
Zimmer, Elis. (Hohenmirsberg) VI 86
Zimmerau, Frowin v. II 497
- Hermann v. II 497
Zimmermann, Andreas VI 176, 181, 202
- Fritz III 550, 629
- Hans IV 789, 985; VI 116, 161
- Lorenz VI 310
- Lutz III 167, 263
- Walther IV 160
Zimmern (n.Marktheidenfeld) II 513; III 86
Zimmern, Barb. v. V 518, 521
- Chr. Gottfried v. (Dh.) IV 1085
- Sigeboto v. II 513
Zindel, Konr. (Nbg) IV 148
Zingel, Konr. III 378ff
Zink, Chr. IV 978

- Hans IV 978
- Michel IV 978
- Veit IV 970, 978
Zinnitz (Brandenbg) I 190, 212, 231
Zipplingen, Heinr. v. III 100, 122
Zips (nö.Pegnitz) III 641; IV 99, 341
- vgl. Eibenstock
Zircin (ON) II 299
Zirk, Michael (Jesuit) VII/2 266f, 358, 376
Zirkel, Friedr. (Bbg) V 426f
- Nikolaus (Dh.) V 128
Zirkendorf, Hans v. IV 871
- Liutpold v. II 152
Zirndorf (s.Fürth) III 47; IV 740
Zißrer, Albert III 626
Ziswingen, Siegfried v. II 396
Zitter, Joh. Nikolaus (Kronach) VI 315
Zitwitz, Joachim v. V 36
Zitzmann, Adam (Neunkirchen a.S.) V 508
- Christina V 507
- Hans IV 338
- Merkel IV 338
- Sebastian (Kronach) VI 268
Ziucci, s.u. Emygdius (Eb.Rhodos)
Zizenchendorf (ON) II 611
Zobel, Fritz IV 586
- Hans (Prie.) IV 721, 984
- Stefan IV 522
- Wilh. IV 1009
- vgl. Zobel v.Giebelstadt
Zobel v.Giebelstadt (Fam.) VI 699
- Brigitta V 367, 522; VI 705

- Friedr. Karl Ph. Lothar (Dh.) VII/2 645, 682f, 698, 705, 754
- Hans V 13, 66, 356
- Heinr. V 117f, 124, 128f, 131f
- Joh. Adam (Dh.) VI 717; VII 50, 81, 86, 192, 245, 279, 281
- Joh. Anton (-) VII/2 14, 27, 95, 97, 105, 108f, 133, 140ff, 163, 165, 185, 233, 752
- Joh. Gg (-) IV 1066; V 101, 103
- Joh. Wilh. VI 449f
- Kath. V 519
- Konr. III 560
- s.u. Melchior (B.Wbg)
- Stefan V 129
- vgl. Zobel
Zober (PN) IV 89
Zochenreuth (nö.Ebermannstadt) III 50
Zoë (Fam.) VII/2 145, 155
- Joh. Anton VI 599
Zöllner (Fam.) II 457
- Bertha II 617
- Burkhard II 651
- Friedr. II 622
- Gg (Strullendorf) VII/2 670
- Gerwich II 570
- Gottfried II 542, 550, 617
- Hans V 36
- Hans Gg V 450
- Heinr. II 534
- Joh. (Strullendorf) VII/2 672
- Jutta II 617
- Konr. II 617f
- Marquard II 480
- Michel (Strullendorf) VII/2 670

Zörbig (Sa.-Anh.) I 171, 191, 313

Zogenreuth (sö.Pegnitz) II 72, 134f, 377, 379, 388, 522, 560, 562; IV 23; VI 237; VII/2 86

Zogenreuth, Anna v. IV 23
- Elis. v. IV 70
- Hans v. IV 891
- Ortung v. II 562
- Ruprecht v. IV 23
- s.u. Theoderich (A.Michelfeld)
- Wolfram v. II 72, 134f, 377, 379, 388f, 560

Zoggendorf (n.Ebermannstadt) II 476; IV 784

Zogl, Marg. (Bbg) VI 39

Zoll, Albert (Pfaffenhofen) II 523
- Bastian (Zeil) VI 44
- Marg. (-) VI 50

Zoller, Anna v. III 218
- Sofia v. III 218

Zollern, v. vgl. Hohenzollern, v.

Zollingen, Pabo v. II 275
- Werner v. II 275

Zollner (Fam.) III 380, 500; V 262
- Adelheid III 674, 682
- Albert III 674f, 682
- Albrecht (Prie.) III 682
- Dietrich IV 57, 64, 105, 108, 114
- Eberhard III 198, 533; IV 25
- Elis. IV 979
- Erasmus IV 472, 476, 492, 511, 524, 545f, 592, 603, 624, 653, 760, 762, 770f
- Friedr. III 16, 21, 25, 51f, 58f, 61, 68, 74f, 92, 171, 422, 469, 514, 529, 552, 555, 564, 581, 583, 589, 591, 607, 611, 621, 647, 658, 662, 678; IV 9, 12, 19, 21, 40, 52, 57, 62, 74, 95, 126f, 133, 135, 142, 144, 146, 150, 152, 168
- Gg III 550; IV 350, 845; V 22, 58
- Gehard III 550
- Gertudis III 173
- Hans III 170f, 571, 588, 599; IV 92
- Heinr. III 21, 92, 146, 396, 543f, 546, 551, 572f, 600; IV 137, 258, 342, 905
- Hermann III 53, 146, 171, 198, 583, 611
- Joachim V 263
- Karl III 212
- s.u. Kath. (Ä.St.Klara/Bbg)
- Kath. III 170f; VI 553
- Konr. III 20, 30, 173, 214, 220, 662, 674; IV 9, 133, 255
- Kunig. III 539
- Marg. III 674f
- Matthias IV 470
- Paul (Prior Ebrach) V 3
- Poppin III 395
- Sebastian V 262
- Siegfried III 57
- Stefan III 324, 346; IV 632
- Suffeyen III 555
- Valentin (Strullendorf) V 484
- Walter III 564
- Wolfram III 284

Zollner v.Hallberg, Elis. V 1
- Friedr. (Dh.) III 406, 422, 447f, 459f, 462, 464, 470f, 473f, 483f, 486, 490, 493, 507, 515, 521f, 549, 551, 567, 574

- Konr. IV 9
Zoppaten (nö.Bayreuth) III 390; IV 89
Zorn v. Bullach, Nikolaus Konr. VI 207, 290, 293
Zostell, Konr. (Forchheim) III 599
Zott, Heinr. (Kan.St.Stephan) III 545, 549
Zottenberg (s.Landshut) III 724
Zottmann, Gg VI 173
- Hans (Lonnerstadt) VI 94
- Konr. III 702
Zuber, Andreas VI 575
Zubitz, Heinr. v. II 562
Zucha (ON) II 383
Zuchen, Heinr. III 56
Zucklein (Fam.) III 66
- Heinr. (Prie.) III 555
Zudenreuth, Dietrich v. III 637
Züberlin, Otto III 173
Zückshut (n.Bbg) IV 158, 265; VI 618
Zülle, Konr. III 743
- Otto III 743
Zülpich (NRW) I 6
Zürich (CH) I 101, 234; III 48, 242, 338; VI 602
Zürner, Konr. (Domvikar) III 459
Zürrer, Gg IV 628
Zufraß, Joh. (Dh.; Kan.St.Stephan) III 339, 351, 365, 373, 382f, 401, 538, 542ff, 546f, 573, 755
- Werner III 339, 382f
Zugewer, Konr. IV 136
Zultenberg (sw.Kulmbach) I 19; III 326
Zum Jung (Fam.) VI 700, 702

Zunsweiler (B.-W.) III 442
Zupzer, Eberhard II 645
Zurcher, Joh. (Bbg) IV 185
Zurech, Siegfried II 456
Zur Westen, Peter Stephan (Fürth) VII/2 15, 31
Zurzach (CH) VII/2 708
Zutzmann, Friedlein IV 617
Zwanziger, v. (Fam.) VII/2 614, 663, 698
Zweibrücken (Rh.-Pf.) VII 145
- vgl. Pfalz-Zweibrücken
Zweidler, Gg (Bbg) V 388
- Kath. V 489
- Peter (Bbg) V 512
Zweifler, Hermann III 271
Zweitler, Hans (Saalfeld) V 253
Zwerin, Werner v. III 616
Zwernitz s.u. Sanspareil
Zwernitz, Albrecht v. II 612
- Friedr. v. II 500f
- Ulr. v. II 500
- Walpoto v. II 500f
Zweyer, Hans IV 951
Zweypfund, Konr. IV 119
Zwickau (Sachs.) III 444; VI 523
Zwickel, Heinr. III 139
Zwickstein, Hans IV 720
Zwiefalten (B.-W.) VI 251; VII/2 716
Zwisler, Dietrich III 616
Zwitter, Hans IV 347
Zyfflich (NRW) I 232
Zyman, Alheid IV 193
Zypern II 608
Zyphelius (Fam.) VI 363